buch + digital

Zusätzlich zu diesem Buch erhalten Sie:

- die Web-App
- die PDF-Version zum Download
- die App für Ihr iPad
- alle Kapitel für Ihren Kindle

Hier Ihr individueller Freischaltcode:

wXW-qc3-JAB

Um die digitalen Medien zu installieren, rufen Sie im Browser bitte folgende Seite auf:
www.symposion.de/freischaltcode

Kundenorientierung
durch Quality Function Deployment
**Produkte und Dienstleistungen
mit QFD systematisch entwickeln**

www.symposion.de/kundenorientierung

JUTTA SAATWEBER

Dritte, vollständig überarbeitete Auflage

symposion·

Impressum
Kundenorientierung durch
Quality Function Deployment

Autorin
JUTTA SAATWEBER

Redaktion
MARKUS KLIETMANN

Satz
KAREN FLEMING,
MARTINA THORENZ
Symposion Publishing

Druck
CPI buch bücher.de
Frensdorf

Umschlaggestaltung
Symposion Publishing

Photo
© Visual Concepts – Fotolia.com

ISBN 978-3-86329-429-8
3. Auflage 2011
© Symposion Publishing GmbH,
Düsseldorf
Printed in Germany

Begleitdienst zu diesem Buch
www.symposion.de/kundenorientierung

Redaktionelle Post bitte an
Symposion Publishing GmbH
Münsterstr. 304
40470 Düsseldorf

Bibliografische Information der Deutschen Bibliothek:
Die Deutsche Bibliothek verzeichnet diese Publikation
in der Deutschen Nationalbibliografie; detaillierte
bibliografische Daten sind im Internet über
http://www.ddb.de abrufbar.

Das Werk einschließlich seiner Teile ist urheberrechtlich geschützt. Jede Verwertung außerhalb der engen Grenzen des Urheberrechtsgesetzes ist ohne Zustimmung des Verlags unzulässig und strafbar. Das gilt insbesondere für Vervielfältigungen, Übersetzungen, Mikroverfilmungen und die Einspeicherung und Verarbeitung in elektronischen Systemen.

Alle in diesem Buch enthaltenen Angaben, Ergebnisse usw. wurden von den Autoren nach bestem Wissen erstellt. Sie erfolgen ohne jegliche Verpflichtung oder Garantie des Verlages. Er übernimmt deshalb keinerlei Verantwortung und Haftung für etwa vorhandene inhaltliche Unrichtigkeiten.

Die Wiedergabe von Gebrauchsnamen, Handelsnamen, Warenbezeichnungen usw. in diesem Werk berechtigt auch ohne besondere Kennzeichnung nicht zu der Annahme, dass solche Namen im Sinne der Warenzeichen- und Markenschutz-Gesetzgebung als frei zu betrachten wären und daher von jedermann benutzt werden dürften.

Kundenorientierung durch Quality Function Deployment

Produkte und Dienstleistungen
mit QFD systematisch entwickeln

www.symposion.de/kundenorientierung

Quality Function Deployment ist ein sehr nützliches Management-Werkzeug: Es versetzt Unternehmen in die Lage, Kundenwünsche besser zu erkennen und Produkte schneller zu entwickeln.
Die vorliegende dritte, vollständig aktualisierte und erweiterte Auflage vermittelt Anwendern in Produktions- und Dienstleistungsunternehmen ein solides Grundwissen über QFD. Die Autorin zeigt anschaulich, wie die »Stimme des Kunden« im gesamten Unternehmen hörbar gemacht und in innovative Produkte und Dienstleistungen umgesetzt wird.

QFD fördert nicht nur die Kreativität der Mitarbeiter, sondern belebt auch deren Innovationsgeist und das Zusammenwirken aller am Produktentwicklungsprozess beteiligten Mitarbeiter. Auf diese Weise rücken Marketing, Entwicklung, Produktion, Einkauf, Vertrieb und Service enger zusammen.

Der systematische, detailreiche und zugleich praxisnahe Aufbau des Buches vermittelt dem Leser nicht nur methodische Grundkenntnisse, sondern befähigt ihn, QFD im eigenen Unternehmen einzuführen und anzuwenden.

Zahlreiche Praxisbeispiele sowie der ausführliche Teil zur Informationsbeschaffung geben dem Leser Hinweise für das praktische Vorgehen. Zusätzliche Download-Materialien (Matrizen, Templates) erleichtern den Einsatz im Unternehmen.

Die Autorin, Jutta Saatweber, befasst sich seit über 20 Jahren mit dem Thema, sie führte zahlreiche QFD-Projekte durch und bildet QFD-Moderatoren aus. 2011 erhielt sie den bekannten *Akao-Preis* für herausragende Beiträge zur Weiterentwicklung der Methode QFD.

Über Symposion Publishing
Symposion ist ein Fachverlag für Management-Wissen und veröffentlicht Bücher, Studien, digitale Fachbibliotheken und Onlinedienste.

Das Programm steht auch zum Download zur Verfügung – über das Verlagsportal kann der Leser nach Kapiteln suchen und diese individuell zusammenstellen. Wissen ist damit blitzschnell verfügbar – jederzeit, praktisch überall und zu einem attraktiven Preis.

www.symposion.de

Kundenorientierung durch Quality Function Deployment

Abbildungsverzeichnis 11
Abkürzungsverzeichnis 19
Vorwort 23
Wie sollte dieses Buch gelesen werden? 27

Kapitel 1: Einführung in Quality Function Deployment 29
   1.1 Was bedeutet QFD? – Kurzbeschreibung............................. 29
   1.2 Entstehung, Herkunft und Verbreitung von QFD.................. 33
   1.3 Was sind die Ziele von QFD?... 35
   1.4 Zusammenhang von QFD und TQM 37
   1.5 Kundenorientierung und QFD... 41
   1.6 Anwendungsgebiete für QFD.. 46
   1.7 Erfahrungen – Gründe für die Einführung von QFD 51
   1.8 Verkürzung der Entwicklungszeit durch QFD...................... 53
   Zusammenfassung... 59

Kapitel 2: Der QFD-Prozess 61
   2.1 Der klassische Ansatz nach Akao (Japan)........................... 61
   2.2 Der Ansatz nach Bob King (USA)... 63
   2.3 Der Ansatz nach Zultner: die Blitz-QFD 65
   2.4 Ansatz nach American Supplier Institut (ASI) 67
   2.5 ASI-Ansatz und Erweiterung nach Saatweber 69
   Zusammenfassung... 79

Kapitel 3: QFD-Phase 0: Informationsbeschaffung.................... 81
   3.1 Wie erfasst man die »Stimme des Kunden«?...................... 81
      Das Kano-Modell 85
   3.2 Methoden der Informationsbeschaffung............................... 95
      Vorgehen bei einer Befragung... 103
   3.3 Wie und wo erhält man Kundeninformationen?.................. 108
      Beschwerdemanagement.. 110
      Customer Relationship Management.................................. 113
      Auswertung interner Daten.. 114

3.4 Kundeninformationen aus Externen Informationsquellen 116
    Benchmarking 133
    Trendforschung und Lifestyle-Planning 148
Zusammenfassung 162

Kapitel 4: Auswertung und Strukturierung von Kundendaten 163
4.1 Einkomponentenbefragung – Durchschnittswerte 163
4.2 Zweikomponentenbefragung 165
4.3 Situationsfeldanalyse zur Auswertung 167
4.4 Die Darstellung der Befragungsergebnisse 171
4.5 Vorbereitung Phase I: Strukturierung der Kundenanforderungen 173
4.6 Verkaufsschwerpunkte und Durchbruchziele 191
Zusammenfassung 195

Kapitel 5: QFD I: Kundenanforderungen in Produktmerkmale übersetzen 197
5.1 Die zehn Schritte der Phase I 197
5.2 Ausblick – Das Lesen einer QFD 239
Zusammenfassung 241

Kapitel 6: Die QFD-Phasen II bis V 243
6.1 Wie sollte die QFD-Matrix »gelesen« werden? 243
6.2 Phase II: Teile- und Komponenten-Planung 244
6.3 Phase II: Schritt 1 und 1a 245
6.4 Phase III: Prozessplanung 252
6.6 Phase V: Feedback-Phase 257
Ausblick 257
Zusammenfassung 262

Kapitel 7: QFD I: Praxisbeispiele 263
7.1 Praxisbeispiel – Leuchtdiode (LED) 263
7.2 Praxisbeispiel Dienstleistung 272
7.3 Praxisbeispiel Kamerahersteller 285
7.4 Praxisbeispiel Mobiler Gehstock »Mobilator« 305
Zusammenfassung 318

Kapitel 8: Einführung von QFD im Unternehmen ... 319
8.1 Voraussetzungen für die Einführung von QFD ... 319
8.2 Vorgehen bei der Einführung von QFD ... 322
    Zeitbedarf bei der Einführung von QFD ... 323
    Teambuilding und Kommunikation im QFD-Prozess ... 327
8.3 Anforderungen an QFD-Moderatoren ... 331
8.4 Kommunikation als vierte Qualitätsdimension ... 334
Zusammenfassung ... 343

Kapitel 9: QFD und die DIN EN ISO 9001:2008 und das EFQM-Modell ... 345
9.1 Einleitung ... 345
9.2 Kapitel 7 Produktrealisierung ... 348
9.3 QFD, TQM und EFQM ... 355
Zusammenfassung ... 361

Kapitel 10: QFD: Teil eines integrierten & vernetzten Methodenkonzepts ... 363
10.1 Einleitung ... 363
10.2 Das Phasensystem der Produktentstehung ... 365
10.3 DFMA–Tools ... 370
10.4 FMEA ... 381
10.5 TRIZ – Theorie des erfinderischen Problemlösens ... 421
Zusammenfassung ... 458

Kapitel 11: Ergänzende »Werkzeuge« im Entwicklungsprozess ... 459
11.1 Einleitung ... 459
11.2 Q7 Grund- und M7 Managementwerkzeuge ... 460
11.3 Der paarweise Vergleich ... 466
11.4 AHP-Analytic Hierarchy Process in QFD ... 469
11.5 Pugh-Verfahren – Konzeptauswahl und Variantenvergleich ... 478
Zusammenfassung ... 489

Kapitel 12: Kostenbetrachtungen im QFD-Prozess ... 491
12.1 Einleitung ... 491
12.2 Kostenermittlung in QFD-Projekten ... 494
12.3 QFD und Wertanalyse (WA) ... 500
12.4 QFD und Target Costing (TC) – Zielkosten ... 503
Zusammenfassung ... 515

Kapitel 13: QFD-Institut Deutschland und die QFD-Zertifizierung 517
    13.1 Einleitung 517
    13.2 Aufgaben und Ziele des QFD Instituts Deutschland 517
    13.3 Die Vorteile einer Mitgliedschaft im QFD-ID 519
    13.4 Veranstaltungen zum Thema QFD: 520
    13.5 Die Zertifizierungsinitiative des QFD-ID 521
    13.6 Ausbildungs- und Zertifizierungsprogramms des QFD-ID 521
    13.7 Vom QFD-Mitglied zum QFD-Architekten 523
    Zusammenfassung 528

Anhang 1: Vor- und Geleitworte zur ersten und zweiten Auflage 529
    Geleitwort 529
    Danksagung (1. Auflage) 531
    Danksagung (2. Auflage) 531
    Vorwort zur 1. Auflage 532
    Vorwort zur 2. Auflage 534

Anhang 2 537
    Arbeitsblätter 537

Über die Autorin

JUTTA SAATWEBER
war nach dem Studium der Elektrotechnik in verschiedenen Industrieunternehmen auf dem Gebiet der Mess- und Regelungstechnik tätig. 1981 machte sie sich mit einem Ingenieurbüro/Consulting in Bad Homburg selbständig. Schwerpunkte ihrer Arbeit sind: Kundenbefragungen, Unternehmensberatung, Schulungen und Beratung im Bereich Innovations- und Qualitätsmanagement, QM-Methodentraining, QFD-Moderatorenausbildung. Sie trainiert die QFD-Methode in Großkonzernen und mittelständischen Unternehmen, coacht Teams bei der Umsetzung von QFD und anderen Managementmethoden und begleitet firmeninterne Entwicklungsprozesse. Zu ihren Kunden gehören neben den Auto-Konzernen (Audi, VW, MAN u.a.) viele Automobilzulieferer und IT-Firmen (u.a. Hewlett Packard), sowie die Deutsche Bahn, RKW, VDI, HdT (Haus der Technik, Essen), Miele & Ci., Naturin, Gossen Metrawatt, P.I.V., MANRoland, Metabo, PALL Gmbh, u.a.

Seit einigen Jahren ist sie Dozentin an einer Hochschule für Internationales Management. Sie lehrt Qualitätsmanagement mit dem Schwerpunkt QFD, Projektmanagement und Strategisches Management.

Abbildungsverzeichnis

Kapitel 1

Abb. 1	Japanische Version von QFD	31
Abb. 2	QFD-Ursprung und Verbreitung	34
Abb. 3	Die 7 Segmente des TQM und der Reifegrad des Unternehmens	38
Abb. 4	Das QFD-Planungsprinzip SPP – Strukturierter Planungsprozess oder »Hoshin Kanri«	39
Abb. 5	Die Ausrichtung auf das Ziel, Hoshin Kanri und QFD	40
Abb. 6	Die hierarchische Organisation	42
Abb. 7	Die kundenorientierte Aufbauorganisation nach Tom Peters	43
Abb. 8	Kundenverluste – Unzufriedenheitsmultiplikatoren	46
Abb. 9	Die vier Chancenfelder, der Mensch im Mittelpunkt	48
Abb. 10	Zeitliche Aspekte: Entscheidungen im Team	54
Abb. 11	Die Vorteile kreativer und präventiver Planung	55

Kapitel 2

Abb. 1	QFD-Ansatz nach Akao	62
Abb. 2	QFD-Matrix nach Bob King	64
Abb. 3	QFD-Ansatz nach ASI	67
Abb. 4	Das 5-Phasen-Modell nach Saatweber	70
Abb. 5	Querschnitt des ersten QFD-Hauses, Phase I	72
Abb. 6	Das House of Quality, HoQ-Matrix	73
Abb. 7	Die vier QFD-Phasen (nach Macabe)	75
Abb. 8	Der QFD-Prozess und seine Phasen	77

Kapitel 3

Abb. 1	Das Sphärenmodell	83
Abb. 2	Das Kano-Modell	86
Abb. 3	Die sieben Fragen auf dem Weg zur besseren Leistung	96
Abb. 4	Welche Kunden sind gemeint?	97
Abb. 5	Wer ist der Kunde?	98
Abb. 6	Situationsfeld-/Portfolioanalyse	100

Abb. 7   Situationsfeld am Beispiel Tourismus 102
Abb. 8   Berechnung der Stichprobengröße 104
Abb. 9   Stichprobengröße bei Kundenumfragen 105
Abb. 10 Erforderliche Stichprobengröße bei d=0,3 106
Abb. 11 Erfassen interner Informationen 115
Abb. 12 Bewertungssymbole 122
Abb. 13 Befragungsbeispiel 123
Abb. 14 Benchmarking bei Rank Xerox 135
Abb. 15 Benchmarking-Vergleichshorizont 138
Abb. 16 Benchmarking-Arten 140
Abb. 17 Analyse der BM-Ergebnisse 142
Abb. 18 Lifestyle Planning 153
Abb. 19 Kondratieffzyklen 158

Kapitel 4

Abb. 1   Durchschnittswerte/Zehner-Skala gruppiert in 5 Klassen 164
Abb. 2   Berechnung des »Gap« 165
Abb. 3   Fragebogenbeispiel bei Zweikomponentenbefragung 166
Abb. 4   Gap-Analyse – Wichtigkeit minus Zufriedenheit 166
Abb. 5   Situationsfeldanalyse 169
Abb. 6   Auswertung der Kundenbefragung 170
Abb. 7   Aufbereitung der Kundenanforderungen nach Y. Akao 175
Abb. 8   KJ-Methode, Strukturierung der Kundenwünsche 176
Abb. 9   KJ-Methode zur Darstellung der verschiedenen Ebenen 177
Abb. 10 Baumstruktur in drei Ebenen 178
Abb. 11 Die 4 Ebenen der Baumstruktur 179
Abb. 12 Baumdiagramm zur Struktur der Kundenforderungen 180
Abb. 13 Kundenaussagen der Endanwender zur Heiztherme 182
Abb. 14 Struktur der Kundenforderungen am Beispiel Heiztherme 183
Abb. 15 Übersetzen der Kundenforderung am Beispiel Heiztherme 184
Abb. 16 Die tertiären Kundenanforderungen in QFD-Phase I 185
Abb. 17 Gastherme: Die 10 Schritte in Phase I 187
Abb. 18 Bestimmen der Durchbruchziele 192

Abbildungsverzeichnis

Kapitel 5

Abb. 1	Die 10 Schritte im House of Quality	199
Abb. 2	Skizze des Kugelschreibers	200
Abb. 3	Portfolio-Analyse (Kugelschreiber)	201
Abb. 4	Wer sind die Kunden?	202
Abb. 5	Kundenwünsche Kugelschreiber	203
Abb. 6	Strukturierung der Kundenwünsche	204
Abb. 7	Der 1. Schritt im 1. Haus, Phase I	205
Abb. 8	Das Feld 1 für Kundenanforderungen	206
Abb. 9	Übertragen der wichtigen Kundenanforderungen	207
Abb. 10	Errechnen des Bedeutungswertes	208
Abb. 11	Der 2. Schritt im 1. Haus: Wie sieht uns der Kunde im Vergleich zum Wettbewerb?	209
Abb. 12	Schritt 2 und 3: Vergleich zum Wettbewerb aus Sicht der Kunden	210
Abb. 13	Der 4. Schritt im 1. Haus: Technischer Vergleich	213
Abb. 14	Die Schritte 4a: Übersetzung der »Stimme des Kunden«	214
Abb. 15	Die Schritte 4b und 4c in Phase I: Festlegen der Zielwerte zu den Produktmerkmalen	218
Abb. 16	Schritt 4c in Phase I, Festlegen der Wie-Merkmale	220
Abb. 17	Schritt 5a in Phase I, Bewertung des Unterstützungsgrades	220
Abb. 18	Schritt 5a, Bewertung des Unterstützungsgrades Wie/Was	224
Abb. 19	Schritt 5a und 5b, Bewertung der Designcharakteristika	225
Abb. 20	Errechnen der Spaltenwerte und deren Gewichtung	226
Abb. 21	Schritt 6 in Phase I, Korrelation der Produktmerkmale	227
Abb. 22	Korrelation der Designcharakteristiken, Schritt 6 in Phase I	229
Abb. 23	Schritt 7 der Phase I	230
Abb. 24	Schritt 7 der Phase I, technischer Vergleich zum Wettbewerb	231
Abb. 25	Schritt 7, Vergleich von 2 mit 7	232
Abb. 26	Schwierigkeitsgrad der Realisierung, Schritt 8	233
Abb. 27	Das komplette HoQ zum Kugelschreiber	236

Kapitel 6

Abb. 1	Funktionsbaum »Verbesserter Fahrkomfort«	246
Abb. 2	Teile Matrix, QFD-Phase II	249
Abb. 3	Prozessmatrix, QFD-Phase III	254
Abb. 4	Verfahrensmatrix, QFD-Phase IV	256
Abb. 5	Der Ablauf der QFD-Phasen 0-I-II-III-IV-V	258

Kapitel 7

Abb. 1	Leuchtdiode (LED)	265
Abb. 2	Praxisbeispiel Leuchtdiode, QFD Phase I	267
Abb. 3	Leuchtdiode, QFD-Phase II	269
Abb. 4	Leuchtdiode Phase III	270
Abb. 5	Kundenbewertung von Service-Qualität	272
Abb. 6	Ergebnis der Kundenumfrage	274
Abb. 7	QFD-Kommunikation, 1. Haus	276
Abb. 8	Kommunikationsprozess, QFD-Phase II	277
Abb. 9	Kommunikation Kunde – Lieferant, Unternehmensplanung	278
Abb. 10	Kommunikationsprozess mit Rückkopplung	279
Abb. 11	Prozess für Kunden-Feedback-System (CFS)	280
Abb. 12	Die QFD-Phasen I – IV bei Dienstleistungen	282
Abb. 13	Entwicklung einer Dienstleistung	284
Abb. 14	Portfolioanalyse Kameramarkt	287
Abb. 15	Wachstumsanalyse Fotomarkt	288
Abb. 16	»Die Stimme der Kunden« – unsortiert (Kamera)	290
Abb. 17	Gruppierung & Bewertung der Kundenforderungen	291
Abb. 18	Strukturierung der Kundenforderungen	292
Abb. 19	Struktur der Kundenforderungen	293
Abb. 20	Struktur der Kundenanforderung »leicht bedienbar«	294
Abb. 21	Die Übersetzung in die Sprache der Technik (Was-Wie?)	296
Abb. 22	Vergleich zum Wettbewerb	297
Abb. 23	Bewertungsmatrix, Schritt 5a-5b	298
Abb. 24	Die Schritte 7-8-9 (Kamera)	299
Abb. 25	Das 1. House of Quality (Kamera)	301
Abb. 26	Das »komplette« Haus	302
Abb. 27	Gehstock: SWOT-Analyse	309

Abb. 28　Gehstock: Portfolio-Analyse 311
Abb. 29　Fragebogen 311
Abb. 30　Affinitätsdiagramm 312
Abb. 31　Auswertung der Kundenerwartungen 312
Abb. 32　Auswertung nach Kano 313
Abb. 33　QFD-Matrix 314

Kapitel 8

Abb. 1　Voraussetzungen für die QFD-Anwendung 321
Abb. 2　Menschen im Unternehmen 330
Abb. 3　Anforderungen an QFD-Moderatoren 331
Abb. 4　Bevorzugte Fähigkeiten von Moderatoren 333
Abb. 5　Anforderungen an Moderatoren, bevorzugte Eigenschaften 334
Abb. 6　Kommunikation im Kunden-Lieferanten-Prozess 335
Abb. 7　Die 4 Aspekte einer Nachricht 337
Abb. 8　Der vierohrige Empfang, welches Ohr empfängt? 338
Abb. 9　Hören, Jaspers »Schuldfrage« 340

Kapitel 9

Abb. 1　Der prozessorientierte Ansatz der DIN EN ISO 9001 347
Abb. 2　Phasenplan zum Entwicklungsprozess (Beispiel) 351
Abb. 3　Designphase 1, Vorschlag für ein Formblatt 354
Abb. 4　EFQM vs. ISO 9000 355
Abb. 5　QFD und die 7 Segmente und EFQM 357
Abb. 6　Das einfache EQA-Grundmodell 359

Kapitel 10

Abb. 1　Das Zusammenwirken der Methoden 364
Abb. 2　Entwickeln mit QFD und Integration der Methoden 368
Abb. 3　Integriertes Methodensystem 369
Abb. 4　DFMA-Analyse und Redesignschritte 374
Abb. 5　Arbeitsweise des DFMA-Tools 376
Abb. 6　Simultanous Engineering und DFMA 380
Abb. 7　FMEA zur Risikovermeidung 383
Abb. 8　Der Verlustkostenhebel 384

Abbildungsverzeichnis

Abb. 9   Risiken und Chancen der Industrieländer 385
Abb. 10 Zusammenwirken von QFD und FMEA 388
Abb. 11 Die drei FMEA-Arten (VDA'86) 391
Abb. 12 Zusammenhang der drei FMEA-Ebenen 392
Abb. 13 FMEA-Gesamtprozess und Unterprozesse der Betrachtung 395
Abb. 14 Zusammenhang der FMEA-Ebenen 396
Abb. 15 Das FMEA-Formblatt (VDA'86) 398
Abb. 16 FMEA-Formblatt Nr. 1 (VDA'96) 403
Abb. 17 FMEA-Formblatt Nr. 2 (VDA'96) 404
Abb. 18 Strukturanalyse Fahrzeug 409
Abb. 19 FMEA-Beispiel Schritt 1: Kugelschreiber-Skizze 414
Abb. 20 FMEA-Beispiel Schritt 2: Kugelschreiber-Funktionen 415
Abb. 21 FMEA-Beispiel Schritt 3: Kugelschreiber-System 416
Abb. 22 FMEA-Beispiel Schritt 4: Kugelschreiber-Tabelle 1 417
Abb. 23 FMEA-Beispiel Schritt 5: Kugelschreiber-Tabelle 2 418
Abb. 24 TRIZ: Das Wissenskonzentrat 425
Abb. 25 TRIZ: Von der Abstraktion zur Konkretisierung 427
Abb. 26 TRIZ: Vernetzung der 4 Säulen 428
Abb. 27 TRIZ: Prinzipien zur Auflösung technischer Widersprüche 437
Abb. 28 TRIZ: QFD-Dachmatrix 440
Abb. 29 TRIZ: Widersprüche in der QFD-Dachmatrix 448
Abb. 30 TRIZ: Dreidimensionales Deployment nach Akao 451
Abb. 31 TRIZ: Funktionen im HoQ 452
Abb. 32 Zusammenhang von QFD und TRIZ 453

Kapitel 11

Abb. 1   Mit den richtigen Werkzeugen Probleme lösen 461
Abb. 2   Die Grundwerkzeuge Q7 462
Abb. 3   Die Managementwerkzeuge M7 464
Abb. 4   Baum- und Matrixdiagramm verbinden 465
Abb. 5   Paarweiser Vergleich 467
Abb. 6   Paarweiser Vergleich und Umrechnung auf relative Punkte 468
Abb. 7   AHP-Hierarchiestruktur 471
Abb. 8   AHP: Bewertungsskala nach Saaty 473

Abbildungsverzeichnis

Abb. 9 AHP: Die 9-Punkte Bewertungsskala,
Bestimmen der Prioritäten 473
Abb. 10 AHP: Umgekehrte Relation 474
Abb. 11 Pugh-Diagramm zur Konzeptauswahl 483
Abb. 12 Pugh-Diagramm zur Auswahl einer Weinflasche 484
Abb. 13 Pugh: Radscheiben in unterschiedlicher Bauweise 486

Kapitel 12

Abb. 1 Reduzierung der Entwicklungskosten durch Produktplanung 493
Abb. 2 Kostenermittlung im QFD-Prozess 495
Abb. 3 Kostenermittlung der Funktionen, der Teile und Varianten 496
Abb. 4 Herstellervergleich zu Funktions- und Teilekosten 497
Abb. 5 Funktionsorientierter Ansatz der Wertanalyse 501
Abb. 6 QFD und Target Costing 504
Abb. 7 Beispiel zu TC, Market into Company 506
Abb. 8 Beispiel zu Market into Company 509
Abb. 9 Zielkostendiagramm, Kontrolldiagramm 511
Abb. 10 Zielkostenindex ZKI 511

Kapitel 13

Abb. 1 Ablauf der Akkreditierung 522
Abb. 2 Die 4 Stufen der Akkreditierung 523
Abb. 3 Zertifikat 525

Abkürzungsverzeichnis

AGB	Allgemeine Geschäftsbedingungen
AQL	Acceptable Quality Level, Annehmbare Qualitätsgrenzlage
ASI	American Supplier Institute
APQP	Advanced Product Quality Planning; Teil der amerikanischen QS 9000
ASQC	American Society for Quality Control
AWF	Ausschuss für Wirtschaftliche Fertigung
BGB	Bürgerliches Gesetzbuch
BM	Benchmarking
BMBF	Bundesministerium für Bildung und Forschung
BSC	Balanced Scorecard
CRM	Customer Relationship Management
CSC	Customer Service Center
DFMEA	Konstruktions-FMEA
DfSS	Design for Six Sigma
DGQ	Deutsche Gesellschaft für Qualität, Frankfurt
DIHK	Deutscher Industrie- und Handelskammertag
DoE	Design of Experiments
EEA	EFQM Excellence Award, European Quality Award
EFQM	European Foundation for Quality Management, European Quality Award
EMV	Elektromagnetische Verträglichkeit
Emnid	TNS Emnid, Meinungsforschungsinstitut (E=Erforschung; M=Marktforschung; N=Nachrichten; I=Informationen; D=Dienstleistung)
EQA	European Quality Award
FBA	Fehlerbaumanalyse

Abkürzungsverzeichnis

FMEA	Failure Mode and Effect Analysis, Fehlermöglichkeiten- und -einflussanalyse, Schwachstellenanalyse
FPZ	Führungs-Prioritäts-Zahl
FQS	Forschungsgemeinschaft Qualität
FRAP	Frequenz-Relevanz-Analyse für Probleme
GfK	Gesellschaft für Konsumforschung
HoQ	House of Quality
IMS	Integriertes Managementsystem
IPK	Forschungsinstitut für Produktionsanlagen und Konstruktionstechnik
IZB	Informationszentrum Benchmarking, Berlin
JIT	Just in Time
JUSE	Japan Union of Scientists and Engineers
KMU	Kleine und mittlere Unternehmen
KVP	Kontinuierlicher Verbesserungsprozess (Kaizen)
LEP	Ludwig-Erhard-Preis
LH	Lastenheft, Entwicklungslenkung
MBNQA	Malcolm Baldrige National Quality Award (USA)
PM	Produktmerkmale
PPM	Parts per Million, Fehlerfreiheit
PPS-System	Produktionsplanungs- und -steuerungssystem
QCD	Quality Cost Deployment, Qualitätskosten
QFD	Quality Function Deployment
QM	Qualitätsmanagement
QMB	Qualitätsmanagement-Beauftragter
QMS	Qualitätsmanagement-System
QMH, QSH	Qualitätsmanagementhandbuch
QS 9000	Quality Systems Requirements 9000 - US-Automobilnorm
QZ	Zeitschrift »Qualität und Zuverlässigkeit« der DGQ
RFID	Radio-Frequency Identification

RPZ	Risikoprioritätszahl in der FMEA
SE	Simultaneous Engineering
SPC	Statistical Process Control, Statistische Prozessregelung
SPP	Strukturierter Planungsprozess
SQA	Selbstverantwortliches Qualitätsmanagement am Arbeitsplatz
TGA	Trägergemeinschaft für Akkreditierung GmbH
TPI	Total Process Improvement
TPM	Total Productive Maintenance
TPS	Toyota Production System
TQC	Total Quality Control
TQM	Total Quality Management, umfassendes Qualitätsmanagement
TTM	Time to market
TÜV	Technischer Überwachungsverein
UMS	Umweltmanagementsystem, Umweltmanagement
USP	Unique Selling Proposition, Alleinstellungsmerkmal
VDA	Verband der Automobilindustrie e.V. (s.VDA 6.1)
VDEW	Verband Deutscher Elektrizitätswerke e.V.
VDI	Verein Deutscher Ingenieure, Düsseldorf

Vorwort

Das nun in 3. Auflage vorliegende QFD-Buch wurde erweitert und auf den neuesten Wissensstand gebracht. Es soll dem Manager und dem Praktiker im Vertrieb, in der Entwicklung und in der Produktion ein solides Grundwissen über Quality Function Deployment vermitteln. Ich zeige anschaulich und praxisnah wie die »Stimme des Kunden« im gesamten Unternehmen hörbar zu machen ist und in innovative Produkte und Dienstleistungen umgesetzt werden kann.

Seit über zwanzig Jahren befasse ich mich intensiv mit dem Thema QFD. Ich beriet viele Produktmanager und schulte Entwicklungsteams. Darüber hinaus lehrte ich QFD an einer privaten Hochschule für Internationales Management. Ich bildete QFD-Moderatoren aus und unterstützte Projektteams in den Unternehmen bei der Entwicklung neuer Produkte. Das Fazit dieser Arbeit ist: Die Unternehmen, die ihren Kunden zuhören und sie ernst nehmen, wissen was ihre Kunden wollen. Sie sind erfolgreicher als andere, weil der Erfolg eines Unternehmens primär vom Markterfolg seiner Produkte und Dienstleistungen abhängt. Es stellt sich daher immer wieder die Frage: Welches sind die »richtigen« Produkte und Dienstleistungen, mit denen Unternehmen heute und auch morgen am Markt erfolgreich sein können?

Heute stehen Unternehmen vor großen Herausforderungen. Sie müssen soziale Verantwortung und Schonung der Umwelt in Einklang mit wirtschaftlichem Erfolg bringen. »Nachhaltigkeit« steht heute in jeder Agenda. Und auch die Themen Energieeffizienz und Ressourcenverknappung dürfen bei Neuentwicklungen nicht mehr außer Acht gelassen werden. Unternehmen und Organisationen werden sich von einer ressourcen-verbrauchenden zu einer ressourcen-sparenden Ökonomie wandeln müssen.

Effizienzsteigerung und Kostenminimierung sind durch die Entwicklung neuer Produkte und Dienstleistungen nur dann möglich, wenn die »Stimme des Kunden« im Unternehmen hörbar ist und in die Produktentwicklung einfließen kann. Das Instrument dazu ist

QFD, denn QFD fragt, *WAS will der Kunde?* und transformiert seine Wünsche in den Anforderungskatalog für den Entwickler.
Wie dies im einzelnen geschieht, lesen Sie in den folgenden Kapiteln.
⇨ In *Kapitel 1* erfahren Sie was QFD bedeutet, welches die Ziele sind und wie der Verbreitungsgrad von QFD ist.
⇨ Im *2. Kapitel* werden die unterschiedlichen QFD-Ansätze (Akao, Bob King, Zultner, ASI und Saatweber) erläutert.
⇨ *Kapitel 3* beschreibt, wie die »Stimme des Kunden« erfasst wird, wie die gesamte Informationsbeschaffung erfolgt und wo es Informationsquellen gibt. Wie die Befragung durchzuführen ist (Fragebogengestaltung und -auswertung) wird in den *Kapiteln 3.4 und 4* des Buches ausführlich beschrieben.

Um Erfolg versprechende Produktideen identifizieren zu können, bedarf es einerseits kluger Köpfe, andererseits aber auch der richtigen Methoden, um den Markt und das technologische Potenzial der Konkurrenz zu beurteilen.
⇨ Hierzu finden Sie in den *Kapiteln 3.4.8* (Benchmarking) und *3.4.11* (Trendforschung) die erforderlichen Informationen.
⇨ In *Kapitel 4* wird gezeigt, wie die erfassten Daten ausgewertet und strukturiert werden.
⇨ Wie die Kundenwünsche in Produktmerkmale »übersetzt« werden, wird in *Kapitel 5* anhand eines Beispieles aus der Praxis aufgezeigt.
⇨ Die QFD-Phasen II bis V sind in *Kapitel 6* mit den erforderlichen Matrizen erklärt.
⇨ Praktische Beispiele (LED, Kamera, Dienstleistung und Gehstock mit GPS) sind in *Kapitel 7* dokumentiert.
⇨ Wie QFD die fachübergreifende Zusammenarbeit im Entwicklungsprozess unterstützt, und welche Anforderungen an QFD-Teams gestellt werden, beschreibt *Kapitel 8*.
⇨ Einen zusätzlichen Impuls erhielt QFD in den letzten Jahren durch die Normenrevision der ISO 9000. Die Norm sieht dabei die Erfüllung der Kundenforderungen mit Hilfe eines systematisierten Organisationsablaufs als ein zentrales Element der Weiterentwicklung

der Unternehmen hin zu TQM vor. Wie sich QFD in den Produktentwickprozess nach DIN EN ISO 9001 integrieren lässt erfahren Sie in *Kapitel 9*.
⇨ Wie die gezielte Nutzung von Synergien zwischen den unterschiedlichen Methoden (DFMA, FMEA, TRIZ, Bewertungsverfahren wie Pugh, AHP, u.a.) zu Innovationen führen kann, wird in *Kapitel 10 und 11* gezeigt.

Durch ein integriertes und vernetztes Methodenkonzept kann die Wirksamkeit von QFD gesteigert werden. QFD kann dabei als Leitplanungssystem gesehen werden, das Informationen für andere Verfahren liefert.
⇨ Um bei neuen Produkten eine Optimierung der Erfolgsfaktoren Qualität, Zeit und Kosten zu erreichen, ist ein Kostenmanagement über alle Bereiche hinweg erforderlich. Wie Sie ein erfolgreiches Kostenmanagement (Zielkosten, Target Costing) betreiben können, erfahren Sie in *Kapitel 12*.
⇨ *Kapitel 13* zeigt Ihnen, wie und wo Sie sich über QFD informieren und weiterbilden können.

Das vorliegende Buch enthält weder komplizierte mathematische Formeln noch wissenschaftliche Abhandlungen, sondern soll den Leser befähigen, QFD im eigenen Unternehmen einzuführen und anzuwenden. Der ausführliche Teil zur Informationsbeschaffung gibt dem Leser Hinweise für das Vorgehen beim Erfassen der »Stimme des Kunden«. Checklisten und die Downloadmöglichkeit der Arbeitsblätter mit den erforderlichen Matrizen erleichtern den Einsatz im Unternehmen.
Nach dem Lesen des Buches und der schrittweisen Anwendung werden Sie erkennen, dass QFD ein nützliches Werkzeug ist zur
⇨ Verkürzung der Entwicklungszeiten,
⇨ zur besseren Kundenorientierung und
⇨ zur verbesserten Kommunikation im Unternehmen durch das Zusammenwirken aller am Prozess beteiligten Mitarbeiter aus Marketing, Entwicklung, Produktion, Einkauf, Vertrieb und Service.

Mit meinem Buch möchte ich den Blick wieder auf die Kunden- und die Wertorientierung lenken. Das Ziel kundenwertorientierter Unternehmenssteuerung ist die langfristige Wertsteigerung des bestehenden Kundenstamms. Nur wer den Fokus verstärkt auf seine Kunden und deren Zukunftspotenzial legt, wird im Konkurrenzkampf bestehen und Schrittmacher des Wettbewerbs werden. Mit qualitativ hochwertigen und fehlerfreien Produkten wird dies gelingen, dann wird es möglich, dass Unternehmen zum Wohle ihrer Mitarbeiter Gewinne erwirtschaften.

QFD ist ein nützliches Werkzeug und ein »Instrument« auf dem Weg zur Marktführerschaft.

Das vorliegende Buch will eine für den Erfolg sehr entscheidende ganzheitliche Perspektive vermitteln – mit dem Anspruch, alle typischerweise am Produktentwicklungsprozess Beteiligte in ihrer praktischen Arbeit zu unterstützen.

Ich hoffe und wünsche, dass mein Buch Sie inspiriert, Ihren Kunden in den Mittelpunkt aller geschäftlichen Aktivitäten zu stellen. Er wird es Ihnen durch seine Treue und Loyalität danken.

JUTTA SAATWEBER,
Bad Homburg, im September 2011

Wie sollte dieses Buch gelesen werden?

Hinweise für die Benutzung des Buches verlangen nach einer »Klassifizierung« der Leserin und des Lesers:

1. QFD-Neulinge   *ohne* Marketingerfahrung
2. QFD-Neulinge   mit   Marketingerfahrung
3. QFD-Erfahrene   *ohne* Marketingkenntnisse
4. QFD-Experten   mit   fundierter Marketingerfahrung

zu 1. QFD-Neulinge ohne Marketingerfahrung
Diese Lesergruppe sollte das gesamte Buch lesen und durch die im Literaturverzeichnis angegebenen Werke ergänzen. Eine kurze Zusammenfassung zum schnellen Überblick finden Sie unter: *Kapitel 2*

zu 2. QFD-Neulinge mit Marketingerfahrung
Der QFD-Anfänger, dem alle erforderlichen Marktdaten und die Ergebnisse aus Kundenumfragen vorliegen, kann die Kapitel der sogenannten Phase 0 Kundenanforderungen auslassen. Dieses ist: *Kapitel 3*

zu 3. QFD-Erfahrene ohne Marketingkenntnisse
Der QFD-Kenner, der selbständig eine Marktuntersuchung durchführen muss, sollte die Kapitel der Phase 0 - Kundenforderungen intensiv lesen und durch die angegebene Literatur von Meffert und Unge ergänzen. Intensives Lesen von: *Kapitel 3 und 4*.

zu 4. QFD-Experten mit fundierter Marketingerfahrung
QFD-Experten, die bereits über fundierte Marketingkenntnisse verfügen, lesen zuerst die Kurzfassung am Anfang jedes Schrittes der Phase I (Kapitel 2.0) und kopieren sich die Arbeitsblätter. Diese stehen im Begleitdienst zu diesem Buch zur Verfügung:
www.symposion.de/3865
Den Zugangscode für den Download finden Sie auf der ersten Seite dieses Buches.

Wie sollte dieses Buch gelesen werden?

Weiteres Vorgehen:
⇨ Arbeitsblättern für QFD-Workshopteilnehmer kopieren
⇨ START des 1. QFD-Workshop
⇨ Training on the job

Kapitel 1

Einführung in Quality Function Deployment

Das Ziel von QFD ist es, die Wünsche der Kunden in erfolgreiche Produkte und Dienstleistungen umzusetzen und Misserfolge und Verluste auszuschließen.

> **In diesem Beitrag erfahren Sie:**
> - was die Ziele von QFD sind,
> - welcher Zusammenhang zwischen QFD und TQM besteht,
> - welche Erfahrungen QFD-Anwender gemacht haben.

1.1 Was bedeutet QFD? – Kurzbeschreibung

Der Begriff *Quality Function Deployment* hat sich trotz seiner Mehrdeutigkeit durchgesetzt. QFD kann sinngemäß übersetzt werden als Instrument zur Planung und Entwicklung von Qualitätsfunktionen entsprechend den vom Kunden geforderten Eigenschaften. Im gesamten Text wird das Akronym QFD benutzt, das sich inzwischen in der Fachwelt etabliert hat.

Der militärische Begriff *deployment* beschreibt mit »Aufstellen der Truppen« oder »in Stellung bringen« eine Seite des QFD, nämlich das Zusammenführen aller am Gesamtprozess der Produktentstehung beteiligten Fachbereiche des Unternehmens zu gemeinsamer Arbeit. *Deployment* kann auch Aufgliederung und Untergliederung der Qualitätsmerkmale bedeuten, in diesem Fall das »Aufdröseln« der Qualitätsmerkmale, über die dazu erforderliche Spezifikation bis hin zu den Qualitätsmerkmalen der Entwicklung und Konstruktion, der Produktion, des Kundendienstes, des Verkaufs, ja selbst bis in die Gestaltung der Bedienungsanleitung. Die »Stimme des Kunden« wird dabei in Qualitätsmerkmale übertragen, das heißt in die Sprache des Unternehmens (beziehungsweise bei technischen Produkten in die Sprache des Ingenieurs). In Verbindung mit *Quality* beleuchtet *deployment* die Zielrichtung des QFD: Qualitätsentwicklung von Anfang an bis zur Nutzung der Leistung durch den Kunden.

Don Clausing, einer der ersten QFD-Anwender in den USA (Xerox) beschreibt in seinem Artikel »The house of quality« im Harvard Business Review [1] den Begriff Deployment als die Verknüpfung der vier QFD-Häuser. Seitdem sprechen QFD-Anwender auch vom »deployen«, wobei sie das Herunterbrechen in die einzelnen »Häuser« meinen.

1.1.1 Weitere QFD-Definitionen

Q – Quality: Instrument zur Planung und Entwicklung von Qualitätsfunktionen.

F – Function: Die Fachbereiche: Qualitätsentwicklung durch Zusammenarbeit aller Bereiche und verantwortliche Sicherung der Qualitätsmerkmale

D – Deployment: Die »Truppen« in Stellung bringen einerseits, und die Untergliederung der geforderten Qualität in die abteilungsspezifischen Qualitätsbeiträge andererseits.

Quality Deployment
steht für das Umsetzen der Kundenforderungen in messbare Merkmale des (Gesamt-) Produktes oder Prozesses sowie das Aufdecken der Beziehung zwischen den Merkmalen und Forderungen auf unterschiedlichen Betrachtungsebenen.

Einführung in Quality Function Deployment

Quality	Function	Depoloyment
Qualität	Funktion	Verteilung
Merkmale	Mechanisierung	Diffusion
Attribute	Tätigkeit	Entwicklung
Gütekennung		Evolution

| HIN | SHITSU | KI | NO | TEN | KAI |

Abb. 1: *Japanische Version von QFD*

Definition von Yoji Akao
»QFD ist die Planung und Entwicklung der Qualitätsfunktionen eines Produktes entsprechend den von den Kunden geforderten Qualitätseigenschaften.« [2]

Definition von ASI-American Supplier Institute
»QFD ist ein System, um Kundenforderungen in entsprechende firmenseitige Erfordernisse zu übersetzen, für jede Phase der Entwicklung von der Forschung über Produktentwicklung und Fertigung bis hin zu Marketing und Verkauf.« [3]

Definition von FORD-EQUIP
»QFD ist eine Planungstechnik, die dazu dient, die vom Kunden geforderten Qualitätsmerkmale (das heißt Bedürfnisse, Wünsche, Erwartungen) in geeignete Produkt- beziehungsweise Dienstleistungsmerkmale zu übersetzen.«

Definition des Steinbeis Transfer Zentrums (TQU), Ulm, Prof. Bläsing
»QFD ist ein System aufeinander abgestimmter Planungs- und Kommunikationsprozesse mit dem Ziel, die Stimme der Kunden in die Qualitätsmerkmale der Produkte, Prozesse oder Dienstleistungen

zu übersetzen und einzuplanen, welche der Kunde erwartet und benötigt, und die dem Wettbewerbsdruck standhalten.«

Definition der Autorin
QFD dient der Zusammenarbeit der Funktionsbereiche im Unternehmen zur verlustfreien Transformation der Kundenforderungen in marktführende Produkte und Dienstleistungen. Die Ziele sind: Begeisterte Kunden, begeisterte Mitarbeiter und begeisterte Aktionäre. [4]

Wie man sieht, ist der Interpretationsspielraum groß, wobei die Kundenzufriedenheit stets im Mittelpunkt der Betrachtungen steht.

Das Q im Quality Function Deployment signalisiert eine Zuordnung unter die Qualitätswerkzeuge. Da der eigentliche Sinn von QFD aber darin besteht, Merkmale in Funktionen umzuwandeln, ist QFD in erster Linie eine Planungsmethode in der Produkt- und Dienstleistungsentwicklung. Dass es heute dennoch in den Qualitätsabteilungen angesiedelt ist, liegt an der bereichsübergreifenden Tätigkeit dieser Abteilungen, denn auch QFD arbeitet über die Bereiche hinweg und fördert die sinnvollen und notwendigen Aktivitäten zur Sicherung hoher Kundenzufriedenheit.

QFD bietet somit ein Planungsinstrumentarium zur durchgängigen Entwicklung attraktiver und kundenorientierter Leistungen.

Zusammenfassend kann gesagt werden:

Es geht darum, die Produkte oder Dienstleistungen so zu definieren, zu entwickeln, zu konstruieren, zu produzieren, zu liefern, zu installieren und bei Bedarf zu warten, dass die Wünsche und Forderungen der Kunden voll erfüllt werden. QFD dient somit der Transformation der Kundenanforderungen in die unternehmensspezifischen Fähigkeiten und der Mobilisierung aller Bereiche des Unternehmens zur Erfüllung der Kundenwünsche.

Dabei ist darauf zu achten, dass die »Stimme des Kunden« in die »Sprache des Lieferanten« so übersetzt wird, dass der Sinngehalt der Kundenstimmen nicht verfälscht wird.

1.2 Entstehung, Herkunft und Verbreitung von QFD

Das Konzept des QFD wurde 1966 von Yoji Akao erstmalig in der Bridgestone Kurume Factory in Japan eingesetzt. Bei Matsushita gab es 1969 Konzeptüberlegungen und 1972 gelang der erste Durchbruch des QFD auf den Schiffswerften der *Mitsubishi Heavy Industries* in Kobe, Japan. Die Werften erhielten damals einen Regierungsauftrag zum Bau von Kriegsschiffen.

Im Jahre 1974 begann Toyota mit der Anwendung und erfolgreichen Weiterentwicklung von QFD im Automobilbau. Das Ergebnis dieser Arbeiten ist auch als »Rost-Studie« bekannt. Toyota konnte bei der Entwicklung von Kleintransportern die Anlaufkosten ganz erheblich reduzieren. Die erste QFD-Entwicklung führte zu einer 20-prozentigen Anlaufkostenreduzierung, beim zweiten Modell wurden bereits 38 Prozent Einsparungen erzielt und bei der dritten Serie 61 Prozent. Die Anzahl der Änderungen ging um 50 Prozent zurück. Das in den USA sehr beliebte und erfolgreiche PKW-Modell »Lexus« ist eine spätere QFD-Entwicklung von Toyota.

1978 erschien Akaos Buch »Quality Function Deployment« [2] in Japan. 1980 erhielt die Firma Kayaba (Bau von Einkaufszentren, Schwimmhallen, U-Bahnhöfen, Wohnhäusern) den Demingpreis für eine Weiterentwicklung von QFD.

1983 machte Akao QFD in den USA (Chicago) bekannt. In der frühen Hälfte der 80er Jahre begann in den USA die Firma *Ford Motor Company* mit der Anwendung der Verfahren. Das aus diesen Anfängen hervorgegangene *American Supplier Institute ASI* [3] beschrieb QFD unter dem Titel *House of Quality (HoQ)* mit leichten Veränderungen der Schwerpunkte. Die amerikanischen Firmen Kodak, Hewlett Packard AG, Motorola und Digital Equipment setzten die QFD-Methode ab Mitte der 80er Jahre für ihre Entwicklungsprozesse ein. Ishikawa und JUSE (Japanese Union of Scientists and Engineers) schulten QFD 1983 bei Ford Motors & Co. Die Firma Ford führte QFD einige Jahre später weltweit ein, ASI trainierte auch die deutschen Ford-Mitarbeiter. Ford benutzte QFD für Neuentwicklungen und Produktverbesserungen, zum Beispiel »bessere Schaltbarkeit des Getriebes«.

Der Ford »Mondeo« ist ein QFD-Produkt. Die Ei-Form entsprach offenbar dem Zeitgeschmack der neunziger Jahre, denn auch das »Mazda«-Ei ist eine QFD-Entwicklung.

Der Amerikaner Don Clausing [1] vermittelte den XEROX-Mitarbeitern im Jahre 1984 die QFD-Technik. Seine QFD-Publikation in *der Harvard Business Review* aus dem Jahre 1988 über die Autotür geistert noch heute durch die QFD-Abhandlungen und wird immer wieder gern zitiert.

Bob King, ein Schüler Akaos, stellte 1987 QFD in seinem Werk »Better Design in half the Time« [5] anwendungsbezogen als »Kochbuch-Ansatz« vor, der den japanischen »Puzzle-Ansatz« überwinden helfen soll. Er schränkt als QFD-Praktiker den Begriff »Kochbuch« aber ein, da es kein allgemeingültiges Rezept zum Vorgehen nach QFD geben kann, jede Firma muss ihren eigenen Zugang zu QFD finden. Hierzu bietet Bob King ein nützliches »Tool Kit« an.

QFD: Ursrprung und Verbreitung

1966	Konzept/Entwurf von Yoji Akao
1969	Konzeptüberlegungen bei Mathsushita
1972	1. Durchbruch: Anwendung bei Mitsubishi Heavy Industries in Kobe, Japan
1974	Toyota (Anlaufkosten minus 20%, -38%, -61%)
1978	erscheint Akaos Buch
1980	starke Verbreitung durch Firma Kayaba (Schwimmhallen, Kaufhäuser, Einkaufszentren u.a. in Japan)
1984	QFD in USA (Ford, Kodack, Hewlett Packard)
1985	QFD-Verbreitung in USA durch ASI und Ford
1987	erste Anwendungen in Deutschland
1997	erstes deutsches QFD-Buch, Jutta Saatweber (Hanser, München)*
2007	zweite Auflage QFD-Buch J. Saatweber (Symposion, Düsseldorf)*
2011	dritte Auflage QFD-Buch Jutta Saatweber (Symposion, Düsseldorf)*

* Buchtitel: Kundenorientierung durch Quality Function Deployment

Abb. 2: *QFD-Ursprung und Verbreitung*

Die über vierzigjährige QFD-»Entstehungs-Geschichte« wird in der vorstehenden Abbildung 2 zusammengefasst.

In Deutschland wurde QFD etwa in der zweiten Hälfte der 80er Jahre des vergangenen Jahrhunderts bekannt. Das TQU-Steinbeis-Transferzentrum Qualitätssicherung Ulm setzte sich für seine Verbreitung in den deutschsprachigen Ländern ein und führte 1993 das erste QFD-Symposium in Sindelfingen durch [6].

In den USA werden alljährlich QFD-Symposien durchgeführt, die von Wissenschaftlern und Firmenvertretern zahlreich besucht werden. In Deutschland gibt es seit 1996 das »QFD Institut Deutschland« (QFD-ID), das sich mit der Verbreitung von QFD im deutschsprachigen Raum befasst [7] und ebenfalls jährlich zu einem Symposium einlädt. Seit 2005 werden durch das QFD-ID auch Zertifizierungen der QFD-Trainer vorgenommen (http://www.qfd-id). Die Autorin ist Mitglied im QFD-ID, sie wurde Architektin 4. Grades, verliehen durch das QFD-ID. Außerdem gehört sie der Kommission an, die jährlich die besten eingereichten Diplomarbeiten und Dissertationen zum Thema QFD auswählt und bewertet. Diese Arbeiten werden auf den Symposien vorgestellt und prämiert.

1.3 Was sind die Ziele von QFD?

QFD steht nicht als Begriff für eine einzelne Methode, sondern setzt sich wie eine Dienstleistung aus drei Komponenten zusammen: dem Produkt, dem Prozess und dem Ergebnis.

- ⇨ QFD als Produkt beschreibt das methodische Vorgehen anhand eines Leitfadens.
- ⇨ Der QFD-Prozess wird vom Projektteam nach diesem Leitfaden ausgestaltet.
- ⇨ Das Ergebnis des QFD-Prozesses ist der vollständige Qualitätsplan.

QFD ist als Arbeitsphilosophie und Arbeitsstil zu verstehen, der die volle Kundenzufriedenheit anstrebt und das Wissen und Können aller Mitarbeiter in die Strategien und Maßnahmen zu dieser

Zielerreichung einzubinden versucht. QFD bietet hierzu ein Paket von Vorgehensempfehlungen, deren Ziel die exakte Ermittlung der Kundenanforderungen an das Produkt und an die Dienstleistung ist, um sicherzustellen, dass das Endprodukt genau dem Kundenwunsch entspricht. Dadurch werden Fehlentwicklungen vermieden und am Ende des QFD-Prozesses steht das Ziel jeder unternehmerischen Tätigkeit: Kunden zu gewinnen und zufrieden zu stellen sowie dadurch einen angemessenen Gewinn zu erwirtschaften.

Im weitesten Sinn ist QFD ein Instrument der Unternehmensplanung zur Potenzierung der Fähigkeiten aller im Unternehmen Tätigen. QFD hilft, betriebsinterne Mauern niederzureißen und das abteilungsbezogene Denken durch Denken in Prozessen zu ersetzen. Durch die Beseitigung der innerbetrieblichen Schranken wird die Umsetzung der Total-Quality-Management-Philosophie ermöglicht. QFD wird bei firmenweiter Anwendung zum Kommunikationsinstrument, das zur Überwindung des häufig beklagten Mangels an Informationen beiträgt und die Zusammenarbeit verbessert.

Die Hauptziele von QFD sind:
⇨ Erfolg für die Kunden
⇨ Erfolg für die Mitarbeiter
⇨ Erfolg für den Unternehmer

Die Unterziele, die dazu verfolgt werden, sind:
⇨ Eine kundenbezogene Entwicklung, um begeisterte Kunden durch absolute Kundenorientierung zu erreichen
⇨ Die Intensivierung der Zusammenarbeit im Unternehmen, um die Mitarbeiter zum Mitdenken und Handeln zu motivieren
⇨ Eine offene Kommunikation und Information
⇨ Abgestimmte, klare und messbare Ziele sowie Verlustreduzierung in der gesamten Prozesskette durch präventive Planung der Produkte und Dienstleistungen
⇨ Weniger Änderungen
⇨ Verkürzung der Entwicklungs- und Umsetzungszeiten (Time to market – TTM)

⇨ Eine gut nachvollziehbare und verständliche Dokumentation, die dann auch für spätere Produktverbesserungen einsetzbar ist. Durch die übersichtliche Darstellung der komplexen Zusammenhänge kann das Auge jederzeit über die »QFD-Landkarte« wandern
⇨ Konzentration von Expertenwissen
⇨ Ein durchgängiges Qualitätsmanagement (TQM) sowie die im Team abgestimmte Qualitätsentwicklung

1.4 Zusammenhang von QFD und TQM

QFD baut auf der Philosophie, den Methoden und Strategien des TQM auf, dies ist der Nährboden für QFD. Ist TQM als Voraussetzung für die Anwendung von QFD überhaupt nicht oder in nicht befriedigendem Umfang gegeben, so sollte das QFD-Team eine Einführung in die TQM-Ziele erhalten. Ein Unternehmen, in dem der Qualitätsgedanke nur rudimentär praktiziert wird, würde bei der Einführung von QFD vermutlich scheitern. Wenn Qualität ein wesentlicher Bestandteil der Firmenphilosophie ist, wird die Anwendung von QFD zu einem praktizierten TQM führen.

QFD kann ein TQM unterstützen, aber nicht eine Bewusstseinsänderung herbeiführen, wenn nicht zumindest ein Ansatz zum Paradigmenwechsel vorhanden ist.

Die wesentlichen Elemente des TQM sind in Abbildung 3 dargestellt. Unternehmen verfolgen auf der Basis ihrer Firmengrundsätze die sieben Strategien (Segmente) in ihrem Geschäft mit aller Konsequenz. QFD unterstützt alle Elemente im vorstehenden TQM-Kreis, insbesondere die drei ersten Elemente, Kunden im Zentrum, Mitarbeitereinbindung und Planung.

Durch die Arbeit mit QFD werden Schwachstellen sichtbar, die mit den üblichen Qualitätswerkzeugen (Ursache-Wirkungsdiagramm und andere) weiter bearbeitet werden können. *QFD kann daher als integraler Baustein und Bestandteil des TQM bezeichnet werden.*

Einführung in Quality Function Deployment

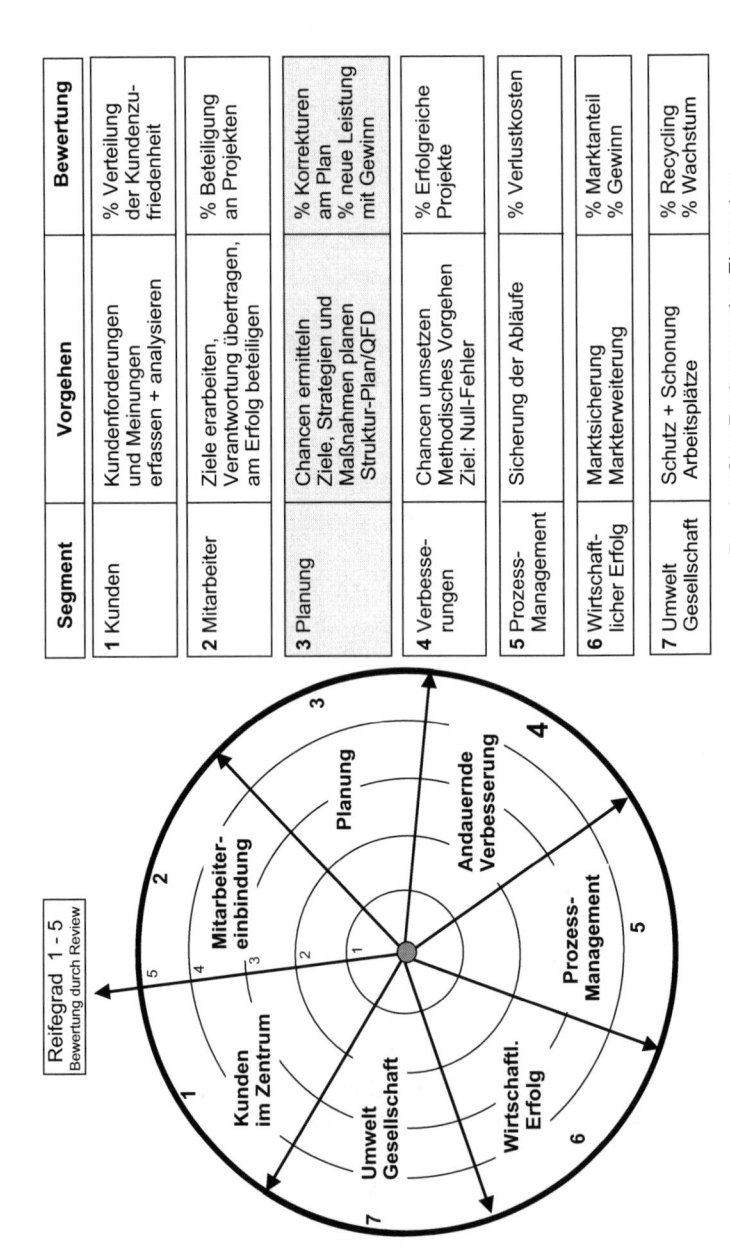

Segment	Vorgehen	Bewertung
1 Kunden	Kundenforderungen und Meinungen erfassen + analysieren	% Verteilung der Kundenzufriedenheit
2 Mitarbeiter	Ziele erarbeiten, Verantwortung übertragen, am Erfolg beteiligen	% Beteiligung an Projekten
3 Planung	Chancen ermitteln Ziele, Strategien und Maßnahmen planen Struktur-Plan/QFD	% Korrekturen am Plan % neue Leistung mit Gewinn
4 Verbesserungen	Chancen umsetzen Methodisches Vorgehen Ziel: Null-Fehler	% Erfolgreiche Projekte
5 Prozess-Management	Sicherung der Abläufe	% Verlustkosten
6 Wirtschaftlicher Erfolg	Marktsicherung Markterweiterung	% Marktanteil % Gewinn
7 Umwelt Gesellschaft	Schutz + Schonung Arbeitsplätze	% Recycling % Wachstum

Regelmäßige Reviews zu den Elementen

Reifegrad 1 - 5
Bewertung durch Review

Abb. 3: *Die sieben Segmente des TQM und der Reifegrad des Unternehmens*

1.4.1 QFD als Planungsprinzip

Das Grundprinzip guter Planungs- und Verbesserungsprozesse beginnt mit der Formulierung eines Zieles, zu dem geeignete Strategien und zu diesen wiederum geeignete Maßnahmen (»taktische Schritte«) zu erarbeiten sind. Das Netzwerk aller Maßnahmen soll das Erreichen der Strategie sicherstellen und diese müssen wiederum zum Ziel führen. Dieses Prinzip gilt sowohl für jedes große Vorhaben (zum Beispiel Start einer Weltraumrakete) als auch für persönliche Ziele (Hausbau).

Genau dies ist auch die Vorgehensweise bei QFD: Zu dem gesetzten Ziel (QFD: Was?) werden die Strategien planerisch mit allen Details der Einzelschritte (Unterfunktionen) beschrieben. Dies gelingt umso besser, je klarer die einzelnen Funktionen bei QFD die Wies – mit ihren charakteristischen Zielwerten beschrieben werden. Die folgende Abbildung verdeutlicht diesen Zusammenhang.

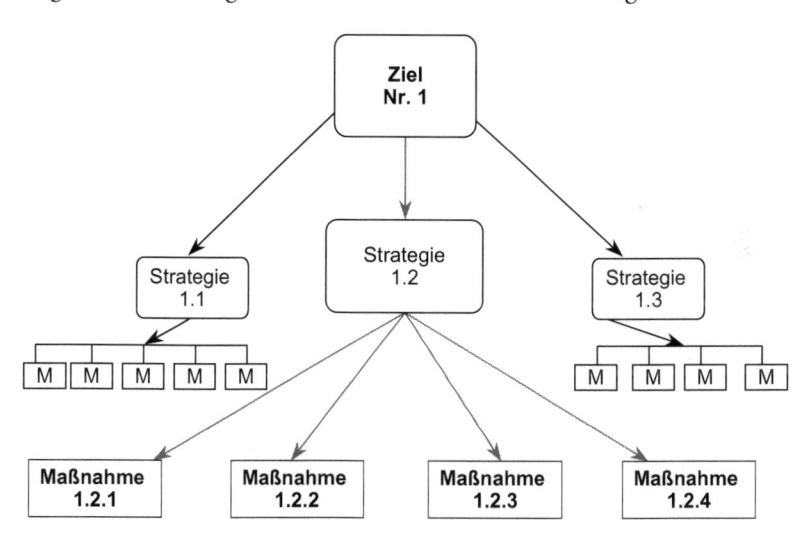

Die Maßnahmen müssen die Strategien, und die Strategien müssen das Ziel erfüllen

Abb. 4: *Das QFD-Planungsprinzip SPP-Strukturierter Planungsprozess oder »Hoshin Kanri« (Goldener Kompass)*

Der Begriff des »Deployment« in QFD zeigt hier das »Aufdröseln« eines Ziels in seine Strategien (Unterziele) bis hin zu der Entwicklung notwendiger Einzelmaßnahmen. Man bezeichnet dieses Vorgehen auch als strukturierten Planungsprozess (SPP) oder Hoshin Kanri.

Hoshin Kanri bedeutet im Japanischen goldener Kompass. Dies symbolisiert die Vorgehensweise, wie sie in der folgenden Abbildung 5 dargestellt ist. Alle Kompassnadeln zeigen in die gleiche Richtung, durch horizontale und vertikale Abstimmung weiß jeder im Unternehmen, welche Ziele verfolgt werden und welches sein Beitrag zur Erfüllung dieses Zieles ist.

Ausrichtung der Ziele (bei MBO) ?		Ausrichtung auf das Ziel bei QFD	
Vorstand	↑	Vorstand	↑
Hauptabt.-Leiter	↑↙☹↖↓↑↗→	Hauptabt.-Leiter	↑ ↑ ↑ ↑ ↑
Abteilungsleiter	↑☹↓→↓↑☹↗↘	Abteilungsleiter	↑↑↑ ↑↑↖↑
Gruppenleiter	↙↑☹←↑☹→↖↑↗	Gruppenleiter	↑↑↑↑↑↑↑↑↑↑
Mitarbeiter	☹☹☹☹☹	Mitarbeiter	↑↑↑↑↑↑↑↑↑↑↑↑
Alle rudern - jeder in seine Richtung		Alle rudern in die gleiche Richtung	

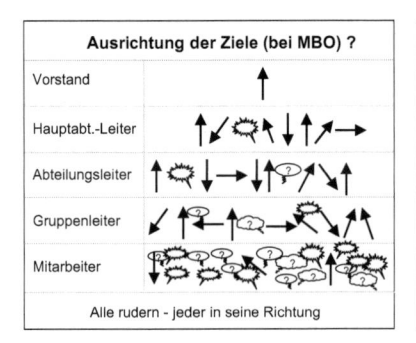

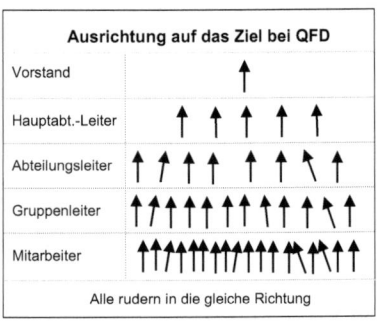

Abb. 5: *Die Ausrichtung auf das Ziel, Hoshin Kanri und QFD*

QFD unterstützt durch geordnete Fragestellung den Bearbeitungsprozess und ermöglicht eine gute bildhafte Darstellung der Ergebnisse auf einem Arbeitsblatt.

Zusammenfassend kann festgestellt werden: QFD ist ein mehrstufiger Planungsprozess, der die Kunden und alle Prozesse des Lieferanten in die Planung einbezieht. QFD stellt einen Planungsleitfaden zur durchgängigen Qualitätsentwicklung dar.

1.5 Kundenorientierung und QFD

»Alles fließt.« Auf diese kurze Formel hat Heraklit die Einsicht gebracht, dass das einzig Beständige der Wandel ist. Diese griechische Erkenntnis war in Europa über lange Jahrhunderte verpönt, nichts durfte sich bewegen. So ist es nicht verwunderlich, wenn wir die ständigen Veränderungen als beklagenswert empfinden und unter dem Eindruck »nichts ist so beständig wie der Wandel« leiden [8]. Nur wer den ständigen Wandel in seiner Kultur bewusst akzeptiert und daraus intelligente Handlungen ableitet, hat Chancen als Sieger im Wettbewerb zu überleben. Dem Streben asiatischer Industrien, die Chancen des Wandels zu nutzen, fielen in nur zwei Jahrzehnten im Westen ganze Industriezweige zum Opfer (Fotoindustrie, Videogeräte, Fernseher, Computer, Fax-Geräte, Unterhaltungselektronik etc.).

Um trotz unserer Kultur Verbesserungen zu erreichen, sind Methoden und Arbeitsweisen erforderlich, die über die traditionelle Qualitätssicherung westlicher Denkart hinausgehen. Präventive Planungsverfahren wie zum Beispiel Fehler-, Möglichkeits- und Einflussanalyse (FMEA) und Planungsmethoden wie QFD haben sich hier als vorteilhaft erwiesen.

QFD als Qualitätsentwicklungssystem fragt nach den Kundeninteressen und bindet das Management in den Prozess des Kundendienstes im weitesten Sinne ein.

Abb. 6: *Die hierarchische Organisation*

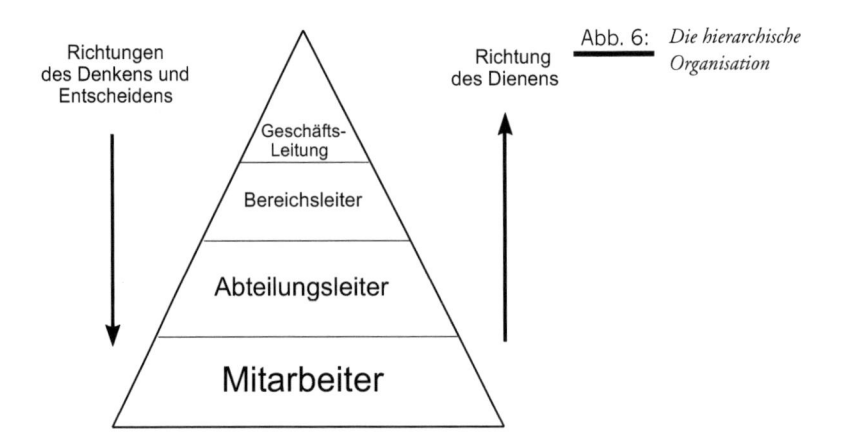

```
              /\
             /  \
            / GL \           Richtungen                    Richtung
           /------\          des Denkens und               des Dienens
          /Bereichs\         Entscheidens
         /  leiter  \
        /------------\
       / Abteilungs-  \
      /    leiter      \
     /------------------\
    /    Mitarbeiter     \
   /_____\
```

Die übliche Darstellung der Organisationspyramiden (Abb. 6) ist für die Mitarbeiter ein deutliches Signal zur Anpassung ihres Verhaltens: Der Vorstand thront auf dem Gipfel, ihm ist zu dienen. Diese Pyramiden zeigen nicht, auf wen es ankommt: *die Kunden.*

Das Sprichwort »Der Kunde ist König« liegt uns als Kunden stets auf der Zunge. Allerdings werden häufig die daraus abzuleitenden Verhaltens- und Umgangsformen über Bord geworfen. Kunden werden meistens als störend und lästig empfunden, weil sie nicht bereit sind, sich den Prozeduren des Lieferanten zu unterwerfen. Die Arroganz mancher Organisationen feiert Triumphe; das Erstaunen ist groß und die Folgen bitter, wenn die Kunden ihre Macht zeigen und einfach wegbleiben.

Die nach TQM arbeitende Organisation zeigt die Pyramide (Abb. 7) umgedreht. Das allerwichtigste Element steht hier obenan: Der Kunde. Alle leben vom Kunden, nur er entscheidet, ob er die Rechnung bezahlt und ob er uns auch weiterhin als Lieferant berücksichtigt. Firmen, die dies erkennen und praktizieren, sind erfolgreicher als andere.

Als John Young, bis 1992 Firmenpräsident der Hewlett Packard AG, nach dem Erfolgsgeheimnis seiner Firma befragt wurde, antwortete er: »Satisfying customers is the only reason we're in business.« Der Erfolg gab ihm Recht.

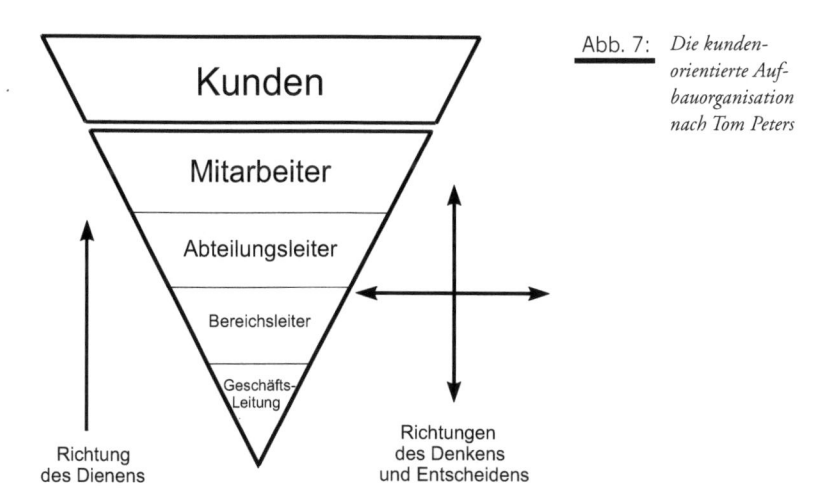

Abb. 7: *Die kundenorientierte Aufbauorganisation nach Tom Peters*

(Kunden / Mitarbeiter / Abteilungsleiter / Bereichsleiter / Geschäfts-Leitung)

Richtung des Dienens

Richtungen des Denkens und Entscheidens

Unternehmen können heute nur dann überleben, wenn sie sich durch absolute Kundenorientierung auszeichnen. Kundenorientierung und Dienst am Kunden sind in Deutschland lange Jahre vernachlässigt worden. Die daraus resultierenden Folgen sind bekannt.

Das Wort »dienen« ist in unserem Sprachgebrauch leider immer noch sehr negativ belegt, man denkt dabei an Dienstmädchen und an den Dienstmann, also an Personen, die die »niederen Dienste« verrichten. Dass sich Friedrich der Große als »erster Diener seines Volkes« verstand, ist heute wahrscheinlich nur noch wenigen bekannt.

Als die Firma Mercedes Benz sich 1993 in einer tiefen Krise befand, veranlasste die Geschäftsleitung ein groß angelegtes Managementtraining mit der Bezeichnung »Werkstatt des Wandels«. Der Vorstand wollte die Umsetzung des »Mercedes Benz-Erfolgsprogramms« nicht nur fördern, sondern auch begleiten. Wichtig war insbesondere die Förderung der mentalen Neuorientierung im Unternehmen mit dem Ziel, eine Verhaltensänderung *zum Dienen* zu erreichen. Die Geschäftsleitung beschwor die anwesenden Manager, Dienen nicht als Ausdruck der Unterwürfigkeit zu sehen, sondern den Dienst am Kunden als oberstes Gebot zu erkennen. »Eine kompromisslose Kundenorientierung ist erforderlich«, so einer der damaligen Vorstände.

Er erinnerte daran, dass im Wappen des Prince of Wales die Worte stehen: »*I serve.*«

Mercedes Benz unterstützte sein »MB-Erfolgsprogramm« auch durch Merkzettel, die an die Mitarbeiter verteilt und an Plakatwänden im Unternehmen veröffentlicht wurden.
Der Merkzettel 1 enthält folgenden einprägsamen Text:

> *»Wenn wir die Wünsche der Kunden nicht mehr ernst nehmen, werden die Kunden uns nicht mehr ernst nehmen.«*

Wie wahr! Denn Kunden, die unsere Waren und Dienstleistungen kaufen, entscheiden, ob sie in Zukunft weiterhin Geschäfte mit uns tätigen oder zur Konkurrenz wechseln. Dies verdeutlicht Mercedes Benz mit dem treffend formulierten Merkzettel 2:

> *»Unzufriedene Mercedes-Fahrer kann man überall finden. Bei BMW, bei Jaguar, bei Audi ....«*

Die Nachhaltigkeit dieser Aussagen wird erst viele Jahre später bewusst, denn der Globalplayer DaimlerChrysler litt erneut: Qualitätsprobleme, verbunden mit teuren Rückrufaktionen und starke Umsatzeinbußen brachten Schrempp & Co. in Bedrängnis. Als »Kapitalvernichter« bezeichneten ihn die Aktionäre auf der Hauptversammlung 2005. »Wenn der Manager der »Welt AG« sein neues Renditeziel erreichen will, dann muss im Konzern ein Großreinemachen passieren« [9]. Es passierte, im Juli 2005 musste Jürgen Schremp (ohne Abfindung) zurücktreten. Sein Kronprinz, der Mercedes Car-Group-Manager Eckhard Cordes, folgte ihm.

Eine »Hochzeit im Himmel« hatte Jürgen Schrempp versprochen, die Fusion mit dem US-Autohersteller Chrysler sollte den Traum von einer Welt-AG wahr werden lassen. Daraus ist nichts geworden. Es folgte eine Chronik des Scheiterns: Schon im Oktober 2000 schreibt die US-Sparte des DaimlerChrysler-Konzerns rote Zahlen. Das Minus beträgt 600 Millionen Euro. Zwei Jahre nach der Übernahme entpuppt sich die US-Tochter als überteuerter Bremsklotz. D. Zetsche soll in Detroit »den Karren aus dem Dreck ziehen«. Chrysler-Chef Holden wird abgelöst und sechs Werke geschlossen, 26.000 Jobs fallen weg. 2001 pumpt Daimler vier Milliarden Euro in die Sanierung der US-Tochter. Im Februar 2002 fährt Chrysler fünf Milliarden Euro Verlust ein. Das ist ein Scheitern der Vision von der »Welt AG«. Nach einem starken Gewinneinbruch 2005 bei Mercedes tritt J. Schrempp zurück. Sein Nachfolger wird D. Zetsche. Die »Hochzeit im Himmel« endet 2005 mit einem Desaster: Mercedes streicht in den folgenden zwölf Monaten 8.500 Jobs in Deutschland.

Im Januar 2006 streicht DaimlerChrysler 6.000 Stellen. 2007 will DaimlerChrysler sein US-Geschäft aus den roten Zahlen steuern. Bis 2009 sollen noch zwei Werke und 13.000 Stellen wegfallen. Danach hätte Chrysler nur noch halb so viele Beschäftigte wie bei der Fusion. Im Mai 2007 kauft Cerberus 80,1 Prozent der DaimlerChrysler-Anteile. Das war das Ende der »Hochzeit im Himmel« und des Größenwahns eines Managers. Teure Fehlentscheidungen der Unternehmen führen zu schmerzhaften Multiplikationseffekten wie die Untersuchung des Research Institute of America feststellt: Es ist bekannt, dass ein Kunde mit acht bis 16 anderen über seine Unzufriedenheit spricht, aber nur mit circa drei anderen über seine Zufriedenheit. Der daraus entstehende Schaden kann auch nicht durch noch so aufwändige Werbekampagnen und Marketingmätzchen wettgemacht werden.

Wenn Kunden hingegen, auf eine Reklamation hin, voll zufrieden gestellt werden, kaufen sie auch in Zukunft wieder beim gleichen Unternehmen, hierin liegt für alle eine große Chance.

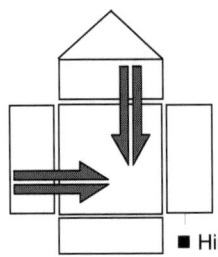

Die hohen Kosten des Kundenverlustes

- Hinter jedem reklamierenden Kunden stehen 26 weitere, die schweigen.
- Der unzufriedene Kunde spricht mit 8 bis 16 anderen.
- Die Kosten zum Gewinn eines neuen Kunden sind 5 mal höher als der Erhalt eines vorhandenen Kunden.
- 91% der unzufriedenen Kunden kaufen nicht mehr bei uns.
- Aber 90% der nach Reklamationen voll zufriedengestellten Kunden kaufen wieder bei uns.

Abb. 8: *Kundenverluste – Unzufriedenheitsmultiplikatoren*

Die Unternehmen sollten erkennen, dass sich die meisten Kunden eine langfristige Zusammenarbeit mit ihrem Lieferanten wünschen. Deshalb ist es wichtig, die Erwartungen der Kunden zu kennen und zu erfüllen. Die »Stimme des Kunden« muss von allen Mitarbeitern des Lieferanten gehört werden.

Unternehmen, in denen die Philosophie des TQM gelebt wird, werden alle Maßnahmen ergreifen, um ihre Kunden zufrieden zu stellen und zu *begeistern*.

1.6 Anwendungsgebiete für QFD

Die Anwendungsfelder für QFD sind vielfältig. QFD ist ein Planungsleitfaden, der in der Produktion, im Dienstleistungsbereich, in allen administrativen Bereichen und im privaten Umfeld eingesetzt werden kann. Anwendungsfelder sind u.a.:

⇨ Produktverbesserungen
⇨ Produkt-Neuentwicklungen
⇨ Dienstleistungen aller Art

⇨ Geschäftsprozesse
⇨ ....und überall dort, wo Leistungen für Kunden erbracht werden.

QFD wird darüber hinaus eingesetzt:
⇨ bei der Weiterentwicklung von Produkten und Dienstleistungen und bei der Überarbeitung vorhandener Produkte und Dienstleistungen
⇨ bei der Neuentwicklung von Produkten und Dienstleistungen von der Konzeptionsphase bis zur Produktionsplanungsphase (projektbegleitend)
⇨ in allen Branchen, vom Schiffsbau über das Transportwesen, der Bauindustrie, dem Maschinenbau, der Touristik, der Versicherungsbranche bis hin zum Gesundheitswesen mit seinen Einrichtungen
⇨ beim Aufbau eines wirksamen QM-Systems
⇨ bei der Planung, Bearbeitung und Optimierung von Geschäftsprozessen
⇨ in öffentlichen Verwaltungen, ihren Dienstleistungen und Produkten aller Art. Hier liegen noch ungeahnte Ressourcen. Der Paradigmenwechsel: in erster Linie auf die Wünsche des Bürgers einzugehen und zweitens »hoheitsvoll« tätig zu werden.

Die dem Code Napoleon entliehene Verwaltungsphilosophie, wonach es auf Regeltreue des Verfahrens ankommt, sollte dem angelsächsischen Prinzip weichen, welches staatliches Handeln mehr als eine Dienstleistung für die Allgemeinheit begreift.

Erste Ansätze zeigen sich durch die Nutzung des Common Assessment Framework, kurz CAF, in öffentlichen Verwaltungen in ganz Europa. Mit Hilfe einer Selbstbewertung wird die Qualitätsentwicklung in den anwendenden Verwaltungen unterstützt. Auch der Kunde und seine Zufriedenheit mit der Organisationsleitung werden dabei in den Fokus genommen [10]. Die systematische Weiterentwicklung von Dienstleistungen, Produkten oder Prozessen auf der Basis von erhobenen Kundenwünschen ist aber leider noch die Ausnahme.

Wir können QFD heute als »Werkzeugkasten« zur Beseitigung der vielfältigen Probleme und zur Gestaltung der Zukunft nutzen, wenn wir die Werkzeuge permanent schärfen und sie kreativ für die vor uns stehenden Aufgaben weiterentwickeln.

QFD kann überall dort eingesetzt werden, wo Menschen an der Erfüllung von Zielen für externe oder auch interne Kunden arbeiten. QFD bietet hier eine nützliche Unterstützung. Denn neben den drei Grundproblemfeldern aller Firmen oder Organisationen,

⇨ attraktive Leistungen (Qualität),
⇨ im richtigen Moment (Zeit),
⇨ zu einem fairen Preis (Kosten, Verluste) anbieten und liefern zu können, wird die vierte Dimension – *der Mensch* – als Dreh- und Angelpunkt im QFD-Geschehen ernst genommen und aktiv beteiligt.

Abbildung 9 zeigt im Mittelpunkt des magischen Dreiecks aus Kosten-Zeit-Qualität die Einbindung der Menschen (Kunden, Mitarbeiter, Management) im Unternehmen.

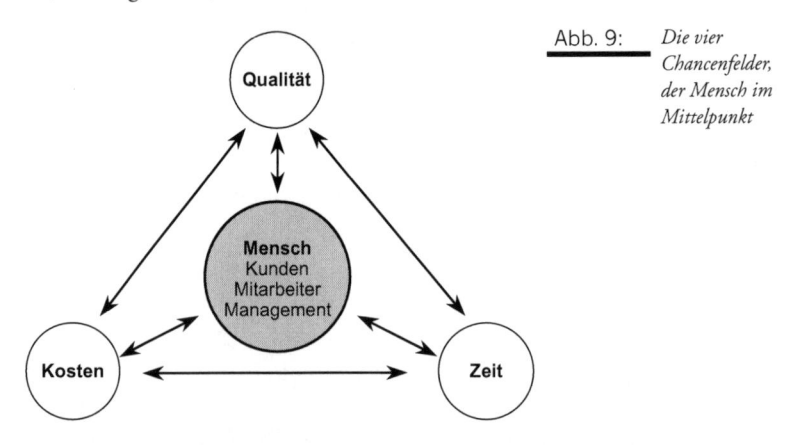

Abb. 9: *Die vier Chancenfelder, der Mensch im Mittelpunkt*

Es geht nicht mehr ausschließlich um eine Kostenoptimierung, denn Qualität, Kosten und Zeit müssen sich nicht dauerhaft widersprechen. Das Ziel muss eine kundenoptimale Qualität sein, wobei alle

Prozesse, von der Produktidee bis zum Serieneinsatz zu betrachten sind. Dies führt zu einer Minimierung von Verschwendung/Verlusten und zu einer Verkürzung der Entwicklungszeit.

1.6.1 Der Grad der Verbreitung von QFD

Der Grad der Verbreitung von QFD ist nicht genau bekannt, da die meisten QFD-Projekte der Geheimhaltung unterliegen und in den Panzerschränken der Unternehmen verschwinden. Aus dem gleichen Grunde erscheinen kaum Veröffentlichungen in der Fachpresse zu konkreten Projekten. Einige mir bekannte QFD-Anwender (Auszug) seien hier genannt:

- Behr Automobiltechnik GmbH, Stuttgart, Automobilzulieferer
- Bizerba GmbH, Balingen (Waagen)
- Bosch, Stuttgart, Autozubehörteile
- Bosch-Rexroth, ehemals Mannesmann Rexroth, Lohr, Ventile
- BSH, Bosch-Siemens Hausgeräte, Lipsheim bei Stassburg
- Deutsche Bahn, Forschungs- und Technologiezentrum München und Minden
- Du Pont, Deutschland, Neu Isenburg
- 3M Deutschland GmbH, Neuss, z.B. Babywindeln; QFD wird auch als Analysewerkzeug für Kennzahlen eingesetzt
- Faurecia (ehemals Bertrand F.), Stadthagen, Fahrzeugkomponenten
- Flachglas AG (Pilkington), Gelsenkirchen, Glasherstellung
- Ford, Köln, PKW-Entwicklung (Mondeo), Getriebeverbesserungen
- Gossen Metrawatt, Nürnberg (Messgeräte)
- Hewlett Packard GmbH, Böblingen (Medizintechnik, Voltmeter, Leuchtdioden, sowie Softwareentwicklung)
- Hilti AG, Schweiz, Adliswil
- KHS GmbH (Klöckner Werke AG), Dortmund und Bad Kreuznach, (Abfüllmaschinen)
- Kodak, Stuttgart, (Fotokopierer)
- MANroland, Offenbach, Konstruktion Bogen-Druckmaschinen

- ⇨ Mercedes Benz in Berlin, bei der Planung von Geschäftsprozessen
- ⇨ Mercedes Benz im Werk Sindelfingen in der Automobilentwicklung (zum Beispiel Sidebag der E-Klasse in Türinnenverkleidung, SLK Dachkonstruktion)
- ⇨ METABO Werke, Nürtingen, Hersteller von Elektrowerkzeugen für die Industrie und den Heimwerker, setzt bei der Neuentwicklung und Produktverbesserung QFD ein
- ⇨ Miele, Gütersloh (Waschmaschinen, Waschmitteldosierung)
- ⇨ Pilking Flachglas AG, Gelsenkirchen
- ⇨ SAP AG, Walldorf, Softwareentwicklung
- ⇨ Siemens in München, auch zur Planung von Geschäftsprozessen und Siemens Regensburg
- ⇨ Siemens-Nixdorf, Berlin
- ⇨ Skoda-Werke, Mladá Boleslav, Tschechien
- ⇨ Stanley Black & Decker (EPTA), Idstein
- ⇨ SWF Auto-Electric, Bissingen, Automobilzulieferteile
- ⇨ tesa SE, Hamburg, Etiketten
- ⇨ Telenorma GmbH, Sicherheits- und Zeitsysteme, Stuttgart
- ⇨ Union Special GmbH, Stuttgart, Industrienähmaschinen, Muttergesellschaft ist JUKI Corporation, Tokio (Textilmaschinen, Sackmaschine für die Verpackungsindustrie)
- ⇨ VARTA AG, Hannover
- ⇨ VW AG, Braunschweig, Fahrkomponenten
- ⇨ VW AG, Wolfsburg KFZ-Entwicklung und Konzeptvergleich (Komponenten der Zulieferer)
- ⇨ VW AG, Wolfsburg, Mitarbeiterschulung, Methodenpass (QFD, FMEA, u. a.)
- ⇨ XEROX Deutschland, Fotokopierer, Drucker

1.7 Erfahrungen einiger QFD-Anwender – Gründe für die Einführung von QFD

Die Firma Black & Decker, die QFD seit Ende der 80er Jahre für die Entwicklung neuer Produkte einsetzt, nannte für die Einführung von QFD folgende Gründe:

⇨ Der Hauptzweck ist es, die Kundenerwartungen an das Produkt sicher zu erfüllen.
⇨ QFD hilft, aus verbalen Kundenwünschen eine klare technische Spezifikation zu erstellen.
⇨ Mit QFD wird in allen beteiligten Bereichen (Marketing, Arbeitsvorbereitung, QS, Entwicklung, Konstruktion etc.) ein sehr detailliertes Produktwissen aufgebaut.
⇨ Mit QFD wird die betriebliche Zusammenarbeit gefördert, da die Matrix gemeinsam von den verschiedenen Abteilungen bearbeitet wird.
⇨ QFD ist nützlich, um Entwicklungszeiten zu verkürzen, da der spätere Änderungsaufwand reduziert wird, und es hilft, sich auf wesentliche Punkte zu konzentrieren.
⇨ Mit QFD werden Fehlentwicklungen, die am Markt vorbeigehen, sicher vermieden.
⇨ Mit QFD werden die Produktkosten und Investitionen auf das notwendige Maß reduziert.
⇨ Mit QFD wird eine richtig durchgeführte Produkt- und Konkurrenzanalyse unterstützt.
⇨ Durch die systematische Anwendung von QFD entstehen Checklisten für die Konstruktionsabteilung.

Laut Aussagen der Entwickler wird »QFD bei Black & Decker nicht um seiner selbst willen angewendet, sondern als Entwicklungswerkzeug aufgefasst. Die QFD-Systematik ist ein natürlicher Prozess, da die Matrix ‚nur' die Denkvorgänge der Projektteam-Mitglieder systematisiert und dokumentiert« [6].

Die Volkswagen AG, Wolfsburg führte QFD Anfang der 80er Jahre ein. Die damalige Aufgabe war die Entwicklung einer Getriebesteuerung (4-Gang-Automatikgetrieb AG-4). Heute setzt VW die Methode vorwiegend zum Konzept- und Komponentenvergleich ein. QFD und andere QM-Methoden werden bei VW weltweit geschult. Die Mitarbeiter können einen »Methodenpass« erlangen, wenn sie sich in den Methoden QFD, FMEA, DFMA u.a. ausbilden lassen.

3M in Neuss nennt folgende QFD-Vorteile [6]:
⇨ Konzentration auf die für den Kunden wichtigen Produkte
⇨ Arbeit an den wichtigsten Eigenschaften des Produktes
⇨ weniger Designänderungen
⇨ besseres Design für den Kunden
⇨ Reduzierung der Einführungskosten
⇨ reduzierte Garantiekosten
⇨ Förderung der Sozialstruktur im Team

Trotz der positiven Ergebnisse gab es auch Probleme. So setzte sich QFD im Unternehmen nur langsam durch. Es mussten immer wieder Diskussionen geführt werden, um die Widerstände abzubauen, wie: »Die Probleme bleiben, aber immer neue Methoden erschweren und verzögern die Arbeit.« Oder: »Wer andere Seminare besucht, kommt mit neuen Heilslehren nach Hause.«

Als *Nachteile* nannten einige Unternehmen:
⇨ einen höherer Zeitaufwand, wenn das erstes Projekt zu komplex ist
⇨ Schwierigkeiten bei der Ermittlung von zukunftsorientierten Kundenwünschen, weil Unsicherheit bei der Ermittlung und der Datenerfassung bestand
⇨ es konnten keine geschulten Leute für das Projekt abgestellt werden
⇨ die Teamzusammensetzung war nicht immer ideal, es fehlte die soziale Kompetenz
⇨ die Teamdisziplin litt bei häufigem Wechsel des Projektleiters (Leaders) oder durch mangelhafte Moderation
⇨ das Abteilungsdenken überdeckte den erforderlichen Teamgeist
⇨ es fehlte an der Unterstützung durch das Management

Die genannten »Nachteile« sind unschwer als hergebrachte Firmenprobleme zu erkennen, die in keinem Zusammenhang mit QFD stehen. Sie wurden bewusst, als sich die Firmen erstmals mit QFD beschäftigten. Betriebliche »Systemprobleme« dürfen nicht die QFD-Vorteile überdecken.

1.8 Verkürzung der Entwicklungszeit durch QFD – zeitliche Aspekte im QFD-Prozess

Die Erkenntnis Heraklits, dass alles fließt, können wir ergänzen, denn der Wandel hat sich heute so beschleunigt, dass zwar *alles fließt, nur viel schneller.*

Durch eine Befragung untersuchte das Fraunhofer Instituts FhG-IAO in Stuttgart die Möglichkeiten zur Verkürzung von Entwicklungszeiten. Folgende Maßnahmen sind in der Reihenfolge zu den erforderlichen Ursachen genannt worden:

⇨ 68,4 Prozent frühes Einbinden der Abteilungen
⇨ 52,9 Prozent Projektmanagement
⇨ 46,3 Prozent intensive Planung
⇨ 39,0 Prozent Pragmatismus statt Over-Engineering
⇨ 27,9 Prozent gute Kommunikation
⇨ 26,5 Prozent Parallelisierung des Konstruktionsprozesses

QFD bindet alle am Entwicklungsprozess Beteiligten von Anfang an in die Planung ein, dadurch können die vorstehend genannten Forderungen vollständig erfüllt werden. Da die einzelnen Projektphasen simultan ablaufen, wird die Entwicklungszeit minimiert. Die konsequente Erfassung des Kundenwunsches vermeidet Over-Engineering, der Kunde erhält in kurzer Zeit das von ihm gewünschte Produkt.

Die ständige Veränderung des Umfeldes, die Globalisierung der Märkte und konjunkturelle Einflüsse zwingen Unternehmen zur schnellen Anpassung ihrer Arbeitsweise an die Forderungen des Marktes. Insbesondere in High-Tech-Märkten mit stetiger Verkürzung der Produktlebenszyklen gewinnt eine schnelle Realisierung komplexer Technologieentwicklung an Bedeutung.

Das alte Sprichwort »Übung macht den Meister« gilt auch für QFD-Projekte in Bezug auf die Qualität der Ergebnisse und den zeitlichen Aufwand. Der zeitliche Aufwand sinkt von 100 Prozent für das erste QFD-Projekt auf etwa 50 Prozent für die spätere Arbeit nach QFD. Der absolute Zeitaufwand ist abhängig von der Anzahl der zu bearbeitenden Kundenforderungen und den zu untersuchenden Merkmalen. Für das erste Projekt sollten deshalb 20 Kundenanforderungen nicht überschritten werden. Der Lerneffekt und die Nutzung der Daten aus vorhergehenden Projekten reduzieren den Aufwand bei regelmäßiger Anwendung ganz erheblich.

Durch die Diskussion im QFD-Team, wie in Abbildung 10 dargestellt, wird das Ziel, die Umsetzung des angestrebten Ergebnisses, schneller erreicht.

Der zeitliche Aufwand für die Sammlung von Ideen und Fakten ist anfangs höher, aber wenn die Entscheidungen gefallen sind, weiß jeder im Team, was zu tun ist. Die Umsetzungsphase wird dann wesentlich verkürzt und das angestrebte Ziel schneller erreicht. Wenn

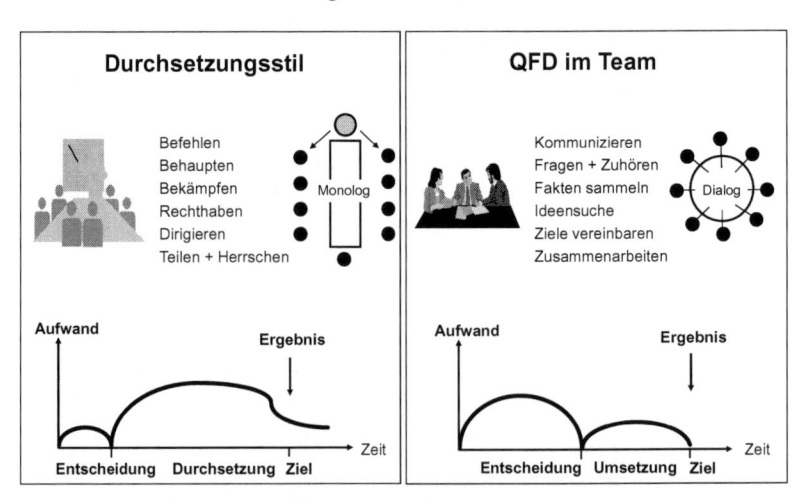

Abb. 10: *Zeitliche Aspekte: Entscheidungen im Team*

hingegen, wie im linken Bildteil dargestellt, eine schnelle Entscheidung ohne ausreichende Diskussion erzwungen wurde, wird das Ziel verfehlt. Die bekannten Folgen sind Unzufriedenheit und Frustration. Dies kann vermieden werden, wenn das Team nach konstruktiver Diskussion eine gemeinsame Entscheidung fällt, die von allen akzeptiert wird. Bei einem Konsens über das weitere Vorgehen kann dann die zügige Umsetzung erfolgen.

Die folgende Abbildung 11 zeigt einen weiteren zeitlichen Aspekt, den der schnellen Markteinführung durch präventive Planung und höhere Investitionen zum Beginn der Entwicklung. Wird in der Anfangsphase mehr investiert, so sind nach der Produktentwicklung zum Zeitpunkt der Markteinführung (To) die Kosten für Verluste und Nachbesserungen sehr gering, das Unternehmen kann schneller Geld verdienen und erreicht einen zeitlichen Vorsprung vor der Konkurrenz.

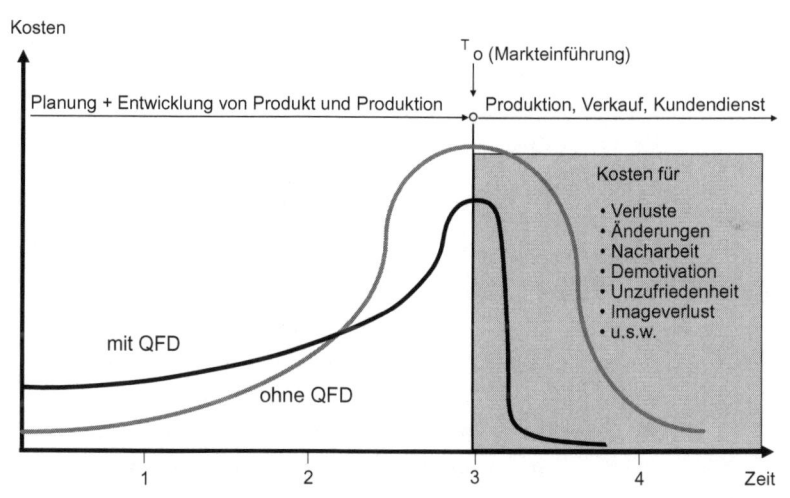

Abb. 11: *Die Vorteile kreativer und präventiver Planung*

Der japanischen Industrie gelang durch diese präventive Planung und frühzeitige Investition eine erhebliche Verkürzung der Entwicklungszeiten. Sie erreichten dies insbesondere durch das frühe Erfassen der

Kundenbedürfnisse, die sie in die gewünschten Produkte hineinentwickelten. So lässt sich hohe Akzeptanz erreichen und es gibt weniger Fehlentwicklungen. Dabei stellt die QFD-Systematik sicher, dass jede Aktivität im Hinblick auf ihren Nutzen und mögliche Folgen durchdacht ist und so geplant wird, dass keine Überraschungen auftreten.

Die folgenden Beispiele zeigen die kurzen Entwicklungszeiten einiger Unternehmen, die durch den Einsatz von QFD erreicht wurden:
- ⇨ Eine Hewlett Packard Division in den USA benötigte vor einigen Jahren für die Entwicklung eines neuen Voltmeters nur circa 400 Stunden für das gesamte Team. Das waren circa 40 Stunden pro Teammitglied.
- ⇨ Die Grundig Security Home Systems GmbH entwickelte in 18 Monaten ein funkgesteuertes Einbruchmeldesystem. Diese Zeitangabe beinhaltet die Kundenbefragung (Polizei, Sicherheitsdienste, Händler), die Verdichtung der Befragungsergebnisse und einen zweitägigen Workshop für alle Teilnehmer zur Einführung in die Methodik des Vorgehens [6].
- ⇨ Metabo in Nürtingen benötigte für die Entwicklung einer neuen Heckenschere inklusive Kundenbefragung nur circa 4,5 Monate.

Man sollte immer bedenken, dass nur die wichtigsten Anforderungen, das heißt die mit der höchsten Bedeutung *für den Kunden,* geplant werden sollten, denn der starke Wettbewerb forciert kürzere Produktlebenszyklen und zwingt die Unternehmen, eine schnelle Produktverfügbarkeit durchzusetzen.

Hinter den oft zitierten »neudeutschen« Worten Time to market (TTM) und Time compression verbergen sich die Bemühungen der Industrie, die Entwicklungszeiten zu beschleunigen. Schnelle Reaktionen auf die Forderungen des Marktes sind ebenso wichtig für die Absatzfähigkeit eines Produktes wie das richtige Preis/Leistungsverhältnis. Je schneller neue Produkte auf den Markt kommen, umso größer ist der damit erzielbare Verkaufserfolg. Der erste Anbieter, der dem Kunden den Nutzen aufzeigen kann, ist so lange im Vorteil bis die anderen nachziehen (Me-too). Der Chairman von 3M sagte zur Beschleunigung in der Entwicklung: »Time compression zusammen mit besten Erfahrungen multinationaler Teams und Quality Function Deployment könnten möglicherweise bestimmen, ob 3M ein führendes Unternehmen bleibt oder in die Durchschnittlichkeit abfällt.«

Die 1989 unter dem Titel »Die zweite Revolution in der Autoindustrie« erschienene MIT-Studie von Womack, Roos und Jones [11] ließ die Industrienationen aufhorchen. Die schlanke Produktion sahen die Experten des Massachusetts Institute of Technology als die japanische Geheimwaffe im Wirtschaftskrieg an. Die Japaner zeigten, dass sie ein Auto in 16 Stunden herstellen können, während europäische und amerikanische Firmen zum damaligen Zeitpunkt noch 32 Stunden benötigten. Die MIT-Autoren stellten fest, dass die japanischen Produzenten so erfolgreich sind, weil sie sehr darauf achten, ihre fortgeschrittene Technologie nicht von der Tagesarbeit des Unternehmens und den bestehenden Marktbedürfnissen zu isolieren. Sie haben erkannt, dass Entwicklungen in die marktorientierten Aktivitäten des Unternehmens eingebunden sein müssen, um Erfolg zu haben; dieses ist auch das Ziel von QFD.

Literatur

[1] CLAUSING, DON (MIT) AND JOHN R. HAUSER (MIT), *The House of Quality« in Harvard Business Review, Mai/Juni 1988*

[2] AKAO, YOJI: *QFD, Quality Function Deployment, Wie die Japaner Kundenwünsche in Qualität umsetzen: Moderne Industrie, Japan Service, Landsberg, 1992*

[3] ASI: *Quality Function Deployment, Three Day Workshop Version 3.1, American Supplier Institute, Inc., Dearborn, Michigan, 1989*

[4] SAATWEBER, JUTTA, *Kundenorientierung durch Quality Function Deployment,* C. Hanser Verlag München, Wien, 1997

[5] KING, BOB, *Better Designs In Half the Time, Goal/QPC, Methuen, MA, USA 1989, Deutsche Übersetzung: Doppelt so schnell wie die Konkurrenz: gfmt – Verlagsgesellschaft, München, 1994*

[6] TQU – STEINBEIS TRANSFER ZENTRUM ULM, TAGUNGSUNTERLAGEN ZUM 1. QFD-SYMPOSIUM UND GFMT – *Gesellschaft für Management und Technologie, München, 7/1993*

[7] QFD-ID, *QFD Institut Deutschland, Aachen*

[8] SAATWEBER, J. in: Masing, Walter (Hrsg.): *Handbuch Qualitätsmanagement, 3. Aufl.,* Carl Hanser Verlag, München/Wien 1994

[9] HAPRECHT, H. *Automobilwoche, 2005, S.31*

[10] SAATWEBER, VERA SILKE: *Qualitätsentwicklung in Verwaltungen, Universität Rostock, 2007* – http://www.qconsult.de

[11] WOMACK, JAMES P., JONES, DANIEL T., ROOS, DANIEL, *Die zweite Revolution in der Autoindustrie: Campus, Frankf./New York, 1992*

Zusammenfassung

QFD wurde vor über vierzig Jahren von Yoji Akao in Japan entwickelt. Es gelangte in den 80er Jahren in die USA und begann sich seit den 90er Jahren auch in deutschen Unternehmen durchzusetzen. Die Unternehmen, die QFD inzwischen einsetzen, sind von den Vorteilen überzeugt. Sie erkennen, dass QFD vom Geist und der gemeinsamen Arbeitskultur seiner Anwender lebt und dass QFD die Kommunikation im Unternehmen fördert. QFD setzt einen gruppendynamischen Prozess in Gang, bei dem sehr viel Kreativität freigesetzt, Wissen potenziert und fachübergreifendes Denken erreicht wird. QFD fördert das Verständnis der Mitarbeiter für das gemeinsame Projekt, überbrückt Abteilungsmauern. Das Ziel von QFD ist die Einbeziehung der Kundenforderungen in die Entwicklungsphase, dadurch werden aufwändige Änderungen und Korrekturen vermieden. Dies minimiert nicht nur die Anlaufkosten, sondern reduziert auch die Entwicklungszeit durch die Parallelisierung der Abläufe. Unternehmen, die ihre Kunden in die Entwicklung der Produkte und Dienstleistungen einbeziehen, werden erfolgreich sein, denn volle Kundenorientierung lässt keine Fehlentwicklungen zu. Es wird ein Vertrauensverhältnis zum Kunden aufgebaut, das durch Kundentreue honoriert wird. Zusammenfassend kann festgestellt werden:

⇨ QFD schafft ein gemeinsames Verständnis für das Ziel des Unternehmens.
⇨ QFD kann schnell erlernt werden und es verhindert Mehrfacharbeiten.
⇨ QFD hilft die Marktchancen zu nutzen, weil neue Produkte und Dienstleistungen in kürzerer Zeit zur Verfügung stehen.

Kapitel 2
Der QFD-Prozess

Es existieren unterschiedliche Ansätze zur Implementierung von QFD in den verschiedenen Produktentwicklungsprozess (PEP). Obwohl jeder Anwender eine individuelle Ausprägung seines QFD-Ansatzes entwickeln kann, existieren Standardvarianten. Die bekanntesten Ansätze werden im Folgenden vorgestellt.

In diesem Beitrag erfahren Sie:
- welche unterschiedlichen QFD-Ansätze es gibt,
- in welchen Phasen der QFD-Prozess abläuft.

2.1 Der klassische Ansatz nach Akao (Japan)

Akao, der geistige Vater des QFD, befürwortete einen unternehmensweiten Ansatz [1]. Langfristig soll das komplette Unternehmen in den QFD-Prozess eingebunden werden. Im Vordergrund stehen eine externe Kundenorientierung und die organisatorischen Grundsätze zur durchgängigen Übertragung der Kundenbedürfnisse auf die unternehmerischen Prozesse. QFD steuert hierbei kundenorientiert das unternehmensinterne QM-System. Akao setzt auf die Konzepte zur Ermittlung von Markt- und Kundenbedürfnissen (wie beispielsweise VOC »Voice of Customer«) und leitet daraus die technischen Anforderungen für Produkte und Prozesse ab. Das QM-System eines Unternehmens ist somit direkt abhängig von den Markt- und Kundenanforderungen. Seine Qualitätstafeln sind ein Hilfsmittel zur Dokumentation der Kundenbedürfnisse und der Entwicklungsziele eines Unternehmens. Im Rahmen des QFD-Prozesses befasst sich Akao nicht nur mit der Entwicklung von neuen Produkten und deren Qualitätssicherung, sondern auch mit der Planung von Technologie, Kosten und Zuverlässigkeit.

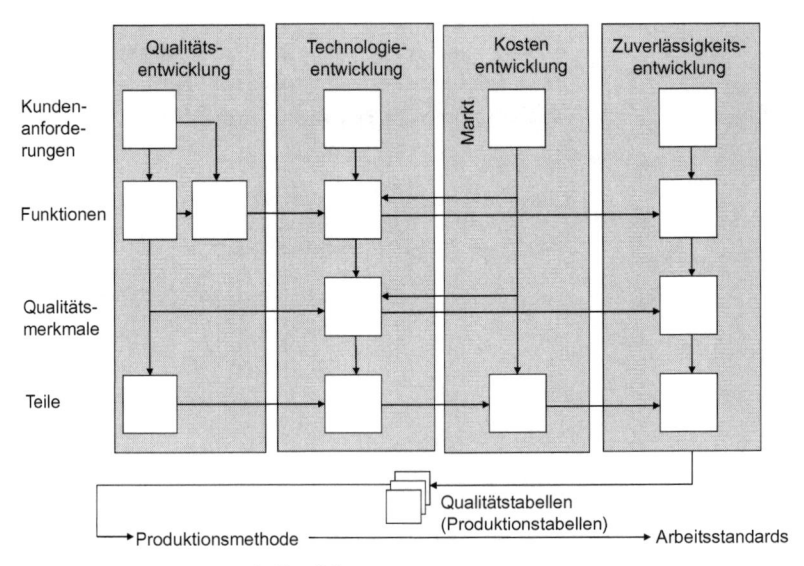

Abb. 1: *QFD-Ansatz nach Akao [1]*

Der Ansatz nach Akao koordiniert das technische Deployment mit FMEA (Fehler-, Möglichkeits- und Einflussanalyse), FTA (Fault Tree Analysis) und Wertanalyse. Nachteilig ist, dass sein umfassender Ansatz keinen detaillierten Leitfaden für die Anwendung beinhaltet. Akao bietet dem Anwender eine Vielfalt flexibel aufbaubarer Matrizen an, ohne konkret zu beschreiben, welche Matrix bei welcher Aufgabenstellung am besten geeignet ist. Damit ist ein unerfahrener Anwender meistens überfordert [3].

2.2 Der Ansatz nach Bob King (USA)

Bob King, ein Schüler Akaos, baut seinen Ansatz auf Akaos Ideen auf. King unterteilt dabei genauso wie Akao in einen organisatorischen und methodischen Teil. Kings Auffassung von QFD ist eng mit der Betrachtungsweise des japanischen, ganzheitlichen QM-Konzepts verknüpft, in das alle Mitarbeiter und Fachabteilungen einbezogen sind. Qualität, Kosten, Prozesse und System werden kontinuierlich verbessert. Produkte und Dienstleistungen entstehen, die von höchster Qualität, sehr benutzerfreundlich und wirtschaftlich sind. QFD beinhaltet die Planung der Qualität, der Technologie, der Kosten und der Zuverlässigkeit.

Das Konzept zur Durchführung einer Entwicklung basiert auf der »Matrix der Matrizen« [2]. Neben den Werkzeugen zur Ermittlung der Kundenbedürfnisse integriert King weitere Methoden der Qualitätssicherung wie FTA, FMEA, Wertanalyse, Methoden zur Planung neuer Technologien und der Zuverlässigkeit in dieses Konzept. Sein QFD-Konzept bildet die Produktforderungen in einer Matrix ab, in der die einzelnen Elemente zueinander in Beziehung gesetzt werden. Zu den Produktforderungen gehören neben den Kundenwünschen auch die Funktionen, Fehlermöglichkeiten oder Qualitätsmerkmale [3].

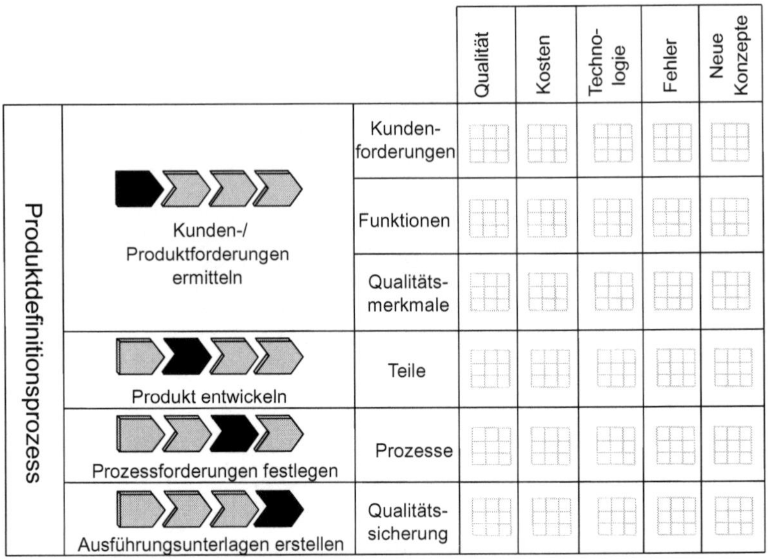

Der QFD-Prozess

			Qualität	Kosten	Technologie	Fehler	Neue Konzepte
Produktdefinitionsprozess	Kunden-/Produktforderungen ermitteln	Kundenforderungen					
		Funktionen					
		Qualitätsmerkmale					
	Produkt entwickeln	Teile					
	Prozessforderungen festlegen	Prozesse					
	Ausführungsunterlagen erstellen	Qualitätssicherung					

Abb. 2: *QFD-Matrix nach Bob King [2]*

Bob Kings Matrizen und Tabellen sind so aufgebaut, dass jedes Unternehmen sich daraus seinen spezifischen »Baukasten« (tool kid) entwickeln kann.

Der Unterschied zu den anderen Ansätzen liegt
⇨ in der Berücksichtigung von Produkt- und Teilefehlermöglichkeiten und
⇨ der Berücksichtigung von Ist- und Sollwerten bei Produkten.

Kings Ansatz unterscheidet sich zu Akaos Ansatz dadurch, dass er die »Neue Konzeptionsselektionsmethode« von Stuart Pugh (siehe > Kap. 11.5) mit berücksichtigt. Dies schafft die Möglichkeit, das Produkt aus einer neuen Perspektive zu betrachten.

Bob King stellt QFD in seinem Werk »Better Designs in Half the Time« anwendungsbezogen als »Kochbuch-Ansatz« vor, der den japanischen »Puzzle-Ansatz« überwinden helfen soll. Er schränkt als

QFD-Praktiker den Begriff »Kochbuch« aber ein, da es kein allgemein gültiges Vorgehen nach QFD geben kann. Jede Firma muss ihren eigenen Weg finden. King verknüpft in seinen Matrizen die verschiedenen Produktbetrachtungen, denn für ihn gilt: »QFD is a cross-functional tool which enables organization to priorizite customer demands, develop innovative responses which are reliable and cost effective, and orchestrate a succesful implementation involving all departments.« [2]

2.3 Der Ansatz nach Zultner: die Blitz-QFD

Der Blitz-QFD-Ansatz ist als Einstieg in die QFD-Methodik geeignet und kann schnell ein eingeschränktes Ergebnis in Form eines einfachen House of Quality (HoQ) liefern. Wesentliches Ziel dieses Ansatzes ist es, die Aufgaben im Rahmen eines Entwicklungsprozesses zu strukturieren, um dann zielgerichtet entwickeln zu können. Sobald das Verfahren »Blitz-QFD« besser beherrscht wird, kann dieser Ansatz entsprechend den umfassenderen Ansätzen nach Akao, King oder ASI erweitert werden [3]. Nach Abschluss der Planung des Projekts, beziehungsweise wenn ermittelt wurde, was ein erfolgreiches Ergebnis im jeweiligen Fall darstellt und welche Punkte kritisch für den Erfolg sind, wird ein einfaches House of Quality entwickelt. Dabei wird wie folgt vorgegangen:

⇨ going to the gemba: Die Defizite und Äußerungen der Kunden durch Beobachtung (am Ort der Wertschöpfung) oder durch Befragung und anschließender Interpretation der Erkenntnisse aufnehmen
⇨ Kundenwünsche aus den Äußerungen der Kunden formulieren, sortieren und im so genannten »customer voice table« darstellen
⇨ Die Kundenbedürfnisse durch Affinitätsdiagramme strukturieren
⇨ Die Kundenbedürfnisse durch Hierarchiediagramm analysieren
⇨ Die Kundenbedürfnisse durch den Kunden oder durch Techniken wie paarweiser Vergleich priorisieren
⇨ Relationen zwischen Kundenwünschen in einem so genannten »Maximum Value Table« herstellen

Der QFD-Prozess

⇨ Die Projektaufgaben festlegen: Hierbei können auch die Relationen zwischen den wichtigsten Kundenbedürfnissen und den technischen Anforderungen ermittelt werden

2.4 Ansatz nach American Supplier Institut (ASI)

Der folgende ASI-Ansatz, mit dem bekannten »House of Quality« (HoQ) ist die Modifizierung eines QFD-Ansatzes zur Produktplanung und -entwicklung, in dem sich der QFD-Prozess nach der Ermittlung der Kundenbedürfnisse in vier Phasen gliedert:
⇨ Produkt- (beziehungsweise Dienstleistungsplanung)
⇨ Komponentenplanung
⇨ Prozessplanung
⇨ Prozessdurchführung

Jede Entwicklungs- oder Planungsphase wird in einer eigenen Qualitätstabelle (Chart) dargestellt. Dabei werden in den einzelnen Entwicklungsstufen jeweils das Ziel (WAS) und die zugehörige Umsetzung (WIE) in Beziehung gesetzt, wobei die Umsetzung (WIE) in der darauf folgenden Phase automatisch zur Zielvorgabe (WAS) wird [4].

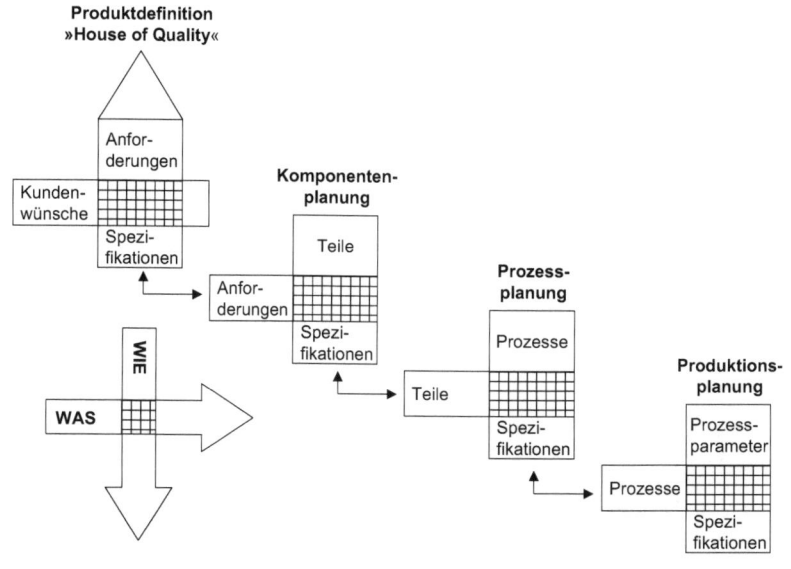

Abb. 3: QFD-Ansatz in Anlehnung an ASI [4]

2.4.1 Phase 0: die Eingangs- beziehungsweise Kundenmatrix (Abb. 3)

Im Rahmen einer eingeschränkten Marktuntersuchung wird geklärt, wer Kunde ist, welche Bedeutung der jeweilige Kunde hat, welche Bedürfnisse, Wünsche und Erwartungen und welche Bedeutung (Bedeutungswert 1 bis 10) diese Wünsche haben. Die ermittelten Daten werden in der Matrix übersichtlich dargestellt.

2.4.2 Phase I: Haus 1 – Produktdefinition

Die oft vage und emotional geäußerten Kundenwünsche (»Stimme des Kunden«) werden in messbare Qualitätsmerkmale des Produktes und in technische Spezifikationen (Sprache des Ingenieurs) umgesetzt. Kritische technische Anforderungen werden identifiziert und potenzielle Entwicklungsengpässe aufgezeigt. Beim Übergang von Entwicklungsphase 1 zu 2 werden die erarbeiteten Qualitätsmerkmale mit ihren jeweiligen Gewichtungsfaktoren auch als Bewertungskriterien für einen Variantenvergleich alternativer konstruktiver Entwürfe genutzt.

2.4.3 Phase II: Haus 2 – Komponentenplanung

Die Qualitätsmerkmale oder technischen Anforderungen an das Produkt fließen in die Entwicklung der Baugruppen, Unterbaugruppen und Bauteile ein. Die technischen Anforderungen und Spezifikationen für die Einzelteile können direkt aus den Systemanforderungen abgeleitet und kritische Qualitätsmerkmale erneut herausgestellt werden.

2.4.4 Phase III: Haus 3 – Prozessplanung
(Prozess- und Prüfablaufpläne)

Auf der Basis der kritischen Qualitätsmerkmale für die Teile werden Prozess- und Prüfablaufpläne erstellt, die sowohl die Produkt- und Prozessparameter als auch die einzelnen Prüf- und Testpunkte beinhalten. Darüber hinaus werden die kritischen Prozessmerkmale ermittelt.

2.4.5 Phase IV: Haus 4 – Prozessdurchführung

Aus den kritischen Prozessmerkmalen und den Prozess- und Prüfablaufplänen werden die Arbeits- und Prüfanweisungen abgeleitet, die die Ablaufpläne für die Fertigung ergänzen. Sie bestimmen die Arbeitsvorgänge des Personals in der Produktion mit dem Ziel, die aus den Kundenwünschen abgeleiteten Qualitätsmerkmale zu verdeutlichen und auch diese auf der Produktionsebene sicher zu erreichen [3].

2.5 ASI-Ansatz und Erweiterung nach Saatweber

Ich benutze den bekannten ASI-Ansatz, den ich um zwei weitere Phasen ergänze:
⇨ Die Phase 0 beziehungsweise die Prä-Phase, die zu einer umfassenden Betrachtung und Untersuchung der Markt- und Kundendaten genutzt werden soll [6].
⇨ Die Phase V beziehungsweise die »Post-Phase«, in der festgestellt werden soll, ob das gewünschte Ziel (der Wunsch des Kunden) auch wirklich erreicht wurde.

Ich habe mich zu diesem Vorgehen entschieden, weil bei allen vorherigen Ansätzen ein Konzept zur Ermittlung von Markt- und Kundenbedürfnissen fehlt. Deshalb nimmt die Phase Null, die sich mit der Ermittlung dieser Bedürfnisse befasst, in diesem Buch einen breiten Raum ein (siehe > Kap. 3.0 Informationsbeschaffung).

Ich benutze auch deshalb das ASI-Konzept, weil es projektorientierter und leichter erlernbar ist als die Ansätze von Akao und King. Die Darstellung in den ASI-Matrizen ist einfach und übersichtlich. Damit ist die QFD-Methode vor allem für Einsteiger gut nachvollziehbar. Außerdem lässt sich der ASI-Ansatz leichter in einen bereits bestehenden Produktentstehungsprozess integrieren. Das »House of Quality« (ASI) wird als Übersicht in der ersten Planungsstufe eingesetzt. Durch die Darstellung des 4-Phasen-Modells wird der Aufwand bei der Anwendung reduziert und der Anwender besser durch den Prozess begleitet.

Der QFD-Prozess

Abb. 4: *Das 5-Phasen-Modell nach Saatweber [5]*

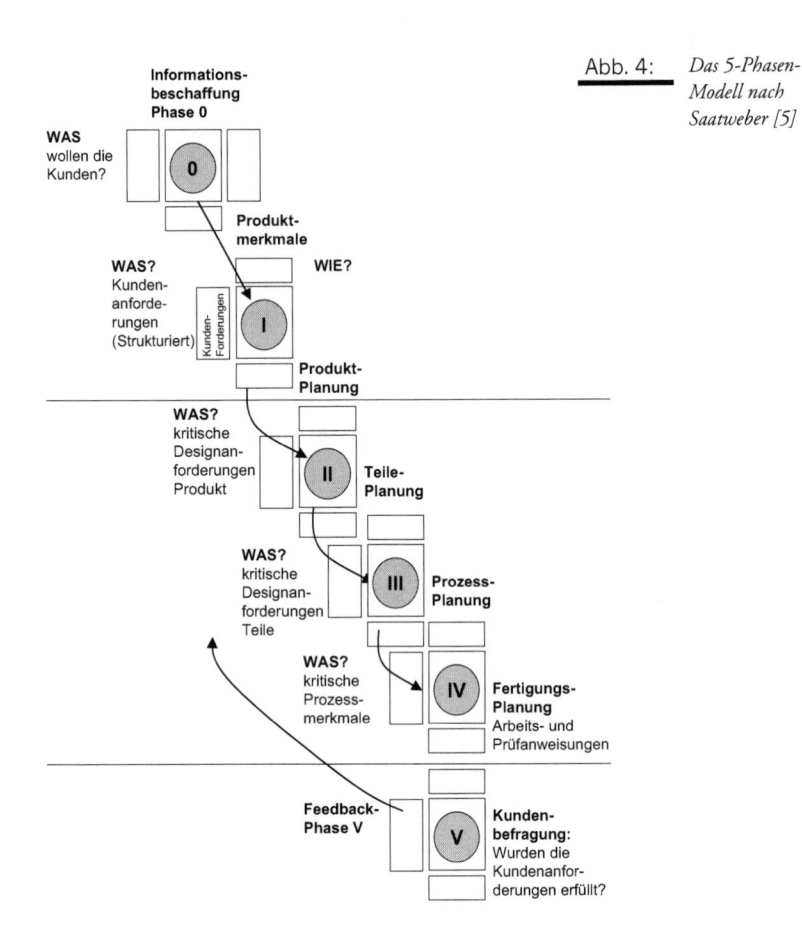

Vorgehen nach Saatweber (siehe Abb. 4):
Phase 0:   die Prä-Phase, Informationsbeschaffung
Phase I: Produkt- beziehungsweise Dienstleistungsdefinition *(wie ASI)*
Phase II: Komponenten-Planungs-Phase *(wie ASI)*
Phase III: Prozess-Planungs-Phase *(wie ASI)*
Phase IV: Prozessdurchführungs-Phase *(wie ASI)*
Phase V: die Feedback- beziehungsweise »Post-Phase«

2.5.1 Beurteilung der beschriebenen QFD-Ansätze

Der Ansatz von Zultner wird nicht beurteilt, er ist aufgrund seiner Einfachheit mit den umfassenden Ansätzen nach Akao, King und ASI nicht vergleichbar ist. Obwohl die Ansätze von Akao und King deutlich umfassender sind, ist der Ansatz des American Supplier Institutes wohl am weitesten verbreitet. Das ASI-Konzept ist projektorientiert, seine Darstellung ist einfach und übersichtlich. Damit wird es vor allem für Einsteiger in die QFD-Methode gut nachvollziehbar. Das »House of Quality« (ASI) wird als Übersicht in der ersten Planungsstufe eingesetzt. Durch Darstellung eines 4-Phasen-Modells wird der Aufwand bei der Anwendung reduziert und der Anwender besser durch den Prozess begleitet, anderseits leidet die Flexibilität hinsichtlich der Bearbeitung unterschiedlicher Aufgabenstellung bei der Produktentwicklung darunter [3].

Ein Konzept zur Ermittlung von Markt- und Kundenbedürfnissen fehlt bei allen genannten Ansätzen, außer im Ansatz Saatweber. Ich befasste mich sehr ausführlich mit der Ermittlung der Kundenwünsche und empfehle eine Feedback-Phase (Phase V), um festzustellen, ob der Kundenwunsch auch wirklich erfüllt wurde.

2.5.2 Das House of Quality (HoQ) und Ansatz Saatweber

Das 4-Phasen-Modell nach ASI und das erweiterte Modell Saatweber soll in den folgenden Abschnitten und in allen weiteren QFD-Beispielen vorgestellt werden. QFD begleitet den Produkt- und Dienstleistungs-Entstehungsprozess von der Entwicklungsphase bis zur Serienreife. Das *»House of Quality«* (HoQ) dient dabei der gut nachvollziehbaren Dokumentation der Denk- und Planungsergebnisse. Die Matrizen in Abbildung 5 und 6 zeigen die stark vereinfachte Übersicht des ersten »Hauses« der QFD-Phase I.

Die Pfeile des Bildes zeigen zum einen die horizontale Hauptachse, die auf den *Markt,* das heißt auf den Kunden ausgerichtet ist und

Der QFD-Prozess

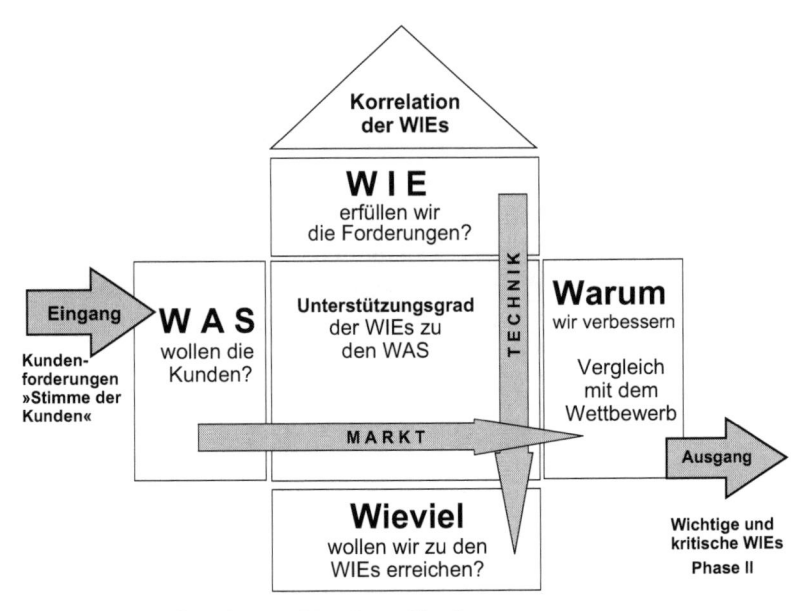

Abb. 5: *Querschnitt des ersten QFD-Hauses, Phase I*

zum anderen die vertikale Achse, die anzeigt, wie das Unternehmen beziehungsweise die *Technik* die Forderungen des Kunden erfüllen will. Die »Stimme des Kunden« bildet im Feld 1 (Abb. 6) die Eingangsgröße des ersten Hauses.

In der vertikalen Achse ist zu entscheiden:
⇨ Wie erfüllen wir die Kundenforderungen? (Hierzu sind im Feld 4 die Merkmale festzulegen)
⇨ Wie viel soll getan werden? (Festlegen eines messbaren Zielwertes zu den Merkmalen im Feld 7)
⇨ Wie stark unterstützt jedes Merkmal (wie) die Kundenanforderung (was)? (Diese Bewertung erfolgt im Feld 5)

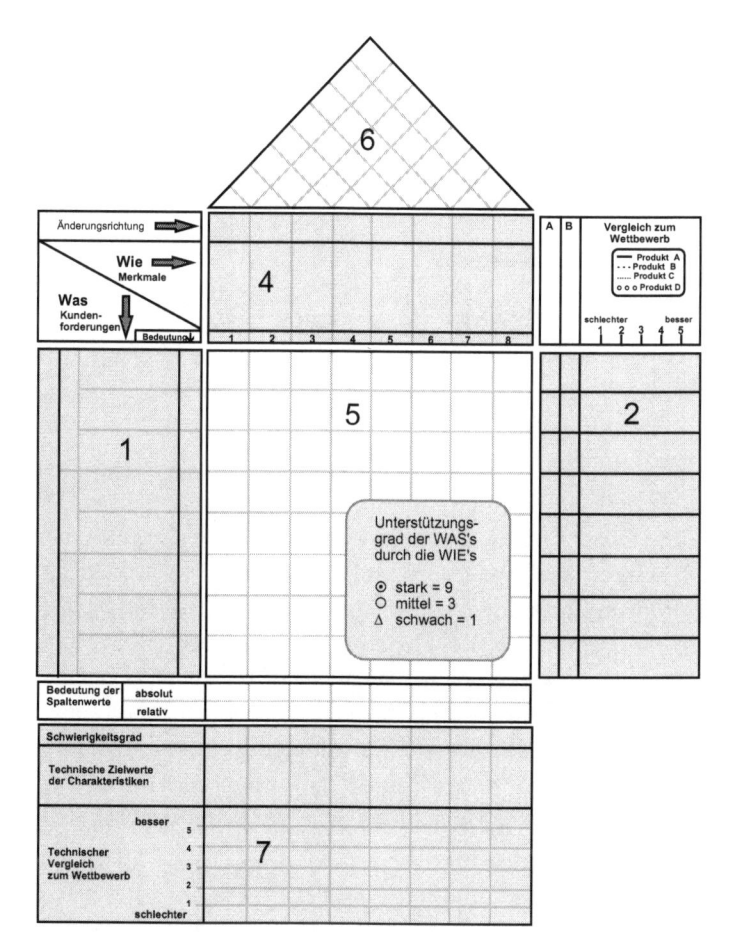

Abb. 6:   *Das House of Quality, die HoQ-Matrix*

Die in Abbildung 6 vorgestellte Matrix des American Supplierer Institut (ASI) hat sich für die Dokumentation in der Praxis bewährt. Es besteht jedoch kein dogmatischer Zwang zur Anwendung dieser Matrix. Jeder kann sein eigenes QFD-Haus »bauen«, die Experimentierfreude sollte nicht gebremst werden. Akao liefert dazu in seinem Buch [1] anschauliche Beispiele von Qualitätstabellen.

Der Unterstützungsgrad der Merkmale zu den Kundenanforderungen kann stark, mittel oder schwach sein. Die Symbole zur Bewertung (siehe Tabelle 1) werden in das Matrix-Feld 5 eingetragen. In der Praxis haben sich die nachstehenden Bewertungsstufen bewährt, die durch die Ziffern 9, 3, 1 oder Symbole ausgedrückt werden:

Tabelle 1: Symbole für die Bewertung		
Korrelation	Punkte	Symbol
stark	9	⊙
mittel	3	O
schwach	1	Δ
keine	0	ohne

Im Dach des Hauses sind die einzelnen Merkmale (Wies) miteinander zu vergleichen, um die positiven und negativen Korrelationen zu ermitteln. So wird eine systematische Vorgehensweise erreicht, weil das »House of Quality« in fest definierte »Zimmer« eingeteilt ist, die nach den beschriebenen zehn Schritten zu durchlaufen sind. Damit ist sichergestellt, dass keines der Zimmer vergessen wird. Begonnen wird im Eingang (1) des Hauses mit den Kundeninformationen der Marketingabteilung (Was will der Kunde?), die dann im zweiten Schritt in die Sprache des Unternehmens umgesetzt werden (Wie lösen wir diese Kundenanforderung?).

Die QFD-Matrix beziehungsweise eine Qualitätstabelle wird erstellt, indem
⇨ eine strukturierte Tabelle der Kundenforderungen erstellt wird,
⇨ die Kundenforderungen in Qualitätsmerkmale übersetzt werden,
⇨ die Matrixfelder mit den Symbolen (Tabelle 1) gekennzeichnet werden.

Der QFD-Prozess

Das Vorgehen nach QFD ist letztlich ein konsequentes Frage- und Antwortspiel mit den zwei Grundfragen *WAS* und *WIE:*
⇨ Was erwarten die Kunden?
⇨ Wie erfüllen wir die Kundenforderungen?

Die sich daraus ergebenden Zusatzfragen: wie viel, wann, wo, wozu, was, wenn nicht und wer mit wem womit zeigen die Chancen zu einem vernetzten Miteinander auf. Genau dies ist auch das Ziel von TQM. Damit wird der Zweck des QFD-Prozesses, die Umsetzung der Kundenbedürfnisse in abgestimmte Planungsziele, erreicht.

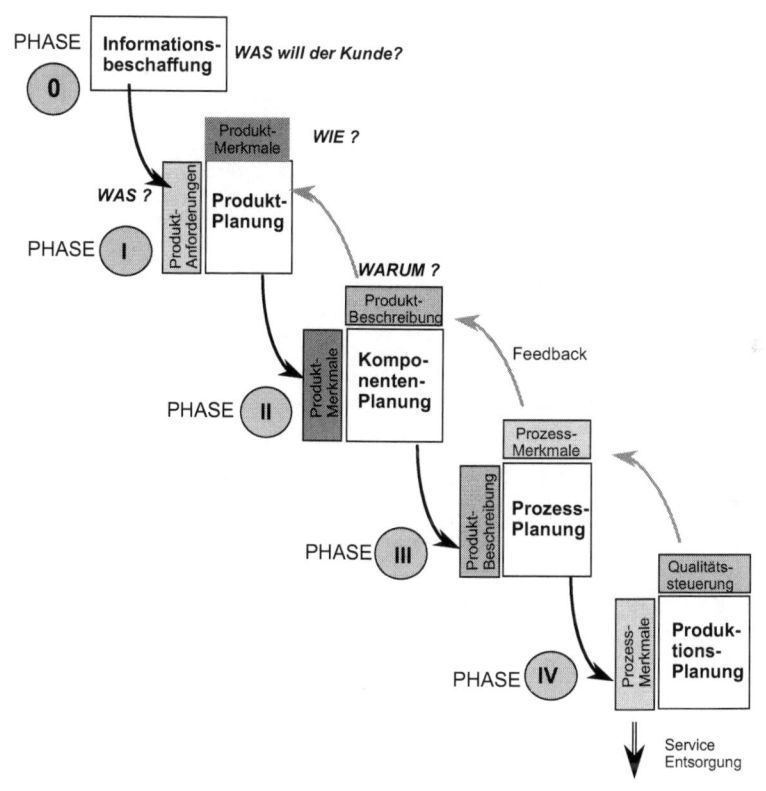

Abb. 7: *Die vier QFD-Phasen (nach Macabe)*

2.5.3 Die Phasen des QFD-Prozesses in Abbildung 8

In jeder Phase wird der Frage »WAS fordern die Kunden?« die Frage »WIE erfüllen wir die Forderungen?« gegenübergestellt. Die Phase Null dient der QFD-Projektvorbereitung. Marketing und Vertrieb müssen hier den Input liefern.

Phase 0 Kundenphase – Erfassen der Kundenforde- rungen	In dieser Phase erfolgt die *Segmentierung* der Kundenfor- derungen und Strukturierung der *Kundenkommentare*. QFD zeigt den Zusammenhang zwischen Eingangs- und Ausgangs- größen. In jeder der folgenden Phasen wird gefragt: Was wird gefordert? Wie wird die Forderung erfüllt?
Phase I *Konzept-* *planung –* *Produktplanung*	In der Phase I beginnt die Produkt- beziehungsweise Dienstleistungsplanung. Im Eingang dieses ersten »Hauses« sind die Kundenforderungen einzutragen und in die Sprache der Technik beziehungsweise des Unternehmens zu überset- zen (ausführliche Beschreibung hierzu unter Phase I Schritt 1). Zum Schluss sind in Phase I die kritischen und bedeutenden WIE-Kriterien auszuwählen und als »WAS« zur weiteren Bear- beitung in die QFD-Matrix Phase II zu übertragen. Die Kunden- anforderungen (WAS) werden den Produktmerkmalen (WIE) gegenübergestellt.
Phase II *Teile- und* *Komponenten-* *planung*	Bei einem Produkt-QFD befassen sich die Arbeiten während der Phase II mit den Teile-Merkmalen. Die als kritisch oder als schwierig definierten Teile bedürfen tieferer Untersuchungen mit bewährten Qualitätswerkzeugen (zum Beispiel FMEA). Die kritischen Produktmerkmale (WAS) werden jetzt in die Qualitätsmerkmale einzelner Baugruppen oder Teile (WIE) umgesetzt.
Phase III *Prozessplanung*	Zu den Teile-Merkmalen im Eingang von QFD-Haus III sind nun die maßgebenden Prozesscharakteristiken zu entwickeln. Es wird beschrieben, welche Parameter die Prozesse erfüllen müssen, um die erforderliche Qualität der Teile, Komponenten und letztlich des Produktes zu erreichen.
Phase IV *Verfahrens-* *planung*	Phase IV dient der detaillierten Beschreibung der Verfahren (Prozessmerkmale – WAS) bis hin zu den Arbeits- und Prüf- anweisungen (WIE). Es werden die Schulungsmaßnahmen für den Außendienst festgelegt und Dokumentationen erstellt, sofern dies nicht bereits in Phase III erfolgte.
Phase V *Feedback*	Nach Abschluss der Phase IV sollte ein Feedback erfolgen, um festzustellen, ob der Kunde mit dem neuen Produkt (Dienst- leistung) zufrieden ist.

Übersicht zu den QFD-Phasen 0 - I- II - III -IV

Der QFD-Prozess wird in Abb. 8 mit den meist gebräuchlichen vier Phasen (ASI-Modell), die in Gestalt einer Kaskade ablaufen. beschrieben.

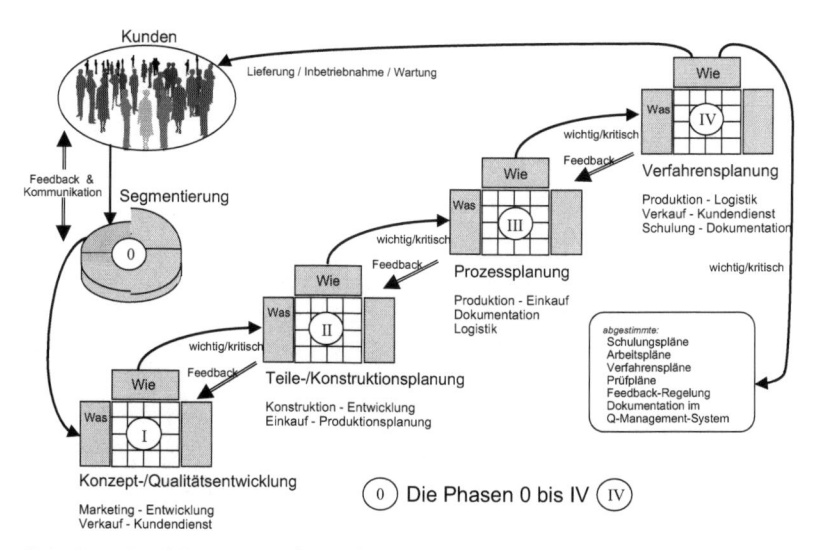

Abb. 8: *Der QFD-Prozess und seine Phasen [5]*

Literatur

[1] AKAO, YOJI: *QFD, Quality Function Deployment, Wie die Japaner Kundenwünsche in Qualität umsetzen: Moderne Industrie, Japan Service, Landsberg, 1992*

[2] KING, BOB, *Better Designs In Half the Time, Goal/QPC, Methuen, MA, USA 1989, Deutsche Übersetzung: Doppelt so schnell wie die Konkurrenz: gfmt – Verlagsgesellschaft, München, 1994*

[3] *DGQ, AK 132, Band 13-21, Beuth 2001*

[4] ASI: *Quality Function Deployment, Three Day Workshop Version 3.1, American Supplier Institute, Inc., Dearborn, Michigan, 1989*

[5] SAATWEBER, JUTTA, *Kundenorientierung durch Quality Function Deployment, C. Hanser Verlag München, Wien, 1997*

[6] SAATWEBER, JUTTA, *Kundenorientierung durch Quality Function Deployment, Symposion Publishing Verlag, Düsseldorf, 2007*

Zusammenfassung

Die QFD-Ansätze nach Zultner, Akao, King, ASI und Saatweber wurden mit ihren Unterschiedlichkeiten vorgestellt. Obwohl die Ansätze von Akao und King deutlich umfassender sind als der ASI-Ansatz, ist dieser am weitesten verbreitet. Das ASI-Konzept hat die höhere Praxisrelevanz, da es in seiner Struktur klarer und übersichtlicher ist. Seine Darstellungsweise erleichtert den Einstieg in die QFD-Methode.

Der Ansatz Saatweber orientiert sich am ASI-Modell und wird um die Phase Null (Informationsbeschaffung) und Phase 5 (Feedbackphase) ergänzt. Da ein Konzept zur Ermittlung von Markt- und Kundenbedürfnissen bei allen anderen Ansätzen fehlte, befasst sich Saatweber sehr ausführlich mit der Ermittlung der Kundenwünsche.

Der QFD-Prozess beginnt in der Phase 0 mit einer sorgfältigen Erfassung aller Kundenwünsche, zu denen in der Phase I die erforderlichen Produkteigenschaften zu bestimmen sind, die eine Erfüllung der Kundenforderungen sicherstellen. Alle Arbeitsergebnisse werden dann in die HoQ-Matrix übertragen. Das wichtigste Ergebnis aus dem ersten Haus wird in den Eingang des zweiten Hauses übernommen und stellt hier das WAS dar, zu dem wiederum die entsprechenden WIE-Kriterien gesucht werden. Dieser iterative Prozess setzt sich bis zur Phase IV fort.

Kapitel 3

QFD-Phase 0: Informationsbeschaffung

Kunden stellen ganz unterschiedliche Anforderungen an Produkte und Dienstleistungen. Um nicht an den Marktbedürfnissen vorbeizuentwickeln, ist eine systematische Beschaffung von Kundeninformationen von besonderer Bedeutung.

> **In diesem Beitrag erfahren Sie:**
> - wie man die Stimme der Kunden erfasst,
> - wie das Kano-Modell umgesetzt wird,
> - welche Methoden der Informationsbeschaffung es gibt,
> - wie man interne und externe Kundeninformationen erhält.

3.1 Wie erfasst man die »Stimme des Kunden«?

Die wichtigste Arbeit im Vorfeld von QFD-Projekten ist die Informationsbeschaffung. Auf diesem Gebiet gibt es in den meisten Unternehmen große Defizite. Für die Informationsbeschaffung ist es wichtig seine Zielkunden und deren Bedürfnisse und Wünsche zu kennen. Beim Start eines QFD-Projektes (Phase I) sollten möglichst alle Kundeninformationen vorliegen, damit der Prozessablauf selbst zügig erfolgen kann. Die Erfassung der Kundenwünsche und die Transformation in geeignete Spezifikationen entscheiden über den Erfolg (oder Misserfolg) eines QFD-Projektes. Bei der Kundenbefragung und insbesondere bei der Erfassung der Kommentare der Kunden ist daher wichtig, dass

⇨ der bewusste Bedarf für Leistungsverbesserungen herausgefunden wird
⇨ der unbewusste Bedarf für zukünftige Leistungen entdeckt wird
⇨ die Prioritäten der Bedürfnisse ermittelt werden

Wenn es gelingt, die Bedürfnisse zu identifizieren, die den Kunden auch zukünftig begeistern, werden die Kunden zufrieden sein.

Zur Identifizierung dieser Bedürfnisse und der »begeisternden Faktoren« gibt es unterschiedliche Modelle. Zwei dieser Modelle werden im Folgenden vorgestellt: Das *Sphären-Modell* und das *Kano-Modell*.

Heute gehen Kundenanforderungen an die Qualität der Produkte und Dienstleistungen weit über das hinaus, was die deutsche Norm in der DIN 55 350 beschreibt. Die Norm spricht im Zusammenhang mit dem Begriff Qualität von den »festgelegten und vorausgesetzten Erfordernissen«.

Die volle Erfüllung »festgelegter und vorausgesetzter Erfordernisse« ist eine selbstverständliche Voraussetzung für die Bezahlung der Rechnung durch den Kunden. Wer aber nur diese Erfordernisse erfüllt, darf noch nicht davon ausgehen, dass die Kunden auch zufrieden sind.

> **Qualitätsdefinition nach DIN 55350**
> Qualität ist die Beschaffenheit einer Einheit bezüglich ihrer Eignung, festgelegte und vorausgesetzte Erfordernisse zu erfüllen.

Behörden und Monopolgesellschaften orientieren ihren Leistungsgrad noch an diesen Kriterien. Kunden hingegen erwarten heute mehr. Leistungsorientierte Lieferanten, die von ihren Kunden leben, haben dieses Mehr zu entwickeln, zu produzieren und zu liefern.

Was unterscheidet das »Mehr« von den oben zitierten »Erfordernissen«? Dies wird in den nächsten Abschnitten näher untersucht.

3.1.1 Das Sphärenmodell

Das Sphärenmodell ordnet die »Erfordernisse« der Norm DIN 55350 dem *Kernleistungsfeld*, das heißt den Standardeigenschaften einer Leistung zu. Die Kernleistung umfasst in diesem Modell sowohl die unbewusst vorausgesetzten als auch die ausdrücklich spezifizierten Produkteigenschaften und deren Funktionstüchtigkeit.

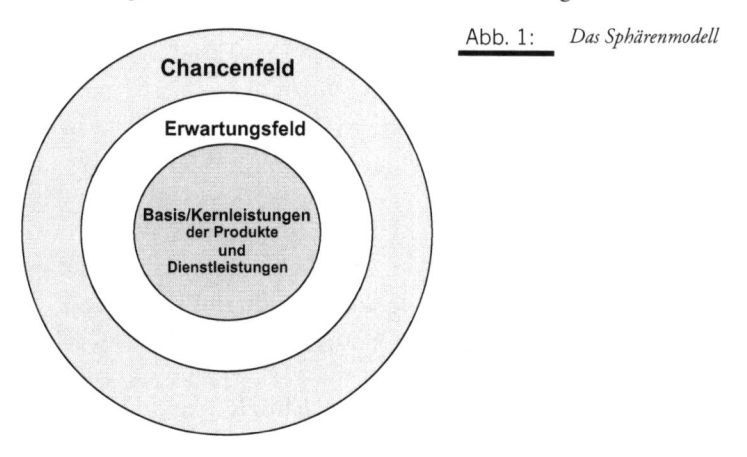

Abb. 1: *Das Sphärenmodell*

(Chancenfeld / Erwartungsfeld / Basis/Kernleistungen der Produkte und Dienstleistungen)

Kunden setzen die Erfüllung der Kernleistungen als selbstverständlich voraus. Sie erwarten zum Beispiel im Restaurant genau die Beilagen auf dem servierten Teller, die in der Speisekarte zu dem bestellten Gericht angegeben sind. Bei der Lieferung des neuen Autos erwarten sie den Motor mit der von Ihnen bestellten Leistung.

Nach dem Erfüllungsgrad der Kernleistungen brauchen Kunden nicht gefragt zu werden. Eine ganz andere Frage ist, welche *Erwartungen* der Kunde mit dem Essen oder mit dem Auto verknüpft, die nicht in der Speisekarte spezifiziert oder im Datenblatt des Autos ausgedruckt sind, die ihm aber durchaus bewusst sind. Wie serviert der Kellner das Essen? Knallt er den Teller lieblos auf den Tisch oder serviert er mit einer freundlichen Geste? Sind die Speisen richtig temperiert? Ist das Tischtuch sauber oder fleckig? Wonach beurteilt der

Käufer den Motor seines neuen Wagens? Am Geräusch? Welche Kunden bevorzugen einen ganz bestimmten Sound?
Derartige Fragestellungen ordnen wir dem *Erwartungsfeld* zu und müssen durch Befragung herausfinden, wie die Bedürfnisse der Kunden gelagert sind, um Verbesserungen gezielt planen zu können und um Trends in der Veränderung der Erwartungen frühzeitig zu erkennen.

Das Erwartungsfeld des Kunden bezieht sich sowohl auf den Nutzen eines Produktes als auch auf den reibungslosen und angenehmen Prozessablauf zwischen Kunde und Lieferant. Ein wichtiger Aspekt ist das gesamte Leistungsumfeld des Lieferanten und auch der Prozess der Leistungserbringung:

⇨ Wie empfindet der Kunde die »Schnittstellen« zu dem Lieferanten? Ist dieser zum Beispiel telefonisch leicht erreichbar oder landet der Kunde in einer musikdudelnden Endlosschleife?
⇨ Findet der Kunde unkompliziert seinen Weg durch die Geschäftsräume zu den gesuchten Waren?
⇨ Beantworten die Prospekte oder Datenblätter fundiert die Fragen der Interessenten?
⇨ Sind unsere Bedienungsanleitungen eine nützliche Hilfe für den Kunden?

Kurzum, machen wir es dem Kunden leicht, mit uns Geschäfte zu tätigen?

Das Erwartungsfeld umfasst den gesamten Zeitraum der Nutzungsphase eines Produktes: Schließen die Autotüren auch nach vier Jahren noch leicht und leise, sind sie noch dicht? Wird die Spülmaschine auch nach fünf Jahren noch qualifiziert und schnell repariert?
Die dritte Sphäre, das *Chancenfeld,* ist das Potenzial für die Zukunft. Die heute besten Firmen in ihrer Branche nutzen die Erkenntnisse aus diesem Feld zur Entwicklung innovativer Produkte und Dienstleistungen. Die Kunden erwarten derartige Leistungen heute

(noch) nicht, sind aber begeistert, wenn das Produkt einen innovativen Anteil enthält, der im Moment der Lieferung als nützliches Extra oder als komfortabel wahrgenommen wird. Die Kunden erleben die Realisierung eines bis dahin unbewussten Wunsches und sind begeistert.

Für QFD benötigen wir von unseren Kunden qualifizierte Anforderungskriterien, deren Rangfolge und Bedeutung der Kunde selbst bestimmt. Die Bereitschaft der Kunden, uns ihre Wünsche mitzuteilen, steigt proportional mit dem Interesse der Kunden an uns als Lieferanten. Wer sich heute bereits einer hohen *Kundenbindung* erfreut, die meist mit einem hohen Image und einer als gut empfundenen Kommunikation einhergeht, wird einen aufgeschlossenen Kundenkreis vorfinden, der gerne die benötigten Informationen bereitstellt. Ist die Kundenbindung eher schwach ausgeprägt, mit zum Beispiel 30 Prozent jährlichem Kundenverlust, so ist zu erwarten, dass sich die »Stimmen der Kunden« mehr mit den Basisfaktoren (Kernleistungen) als mit den innovativen Aspekten befassen.

3.1.2 Das Kano-Modell

Das Kano-Modell (vgl. Abb. 2), benannt nach dem japanischen Professor und Unternehmensberater Noriaki Kano [1], unterscheidet ebenfalls drei Zufriedenheitsfaktoren für Produkte und Dienstleistungen, deren Erfüllungsgrad unterschiedliche Auswirkungen auf die Zufriedenheit der Kunden hat. Diese Faktoren sind:
⇨ die Basisfaktoren
⇨ die Leistungsfaktoren
⇨ die begeisternden Faktoren

Das Kano-Modell ist eine Analyse der Auswirkung von Maßnahmen zur Steigerung der Produktqualität auf die Kundenzufriedenheit. Der Unterschied des Kano- zum Sphärenmodell wird in der folgenden Tabelle aufgezeigt.

Tabelle 1: Die Unterschiede zwischen dem Kano- und dem Sphärenmodell	
Kano-Modell:	**Sphärenmodell:**
Basisfaktoren (Must be)	Kernleistungen
Leistungsfaktoren (One dimensional)	Erwartungsfeld und Kernleistungen
Begeisternde Faktoren (Attractive)	Chancenfeld

In der Tabelle 1 sind die Kernleistungen des Sphärenmodells differenziert nach Basisfaktoren und spezifizierten Leistungsfaktoren über dem Grad ihrer Erfüllung und dem Grad des daraus resultierenden Zufriedenheitsniveaus aufgetragen. Der wichtigste zusätzliche Faktor im Kano-Modell ist die *Zeit*, die unaufhaltsam die heutigen begeisternden Faktoren in den Bereich der Leistungsfaktoren und schließlich in das Feld der Basisfaktoren drängt. Der Zeitfaktor stellt hohe Anforderungen an die Anpassungsfähigkeit und die Kreativität eines Unternehmens.

Die drei Zufriedenheitsfaktoren im Kano-Modell und deren Erfüllungsgrad haben eine völlig unterschiedliche Auswirkung auf die Kundenzufriedenheit, was in der bildlichen Darstellung der drei Kano-Faktoren erläutert wird (vgl. Tabelle 1 und Abb. 2).

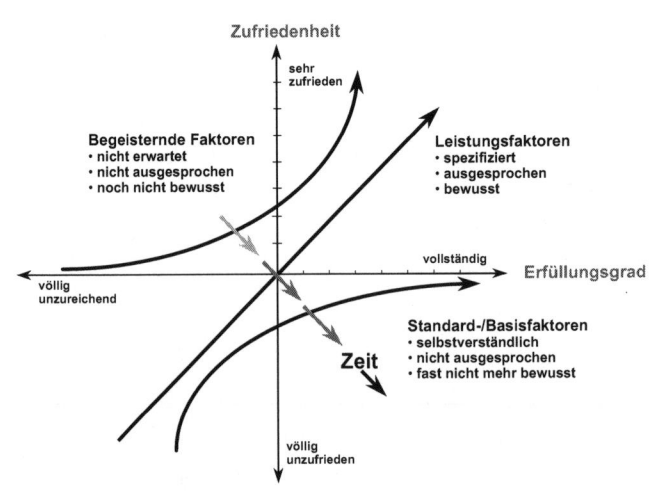

Abb. 2: *Das Kano-Modell*

Basisfaktoren sind die Grund- beziehungsweise Standardfaktoren (Standardleistungen), die der Kunde als ganz selbstverständlich voraussetzt und die er erwartet, über die er gar nicht mehr spricht, die für ihn aber existenziell wichtig sind. Ihr Fehlen würde ihn allerdings sehr verärgern. Betrachtet man die Basisfaktoren am Beispiel des Personenkraftwagens, so würden wir das Lenkrad, die vier Räder, den Motor, also alles was zur Fahrbereitschaft des PKW gehört, unter den Basisanforderungen einordnen. Basisanforderungen erzeugen auch bei einem vollen Erfüllungsgrad keine Steigerung der Kundenzufriedenheit, weil sie als ganz selbstverständlich erwartet werden.

Leistungsfaktoren sind die vom Kunden ausgesprochenen Erwartungen (Spezifikationen) und Forderungen zur »Ausstattung« an das Produkt oder an die Dienstleistung. Dies kann, um beim Beispiel Auto zu bleiben, die Klimaanlage, ein elektronisches Navigationssystem oder eine besondere Radkappenverkleidungen sein. Leistungsanforderungen werden vom Kunden nachgefragt, sie sind damit auch leicht erfassbar. Leistungsanforderungen beeinflussen nach dem Grad ihrer Erfüllung die Kundenzufriedenheit und umgekehrt wächst die Unzufriedenheit bei Nichterfüllung. Das heißt, die Zufriedenheit des Kunden verhält sich proportional zum Erfüllungsgrad der Leistungsanforderung. Wenn die bestellten Zusatzteile so aussehen und so funktionieren wie es der Kunde verlangte und sich vorstellte, ist er mit der Lieferung zufrieden.

Begeisterungsfaktoren sind Produktkriterien mit dem höchsten Einfluss auf die Kundenzufriedenheit. Begeisterungsfaktoren sind die vom Kunden nicht explizit erwarteten, aber als nützliche und angenehme Überraschung empfundenen Faktoren, die er eigentlich *noch* nicht erwartete. Der Wunsch nach diesen angenehmen »Überraschungen« schlummert vermutlich latent in vielen Kunden, sie sind aber meistens *noch nicht* in der Lage, diese Wünsche verbal auszudrücken. Begeisternde Faktoren sind neue, bisher noch nicht vorhandene Eigenschaften, die sich wert- oder prestigeerhöhend auswirken. Diese Merkmale tragen in ganz erheblichem Maße zur Kundenzufriedenheit bei.

QFD-Phase 0: Informationsbeschaffung

Am Beispiel Automobil können die begeisternden Faktoren Ausstattungsmerkmale sein, die heute noch nicht per Katalog angeboten werden. Vielleicht sind es phototrope Scheiben, die sich bei blendendem Tageslicht automatisch abdunkeln, oder Fahrsicherheitssysteme, die neben spurstabiler Bremsung (ESP II) auch das Umfeld des Fahrzeuges über Sensoren beobachten. Kurz vor einem unvermeidbaren Unfall zieht ein solches System den Sicherheitsgurt enger, schließt Schiebedach und Fenster und bremst schon ab, wenn der Autofahrer noch gar nicht reagiert hat. ESP II ist die nächste Generation des bekannten Fahrdynamikregelsystems ESP, es nutzt erstmals aktive Lenkeingriffe und bietet damit nicht nur mehr Fahrsicherheit, sondern eröffnet auch neuen Fahrkomfort. ESP II macht das Fahrzeug im Grenzbereich leichter beherrschbar. Die optionale Einbeziehung einer elektronischen Fahrwerkregelung, zum Beispiel mittels Verstelldämpfer, rundet den ersten Schritt auf dem Weg zum vernetzten Global Chassis Control ab.

Begeisternde Faktoren sind (technische) Merkmale oder komforterhöhende Eigenschaften der Innenausstattung, die der Wettbewerber zu diesem Zeitpunkt noch nicht anbieten kann. Es sind keine Spielereien, sie müssen dem Kunden einen wirklichen Nutzen bieten.

Ein solches Merkmal kann ein USP-Unique Selling Proposition sein, ein einzigartiger, herausragender Produktvorteil. Das ist auch ein zentrales Verkaufargument für den Hersteller.

So gehörten zu den begeisternden Faktoren im Automobilbau vor einigen Jahren das ABS-Systeme oder das Airbag. Diese sind inzwischen auf der Kano-Zeitachse in den Bereich der Basisanforderungen gerutscht. Das bedeutet, Unternehmen sind gezwungen, permanent zu innovieren.

Kano wählte als Beispiel die Dienstleistung einer Fluggesellschaft. Als typische *Basisanforderung* kann hier die Sicherheit beim Fliegen angesehen werden. Kein Kunde fragt nach der Wartung und Instandhaltung des Flugzeuges, dies ist eine unausgesprochene Erwartung. Wäre diese Basisanforderung allerdings nicht erfüllt, würde das vom Kunden bemerkt, die Folge ist ein Imageverlust der Fluggesellschaft oder ein Wechsel zu einem anderen Unternehmen. Ist eine Fluggesellschaft hingegen besonders pünktlich und schnell in der Abfertigung, dann sind die *Leistungsanforderungen* erfüllt. Je reibungsloser diese Abläufe sind, umso zufriedener ist der Passagier. Kommt es während des Fluges zu außergewöhnlichen Serviceleistungen, seien es besondere Speisen, bequeme Sitzmöglichkeit oder audiovisuelle Techniken an Bord, so sind diese den *Begeisterungsfaktoren* zuzurechnen. Diese unausgesprochenen, unbewussten Wünsche (unspoken requirements) sind schwer zu ermitteln, da der Kunde sie meistens selbst noch nicht kennt.

Wer an die Spitze der Lieferanten gelangen möchte, muss seine Produkte und Dienstleistungen mit Begeisterungsfaktoren ausstatten und immer wieder nach den Faktoren suchen, die Kunden auch zukünftig begeistern werden. Kano stellte fest, dass derjenige, der seinen Kunden heute nicht die besonderen Extras liefert, morgen einer unter vielen sein wird.

Die Praxis zeigt aber, dass Kunden auf Fragen nach zukünftig wichtigen, innovativen Leistungen nur selten eine verwertbare Antwort finden. Die Ursache hierfür mag darin liegen, dass nur ein kleiner Prozentsatz (circa drei Prozent) der Menschen wirklich kreativ begabt ist und ein nur wenig höherer Prozentsatz über die Einengungen im Umgang mit den heutigen Produkten nachdenkt. Nur wenige Menschen registrieren bewusst die vielen kleinen Schwierigkeiten im Umgang mit einem Gerät, um daraus Ideen abzuleiten, die sie mit Forderungen gegenüber dem Lieferanten artikulieren können. Daraus lässt sich schließen, dass Lieferanten gefordert sind, ständig nach den begeisternden Faktoren zu suchen, um im Augenblick des bewusstwerdenden Bedarfs, dem Kunden die gewünschte Leistung anbieten zu können.

Der Lieferant sollte seine Kunden gelegentlich vor Ort bei der Handhabung seiner Produkte/Dienstleistungen beobachten, um Verbesserungsmöglichkeiten frühzeitig aufzuspüren. Nur wer dem Kunden regelmäßig über die Schulter schaut, kann erkennen, worüber sich dieser ärgert, womit er sich behilft, was ihn begeistert und wovon er träumt.

Auslöser für Begeisterung sind aber nicht nur die materiellen Leistungen, sondern auch die immateriellen Faktoren (zum Beispiel unkomplizierte Geschäftsabwicklungen) leisten einen erheblichen Beitrag zur Zufriedenheit des Kunden.

Die *Zeitachse* des Kano-Modells zwingt immer wieder zu schnellem Handeln und zu Innovationen, denn alle begeisternden Faktoren finden wir nach kurzer Zeit unter den Leistungsanforderungen und später unter den Basisanforderungen wieder. QFD ist dabei ein nützlicher Leitfaden, denn durch die Dokumentation der Entwicklungsschritte kann auf dem Erst-Modell aufgebaut werden. Bei Produktverbesserungen liegen bereits Daten vor und es ist nachvollziehbar, warum man sich zum damaligen Zeitpunkt der Entwicklung für diese Lösung so entschieden hat. Der gesamte Entwicklungsprozess wird dadurch erheblich beschleunigt.

Gerade beim Automobil erlebten wir in den letzten Jahren viele rasante Entwicklungen. Die ersten Wirtschaftswunder-Käfer von VW hatten noch herausklappbare Winker zur Richtungsanzeige und eine vorsintflutliche Scheibenwaschanlage mit Fußpumpe. Die heutigen Limousinen können hingegen mit sensorgesteuerten Scheibenwischern gekauft werden.

Daraus wird erkennbar, wie wichtig der Zeitfaktor bei den Entwicklungsprozessen ist. Die Komplexität aller zu untersuchenden Einflussfaktoren erfordert die Arbeit in ressortübergreifenden Teams mit Mitarbeitern aus Marketing, Vertrieb, Konstruktion, Produktion, Einkauf und Qualitätswesen. QFD ist eine in idealer Weise geeignete Methode, all diese Aktivitäten zu kanalisieren, um simultan zu entwickeln und den Time to market-Prozess erheblich zu beschleunigen.

Die Anwendung des Kano-Modells
Tabelle 2 zeigt die Anwendung des Kano-Modells und die Bedeutung der einzelnen Faktoren im QFD-Prozess. Die Erfassung der begeis-

ternden Faktoren ist besonders schwierig, aber wichtig um Kunden das »Mehr« gegenüber der Konkurrenz zu bieten.

Nur die vollständige Kenntnis aller Faktoren kann den Marktanteil des Unternehmens zeitlich begrenzt halten beziehungsweise erhöhen. Nur wer die *Begeisterungsfaktoren* frühzeitig erkennt und sein Produkt beziehungsweise seine Dienstleistung zum richtigen Zeitpunkt liefert, kann Marktführer werden.

Tabelle 2: Anwendung des Kano-Modells			
Faktor:	Begeisterung	Leistung	Basis
Erfassung	Sehr schwierig Aufwendig Einfühlen Beobachten	Einfach	Schwierig Nachfragen Ältere Produktspezifikation
Strukturierung	Wichtig	Wichtig	Wichtig
Umsetzung	Oft mentales Problem beim Hersteller	Frage der Kundenorientierung beim Hersteller	Frage des Qualitätsbewusstseins beim Hersteller
Bedeutung im QFD-Prozess	Maximale Bedeutung, wenn Leistung/Basis sehr gut erfüllt ist	Fundamental	Fundamental
Bedeutung für den Lieferanten	Sehr hoch, wenn Nutzen erkannt wird	Fundamental	Fundamental
Beispiel Tanken an der Tankstelle	Innenreinigung wird in kürzester Zeit durchgeführt, Auto wird in den fließenden Verkehr gelotst	Scheiben werden gewaschen, Reifendruck wird geprüft	Tank voll, eigenhändig befüllt

Am Beispiel Tanken sind die drei Kano-Faktoren aufgezeigt. Dass eigenhändige Betanken des Autos ist eine Basisanforderung. Wenn von einem Tankwart die Scheiben gewaschen und der Reifendruck geprüft werden ist dies eine Leistungsanforderung.

Begeistern würde den Kunden eine Innenreinigung in kürzester Zeit und das Einlotsen in den fließenden Verkehr. Während der

Innenreinigung könnte dem Wartenden Kaffe oder ein Kaltgetränk serviert werden.

In Japan kann man beim Tanken diese »begeisternden Faktoren« erleben. Nähert man sich der Tankstelle, stürzen gleich mehre uniformierte Männer mit Putzlappen, Bürsten und Eimern auf den Wagen zu. Der Servicetrupp empfängt den Fahrer mit einem Willkommensgruß und verbeugt sich dann vor der Motorhaube im Winkel zwischen 30 bis 40 Grad. »Womit darf ich dienen? Volltanken? Ölscheck? sind die Reifen in Ordnung?« fragt einer der Uniformierten. Das Tempo der Tätigkeiten erinnert an einen Formel-1-Boxenstopp. Trinkgeld wird für diesen Service nicht erwartet, es ist sogar unerwünscht, denn das System des Dienens funktioniert perfekt, weil der Tankwart in einem Kaufhaus die gleiche Ehrerbietung erfährt, wenn er dort von Hostessen und freundlichen Verkäuferinnen begrüßt wird.

Das Erfassen der *Leistungsanforderungen* ist in der Regel ohne Schwierigkeiten möglich. Dagegen lassen sich die begeisternden Faktoren nur schwer aufspüren, weil sie dem Kunden selbst noch nicht bewusst sind. So lässt sich der Wunsch nach einer Klimaanlage im Auto leicht ermitteln. Aber das »Marktfenster« im richtigen Moment zu treffen, das heißt mit dem richtigen Produkt am richtigen Ort genau zur richtigen Zeit zu sein, erfordert ein besonderes Gespür und eingehende Analysen. Eine zu früh eingeführte Innovation kann sich als Flop erweisen, wenn die Akzeptanz vom Markt her noch nicht vorhanden ist.

Das Erkennen der *begeisternden Faktoren* ist von sehr hoher Bedeutung, weil die Kunden durch die Erfüllung dieser Faktoren zu Fans werden. Durch Kundenbegeisterung (customer delight) erreicht man eine hohe Kundenbindung, einen hohen Marktanteil und damit letztlich auch einen hohen Gewinn. Dieser Erfolg ist so lange gewährleistet, bis die Konkurrenten nachziehen. Wenn Gleichstand mit der Konkurrenz erreicht ist, sollten bereits neue Begeisterungsfaktoren (Innovationen) erkannt und bis zur Marktreife entwickelt sein. Dies praktizierte Hewlett Packard mit Farbdruckern viele Jahre sehr erfolgreich.

3.1.3 Wie findet man die »begeisternden Faktoren« bei der Informationsbeschaffung?

Wer die eigenen Produkte und Dienstleistungen (zum Beispiel die Hotline oder Reparatur- und Beschwerdeannahme) selbst benutzt, sollte sich fragen:
- ⇨ Bin ich mit der durch mein Unternehmen erbrachten Leistung zufrieden?
- ⇨ Was müsste verbessert werden?

Informationen erhält ein Unternehmen auch dann, wenn es seine Kunden bei der Anwendung der Produkte und Dienstleistungen beobachtet, um zu erkennen:
- ⇨ Welche Schwierigkeiten belasten den Kunden?
- ⇨ Welche Fehler entstehen beim Kunden bei der Benutzung der gelieferten Produkte oder Dienstleistungen?
- ⇨ Wie behilft sich der Anwender zur Vermeidung dieser Fehler?

Damit sind die Möglichkeiten der Suche nach den begeisternden Faktoren aber nicht erschöpft. Weiterhin können die Anwender von Konkurrenzprodukten beobachtet und Reparaturberichte sowie Kundendienststatistiken und Berichte des Beschwerdemanagements, soweit sie für QFD verwertbar sind, analysiert werden.

Die österreichische Firma Schiebel-Stellantriebe bezeichnet die Informationen ihrer weltweit reisenden Monteure als unschätzbares Potenzial und verarbeitet diese Informationen.

Weitere Beispiele für die Suche nach Informationen und *begeisternden Faktoren:*
- ⇨ Durch welche konstruktive Maßnahme hätten die fünf häufigsten Schäden vermieden werden können? (Auswerten der Kundendienststatistik, Auswertung von CRM-Customer Relationschip Management)

⇨ Durch Anrufe im eigenen Haus als getarnter Kunde nach Informationen fragen: Wie oft wurden Sie weiterverbunden, abgewimmelt oder unzureichend informiert? Wie lange wurden Sie mit Musik, die nicht Ihrem Geschmack entsprach, berieselt?

Schauen Sie sich in befreundeten Firmen anderer Branchen um. Was macht diese erfolgreich? Was macht den Besten der Branche zum Besten? Die Wahl der Maßnahmen zur Informationsbeschaffung kann organisationsabhängig sein. Alle Möglichkeiten dieses hochsensiblen Prozesses sind zu nutzen.

Werden auf der Suche nach Begeisterungsfaktoren Projekte im Unternehmen initiiert, so sollten die Vorgesetzten jeden Abend mit den Mitarbeitern die Beobachtungen aus den eingeleiteten Projektmaßnahmen besprechen. Hinweise werden dokumentiert und visualisiert. Die Mitarbeiter sind zu ermuntern, ergänzende Themen vorzuschlagen. Im Team können die Vorschläge bewertet und die Prioritäten der Themen festgelegt werden.

Die Mitarbeiter der Projektteams sollten dem Geschäftsführer oder Werksleiter das Ergebnis der Arbeit der jeweils letzten Projektphase im nächsten Managementmeeting vorstellen. In diesem Meeting ist dann auch festzulegen, welche der wichtigsten Themen von wem und mit wem (im Projektteam) nach welchen Zielkriterien zu bearbeiten sind. Zum wichtigsten Thema wird stets der Punkt, der den größten Beitrag zur Steigerung der *Kundenzufriedenheit* leisten kann. Alle von dem Projekt betroffenen Mitarbeiter sind persönlich zu informieren. Mit dem Projektteam sind die Review-Termine festzulegen, an denen die Vorgesetzten persönlich teilnehmen sollten. Die Reaktion der Kunden in Bezug auf die Neuerungen muss gemessen werden. Der Erfolg eines Projektes ist mit den Mitarbeitern zu feiern und eine Einladung an die wichtigsten Kunden sollte nicht vergessen werden!

3.2 Methoden der Informationsbeschaffung

Wer Kunden gewinnen will, muss seine Zielgruppe kennen und unter die Lupe nehmen. Vor jeder Kundenbefragung müssen folgende Überlegungen angestellt werden:
- ⇨ Wer sind die Kunden?
- ⇨ Welche Zielgruppe soll erreicht werden?
- ⇨ Wie viel Kunden sollen befragt werden?
- ⇨ Wie und wo erhalte ich Informationen?
- ⇨ Welche vorhandenen internen und externen Daten können genutzt werden?

3.2.1 Wer sind die Kunden?

Wer ist der Kunde und welche Erwartungen hat er an das Produkt und die Dienstleistung? Dies ist die wichtigste Frage bei der Informationsbeschaffung, die aber laut einer Untersuchung der WHU – Wissenschaftlichen Hochschule für Unternehmensführung in Vallendar circa 60 Prozent der Lieferanten heute nicht beantworten können. Die WHU führte im Auftrag der VDI-Nachrichten eine Befragung bei 1.000 Unternehmern und Managern aller Branchen durch. Weniger als 30 Prozent aller Firmen gaben an, regelmäßig die Zufriedenheit ihrer Kunden mit der angebotenen Leistung zu messen [2].

Die Antwort auf die Frage nach den Kunden und deren Gruppierung nach Branchen (Cluster) oder sozialen Bedürfnissen führt im zweiten Schritt nach der Segmentierung zu den Wünschen der einzelnen Gruppen. So ergeben sich ganz unterschiedliche Kundenwünsche. Den Computerhändler interessieren zum Beispiel neben günstigen Konditionen eine einfache Handhabung bei der Lagerung der Produkte. Eine stabile und stapelbare Verpackung ist für ihn von Bedeutung, während dies den Endanwender weniger interessiert. Dieser bevorzugt beim Kauf des Computers eine einfache Anweisung für die Installation am individuellen Arbeitsplatz.

QFD-Phase 0: Informationsbeschaffung

Kunden erwarten die Erfüllung oder Übererfüllung ihrer Wünsche (siehe Kano). Die Qualität der Kundenorientierung ergibt sich durch das Maß an Kundenzufriedenheit, das wir erreichen, daher müssen am Anfang jeder Neuentwicklung immer die sieben Fragen stehen:

1. Wer sind unsere Kunden?
2. Was erwarten unsere Kunden von uns?
3. Woran messen uns unsere Kunden?
4. Erfüllen wir die Erwartungen?
5. Was ist unser Produkt/Dienstleistung, mit der wir die Erwartungen erfüllen?
6. Mit welchen Prozessen erfüllen wir die Erwartungen?
7. Welche korrigierenden Maßnahmen sind notwendig, um Verbesserungen zu erreichen?

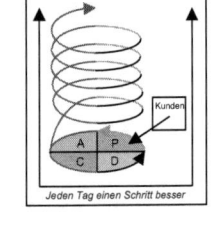

Verbesserungen ohne Prozessveränderung sind nicht langfristig!

Abb. 3: *Die sieben Fragen auf dem Weg zur besseren Leistung*

An zwei Beispielen, dem Fernseher und dem Computer, wird die Differenzierung des Kundenprofils in der Abbildung 4 erläutert: Der Fernsehproduzent, der ausschließlich den europäischen Markt bedienen möchte, und der Computerhersteller, der weltweit tätig sein will. Auch die Vertriebswege sind in diesem Beispiel festgelegt sowie die Anwender- und Endverbraucherprofile definiert.

QFD-Phase 0: Informationsbeschaffung

						Endverbraucher
						Altersgruppen
			Branchen	Großhändler	Firmen	Berufsgruppen
		Interne	Kontinente	Einzelhändler	Behörden	Einkommensgr.
Hersteller		Kunden	Länder	Distributoren	Institute	Bildungsgrad
			Volksgruppen	Agenturen	Werkstätten	Stadtbewohner
Direktverkauf - Händlerverkauf?				Märkte	Verbände	Landbewohner
						Familien
						Ledige
Beispiel: Fernsehgeräte	*Verkäufer*		Europa	Großhändler Einzelhändler Märkte	Werkstätten	alle Menschen älter 2 Jahre
Beispiel: Computer	*Verkäufer Kundendienst int. Anwender*		weltweit	Distributoren auch direkt Dealer	Jede Organisation Verwaltung Techn. Anwender Kfm. Anwender	Anwälte, Ärzte Ing.-Büros Makler

Wer sind unsere Kunden, was benötigen sie, was fordern sie, was wünschen sie, was begeistert sie, was meinen sie?

Abb. 4:   *Welche Kunden sind gemeint?*

Ist der Kunde Endverbraucher, so sind auch die soziodemografischen Daten wie Einkommen, Alter, Geschlecht (siehe Spalte 5 in Abbildung 4) von Bedeutung für sein Kaufverhalten.

Die Kundendifferenzierung sei noch anhand zweier weiterer Beispiele gezeigt (vgl. Abb. 5). Ein Hersteller medizinischer Geräte, der vorwiegend Krankenhäuser beliefert, muss wissen, wer der Benutzer seines Gerätes im Krankenhaus ist und welchen Nutzen die jeweilige Gruppe erreichen will. Die Kunden im Krankenhaus haben völlig unterschiedliche Anforderungen an das medizinische Gerät. Der Patient, der alles erdulden und erleiden muss, hat andere Erwartungen als der Pfleger, der dieses Gerät benutzt. Den Pfleger interessiert eine einfache Handhabung, die Ergonomie hat für ihn hohe Priorität. Der Arzt möchte sich unter Umständen mit dem neuen Gerät ein Prestigebedürfnis erfüllen und der Verwalter will möglichst hohe Beträge bei den Krankenkassen abrechnen können.

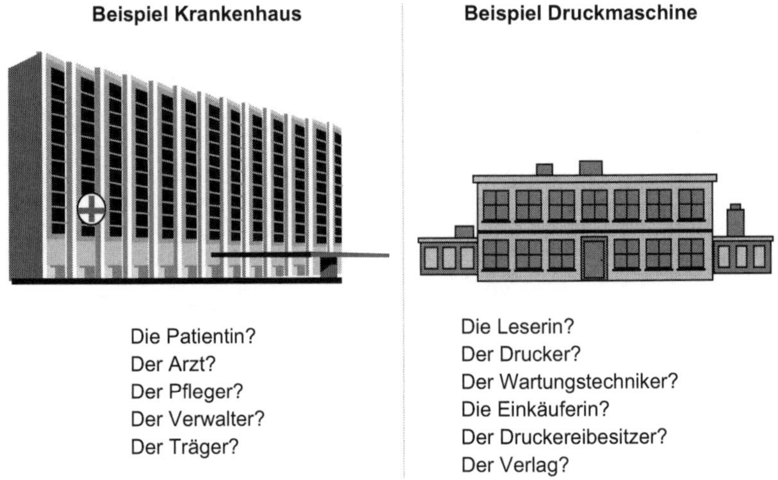

QFD-Phase 0: Informationsbeschaffung

Beispiel Krankenhaus

Die Patientin?
Der Arzt?
Der Pfleger?
Der Verwalter?
Der Träger?

Beispiel Druckmaschine

Die Leserin?
Der Drucker?
Der Wartungstechniker?
Die Einkäuferin?
Der Druckereibesitzer?
Der Verlag?

Abb. 5:   *Wer ist der Kunde?*

Das Beispiel Druckmaschine (vgl. Abb. 5) zeigt ebenfalls die unterschiedlichen Kundengruppierungen. Der Druckereibesitzer und sein Einkäufer erwarten einen günstigen Preis und eine lange Lebensdauer. Der Verlag ist an einer hohen Druckqualität interessiert. Der Leser einer Zeitung interessiert sich hingegen weniger für die technische Ausstattung der Druckmaschine. Sein Wunsch ist es, beim Lesen der Zeitung keine schwarzen Finger zu bekommen.

QFD-Phase 0: Informationsbeschaffung

3.2.2 Welche Zielgruppe will ich erreichen?

Segmentierung/Situationsfeld- bzw. Portfolioanalyse

Das Portfolio- beziehungsweise Situationsfeld-Diagramm dient dazu, aus einer unübersichtlichen Fülle von Informationen die Darstellung einer großen Anzahl numerischer Daten, die als Zahlentabellen vorliegen, überschaubar zu machen und verdeckte Strukturen aufzudecken. Dabei werden die Informationen weiterverarbeitet, die zuvor in Tabellen erfasst wurden. Anstatt beispielsweise in einer Matrix von der Größe 30 x 30 insgesamt 900 Zahlen zu betrachten, wird diese Datenmenge mittels der Portfolioanalyse (Matrixdatenanalyse) auf wenige aussagekräftige Gruppen reduziert. Mit Hilfe des Portfoliodiagramms können diese Datengruppen dann als leicht erfassbare Information visualisiert werden. Die Darstellung macht eine große Zahl numerischer Daten überschaubar und erlaubt einen qualitativen Vergleich von Merkmalen. Das Portfoliodiagramm wird beispielsweise im Marketing zur vergleichenden Darstellung von Ist-Analysen und auch zur Gegenüberstellung von Ist- und Sollzuständen sowie in der strategischen Planung eingesetzt. Als Privatmenschen benutzen wir das zweidimensionale Portfoliodiagramm zumeist gedanklich in fast jeder Entscheidungssituation, sei es bei der Auswahl eines Hotels oder des nächsten Urlaubsortes (Tabelle 3).

Tabelle 3: Entscheidungsmatrix		
Entscheidungsobjekt	Dimension 1	Dimension 2
Hotel	Lage (ruhig – laut)	Preis (niedrig – hoch)
Urlaub	Trubel – Einsamkeit	Wildnis – Komfort

Das *Portfolio-Diagramm* stellt Situationen oder Ziele zweidimensional dar und erleichtert das Verständnis der Zusammenhänge. An den folgenden zwei Beispielen soll das Situationsfeld- beziehungsweise Portfolio-Diagramm vorgestellt werden:
⇨ Bei der Identifizierung der Kunden auf dem Kühlschrankmarkt
⇨ Im Dienstleistungsbereich (Reisebüro)

QFD-Phase 0: Informationsbeschaffung

Der Hersteller von Kühlschränken beispielsweise, der von einer sehr hohen Marktsättigung ausgehen muss, sollte seine Marktchancen und Verkaufsaussichten sehr genau testen und analysieren. Dazu wird im Situationsfeld (Abbildung 6) auf der x-Achse das Einkommen und auf der y-Achse die Personenzahl der in Frage kommenden Haushalte aufgetragen, um dann entscheiden zu können:
Wer ist die *Zielgruppe* meines neuen Kühlschranks? Ist es der Einpersonenhaushalt mit hohem Einkommen? Zum Beispiel
⇨ der Typ »Yuppie« – gutverdienende Einzelperson (im Feld F1)?
⇨ die Rentnerin mit kleinem Einkommen (Feld A1)?
⇨ die Großfamilie mit hohem Einkommen (Feld F6)?

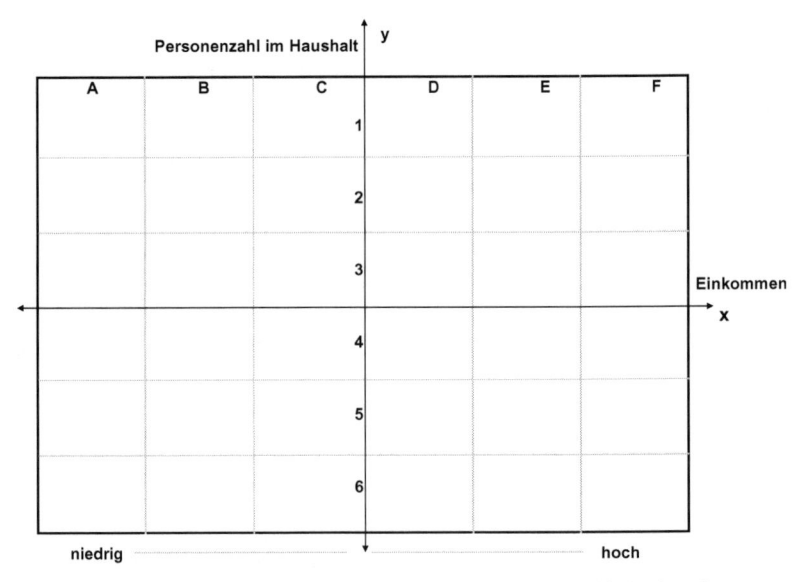

Abb. 6: *Situationsfeld-/Portfolioanalyse; wer ist der Kunde auf dem Kühlschrankmarkt?*

Der zahlungskräftige Single möchte vielleicht ein ausgefallenes Design (zum Beispiel gebürstete Metalloberfläche), während die Rentnerin mit kleinem Einkommen und kleiner Wohnung ein preiswertes, selbstreinigendes und platzsparendes Modell bevorzugen könnte. In der Großfamilie wird der Kühlschrank intensiver genutzt, so dass von einem schnelleren Verschleiß ausgegangen werden kann.

Nun beginnt die Analyse und Recherche der Marketingexperten, um die Zielgruppe für das neue Kühlschrankmodell zu ermitteln. Bei den Zukunftsentscheidungen sind Meta-Trends und demografische Entwicklungen (Alterspyramide) ebenfalls zu berücksichtigen.

Die begeisternden Faktoren nach Kano könnten »intelligente Kühlschränke« sein, die die Vorräte überwachen und den Besitzer erinnern: »Sie brauchen Milch« oder »Die Butter wird knapp«. Realität ist dies bereits in so genannten »Future Store«. Hier werden diese neuen Technologien RFID (Radio Frequency Identification) oder PSA (Personal Shop Assistent) bereits getestet [3].

Damit aus der Idee Wirklichkeit wird, müssen die RFID-Systeme stärker genutzt werden. Bisher werden Transponder, über die die Gegenstände lokalisiert werden können, nur als Diebstahlschutz an Textilien verwendet. Für Lebensmittel kommen sie zur Zeit aus Kostengründen noch nicht zum Einsatz [29].

Das große Thema der nächsten Jahre wird »das Rennen um Energieeffizienz« sein. Die meisten der heutigen Kühlschränke verbrauchen etwa 600 kWh pro Jahr (Kilowattstunden), die neue Generation nur noch 160 kWh/Jahr.

In der folgenden Abbildung 7 sehen Sie eine einfache Anwendung der Portfolioanalyse aus dem Dienstleistungsbereich. Die Quadranten definieren die Marktsegmente, die dem Reiseveranstalter die Entscheidung erleichtern. Um die richtige Auswahl für seinen Kundenkreis zu treffen, muss er wissen:

⇨ Wer ist mein Zielkunde auf dem Touristikmarkt?
⇨ Welche Bedürfnisse hat er?
⇨ Bevorzugt er Komfort und Ruhe oder Abenteuer und Wildnis?

Vielleicht möchten die Kunden vierzehn Tage lang Trubel und feuchtfröhliche Feste in Benidorm oder ausgefallene Animationen, die sie von morgens bis in die Nacht »aktivieren«.

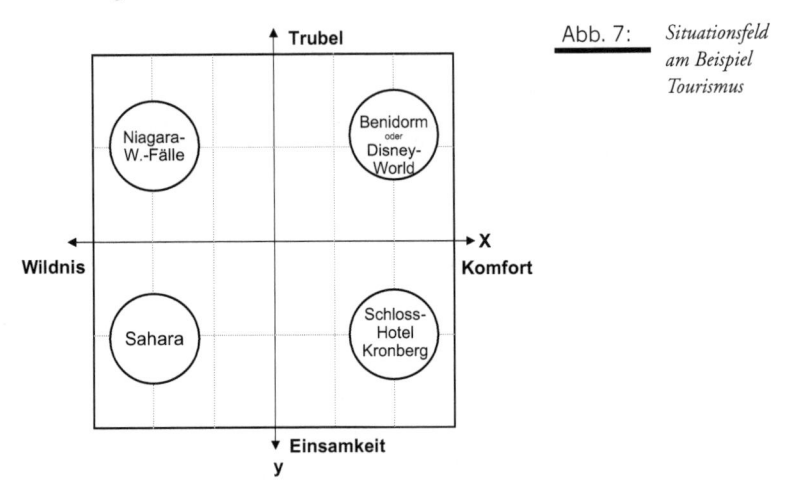

```
                    ↑ Trubel
         ┌──────────────────────────┐
         │                          │
         │   ╱‾‾‾╲        ╱‾‾‾‾‾╲   │
         │  │Niagara│    │Benidorm│  │
         │  │W.-Fälle│   │  oder  │  │
         │   ╲___╱     │ Disney- │  │
         │              │  World  │  │
         │               ╲_____╱    │
         │                          │
Wildnis ←┼──────────────────────────┼→ X
         │                          │  Komfort
         │                ╱‾‾‾‾‾╲   │
         │   ╱‾‾‾╲       │Schloss-│  │
         │  │Sahara│     │ Hotel  │  │
         │   ╲___╱       │Kronberg│  │
         │                ╲_____╱    │
         │                          │
         └──────────────────────────┘
                    ↓ Einsamkeit
                    y
```

Abb. 7: *Situationsfeld am Beispiel Tourismus*

Viel zu oft wird unterstellt zu wissen, was die Zielgruppe will. Doch erfahrungsgemäß verfehlt die Werbung diese häufig haarscharf. Mit dem so genannten Prospecting beginnt deshalb erst einmal die Suche nach neuen Märkten und Kunden. Die gesamte Zielgruppe wird vorselektiert, es werden umfangreiche Daten über die potenziellen Kunden gesammelt. Diese korrekt zu verwenden, fällt unter den Begriff CRM – Customer Realationsship Management. Nach dem Pareto-Prinzip 20:80 (das heißt 20 Prozent der Kunden sorgen für 80 Prozent des Umsatzes) werden die Kundendaten in das CRM-Computersystem eingelesen und verwaltet.

3.2.3 Wie können Unternehmen vorgehen, die eine Befragung selbst durchführen wollen? Wie wird die Stichprobe (Sample) errechnet?

Markt- und Meinungsforschung ist heute öffentlich geworden. Kontinuierlich werden über n-tv von TNS-Emnid die Umfrageergebnisse zu aktuellen Themen vorgestellt. Vor jeder Wahl untersuchen Meinungsforscher unser Wahlverhalten. Nach jeder Wahl treffen wir bei ARD und ZDF auf »Infratest dimap« oder die »Forschungsgruppe Wahlen«, die uns bereits vor der ersten Hochrechnung die Wahlergebnisse prognostizieren. Konsumforscher wie zum Beispiel die Gesellschaft für Konsumforschung (GfK) in Nürnberg untersuchen unsere Kaufgewohnheiten, diese Marktdaten kann man nach Branchen sortiert regelmäßig erwerben. Darüber hinaus werden Umfrageergebnisse von Interessengruppen (Wirtschaftsverbände, Gewerkschaften, Parteien, Verbände) in Zeitungen und Wirtschaftsjournalen veröffentlicht. Gfk bietet das Grundwissen, nach dem Industrie, Handel und Dienstleister ihre Entscheidungen treffen.

Berechnung der Stichprobengröße
Kann bei der *Berechnung der Stichprobe* (n) von einer großen Gesamtheit (N) ausgegangen werden, dann genügt prozentual gesehen eine kleinere Stichprobe. Bei einer kleinen Gesamtmenge muss dagegen die Stichprobe (Sample) prozentual höher ausfallen. Das bedeutet, der Befragungsumfang ist abhängig von der Gesamtzahl der Kunden und der Anzahl der definierten Segmente.
Die Stichprobe für Kundenzufriedenheitsumfragen kann nach der folgenden Formel errechnet werden:

$$n = \frac{N(\sigma Z)^2}{N d^2 + (\sigma Z)^2} \cdot \frac{1}{R}$$

$$n = \left(\frac{\sigma Z}{d^2}\right)^2$$

Bei N > 25.000 wird mit dieser Formel gerechnet

Abb. 8: *Berechnung der Stichprobengröße*

Legende
n = Stichprobe (Sample)
N = Gesamtzahl (Population)
σ = Standardabweichung (Standard deviation) = 1,8 *)
Z = Vertrauensfaktor (Confidence Level Factor) = 1,96 *)
d = Präzision (Precission) = 0,3 (oder 0,2)
R = Rücklaufrate in % (Response Rate)

Die mit *) gekennzeichneten Werte σ (Sigma, Standardabweichung) und Z (Vertrauensfaktor, confidential level) basieren auf den Vorjahresumfrageergebnissen.

Faktor d = 0,3 bedeutet, dass eine 30-prozentige Genauigkeit als hinreichend angenommen wird (bei d = 0,2 = 20-prozentige Genauigkeit). Weitere Beispiele zur Errechnung der Stichprobengröße werden von Fritz Unger vorgestellt [4].

In Deutschland genügt es laut FAZ [30] 1.003 Personen zu befragen, um eine repräsentative Aussage mit einer Genauigkeit von etwa fünf Prozent zu erhalten. Die Wahlforscher befragten zu ihren Vorhersagen am 28.3.2002 (HR 1) 1.270 Personen. Nur bei der vorgezogenen Bundestagswahl im Jahr 2005 lagen die Demoskopen total daneben.

Die amerikanischen Unternehmen Hewlett Packard, AT&T und XEROX orientieren sich bei der Errechnung des Samples für Kundenbefragungen an der vorstehenden Formel. Die Werte für die Standardabweichung und des Vertrauensfaktors basieren auf Erfahrungswerten vorheriger Umfragen.

Für vertiefende Untersuchungen zu Stichprobenbestimmungen und Standardabweichungen werden die Bücher von Bronstein und Schwarze empfohlen. Ausführliche Berechnungsbeispiele sind in den Unterlagen von Meffert [5] und Unger [4] zu finden.

QFD-Phase 0: Informationsbeschaffung

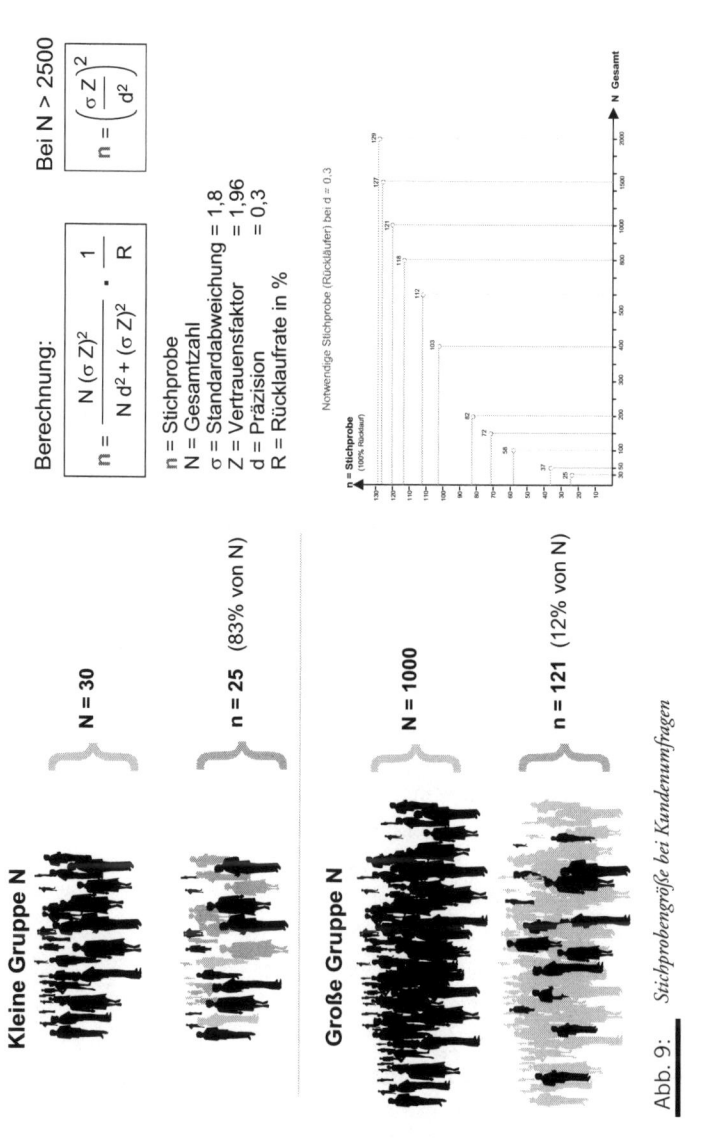

Berechnung:

$$n = \frac{N(\sigma Z)^2}{Nd^2 + (\sigma Z)^2} \cdot \frac{1}{R}$$

Bei $N > 2500$:

$$n = \left(\frac{\sigma Z}{d^2}\right)^2$$

n = Stichprobe
N = Gesamtzahl
σ = Standardabweichung = 1,8
Z = Vertrauensfaktor = 1,96
d = Präzision = 0,3
R = Rücklaufrate in %

Kleine Gruppe N

N = 30

n = 25 (83% von N)

Große Gruppe N

N = 1000

n = 121 (12% von N)

Abb. 9: *Stichprobengröße bei Kundenumfragen*

Bei der errechneten (notwendigen) Stichprobengröße nach der Formel in Abbildung 9 erkennt man, dass bei 2.000 zu befragenden Kunden nur 129 Rückläufer benötigt werden, um ein Ergebnis mit circa 30 Prozent Genauigkeit zu erhalten. Bei einer Gesamtanzahl von nur 50 Personen müssen hingegen 37 Personen befragt werden.

QFD-Phase 0: Informationsbeschaffung

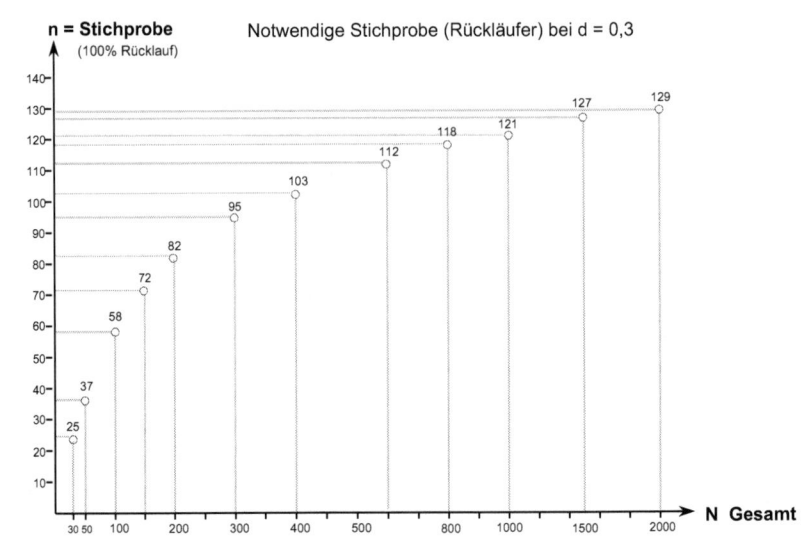

Abb. 10: *Erforderliche Stichprobengröße bei d=0,3 (nach Formel in Abb. 9)*

An einem Beispiel – Wahlen in Russland – wird gezeigt, dass eine Stichprobe aus einer Grundgesamtheit ausreiche, um den Trend frühzeitig zu erkennen. Am 3.7.96 um 20 Uhr wurde in der Tagesschau das Umfrageergebnis eines Forschungsinstitutes vor den Wahlen in Russland basierend auf der Befragung von
n = 9.000 Personen aus einer Gesamtheit von
N = 107.000.000 Wahlberechtigten bekannt gegeben.
Es stimmten dabei:
⇨ 55 Prozent für Jelzin,
⇨ 40 Prozent für Sjuganow,
⇨ fünf Prozent gegen beide.

Nach Auszählung von 21 Prozent der Stimmen in den Wahllokalen wurde folgendes Ergebnis genannt:
⇨ 52,3 Prozent für Jelzin und
⇨ 41 Prozent für Sjuganow.

Das Endergebnis nach Auszählung aller abgegebenen Stimmen sah wie folgt aus:
⇨ 52 Prozent für Jelzin und
⇨ 41 Prozent für Sjuganow

Hieraus ist zu erkennen, dass das Endergebnis nur um wenige Prozentpunkte von den ersten Umfrageergebnissen abweicht. 9.000 Befragungen von insgesamt 107 Millionen Wahlberechtigten waren für eine recht genaue Vorhersage des Wahlausgangs völlig ausreichend.

Firmen, die sich zu einer Umfrage entschließen, können ganz einfach aus der vorstehenden Tabelle die Anzahl der zu befragenden Kunden ablesen, wenn sie die Gesamtmenge (Kunden im Segment) kennen. Eine Totalerhebung ist nur bei ganz kleinen Gruppen (N) erforderlich, ansonsten werden unnötig Zeit und Geld verschwendet.

Die Formel und die Tabelle in Abbildung 9 erheben keinen wissenschaftlichen Anspruch, sie haben sich in der Praxis bewährt und können daher zur schnellen Orientierung eingesetzt werden. Die Größe der Stichprobe ist auch von der geforderten Genauigkeit abhängig.

Die Marktforscher unterscheiden bei den Auswahltechniken zwischen der *Voll- und Teilerhebung* sowie zwischen den verschiedenen Möglichkeiten der Teilerhebung, den so genannten *Stichprobenverfahren*. Bei einer Vollerhebung werden alle Elemente der interessierenden Grundgesamtheit erfasst, bei einer Teilerhebung lediglich eine Stichprobe aus dieser Grundgesamtheit. Für die praktische Marktforschung stellt sich die ökonomische Frage: »Wie genau müssen die Ergebnisse sein, und welche Fehler sind vertretbar?« Die Antwort ist laut Unger einfach: »Die Ergebnisse der Marktforschung müssen so genau sein, dass sie gravierende Fehlentscheidungen im Management verhindern« [4].

Bei Repräsentativbefragungen ist eines der Erhebungsziele in der Regel eine Incidence-Erhebung, also eine Abbildung der Auftretenswahrscheinlichkeit bestimmter (Markt-) Segmente. Zum Beispiel: Wie viel Prozent der Gesamtbevölkerung besitzen ein Handy (Auto,

QFD-Phase 0: Informationsbeschaffung

Fernseher, etc.)? Durch Repräsentativbefragungen kann die Kernzielgruppe erkannt werden.

3.3 Wie und wo erhält man Kundeninformationen?

Kundeninformationen erhält man überall dort, wo es Gelegenheit zur Kommunikation mit Kunden gibt. Das können *interne* und *externe* Informationsquellen sein wie zum Beispiel:

⇨ Werbeveranstaltungen
⇨ Foren, Messen sowie
⇨ *interne Informationen* aus dem Vertrieb und dem Kundendienst
⇨ *interne* Informationen aus Reklamationen, Beschwerden, Ausfallstatistiken, Reparaturberichte u.a.
⇨ Informationen aus CRM Customer Relationchip Management
⇨ Informationen des Außendienstes (zum Beispiel die Kundendienstmonteure, die Vertriebsingenieure)

Sensitivität und Offenheit für die Wünsche der Kunden sind erforderlich, um mit dem Kunden zu kommunizieren. Die Mitarbeiter sollten zum Zuhören befähigt werden. Auch die Entwickler und Konstrukteure müssen lernen zu kommunizieren. Sie sollen sich gedanklich aus der Welt der Werkstatt herausbewegen, damit sie das kundenorientierte *Lastenheft* in ein technik- und dienstleistungsorientiertes *Pflichtenheft* übersetzen können.

Tabelle 4: Wie und wo erhalte ich Kundeninformationen ?	
Kundenumfragen, Kundeninterviews	Benchmarking
Werbeveranstaltungen für Kunden	Trendforschung, Lifestyle Planning
Prototypvorstellungen	Datenbanken
Messen, Kundenforen, Expertengespräche	Patentrecherchen
Fachzeitschriften	CRM – Customer Relationship Management
Reklamationen, Beschwerdemanagement	Open Innovation

Die Mitarbeiter sollten häufiger »Feld«-Luft schnuppern und ihre Kunden vor Ort besuchen, um Informationen »aus erster Hand« zu erhalten. Diese sind dann ungefiltert für das QFD-Projekt zu übernehmen, es sind, wie die Marktforscher sagen, *Primärdaten*.

Über Kundenumfragen und Interviews können die Kunden genauso erreicht werden, wie über alle kundennahen Abteilungen des Lieferanten, zum Beispiel die Service- und die Vertriebsabteilung, die in ständigem Kontakt mit den Kunden sind. Bei den Außendienstmonteuren gibt es reichlich nicht erfasstes Potenzial. Auch durch Beschwerden und Reklamationen erfährt man, wie sich Kunden fühlen, wie sie denken und welche Befindlichkeiten sie haben. Der firmeneigene Außendienst (Vertrieb) erhält tagtäglich beim Kundenkontakt eine Fülle wertvoller Hinweise, die allerdings erst durch eine sinnvolle Erfassung nutzbar werden.

Leider finden die *internen Informationsquellen* in den meisten Unternehmen heute noch zu geringe Beachtung. Es sollte daher analysiert werden, welche im Unternehmen vorhandenen Daten zukünftig genutzt und wie sie in einer Datenbank (Standardsoftware) gespeichert werden können.

Lieferanten mit einem Außendienst für Verkauf und Kundendienst sollten die Chancen dieser Quellen gezielt einsetzen. Die Außendienstmitarbeiter sind an der Entwicklung des Verfahrens zu beteiligen, um eine gute Akzeptanz sicherzustellen. Als Medium für die Erfassung der Informationen sind nicht umfangreiche »Besuchsberichte«, sondern einfach handhabbare Hilfsmittel vorzusehen, um eine schnelle Weiterleitung der Informationen an die Marketingabteilung des Unternehmens zur systematischen Auswertung sicherzustellen.

Wenn gewährleistet ist, dass die Außendienstmitarbeiter regelmäßig Feedback zu den Ergebnissen der Auswertung und zu den daraus abgeleiteten Maßnahmen erhalten, sind diese motiviert, den Kunden bewusst »aufs Maul zu schauen« und zumindest wichtige Informationen aus ihrer Kundentätigkeit regelmäßig zu erfassen. Ein derartiges Verfahren bietet die Chance, frühzeitig *Trends* zu erkennen.

Alle vorstehend beschriebenen Quellen enthalten nützliche Informationen für das Marketing. Auch die Informationen des Kundendienstes und der Reparaturabteilungen über Ausfallraten oder die Auswertungen des Beschwerdemanagements sollten in gleicher Weise bei der Entwicklung zukünftiger Produkte/Dienstleistungen genutzt werden.

3.3.1 Beschwerdemanagement

Beschwerden und Reklamationen spiegeln die jeweilige Zufriedenheit beziehungsweise Unzufriedenheit der Anwender mit Produkten und Dienstleistungen wider. Beschwerden betreffen objektive wie subjektive Mängel am bestehenden Leistungsprogramm eines Herstellers, damit liefern sie Informationen für Produktverbesserungen. Beschwerden können aber auch Auslöser für neue Produkte sein, insbesondere dann, wenn sich technische Mängel an Produkten nur mit einem unverhältnismäßig großen Aufwand beheben lassen.

Beschwerden zu erfassen und zu beheben dient der Kundenbindung und der Steigerung der Kundenzufriedenheit. Kundenbindung wird in gesättigten Märkten zur unternehmerischen Aufgabe, da die Neukundengewinnung mit weitaus höheren Kosten verbunden ist. »Deshalb kommt es in hohem Maße darauf an, Kundenunzufriedenheit zu entdecken, zu analysieren und mittels gezielter Maßnahmen wieder in Zufriedenheit umzuwandeln«, sagt Professor Stauss von der Universität Eichstädt [6].

Die Auswertungen von Kundenbeschwerden und die Definition des »Erwartungsstandards« aus Zufriedenheitsbefragungen können als *Kundenanforderungen* für das QFD-Haus nutzbar sein. In Erfassungsberichten sollten die materiellen und immateriellen Beschwerdegründe festgehalten werden, zum Beispiel:
⇨ Worüber beschwerte sich der Kunde?

Differenzierung des Beschwerdegrundes nach
⇨ Funktionsmängeln
⇨ Kosten
⇨ Verhalten des Lieferanten (Freundlichkeit, Höflichkeit)
⇨ Werden mit dem neuen Produkt reklamierte Mängel behoben?
⇨ Wie kann der Beschwerdeführer identifiziert und über die durch geführte Verbesserung oder Veränderung informiert werden?

Diese und weitere für das Unternehmen relevante Fragestellungen sind bei der Erstellung von Erfassungsbögen und Erfassungsmasken bei PC-unterstützter Auswertung zu berücksichtigen. Die Auswertung der erfassten Daten aus Beschwerden und Ausfallstatistiken können Indikatoren bei der Konzeption neuer Produkte und Dienstleistungen sein. Nur die intensive Auseinandersetzung mit dem Kunden und eine hohe Kundenzufriedenheit sind Voraussetzung für eine langfristige Kundenbindung. Beschwerden sind Chancen für Verbesserungen und jedes Unternehmen muss alles daran setzen, die Kundenzufriedenheit der sich beschwerenden Kunden wiederherzustellen, um im Markt konkurrenzfähig zu bleiben und treue Kunden zu gewinnen.

Das Beschwerdemanagement kann als Kern des Kundenbeziehungsmanagements *CRM* verstanden werden und es ist ein wichtiger Bestandteil des Qualitätsmanagements. Es wird unterschieden zwischen dem direkten und indirekten Beschwerdemanagementprozess. Beim direkten Prozess ist der Kunde beteiligt, beim indirekten laufen die Vorgänge intern ab.

Wer Kunden zufrieden stellen will, muss versuchen, so viele Informationen wie möglich zu erhalten, das heißt, die Hauptaufgabe der *Beschwerdestimulierung* besteht darin, viele Beschwerdekanäle einzurichten. Dadurch findet der unzufriedene Kunde mit seiner Beschwerde schnell und einfach Zugang zum Unternehmen. Dem Kunden können mündliche, schriftliche, telefonische und elektronische Beschwerdewege zur Verfügung gestellt werden. Es müssen im Unternehmen beschwerdespezifische Prozesse etabliert und Verantwortliche festgelegt werden, um den Kunden optimal bedienen zu können. Das

Unternehmen kann unter anderem in Anzeigen und Direct Mailings auf seine Beschwerdewege aufmerksam machen [7].

Beim *mündlichen Beschwerdeweg* sind gut geschulte Mitarbeiter und ein beschwerdefreundliches Unternehmensklima sehr wichtig. Kunden verzichten häufig auf die Gelegenheit, ihre Beschwerden kund zu tun, weil sie Angst vor einer unangenehmen Auseinandersetzung mit dem Personal haben oder glauben, unterlegen zu sein.

Zum *schriftlichen Beschwerdeweg* gehören Briefe, Telefax, E-Mail. Dieser Weg erfordert von den Kunden Zeit und Mühe. Sie ziehen diesen Weg zur Beschwerdeeinreichung nur dann vor, wenn es sich um einen Haftungsfall handelt oder wenn sie sich persönlich an die Geschäftsleitung wenden möchten. Wichtig ist, dass Unternehmen festlegen, an wen schriftliche Beschwerden gerichtet werden können.

Der *telefonische Beschwerdekanal* bietet auf Kunden- und Unternehmensseite viele Vorteile, weil der Kunde meistens über gebührenfreie Rufnummern das Unternehmen erreichen kann. Die auf Kundenbeschwerden spezialisierte Forschungsgruppe »Technical Assistance Research Programs (TARP)« fand bereits 1997 heraus, dass durch Gratisnummern die nicht-kommunizierte Unzufriedenheit um mehr als die Hälfte reduziert wird. Zudem werden dem Kunden zeitliche und psychische Belastungen erspart, weil sich ein Problem in der Regel schneller mündlich als schriftlich ausdrücken lässt. Durch den telefonischen Kontakt kann das Problem meistens sofort behoben werden, das beeinflusst die Zufriedenheit des Kunden und erhöht das zukünftige Kaufverhalten. Ein weiterer Vorteil des telefonischen Beschwerdekanals ist die individuellere Kundenansprache.

Zu den *elektronischen Beschwerdewegen* zählt die Kommunikation per E-Mail beziehungsweise Internet. Dieser Weg wird in Zukunft sicherlich noch mehr an Bedeutung gewinnen. Für den Kunden wird im Vergleich zum Telefon das Erreichbarkeitsproblem verringert, da der Empfänger nicht anwesend sein muss. Die E-Mail ist ein schnelles Medium, das dem Kunden nur geringe Kosten verursacht. Auch die »psychischen Kosten« sind kleiner, da sich der Kunde keiner ihm unangenehmen, kritischen Gesprächssituation aussetzen muss.

Ein sicherlich neuartiger und innovativer Weg zur Beschwerdestimulierung ist die Beschwerde per SMS (Short Message Service). Ihr Unternehmen kann eine SMS-Nummer bekannt geben, an die der Kunde zum Beispiel das Kennwort »Beschwerde« und seine Telefonnummer sendet, so dass ein Mitarbeiter sofort mit diesem Kunden Kontakt aufnehmen kann. Sicherlich wird dieser Weg künftig an Bedeutung gewinnen. Auch per MMS bestehen einige Möglichkeiten, wie Sie Ihre Kunden zu Beschwerden ermuntern können: Der Kunde könnte zum Beispiel einen Schaden sofort fotografieren und per MMS (Multimedia Messaging Standard) dem Unternehmen übermitteln.

Zusammenfassend kann festgestellt werden, dass durch die Nutzung der vom Kunden bereitgestellten Informationen aus dem Beschwerdemanagement dem Unternehmen eine kostbare Quelle erschlossen wird, die die Entwicklungsabteilung unbedingt nutzen sollte.

3.3.2 CRM – Customer Relationship Management

Die Qualität des Kundenmanagements wird primär durch Kundenzufriedenheit, Kundenloyalität und Kundenbindung bestimmt. Customer Relationship Management (CRM)-Lösungen erheben den Anspruch, den Kunden in Marketing, Vertrieb und Service optimal zu bedienen, um somit einen ganzheitlichen Blick auf den Kunden zu erlangen.

Momentan können auf dem CRM-Markt zum Teil gegensätzliche Tendenzen festgestellt werden. Man beobachtet zum einen eine Ernüchterung bedingt durch hohe Fehlschlagquoten. Diese resultieren aus investitionsaufwändigen CRM-Projekten, dem undurchsichtigen CRM-Markt und der mangelnden Anwenderakzeptanz. Die zweite Tendenz ist eine zunehmende Akzeptanz der CRM-Philosophie bedingt durch das Angebot an ausgereiften, branchenspezifischen Lösungen. Darüber hinaus erobert der CRM-Ansatz nun auch den

Mittelstand mit »Step by step«-Implementierungen als Gegensatz zu den oft erfolglosen Komplettansätzen.

Die VDI-Nachrichten stellen 2011 fest, das jedes zweite Unternehmen (45%) in Deutschland mit zehn und mehr Beschäftigten eine spezielle Software zur Verwaltung von Kundendaten einsetzt. Europaweit nehmen deutsche Unternehmen beim Einsatz von CRM Systemen die Spitzenposition ein [28].

Für den QFD-Entwicklungsprozess interessiert CRM nur als Informationsgeber für Kundenanforderungen. Wie viel lässt sich verwerten beziehungsweise herausfiltern? Wird dies schwierig, sollte man weiterhin auf die alt bewährten Verfahren zurückgreifen.

3.3.3 Wie können die internen Daten erfasst und ausgewertet werden?

In allen Unternehmen gibt es Daten aus Ausfallstatistiken, aus Kundenbeschwerden und aus den Gesprächen mit Kunden. Diese wichtigen Informationen sollten in einer Datenbank gespeichert, und bei Bedarf abgerufen werden. Das Bestreben des Unternehmens muss es sein, alle verfügbaren wichtigen Daten so aufzubereiten und zu verknüpfen, dass die Informationen bei Bedarf zur Verfügung stehen. Abbildung 11 zeigt nur auf, *was* an Informationen im Unternehmen vorhanden ist, nicht *wie* die Verknüpfung erfolgt. Die Strategien 1, 2 und 3 sind so zu verknüpfen, dass den Produktmanagern und der Entwicklungsabteilung alle relevanten Daten zur Verfügung stehen. Durch die Datenerfassung (Database Marketing) wird es möglich, das Nachfragepotenzial, bisherige Käufe, Reklamationen und anderes mehr zu sammeln und zu speichern, um den Kunden jederzeit individuell ansprechen zu können.

QFD-Phase 0: Informationsbeschaffung

Abb. 11: *Erfassen interner Informationen*

Im Mittelpunkt des *Database Marketing* steht das *Individual Marketing* mit der Absicht,
⇨ den richtigen Kunden,
⇨ zum richtigen Zeitpunkt,
⇨ mit richtigen Argumenten ein passendes auf seine individuellen Bedürfnisse abgestimmtes Informations- und Leistungsangebot zu machen.

Hierzu werden die Kundeninformationen gespeichert, analysiert und für die Kommunikation bereitgestellt. Die Interaktion von Database Marketing Prozessen lassen sich wie folgt auffassen:
⇨ Der Informationsaufnahmeprozess sorgt für die Bereitstellung relevanter Kundeninformationen
⇨ der Analyseprozess wandelt Daten in Wissen
⇨ die Marketingsteuerung setzt Wissen in Aktionen um und
⇨ die Feedbackschleife validiert Wissen und fördert den Aufbau von Know-how

Die Kunst besteht also darin, erfolgversprechende Kunden zu identifizieren, um mit ihnen die für sie geeignete Produkt-, Preis- und Distributionspolitik zu diskutieren. Daraus soll sich eine langfristige und profitable *Kundenbindung* ergeben. Gerade in Zeiten stagnierender Märkte kommt es darauf an, einmal gewonnene Kunden für längere Zeit an das Unternehmen zu binden, weil ein Kunde im Laufe der Zeit immer profitabler wird und die hohen Akquisitionskosten auf diese Weise reduziert werden können.

Diese bereits existierenden Daten werden in der Marktforschung als *Sekundärinformationen (Desk Research)* bezeichnet, sie spiegeln die Vergangenheit wieder. Bei internen Informationen besteht die Gefahr der selektiven Wahrnehmung. Es gilt zu verhindern, dass durch interne Informationen externe Befragungen determiniert werden: »Wir haben zwanzig Jahre Erfahrung und wissen ganz genau, was die Kunden wollen.« Es ist daher ratsam, sich nicht ausschließlich auf Sekundärdaten zu verlassen, sondern auch die *Primärinformationen (Field Research)* aus den externen Informationsquellen einzubeziehen, die man unter anderem aus den aktuellen Kundenumfragen erhält [8].

3.4 Kundeninformationen aus Externen Informationsquellen

Zur Erfassung der »Stimmen der Kunden« sind Verfahren geeignet, die den Befragten motivieren, seine Meinungen und Eindrücke unbefangen zu äußern. Es bieten sich mehrere Vorgehensweisen an, deren Vor- und Nachteile abzuwägen sind:

⇨ schriftliche Befragungen, postalische Befragungen
⇨ persönliche Interviews
⇨ Telefon-Interviews
⇨ Online-Befragungen
⇨ Kunden-Foren
⇨ Expertengespräche
⇨ Kundenbesuche
⇨ Open Innovation
⇨ Focus Group

3.4.1 Schriftliche Kundenbefragung

Befragungen sind laut Meffert die am weitesten verbreiteten Informationsgewinnungsmethoden im Marketing [5]. So sollen ausgewählte Personen zu bestimmten Sachverhalten Auskunft geben und Stellung nehmen. Es lassen sich durch eine Befragung *quantitative* (zum Beispiel Verbrauchsmengen) und *qualitative* (subjektive Wahrnehmungen) *Sachverhalte* gewinnen. Externe Kundenbefragungen sind daher wichtig, sie sollten aber nicht als einzige Informationsquelle – schon allein aus Kostengründen – in Betracht gezogen werden.

Mit Hilfe *periodischer Befragungen* lässt sich einerseits die Wahrnehmung von Verbesserungen durch die Kunden und andererseits auch eine Trendentwicklung kontinuierlich verfolgen. Der Kunde vermittelt dem Unternehmen bei geschickter Fragebogengestaltung die Informationen, die für das Vorgehen nach QFD benötigt werden.

Kundenerwartungen umfassen die Gebiete der Effektivität (Erwartung von Innovationen) und der Effizienz. Eine dauerhafte Kundenbindung wird nur dann erreicht, wenn beide Faktoren erfüllt und permanent verbessert werden. Für die Entscheidung eines Kunden ist nur dessen eigene Beurteilung der Leistung des Lieferanten maßgebend. Er erwartet die Erfüllung seiner ausgesprochenen und unausgesprochenen, stillschweigend vorausgesetzten Erwartungen (siehe > Kano-Modell, Abb. 2).

Bei QFD ist die Erfassung dieser Wünsche die wichtigste Voraussetzung für den Projekterfolg. Es geht darum, die Befragungen in strukturierter Weise durchzuführen, um daraus
⇨ die Kundenerwartungen zu erfassen (WAS),
⇨ die Bedeutung der einzelnen Erwartungen zu ermitteln,
⇨ den bisherigen Erfüllungsgrad abzufragen und
⇨ den eigenen Erfüllungsgrad mit dem Wettbewerb zu vergleichen.

Sollten die zeitlichen Kapazitäten des Unternehmens nicht ausreichen, eine Befragung selbst durchzuführen, so ist es ratsam, seriöse Marktforscher zu beauftragen. Der BVM-Berufsverband der deutschen Markt- und Sozialforscher e.V. (http://www.bvm.org) sowie die örtlichen Marketing Clubs können Anbieter empfehlen. Die Zeitschrift »planung & analyse«, die vom deutschen Fachverlag in Frankfurt [9] herausgegeben wird, enthält wertvolle Hinweise zum Thema Markt- und Werbeforschung.

Mit Hilfe schriftlicher Fragebögen lassen sich sowohl Fragestellungen zu den *Kernleistungen* als auch zum *Erwartungsfeld* systematisch erfassen. Es werden bei den schriftlichen Fragebögen zwei Arten unterschieden:
⇨ die gezielt verschickten Fragebögen und
⇨ die der Ware beigelegten Fragebögen

Die Befragungsbögen sollten so strukturiert sein, dass neben den Zufriedenheits- und Wichtigkeitsbewertungen zu den Leistungsmerkmalen auch freie *Kommentare* gegeben werden können. Wer regelmäßig Kundenbefragungen durchführt, verfügt meist nicht nur über statistische Daten, sondern auch über Kundenkommentare, deren systematische Auswertung wertvolle Informationen für QFD liefern. Durch die systematische Auswertung der Kommentare besteht die Chance, Hinweise zu Innovationen und *begeisternden Faktoren* zu erhalten.

Der *Vorteil* der schriftlichen Befragung liegt in den relativ günstigen Kosten, es müssen keine speziell geschulten Interviewer eingesetzt werden. Ein weiterer Vorteil ist die gute Vergleichbarkeit der Daten.

Nachteilig ist hingegen die fehlende Möglichkeit der direkten Nachfrage bei Missverständnissen für den Kunden bei seiner Bearbeitung des Fragebogens. Aus diesem Grund sollte ein neuer Fragebogen vor dem Versand an Kunden immer sorgfältig getestet und überarbeitet werden. Testpersonen sollten nicht die Mitarbeiter des eigenen Unternehmens sein.

Ein weiterer Nachteil schriftlicher Befragungen ist die häufig geringe Rücklaufrate. Die Rücklaufraten schriftlicher Fragebögen schwanken je nach Verfahren und *Grad der Kundenbindung* zwischen fünf und 70 Prozent. Mit einer Nachfassaktion erreichte das Supportzentrum der Hewlett Packard GmbH in Ratingen aufgrund hoher Kundenbindung im Jahre 1993 bei einer schriftlichen Umfrage eine sehr hohe Rücklaufquote von 70 Prozent.

Es ist ratsam, dem Kunden die Befragungen vorher anzukündigen. Dies kann durch ein kurzes Anschreiben mit Rückantwort zur Anforderung des Fragebogens geschehen oder durch einen Anruf. Dem Kunden sollte auch der Befragungsgrund genannt werden. Wer dem Kunden das Gefühl seiner Wichtigkeit als bedeutende Informationsquelle vermittelt, erfährt eine positive Resonanz.

Bei angekündigten Befragungen gibt es in der Regel keinerlei Akzeptanzprobleme. Eine professionelle Vorbereitung hat immer auch eine positive Imagewirkung. Die gestellten Fragen sollten sich nicht als »Kreativitätskiller« erweisen, sondern die Phantasie der Befragten anregen und deren Vorstellungskraft beflügeln.

Wie kann eine schriftliche Befragung durchgeführt werden?

Man muß viel gelernt haben, um über das, was man nicht weiß, fragen zu können (J.-J. Rousseau)

Fundierte Befragungen sind die Voraussetzung für den Erfolg von Verbesserungsmaßnahmen. Kunden können gezielt ausgewählt und regelmäßig angeschrieben werden oder per Zufallsgenerator ermittelt werden. Die meisten Computerhersteller führen zum Beispiel regelmäßige Kundenumfragen durch, in der Regel eine schriftliche Befragung pro Jahr, die oftmals noch durch spontane Telefonumfragen ergänzt werden.

Aus Kapazitätsgründen werden von den Unternehmen häufig externe Institute mit der Befragung beauftragt. Bei der Auswahl eines externen Instituts sollte sorgfältig vorgegangen werden.

Für die Durchführung der Befragung werden die folgenden sechs Phasen vorgeschlagen:

Phase I: Vorbesprechung mit dem Auftraggeber und Berater zur Erstellung eines Rahmenangebotes:
⇨ Ziel der Befragung festlegen
⇨ Gegenstand der Befragung
⇨ Größe der Klientel, Anzahl der Gesamtkunden
⇨ Segmentierung der Klientel; Wer ist der Kunde?
⇨ Adressmaterial, eventuell Aktualisierung der Adressen?
⇨ Art der Auswertung festlegen
Phase II: Auftrag zur Konzepterstellung für die Gesamtdurchführung
⇨ Präsentation des Konzeptes, Darstellung aller Phasen
⇨ Angebot für die Durchführung
Phase III: Erstellung des Fragebogens und aller Hilfsmittel in Abstimmung mit dem Auftraggeber
⇨ Fragebogeninhalt und -layout
⇨ Druck des Materials/Adressen
⇨ Versand der Vorankündigung (Brief an Kunden mit der Ankündigung des Fragebogens)
⇨ Postauflassung/Versand der Fragebögen

Phase IV: Rücklauf und Systemeingabe der Daten/Texte
⇨ Rücklaufkontrolle (täglich)
⇨ Überprüfung der Rückläufer
⇨ Kodierung der Kommentare
⇨ Eingabe der Daten und Kommentare
⇨ Information zu sehr kritischen Fällen (an Auftraggeber)
⇨ Zwischenergebnisse zum Trend
⇨ rücklauffördernde Maßnahmen (was, wie)
⇨ Nachfassaktion bei zu geringer Rücklaufquote einleiten
Phase V: Gesamtauswertung der Daten und Kommentare
⇨ Tabellenausdrucke zu allen Kriterien und Segmenten/Selektionen
⇨ Grafiken zu den Ergebnissen
⇨ Kommentarausdrucke nach Segmenten und Themenkategorien
Phase VI: Präsentation der Ergebnisse beim Auftraggeber
⇨ Analyse der kritischen Felder
⇨ Empfehlungen zur weiteren Planung

Diese Vorgehensweise empfiehlt sich auch dann, wenn die Mitarbeiter des eigenen Unternehmens mit der Durchführung der Befragung beauftragt werden. Das folgende Fragebogenbeispiel in Abbildung 13 zeigt einige Varianten zum Aufbau und zur Gestaltung von schriftlichen Fragebögen zu Dienstleistungen auf.

Die Rating-Skalen sollten so angelegt sein, dass die Ergebnisse nicht zu stark aggregiert werden, wie dies zum Beispiel in den in Hotelzimmern ausliegenden Fragebögen mit den drei Smileys geschieht.

QFD-Phase 0: Informationsbeschaffung

☹ 😐 ☺

Abb. 12: *Bewertungssymbole*

Bei der Gestaltung des Fragebogens sollten die *Kernfragen* im Mittelpunkt stehen:
⇨ Welches sind aus Kundensicht die wichtigsten Kriterien zur Beurteilung des Lieferanten (Qualität, Preis, Lieferzeit, Umgang, Höflichkeit, Freundlichkeit, Zuverlässigkeit, Service)?
⇨ Wie gut erfüllen wir heute diese Kriterien?
⇨ Wie gut erfüllen unsere wichtigsten Wettbewerber diese Kriterien?

Jeder gut konzipierte Fragebogen sollte möglichst genau auf die Lösung der zu untersuchenden Fragestellung abzielen. Das Ziel ist, mit der größtmöglichen Responce-Rate praxisnahe Ergebnisse zu erzielen, die sich durch sofortige Auswertbarkeit auszeichnet.

Zweikomponentenbefragungen (multiattributive Verfahren), die nach der Wichtigkeit und Zufriedenheit fragen, sollte der Vorzug gegeben werden, weil sie zu eindeutigeren Aussagen führen als *Einkomponentenbefragungen*. Diese Art der Zufriedenheitsmessung wird heute von vielen Unternehmen angewendet, insbesondere in amerikanischen Firmen und in deutschen Unternehmen mit amerikanischen »Müttern« oder »Töchtern« sind Zweikomponentenbefragungen etabliert.

QFD-Phase 0: Informationsbeschaffung

Fragebogenentwicklung

Beispiele für Befragungen
Messung der Qualität von Kfz-Kundendienstleistungen (Volkswagen)
Typ I: einstellungsorientiert, direkt, Einkomponentenansatz

Nachfolgend haben wir verschiedene Eigenschaften zusammengestellt, die eine V.A.G.-Werkstatt haben kann. Bitte geben Sie zu jeder Eigenschaft an, wie stark sie auf die Werkstatt Ihres Betriebes zutrifft.

	trifft genau zu				trifft nicht zu
- Man braucht bei der Reparaturannahme nicht lange zu warten.	☐	☐	☐	☐	☐
- In der Werkstatt dieses Betriebes weiß man sein Fahrzeug in guten Händen.	☐	☐	☐	☐	☐

Messung der Qualität von Fastfood-Restaurants (fiktives Beispiel)
Typ II: einstellungsorientiert, indirekt, Einkomponentenansatz

Bitte geben Sie für die folgenden Kriterien zunächst an, wie diese in Restaurants Ihrer Meinung nach idealerweise beschaffen sein sollten. Beurteilen Sie danach Restaurant xy hinsichtlich der gleichen Kriterien.

	5	10	15	20	25	30	35	40
- Idealerweise sollte man zwischen etwa... Gerichten auswählen können.	☐	☐	☐	☐	☐	☐	☐	☐
- In Restaurant xy kann ich zwischen etwa... Gerichten wählen.	☐	☐	☐	☐	☐	☐	☐	☐

Messung der Qualität des Technischen Kundendienstes (Hewlett Packard)
Typ III: zufriedenheitsorientiert, direkt, Zweikomponentenansatz

Bitte bewerten Sie die Wichtigkeit (unwichtig bis sehr wichtig), die die folgenden Kriterien für Sie haben. Anschließend bewerten Sie bitte Ihre Zufriedenheit (sehr unzufrieden bis sehr zufrieden) mit den erbrachten Dienstleistungen.

	- Wichtigkeit +	- Zufriedenheit +
- Dauer der Instandsetzungsarbeiten bis zur Wiederverfügbarkeit des Systems	☐☐☐☐☐☐☐☐☐☐ 1 2 3 4 5 6 7 8 9 10	☐☐☐☐☐☐☐☐☐☐ 1 2 3 4 5 6 7 8 9 10
- Verständlichkeit der Aussagen der Kundendienstingenieure über Art und Stand der Arbeiten	☐☐☐☐☐☐☐☐☐☐ 1 2 3 4 5 6 7 8 9 10	☐☐☐☐☐☐☐☐☐☐ 1 2 3 4 5 6 7 8 9 10

Messung der Qualität von Pauschalreisen (in Anlehnung an Lewis/Owtram, 1986)
Typ IV: zufriedenheitsorientiert, indirekt, Einkomponentenansatz

Phase 1 Erwartungs-Befragung **vor** Inanspruchnahme der Leistung:
Bitte markieren Sie im folgenden das Kästchen, das Ihre Urlaubserwartungen am besten trifft.

	sehr wahrscheinlich				sehr unwahrscheinlich
- Der Flug wird pünktlich sein.	☐	☐	☐	☐	☐
- Das Hotelpersonal wird freundlich sein.	☐	☐	☐	☐	☐

Phase 2 Zufriedenheits-Befragung **nach** Inanspruchnahme der Leistung:
Wir hatten Sie vor Ihrem Urlaub nach Ihren Erwartungen gefragt. Bitte sagen Sie uns jetzt, inwieweit sich Ihre Erwartungen erfüllt haben.

	stimmt genau				stimmt überhaupt nicht
- Der Flug war pünktlich	☐	☐	☐	☐	☐
- Das Hotelpersonal war freundlich.	☐	☐	☐	☐	☐

Abb. 13: *Befragungsbeispiel [6]*

Hierbei werden die Kunden gebeten, den Grad der Zufriedenheit für jedes Qualitätsmerkmal (Lebensdauer, Formgebung etc.) auf einer Skala anzugeben. Dann werden sie nach ihrer Erwartung und Wahrnehmung bezüglich des jeweiligen Qualitätsmerkmals befragt.
Die Bewertung für Wichtigkeit und die Zufriedenheit werden jeweils auf einer Zehner-Skala aufgetragen, wobei
10 = sehr gute Zufriedenheit beziehungsweise hohe Wichtigkeit und
1 = sehr schlechte Zufriedenheit beziehungsweise geringe Wichtigkeit bedeutet.

Für deutsche Unternehmen ist diese umgekehrte Schulnotenskala anfangs gewöhnungsbedürftig, man erkennt aber sehr bald den Vorteil der guten Differenzierung. Ob eine gerade oder ungerade Skala gewählt wird, ist Geschmackssache. In der Literatur der Marketingexperten werden hierzu weitere Beispiele vorgestellt [4 und 5]. Bei der Entwicklung des Fragebogens sollte darauf geachtet werden, dass innerhalb eines Konzerns die gleichen Bewertungsskalen benutzt werden, um eine Vergleichbarkeit der Ergebnisse innerhalb der Werke und auch mit den ausländischen Tochtergesellschaften (Divisions) zu ermöglichen.

Den Kunden, die sich an eine Bewertungsskala in der Regel schnell gewöhnen, sollte nicht jährlich ein anderes Bewertungsmodell zugemutet werden.

Bei der Gestaltung des Fragebogens sollte die Frageformulierung so gewählt werden, dass durch Einleitungs- und Kontaktfragen sowie durch so genannte Eisbrecherfragen den Auskunftspersonen die mögliche Befangenheit genommen wird. Dadurch wird eine gewisse Aufgeschlossenheit für das Interview erreicht.

3.4.2 Online Befragungen

Diese Befragungsart hat sich in den letzten Jahren stark verbreitet. Ein perfekt im Erscheinungsbild des Unternehmens gestalteter Online-Fragebogen sorgt schon auf den ersten Blick für Vertrautheit und Akzeptanz bei den Kunden und trägt zu deren Feedback bei. Wichtig ist, dass der Fragebogen der jeweiligen Zielgruppe angepasst wird. Die weitere Vorgehensweise ist wie bei den schriftlichen Befragungen.

3.4.3 Persönliche Interviews

Persönliche Interviews stellen sicher, dass der Befragte die Fragen versteht und die Antworten richtig einordnet. Voraussetzung ist, dass der Interviewer die Thematik kennt und mit den Ausdrucksformen der zu untersuchenden Branche vertraut ist. Dies ist insbesondere dann erforderlich, wenn die Kunden ein »Fachchinesisch« benutzen, wie zum Beispiel in der Computerbranche.
Bei der direkten Befragung ist es wichtig, den bewussten und unbewussten Bedarf zu ermitteln, so wie deren Prioritäten (siehe >Kano-Modell, Kap. 3.1.2).

Die »Face-to-face«-Interviews sollten telefonisch oder schriftlich angekündigt werden. Es empfiehlt sich, rechtzeitig einen Termin für die Befragung zu vereinbaren. Die Interviewdauer ist nur schwer planbar (30 Minuten bis zu zwei bis drei Stunden). Sie wird beispielsweise durch die Art der Befragung beeinflusst. So lassen sich Interviews anhand eines vorgegebenen Fragebogens *(standardisiertes Interview)* zeitlich straffen, während ein Gespräch mit vertiefenden Fragen, ein *freies Interview*, wesentlich mehr Zeit beansprucht. Kombiniert man die beiden Vorgehensweisen des standardisierten und freien Interviews, um eine größere Effizienz zu erreichen, so spricht man vom *strukturierten Interview*. Hierbei hat der Interviewer einen größeren Freiheitsgrad, er kann das Fragengerüst als Leitfaden benutzen, die Reihenfolge der Fragestellung aber frei wählen.

Ein hoher Informationsgehalt und das Erfassen von Hintergründen sind ein Vorteil persönlicher Interviews. Der Nachteil dieser Erhebungsart sind die hohen Kosten.

Persönliche Interviews sollten auch in der Pilotphase zum Test der schriftlichen und/oder telefonischen Fragebogen durchgeführt werden.

3.4.4 Telefoninterview/Telefonbefragungen

Eine Alternative zum persönlichen Interview ist das Telefoninterview. Auch hier ist die Persönlichkeit des Interviewers von hoher Bedeutung, denn es gilt, das Vertrauen des Kunden am Telefon zu gewinnen. Es muss sichergestellt sein, dass der Interviewer über ein gutes Hintergrundwissen zu den Themenbereichen verfügt.

Die heute häufig von den Telefon-Marketing-Instituten benutzte »Ablesetechnik« durch die Interviewer (Hilfskräfte) führt zwar zu relativ günstigen Kosten pro Befragung, die Kunden verschließen sich aber, wenn sie den Eindruck eines nicht kompetenten Interviewpartners gewinnen. Bei der Befragung sollte ganz besonders darauf geachtet werden, dass man in dem jeweiligen Unternehmen den fachlich kompetenten, konstruktiven und kritischen Entscheider befragt.

Befragungen können durch externe Institute oder durch eigene Mitarbeiter durchgeführt werden. Eigene Mitarbeiter sollten vor einer Umfrage geschult werden, denn sie lassen sich durch allzu kritische Kundenkommentare häufig provozieren und nehmen dann eine Verteidigungshaltung ein.

Bei der Befragung sind ein geschultes Ohr und Geduld von allergrößter Wichtigkeit. Die Persönlichkeit des Interviewers entscheidet über den Erfolg der Befragung. Die gehörten Informationen dürfen nicht »geschönt« werden, sie sind neutral zu dokumentieren und vertraulich zu behandeln. Bei allen Befragungsarten ist der Datenschutz zu gewährleisten. Dies sollte den Interviewten auch vor der Befragung mitgeteilt werden.

Der *Vorteil* telefonischer Umfragen liegt in dem zeitlich begrenzten Aufwand und die Kosten halten sich für beide Seiten in Grenzen. Telefoninterviews sollten auf circa zehn bis maximal 25 Minuten beschränkt werden. Die erzielten Ergebnisse sind bei der Benutzung eines strukturierten Fragebogens in der Regel gut vergleichbar und leicht auswertbar. Die aus Kostengründen zeitliche Beschränkung kann sich bei kompliziertem Sachverhalt aber als *nachteilig* erweisen.

Die folgenden Hinweise zum Verhalten am Telefon sind für die Mitarbeiter im Unternehmen gedacht, die die Kundenbefragungen selbst durchführen wollen.

Das Verhalten am Telefon

Die Interviewer müssen sich bewusst sein, dass das Telefonieren ein Kommunikationsprozess mit eingeschränkten Mitteln ist. Als Kommunikationsmittel stehen hierbei nur die *Stimme* und das *Ohr* zur Verfügung. Alle nonverbalen Kommunikationsmittel wie Gestik, Mimik, Körperhaltung können beim Telefonieren nicht eingesetzt werden.

Beim Telefonieren
⇨ werden Daten, Fakten und Informationen vermittelt (Sachaspekt)
⇨ stellt sich der Interviewer selbst dar *(Persönlichkeitsaspekt)*
⇨ sagt der Interviewer meistens auch etwas über seine Beziehung zum Gesprächspartner *(Beziehungsaspekt)*
⇨ soll in der Regel ein bestimmtes Ziel erreicht werden *(Zielaspekt)* [10]

In einem Gespräch hinterlässt der Interviewer bei seinem Gegenüber einen mehr oder weniger nachhaltigen Eindruck. Die Qualität des Eindrucks hängt davon ab, wie auf der *Sachebene,* der *Beziehungsebene* und der *Persönlichkeitsebene* agiert wird.

Beim Telefoninterview steht das Zuhören an erster Stelle. Dieser Bestandteil der Kommunikation ist aber heute anscheinend verloren gegangen. Der Zuhörer sollte sich ganz bewusst auf sein Gegenüber einstellen. Es hat sich als nützlich erwiesen, vor dem Telefonat viele Informationen über den Gesprächspartner in Erfahrung zu bringen. Eine Analyse ist nicht nur für die Gesprächsvorbereitung wichtig, sondern auch für die Argumentation selbst. Es ist darauf zu achten, was gesagt wird (Sachebene) und wie es gesagt wird (Beziehungsebene).

Beim Telefonieren sollte dem Gegenüber Wertschätzung gezeigt werden, indem Folgendes beachtet wird:
⇨ Lächeln schafft ein positives Klima, auch wenn man den Gesprächspartner nicht sehen kann
⇨ den Namen des Gegenübers verwenden
⇨ positiv denken (»ich bin okay, du bist okay«)
⇨ Höflichkeit und Freundlichkeit
⇨ während des Gesprächs nicht essen, rauchen oder trinken
⇨ Mut zur Pause haben
⇨ Rückfragen einsetzen bei Unklarheiten
⇨ sogenannte »Türöffner« verwenden wie zum Beispiel: »hm, hm...«, »das ist sehr wichtig«, »ein interessanter Aspekt«

Die Interviewer dürfen sich durch den Befragten nicht provozieren lassen und sollten auch dann ruhig und gelassen bleiben, wenn sie persönlich oder das Unternehmen aufgrund schlechter Qualität oder falscher Lieferung massiv angegriffen werden. Der Interviewer muss freundlich bleiben, die Probleme des Kunden sind zu notieren. Die genannten Probleme kann ein QFD-Projektteam aufgreifen und untersuchen, um dann Abhilfe zu schaffen.

Die manchmal sehr deftige »Stimme des Kunden« sollte auf keinen Fall verfälscht werden, denn kritische Äußerungen sind Chancen für Verbesserungsmöglichkeiten. Nicht die Suche nach Schuldigen bringt ein Unternehmen weiter, sondern das Erkennen von Verbesserungen. Das Suchen nach Schuldigen ist Vergangenheitsbewältigung.

Nur die Überlegung im Team »Wie können wir die Defizite verändern und verbessern« führt weiter (zum Beispiel KVP – Kontinuierliche Verbesserungsprozesse). Von Kunden genannte Schwachstellen sind die Fundgruben für erfolgversprechende Verbesserungen, die eine fehlertolerante Organisation nutzen sollte.

Beim Telefonieren ist es wichtig, Sachziele zeitsparend zu erreichen und den Erwartungen und Bedürfnissen der Kunden entgegen zu kommen. Bei einer Kundenumfrage ist darauf zu achten, *was* der Kunde sagt und *wie* er es sagt. Von entscheidender Bedeutung ist hierbei der Ton, die psychologische Qualität der Stimme und der stimmliche Ausdruck.

Wissenschaftliche Untersuchungen weisen darauf hin, dass nach wenigen Sätzen eindeutig die Stimmung des Gesprächspartners erkennbar ist. Auf den Klang der Stimme übertragen sich Wertschätzung, Sympathie und Engagement sowie Gleichgültigkeit und Aggressivität.

Zu empfehlen ist die Methode von George Walther, vorgestellt in seinem Buch »Phone Power« [11]: *Lächeln*. Er empfiehlt, einen Spiegel auf den Schreibtisch zu stellen, um den eigenen Gesichtsausdruck beim Telefonieren beobachten zu können. Gestik und Mimik signalisieren mehr oder weniger eindeutig die eigene Stimmungslage. Walther weist in seinem Buch auch auf die Gefahr der zu legeren Körperhaltung hin, denn bei einer zu lässigen Haltung leidet die Konzentration und der Ernstcharakter des Gesprächs (zum Beispiel Füße auf dem Schreibtisch). Außerdem wird die Anfertigung von Notizen erschwert, am Arbeitsplatz sollten alle Unterlagen stets griffbereit liegen.
Weitere externe Informationsquellen sind Kundenforen, Kundenbesuche und Expertengespräche.

3.4.5 Kunden-Foren und Messen

Ein Forum bietet die Möglichkeit, spontane Informationen zum Beispiel zu einem auf einer Ausstellung oder Messe gezeigten Produkt zu erhalten, mit dem die Besucher »spielen« dürfen. Die Probanden sind vorher zu informieren, dass ihre Meinungsäußerungen aufgenommen werden, weil man Verbesserungsmöglichkeiten erkennen möchte.

Messen bieten den Unternehmen die Möglichkeit, ihre Produkte und Dienstleistungen zu präsentieren und zu demonstrieren. Kunden wird dabei das »Begreifen« komplexer technischer Zusammenhänge erleichtert, das hat etwas mit taktilem Erleben (Anfassen) zu tun.

Messen sind ein wichtiges Marketinginstrument, da potenzielle und noch unbekannte Kunden *freiwillig* zu einem persönlichen Gespräch mit dem Anbieter kommen. Die Anbieter sollten diese Kontakte nutzen und in einem Formblatt nicht nur die Messekontakte erfassen, sondern auch die verbalen Äußerungen der Besucher, die für QFD sehr wertvoll sein können.

Immer mehr Firmen gehen dazu über, neben den Image-, Leit- und Fachmessen auch eigene Veranstaltungen durchzuführen. Auf In-house-Messen werden bei Kunden oder im eigenen Hause Präsentationen für ausgewählte Zielgruppen durchgeführt und deren Meinungen erfasst.

3.4.6 Expertengespräche

Expertengespräche und die Zusammenarbeit mit den »Strategischen Partnern« (key-accounts) bieten insbesondere dem Marketing und der Entwicklung die Möglichkeit, Informationen aus erster Hand zu gewinnen. Zu Expertengesprächen werden Kunden aus verschiedenen Anwenderbranchen eingeladen, um unter Moderation eines Mitarbeiters des Lieferanten Aspekte der Produkt- oder Dienstleistungsgestaltung zu diskutieren. Von exzellenten Unternehmen wie Hewlett Packard und Mettler Toledo wird dies zum Beispiel praktiziert.

3.4.7 Focus Group

Unter einer Fokusgruppe versteht man eine Form der Gruppendiskussion, die zum Beispiel in der Marktforschung eingesetzt wird. Das ist eine moderierte Diskussion mit 8 bis 12 Teilnehmern, die im Normalfall 1,5 bis 2 Stunden dauert und durch einen erfahrenen Moderator geleitet wird.

Vorteile:
⇨ Fokusgruppen lassen sich schnell durchführen
⇨ der Aufwand ist gering, insbesondere der Zeitaufwand
⇨ auch »unfertige« Produkte und Vorlagen, zum Beispiel Zeichnungen können besprochen und getestet werden
⇨ die Gruppendiskussion mit einer Fokusgruppe bringt neue Informationen
⇨ die Kosten sind überschaubar.

Vertreter dieser Methode betonen, dass sich aus diesen Gruppendiskussionen nicht nur Fakten im Sinne von »dieses Produkt gefällt oder gefällt nicht« ableiten lassen, sondern auch Hypothesen über die dahinterliegenden Motive. Darüber hinaus ziehen Produktentwickler auch Gestaltungshinweise für die Weiterentwicklung eines Produktes aus Gruppendiskussionen.

Nachteile und Einschränkungen:
⇨ Aufgrund der qualitativen Methode und der kleinen Fallzahl können Gruppendiskussionen niemals repräsentativ sein
⇨ die Auswertung des Materials (bei einer sorgfältigen Analyse wird das ganze Gruppengespräch aufgezeichnet und verschriftlicht) ist wesentlich aufwändiger als die Auswertung von standardisierten Fragebögen
⇨ Meinungsführer können die Gespräche dominieren, das führt häufig zu einem »schiefen« Gesamtbild
⇨ Wenn viele Runden durchgeführt werden müssen, ist der Kostenvorteil nicht mehr gegeben.

Im QFD-Projekt können mit Kunden durchgeführte Focus Group zu neuen Erkenntnissen führen [27].

3.4.8 Kundenbesuche

»Um Erfolg zu haben, musst Du den Standpunkt des anderen einnehmen und die Dinge mit seinen Augen betrachten.«
Henry Ford I.

Den Standpunkt des Kunden einzunehmen ist eine wichtige Erfahrung, auch für nicht vertriebsnahe Abteilungen. Insbesondere die Entwickler und Konstrukteure sollten häufiger Schlüsselkunden besuchen, um deren Nöte zu erfahren, um mit ihnen gemeinsam nach Lösungen zu suchen.

Die Firma Sharp Electronics startete ein Programm unter dem Slogan: *»Look the customer in the eye.«* Erreicht werden sollte eine Intensivierung des Kundenkontaktes von den eigenen Mitarbeitern ausgehend und der Aufbau von Partnerschaften zwischen Kunden und Lieferant, das heißt zum Vorteil für beide. Das Ziel ist immer nur dann zu erreichen, wenn auch die Mitglieder der Geschäftsleitung und das Management diese Kundenkontakte intensiv durch gegenseitige Besuche pflegen.

Die QFD-Team-Mitglieder der Firma Metabo, Nürtingen, führten im Sommer 1995 persönliche Interviews mit Kunden in und vor Baumärkten durch, bevor sie mit der Entwicklung neuer Elektrowerkzeuge begannen. Für alle Teilnehmer (Mitglieder des QFD-Teams) war dies zunächst eine große Überwindung, aber auch eine völlig neue Erfahrung. Manche Reaktionen und Antworten der Kunden hätten die Interviewer so nicht erwartet. Einer der Teilnehmer meinte nach der Befragungsaktion: »Wir sind nicht mehr die Gleichen.«

Manche Unternehmen lassen sich besuchen, das heißt, sie laden ausgewählte Kunden in das Entwicklungsteam ein. Hierbei sollte bedacht werden, dass nur solche Kunden beteiligt werden, bei denen absolute Geheimhaltung vorausgesetzt werden kann. Die Meinung einiger eingeladener Kunden sollte allerdings nicht als die einzig gültige angesehen werden, denn sie ist subjektiv. Objektive Daten sind nur durch Marketing unter Berücksichtigung *aller* Kunden im Segment zu erhalten.

Weitere externe Informationsquelle sind das *Benchmarking* und die *Trendforschung*. Für QFD ist Benchmarking dann von Bedeutung, wenn der Kunde den subjektiven Vergleich zum Wettbewerb in der Kundenbefragung nicht vornehmen kann. In diesen Fällen sollte auf die Benchmarking-Ergebnisse zurückgegriffen werden, denn in der QFD-Matrix-Phase I muss im Schritt 2 diese Bewertung aus Kundensicht vorgenommen werden, um sie dann dem eigenen technischen Vergleich im Schritt 7 der Phase I gegenüberzustellen.

3.4.9 Benchmarking (BM) – Warum wird heute Benchmarking betrieben?

»Nur ein Idiot glaubt, aus den eigenen Erfahrungen zu lernen. Ich ziehe es vor, aus den Erfahrungen anderer zu lernen, um von vornherein eigene Fehler zu vermeiden.« (Otto von Bismarck)

Heute bezeichnet man ein solches Vorgehen als Benchmarking. Der Begriff Benchmark stammt aus der amerikanischen Topographie und bedeutet Fest- oder Fixpunkt. Unternehmen suchen heute, ähnlich den amerikanischen Landvermessern, nach diesen Fixpunkten, um durch den Vergleich mit den Besten die eigenen Prozesse zu verbessern und Methoden zu entdecken, die im eigenen Unternehmen erfolgreich umgesetzt werden könnten. Man will das Rad nicht zweimal erfinden, sondern vom Erfolg anderer lernen. Mit Benchmarking ist es möglich, Richtgrößen (zum Beispiel Kosten/Umsatzverhältnis, Entwicklungszeit, Lagerumschlag) vergleichbar zu machen, um Schwachstellen zu identifizieren und Verbesserungsmöglichkeiten zu erkennen.

Erfolgreiche Unternehmen verstärken ihre Anstrengungen permanent, um eine Kultur der ständigen Verbesserung in einer lernenden Organisation zu schaffen. Sie wollen besser als die Besten werden, nämlich *Best in class*. Zur Erreichung dieses anspruchsvollen Zieles ist es erforderlich, die Mitspieler und Wettbewerber am Markt genau zu beobachten und unter die Lupe zu nehmen. Durch einen intensiven Vergleich, nicht nur der Produkte, lässt sich erkennen, wo im eigenen Unternehmen noch verborgene Potenziale schlummern. Benchmarking vermittelt Einblicke in die Strategien anderer Unternehmen, auch Mitarbeiterverhalten und Kundenzufriedenheit können verglichen werden. So lassen sich Verbesserungspotenziale in allen Bereichen für das eigene Unternehmen erkennen. Mit Blick auf die weltbesten Praktiken, Produkte und Dienstleistungen werden die eigenen Leistungen kontinuierlich verglichen und permanent verbessert.

Deutsche Unternehmen, insbesondere die »TOP 100«, setzen heute Benchmarking ein. In den USA liegt die BM-Nutzungsrate bereits bei über 80 Prozent. Bei einer in den USA durchgeführten Umfrage sagten 80 Prozent aller befragten Unternehmen: »Benchmarking wird bald zu einer Überlebensbedingung« [12]. Anscheinend sehen die amerikanischen und deutschen Automobilbauer das ähnlich, denn sie zwangen ihre Zulieferer (bis Ende 1997) zum Nachweis des Benchmarkings durch die Zertifizierung nach VDA 6.1 (Normenforderung der deutschen Automobilwerke) oder QS 9000 (amerikanische Forderungen) beziehungsweise der TE 16949.

Zu den erfolgreich Benchmarking praktizierenden Firmen in den USA zählen unter anderem Xerox und Hewlett Packard. Rank Xerox Deutschland gewann 1992 den EFQM-European Quality Award (EFQM), zu dessen Erreichen Benchmarking bereits vorgeschrieben wird. Bei XEROX ist daher Benchmarking ein integrierter Bestandteil des »Business Excellence« im Rahmen der XE-ROX Quality Services.

Mitte der 70er Jahre war Rank Xerox führend auf dem Kopiergerätemarkt. Keine fünf Jahre später, als die Japaner den Markt mit ihren Billiggeräten überschwemmten, sank der Marktanteil von stolzen 86 Prozent auf nur noch 17 Prozent. Daraufhin startete das

Management des US-Anbieters ein umfassendes Qualitätsprogramm, zu dem als wichtiger Bestandteil der Wettbewerbsvergleich durch Benchmarking gehörte. Seitdem gilt in den USA Benchmarking als geeignetes Instrument, Firmen zu Spitzenleistungen zu führen.

Im Programm »Rank Xerox 2000« zur Gewinnung der »world class« Produktivität verkündete das Unternehmen den kontinuierlichen Wandel durch Benchmarking. Die Einbeziehung der Mitarbeiter zum eigenverantwortlichen und selbstständigen Handeln bewirkte einen Motivationsschub. Benchmarking ist »the way of doing«, um immer wieder die eigenen Schwächen herauszufiltern, um sie dann an den Stärken der Klassenbesten auszurichten.

Von Rank Xerox stammt der Ansatz von der allumfassenden Total Quality Umgebung, wie im folgenden Bild (Abb. 14) dargestellt. Benchmarking ist hier ein fester Bestandteil des Qualitätsprogramms und der Qualitätsphilosophie.

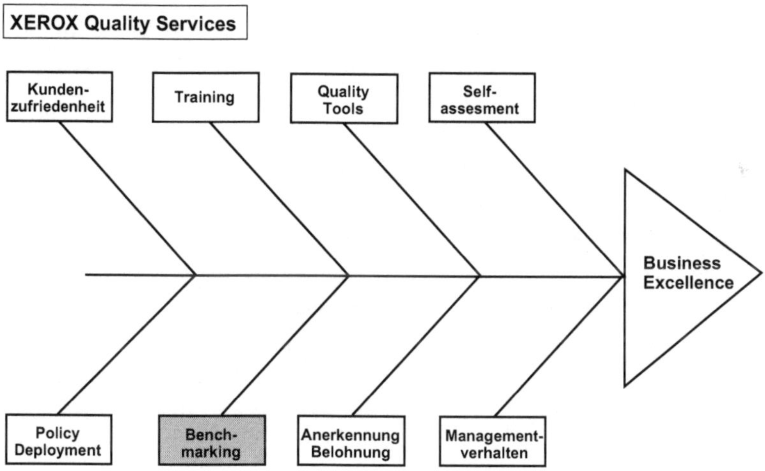

Abb. 14: *Benchmarking bei Rank Xerox; wie erreicht man Business Excellenc?*

Sehr gute BM-Erfahrungen machte Xerox beim Vergleich mit einem Einzelhandels- und Versandhaus für Sportbekleidung, das ein vorbildliches Lagersystem aufgebaut hatte. Durch die Umsetzung der Anregungen aus der Sportartikelbranche konnte die Logistik des Kopiererherstellers erheblich verbessert werden.

Benchmarking wird auch bei der Bewerbung zu internationalen Qualitätsauszeichnungen, zum Beispiel im Malcolm Baldrige National Award (MBNA) und im europäischen Modell EFQM verlangt.

Deutsche Unternehmen scheuen sich noch vor dem Vergleich mit anderen, sie sind stark auf sich selbst konzentriert und wollen sich auch nicht von anderen »in die Karten schauen lassen«. Es sind erhebliche mentale Barrieren zu überwinden, denn häufig werden die Konkurrenten als Feinde betrachtet, an die man Know-how verlieren könnte. Heute wird Benchmarking hingegen in aller Offenheit betrieben, es ist ein Prozess des ständigen Gebens und Nehmens, von dem alle Beteiligten profitieren. So kann der Hersteller von Computerprodukten von den Logistikverfahren eines Versandhauses, ein Hausgerätehersteller von der Automobilindustrie oder Anbieter von Schulungen vom Hotelgewerbe lernen. Die Maxime ist, sich hierbei nicht mit dem Durchschnitt, sondern mit den Besten zu vergleichen. Nicht das Schielen auf die Konkurrenz bringt die Firmen weiter, sondern der Vergleich mit dem Weltbesten.

1994 wurde das erste Benchmarking-Zentrum »IZB« in Deutschland gegründet, es ist auch Gründungsmitglied des Global Benchmarking Networks. Das IZB ist eine Einrichtung des Fraunhofer Informationszentrums in Berlin, das zum Forschungsinstitut für Produktionsanlagen und Konstruktionstechnik (IPK) gehört. Seit circa 1995 zeigt sich auch ein gestiegenes Benchmarking-Interesse bei deutschen Unternehmen. Daher wurde ein Leitfaden für mittelständige Unternehmen entwickelt. In einem bei Symposion erschienenen Buch werden Beispiele und Vorgehensweisen beim BM aufgezeit [13].

Das IZB unterstützt eine Vielzahl von Projekten und initiiert auch eigene Projekte. Es gibt ein anschauliches Beispiel: Was können beispielsweise Pralinenbäcker von Chip-Herstellern lernen? Pralinen sind klein und empfindlich und sie werden in großen Mengen produziert. Sie werden automatisch verpackt und unterliegen strengen hygienischen Auflagen. Diese Prozesse sowie das Reinheitsgebot finden wir auch bei der Chip-Herstellung, hier ist es erstklassig gelöst. Insofern kann der Vergleich mit dem »Best of the class« der Elektronikbranche dem Pralinenbäcker helfen, die Ausschussquote zu reduzieren und die Produktion zu beschleunigen. In der Lebensmittelbranche ist die Logistik für die verderbliche Ware meistens optimal gelöst, davon kann der Chip-Hersteller profitieren und seine Lieferprozesse verbessern.

In den Vereinigten Staaten gibt es mehrere unabhängige Benchmarking-Zentren in Boston und Houston/Texas (BM Clearinghouse von APQC, American Productivity Quality Center), deren Mitglieder regelmäßig Leistungsdaten und Kennzahlen austauschen. Ein international anerkannter Verhaltenskodex soll sicherstellen, dass der Erfahrungsaustausch »effizient und ethisch« verläuft. Unternehmen, die gegen diese Kodizes verstoßen, werden aus den Dateien gestrichen.

Das in Berlin gegründete nationale Benchmarking-Zentrum der Fraunhofer Gesellschaft, das seine BM-Konzepte stark an britische und amerikanische Vorbilder anlehnt, war eine überfällige Entscheidung. Insbesondere Mittelständler sollen hier die Chance erhalten, sich zu informieren. Das Berliner Institut vermittelt die Kontakte zu anderen interessierten Firmen. Es hat sich zum Ziel gesetzt, die Benchmarking-Methode in Deutschland zu verbreiten und Unternehmen bei der Einführung zu unterstützen. Dies kann nur dann gelingen, wenn das obere Management die Methode fördert und der Wille besteht, die neuen Erkenntnisse auch umzusetzen.

Welche Benchmarking-Arten gibt es und wodurch unterscheiden sie sich?
Wie in den folgenden Abbildungen gezeigt, unterscheidet man die verschiedenen Benchmarking-Arten zum einen nach der Wahl des Vergleichspartners in *internes-, wettbewerbs-, funktionales- und allge-*

meines Benchmarking und zum anderen nach der Art des Vergleichs (Abb. 15 und 16).

Beim *internen Benchmarking*-Vergleich können sich die Unternehmen innerhalb des Konzerns (Zweigwerke) im Inland und/oder mit den Schwesterkonzernen im Ausland vergleichen. Hierbei werden die ähnlichen Funktionen (Abläufe*)* in unterschiedlichen Unternehmenseinheiten untersucht. Das könnte zum Beispiel die Reaktionszeit des Kundendienstes in Europa, Kanada und Asien sein oder die Logistik in den Werken Bochum, Rüsselsheim und Eisenach.

Beim internen Benchmarking ist es wichtig, dass alle Daten und wichtigen Informationen zur Verfügung gestellt werden und dass keine Vertraulichkeitsprobleme auftreten. Der Vorteil des internen Benchmarkings liegt in der einfachen Erfassung der Daten, allerdings ist der Blickwinkel sehr eingeengt.

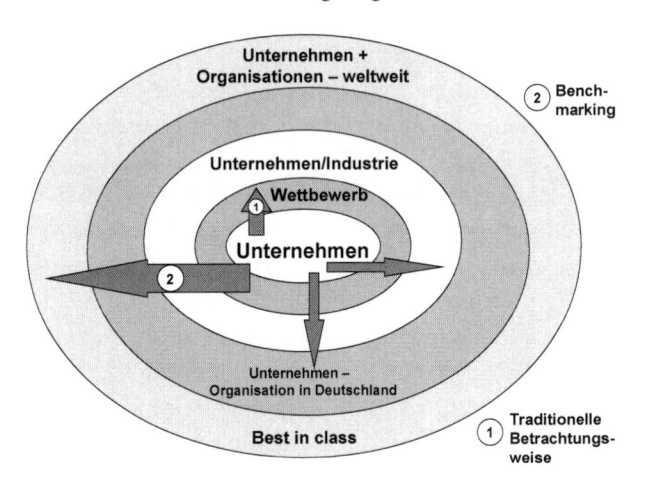

Abb. 15: *Benchmarking-Vergleichshorizont*

In Abbildung 15 wird das traditionelle Vorgehen (1), bei dem nur der Vergleich mit dem direkten Wettbewerber erfolgte, dem heutigen Benchmarking-Vorgehen (2), nämlich dem Vergleich mit dem Besten, gegenübergestellt.

Beim *wettbewerbsorientierten Benchmarking* erfolgt der Vergleich mit dem Konkurrenten oder dem Branchenprimus, hierbei kommt es auf ein faires Geben und Nehmen an. Ein Benchmarking betreibendes Unternehmen kann nicht die eigenen »Schotten« verschließen und vom Benchmark-Geber alle Informationen einheimsen wollen. Den Partnern sollte bewusst sein, dass die Untersuchungen schwerpunktmäßig auf *best practices* ausgerichtet sein sollten. Beide Parteien haben letztlich den Wunsch zu erfahren, welche beste Methode zum Erfolg des anderen beiträgt.

Der Vorteil des wettbewerbsorientierten Benchmarkings ist die eindeutige Vergleichsmöglichkeit mit den Praktiken und Technologien der Wettbewerber, nachteilig ist hingegen die Datenerfassung, die meistens mit Schwierigkeiten verbunden ist.

Eine ausschließliche Konzentration auf den direkten Mitbewerber sollte aber vermieden werden, denn das kann den Blick auf die wirkliche Spitzenleistung verstellen. Auch das Potenzial der funktionalen Mitbewerber sollte identifiziert werden.

Das *funktionale Benchmarking* vergleicht die Prozesse der Unternehmen, die keine direkten Wettbewerber sind. Wer hat das beste Logistikkonzept, die schnellste Durchlaufzeit, die meisten Verbesserungsvorschläge, die höchste Kundenzufriedenheit und warum? Was auch immer untersucht werden soll, die Produkte und Prozesse der Benchmarking-Partner sollten ähnliche Charakteristiken besitzen, wie zum Beispiel Größe, Form, Empfindlichkeit (siehe Beispiel Pralinen- und Chip-Produktion). Der Vorteil beim funktionalen Benchmarking ist die Erweiterung des Ideenspektrums. Als nachteilig hat sich die schwierige Transformation in die eigene Welt erwiesen.

Beim *allgemeinen Benchmarking* werden Prozesse und Geschäftsbereiche untersucht, die trotz der Verschiedenheit der Branchen gleich sind. Dies könnte zum Beispiel die Auftragsabwicklung (Auftragseingang, Auftragsbestätigung, Material- und Lagerabwicklung) sein.

Der *Vorteil* dieser Benchmarking-Art ist die direkte Übertragbarkeit auf das eigene Unternehmen. Als nachteilig erweist sich die Schwierigkeit dieser BM-Art, sie erfordert eine breite Auffassungsgabe und genaues Verständnis der zu untersuchenden Prozesse. Wenn aber diese Fähigkeiten vorhanden sind, kann sich hierbei für die Partner der größte Langzeitnutzen ergeben.

Benchmarking - Arten

Internes Benchmarking (BM)

Vergleich der geschäftl. Vorgehensweise Kennzahlen innerhalb des Unternehmens

Vorteil: Einfache Datenerfassung
Nachteil: Begrenzter Blickwinkel

Wettbewerbsorientiertes BM

Analyse von Produkten, Dienstleistungen, Geschäftsabläufen

Vorteil: Eindeutige Positionierung im Vergleich zum Wettbewerb
Relativ hohe Akzeptanz
Nachteil: Schwierige Datenerfassung

Funktionales Benchmarking

Vergleich von Prozessen und Unternehmen, die keine Wettbewerber sind

Vorteil: Vergrößerung des Ideenspektrums
Nachteil: Relativ schwierige Transformation

Allgemeines Benchmarking

Untersuchen von Prozessen und Geschäftsbereichen, die trotz der Verschiedenheit der Branchen gleich sind.

Vorteil: Direkte Übertragbarkeit auf das eigene Unternehmen, Langzeitwirkung
Nachteil: Schwierige BM-Form

Abb. 16: *Benchmarking-Arten*

In Abbildung 16 sind die verschiedenen Benchmarking-Arten mit ihren Vor- und Nachteilen aufgezeigt.
Die verschiedenen Benchmarking-Arten können auch kombiniert angewendet werden, hier sind der Phantasie keine Grenzen gesetzt. Die zunehmende Globalisierung verlangt darüber hinaus, Benchmarking auch auf internationaler Ebene zu betreiben.
Wenn Unternehmen sich zur Teilnahme an Benchmarking-Projekten entscheiden, dann sind folgende Überlegungen wichtig:
⇨ *Was* will ich benchmarken?
⇨ *Wen* will ich benchmarken?
⇨ *Wie* finde ich den richtigen Benchmarking-Partner?

Was will ich benchmarken?
Vor dem Beginn des Benchmarkings ist eine Analyse der eigenen Stärken und Schwächen durchzuführen, um daraus abzuleiten, was verglichen werden soll. Sind es klassische Kennzahlen, die Fertigungstiefe, die Entwicklungszeiten oder der Anteil von Gruppenarbeit im Unternehmen? Da sich klassische Kennzahlen häufig nur schwer miteinander vergleichen lassen, können auch Prozesse und Methoden verglichen werden.

Wie findet man Benchmarking-Partner?
Wenn geklärt ist, was ich benchmarken und wie ich benchmarken will, ergibt sich die Frage, welche Anforderungen ich an meine BM-Partner stelle. Hierzu sind die Auswahlkriterien für die BM-Partner festzulegen. Zum Beispiel:
⇨ Wer ist zurzeit der »Best of class« für meine Untersuchung (zum Beispiel Qualitätsführerschaft, Kosten)?
⇨ Wie spreche ich diese Partner an?
⇨ Wann findet die erste Kontaktaufnahme statt?
⇨ Wie motiviere ich die Partner zur Teilnahme am Benchmarking?
⇨ Welche Vorteile hätte das Benchmarking für den Partner?
⇨ Ist der eventuelle Partner mit BM vertraut?

Anhand eines Bewertungsbogens lassen sich die wichtigsten Kriterien auswerten und mit den Daten im eigenen Unternehmen vergleichen.

Wie erstellt man einen Benchmarking-Fragebogen und was geschieht mit den Ergebnissen?
Die konzeptionelle Entwicklung des Fragebogens erfolgt nach der Bestimmung der Vergleichsziele. Das weitere Vorgehen empfiehlt sich dann wie folgt: Der Fragebogen wird vorgestellt und anschließend der Zeitbedarf für die Datenerhebung ermittelt. Dann verabredet man einen Besuch (Besichtigung des Partnerunternehmens) der BM-Partner, mit denen Gespräche und Interviews geführt werden.

QFD-Phase 0: Informationsbeschaffung

Nach dem Austausch der *Fragebogen* sind die Auswertekriterien festzulegen. Dabei ist zu überlegen, wie sich die Benchmarks mit den eigenen Geschäftsprozessen verknüpfen lassen.

Nach der Auswertung der Fragebogen sind die Benchmarking-Ergebnisse zu vergleichen und zu analysieren, um festzustellen, wie groß die Abweichungen der eigenen Ergebnisse zum Klassenbesten sind:

⇨ Analyse zum Feststellen der »Lücke« (Soll/Ist-Lücke, Abb. 17)
⇨ Welche Stärken/Schwächen wurden ermittelt?
⇨ Wo gibt es Potenziale für Verbesserungen?
⇨ Adaption des »Best of class«-Prozesses in das eigene Unternehmen
⇨ Erstellen eines Maßnahmenplanes zur Implementierung

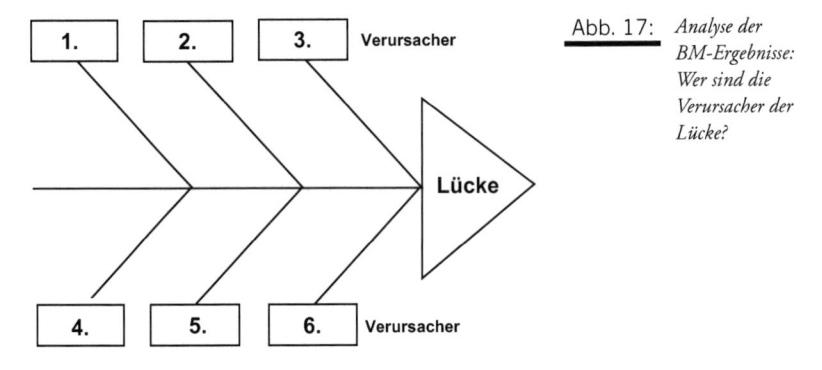

Abb. 17: *Analyse der BM-Ergebnisse: Wer sind die Verursacher der Lücke?*

Die Leistungslücken und deren Ursachen können zum Beispiel in einem Ishikawa-Diagramm (Fischgrätdiagramm, Abb. 17) untersucht werden. Die Verursacher der Lücken können Menschen, Maschinen, Methoden oder andere Faktoren sein. Dabei ist zu fragen: Worauf sind diese Lücken zurückzuführen? Und welches sind die Verursacher der Defizite? Auf diese Weise lassen sich Produktivitäts- und Qualitätslücken gut analysieren.

Nach dem Erfassen und Auswerten der Ergebnisse ist ein Maßnahmenplan für die erfolgreiche Einführung im Unternehmen zu erstellen. Dann beginnt die Implementierungsphase:
⇨ Welches sind die Benchmarking-Ziele?
⇨ Kontrolle der Benchmarking-Ziele
⇨ Wurde das angestrebte Ziel erreicht?
⇨ Wie soll es in Zukunft weitergehen?
⇨ Welches sind die nächsten BM-Ziele?

Der große Vorteil von Benchmarking (BM)
Der große Vorteil von Benchmarking liegt darin, dass durch den Vergleich mit anderen festgestellt werden kann, wie groß die eigenen Defizite sind und wie Prozesse und Methoden effizienter gestaltet werden können. BM ist auch deshalb interessant, weil es eine preiswerte Methode ist, die mit vertretbarem Arbeitsaufwand den Firmen konkrete Verbesserungen bringt.

Der Benchmarking-Prozess wird von einem BM-Team betreut, das sich aus verantwortlichen Mitarbeitern der beteiligten Abteilungen zusammensetzt. Das Team, das aus circa sechs bis acht Personen besteht, ist auf die Aufgaben vorbereitet und wird von der Geschäftsleitung aktiv unterstützt. Das BM-Team führt die interne Analyse durch und erfasst die quantitativen und qualitativen Kennzahlen. Zur Team-Aufgabe gehört auch die Identifizierung des Klassenbesten und die Erfassung seiner Kennzahlen. Liegt der Vergleich vor, dann kann die »Lücke« geschlossen werden. Die Geschäftsleitung und das BM-Team formulieren nun die gemeinsamen Ziele und entscheiden über die Neugestaltung. Das BM-Team leitet die Implementierung bis zum Erreichen der selbstgesteckten Ziele, dann beginnt das Prozedere erneut, so lange, bis der Wandel zum Spitzenunternehmen gelungen ist.

Zusammenfassend kann festgestellt werden, dass ein richtiges Benchmarking ein formalisierter und kontinuierlicher Prozess ist. Er beginnt mit der Bestimmung des Analyseobjektes. Welche Leistungsgrößen

und Indikatoren sollen untersucht werden? Dann wird der BM-Partner identifiziert, denn es ist wichtig, beim Benchmarken
⇨ den richtigen Partner zu finden,
⇨ die richtigen Fragen zu formulieren,
⇨ die Daten genau zu erfassen und zu analysieren und letztendlich
⇨ die richtigen Schlüsse für das eigene Unternehmen zu ziehen.

Zum Schluss stellt sich die Frage: »Konnte das gesteckte Ziel erreicht werden, welches neue Ziel muss in Zukunft angestrebt werden?«

Mittels Benchmarking können die TQM-Erfolge gemessen werden und Benchmarking unterstützt ein erfolgreiches QFD-Projekt durch den Vergleich der Wettbewerber.

Es genügt aber nicht, vom Besten zu lernen, das Gelernte muss auch im eigenen Unternehmen umgesetzt werden. David Kearns von Xerox Corporation definiert Benchmarking sehr treffend wie folgt: »Benchmarking ist ein kontinuierlicher Prozess, Produkte, Dienstleistungen und Praktiken zu messen gegen den stärksten Mitbewerber oder die Firmen, die als Industrieführer angesehen werden.«

Wer die Einführung von Benchmarking im eigenen Unternehmen plant und weitere Informationen benötigt, findet diese in der Fachliteratur. Insbesondere das Buch »Benchmarking« von Robert C. Camp, dem Entwickler der Benchmarking-Methode bei XEROX, ist zu empfehlen [12].

Das Ziel des Benchmarkings ist es, die Anwendungsmöglichkeit bewährter Verfahren aus anderen Firmen oder Branchen für das eigene Haus zu entdecken. Benchmarking ist ein strukturierter Prozess des Lernens aus der Erfahrung und aus der Praxis anderer. Es ist die Suche nach den besten Praktiken, die zu Spitzenleistungen führen.

Für QFD kann BM als Konkurrenzvergleich (Schritt 2 im HoQ) genutzt werden, wenn der Kunde nicht in der Lage ist, den subjektiven Vergleich durchzuführen.

Auch die Informationsbeschaffung über Patente sollte von den Unternehmen mehr genutzt werden. Die Informationen können heute neben der Patentliteratur auch aus Datenbanken abgerufen werden.

Vor der Planung eines neuen Produktes beziehungsweise einer Produktverbesserung sollte auch diese externe Information als Ideenquelle berücksichtigt werden.

3.4.10 Patente und Patente externer Erfinder

»Wer nicht erfindet – verschwindet, wer nicht patentiert – verliert«

Patente sind geschützte Monopole auf Zeit. Weltweit sind circa vier Millionen Patente in Kraft. Jährlich kommen 700.000 neu hinzu, davon 160.000 in Europa. Deutschland nimmt mit 277 Patenten pro eine Million Einwohner eine Spitzenstellung gegenüber der EU und der OECD ein [14].

Mangelndes Wissen über bereits bestehende Patente kann zu teuren Fehlinvestitionen führen, denn nicht jeder Einfall ist neu. Deshalb sollten Erfinder, bevor sie viel Geld und Zeit in die Umsetzung investieren, nach vergleichbaren Geistesblitzen Ausschau halten. So lassen sich Patentverletzungen vermeiden. Die vorhandenen Informationsquellen von Patenten werden heute nur unzureichend genutzt, obwohl fast 90 Prozent des weltweit veröffentlichten technischen Wissens vorliegen. Über 90 Prozent aller in Patentliteratur dokumentierten Erfindungen können lizenzfrei genutzt werden [15]. Unternehmen und Privaterfinder, die Patentrecherchen nicht selbst durchführen wollen, können damit professionelle Berater, wie zum Beispiel das Patentinformationszentrum in Kassel oder piz Pateninformationszentrum der ULB Darmstadt beauftragen.

Das PIZ in Kassel gehört zu den bundesweiten Insti-Netzwerken, die angetreten sind, Innovationen zu stimulieren und die Umsetzung der Erfindungen zu fördern.

Weiterhin können Patente, Gebrauchsmuster oder Ideen externer Erfinder käuflich erworben werden. In der Regel bieten die Erfinder ihre Neuheiten den in Frage kommenden Unternehmen direkt an.

Umfangreiche Recherchen sind vor Entwicklungsbeginn erforderlich, weil circa 30 Prozent aller Patentanträge abgelehnt werden, da sie keine Neuheiten sind. Weiterhin führen starke bürokratische Hürden zu einem hohen »Rückstau« von Patentanmeldungen. Nach Aussagen des Düsseldorfer Patentexperten Cohausz bieten »Patentarchive einen enormen Wissensvorrat – und meist frei zugängliche Lösungen«. Denn 94 Prozent aller Patentschriften seien entweder zurückgewiesen, widerrufen oder schon abgelaufen. Erst in der Phase nach dem Entwickeln sollte, laut Cohausz, die eigentliche Prüfrecherche beginnen. Darin werden Neuheit, Schutzfähigkeit, technische Durchführbarkeit und Marktfähigkeit geprüft [16].

3.4.11 Datenbanken

Wer Trends erkennen will, sollte auch in Datenbanken mit Publikationen für die Wissenschaft und in solchen mit Patenten für die Technik recherchieren. Mindestens fünf Jahre sind nötig, um eine stabile Entwicklung von »Ausreißern« unterscheiden zu können. Man geht von der Annahme aus, dass die neue Technik der Jahre 2015 bis 2020 schon jetzt im Labormaßstab existiert, aber bis zum Markteintritt noch erheblich weiterentwickelt werden muss. Das Problem dabei ist, die soziale Reaktion zehn bis fünfzehn Jahre vorher zu sehen, weil sich die gesellschaftlichen Rahmenbedingungen in der Zeit erheblich verändern können (siehe Trendbarometer).

Eine Vielzahl von Datenbanken kann heute für Recherchen benutzt werden. Diese entwicklungsstrategischen Instrumente liefern Informationen, die Grundlage jeder unternehmerischen Entscheidung sein können. Unternehmen sollten erkennen, dass aufgrund der Verkürzung der *Produktlebenszyklen* bei immer komplexer werdender Technik sich den »Nachzüglern« kaum noch Chancen bieten. Deshalb sollten alle Mittel der Informationsbeschaffung genutzt werden, die heute zur Verfügung stehen. QFD als Entwicklungsinstrument benötigt eine gute Organisation der internen und externen Daten.

Auch Online-Datenbanken geben einen guten Überblick über den Stand der Technik. Die Aktivitäten der Wettbewerber sind hier erkennbar, das ist wichtig für den Konkurrenzvergleich im zweiten Schritt des QFD-Hauses.

Deutsche und europäische Datenbanken können nicht nur in Bezug auf die eigenen Erfindungen überwacht werden, sondern auch zum frühzeitigen Erkennen von Trends. Die kommerziellen Datenbankanbieter arbeiten professionell und bereiten Dokumente bibliothekarisch auf.

Das gesamte elektronisch erfasste Wissen der Menschheit: Vom Zeitungsartikel bis zur kompletten Marktstudie ist auf Datenbanken zu finden und kann per Knopfdruck abgerufen werden. Auch Marktforschungsergebnisse lassen sich in verschiedenen Datenbanken finden, allerdings sind sie nicht immer explizit aufbereitet. Der Grund dafür ist darin zu sehen, dass Marktforschung in Deutschland im Gegensatz zu den USA häufig Auftragsforschung ist, die der Geheimhaltung unterliegt. Das heißt, Marktforschungsergebnisse sind eine exklusive Ware und die Endbenutzer müssen wissen, dass eine Recherche nach den Ergebnissen nicht unbedingt Vollständigkeit garantiert.

Es gibt eine Vielzahl von Marktforschungsinstituten und Unternehmensberatungen, die Datenbanken produzieren. Die Qualität der angebotenen Marketinginformationen erkennt man an folgenden Kriterien:
⇨ Stichprobe und Grundgesamtheit
⇨ Erhebungsverfahren
⇨ Erhebungsregion und Erhebungszeitraum
⇨ Feldarbeit und Datenprüfung

Ein weiteres Aussagekriterium ist das Image und die Zuverlässigkeit des durchführenden Institutes.

Falls die Ressourcen zur Datenanalyse im eigenen Unternehmen nicht ausreichen, können die gewünschten Informationen auch durch Infobroker beschafft werden.

3.4.12 Trendforschung und Lifestyle Planning

Der Begriff »Trend« bezeichnet lediglich eine gleichsinnige, kontinuierliche Entwicklung und steht im Gegensatz zu zyklischen Veränderungen, erratischen Schwankungen und genuiner Evolution (Entstehung von prinzipiell Neuem). Der aus der Marktforschung und ökonomischen Statistik stammende Trendbegriff ist eher phänomenologisch angesiedelt, das heißt, er beschreibt eine Veränderung, ohne dass ein Urteil über diese Veränderung notwendig ist. Das führt zu Unsicherheiten, die gegenläufige Entwicklungen auslösen könnten. Durch bestimmte äußere Ursachen kann es daher zu einem abrupten Trendbruch kommen.

Aber dennoch: *Der Trend zum Trend ist ungebrochen,* die Trendforschung ist eine junge Wissenschaft, die bisher nur von wenigen Unternehmen in Deutschland genutzt wird. Trends so frühzeitig wie möglich zu erkennen und die Reaktionen von Kundengruppen auf neue Konzepte abzuschätzen, wird immer wichtiger, da sich durch den kürzer werdenden technologischen Vorsprung der Unternehmen der Wettbewerbsdruck enorm erhöht. Kunden setzen technische Perfektion als selbstverständlich voraus, deshalb ist es wichtig, frühzeitig zu wissen, auf welche Parameter die Kunden bei der Auswahl künftiger Produkte Wert legen. Wie und warum verändern sich Lebensstile und wie beeinflussen sich gesellschaftliche Trends wechselseitig? Diese Fragestellungen sind in Zukunft von immer größerer Bedeutung, wenn die Neuheit nicht zum Flop werden soll.

Artefakte unterliegen in ihrer Auswahl vielen Faktoren. Nicht nur den rationalen, wie Funktionssicherheit und Preis-Leistungsverhältnis, sondern auch den emotionalen Faktoren wie Status, gesellschaftliche Akzeptanz und Image. Taktile und optische Reize sind von ausschlaggebender Bedeutung.

Verdeutlicht wurde uns die fehlende *gesellschaftliche Akzeptanz* in den 90'er Jahren am Beispiel Mercedes Benz. Als das so genannte »Dinosaurier-Auto« von hervorragender technischer Perfektion am Markt eingeführt wurde, fehlte dafür die *emotionale Akzeptanz.* Die

Presse »verriss« das Modell, weil es zu dieser Zeit nicht in das ökologische und ökonomische Konzept passte. Als die Bundesbahn dann auch noch für eine Verbreiterung des Autozuges über den Hindenburgdamm aufkommen musste, um den Besitzern dieses Fahrzeuges den Urlaub auf Sylt zu ermöglichen, war die Nation erzürnt.

Fehlende emotionale Akzeptanz führte auch zum Ausstieg aus der Kernenergie in NRW. Nach dem Reaktorunfall in Japan ist der Ausstieg aus dieser Technologie in Deutschland nur noch eine Frage der Zeit.

Unternehmen wie Coca Cola und American Express zahlen horrende Dollarbeträge, um sich von Faith Popcorn, der amerikanischen Trendforscherin, die Konsumtrends der Zukunft vorhersagen zu lassen. In ihrem Buch »Clicking« erteilt sie Tipps, wie sich Markterfolge von selbst, also per »Click«, einstellen sollen [17]. In ihrem Buch »Evaluation« will sie zeigen, dass Frauen längst eine Wirtschaftsmacht sind, denn als Unternehmerinnen und Kundinnen beeinflussen sie das Konsumverhalten maßgeblich. Nach der Auffassung der Autorin findet diese wichtige Entwicklung bislang wenig Widerhall in den Strategien der Unternehmen. Popcorn formuliert in ihrem Buch acht Thesen zur Zukunft des (weiblichen) Marketings [18]. Dabei geht es um Aspekte wie:

⇨ Was erwarten Frauen von einem Produkt?
⇨ Wie treffen sie ihre Kaufentscheidungen?
⇨ Warum fruchten die gängigen, auf männliche Käufer ausgerichteten Kommunikationsstrategien bei ihnen nicht so richtig?

In ihren acht »Wahrheiten« breitet sie aus, wie man den Frauen die Portemonnaies öffnet. Hier die aus unserer Sicht wichtigsten vier Thesen:

⇨ Marketing für Frauen heißt, Frauen dabei zu helfen, miteinander kommunizieren zu können.
⇨ Marketing für Frauen darf nicht nur eine Rolle berücksichtigen, sondern muss die weibliche Rollenvielfalt zusammenfassen.

⇨ Marketing für Frauen erfordert ein besseres Zuhören. Frauen hassen – laut Popkorn – schlechte Produkte und schlampigen Service ungleich mehr als die Männer.
⇨ Marketing für Frauen ist politisches Marketing. Frauenmarketing benötigt neben den vier bekannten Ps des alten Marketings (Produkt, Preis, Promotion and Place) – auch ein fünftes P: eine bewusste Politik.

Popcorns Erkenntnisse sind nachvollziehbar. Dass ein Verbindungsaufbau zwischen Menschen geschäftsfördernd ist, haben viele Unternehmen längst erkannt. Vieles von dem, was Popcorn als geheime Wahrheit verkauft, ist in den Industrienationen hinlänglich bekannt. Heute wissen wir, dass gemischtgeschlechtliche Entwicklungsteams weitaus erfolgreicher arbeiten und nutzen diese Erkenntnisse auch bei der Zusammensetzung der QFD-Teams.

Der schwedische Autokonzern Volvo ließ ein reines Frauenteam den aus Frauensicht optimalen PKW bauen. Das Ergebnis war verblüffend, alle an herkömmlichen Karossen vermissten Kriterien fanden sich in diesem Modell wieder. So wurde das bequeme und rückenschonende Ein- und Aussteigen mit kleinen Kindern durch nach oben aufschwenkende Flügeltüren gelöst.

Die sehr gefragte Trendforscherin Li Edelkoort ist der Ansicht, dass der Tastsinn der Menschen noch wie ein neuer Kontinent zu entdecken sei. So glaubt sie, dass Menschen in aller Welt das taktile Erlebnis beim Kauf einer Ware mindestens so sehr berücksichtigen wie ihr optisches Erscheinungsbild. Sie berät Kunden weltweit, vom Stoffproduzenten bis zum Autohersteller. Die Holländerin ist eine Stil-Ikone mit sicherem Geschmack dafür, was in ein paar Jahren Wirklichkeit wird.

Das renommierte Designmagazin »I-D« nahm sie in die Liste der 16 bedeutendsten Designer auf. Das »Time«-Magazin adelte sie zu einer der 25 einflussreichsten Modeexperten, die es zur Zeit gibt. Und die britische »Elle« kürte sie zur »mystischen Stil-Meteorologin«. Edelkoort sucht die großen Trends und ist der Zukunft um mindestens zwei Jahre voraus. »Modetrends sind kürzer«, sagt sie. »Die restlichen Trends sind länger.« Sie könnten schon mal bis zu 20 Jahre andauern bevor sie drehen [19].

Bei ihrer Arbeit verlässt sich Edelkoort vor allem auf ihre Intuition. »Meine Sensibilität ist mein wichtigstes Arbeitsinstrument«, sagt sie. »Ich erkenne das Verhalten und die Stimmung der Menschen, analysiere das ausführlich und bringe es dann zu Papier.« Seit mehr als 20 Jahren erklärt sie großen Firmen den kommenden Lifestyle. Auf ihre »seherischen Kräfte« vertrauen Konzerne wie Estée Lauder, Lancome, Swatch, Bally, Shiseido, Coca-Cola und Gucci. Auch für Lebensmittelkonzerne, Banken und Autokonzerne arbeitet sie.

»Ich erfinde gar nichts Neues«, betont sie. »Man muss doch nur intensiv den Zeitgeist katalysieren und ihn dann schnell umsetzen.« Dabei verfolgt sie immer das gleiche Konzept:

⇨ Was brauchen die Menschen von morgen?
⇨ Wie kann ein Objekt die Lust der Konsumenten wecken?
⇨ Wie muss ein Produkt aussehen, damit es im Markt ankommt?

Die Trendprophetin geht davon aus, dass die Menschen durch politische Konflikte und Wirtschaftskrisen verängstigt sind und deshalb nach Synonymen für Sicherheit und Lebensfreude suchen. Das übersetzt sie in Trends: Für Autos sagt sie eine stabilere Anmutung, für Kleidung buntere Farben und für das Zuhause gemütlichere Möbel vorher. Sie rechnet auch mit einer verstärkten Nachfrage nach hochwertigen Waren zu günstigen Preisen. Edelkoort spricht von einer »Demokratisierung von Luxus«.

Die *Trendprognoseindustrie* befasst sich mit dem Design der Zukunft und Forcaster glauben, Jahre im Voraus zu erahnen, was zukünftig den Zeitgeist bestimmt. Sie müssen die heutigen Produkte so konzipieren, dass sie sich erfolgreich vermarkten lassen. Wohin entwickeln sich Farben und Formen, Kunst, Design und Stilwelten? Wer weiß, wie Menschen zukünftig fühlen, denken und handeln werden? Welche soziologischen, kulturellen und emotionalen Aspekte werden eine Rolle spielen? Gefragt sind hier Menschen mit hoher kultureller Kompetenz, die vernetzt denken können und die aufgrund ihrer breiten Kenntnis von Gegenwart und Vergangenheit in der Lage sind, mit intelligenten Konzepten und Visionen die Zukunft gestalten zu können.

In Deutschland betreiben junge Zukunftsforscher, wie zum Beispiel die »Z_punkt GmbH« in Köln wissenschaftlich fundierte Trendforschung. Sie beobachten die Entwicklung der Technik und der Märkte ebenso, wie Fragen des Rechts, der Deregulierung und der Politik. Sie wollen langfristige Entwicklungstrends erkennen und daraus Szenarien für ihre Kunden entwickeln. In einer Trenddatenbank wird aktuelles Wissen mit wissenschaftlich fundierten Daten über prägende Umfeldentwicklungen bereitgestellt [20]. Die Datenbank stützt sich auf kontinuierliches Umfeldmonitoring.

Trendforscher unterscheiden Trends nach ihrer Fristigkeit in:
⇨ kurzfristige Trends, das heißt, der Trend wird noch circa drei Jahre andauern
⇨ mittelfristige Trends, das heißt, der Trend wird noch mindestens drei bis circa zehn Jahre wirken
⇨ langfristige Trends, das heißt, der Trend bleibt noch mehr als zehn Jahre existent

Unterhalb des kurzfristigen Bereichs geht der Trendbegriff in den der Moden über.

Japanische Unternehmen sind auch auf dem Gebiet der Trendforschung Vorreiter, sie betreiben diese Forschung schon seit vielen Jahren erfolgreich. Sie wissen, dass man Trends nicht am Schreibtisch erkennt, sondern seine Kunden am Markt beobachten muss, und zwar weltweit. Sie führten auch erfolgreiche *Trenderkennungsmethoden* ein. Die Möglichkeiten, die japanische Firmen nutzen sind:
⇨ Home visit (zum Beispiel in nach Zielgruppen ausgesuchten Haushalten, in Baumärkten, bei Kunden vor Ort)
⇨ Direct response
⇨ Beobachtungen am Markt (siehe Beispiel der Firma Sharp)
  – wie und wo werden die Produkte benutzt?
  – in welchem Umfeld werden sie benutzt?

⇨ Messen, welche Messen sind wichtig (fachspezifische oder Trendmessen)? Wo sind neue Trends erkennbar (Lebensstil, Geschmack, Mode, Kommunikationsverhalten u.a.)?
⇨ Medien, zum Beispiel durch ständiges Auswerten aller Zeitungen und Fachzeitungen (bei Sharp im Creative Centre Europe sind täglich Personen mit dieser Tätigkeit beschäftigt)
⇨ Interdisziplinäre Teamarbeit, zum Beispiel sitzt ein Team circa acht bis zwölf Stunden in einem Raum mit dem Ziel: «Lasst uns etwas machen, worauf bisher noch keiner gekommen ist.«

Die Vorgehensweise bei der Einführung neuer (Trend-) Produkte
Die Vorgehensweise bei der Einführung eines neuen Produktes könnte wie im folgenden Ablaufschema (Abb. 18) dargestellt erfolgen:
⇨ Nutzung untersuchen
⇨ Lebensstile erforschen
⇨ Analyse durchführen
⇨ Zielgruppen definieren
⇨ Markteinführung

Nach allen Phasen, insbesondere nach der Markteinführung, sollte dann ein Feedback erfolgen.

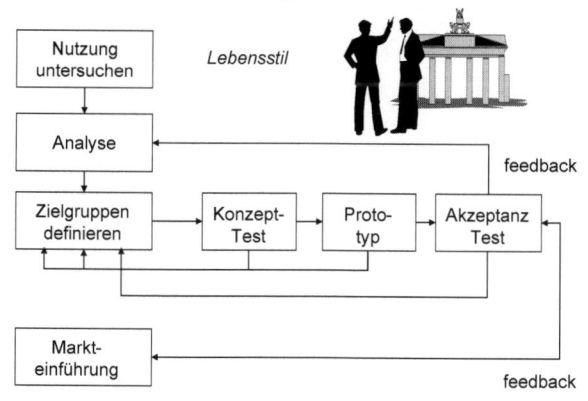

Abb. 18: *Lifestyle Planning, Vorgehen bei der Entwicklung eines neuen Produktes, Untersuchen der Lebensstile*

QFD-Phase 0: Informationsbeschaffung

Die Firma Sharp Electronic führte zur Steigerung der Kundenzufriedenheit ihr Projekt ein »Look the customer in the eye«. Mit dem Kunden Augenkontakt »auf gleicher Höhe« zu halten war das Ziel. Durch die Intensivierung des Kontaktes zwischen Mitarbeitern und Kunden, so wie zwischen dem Innen- und Außendienst sollen Ideen schneller in marktfähige Produkte umgesetzt werden können.

Die Creative Lifstyle Planning Groups der Firma Sharp befassen sich mit der Erforschung von weltweiten Trends. Da sich die Designvorlieben trotz »Global Markets« in den verschiedenen Teilen der Welt ganz unterschiedlich entwickeln, hat Sharp drei Teams gegründet, die diese Märkte untersuchen sollen:

⇨ Creative Lifestyle Focus Group (CLFG), Osaka, Japan
⇨ CLFG Mahwah (NJ), USA
⇨ Creative Center Europe (CCE), Hamburg

Zur Aufgabe der Creative Lifestyle Focus Group gehört die Beobachtung und Überwachung von Trends für Design und Farbe, Veränderungen im Sozial- und Umweltbereich sowie Veränderungen von Kundenansprüchen. Es werden außerdem Informationen aus der Presse sowie die Berichte von Messen, Symposien, Präsentationen in Kaufhäusern, von Fachverbänden und die Informationen der Europäischen Union gesammelt und ausgewertet.

So genannte *Core Technology Groups* leiten bei Sharp die Grundlagenforschung von neuen Technologien ein. Sie analysieren die gerade »aufkeimenden« Technologien, um sie gegebenenfalls in die eigene Produktion einfließen zu lassen. Gemeinsam mit der Geschäftsleitung wird dann entschieden, ob die festgestellten Kundenbedürfnisse befriedigt werden und sich damit Marktchancen für neue Produkte ergeben.

Die Firma Sharp Electronics praktizierte die Trendforschung vor vielen Jahren erfolgreich mit Camcordern. Man hatte festgestellt, dass diese Geräte von zwei Kundengruppen, den Frauen und den Senioren, signifikant weniger gekauft wurden. Aus einer Untersuchung ergaben sich folgende Gründe:

⇨ Die Frauen wollten ihr Augen-Make-up nicht am Okular verschmieren und
⇨ die Senioren, die häufig Brillenträger sind, hatten Probleme mit der Augenakkommodation.

Sharp konzipierte aufgrund dieser Erkenntnisse eine neue Videokamera, um auch diese beiden Zielgruppen zu erreichen. Man nutzte die im Hause bekannte LCD-Technik und ersetzte das Okular durch einen Minibildschirm. Nach der Markteinführung des neuen Camcorders wurde dann untersucht, ob die beiden Zielgruppen »Frauen« und »brillentragende Senioren« erreicht wurden; das Ergebnis war positiv und Sharp konnte seinen Marktanteil erhöhen.

Inzwischen ist die LCD-Technik bei Sharp sehr weit fortgeschritten. Insbesondere auf dem Gebiet der LCD-Flachbildfernseher will das Unternehmen weltweit expandieren. Sharp ist heute bei LCD-TV's mit einem Anteil von 26 Prozent Weltmarktführer. Ein Großteil der Produkte kommt aus den integrierten Fertigungsanlagen im japanischen Standort Kameyama.

Sharp führte auch länderübergreifend Forschungen im »Home visiting-Bereich« durch, um die Anforderungen an Mikrowellengeräten in englischen, italienischen und deutschen Küchen zu testen. Die englische Küche unterscheidet sich im Einrichtungsstil, in der technischen Ausstattung und im Geschmack ganz erheblich von der italienischen und der deutschen Küche. Es zeigte sich, dass man nicht ein Einheitsgerät für die gesamte Welt produzieren kann, nationale und sogar regionale Eigenheiten (zum Beispiel Friesen-Küche und oberbayerische Küche) sind unbedingt zu berücksichtigen. Die Küche als Erlebnisraum wird heute sehr genau beobachtet.

Auch der japanische Autoproduzent Toyota konnte seinen Markterfolg mit dem »Lexus« in den USA nur durch konsequente Trendforschung erreichen. Japanische Ingenieure lebten über einen längeren Zeitraum in amerikanischen Familien, um deren Bedürfnisse an ein Automobil zu erspüren. Ein vergessener Flaschen- oder Dosenhalter kann in den USA zum Misserfolg beitragen.

QFD-Phase 0: Informationsbeschaffung

Einige deutsche Unternehmen haben inzwischen erkannt, dass sie lernen müssen, wie sie richtig in die Zukunft investieren. Von Volkswagen wird bereits intensive Trendforschung betrieben und Daimler Benz berichtet in seinem »HighTech-Report« [21] über die Daimler Chrysler Forschungsgruppe »Gesellschaft und Technik«, die sich mit »Lebensstilmonitoring« beschäftigt. Dieses Team soll erforschen, wie sich Gruppen und gesellschaftliche Trends wechselseitig beeinflussen. Basis dieser Arbeiten sind die Ergebnisse der sozialwissenschaftlichen Lebensstil- und Konsumentenforschung. Die Forscher dürfen dabei das Ziel, die Zukunftsfähigkeit des Unternehmens konstruktiv zu unterstützen, nicht aus dem Auge verlieren.

Daimler nutzt ein weiteres Werkzeug für Trenduntersuchungen, den »Delta-Report«. Dieser Report wird jährlich fortgeschrieben und zeigt die jeweils wichtigsten Veränderungen auf. Die Forscher bringen ihr Know-how in so genannten Transferworkshops direkt in den Prozess der Produktentwicklung ein. So wird gewährleistet, dass zukünftige Bedürfnisse frühzeitig erkannt und berücksichtigt sowie Konsequenzen für das neue Produkt gezogen werden.

Der Delta Report unterrichtet jährlich die konzerninternen Projektpartner und Entscheidungsträger bei Daimler über aktuelle Entwicklungen von strategischer Bedeutung: von ökonomischen Rahmendaten über ökologische Entwicklungen bis zu Verkehrsentwicklungen und gesellschaftlichen Trends.

Neben Szenarioanalysen, Trendforschung und Wild-Card-Analysen bietet die Society and Technology Research Group ein kontinuierliches Risk-Monitoringinstrument. Die »Daimler Risk-Map« im Delta-Report soll das breite Spektrum an Risiken deutlich machen und die Risikothematik anschaulich und leicht verständlich vermitteln. Es wird auch der Frage nachgegangen, ob ein Risiko nicht auch in eine strategische Chance umgewandelt werden kann [22].

Bei der Entwicklung einer neuen Mercedes Limousine könnten zum Beispiel die »Aufstiegsorientierten« ins Visier genommen werden. Diese Zielgruppe, die sich durch hohes Einkommen und hohe berufliche und soziale Mobilität auszeichnet, will ihr Bedürfnis nach

Individualität vermutlich auch durch ein derartiges Auto ausdrücken. Dies könnte zum Beispiel ein variables Fahrzeug sein, das sich für Alltag und Freizeit gleichermaßen nutzen ließe. Auch der notorischen Zeitknappheit dieser Gruppe könnte durch Kommunikationsmedien im Auto begegnet werden. Das rollende Büro mit Laptop, Telefon, Fax und Drucker macht ein derartiges Auto zum multifunktionalen Fortbewegungsmittel.

Mit der Forschung nach zukünftigen Produkten befasst sich auch die Firma Siemens. Sie gründete ein Tochterunternehmen, die Agentur für Trendforschung Product Visionaires GmbH. Mit der Berliner Ideenschmiede will Siemens eine Führungsposition bei der Entwicklung zukunftsweisender Produkte für die moderne Kommunikation aufbauen. Produkte mit hohem Kundennutzen sowie einem neuartigen Design sollen Siemens von der Konkurrenz absetzen. Product Visonaires unterstützt Siemens bei Einblicken in kommende Lifestyle-Trends, gesellschaftliche Veränderungen und das Verhalten der Konsumenten. Die Berliner Forscher werden von Experten in Seoul, Tokio, Schanghai, Sao Paolo, London, Helsinki, Los Angeles und New York unterstützt. Sie testen das Konsumverhalten weltweit und entwickeln für den Münchener Konzern neue Ideen für zukünftige Trends.

Sogar im Versicherungsmarkt werden Trends als Frühindikatoren untersucht. Man weiß, dass sich Einstellungen deutlich früher ändern als Verhaltensdaten, in denen sich Trends aufgrund verfestigter Strukturen erst nach einer gewissen Verzögerung durchsetzen. Hier werden zum Beispiel die »psychologischen Kundentypen« untersucht, die vom »treuen Vertreterkunden« über den »preisorientierten Rationalisten« bis zum »skeptischen Gleichgültigen« klassifiziert unter die Lupe genommen werden [23].

Mitsubishi Electronic Corporation will durch »*Lifetime employment*« analysieren, wie die Gesellschaft im Jahr 2010 aussieht, welche Produkte sie benötigt und wo die Märkte dafür sind. Die Produktlinien sollen gestrafft werden, und man will sich zukünftig auf die Kernkompetenzen konzentrieren.

Auch Siemens setzt eine ganze Palette nützlicher Instrumente zur Zukunftsforschung ein. Das sind unter anderem Extrapolationen heutiger Produktlinien und Technologien sowie Retropolation aus ganzheitlichen Zukunftsszenarien. Die Ergebnisse verbindet Siemens zu den »Picture of the Future« vor dem Hintergrund der gesamtgesellschaftlichen Szenarien »Horizons2020«, die zu einem strukturierten Dialog mit Kunden und Partnern führen können [24].

Nicht nur die »kurzen Wellen«, sondern auch die »langen Wellen« des Kondratieff (Zeiträume über 50 Jahre) müssen in die Überlegungen und Strategien der Unternehmen einfließen. Ein Kennzeichen der Kondratieff-Zyklen ist, dass bereits vorhandene, aber bisher ungenutzte (und unbewusste) Ressourcen plötzlich ins allgemeine Bewusstsein treten und breite Bedeutung erlangen. Im ersten bis vierten Zyklus waren diese Ressourcen (materielle) Energien, seit dem K5 ist es (immaterielle) Information.

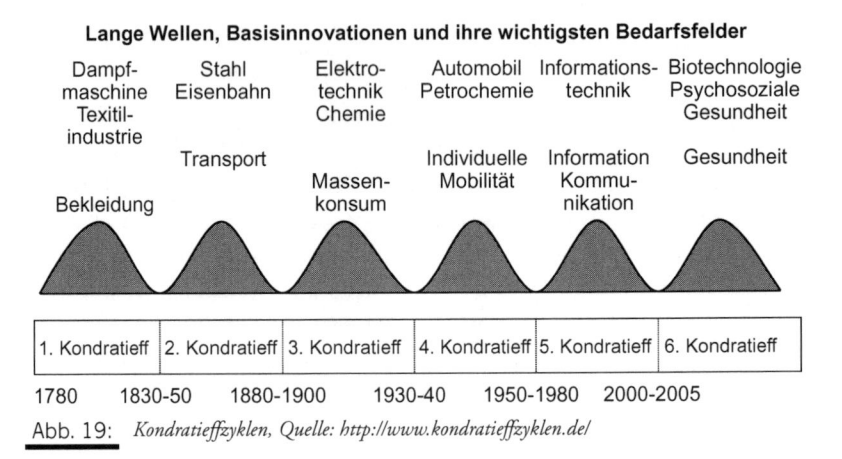

Lange Wellen, Basisinnovationen und ihre wichtigsten Bedarfsfelder

Dampfmaschine Texitilindustrie	Stahl Eisenbahn	Elektrotechnik Chemie	Automobil Petrochemie	Informationstechnik	Biotechnologie Psychosoziale Gesundheit
	Transport		Individuelle Mobilität	Information Kommunikation	Gesundheit
Bekleidung		Massenkonsum			
1. Kondratieff	2. Kondratieff	3. Kondratieff	4. Kondratieff	5. Kondratieff	6. Kondratieff
1780	1830-50	1880-1900	1930-40	1950-1980	2000-2005

Abb. 19: *Kondratieffzyklen, Quelle: http://www.kondratieffzyklen.de/*

Leider erkennen Unternehmen die Chancen, die in der Nutzung der neuen Ressourcen liegen, meistens erst beim Auftreten von Instabilitäten [25].

Das Verbraucherverhalten ist und bleibt die große Unbekannte in der *Trendvorhersage*. Die in den letzten Jahren durchgeführten großen deutschen Delphi-Umfragen zur zukünftigen Entwicklung von Wissenschaft und Technik verbesserten die Prognosesicherheit erheblich. Aber objektive Aussagen gibt es nicht, es liegen nur die subjektiven Einschätzungen der Experten zugrunde. Das gleiche gilt für das vom Bundesforschungsministerium initiierte Projekt »futur«, in dem Fachleute aus Wirtschaft, Wissenschaft und Gesellschaft in einem partizipativen Dialogprozess für das Bundesministerium für Bildung und Forschung (BMBF) Zukunftsthemen identifizieren und Leitvisionen für die Forschungspolitik entwickeln [26].

Mit Zukunftstechnologien befassen sich einige Technologie-Zentren (u.a. der VDI), die die Bundesregierung beraten. Durch Innovationen sollen zukünftig »Leitmärkte« definiert werden.

Die Technologie-Früherkennung besteht aus drei Schritten:
⇨ Identifikation
⇨ Bewertung
⇨ Umsetzung

Umfangreiche Beobachtungen und Untersuchungsergebnisse sind in Zukunft erforderlich, um auf Kundenwünsche und Markttrends sehr flexibel reagieren zu können. Trendforschung muss sich auch stärker als bisher mit den so genannten »weichen Faktoren« befassen, die letztlich über den Markterfolg entscheiden.

Für QFD benötigen wir diese Erkenntnisse, um die sich ändernden Bedürfnisse in marktfähige Produkte schneller umsetzen zu können, und um zu vermeiden, dass am Markt vorbei »innoviert« wird. Flops in der Entwicklung kosten viel Geld, deshalb binden zukunftsorientierte Unternehmen ihre Kunden in Entwicklungsprozess ein. Und sie hören ihnen auch noch zu, wenn das Produkt/Dienstleistung bereits am Markt ist. So kann man gemeinsam an der Zukunft der Produkte arbeiten.

Literatur

[1] KANO, N., SERAKU, N.; TSUJI, in *Attrctive Quality and Must-be-Quality*, in *Quality*, 14. Jg (1984) Nr. 2, S. 39-48

[2] SAATWEBER, JUTTA, *Kundenorientierung durch Quality Function Deployment*, C. Hanser Verlag München, Wien, 1997

[3] RADIO FREQUENCY IDENTIFICATION in *FAZ, Frankfurter Allgemeine Zeitung*, 2.9.2005, Technikteil

[4] UNGER, FRITZ, *Marktforschung: I.* H. Sauer-Verlag GmbH, Heidelberg, 1989

[5] MEFFERT, HERIBERT, *Marktforschung: Gabler Lehrbuch*, Wiesbaden, 1986

[6] HENTSCHEL, BERT, »*Multiattributive Messung von Dienstleistungsqualität*« in: Bruhn, Manfred und Stauss, Bernd, Gabler, Wiesbaden, 1991

[7] HERSTATT, CORNELIUS, in »*Beschwerdemanagement in der Praxis, Symposion*, Düsseldorf, 2005

[8] SAATWEBER, JUTTA in »*Erfolgreiche Produktentwicklung, Methoden und Werkzeuge zur Planung und Entwicklung von marktgerechten Produkten*«, VDI Berichte 1558, Hrsg. VDI-Verein Deutscher Ingenieure, 2000

[9] DEUTSCHER FACHVERLAG, PLANUNG & ANALYSE: *Deutscher Fachverlag GmbH, Frankfurt*

[10] THIELE, ALBERT: *Rhetorik: Gabler-Sekretariat*, Wiesbaden, 1991

[11] WALTHER, G., *Phone Power*, Düsseldorf, Wien, New York, 1990

[12] CAMP, ROBERT, *Benchmarking:* Hanser Verlag München, 1996

[13] MERTINS, K. UND KOHL, H., *Benchmarking, Leitfaden für den Vergleich mit den Besten*, Symposion Publishing, Düsseldorf, 2009

[14] HESSEN, FRANZISKA »*Geschützte Monopole auf Zeit*« in *Frankfurter Allgemeine Zeitung*, Frankfurt, 12.5.2005

[15] http://www.vdi.de/fileadmin/user_upload/vdi_cluster/vdi_wissen/piztip_miniguide_final.pdf www.piz-kassel.de ; www.main-piz.de

[16] H. B. COHAUSZ, H.B., *Patente & Muster, Einführung zu Patenten, Gebrauchsmustern und Geschmacksmustern*, Wila Verlag, München

[17] POPCORN, FAITH, CLICKING, *Der neue Popcorn Report:* Wilhelm Heyne Verlag, München, 2010

[18] POPCORN, FAITH, *Evaluation:* Gabler Verlag, Wiesbaden, 2001

[19] EDELKOORT, LI, http://www.wams.de/data/2005/02/13/462858.html

[20] Z_punkt GmbH, Köln, http://www.z-punkt.de; http://www.trenddatenbank.de

[21] Daimler-Benz AG, HighTech-Report, Kommunikation, Stuttgart, 3/1996

[22] http://www.daimler-technicity.de/delta-report/

[23] Psychonomics AG, »*Kundenmonitoring Assekuranz*«, Newsletter 1996, http://www.psychonomics.de

[24] http://www.siemens.de/pof

[25] NEFIODOW, LEO, *Der Kondratieff,* http://www.kondratieff.biz
[26] BMBF, *Der deutsche Forschungsdialog,* http://www.futur.de/
[27] http://de.wikipedia.org/wiki/Fokusgruppe
[28] VDINACHRICHTEN, *4.3.2011, Seite 19, VDI-Verlag Düsseldorf*
[29] EINKAUFEN 3.0: *Smarter geht's kaum, VDInachrichten, 11.3.2011, VDI-Verlag Düsseldorf*
[30] FRANKFURTER ALLGEMEINE ZEITUNG, *FAZ-Verlag Frankfurt, 22.7.1996*

Zusammenfassung

Die Zuverlässigkeit einer Kundenumfrage hängt ab von: den richtigen Fragen, der geeigneten Methode, den Stichprobenumfang und der Vielseitigkeit des *Analyseverfahrens.*

Neben den statistischen Ergebnissen haben die schriftlichen Kundenkommentare einen unschätzbaren Wert für die erfolgreiche, das heißt von den Kunden später auch akzeptierte Veränderung der Produkte und/oder Prozesse des Lieferanten. Zur erfolgreichen Durchführung von QFD-Projekten ist es daher erforderlich, immer wieder die sechs W-Fragen zu stellen: Was, wie viel, wie, warum, wann wer mit wem?

Durch dieses konsequente Fragespiel erhält das Unternehmen den wertvollsten Teil der Umfrage: Die Kundenkommentare. Diese machen sowohl die Nöte, die die Kunden mit dem Lieferanten haben, als auch die als besonders positiv empfundenen Leistungen des Lieferanten deutlich. Die systematische Analyse der Kundenkommentare ergibt mit den Statistiken der Fragebogenergebnisse den Eingang zum »House of Quality« und initiiert so den QFD-Prozess.

Informationsbeschaffung sollte als dauerhafte Aufgabe eines Unternehmens angesehen werden und nicht als Einmal-Veranstaltung für QFD. Diese Aufgabe ist von Marketing, Technik und Vertrieb zu lösen. Dabei sollte das Sammeln und Auswerten von Patenten, Messeberichten, Benchmarking-Ergebnissen, Servicemeldungen, Ausfallstatistiken und Versuchsprotokollen in die Verantwortung der Technik gehören und das Erstellen von Portfolios sowie das Beobachten gesellschaftlicher Trends zum Verantwortungsbereich von Marketing.

Kapitel 4

Auswertung und Strukturierung von Kundendaten

Kundenbefragungen sind nur dann sinnvoll, wenn die vielfältigen, häufig unpräzise formulierten Kundenwünsche systematisch ausgewertet werden können. Daten aus Kundenbefragungen müssen daher sorgfältig analysiert und strukturiert werden.

> **In diesem Beitrag erfahren Sie:**
> - wie Kundendaten ausgewertet werden können,
> - welche Vorteile die Zweikomponentenbefragung gegenüber der Einkomponentenbefragung hat,
> - wie Kundendaten strukturiert werden können.

Auswertungsverfahren für Kundenbefragungen

Die Ergebnisse von Kundenbefragungen sind für Unternehmen von hoher Wichtigkeit. Die Auswertung kann anhand der folgenden Verfahren vorgenommen werden:

4.1 Einkomponentenbefragung – Durchschnittswerte

Die am häufigsten anzutreffenden Umfragen begnügen sich mit der Ermittlung der Kundenzufriedenheit, das heißt, mit der zufriedenheitsorientierten Einkomponentenbefragung zu den im Fragebogen genannten Kriterien. Nach der *Wichtigkeit* und der *Bedeutung* für den Kunden wird, wie das folgende Beispiel zeigt, hier nicht gefragt.

Die Auswertung dieser Ergebnisse wird dann meist als Durchschnittswert von Einzelergebnissen dargestellt. Dies mag für die erste Bestandsaufnahme ausreichen, kann aber längerfristig nicht befrie-

Tabelle 1: Auszug aus einem Fragebogenbeispiel bei Einkomponentenbefragung						
Einkomponentenbefragung					
	trifft genau zu				trifft nicht zu
Man brauch bei der Reparaturannahme nicht lange zu warten	☐	☐	☐	☐	☐
In der Werkstatt dieses Betriebes weiß man sein Werkzeug in guten Händen	☐	☐	☐	☐	☐
Zufriedenheitsbewertung – Keine Aussage zur Bedeutung					

digen, da die nach Mittelwerten dargestellten Ergebnisse wenig aussagekräftig sind und nur eingeengte (und gelegentlich auch falsche) Rückschlüsse zulassen. Es sollte zumindest die prozentuale Verteilung der Zufriedenheitsklassen für jedes Kriterium dargestellt werden.

∅ Zufriedenheit = 6,2 (Aussagekraft ?)

%
50

1-3 4-6 7 8 9-10 → Zufriedenheit
(Zehnerskala gruppiert in 5 Klassen)

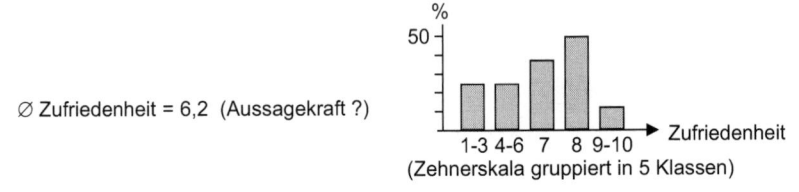

Abb. 1: *Durchschnittswerte/Zehner-Skala gruppiert in fünf Klassen*

Diese häufig angewandte Mittelwertbildung der Daten kann leicht zu Fehlinterpretationen der Ergebnisse führen. Die sich aus einer solchen Befragung ergebenden Durchschnittswerte bieten nur geringe Differenzierungsmöglichkeiten. Der Schwerpunkt für Verbesserungen ist dabei nicht eindeutig erkennbar. Deshalb sollte die Zweikomponentenbefragung bevorzugt eingesetzt werden.

An einem Fragebeispiel wird *der Unterschied der Befragungsart* verdeutlicht. Die Fragestellung bei einer eindimensionalen Befragung

könnte zum Beispiel lauten: »Wie zufrieden sind Sie mit unserem Service?«
Die Befragung in zwei Dimensionen wäre dann:
1. »Wie zufrieden sind Sie mit unserem Service?« (Z-Zufriedenheit)
2. »Welche Wichtigkeit/Bedeutung hat dieses Merkmal, in diesem Fall der Service für Sie?« (W-Wichtigkeit)

4.2 Zweikomponentenbefragung

Die Zweikomponentenbefragung betrachtet sowohl die Durchschnittswerte der zwei Komponenten Wichtigkeit (W) und Zufriedenheit (Z) als auch deren Differenz (W-Z), das Gap. Wird die Auswertung der Zweikomponentenbefragung, wie in Abbildung 5 gezeigt, auf den beiden Achsen Zufriedenheit und Wichtigkeit (Bedeutung) vorgenommen, so ist eine hohe Treffsicherheit bei der Bestimmung der Prioritäten gegeben.

Der *Vorteil* der Zweikomponentenbefragung liegt in der Feststellung der Prioritäten des Handlungsbedarfs aus den Kundenangaben zu der Bedeutung/Wichtigkeit eines Kriteriums und der Zufriedenheit mit der Erfüllung durch den Lieferanten. Das Maß der Zufriedenheit muss mit dem Maß der Wichtigkeit übereinstimmen. Ist eine Differenz zwischen *W* und *Z* gegeben, spricht man von einem Delta oder Gap. Das Maß für den Handlungsbedarf ist die Differenz aus Wichtigkeit (W) minus Zufriedenheit (Z); Gap = W − Z
An einem Praxisbeispiel wird die Gap-Auswertung gezeigt:

$$\begin{array}{l} \varnothing \text{ Wichtigkeit } = 8{,}3 \\ - \varnothing \text{ Zufriedenheit} = 6{,}2 \\ \hline \varnothing \text{ Gap} \quad \Delta \quad = 2{,}1 \end{array} \qquad W - Z = \Delta = \text{Maß für den Handlungsbedarf}$$

Abb. 2: *Berechnung des »Gap«, Auszug aus Praxisbeispiel*

Unzureichend bei der Auswertung der Kundenbefragung ist allerdings auch hier die Betrachtung von Durchschnittswerten, da diese oft sehr eng beieinanderliegen und von der Ungenauigkeit der Erhebung meist nicht zu trennen sind. Das Auswertungsprogramm sollte daher

Zweikomponentenbefragung

	Wichtigkeit	Zufriedenheit
- Dauer der Instandsetzungsarbeiten bis zur Wiederverfügbarkeit des Systems	[1][2][3][4][5][6][7][8][9][10]	[1][2][3][4][5][6][7][8][9][10]
	-- ++	-- ++
- Verständlichkeit der Aussagen der Kundendienstingenieure über Art und Stand der Arbeiten	[1][2][3][4][5][6][7][8][9][10]	[1][2][3][4][5][6][7][8][9][10]

Abb. 3: *Auszug aus einem Fragebogenbeispiel bei Zweikomponentenbefragung*

so konzipiert sein, dass es für die Auswertung von Zweikomponentenbefragungen mit einer klassifizierten Ergebnisdarstellung geeignet ist. Diese zeigt die Verteilung der Zufriedenheitswerte kombiniert mit den zugehörigen Bedeutungswerten auf. Die Verknüpfung dieser Auswertung mit einer dritten Kenngröße lässt Korrelationen deutlich erkennen.

Bei einer Betrachtung nur der Durchschnittswerte im folgenden Beispiel ist eine Prioritätenfindung nicht möglich. Erst durch die Multiplikation von W_1 x Gap_1 und W_2 x Gap_2 lassen sich die Prioritäten für den Handlungsbedarf bei diesem Zweikomponenten- (multiattributiven) Verfahren deutlicher erkennen [1].

Gap-Analyse $\varnothing$ **W** - $\varnothing$ **Z** = $\varnothing$ **Gap**

$\varnothing W_1 = 9{,}4$ $\varnothing Z_1 = 7{,}3$, $\boxed{\varnothing Gap_1 = 2{,}1}$

$\varnothing W_2 = 5{,}8$ $\varnothing Z_2 = 3{,}7$ $\boxed{\varnothing Gap_2 = 2{,}1}$ **und nun ?**

Verbesserungshilfe zur Prioritätenfindung:

$\varnothing$ **W** x $\varnothing$ **Gap = X** $X_1 = 9{,}4 \times 2{,}1 = \underline{\mathbf{19{,}7}}$ $X_2 = 5{,}8 \times 2{,}1 = \underline{\mathbf{12{,}2}}$

Abb. 4: *Gap-Analyse – Wichtigkeit minus Zufriedenheit*

Die grafische Darstellung der Wertepaare Wichtigkeit (W) und Zufriedenheit (Z) zu jedem Fragekriterium hat sich bewährt und wird im Situationsfeld Abbildung 5 gezeigt. Eine Verknüpfung der statistischen Ergebnisse mit den Kommentaren zum Beispiel der »kritischen Kunden« aus der Situationsfeldanalyse liefert insbesondere dann eine nützliche Hilfe, wenn die Befragung nicht anonym erfolgte und eine Zuordnung zu individuellen Einsendern möglich wird. Die statistisch fassbaren Zahlenergebnisse zu den numerisch bewertbaren Fragen nach der Wichtigkeit der Kriterien für den Kunden einerseits und dem Grad seiner Zufriedenheit mit der Erfüllung dieses Kriteriums andererseits geben Hinweise auf die Priorität der Bearbeitung für den Lieferanten.

Eine zweidimensionale Darstellung der Ergebnisse als »klassifiziertes Streuungsdiagramm« (Bedeutung des Kriteriums für den Kunden und seine Zufriedenheit mit dem Erfüllungsgrad) hat sich auch deshalb als vorteilhaft erwiesen, weil sich hierbei wesentlich aussagekräftigere Informationen ergeben [1].

4.3 Situationsfeldanalyse zur Auswertung

An dieser Stelle wird gezeigt, wie mit Hilfe des Portfoliodiagramms die Analyse und Auswertung der Ergebnisse der Kundenbefragung vorgenommen werden kann. Die Klassifizierung in zum Beispiel sechs Gruppen in der Situationsfeldanalyse (vgl. Abb. 5) ist überschaubar und lässt bei Bedarf Korrelationen der einzelnen Felder des Diagramms zu anderen Kriterien, wie zum Beispiel die Verteilung der Branchen, zu.

Zu einem unwichtigen Kriterium müssen nicht sofort Anstrengungen für Verbesserungen unternommen werden. Die Darstellung der Wertepaare W und Z zu jedem Fragekriterium als Balkendiagramm hat sich als günstig erwiesen. Das wird auch an dem Beispiel aus der Computerbranche in Abbildung 6 deutlich.

Die Feldbegrenzungen sollten im Auswertungsprogramm variabel setzbar sein. Die Darstellung der Situationsfeldanalyse verdeutlicht diese Gruppierungsmöglichkeit.

Das Gap ist die Differenz zwischen der Wichtigkeit/Bedeutung und Zufriedenheit. Betrachtet man die sechs Felder in Abbildung 5, dann wird der Handlungsbedarf sofort erkennbar.
So ist zum Beispiel im Feld 1, bei einem
Gap > 3, das heißt W = 10 und Z = 7 das
Gap = W − Z = 10 − 7 = 3 ein absoluter Handlungsbedarf des Lieferanten gegeben, denn dieser Kunde ist so gut wie verloren, er würde am liebsten sofort zur Konkurrenz wechseln. Bei einem Gap > 2 (Feld 2) besteht die Gefahr, den Kunden zu verlieren, hier ist umgehendes Handeln erforderlich, denn die Konkurrenz ist ebenso attraktiv. Ist das Gap > 1, so sollte der Kunde gepflegt und nach Plan bedient werden. Um diesen Kunden muss man sich kümmern, damit er auch zukünftig erhalten bleibt.

Im Feld 4 mit einem Gap < 1 findet man die Fans des Unternehmens. Diese Kundengruppe wird mit Sicherheit erhalten bleiben, es sollten ihr aber immer wieder Innovationen (begeisternde Faktoren) angeboten werden.

Wird die Zufriedenheit höher bewertet als die Wichtigkeit (Feld 6), so sind folgende Aspekte zu bedenken: Wird zuviel Unnötiges, dem Kunden fast Lästiges geleistet? Das Merkmal wird als Basisanforderung gut erfüllt, es darf aber bei relativ hoher Wichtigkeit keinesfalls vernachlässigt werden.

Bei hoher Wichtigkeit (W) und geringer Zufriedenheit (Z) muss vor einer Änderung nachgeprüft und beim Kunden nachgefragt werden. Denn es kann durchaus passieren, dass ein Merkmal mit hoher Wichtigkeit und geringer Zufriedenheit bewertet wird, weil dem Kunden das Leistungsmerkmal nicht bekannt war. In diesem Fall liegt kein technisches Problem, sondern ein kommunikatives Defizit vor: Der Lieferant versäumte, den Kunden über den Inhalt der Leistung aufzuklären.

Für die Marketingfachleute hat die Gap-Analyse eine hohe Aussagekraft zur Einschätzung der Kundengruppen und deren Zufriedenheit mit dem Unternehmen.

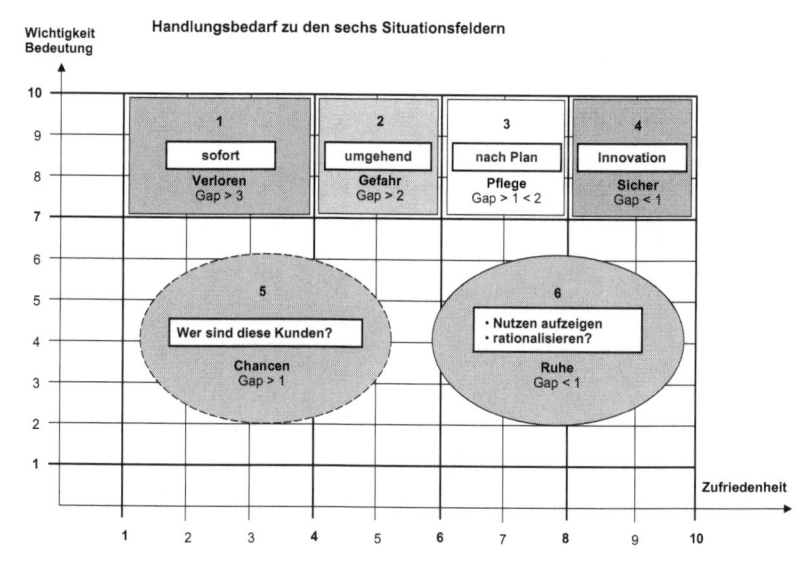

Abb. 5: *Situationsfeldanalyse, der Handlungsbedarf für das Unternehmen*

Das folgende *Praxisbeispiel* in Abbildung 6 zeigt die Auswertung der Kundenbefragung der Firma Compufix, die ihre Kunden jährlich befragt, um daraus Verbesserungen und Innovationen der Dienstleistung abzuleiten. Das Umfrageergebnis lag bei einer Gesamtzufriedenheit von 8,7 von insgesamt zehn möglichen Punkten.

An diesem Beispiel soll gezeigt werden, dass durch die Zweikomponentenauswertung eine übersichtliche Darstellung der Befragungsergebnisse möglich ist, die den Handlungsbedarf für den Lieferanten sofort erkennen lassen. Die in dem Diagramm gestapelten Balken 1 bis 6 stellen die prozentuale Verteilung im Situationsfeld (vgl. Abb. 5) dar. Sie repräsentieren die Zweikomponentenwichtigkeit (W) und Zufriedenheit (Z). Die Ziffern in den Balken (Abb. 6) weisen auf das entsprechende Situationsfeld hin.

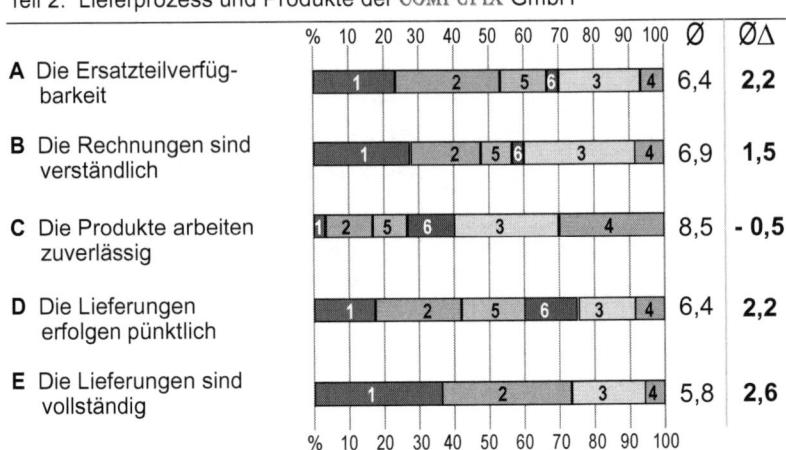

Teil 2: Lieferprozess und Produkte der COMPUFIX GmbH

	% 10 20 30 40 50 60 70 80 90 100	Ø	ØΔ
A Die Ersatzteilverfügbarkeit	1 2 5 6 3 4	6,4	2,2
B Die Rechnungen sind verständlich	1 2 5 6 3 4	6,9	1,5
C Die Produkte arbeiten zuverlässig	1 2 5 6 3 4	8,5	-0,5
D Die Lieferungen erfolgen pünktlich	1 2 5 6 3 4	6,4	2,2
E Die Lieferungen sind vollständig	1 2 3 4	5,8	2,6
	% 10 20 30 40 50 60 70 80 90 100		

Abb. 6: *Auswertung der Kundenbefragung, Frage E – Vollständigkeit der Lieferung*

Das größte Gap (2,6) finden wir im Abschnitt E »die Lieferungen sind vollständig«. In diesem Fall führten die fehlerhaften Lieferungen zur Unzufriedenheit der Kunden von Compufix. Zum Komplex Lieferprozess und Produkte, Frage E – »Vollständigkeit der Lieferung«, sind über 70 Prozent (Feld 1 und 2) der Kunden höchst unzufrieden, davon können 38 Prozent (Feld 1) als »verlorene« Kunden betrachtet werden. Es gibt nur vier Prozent sichere, das heißt sehr zufriedene Kunden (Feld 4). Das negative Delta (C) weist auf eine Basisanforderung oder auf Übererfüllung hin, die Bedeutung wurde hier geringer angegeben als die Zufriedenheit.

Die rechte Spalte des Auswertediagramms zeigt das (Ø Δ) Durchschnitts-Gap und die Spalte daneben die (Ø) Durchschnittszufriedenheit.

Die Firma Compufix muss, wenn sie die Kunden nicht dauerhaft an die Konkurrenz verlieren will, Sofortmaßnahmen einleiten, um die Kundenzufriedenheit im Bereich (E) der »Vollständigkeit der Lieferung« zu verbessern. Die Interpretation der Einstufung von Wichtigkeit und Zufriedenheit bei Verwendung der Situationsfeldanalyse wird am folgenden Beispiel in Tabelle 2 gezeigt.

Tabelle 2: Interpretation der Bewertung von Wichtigkeit und Zufriedenheit			
Wichtigkeit 1 = unwichtig 10 = sehr wichtig	**Bewertung**	**Zufriedenheit** 1 = sehr unzufrieden 10 = sehr zufrieden
Das Kriterium ist leicht zu verkaufen.	10 - 9	Der Lieferant ist sicher vor der Konkurrenz.
Die Kunden werden dieses Merkmal in ihre Kaufentscheidung einbeziehen.	8 - 7	Der Lieferant ist konkurrenzfähig, er ist aber nicht besser als andere Bewerber.
Die Kunden entscheiden heute nicht nach diesem Kriterium. Es kann ihnen aber sehr wichtig werden.	6 - 5	Der Lieferant ist spürbar schlechter als Mitwerber. Er wird nicht mehr berücksichtigt, wenn die Alternativen insgesamt mehr bieten.
Die Kunden sehen keinen Vorteil, sie ignorieren das Merkmal. Es wird nicht in die Entscheidung einbezogen, auch wenn es vom Lieferanten herausgestellt wird.	4 - 1	Der Lieferant verliert Kunden, wenn das bewertete Merkmal für die Kunden hohe Wichtigkeit hat.

Die Kommentare der Kundenumfrage bilden den Eingang für das erste QFD-Haus. Wie diese Kommentarauswertung im QFD-Haus weiter aufbereitet wird, wird im Folgenden gezeigt.

4.4 Die Darstellung der Befragungsergebnisse

Die »Stimmen der Kunden« sind erst dann nutzbar, wenn die Flut der gespeicherten Daten aus den Fragebögen sinnvoll aufbereitet wird. Eine verständliche Ergebnisdokumentation erhöht den Erfolg der Maßnahmen. Die tabellarisch und grafisch dargestellten Ergebnisse müssen eindeutige Aussagen zu den kritischen Feldern und damit zu den erfolgversprechenden Chancen liefern. Die Methoden der statistischen Auswertung sind mit der Entwicklung des Fragebogens zu planen, falls nicht bereits ein geeignetes Auswertungsprogramm zur Verfügung steht. Ein neues Programm sollte erst nach sorgfältiger Planung der gewünschten Varianten der Ergebnisdarstellung entwickelt werden und die Eingabemöglichkeit der Kommentare sowie deren Auswertung sicherstellen.

Die Möglichkeit der individuellen Darstellung der besonders kritischen und gefährdeten Kunden, die zum Beispiel die für sie wichtigen Kriterien mit einer hohen Bedeutung, ihre Zufriedenheit mit einem niedrigen Wert ausdrückten, sollte dann genutzt werden, wenn die Fragebogen nicht anonym sind. Die Verknüpfung der individuellen Ergebnisausdrucke mit den Kommentaren der als besonders gefährdet einzustufenden Kunden kann dann direkt zur Einleitung individueller Kundenbetreuungsmaßnahmen genutzt werden.

Die Darstellung der Auswertungsergebnisse kann im Einzelnen wie folgt vorgenommen werden:

1. Tabellarische Darstellung der statistischen Ergebnisse
2. Grafische Darstellungen in wählbarer Ausführung (zum Beispiel Balkendiagramme, Tortendiagramme, gestapelte Balken) farbig und schwarzweiß. Farbige Präsentationsfolien mit grafisch umgesetzten Ergebnissen
3. Übersichtliche Ausdrucke der Kundenkommentare mit Adressen, wobei die Kommentarausdrucke nach Themenbereichen sortiert ausdruckbar sein sollten
4. Einzelausdrucke der gefährdeten Kunden mit Adresse, Kommentaren und Angabe der kritisch beurteilten Felder

QFD ist auf die »Stimme der Kunden« angewiesen. Daher war in der Phase Null zu klären, wer mit »den Kunden« gemeint ist. Die Zielgruppe ist eindeutig definiert. Die Anforderungen »Was will der Kunde?« und »Welche Qualitätsansprüche stellt der Kunde?« sind erfasst. Nachdem nun eine Vielzahl von Möglichkeiten zur Ermittlung von Kundenforderungen untersucht wurde, stehen dem Unternehmen die Ergebnisse aus zum Beispiel internen und externen Befragungen, aus Marktanalysen, Benchmarking und/oder der Trendforschung zur Verfügung.

Das QFD-Team beginnt nun vor der Arbeit im ersten Haus (Phase I, Schritt 1) mit der Strukturierung der gesammelten Kundenforderungen.

4.5 Vorbereitung der Phase I: Die Strukturierung der Kundenanforderungen

Das Projektteam aus Marketing, Forschung/Entwicklung, Vertrieb und Kundendienst beginnt mit der Analyse der bereits ermittelten aktuellen Kundenanforderungen. Nach der Analyse werden diese Anforderungen sehr sorgfältig strukturiert zum Beispiel durch Metaplan- oder KJ-Technik (vgl. Abb. 7). Dies geschieht in einer Brainstorming-Runde durch das Aufschreiben jeder einzelnen Kundenforderung auf farbige Papierkärtchen, die dann zu Themengruppen bzw. »Clustern« zusammengefasst werden. Diese Technik wird *Affinitätsdiagramm* genannt. Die Diagramme dienen der Ordnung und Strukturierung von Ideen, Fakten und Meinungen. Bei QFD werden sie zur Strukturierung der Kundenanforderungen eingesetzt.

Kunden äußern ihre Wünsche meistens nur ganz allgemein oder verschwommen. Sie möchten ein »sparsames Auto« oder eine »hübsche Tasche«. Diese Erfahrung machten auch die Entwickler der Firma SONY, als sie vor einigen Jahren Jugendliche zu ihren Wünschen nach der nächsten Generation des Walkmans befragte. Hier erhielten die Marktforscher Antworten aus der Trend- und Jugendsprache wie »schön« und »geil«, sie hatten mit Angaben zum »Klirrfaktor« (eine unerwünschte Signalverzerrung) oder anderen technischen Parametern gerechnet. Was meint der Kunde mit »schön«? Ist es die Farbe, die Form? Derartig allgemeine Begriffe sind zu hinterfragen, um den Handlungsbedarf zu erkennen.

Die Worte des Kunden sind zu interpretieren, zu »übersetzen« und zu strukturieren, bevor die Arbeit im ersten QFD-Haus beginnen kann.

Die Strukturierung der Kundenstimmen erfolgt nach den Kundenhierarchien, denn die (segmentierten) Kundengruppen haben völlig unterschiedliche Bedürfnisse, denen wiederum ganz spezielle Lösungen gegenüberstehen. Diese Kriterien sind »sauber« voneinander zu trennen und gegebenenfalls in separaten QFD-Häusern zu untersuchen, um Komplexität zu vermeiden. Eine Aufsplittung in Nachbarhäuser sollte aber nur dann vorgenommen werden, wenn die Ziele eindeutig der Kundengruppe oder Funktionsgruppe zuzuordnen sind.

Die Kundenanforderungen sind unter besonderer Berücksichtigung der Kano-Faktoren (Begeisterungsfaktoren) wörtlich zu vermerken. Diese *Übersetzung* der Kundenforderungen wird nun in folgender Weise vorgenommen:

⇨ Die wortwörtlichen Ausdrücke des Kunden sind so zu formulieren, dass einfache Ausdrücke mit eindeutiger Bedeutung verwendet werden; zum Beispiel »schön« bedeutet »gelbes Gehäuse« (oder: Was meint der Kunde mit der Aussage »leicht« oder »leise«?) (Abb. 9)

⇨ Diese umformulierten Aussagen werden gruppiert (geclustert) und mit einer Überschrift versehen, um eine Struktur zu schaffen.

⇨ Die primären Details werden festgehalten und um die Untergruppen der sekundären und tertiären Anforderungen erweitert. Eine Auffächerung der Kundeninformation in drei (oder mehr) Ebenen erleichtert dem QFD-Team das Verstehen. In Abbildung 9 und 10 wird dieses Vorgehen gezeigt.

Vor selektivem Zuhören und Hineininterpretieren eigener Vorstellungen in die Kundenforderungen durch das Team muss ausdrücklich gewarnt werden, denn Selbstbewertung und Fremdbewertung liegen fast immer weit auseinander. Daher betont auch Yoji Akao die außerordentliche Bedeutung des *Zuhörens* und der sorgfältigen Analyse, um die »Stimmen der Kunden« zu verstehen. Er hält eine Aufbereitung

Aufbereitung der Kundenanforderungen

Kundenaussagen	Hören statt Fragen Sammeln von Kundenanforderungen
Bedingungen 6-W-Methode	6-W-Methode: - Wer - Was - Wo - Wann - Warum - Wie
KJ-Methode Affinitätsdiagramm	Zusammenfassen der Kundenanforderungen in 3 Ebenen
Fragebogen	Fragenkatalog aus den KJ-Ergebnissen und Gewichtung der Bedeutung
Kundenanforderungen	Kundenanforderungen für Qualitätstabelle (max. 20-25 Kernaussagen)

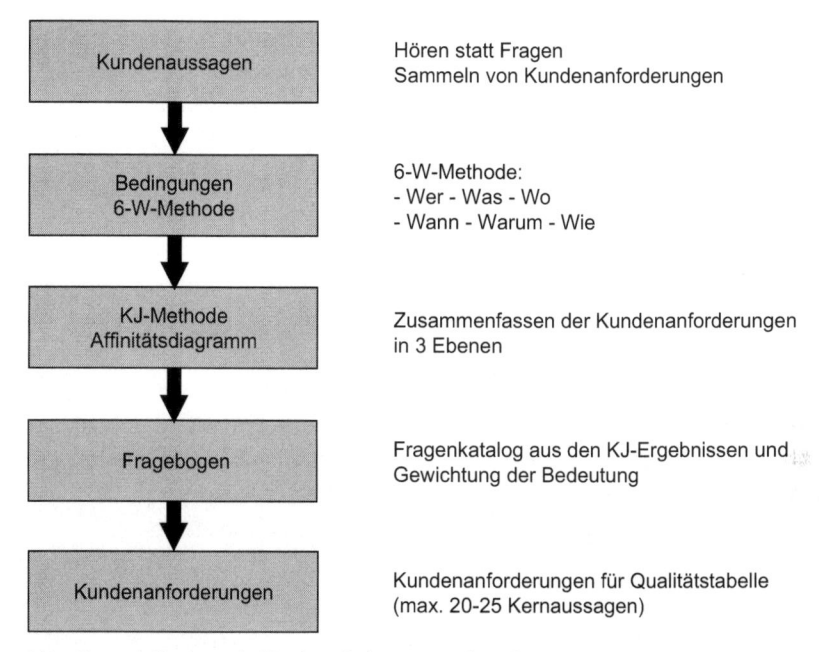

Abb. 7: *Aufbereitung der Kundenanforderungen nach Y. Akao*

der Kundenforderungen nach dem in Abbildung 7 beschriebenen Schema für unerlässlich:

⇨ Das Sammeln der Kundenanforderungen, wobei es für ihn wichtig ist, dass »Hören statt Fragen« praktiziert wird.
⇨ Die 6-W-Methode, das heißt: wer, was, wo, wann, warum, wie?
⇨ KJ-Affinitätsdiagramm, das in den Abbbildung 8 und 9 vorgestellt wird.
⇨ Fragenkatalog aus den KJ-Ergebnissen und Gewichtung, welche Forderung hat die höchste Priorität?
⇨ Kundenanforderungen (KA) sind zu strukturieren und in die Qualitätstabelle zu übertragen, wie in den folgenden Beispielen in Abbildung 9 und 15 gezeigt.

Auswertung und Strukturierung von Kundendaten

Die KJ-Methode, benannt nach ihrem Erfinder, dem Japaner *Jiro Kawakita,* fasst die Kundenaussagen, wie in Abbildung 8 gezeigt, in drei Ebenen zusammen. Diese Methode findet in Japan insbesondere bei ingenieurstechnischen Problemstellungen eine weite Verbreitung. Das KJ-Diagramm ermöglicht die Ordnung von chaotisch vorliegenden Daten. Sie ist vergleichbar mit der Metaplantechnik (Pinwand-Technik), hat aber im Gegensatz zur Metaplantechnik ihren Wirkungskreis auf einer horizontalen Ebene, zum Beispiel auf einem Arbeitstisch. Grundprobleme werden zerlegt und in Diskussionen dann die Veränderung der Beziehung zueinander festgestellt. Genau nach diesem Verfahren wird nun mit der Zerlegung der Kundenanforderungen in drei Ebenen begonnen und nach einem Zusammenhang innerhalb dieser Forderungen gesucht, diese werden dann wie beim Brainstorming auf Karten geschrieben. Die inhaltlich zusammengehörenden Karten sind zu einer Gruppe, dem Cluster zusammengefasst. Diese Cluster können bereits so sortiert werden, dass sich daraus die drei Ebenen ergeben:

⇨ primäre,

⇨ sekundäre und

⇨ tertiäre Kundenanforderungen.

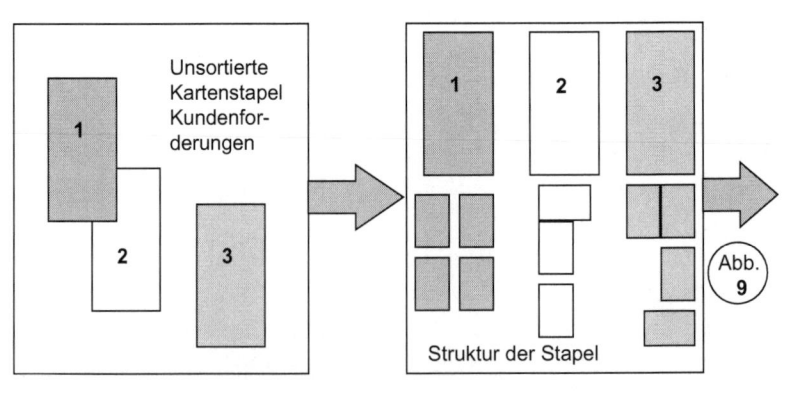

Abb. 8: *KJ-Methode, Vorgehen bei der Strukturierung der Kundenwünsche*

In der folgenden Abbildung 9 wird die Gruppierung der in den Formulierungen enthaltenen Informationen vorgenommen. Bei diesem Beispiel handelt es sich um eine Fernsteuerung. Strukturiert wurde der primäre Kundenwunsch »*leicht zu bedienen*« in die sekundären Anforderungen:
⇨ leicht zu halten
⇨ die Bedienung ermüdet nicht
⇨ die Bedienungsprinzip ist leicht verständlich
⇨ kann schwierige Manöver durchführen

```
┌──────────────────────┐
│ 1. leicht zu bedienen│  (Primäre Anforderung)
└──────────────────────┘
 (Sekundäre Anforderung)
┌──────────────────────┐
│ 2. leicht zu halten  │   (Tertiäre Anforderung)
└──────────────────────┘        3.
        * leicht zu tragen
        * leicht zu halten, weil es klein ist
        * leicht zu halten, weil es leicht ist
        * wirkt stabil in der Hand

 die Bedienung
 ermüdet nicht

 das Bedienungsprinzip
 ist leicht verständlich

 leicht zu bedienen
            kann auch beim Gehen
            eingestellt werden

              ich kann
              - es so einstellen, wie ich will
              - die Einstellung beibehalten

            es ist für manuelle
            Bedienung geeignet

 kann schwierige
 Manöver durchführen
```

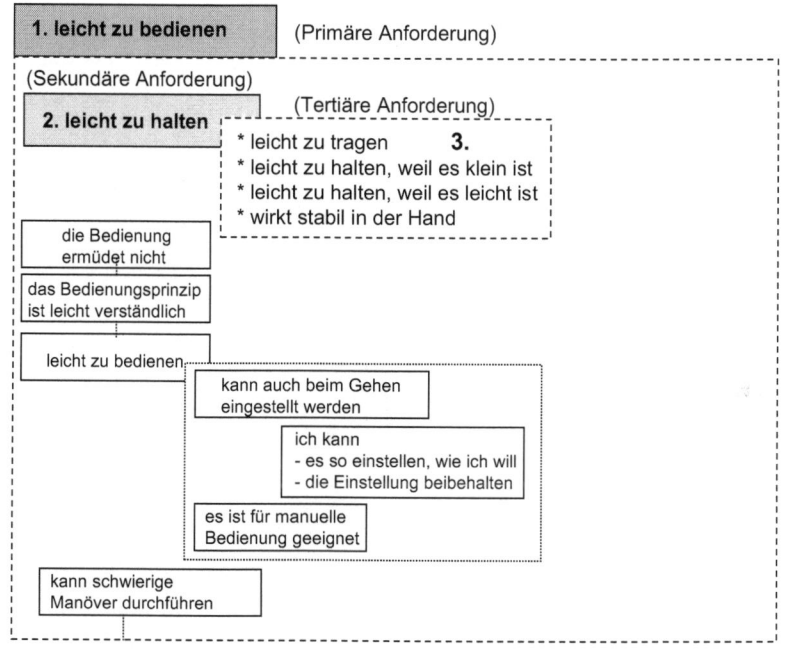

Abb. 9:   *KJ-Methode zur Darstellung der verschiedenen Ebenen (Quelle: Y. Akao)*

Im nächsten Schritt werden zu jeder sekundären Anforderungen die tertiären Anforderungen ermittelt.

Für die erste Forderung – »leicht zu halten« – sind dies:
⇨ leicht zu tragen
⇨ leicht zu halten, weil es (die Fernsteuerung) klein ist
⇨ leicht zu halten, weil es leicht ist
⇨ stabil in der Hand
⇨ stabil beim Weglegen

In Deutschland ist die KJ-Methode zur Strukturierung von Ideen kaum bekannt und wenig verbreitet. Hier bevorzugt man zur Strukturierung der Anforderungen die *Metaplantechnik* oder das *Baumdiagramm,* das auch unter dem Begriff Fehlerbaum oder Funktionenbaum bekannt ist. Baumdiagramme zeigen den linearen Zusammenhang zwischen der beobachteten Wirkung und den möglichen Ursachen. Auch hier werden die globalen Aussagen in drei oder mehr Ebenen untergliedert. Bei einer dreistufigen Struktur spricht man auch hier von primären, sekundären und tertiären Funktionen oder Anforderungen. Durch die Darstellung in einem Funktionenbaum lassen sich auch komplizierte Zusammenhänge aufzeigen (vgl. Baumdiagramm in QFD-Phase II)

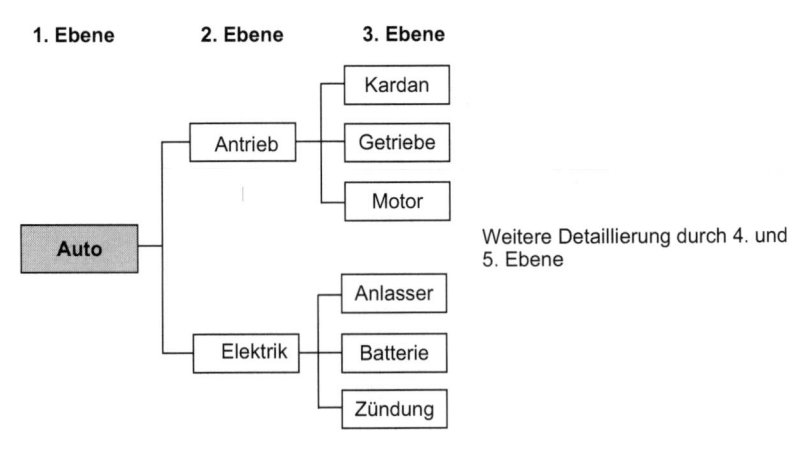

Abb. 10: *Baumstruktur in drei Ebenen*

Dass es auch einfach geht, soll an dem Beispiel aus Abbildung 10 gezeigt werden: Hier ist das Baumdiagramm in stark vereinfachter Weise dargestellt. Der Ausgangspunkt ist das Auto (1. Ebene). Die Verzweigungen in den folgenden Ebenen sind:
2. Ebene: Elektrik und Antrieb
3. Ebene: die weiteren Komponenten der Ebene 2 wie Kardan, Getriebe, Motor sowie Anlasser

Die bildhafte Bezeichnung Baumdiagramm beschreibt sowohl den Zweck als auch die Gestalt dieses Diagramms, mit dem wir unsere Ideen, Pläne oder Ziele ähnlich der Baumstruktur in der Rangfolge ihrer Bedeutung *gegliedert* darstellen können.

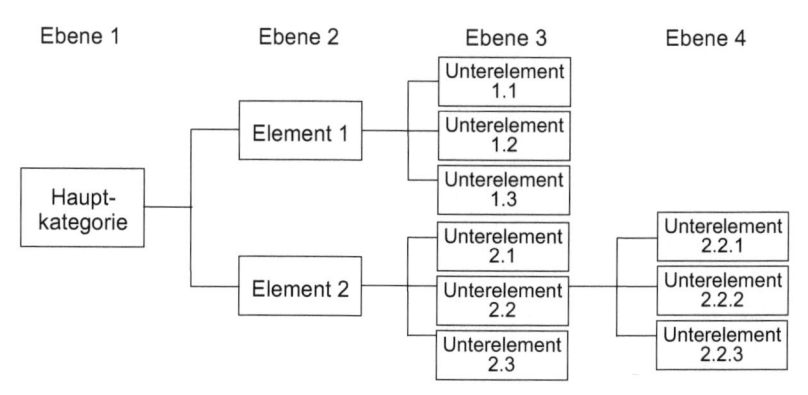

Abb. 11: *Die vier Ebenen der Baumstruktur*

Allen Anwendungen des Baumdiagramms ist die Gliederungsstruktur nach der Hauptkategorie, ihren Einzelelementen und deren Unterelementen gemein. Die Strukturierung der Kundenanforderungen zur Entwicklung und Darstellung der Qualitätsmerkmale zu einem neuen Produkt oder einer Dienstleistung kann auf diese Weise vorgenommen werden.
Als Formblatt zur Struktur der Kundenanforderungen hat sich die Funktionenbaum-Matrix in Abbildung 12 bewährt.

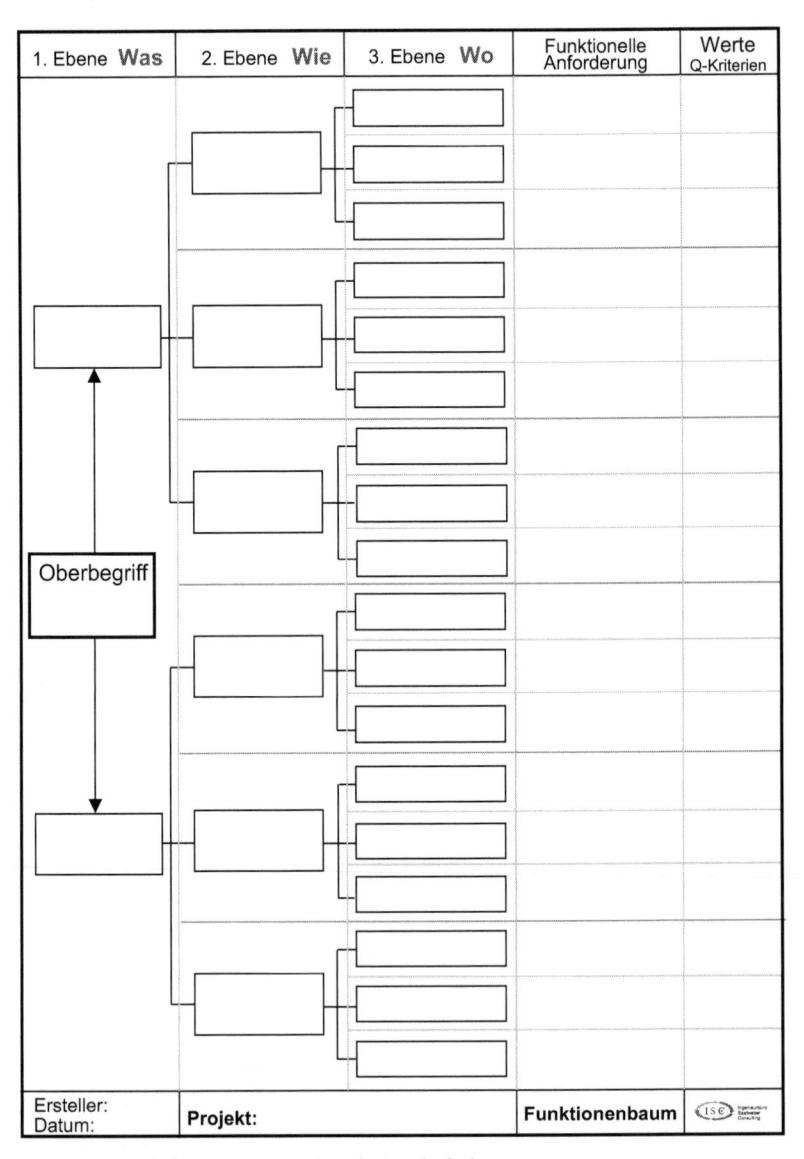

Auswertung und Strukturierung von Kundendaten

Abb. 12: *Baumdiagramm zur Struktur der Kundenforderungen*

180

Ein weiteres Erfassungsblatt, das nicht nur bei Kundenumfragen, sondern auch von allen kundennahen Abteilungen permanent benutzt werden könnte, wird in der folgenden Tabelle gezeigt. Die konsequente Erfassung der Kundenwünsche und aller eingehenden Kundeninformationen ist so auf einfache Weise möglich.

Tabelle 3: Erfassungsblatt zur Struktur der Kundenwünsche					
Strukturierung der Kundenanforderung (oder Produktmerkmale)					Blatt Nr.
Bezeichnung:			Datum:	Bearbeitg. (Name/Team)	
Lfd. Nr.	1. Ebene		2. Ebene	3. Ebene	4. Ebene

Dieses »Erfassungsblatt« kann auch zur Strukturierung der Produktmerkmale in der Kopfzeile der QFD-Matrix in Phase II benutzt werden.

Alle Vorbereitungen für die Arbeit im ersten Haus in Phase I sind getroffen, die Kundenwünsche sind strukturiert. Das weitere Vorgehen wird an dem Praxisbeispiel »Heiztherme« skizziert.

4.5.1 Struktur der Kundenanforderungen am Praxisbeispiel Heiztherme

Rund 1,5 Millionen Heizkessel in Deutschland sind älter als 25 Jahre, sie haben einen schlechten Wirkungsgrad, das heißt, sie verbrauchen in der Regel 30 bis 40 Prozent mehr Energie als moderne Wärmeerzeuger. 2004 wurden die Vorschriften der Bundes-Immisionsschutzverordnung (BImSchV) und eine Obergrenze für Abgasverluste der Heizanlagen (bis 25 kW) von maximal 11% festgelegt Daraus ergeben sich gute Absatzchancen für alle Kesselhersteller.

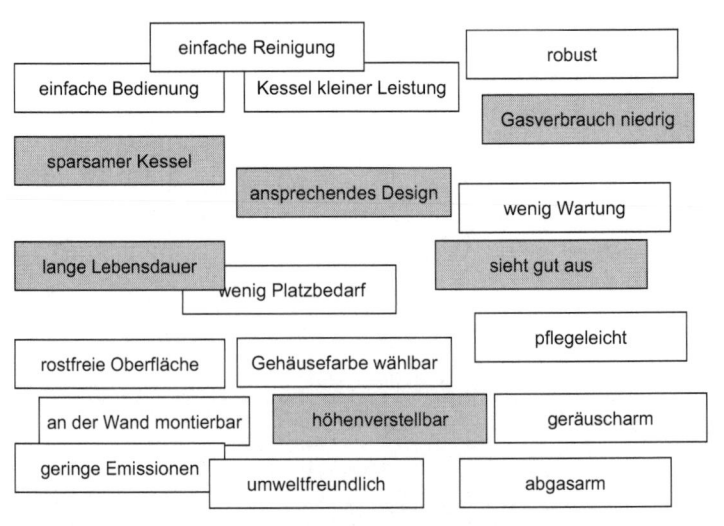

Abb. 13: *Kundenaussagen der Endanwender zur Heiztherme*

Ein Hersteller von Heizthermen und Kesseln führte bei Endanwendern und Installateuren eine Kundenumfrage durch und nutzte auch die Ergebnisse der letzten Heizungsmesse. Die Anforderungen beider Kundengruppen fielen sehr unterschiedlich aus, es schien daher ratsam, diese in getrennten QFD-Projekten zu bearbeiten. Die Forderungen der Endanwender sind in Abbildung 13 zusammengefasst.

Die Heiz-Therme soll auch in Etagenwohnungen eingebaut werden, daher sind die Forderungen an das Design für den Endkunden besonders wichtig.

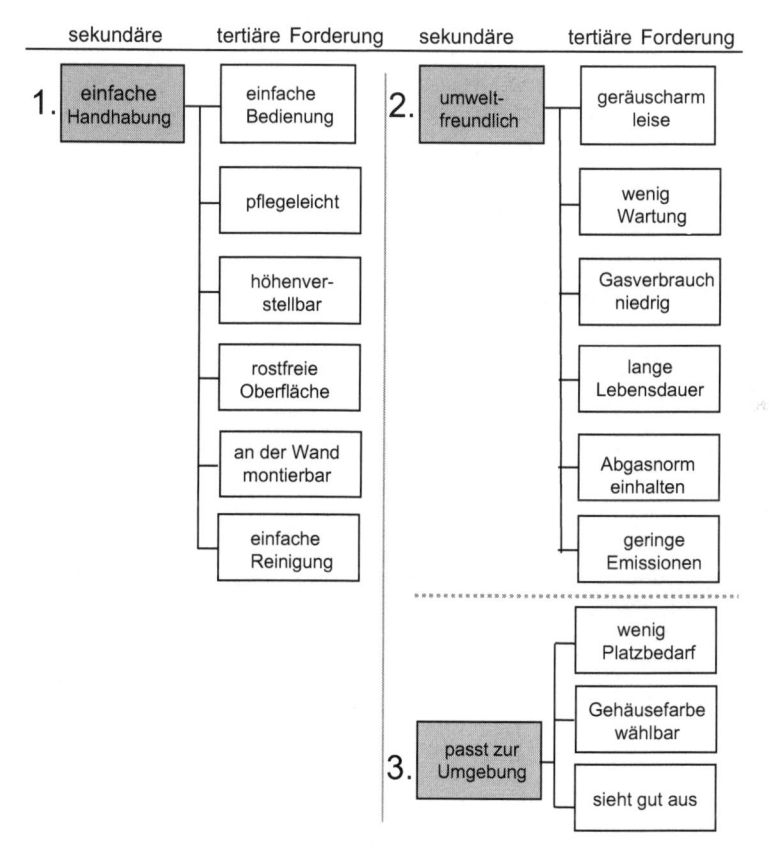

sekundäre	tertiäre Forderung	sekundäre	tertiäre Forderung
1. einfache Handhabung	einfache Bedienung	2. umweltfreundlich	geräuscharm leise
	pflegeleicht		wenig Wartung
	höhenverstellbar		Gasverbrauch niedrig
	rostfreie Oberfläche		lange Lebensdauer
	an der Wand montierbar		Abgasnorm einhalten
	einfache Reinigung		geringe Emissionen
		3. passt zur Umgebung	wenig Platzbedarf
			Gehäusefarbe wählbar
			sieht gut aus

Abb. 14: *Struktur der Kundenforderungen am Beispiel Heiztherme*

Nachdem die Kundenforderungen erfasst sind, werden sie schrittweise gruppiert (clustern). Bei diesem Vorgehen sind den einzelnen Anforderungsgruppen Oberbegriffe zuzuordnen. In diesem Beispiel (vgl. Abb. 14) sind die Oberbegriffe:
⇨ einfache Handhabung
⇨ passt zur Umgebung
⇨ umweltfreundlich

Die tertiären Anforderungen des Strukturastes finden Eingang in das erste QFD-Haus. Zu diesen Anforderungen sind im nächsten Schritt die Merkmale zu bestimmen, mit denen die einzelnen Forderungen erfüllt werden sollen, das heißt, wie diese Forderungen »übersetzt« werden können (vgl. Abb. 15).
Die Kundenanforderung »passt zur Umgebung« wird durch die drei tertiären Forderungen erfüllt:
⇨ sieht gut aus
⇨ wenig Platzbedarf
⇨ Gehäusefarbe wählbar

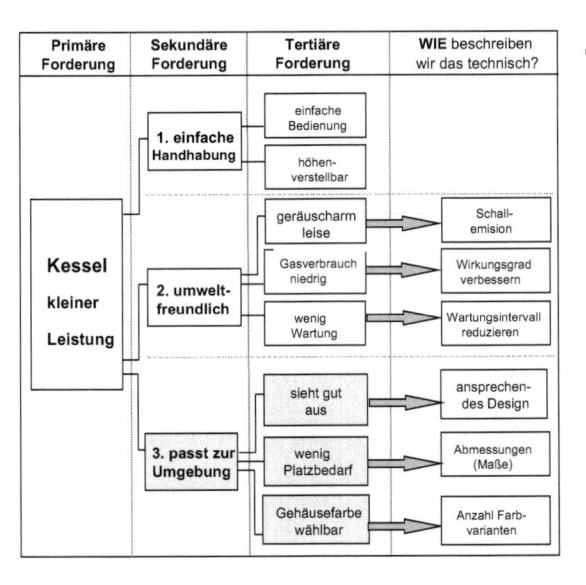

Primäre Forderung	Sekundäre Forderung	Tertiäre Forderung	WIE beschreiben wir das technisch?
Kessel kleiner Leistung	1. einfache Handhabung	einfache Bedienung	
		höhenverstellbar	
	2. umweltfreundlich	geräuscharm leise	Schallemision
		Gasverbrauch niedrig	Wirkungsgrad verbessern
		wenig Wartung	Wartungsintervall reduzieren
	3. passt zur Umgebung	sieht gut aus	ansprechendes Design
		wenig Platzbedarf	Abmessungen (Maße)
		Gehäusefarbe wählbar	Anzahl Farbvarianten

Abb. 15: *Übersetzen der Kundenforderung am Beispiel Heiztherme*

Im nächsten Schritt ist nun zu untersuchen, wie diese drei tertiären Forderungen technisch zu beschreiben sind. In Abbildung 15 wird die Übersetzung der Was-Forderungen in die Wie-Merkmale vorgenommen.

Die Kundenanforderung »Gehäusefarbe wählbar« wird durch eine Erhöhung der »Anzahl der Farbvarianten« erreicht. Die Forderung nach »wenig Platzbedarf« lässt sich durch die Reduzierung der Abmessungen und die Forderung »sieht gut aus« durch ein ansprechendes Design« erreichen.

Die wichtigsten und am höchsten bewerteten tertiären Kundenanforderungen werden nun mit den durch den Kunden festgelegten Bedeutungswerten (B: 1-10, 10 = sehr wichtig, 1 = unwichtig) in

Änderungsrichtung →		↓	↓	↑	↑	○	↑	↓	○
WIE → Charakteristiken WAS Kundenforderungen	Bedeutung B	Schallemission	Wart.-Intervall	Design	Wirk.-Grad bei 2-9 kW	Maße	Farbvarianten	Fehlerintervall	Emission
		1	2	3	4	5	6	7	8
leise, geräuscharm	5	⊙		△	○	△			
wenig Wartung	8		⊙		⊙			⊙	
sieht gut aus	3			⊙		○	⊙		
Gasverbrauch niedrig	9	○	○		⊙				⊙
wenig Platzbedarf	7					○	⊙		
Gehäusefarbe wählbar	4			△			⊙		
lange Lebensdauer	6		○		⊙			⊙	○
Abgasnorm	10	Gesetzliche Forderung, intern ist dies ein Muss!	⊙						⊙

(Primärforderungen)

Abb. 16: *Die tertiären Kundenanforderungen in QFD-Phase I*

die HoQ-Matrix (Abb. 16) übertragen. Die Pfeile in der Kopfspalte geben die Änderungsrichtung des jeweiligen Wie-Charakteristikums an. So sollen beispielsweise die Schallemission (Spalte 1) und der Wartungsintervall (Spalte 2) reduziert werden, während die Anzahl der Farbvarianten (siehe Spalte 6) zu erhöhen sind. Der Kreis zeigt an, dass bei diesen Merkmalen die gesetzlichen oder genormten Vorgaben einzuhalten sind.

Auswertung und Strukturierung von Kundendaten

Die QFD-Matrix als Landkarte zur Entscheidungsfindung das 1.komplette QFD-Haus – Heiztherme

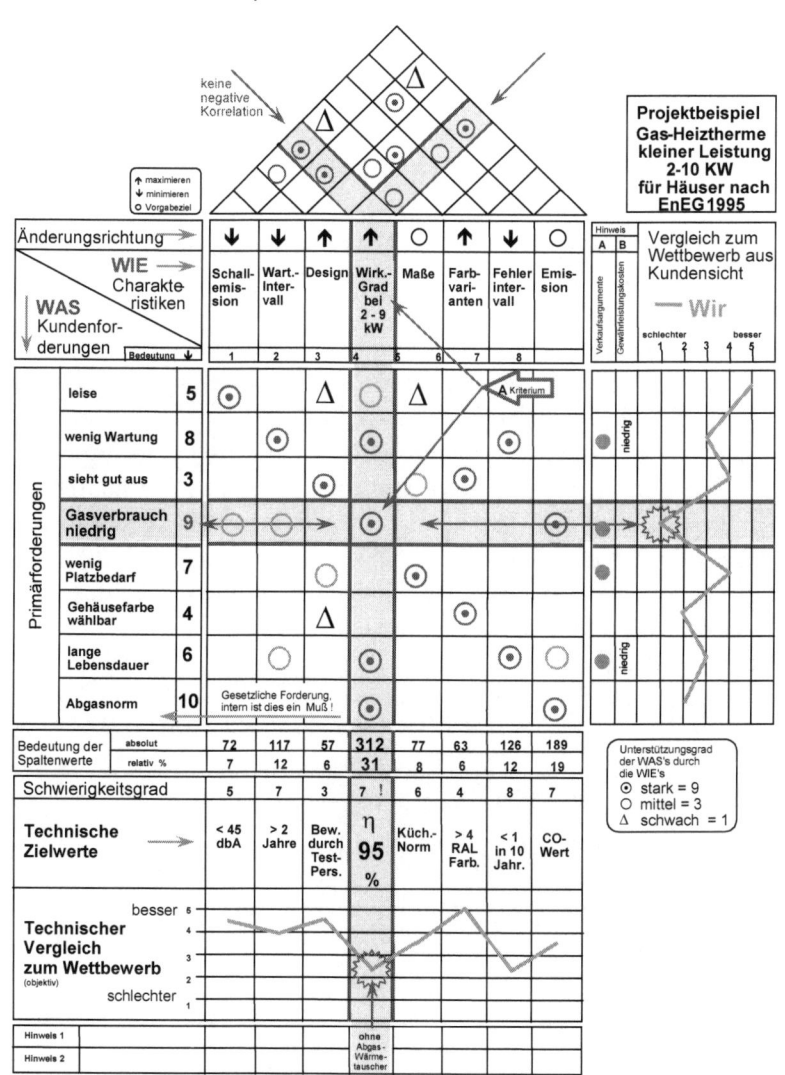

Abb. 17: *Die Gastherme kleiner Leistung, das 1. HoQ*

Der erste Schritt zu einem erfolgreichen QFD-Projekt, die Erfassung und Struktur der Kundenanforderungen, ist beendet und die »Stimme des Kunden« bildet nun die Eingangsgröße für die weiteren Schritte im ersten QFD-Haus.

4.5.2 Interpretation des kompletten Hauses in Abbildung 17

Die Matrix zeigt als wichtigstes ausgewähltes Produktmerkmal den »Wirkungsgrad«. An dieser QFD-Landkarte erkennt man, warum das Kriterium »Wirkungsgrad« zum wichtigsten Merkmal erklärt wurde. Diese Entscheidung ist für das Team der Phase II und alle folgenden Arbeitsgruppen leicht nachvollziehbar. Trotz der Vielfalt der Informationen auf einem Blatt lassen sich Entscheidungen treffen, die an den Fakten orientiert sind. Das vom Kunden mit höchstem Bedeutungswert B = 9 versehene Merkmal »Gasverbrauch niedrig« wird durch das Schwerpunktmerkmal »Wirkungsgrad erhöhen« erfüllt. Damit wird gleichzeitig erreicht, dass

1. das schwache Marktimage, das im Vergleich zum Wettbewerb nur mit 1 Punkt bewertet wurde, verbessert wird.
2. die im technischen Vergleich ebenfalls schwache Bewertung, die durch die eigene Technikabteilung festgestellt wurde, verbessert wird.
3. durch die Verwirklichung dieses Kundenwunsches, der vier weitere Forderungen (31 Prozent) stark unterstützt, nämlich
   – »wenig Wartung«,
   – »Gasverbrauch niedrig«,
   – »lange Lebensdauer« und
   – die Forderungen der Abgasnorm, ein hoher Beitrag zur Kundenzufriedenheit gegeben ist.
4. dieser Wunsch bei der Umsetzung trotz des hohen Schwierigkeitsgrades (7) bei der Realisierung keine Probleme entstehen, weil im Dach keine negativen Korrelationen, das heißt keine Konflikte auftreten.

Ein Review der geleisteten Arbeit zur Phase I mit dem Management ist nun angezeigt, daran sollten alle bisherigen Teammitglieder und die an der Phase II zu beteiligenden Projektmitarbeiter teilnehmen. Die Phase I ist damit beendet. Das Haus kann aber durch zusätzliche Betrachtungen (zum Beispiel Verkaufsschwerpunkte), wie folgt, beschrieben und erweitert werden.

4.5.3 Die 3 Schritte bei der Vorgehensweise zum Projekt Heiztherme

Gefordert wurde eine Gas-Heiztherme kleiner Leistung (max. 10 kW) für gut isolierte Einfamilienhäuser und Etagenwohnungen

1. Schritt: Die Kundenforderungen wurden erfasst und bewertet und die wichtigsten sind zu übertragen:	
Nennung	Bedeutung für den Kunden
1. leise, geräuscharm	5
2. wenig Wartung	8
3. sieht gut aus	3
4. niedriger Gasverbrauch	9
5. geringer Platzbedarf	7
6. Gehäusefarbe wählbar	4
7. lange Lebensdauer	6
8. Abgasnorm*)	10 *)
*) Dies war keine Kundenforderung, aber Normen und Gesetze haben immer die höchste Priorität und dürfen nicht vergessen werden.	

Auswertung und Strukturierung von Kundendaten

2. Schritt: Zu den Kundenforderungen »WAS« werden die Qualitätsmerkmale »WIE« festgelegt und die Änderungsrichtung bestimmt:

WAS?	WIE?	Änderungsrichtung
1. leise	Schallemission reduzieren	↓
2. wenig Wartung	Wartungsintervall verringern	↓
3. sieht gut aus	Designmerkmale	↑
4. niedriger Gasverbrauch	Wirkungsgrad bei 2-9 kW	↑
5. geringer Platzbedarf	Maße (Küchennorm) einhalten	O
6. Gehäusefarbe wählbar	Farbvarianten erhöhen	↑
7. lange Lebensdauer	Fehlerintervall reduzieren	↓
8. Abgasnorm*)	Emission, Normeinhaltung	O

3. Schritt: Jetzt beginnt die Arbeit in den »Zimmern des Hauses«. Gefragt wird:

1. Wie stark unterstützt die »Reduzierung der Schallemission« die Kundenanforderung »leise«?	→ sehr stark (9 Pkt.)	⊙
2. Wie stark unterstützt die »Erhöhung des Wirkungsgrades« die Kundenanforderung »leise«?	→ mittel (3 Punkte)	O
3. Wie stark unterstützt die »Verbesserung der Designmerkmale« die Kundenanforderung »leise«?	→ schwach (1 Punkt)	Δ
4. Wie stark unterstützt die »Reduzierung des Wartungsintervalls« die Forderung »wenig Wartung«?	→ sehr stark	⊙
5. Wie stark unterstützt die »Erhöhung der Farbvarianten« die Kundenanforderung »Gehäusefarbe wählbar«?	→ sehr stark	⊙
6. Wie stark unterstützt die »Reduzierung des Fehlerintervalls« die Kundenanforderung »lange Lebensdauer«?	→ sehr stark	⊙
Nachdem jedes weitere »Wie« mit allen Kundenanforderungen verglichen und bewertet wurde, sind die eingetragenen Werte zu multiplizieren und spaltenweise zu addieren. So ergibt sich die absolute Bedeutung, aus der die relative Bedeutung (%) errechnet wird.		

4.6 Verkaufsschwerpunkte und Durchbruchziele

Marketing und Vertrieb können zum Ende der Phase I in einer Spalte neben dem Konkurrenzvergleich die Verkaufsschwerpunkte markieren, die besonders werbewirksam herausgestellt werden sollen. Durch weitere Betrachtungen, zum Beispiel die Bestimmung der Durchbruchziele oder die Schulung der Verkäufer lässt sich die Tabelle erweitern.

Die Einschätzung, das heißt die subjektive Bewertung durch Kunden ist bei völlig neuen Produkten äußerst schwierig, da noch keine Vergleichsprodukte vorliegen. Auch das Unternehmen muss überlegen, welches Gesamtkonzept es imagemäßig verfolgen will.
Daimler verkauft zum Beispiel das Image »Sicherheit« und nicht den »niedrigen Preis«.
Der Hersteller der Gastherme untersucht nun in der Abbildung 18 seine Verkaufsschwerpunkte und kommt dabei zu folgendem Ergebnis:

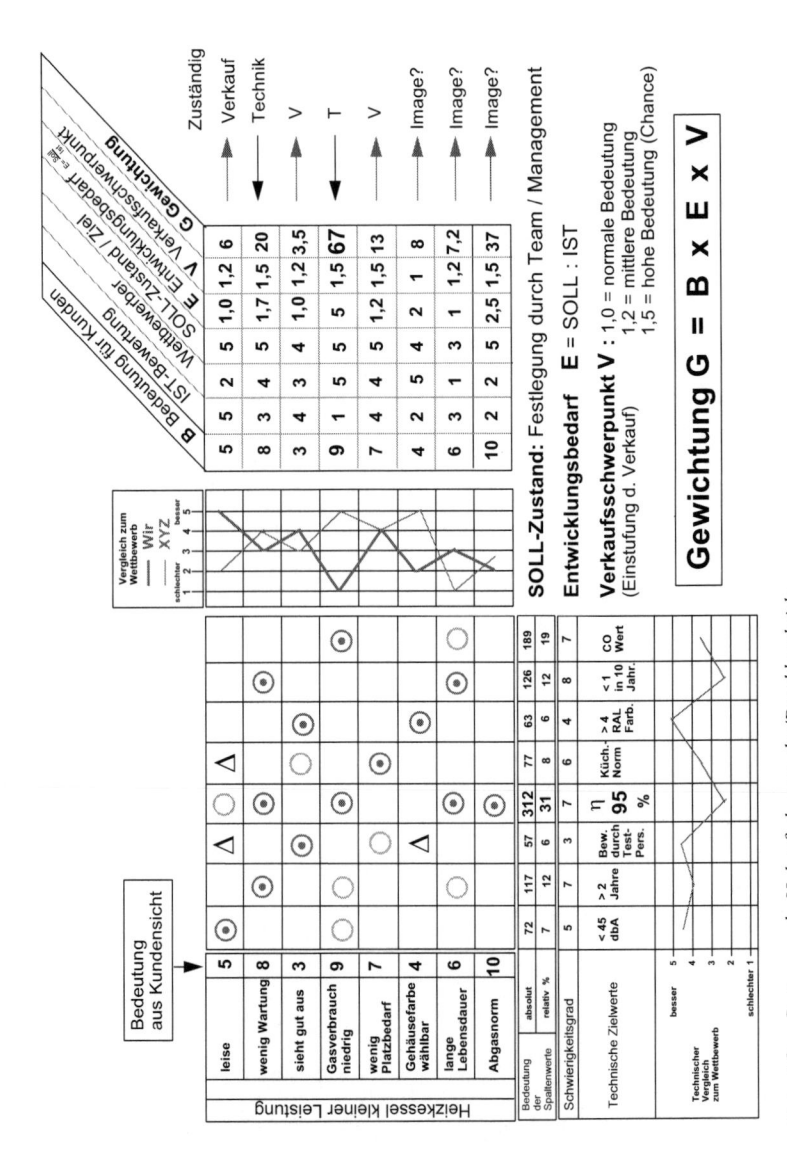

Abb. 18: *Bestimmen der Verkaufsschwerpunkte/Durchbruchziele*

Die Verkaufsschwerpunkte werden vom Vertrieb und von Marketing gemeinsam festgelegt. Sie setzen zu jeder Kundenforderung Zahlenwerte ein, die eine Aussage darüber geben sollen, wie gut sich das Produkt zukünftig verkaufen lassen wird. Dabei werden die Bewertungspunkte der Bedeutung wie folgt festgelegt:
1,0 – normale Bedeutung
1,2 – mittlere Bedeutung
1,5 – hohe Bedeutung und zukünftige Chancen

Die Gewichtung (G) errechnet sich dann nach der Formel in Abbildung 18: Bedeutung (B) multipliziert mit Entwicklungsbedarf (E) und Verkaufsschwerpunkt (V).
Der niedrige Gasverbrauch wurde von den Kunden mit der Bedeutung 9 bewertet. Daraus ergibt sich eine Gewichtung (G) von

> Formel: $G = B \times E$ [*]
> Beispiel: $G = 9 \times 5 \times 1{,}5 = 67{,}5$

[*] $E =$ Soll: Ist
Soll $= 5$
Ist $ = 1$
E $ = 5:1 = 5$

Der Istwert entspricht der Bewertung (B) durch den Kunden, und der Sollwert zeigt das angestrebte Ziel des Unternehmens.

Mit dem vorstehenden Ergebnis wird die Arbeit des Teams in der ersten Phase bestätigt, das die Verbesserung des Wirkungsgrades mit der Folge der Reduzierung des Gasverbrauchs erkannt und erarbeitet hatte. Die Verbesserung des Wirkungsgrades ist das mit 67 Punkten am höchsten bewertete »Durchbruchziel« [2].

Die Marketing- und Verkaufsabteilung können den Kunden nun die energiesparende und ressourcenschonende Therme, die für Häuser nach der Wäremeschutzverordnung EnEV 2009 konzipiert wurde, verkaufen. Die Therme erfüllt auch die verschärften Kriterien des Wärmeschutzes nach der Energiesparverordnung. Nicht nur bei einer ökologie- und kostenorientierten Käuferschicht wird das Produkt großen Zuspruch finden, sondern auch bei allen Käuferschichten, die mit Sorge die Klimakatastrophe beobachten.

Literatur

[1] SAATWEBER, JUTTA, *Kundenorientierung durch Quality Function Deployment*, C. Hanser Verlag München, Wien, 1997

[2] SAATWEBER, JUTTA *Kundenorientierung durch Quality Function Deployment*, Symposion Publishing, Düsseldorf, 2007

Zusammenfassung

Kundenbefragungen sind nur dann sinnvoll, wenn die erfassten Daten und Kommentare sorgfältig analysiert und ausgewertet werden. Bei der Befragung sollte der Zweikomponentenbefragung Vorrang gegeben werden, weil die Prioritäten des Handlungsbedarfs hier eindeutiger erkennbar sind.

Die Klassifizierung der Kundenaussagen mittels Situationsfeldanalyse zeigt dem Unternehmen den sofortigen Handlungsbedarf auf, da die Marketingfachleute aus der Gap-Analyse die Zufriedenheit beziehungsweise Unzufriedenheit der Kunden erkennen können.

Die Strukturierung der Kundenaussagen mittels Metaplantechnik oder KJ-Diagramm ist die Vorbereitung auf die Übertragung der »Stimme des Kunden« (Kundenanforderung) in die erste QFD-Matrix. Hier beginnt die sorgfältige »Übersetzung« der Stimme der Kunden in die Sprache des Unternehmens (wie will ich diese Kunden-Anforderungen lösen?).

Mittels Strukturierung der Kundenanforderungen in primäre, sekundäre und tertiäre Merkmale beginnt der »Übersetzungsvorgang«, der hier an einem verkürztem Beispiel Heiztherme gezeigt wird. Dieser Teil des QFD-Prozesses sollte mit allergrößter Sorgfalt durchgeführt werden, denn es gilt:
»garbage in – garbage out«. Das QFD-Haus lässt sich beliebig erweitern, es können die Verkaufsschwerpunkte oder die Kosten in die Matrix integriert werden.

Kapitel 5

QFD I: Kundenanforderungen in Produktmerkmale übersetzen

Die Umsetzung der Kundenanforderungen in Produktmerkmale erfolgt mit Hilfe des »House of Quality«, einer Matrix, die diese kritische Transformation erheblich erleichtert.

In diesem Beitrag erfahren Sie:
- wie die Zielgruppe und deren Wünsche ermittelt werden,
- wie die Wünsche in das HoQ übertragen und bewertet werden,
- wie aus Kundenwünschen neue Produkte entstehen.

5.1 Die zehn Schritte der Phase I

Kundenwünsche und deren Gewichtung sind immer aus der Sicht des Kunden zu erfassen.

Am Beispiel eines Kugelschreibers für Seminarteilnehmer wird das Vorgehen in zehn Schritten vorgestellt. Nach der Ermittlung der Zielgruppe sind deren Wünsche zu erfassen, zu strukturieren und in ihrer Bedeutung zu bewerten. Diese Wünsche und Anforderungen bilden dann den Eingang in das QFD-House (Schritt 1). Im zweiten Schritt sind die Stärken und Schwächen eigener Produkte mit denen der Konkurrenz durch den Kunden zu vergleichen. Im nächsten Schritt ist zu jedem Kundenwunsch ein Lösungsansatz (Produktmerkmal) mit Zielwert zu ermitteln. Hier beginnt der Übersetzungsvorgang, bei dem die Sprache des Kunden in die Sprache des Unternehmens erfolgt. Anschließend ist die Beziehungsstärke zwischen diesen festzulegen und die Bewertung numerisch zu erfassen. Die Korrelationen in der Dachmatrix zeigen die Verträglichkeit der Merkmale untereinander auf.

Wichtig ist das Betrachten aller Zusammenhänge auf der QFD-Landkarte, denn nur so ist feststellbar, ob eine Realisierung des Kundenwunsches möglich ist.

Schritt 1: Was wollen die Kunden? Hier sind die Kundenanforderungen (»Stimme der Kunden«) unter (1) und deren Bedeutung (B) in die daneben liegende Spalte eintragen.

Schritt 2: Warum wir verbessern-Bewertung des eigenen Produktes (der Dienstleistung) im Vergleich zu gleichartigen Produkten der Wettbewerber aus Sicht der Kunden durchführen, entweder durch
⇨ subjektiven Vergleich durch die Kunden,
⇨ Benchmarking oder
⇨ Ergebnisse der Kundenbefragung.

Schritt 3: Zusätzliche Eintragungen aus dem Service und Verkauf.

Schritt 4:
   4a) Wie sollen die Kundenwünsche erfüllt werden?
       Eintragen der charakteristischen Merkmale der Funktionen, die die Kundenforderungen erfüllen.
   4b) Welche Zielwerte sollen die Merkmale (4a) erreichen?
   4c) In welche Richtung soll eine Veränderung erfolgen?

Schritt 5: Beziehungsstärke der WIEs zu den WAS:
   5a) Wie stark unterstützt das Merkmal (4a) die Forderung des Kunden (1)? Bewertung: 9-3-1, besser sind die Symbole.
   5b) Multiplikation der Zahlenwerte (5a) mit den Zahlenwerten der Spalte Bedeutung (1) und Addieren der einzelnen Spalten, Ausrechnen der relativen Bedeutung (Prozent).

Schritt 6: Korrelationen im Dach überprüfen, Vergleich der einzelnen Wie-Merkmale: Gibt es positive oder negative Korrelationen?

Schritt 7: Technischer Vergleich und Bewertung durch das eigene Unternehmen. Stimmen die Bewertungen (7) mit dem subjektiven Vergleich (2) überein oder gibt es starke Abweichungen?

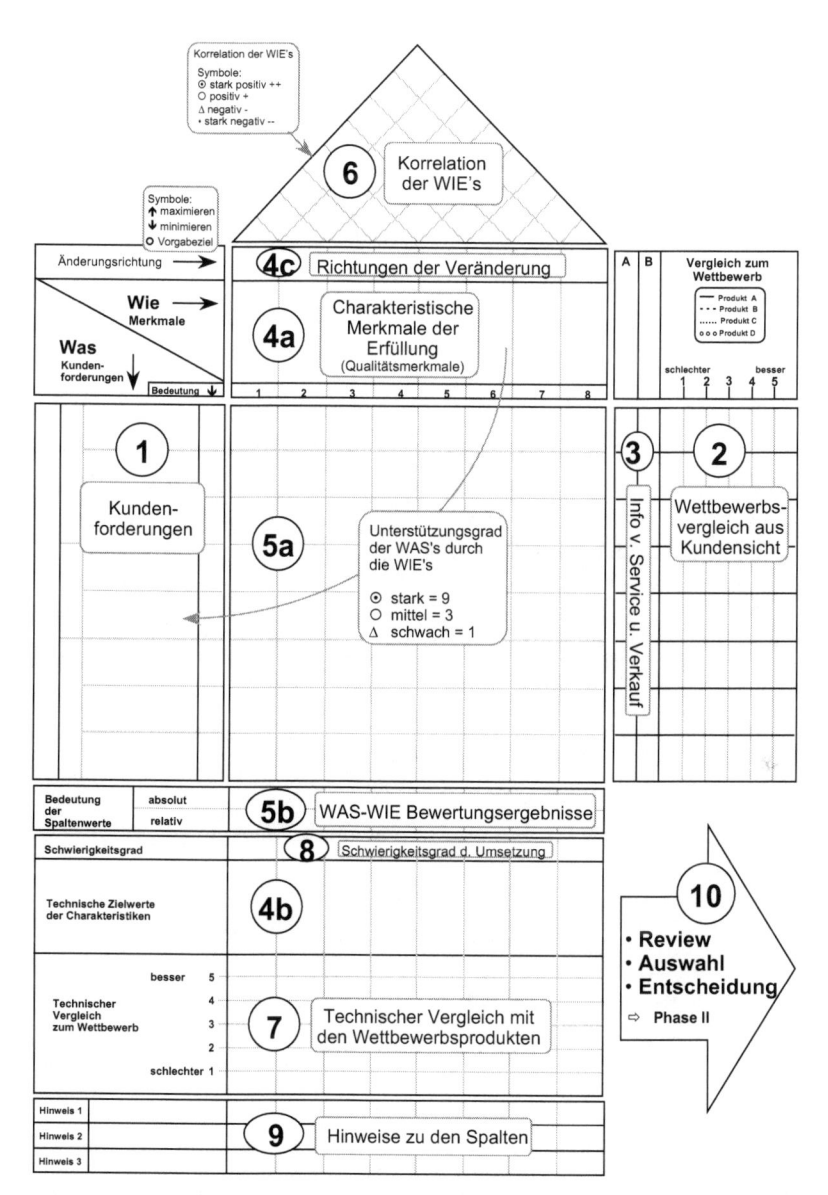

QFD I: Kundenanforderungen in Produktmerkmale übersetzen

Abb. 1: *Die zehn Schritte im House of Quality*

Schritt 8: Wie schwierig ist die Erfüllung der Merkmale mit ihren Zielwerten?
Schritt 9: Allgemeine Hinweise eintragen.
Schritt 10: Review und Auswahl der Merkmale für die weitere Bearbeitung im 2. QFD-Haus (Phase II).

5.1.1 Die zehn Vorgehensschritte im ersten Haus am Beispiel Kugelschreiber

Schrittweise soll nun das erste QFD-Haus an einem Produkt erläutert werden, das von vielen Lesern täglich benutzt wird: dem Kugelschreiber.

Ein Hersteller von Schreibgeräten möchte seinen Umsatz im Produktsegment Kugelschreiber erhöhen. Die bisherige Konstruktion (siehe Abbildung 2) wird, um Material- und Produktionskosten ein-

1. Skizze des Systems

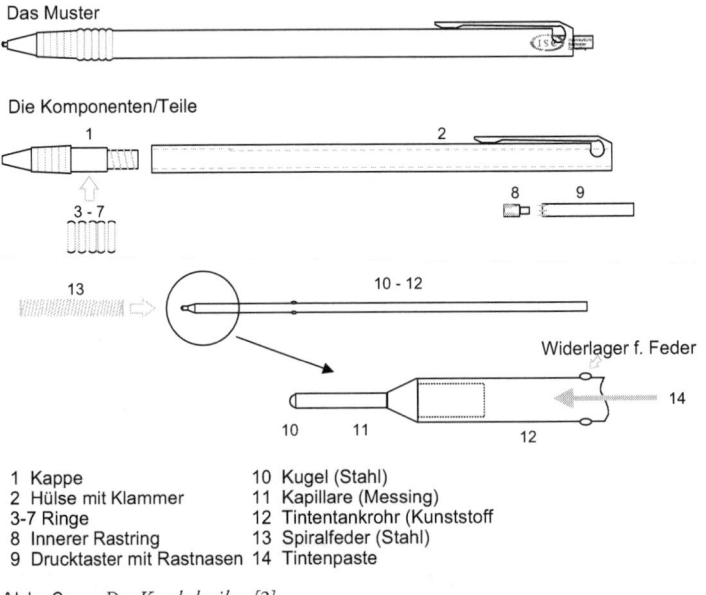

Das Muster

Die Komponenten/Teile

1 Kappe
2 Hülse mit Klammer
3-7 Ringe
8 Innerer Rastring
9 Drucktaster mit Rastnasen
10 Kugel (Stahl)
11 Kapillare (Messing)
12 Tintentankrohr (Kunststoff)
13 Spiralfeder (Stahl)
14 Tintenpaste

Abb. 2: *Der Kugelschreiber [2]*

zusparen, nach einer DFMA-Methode (Design for Assembly, siehe > Kap. 10.3) untersucht. Dabei wird festgestellt, dass der Kugelschreiber ohne Komfortverlust auf sieben Einzelteile reduziert werden kann, was sich sehr vorteilhaft auf die Herstellkosten auswirkt.

Phase Null
Der Hersteller der Kugelschreiber ermittelt zu seinem neu zu entwickelnden Produkt an Hand einer Befragung
1. Wer sind meine Kunden? (siehe Abb. 3, 4, Tabelle 1)
2. Was erwarten meine Kunden? (siehe Abb. 5, 6)
3. Welche Merkmale/Ausprägungen (nach Kano) werden meine Kunden zukünftig begeistern?

Im nächsten Schritt wird durch die Marketingabteilung mittels Portfolio-Analyse untersucht, in welchem Segment die größten Chancen für das zukünftige Produkt zu sehen sind (Abb. 3). Sind es die jungen Käufer, die einen kostengünstigen Kuli wollen, oder diejenigen, die ein Prestige-Modell bevorzugen?
In der folgenden Portfolio-Analyse werden die Ausprägungen »Alter« und »Prestigebewusstsein« untersucht.
Der Hersteller untersucht darüber hinaus die Wünsche der unterschiedlichen Kundengruppen.

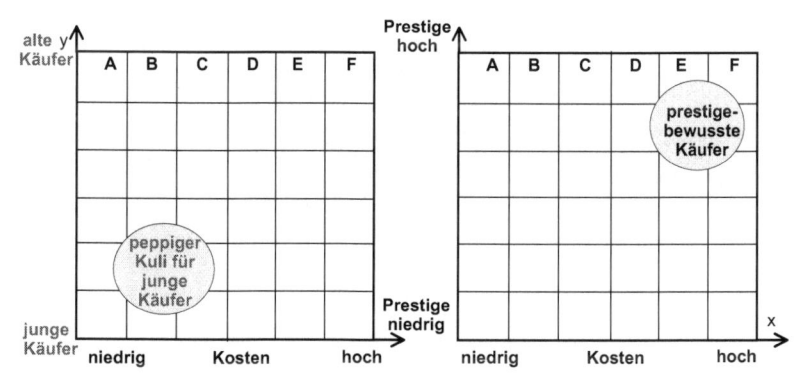

Abb. 3: *Portfolio-Analyse (Kugelschreiber)*

QFD I: Kundenanforderungen in Produktmerkmale übersetzen

Tabelle 1: Wer sind die Kunden?	
Wer?	**Was?**
Junge Kreative	→ flippiges Aussehen
Männliche Jugendliche	→ stabil, Clip sitzt gut
Weibliche Jugendliche	→ schöne Farben, gute Oberfläche
Schüler	→ robust, Mine auswechselbar
Seminarveranstalter	→ »macht was her«, Werbeaufdruck kann gut sichtbar angebracht werden
Werbeartikelverkäufer	→ billig, Werbeaufdruck »trendig«

Die jungen Kreativen bevorzugen ein »flippiges Aussehen« und die Seminarveranstalter wünschen sich preiswerte Kugelschreiber, die »etwas her machen« (siehe Tabelle 1).

Die einzelnen Kundengruppen haben völlig unterschiedliche Erwartungen an das neue Produkt, daher ist die exakte Definition der *Zielgruppe* für die Aussagekraft der Befragungsergebnisse von großer Bedeutung.

Eine weitere Aufgabe von Marketing ist es zu untersuchen, wie viele Kunden es in welchem Segment gibt und welches Marktvolumen sich dahinter verbirgt (siehe Abb. 4). Welche Zuwächse sind in den nächsten Jahren zu erwarten? Weiterhin muss untersucht werden, wie die zukünftige Marktentwicklung aussehen könnte. In diesem Beispiel stellen die Experten fest, dass der Beratermakt weiterhin signifikant

WER ?	WAS ?
junge Kreative	Gutes Aussehen
männliche Jugendliche	stabil, Clip sitzt gut
weibliche Jugendliche	schöne Farben, gute Oberfläche
Schüler	robust, Mine auswechselbar
Seminarveranstalter	← »macht was her«, Werbeaufdruck kann gut sichtbar angebracht werden
Werbeartikelverkäufer	billig, Werbeaufdruck, »trendi«

Welches Volumen? Marktanalyse

Abb. 4: *Wer sind die Kunden?*

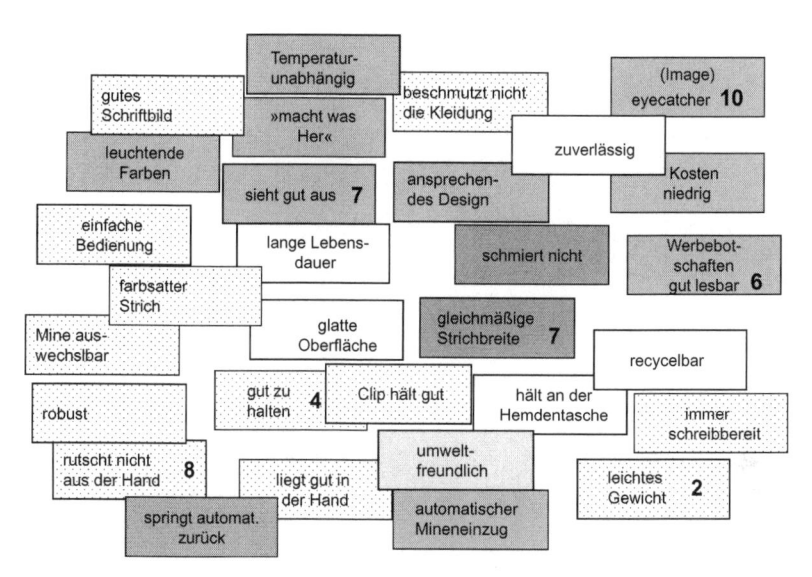

QFD I: Kundenanforderungen in Produktmerkmale übersetzen

gutes Schriftbild | Temperaturunabhängig | »macht was Her« | beschmutzt nicht die Kleidung | (Image) eyecatcher 10
leuchtende Farben | sieht gut aus 7 | ansprechendes Design | zuverlässig | Kosten niedrig
einfache Bedienung | lange Lebensdauer | schmiert nicht | Werbebotschaften gut lesbar 6
farbsatter Strich | glatte Oberfläche | gleichmäßige Strichbreite 7 | recycelbar
Mine auswechslbar | gut zu halten 4 | Clip hält gut | hält an der Hemdentasche | immer schreibbereit
robust | rutscht nicht aus der Hand 8 | liegt gut in der Hand | umweltfreundlich | leichtes Gewicht 2
springt automat. zurück | automatischer Mineneinzug

Abb. 5:   *Kundenwünsche Kugelschreiber*

wachsen wird, weil die Unternehmen die eigenen Personalressourcen sehr gering halten.

Nach der Befragung der Kundengruppe »Seminarveranstalter/Berater« liegen die folgenden Aussagen vor, die im nächsten Schritt (Abb. 5 und 6) für QFD zu strukturieren sind. Die Zahlen neben den einzelnen Kärtchen sind die Bedeutungswerte, die der Kunde bei der Befragung nannte. Mit dem Wert 10 wird die höchste Bedeutung ausgedrückt und mit 1 die geringste. Die Bedeutungswerte sind durch paarweisen Vergleich (> Kap. 11.3) oder AHP (> Kap. 11.4) zu ermitteln. Die Wünsche der Kundengruppe »Seminarveranstalter« werden nun für das QFD-Haus in primäre, sekundäre und tertiären Anforderungen strukturiert dargestellt (siehe folgende Abbildung 6). Neben den Forderungen steht der numerische Bedeutungswert (1-10).

Die »begeisternden Faktoren« nach Kano sind gekennzeichnet, dies sind die Nennungen mit den höchsten Bedeutungswerten für den Kunden.

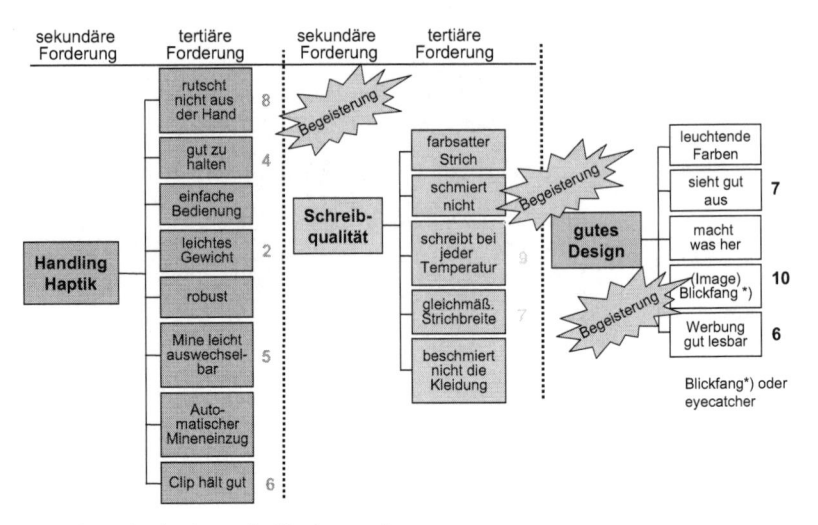

QFD I: Kundenanforderungen in Produktmerkmale übersetzen

Abb. 6: *Strukturierung der Kundenwünsche*

Was verstehen die Kunden unter »gutes Design«? Bezieht sich diese Anforderung auf

⇨ leuchtende Farben,

⇨ sieht gut aus,

⇨ macht was her,

⇨ Blickfang oder

⇨ Werbung gut lesbar?

Die Kundenforderungen mit den sehr hohen Bedeutungswerten sind »begeisternde Faktoren« (nach Kano) und müssen berücksichtigt werden.

Der Struktur-Ast bildet den Eingang des ersten QFD-Hauses. Zu den tertiären Anforderungen wie zum Beispiel »gut zu halten« muss das QFD-Team nun überlegen, WIE dieser Kundenwunsch verwirklicht werden kann. Wie ist diese tertiäre Forderung technisch zu beschreiben?

In Abbildung 9 wird diese Übersetzung der WAS-Forderungen in die WIE-Merkmale vorgenommen:
So wird zum Beispiel die Kundenforderung
⇨ *»sieht gut aus«* (WAS) durch *»fluorizierende Farben«* (WIE) beschrieben.
⇨ Die Forderung nach *»Werbung gut lesbar«* lässt sich durch die *»Qualität des Aufdrucks«* und verbesserte *»Formgebung«* erreichen.
⇨ *»Schreiben bei jeder Temperatur«* erreicht man durch einen optimierten *»Tintenfluss«*.
Damit beginnt nun die Arbeit im House of Qaulity (HoQ) mit den folgenden zehn Arbeitsschritten zur QFD-Phase I:

Schritt 1: Produktplanung
Nachdem alle notwendigen Informationen zu den Kundenforderungen vorliegen, beginnt die Arbeit im ersten Haus mit den umfangreichen Überlegungen und der Dokumentation der Ergebnisse in den einzelnen »Zimmern« des Hauses. Das Projektteam weiß, was die Kunden fordern, und beginnt mit der Definition der Merkmale, die exakt beschreiben, wie diese Forderungen hausintern gemessen beziehungsweise bewertet werden sollen. Das Team stellt zahlreiche zusätzliche Überlegungen an, um sicherzustellen, dass alle für den Kunden und das Unternehmen wichtigen und bedeutenden Aspekte berücksichtigt werden.

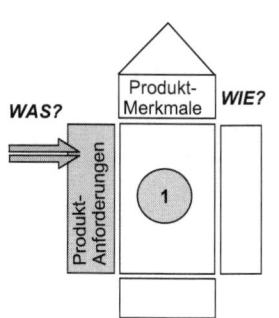

1. WAS wollen die Kunden?
2. Welche Kundenanforderungen wurden ermittelt?
3. Welche Bedeutung hat der Kundenwunsch?
4. Bewertung der Bedeutung:
1 - geringe Bedeutung
10 - sehr hohe Bedeutung

Abb. 7:   *Der 1. Schritt im 1. Haus, Phase I*

Das Team muss im ersten Schritt auch die wichtige Frage klären: Wie viele Kundenwünsche können und wollen wir aufnehmen? 20 Kundenanforderungen stehen mindestens 20 Lösungsansätze gegenüber, das heißt es sind 20 x 20 = 400 Entscheidungen zu treffen, die auf faktenreicher Kenntnis basieren müssen.

Wurde von den Kunden ein breites Spektrum wichtiger Forderungen genannt, von denen ein Teil nicht berücksichtigt wird, besteht die Gefahr, nicht an den richtigen Dingen zu arbeiten. Das Team wird deshalb eine Gruppierung der wichtigsten Kundenforderungen vornehmen und diese den Zufriedenheitswerten (im zweiten Schritt) gegenüberstellen. Hierbei werden die größten Defizite gut erkannt, so dass die Prioritäten für die weiteren Arbeiten gesetzt werden können.

Der *Eingang* des ersten Hauses wird hier vergrößert gezeigt (Abb. 8, 9). Neben den tertiären Kundenanforderungen in Spalte 1 der QFD-Matrix sind in dem Feld daneben die vom Kunden angegebenen Bedeutungswerte (1-10) einzutragen, die die Wichtigkeit der

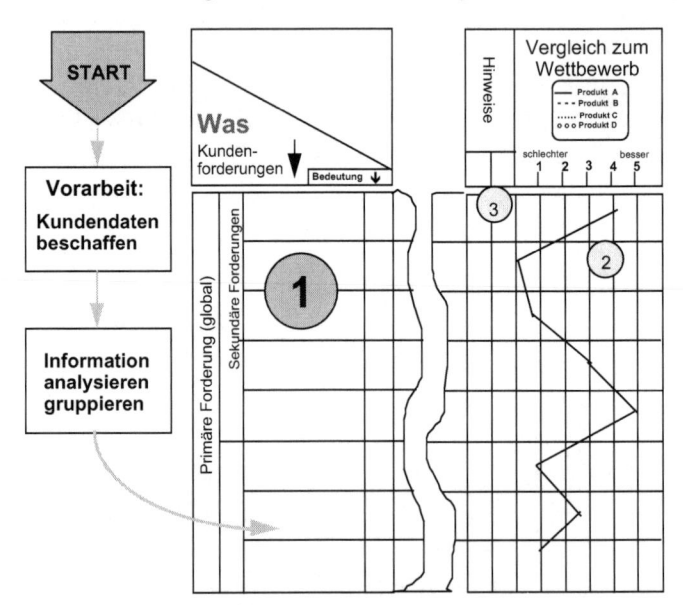

Abb. 8: *Das Feld 1 für Kundenanforderungen und deren Bedeutung*

QFD I: Kundenanforderungen in Produktmerkmale übersetzen

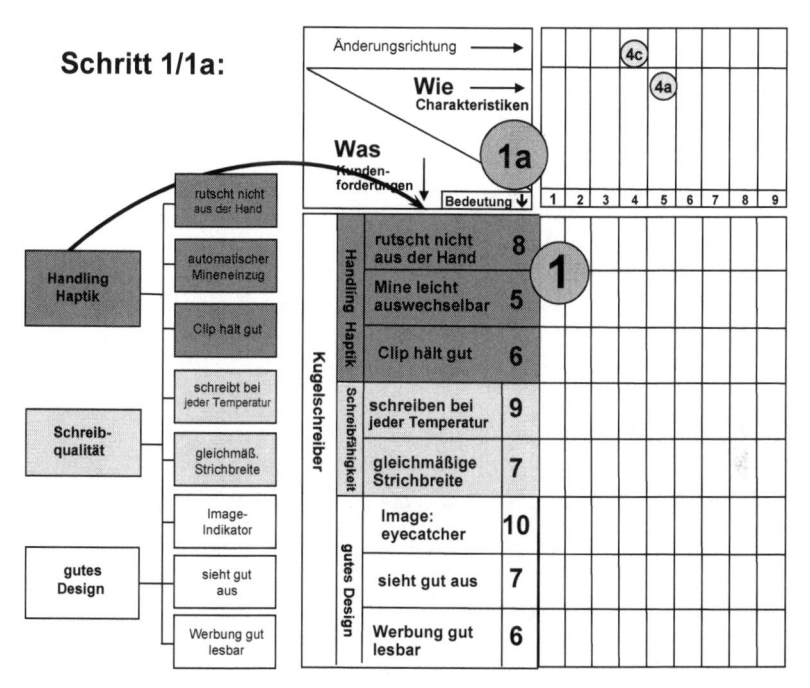

Schritt 1/1a:

Abb. 9: *Übertragen der wichtigen Kundenorderungen zum Kugelschreiber*

Kundenanforderung charakterisieren. Diese müssen vom Kunden zu jeder einzelnen Anforderung genannt oder durch paarweisen Vergleich bei der Kundenbefragung ermittelt werden.
Sie erkennen in Abbildung 9 den Strukturast der Abbildung 6 mit den
⇨ primären Anforderungen (Kugelschreiber),
⇨ sekundären Anforderungen (Handling und Haptik),
⇨ tertiären Anforderungen (rutscht nicht aus der Hand).
(vgl. Abb. 10)

Berechnung der relativen Bedeutung (B):

$$B_{10} = \frac{P \cdot 10}{\text{Max.-Wert}}$$

P = Punktezahl der Forderung
Max.-Wert = Forderung mit der höchsten Punktezahl
B_{10} = Bedeutung bezogen auf den relativen Höchstwert 10
(B_{10} nur ganze Zahlen)

Die Forderung mit der höchsten absoluten Punktezahl (Max.-Wert hier 10) erhält den relativen Bedeutungswert 10.
Die anderen Punktwerte werden darauf bezogen umgerechnet.

Kugelschreiber

	Was (Kundenforderungen)	Bedeutung
Handling Haptik	rutscht nicht aus der Hand	8
	Mine leicht auswechselbar	5
	Clip hält gut	6
Schreibfähigkeit	schreiben bei jeder Temperatur	9
	gleichmäßige Strichbreite	7
gutes Design	Image: eyecatcher	10
	sieht gut aus	7
	Werbung gut lesbar	6

tertiäre Forderung → Relative Bedeutung

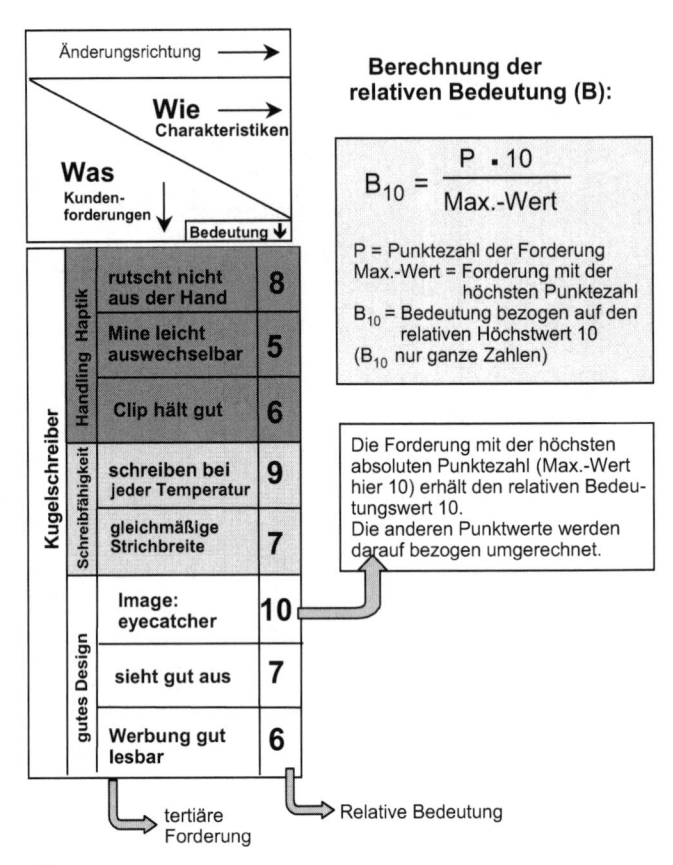

Abb. 10: *Errechnen des Bedeutungswertes anhand der Punktebewertung der Rangfolge durch die Kunden*

Die relative Bedeutung der Kriterien kann dann leicht errechnet werden, wenn zu jeder Anforderung eine Punktezahl beziehungsweise Bewertungszahl durch den Kunden vorliegt. Abbildung 10 zeigt die Berechnung der relativen Bedeutung der Kundenanforderungen.

Die Forderung mit der höchsten absoluten Punktezahl erhält den relativen Bedeutungswert zehn. Es werden nur ganze Zahlen eingetragen. Normative und gesetzliche Forderungen, die einzuhalten sind, werden ebenfalls eingetragen, deren Bedeutungswert ist immer mit zehn einzusetzen (siehe Heizkessel: Abgasnorm, B=10).

Im zweiten Schritt sind weitere Kundeninformationen einzuholen. Der Kunde wird um eine Bewertung des eigenen Produktes (der Dienstleistung) im Vergleich zum Wettbewerb gebeten.

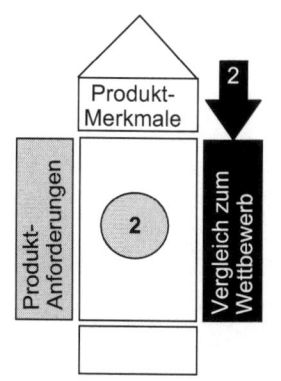

1. Vergleich zum Wettbewerb:
2. Wie sieht uns der Kunde im Vergleich zum Wettbewerb
3. Bewertung 1-5 (oder mal 2: 1-10)
   1 = sehr schlecht im Vergleich zur Konkurrenz
   5 = sehr gut

Abb. 11: *Der zweite Schritt im 1. Haus: Wie sieht uns der Kunde im Vergleich zum Wettbewerb?*

Schritt 2: Vergleich zum Wettbewerb/Konkurrenzanalyse

In das Feld 2 der QFD-Matrix (Abbildungen 12) wird nun der Vergleich zum Wettbewerb vorgenommen. Es sind die subjektiven Informationen und Meinungen des Kunden einzutragen (Konkurrenzsituation aus Sicht der Kunden). Die Kunden sind zu fragen, wie sie unser Produkt im Vergleich zu marktbedeutenden Konkurrenzprodukten bezüglich des Erfüllungsgrades (Zufriedenheit) ihrer wichtigen Forderungen einstufen. Dieses ist eine rein *subjektive Bewertung* der Kunden. Für die Bewertung hat sich eine Skala von 1 bis 5 (oder 1-10) als zweckmäßig erwiesen. Die Befragungsergebnisse lassen sich in das Gitter als Kurve eintragen. Damit ist ein Soll-Ist-Vergleich (Bedeutung der Forderungskriterien im Vergleich zum Zufriedenheitsgrad) auf einem Blatt möglich. Die Beurteilungen der Kunden beruhen nur zu einem Teil auf Daten und Fakten oder persönlichen

QFD I: Kundenanforderungen in Produktmerkmale übersetzen

Erfahrungen mit gleichartigen Produkten und Dienstleistungen verschiedener Hersteller. Kunden entscheiden beim Kauf nicht unbedingt nur nach rationalen und messbaren Kriterien. Die Ergebnisse

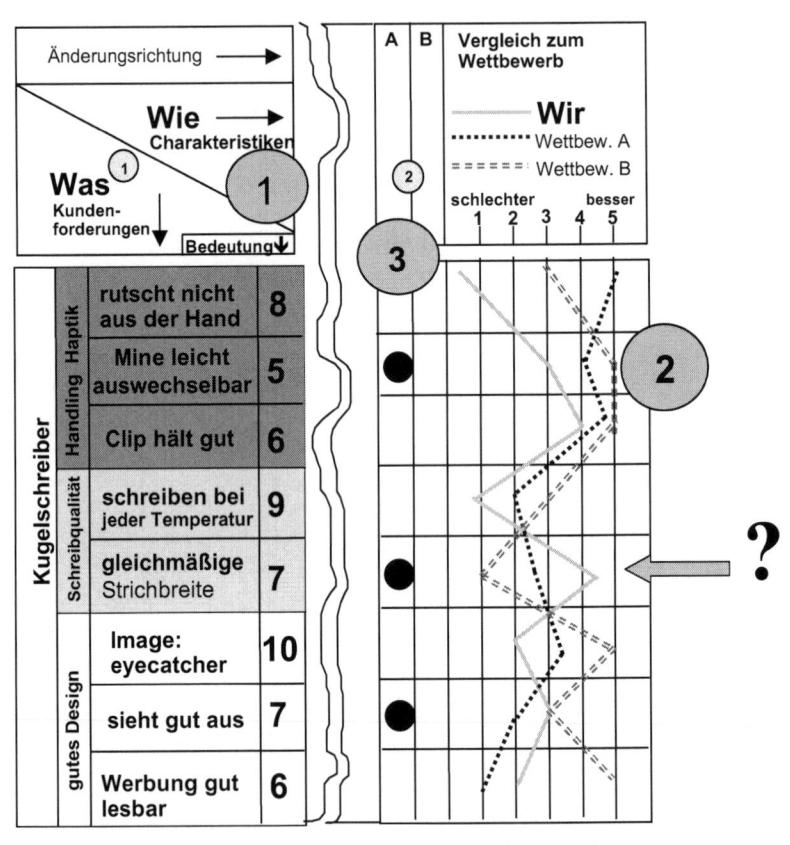

				A	B	Vergleich zum Wettbewerb
Änderungsrichtung →						
Wie → Charakteristiken						——— Wir ·········· Wettbew. A ====== Wettbew. B
Was ① Kundenforderungen ↓		1		②		schlechter besser 1 2 3 4 5
		Bedeutung ↓		③		

Kugelschreiber	Handling Haptik	rutscht nicht aus der Hand	8	●	
		Mine leicht auswechselbar	5	●	②
		Clip hält gut	6		
	Schreibqualität	schreiben bei jeder Temperatur	9		
		gleichmäßige Strichbreite	7	●	← ?
	gutes Design	Image: eyecatcher	10		
		sieht gut aus	7	●	
		Werbung gut lesbar	6		

Abb. 12:   *Schritt 2 und 3: Vergleich zum Wettbewerb aus Sicht der Kunden*

enthalten deshalb auch *emotionale Faktoren,* die durch das Image des Lieferanten, durch Werbung oder durch Aussagen anderer mitgeprägt wurden. Niedrige Werte zum Erfüllungsgrad sind immer Chancen für Verbesserungen. Sollte eine subjektive Bewertung durch den Kunden nicht möglich sein, so sind Benchmarking-Ergebnisse oder Informationen des Außendienstes heranzuziehen. Auch Bewertungen durch die eigenen Mitarbeiter (als Konsumenten) können genutzt werden. Sie sind meist kritischer als die externen Kunden. Dieser Auffassung waren auch die Manager des schwäbischen Elektrowerkzeugherstellers Metabo. Bei der neuen Generation der Heckenschere befragten sie alle Mitarbeiter des Unternehmens, weil sie davon ausgingen, dass jeder Metabo-Mitarbeiter ein Hobby-Gärtner ist, beziehungsweise ein Häusle mit Hecke pflegt.

Ist eine Vergleichsbewertung nicht zuverlässig gegeben oder wegen einer zu breiten Streuung der Ergebnisse nicht aussagekräftig, so muss wenigstens der Erfüllungsgrad des eigenen Produktes aus Kundensicht durch Befragung ermittelt werden.

Anstelle der Skala 1-5 im Vergleich zum Wettbewerb kann eine Zehner-Skala sinnvoll sein, falls bei der vorher durchgeführten Kundenbefragung diese Zehner-Skala benutzt wurde. In Verbindung mit den Werten zur Bedeutung (Wichtigkeit) einer Forderung kann aus der Differenz von Bedeutung minus Zufriedenheit der Handlungsbedarf leicht erkannt werden (Gap = W-Z).

> **Beispiel:**
> Bedeutung/Wichtigkeit (W) = 10
> Zufriedenheit (Z) = 6 ergibt den
> Handlungsbedarf: W - Z = 4 zu dieser Forderung.

Es ist zweckmäßig, die Werte für den jeweiligen Handlungsbedarf in eine Spalte neben der Skalenbewertung (zum Beispiel im Feld 3 »Hinweise«) einzutragen.

Der subjektive Vergleich aus Kundensicht ist wichtig, weil er im Schritt 7b dem »technischen Vergleich«, den die Versuchs- oder Konstruktionsabteilung im eigenen Unternehmen vornimmt (7a), gegenübergestellt wird. Anhand dieser beiden Vergleiche kann nun festgestellt werden, ob die subjektive Kundenmeinung mit den im technischen Vergleich ermittelten Ergebnissen übereinstimmt oder davon abweicht. Dieser Vergleich ist insofern wichtig, weil ein Kunde eine sehr schlechte Bewertung für ein Kriterium abgeben könnte, bei dem aber nach Untersuchungen im eigenen Hause festgestellt wird, dass es tatsächlich besser ist. Dann kann jegliche Verbesserung fehlschlagen, weil der Kunde sie gar nicht wahrnimmt. Hier liegt ein Image-Problem vor, das Marketing und Vertrieb den Kunden kommunizieren müssen.

Im vorhergehenden Beispiel Kugelschreiber zeigt sich, dass die Kunden das heutige Fabrikat des Herstellers bei einigen Kundenforderungen wesentlich schlechter bewerten als die Konkurrenzprodukte, zum Beispiel:
⇨ rutscht nicht aus der Hand
⇨ Mine leicht auswechselbar
⇨ schreibt bei jeder Temperatur
⇨ Image, eyecatcher

Wesentlich besser bewertet als die Konkurrenzprodukte wird die Forderung:
⇨ gleichmäßige Strichbreite

Der Hersteller muss dieser gut bewerteten Kundenanforderung keine große Beachtung beimessen, bringt sie doch keinerlei Erhöhung der Kundenzufriedenheit.

Schritt 3: Hinzufügen wichtiger Hinweise und Informationen
Neben der Bewertungsskala werden in dem Beispielblatt in Abbildung 12 zwei zusätzliche Spalten A und B gezeigt, die dem Eintrag weiterer Hinweise aus dem eigenen Haus oder auch aus externen Quellen dienen. So können zum Beispiel Gewährleistungsdaten, Beschwerden, Servicefälle, Kosten während der Gewährleistungszeit, besondere Aktivitäten von Konkurrenten oder Händlerinformationen eingetragen werden, die die gelegentlich unverständlichen Bewertungen der Kunden erläutern. Dies sind wichtige Informationen für die weitere Planung, sie sind nur dann gut nutzbar, wenn sie in einer Übersicht mit anderen Informationen leicht korreliert werden können.

Es ist zu empfehlen, den rechten Teil der Matrix durch Hinzufügen weiterer Felder nach den individuellen Bedürfnissen des QFD-Teams zu erweitern. Wichtiges sollte auch im QFD-Haus vermerkt sein.

Wenn anstelle von Zahlen die bildhaften Symbole zur Darstellung der Wertigkeit benutzt werden, lässt sich eine »Zahlengläubigkeit« vermeiden. Farbige Symbole erhöhen die Übersichtlichkeit.

Die Schritte 1 bis 3 legen den Grundstein für den Erfolg eines QFD-Projektes, deshalb sind die Vorarbeiten zur Beschaffung zuverlässiger Kundeninformationen durch gut geplantes und abgesichertes Vorgehen von großer Wichtigkeit.

Schritt 4: Entwickeln der Produktmerkmale und Festlegen der Zielwerte und der Veränderungsrichtung

Im vierten Schritt werden die Teilschritte 4a, 4b und 4c betrachtet. Dabei werden im Schritt 4a die *Merkmale* gesucht, die als *Lösungsan-*

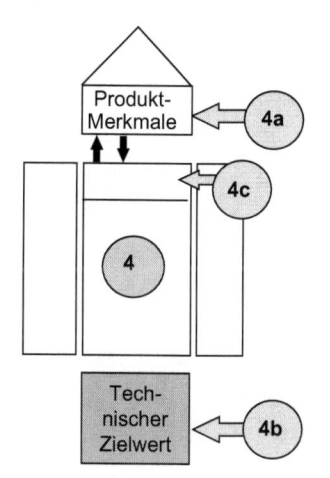

WIE erfüllen wir die Kundenanforderungen?

4a) Übersetzen der Kundenanforderungen in Produktmerkmale.

4b) Festlegen des Zielwertes, der erreicht werden soll.

4c) Richtung der Veränderungen festlegen (erhöhen, reduzieren, gleich bleiben?).

Abb. 13:   *Der 4. Schritt im ersten Haus: Technischer Vergleich*

sätze für die jeweilige Kundenanforderung zu sehen sind. Im Schritt 4b wird dann zu jedem dieser Merkmale ein Zielwert definiert und im Schritt 4c wird die Veränderungsrichtung des angestrebten Zielwertes festgelegt.

Schritt 4a: Produktmerkmale: WAS – WIE

Im Schritt 4a legt das Team die Qualitätsmerkmale (Produkt- beziehungsweise Dienstleistungsmerkmale) zu den Funktionen fest, die zur Erfüllung einer Kundenforderung beitragen. Nicht nach detaillierten Lösungen ist hier gefragt, sondern nach den *Merkmalen*, die die Kundenforderungen qualitativ beschreiben. Hier werden die »Stimmen der Kunden« in die Sprache des Lieferanten übertragen. Es sind die Merkmale der Leistung (Qualitätsmerkmale oder so genannte Designcharakteristiken) und nicht die denkbaren Lösungen einzusetzen.

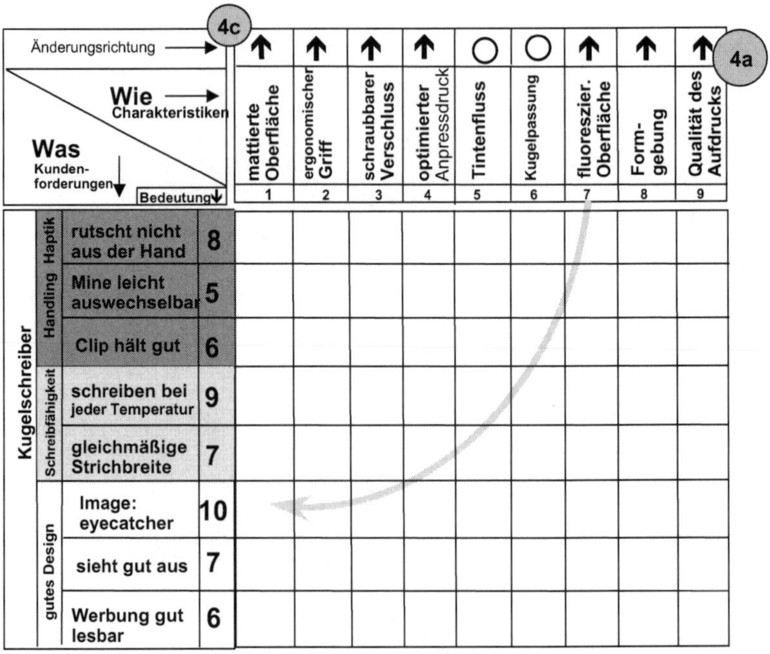

Abb. 14: *Schritt 4a, Übersetzung der »Stimme des Kunden«*

Hier einige Beispiele:
⇨ Kundenforderung (WAS): leistungsstarker Motor
⇨ Produktmerkmal (WIE): Motorleistung in Kilowatt mit Zielwert
⇨ aber *nicht* eine denkbare Lösung wie zum Beispiel »Turbolader«

Man ist insbesondere bei ersten Übungen leicht versucht, anstelle der Produktmerkmale bereits Lösungen als *Wie* einzutragen. In der Phase I sind aber noch keine konstruktiven Lösungen als »Wies« gefragt, sondern lediglich die Merkmale zu den (noch) fiktiven Lösungsansätzen. Die Lösungsentwicklungen sind Aufgabe der Phase II. Diese »Übersetzungsfehler« lassen sich vermeiden, wenn gleichzeitig zu jedem Merkmal der angestrebte und *messbare* Zielwert (4b) festgelegt und eingetragen wird. Kann ein Zielwert nicht ermittelt werden, liegt in der Regel ein »Übersetzungsfehler« vor. Das Team muss dann die eingetragenen Merkmale zu der Kundenforderung noch einmal überprüfen und eventuell neu festlegen.

Die Übersetzung der Kundensprache in die Sprache des Herstellers ist ein geistiger Transformationsprozess, der Exaktheit und Kreativität zugleich erfordert. Häufig findet das Team zu jeder einzelnen Forderung mehrere Merkmale, die zusammen die zu entwickelnde Konstruktion umfänglich charakterisieren.

In dem folgenden Kugelschreiber-Beispiel ist zu jeder Forderung mindestens *ein* technisches Merkmal eingetragen. Eine vollständige Matrix muss *alle Merkmale* enthalten, die eine Funktion messbar charakterisieren.

Die Kundenforderung »rutscht nicht aus der Hand« wird durch die beiden Merkmale
⇨ mattierte Oberfläche und
⇨ ergonomischer Griff
beschrieben. Hier wird noch nicht gesagt, wie dieser Kundenwunsch technisch gelöst wird. Das erfolgt erst in Phase II.

Zum Terminus der »Wies«
In der amerikanischen Fachliteratur wird der Ausdruck »Design-Characteristica« benutzt. Es geht in der QFD-Phase I um die Beschreibung der Merkmale von Funktionen, die zu dem Erfüllungsgrad der Kundenforderungen erforderlich sind. Man kann daher auch von Qualitätsmerkmalen oder Produktmerkmalen beziehungsweise Dienstleistungsmerkmalen sprechen. Es geht in diesem Schritt 4a um die Beschreibung, wie die Funktion beziehungsweise die Erfüllung der Kundenanforderung beschrieben und charakterisiert wird. Fordern die Kunden zum Beispiel global ein Auto »mit günstigen Unterhaltskosten«, so sind Benzinverbrauch, Steuer- und Versicherungsklasse (technisch Hubraum und Leistung) oder die Wartungs- beziehungsweise Reparaturkosten charakteristische Merkmale der zu entwickelnden Lösungen. Hierbei ist noch nicht abzuwägen, ob eine Hubraum- oder eine Leistungsveränderung die Forderung nach den »günstigen Unterhaltskosten« mehr oder weniger erfüllt. Beide Größen beeinflussen den finanziellen Aspekt der Kundenanforderung, deshalb sind auch beide Merkmale einzutragen.

Damit wird auch die Frage der Anordnung der »Wies« angesprochen. Nach dem ersten Sammeln der Qualitätsmerkmale ist eine segmentierte Darstellung der Kundenanforderungen zu empfehlen.

Schritt 4b: Technische Zielwerte – Wie viel?
Zu jedem Produktmerkmal sind nun die zugehörigen Messparameter in die unteren Spalten »Technische Zielwerte« einzutragen, das könnten sein:
⇨ bei einer Computeranlage die Verfügbarkeit in Prozent, zum Beispiel Zielwert: 80 Prozent
⇨ in einem Produktionsbetrieb zur Kundenforderung »niedrige Kosten«, zum Beispiel Zielwert: Verluste/Ausschuss kleiner drei Prozent bis zum 30.12.
⇨ bei einem Hersteller von Heizthermen, Zielwert: Schallemission des Heizkessels < 45 dB.

Der Zielwert selbst, also die Frage nach der zu fordernden Höhe zum Beispiel der Verfügbarkeit einer Anlage, hängt entweder von den Kundenforderungen oder von den Ergebnissen der weiteren Betrachtungen ab. Lautet die Kundenforderung 97 Prozent Verfügbarkeit mit höchster Priorität in der Bedeutung der Kunden, so ist dieser Wert als »unterer Grenzwert« zunächst einzutragen. Zeigt sich aber aus dem Wettbewerbsvergleich, dass die Systeme bezüglich der Verfügbarkeit heute schon einen guten Ruf trotz einer Verfügbarkeit von nur 95 Prozent genießen, dann kann ein herausfordernder Zielwert von 99 Prozent als marktführender Innovationsschritt angezeigt sein. Die Machbarkeit ist später zu prüfen und mit anderen Verbesserungsschritten abzugleichen.

Zielwerte, die in direkter Beziehung zu den *wichtigsten* Kundenforderungen stehen, müssen mit herausfordernden Werten belegt werden. Auf der anderen Seite sollten innovative Schritte nur dann geplant und realisiert werden, wenn mit einem entsprechenden Bedarf zum Zeitpunkt der Verfügbarkeit des innovativen Produktes oder der Dienstleistung mit hoher Wahrscheinlichkeit gerechnet werden kann. Innovative Leistungen treffen nur dann auf eine hohe Akzeptanz, wenn dem potenziellen Kundenkreis der Nutzen bewusst geworden ist.

Kommt der Anbieter zu früh mit seinem fortschrittlichen Gerät, wird es leicht ein Flop, kommt er zu spät, bleibt er einer unter vielen. Das Bestreben muss daher sein, das »Marktfenster« im richtigen Augenblick zu treffen, das heißt:
das richtige Produkt/Dienstleistung für die ausgewählte Zielgruppe
⇨ am richtigen Ort,
⇨ zur richtigen Zeit (im Moment des Erkennens des Nutzens),
⇨ zum optimalen Preis bereitstellen zu können.

QFD I: Kundenanforderungen in Produktmerkmale übersetzen

	4a			**8**	
←	Qualität des Aufdrucks	9	6	Abriebfestigkeit (DIN 7157) nach Versuch
←	Formgebung	8	6	Test durch Personengruppe
←	fluoreszierende Oberfläche	7	5	photometrische und subjekt. Bewertung
○	Kugelpassung	6	3	wie Muster (H 7)
○	Tintenfluss	5	5	Viskositätsgrad von -5°C bis +40°C
←	optimierter Anpressdruck	4	5	0,01 Newton
←	schraubarer Verschluss	3	3	nicht selbstlösend (Rüttelversuche)
←	ergonomischer Griff	2	3	Fingerführung an Testpersonen beobachten
←	mattierte Oberfläche	1	6	Rauhigkeitsmessung
4c Änderungsrichtung	**Wie** Charakteristiken		**Schwierigkeitsgrad**	**4b** Technische Zielwerte

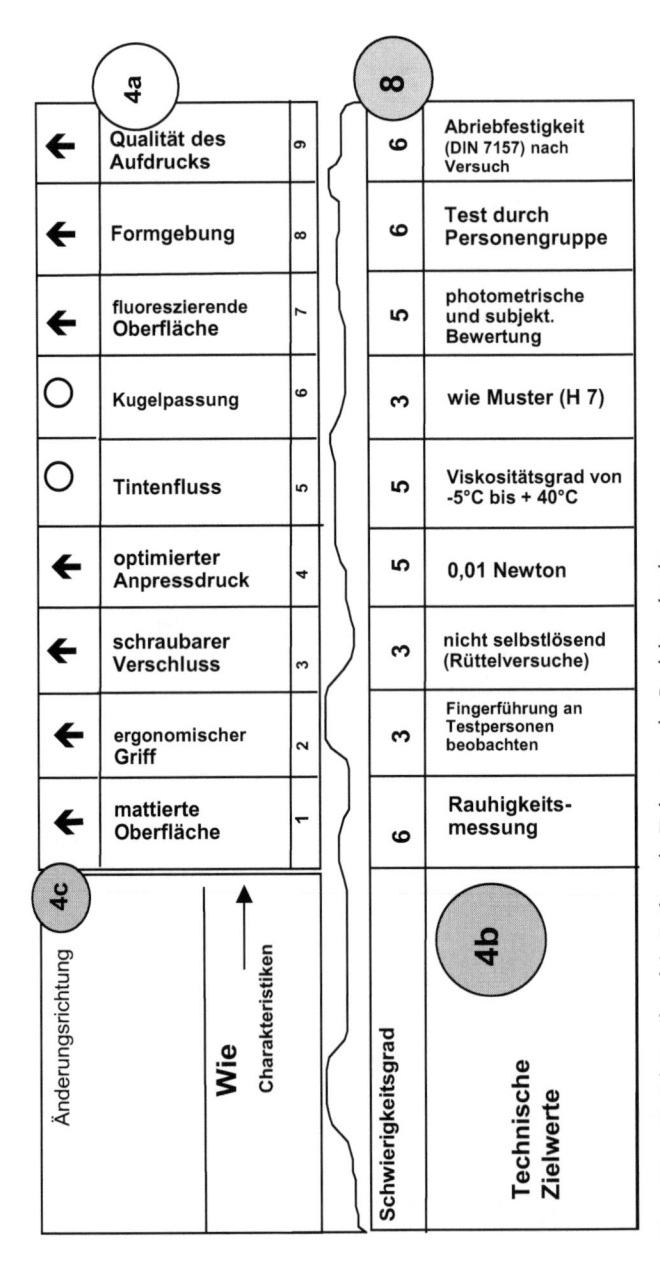

Abb. 15: *Die Schritte 4b und 4c: Festlegen der Zielwerte zu den Produktmerkmalen*

Die Zielwerte (4b) für den Kugelschreiber
In Abbildung 15 werden die angestrebten Zielwerte für den neuen Kugelschreiber gesucht.

In diesem Beispiel können nicht alle Produktmerkmale (PM) mit exakten Messwerten belegt werden, zum Teil müssen Tests mit Versuchspersonen durchgeführt werden.

(Technische) *Zielwerte* sind bei dem Kugelschreiber zum Beispiel:
⇨ Rauhigkeitsmessung
   PM: mattierte Oberfläche
⇨ Fingerführung an Testpersonen
   PM: ergonomischer Griff
⇨ 0,01 Newton
   PM: optimierter Anpressdruck des Clips
⇨ Viskosität von -5° C bis +40°C
   PM: Tintenfluss

Im nächsten Schritt wird nun untersucht, wie sich die in 4b festgelegten Zielwerte verändern sollen (erhöhen oder reduzieren).

Schritt 4c: Änderungsrichtung der Zielwerte festlegen
Anhand der eingetragenen Zielwerte (4b) ist zu überprüfen, in welche Richtung ein am heutigen Produkt bereits vorhandenes Qualitätsmerkmal verändert werden muss. Hierzu gibt ein Pfeil die Richtung der Veränderung mit dem Ziel der Optimierung an.

Das QFD-Team definierte in den ersten Schritten (1-4) die Qualitätsmerkmale zu den Kundenanforderungen und die Zielwerte, die ein neues Produkt erfüllen muss, um die Kundenwünsche zu befriedigen. Im Schritt 4c wurden die Änderungsrichtungen der WIE-Merkmale festgelegt. Damit ist die Vorarbeit zur Bewertung in den einzelnen »Zimmern« des ersten QFD-Haus geleistet, die im nächsten Schritt erfolgen soll.

QFD I: Kundenanforderungen in Produktmerkmale übersetzen

Änderungsrichtung **4c**	↑	↑	↑	↑	O	O	↑	↑	↑
Wie Charakteristiken →	mattierte Oberfläche	ergonomischer Griff	schraubarer Verschluss	optimierter Anpressdruck	Tintenfluss	Kugelpassung	fluoreszierende Oberfläche	Formgebung	Qualität des Aufdrucks
	1	2	3	4	5	6	7	8	9

Die Symbole bedeuten:
↑ Erhöhung des Zielwertes
↓ Minimierung bez. Reduzierung des Zielwertes (am Beispiel Kessel)
O Das Symbol bedeutet Beibehaltung des jetzigen Wertes

Abb. 16: *Schritt 4c in Phase I: Festlegen der Änderungsrichtung der Wie-Merkmale*

Im folgenden Schritt 5a wird nun die Stärke des jeweiligen Unterstützungsgrades (Wie zu Was) festgelegt.

Schritt 5a: Bewertung der Beziehungsstärke zwischen Merkmalen und Kundenanforderungen

Nun beginnt die Arbeit in den »Zimmern«. Zu den Matrix-Kreuzpunkten zwischen jedem Was und Wie sind die Beziehungsstärken durch Zahlenwerte oder besser durch Symbole einzutragen. Das Team muss jetzt die Frage beantworten: »Wie stark unterstützt das

Unterstützungsgrad der Wies zu den Was

Bewertungsmatrix
Bewertung und Berechnung der Bedeutung der einzelnen WIEs

5a) Wie stark unterstützt jedes einzelne Qualitätsmerkmal die Kundenanforderung?

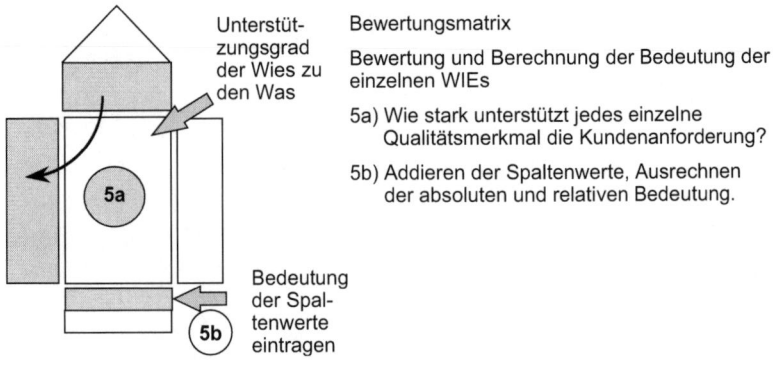

5b) Addieren der Spaltenwerte, Ausrechnen der absoluten und relativen Bedeutung.

Bedeutung der Spaltenwerte eintragen

Abb. 17: *Schritt 5a in Phase I, Bewertung/Korrelation des Unterstützungsgrades*

gefundene Designcharakteristikum (Merkmal) in Verbindung mit seinem Zielwert jede einzelne Kundenanforderung«? – Das heißt, es ist die Frage nach der Korrelation zwischen den einzelnen WIEs und den WAS zu durchdenken und abzuwägen. Dies ist ein schwieriger Prozess, denn die Entscheidungen sollen mehr auf Daten und Fakten basieren als auf Gefühlen.

In der Praxis haben sich dazu die vier Bewertungsstufen bewährt, die durch die Ziffern (9, 3, 1, 0) ausgedrückt beziehungsweise deren Symbole in der Matrix einzutragen sind:

Tabelle 2: Bewertungsstufen

Korrelation	Punkte	Symbol
starke Beziehung	9	⊙
mittlere Beziehung	3	○
schwache Beziehung	1	△
keine Beziehung	0	ohne

Die Bewertungsstufen 9-3-1 werden heute von den meisten QFD-Anwendern benutzt, sie haben sich als vorteilhaft erwiesen, weil durch die »quasi-logarithmische« Bewertung eine bessere Differenzierung (Spreizung) bei der Auswertung erreicht wird. Diese Bewertung erleichtert dem Team die Entscheidungsfindung. Zwischenwerte sind hier nicht zugelassen.

Akao benutzte in den ersten Jahren die Skala 9-6-1, das Steinbeis-Transferzentrum-TQU in Ulm arbeitet mit der Skala 3-2-1. Die Festlegung der Skalenpunkte sollte nicht dogmatisch gesehen werden, hier gibt es keinerlei Beschränkungen. Innerhalb eines Konzerns beziehungsweise Unternehmens sollte man sich jedoch auf ein einheitliches Bewertungsverfahren einigen, da sonst die Ergebnisse nicht vergleichbar sind.

Der Eintrag von Symbolen anstelle von Zahlen hat sich bewährt, da die Übersichtlichkeit in der HoQ-Matrix erhöht wird und man gleichzeitig den Anspruch absoluter Zahlen nach 100-prozentiger Berechenbarkeit vermeidet. Das Projektteam sollte gemeinsam entscheiden, wie vorzugehen ist. Symbole verhindern eine »Zahlengläubigkeit«, denn es zeigt sich in der Praxis, dass nicht immer das Merkmal mit der höchsten Punktzahl (Spalten-Summe) realisiert werden kann, weil bei der Auswahl auch der Schwierigkeitsgrad der Umsetzung (siehe Schritt 8) zu berücksichtigen ist.

Nicht immer sind Daten zur Entscheidungsfindung verfügbar, es muss dann zunächst auf den »gesunden Menschenverstand« (Erfahrung) oder die Intuition zurückgegriffen werden. Denkbar ist in diesen Fällen eine Kennzeichnung der Symbole durch farbliche Unterscheidung in der Tabelle. Rote Markierungen können auf die nicht abgesicherten »Gefühlsentscheidungen« hinweisen, die zu einem späteren Zeitpunkt anhand von Daten zu überprüfen sind. Schwarze Symbole kennzeichnen dann die auf Fakten basierenden Bewertungen.

Für die Bewertung der Korrelation sind nur positive Werte vorgesehen, da ein Designcharakteristikum (Qualitätsmerkmal) in der schwächsten Bewertung als neutral (kein Symbol, Wertung = 0) anzusehen ist. Gelegentlich erkennt das Team zu einem Merkmal auch eine negative Korrelation zu einer Forderung. Hierfür kann es zwei Ursachen geben:

1. mit dem Merkmal wird gedanklich eine bestimmte Lösung verbunden
2. zwei Kundenforderungen sind widersprüchlich, zum Beispiel »Kleinwagen in Leichtbauweise« und »100-prozentiger Schutz im Crash-Fall.«

Zu 1.: Das Merkmal muss eine Funktion charakterisieren, es darf nicht eine konkrete Lösung aufgeschrieben werden (wie zum Beispiel »Aluminiumbleche). Wenn kein geeignetes Merkmal gefunden wird, ist der Matrixpunkt mit einem Ausrufezeichen (!) zu markieren, um später diskutiert und überdacht zu werden.

Zu 2.: Dem Kunden muss verdeutlicht werden, dass die Überwindung physikalischer Gesetze nicht Forderung eines realistischen Forderungskataloges sein kann. Gelegentlich ist es zweckmäßig, mit dem Kunden gemeinsam eine Korrelationsmatrix zu seinen Forderungen zu erarbeiten. Diese Matrix kann analog der Korrelationsmatrix aus Schritt 6 dargestellt und bewertet werden.

Kundenforderungen können und sollten sogar visionäre Vorstellungen enthalten, vor Utopien muss man Kunden aber warnen, da kein solider Hersteller hierfür »Lösungen« anbieten wird. Ein klärendes Gespräch mit dem Kunden wird zeigen, dass er tatsächlich einen Kleinwagen in Leichtbauweise wünscht, der trotz seiner leichten Bauweise das Gefühl von hoher Sicherheit vermitteln soll. Der Wagen soll also mehr »scheinen als sein«. Da Käufer diesen Prestigebedarf nur ungern artikulieren, verpacken sie ihr Imageproblem in scheinbar sachliche, aber widersprüchliche Forderungen. Häufig wird als Kundenwunsch »preiswert« oder »billig« genannt. Selbstverständlich muss das zu entwickelnde Produkt »seinen Preis wert« sein, das heißt, es muss die ernsthaften Nutzen- und auch die Prestigebedürfnisse erfüllen, dann ist der Preis letztlich sekundärer Natur, insbesondere dann, wenn ein »Begeisterungsfaktor« (Kano-Modell) vom Kunden erkannt wird.

Schritt 5a Kugelschreiber: Bewertung der Beziehungsstärke zwischen Merkmalen und Kundenanforderungen
Zu jeder Kundenanforderung werden jetzt durch das QFD-Team die Merkmale bestimmt und festgelegt. Dies erfordert umfangreiche Diskussionen der Spezialisten aus Marketing, Vertrieb, Entwicklung und Produktion, denn der hier festgelegte Lösungsansatz kann zu erheblichen Aufwendungen in der Herstellphase führen, insbesondere dann, wenn neue Formen gebaut werden müssen.

Der Pfeil in der folgenden Abbildung zeigt die Fragerichtung an. Gefragt wird, wie stark unterstützt die »mattierte Oberfläche« die Kundenanforderung »rutscht nicht aus der Hand«? Das ist eine sehr starke Unterstützung, das heißt neun Punkte, gekennzeichnet durch das Symbol ⊙.
Der »ergonomische Griff« unterstützt den Kundenwunsch ebenfalls sehr stark.

QFD I: Kundenanforderungen in Produktmerkmale übersetzen

Änderungsrichtung →			↑	↑	↑	↑	○	○	↑	↑	↑
Was Kundenforderungen ↓ / Wie → Charakteristiken		Bedeutung ↓	mattierte Oberfläche	ergonomischer Griff	schraubbarer Verschluss	optimierter Anpressdruck	Tintenfluss	Kugelpassung	fluoreszier. Oberfläche	Form- gebung	Qualität des Aufdrucks
			1	2	3	4	5	6	7	8	9
Kugelschreiber	Handling Haptik	rutscht nicht aus der Hand	8	◉	◉						◉	
		Mine leicht auswechselbar	5			◉						
		Clip hält gut	6	△			◉			5a		
	Schreibfähigkeit	schreiben bei jeder Temperatur	9					◉	○			
		gleichmäßige Strichbreite	7					◉	◉			
	gutes Design	Image: eyecatcher	10	◉	○		△			◉	◉	◉
		sieht gut aus	7	◉						◉	◉	○
		Werbung gut lesbar	6								◉	◉

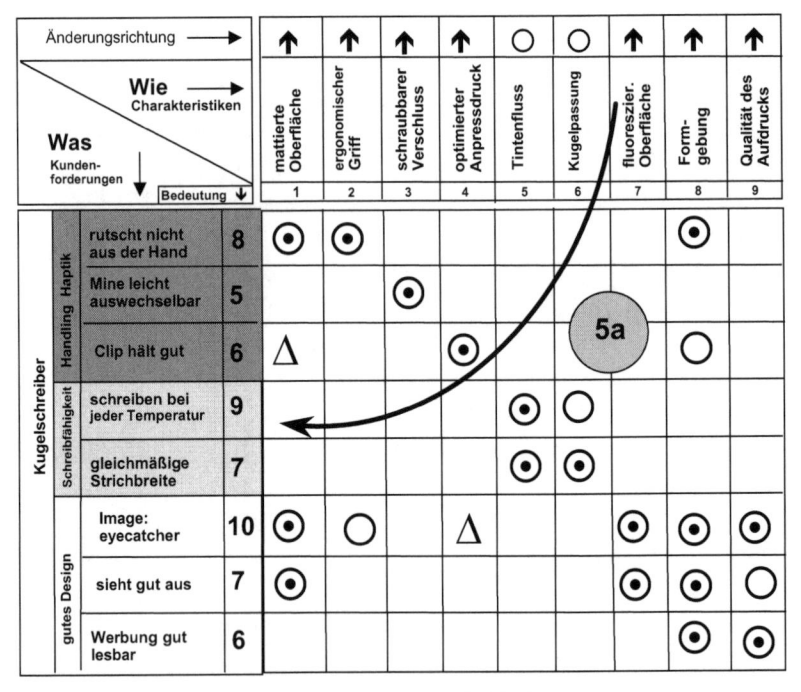

Abb. 18: *Schritt 5a, Bewertung des Unterstützungsgrades Wie/Was*

So wird jedes Wie mit jedem Was verglichen und der Bedeutungswert festgelegt. Danach wird die numerische Bewertung durchgeführt, wie sie im nächsten Absatz unter 5b beschrieben wird.

Schritt 5b: numerische Bewertung
Nach Abschluss der Korrelationsbestimmung erfolgt die numerische Gesamtbewertung der einzelnen Merkmale. Hier wird das Produkt aus der Bedeutung (B) der Kundenanforderung (WAS) mit dem in Schritt 5a ermittelten Unterstützungsgrad multipliziert. Unterstützt ein WIE weitere Kundenanforderungen, werden alle Einzelwerte der Spalte addiert und in das Feld darunter als Summenergebnis eingetragen. Abbildung 19 zeigt dieses Vorgehen.

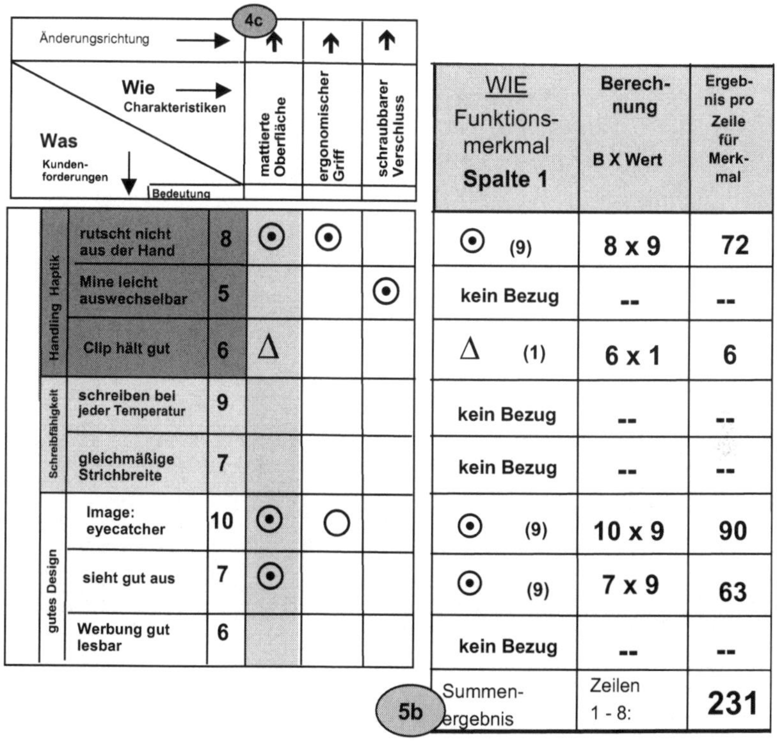

QFD I: Kundenanforderungen in Produktmerkmale übersetzen

Was / Kundenforderungen	Wie Charakteristiken	Bedeutung	mattierte Oberfläche	ergonomischer Griff	schraubbarer Verschluss	WIE Funktionsmerkmal Spalte 1	Berechnung B X Wert	Ergebnis pro Zeile für Merkmal
Handling Haptik	rutscht nicht aus der Hand	8	⊙	⊙		⊙ (9)	8 x 9	72
	Mine leicht auswechselbar	5		⊙		kein Bezug	--	--
	Clip hält gut	6	△			△ (1)	6 x 1	6
Schreibfähigkeit	schreiben bei jeder Temperatur	9				kein Bezug	--	--
	gleichmäßige Strichbreite	7				kein Bezug	--	--
gutes Design	Image: eyecatcher	10	⊙	○		⊙ (9)	10 x 9	90
	sieht gut aus	7	⊙			⊙ (9)	7 x 9	63
	Werbung gut lesbar	6				kein Bezug	--	--
						Summenergebnis	Zeilen 1 - 8:	231

Abb. 19: *Schritt 5a und 5b, Bewertung der Designcharakteristika*

Die Summe der Ergebnisse der WIE-Spalte wird in die Zeile »Bedeutung der Spaltenwerte« zunächst als Absolutwert eingetragen.

Hinweis
Das Summenergebnis wird zwar als Ziffer eingetragen, es basiert aber auf Einschätzungen, die in den Zeilen durch Symbole charakterisiert sind. Die Höhe der Summenergebnisse entspricht demnach auch nicht einem absoluten Rechenwert, die Zahl sollte lediglich als Orientierungswert betrachtet werden.

QFD I: Kundenanforderungen in Produktmerkmale übersetzen

Die zahlenmäßige Bewertung der Produktmerkmale in einer einzelnen Matrix muss immer im Gesamtzusammenhang gesehen werden, hieraus lassen sich auch die Gewichtungsfaktoren für jede weitere Matrix ableiten. Damit bleibt das gesamte Projekt unter Kontrolle.

Inwieweit das Merkmal mit dem höchsten Absolutwert bei seiner Realisierung auch tatsächlich zu einem Markterfolg beiträgt, kann zu diesem Zeitpunkt der Arbeit an der Matrix noch nicht gesagt werden. Für diese Entscheidung ist unter anderem auch der Schwierigkeitsgrad der Umsetzung im Unternehmen mitbestimmend (siehe Schritt 8). Der relative Wert errechnet sich aus der Addition *aller* Einzelwerte, die zusammen 100 Prozent ergeben.

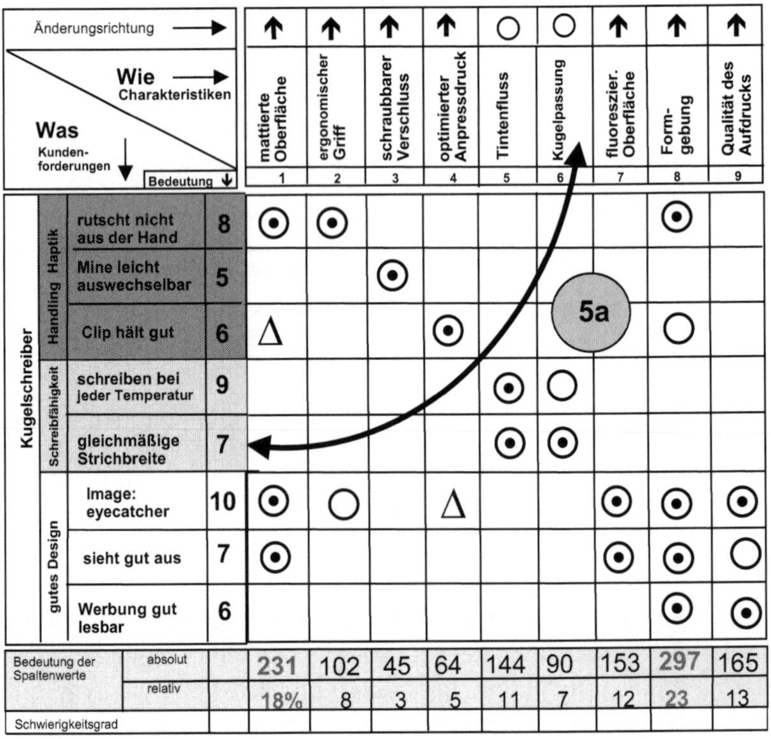

Abb. 20: *Errechnen der Spaltenwerte und deren Gewichtung*

Die »Formgebung« erhält mit 23 Prozent die relativ höchste Bedeutung, gefolgt von der »mattierten Oberfläche« mit 18 Prozent.

Im nächsten Schritt sind nun die Wechselwirkungen der Produktmerkmale zu untersuchen. Das Ziel dieser Untersuchung ist das Erkennen der Risiken durch negative Korrelationen, die zu Schwierigkeiten bei der Realisierung des neuen Produktes/der Dienstleistung führen könnten.

Schritt 6: Korrelationen bestimmen
Die Korrelationsmatrix im Dach des House of Quality beschreibt die Beziehung der Merkmale untereinander. Die eventuellen *Zielkonflikte* zwischen den Produktmerkmalen werden im Dach sichtbar. Es wird die Korrelation der Wies untereinander unter Berücksichtigung der Zielwerte (siehe Schritt 4b) und der Änderungsrichtung (siehe Schritt 4c) überprüft.

Korrelationen der WIEs
⊙ stark positiv ++
○ positiv +
△ negativ -
▲ stark negativ --

Korrelation der einzelnen WIEs (Produktmerkmale)

Gibt es negative Korrelationen oder positive Unterstützung?

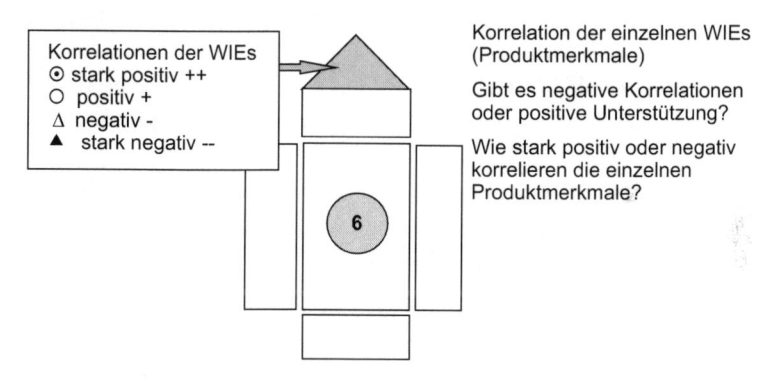

Wie stark positiv oder negativ korrelieren die einzelnen Produktmerkmale?

Abb. 21: *Schritt 6 in Phase I, Korrelation der Produktmerkmale*

In dem folgenden Kugelschreiber-Beispiel (Abb. 22) wird nun gefragt: Wie korrelieren die Designcharakteristika »ergonomischer Griff« und »Formgebung« miteinander?

Eine Verbesserung der Fingerführung durch Beobachtung von Testpersonen führt zu einer verbesserten Formgebung. Das heißt, in

diesem Fall ergibt sich eine stark positive Korrelation, die mit einem doppelten Punkt ⊙ (entspricht neun Punkten) bewertet wird.
Eine negative Korrelation, gekennzeichnet durch das Dreieck, ergibt sich hingegen bei der Korrelation der beiden Wies
⇨ mattierte Oberfläche und
⇨ Qualität des Aufdrucks.

Ein hochwertiger Werbeaufdruck lässt sich nicht auf einer mattierten, sondern nur auf einer glatten Oberfläche realisieren. Hier müssen die Entwickler nach innovativen Lösungen suchen.
So werden nun alle Produktmerkmale miteinander verglichen und bewertet. Die Symbole verdeutlichen auch hier den Zusammenhang und den Grad der Ausprägung.

Ein Beispiel aus dem Automobilbau
Die Produktmerkmale »Leichtbauweise« und »Kraftstoffverbrauch« korrelieren im Fahrzeugbau stark positiv, dagegen kann »Leichtbauweise« mit »Aufprallsicherheit« stark negativ korrelieren, wenn man bei »Aufprallsicherheit« an dicke Bleche für die Karosserie denkt. Dieser Kundenwunsch kann aber bei der Suche nach alternativen Lösungen erfüllt werden. Die richtige Materialwahl, wie zum Beispiel beschichtete Metalle oder kohlefaserverstärkte Kunststoffe könnten zu der gewünschten Lösung führen. Audi nutzt das Aluminium-Space-Frame-Konzept auch, um das Gewicht seiner Luxuslimusinen zu reduzieren.

Negative Korrelationen weisen bei der Qualitätsentwicklung auf die *technisch-physikalischen* Grenzbereiche hin und geben Hinweise auf notwendige Änderungen oder auf die Notwendigkeit völlig anderer Lösungen. Widersprüche im »Dach« des QFD-Hauses können Ausgangspunkte für Innovationen sein, hier kann zum Beispiel die Methode TRIZ (Theorie des erfinderischen Problemlösens, > Kap. 10.6) oder WOIS (Widerspruchsorientierte Innovationsstrategie) ansetzen.

Die Bewertung im Dach des Hauses unterstützt die Forderung nach einer ganzheitlichen Betrachtung, die bei der Fülle der zu unter-

QFD I: Kundenanforderungen in Produktmerkmale übersetzen

Korrelation der WIE
- ⊙ stark positiv ++
- ○ positiv +
- △ negativ -
- ▲ stark negativ --

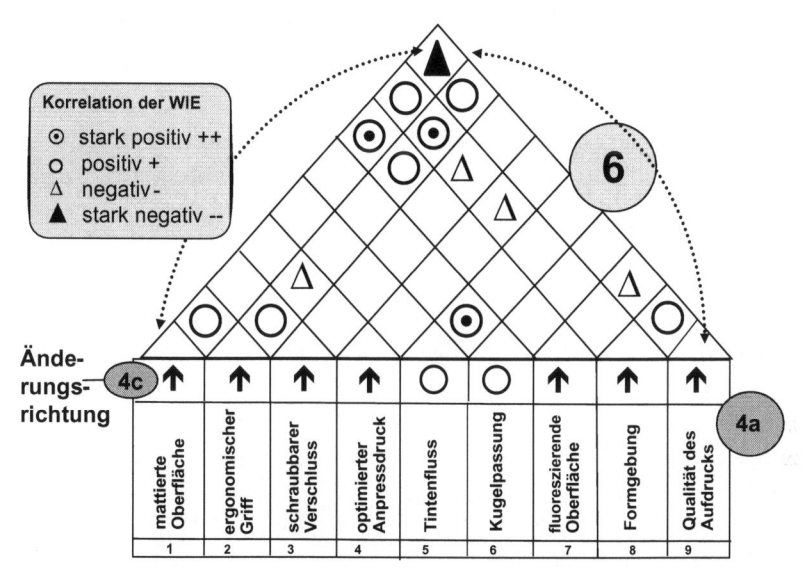

Änderungsrichtung

1. mattierte Oberfläche
2. ergonomischer Griff
3. schraubbarer Verschluss
4. optimierter Anpressdruck
5. Tintenfluss
6. Kugelpassung
7. fluoreszierende Oberfläche
8. Formgebung
9. Qualität des Aufdrucks

Abb. 22: *Korrelation der Designcharakteristiken, Schritt 6 in Phase I*

suchenden Details sonst leicht verloren geht, dies gilt natürlich auch für ein Planungsvorgehen, das nicht nach QFD erfolgt.

Der Vorteil des House of Quality liegt in der Vielseitigkeit der Darstellung wichtiger Einflussfaktoren und Informationen auf einem Blatt, das auch gerne mit einer Landkarte verglichen wird. Das Auge kann über diese Landkarte wandern und alle Zusammenhänge deutlich erkennen.

Schritt 7: Objektiver und subjektiver Vergleich (7a/7b)

Schritt 7a: Technischer Vergleich zum Wettbewerb
Den technischen Vergleich mit Fremdprodukten führen die Experten aus dem technischen Bereich durch, sofern dort Vergleichsuntersuchungen an Produkten anderer Hersteller durchgeführt werden können. Hier wird das eigene Produkt oder die eigene Dienstleistung bezüglich ihrer Qualitätsmerkmale vorzugsweise mit den Produkten oder Dienstleistungen der Anbieter verglichen, die aus der Arbeit

zu Schritt 2 (Konkurrenzvergleich) bekannt sind. Ein vergleichbares Produkt des jeweiligen Marktführers sollte nach Möglichkeit nicht fehlen.

Die aufgelisteten Wies sind an den Vergleichsmustern objektiv zu überprüfen und der festgestellte Leistungsgrad ist in der Bewertungsskala aufzutragen.

Schritt 7b: Vergleich des technischen Wettbewerbs mit der Bewertung aus der Sicht des Kunden
Nach der Untersuchung verschiedener Wettbewerbsprodukte sind die eigenen Stärken und Schwächen erkennbar. Erkennbar wird jetzt auch die Differenz zwischen der tatsächlichen Leistungsfähigkeit (7a) auf der einen und der vom Kunden empfundenen Leistungsfähigkeit (2) auf der anderen Seite.

Im Schritt 2 wurde gefragt: »Wie sieht mich der Kunde im Vergleich zum Wettbewerb?«

Im Schritt 7b wird gefragt: »Stimmen die subjektiven Bewertungen der Kunden mit den objektiv ermittelten Werten aus dem technischen Vergleich 7a überein?«

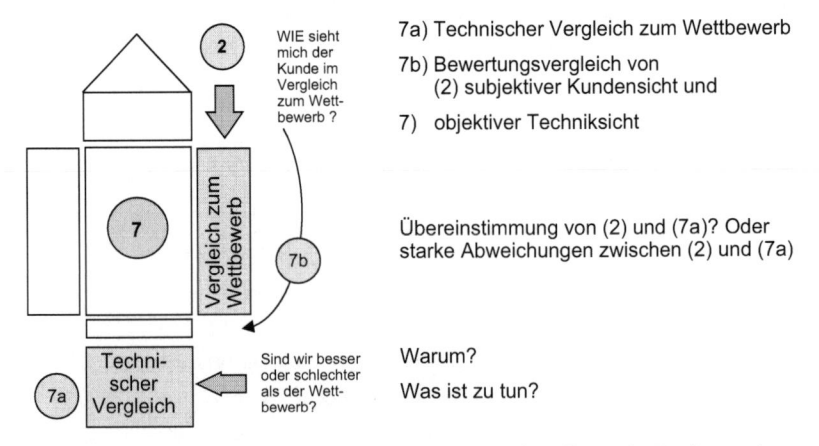

Abb. 23: *Schritt 7 der Phase I, technischer Vergleich (7a) und Verifikation der Kundenangaben (2) durch Datenabgleich (7b)*

QFD I: Kundenanforderungen in Produktmerkmale übersetzen

Ist die Kundenmeinung schlechter als das objektive Versuchsergebnis, so kann ein Imageproblem vorliegen, das durch die Marketingabteilung und den Vertrieb zu beheben ist. Eine Aufklärungsbeziehungsweise Werbekampagne kann dann das beschädigte Image langsam wieder verbessern. Aus den ermittelten Vergleichsdaten lassen sich auch die zukünftigen Verkaufsschwerpunkte erkennen.

Die Anforderung »*rutscht nicht aus der Hand*« wurde von den Kunden als sehr schlecht bewertet. Durch den vorgesehenen Lösungsansatz (WIE?) verbesserte »*Formgebung*« und »*mattierte Oberfläche*« kann die Kundenzufriedenheit erhöht werden. (s. Abb. 25)

Änderungsrichtung	4c	↑	↑	↑	↑	○	○	↑	↑	↑
Wie → Charakteristiken		mattierte Oberfläche	ergonomischer Griff	schraubbarer Verschluss	optimierter Anpressdruck	Tintenfluss	Kugelpassung	fluoreszierende Oberfläche	Formgebung	Qualität des Aufdrucks
		1	2	3	4	5	6	7	8	9
Schwierigkeitsgrad		6	3	3	5	5	3	5	6	6
Technische Zielwerte	4b	Rauhigkeitsmessung	Fingerführung an Testpersonen beobachten	nicht selbstlösend (Rüttelversuche)	0,01 Newton	Viskositätsgrad von -5°C bis + 40°C	wie Muster (H 7)	photometrische u. subjekt. Bewertung	Test durch Personengruppe	Abriebfestigkeit (DIN 7157) nach Versuch

Technischer Vergleich zum Wettbewerb (7): besser 5–4–3–2–1 schlechter

Hinweis 1
Hinweis 2 (9)

→ Zusätzliche Untersuchungen, wie Alternativenvergleich, Servicekosten, Investitionen, Know-how, etc.

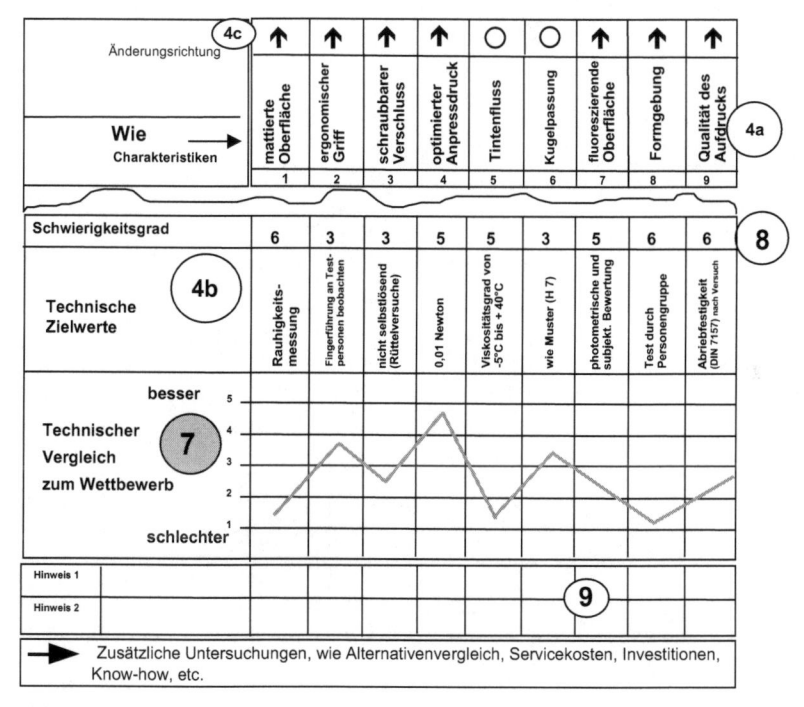

Abb. 24:   *Schritt 7, Technischer Vergleich zum Wettbewerb*

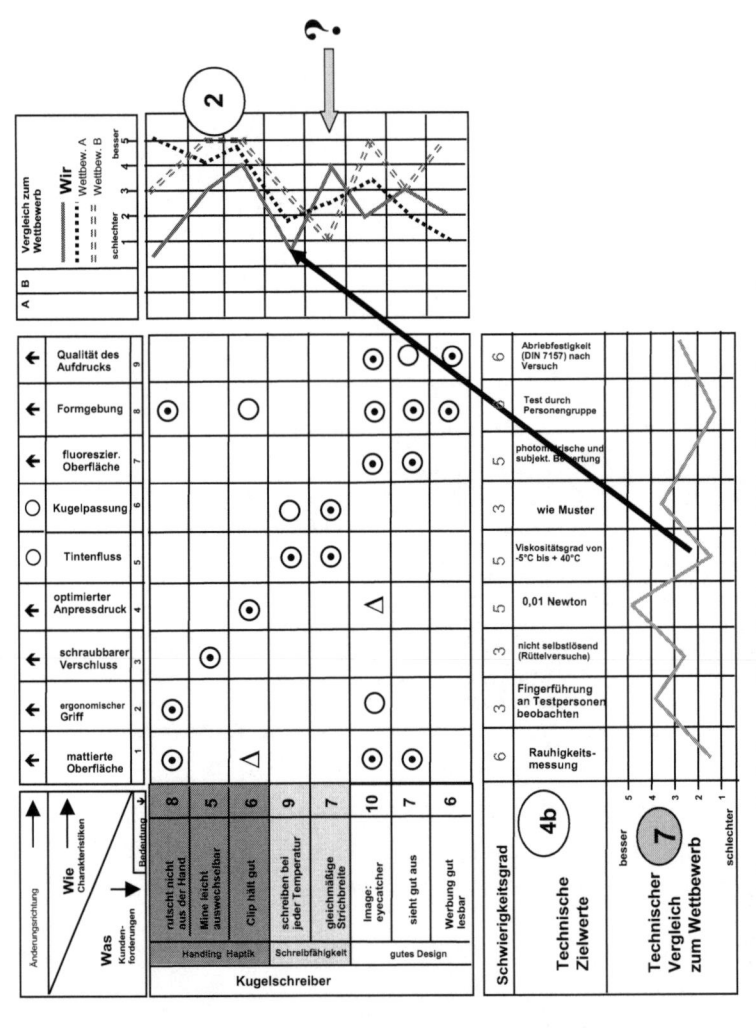

QFD I: Kundenanforderungen in Produktmerkmale übersetzen

Abb. 25: Schritt 7, Vergleich von 2 (der subjektiven) mit 7 (der objektiven Bewertung)

Bei der Untersuchung im Schritt 7 (technischer) Vergleich zeigen sich tatsächlich Defizite.

Schritt 8: Schwierigkeitsgrad festlegen (siehe Abb. 26)
Der Schwierigkeitsgrad, ausgedrückt in Punkten zwischen eins und zehn (wobei eins sehr niedrig und zehn sehr hoch ist) bezieht sich auf die Frage nach der Realisierungsmöglichkeit der anzustrebenden Verbesserung oder Neuentwicklung. Der Wert wird in die Spalte unter den Was-Wie-Bewertungsergebnissen eingetragen.
Der Schwierigkeitsgrad entscheidet maßgeblich über die Umsetzung der gefundenen Merkmale.

Schwierigkeitsgrad	6	3	3	5	5	3	5	6	6	8
(Technische) Zielwerte 4b	Rauhigkeitsmessung	Fingerführung an Testpersonen beobachten	nicht selbstlösend (Rüttelversuche)	0,01 Newton	Viskositätsgrad von -5°C bis + 40°C	wie Muster (H 7)	photometrische und subjekt. Bewertung	Test durch Personengruppe	Abriebfestigkeit (DIN 7157) nach Versuch	

Abb. 26: *Schwierigkeitsgrad der Realisierung, Schritt 8*

Ein hoher Schwierigkeitsgrad liegt zum Beispiel dann vor, wenn neue Formen gebaut werden müssen oder die vorhandenen Maschinen zur Herstellung des neuen Produktes ungeeignet sind.
Im Dienstleistungsbereich können mentale Barrieren einen hohen Schwierigkeitsgrad kennzeichnen.

Schritt 9: Zusatzinformationen (siehe Tabelle 3)
Dies ist vom Vorgehen her kein zusätzlicher Arbeitsschritt. In den Matrix-Feldern sind während der Arbeiten ab Schritt 4 (Entwickeln der Wies) immer dann Eintragungen vorzunehmen, wenn wichtige Zusatzinformationen nicht verloren gehen sollen, die zum besseren

Tabelle 3: Zusätzliche Hinweise (Schritt 9)										
Hinweis 1										
Hinweis 2										
→ Zusätzliche Untersuchungen, wie Alternativvergleich, Servicekosten, Investitionen, Know-how, etc.										

9

Verständnis zum Beispiel der Entscheidungen zu den Korrelationen beitragen.

Die hier nur sehr kurze Tabelle im »Keller« des Hauses sollte nach den individuellen Bedürfnissen erweitert und vertieft werden. Die Tabelle kann zum Beispiel auch durch Angaben des Kundendienstes, der Produktion oder des Verkaufs zu den einzelnen Produktmerkmalen ergänzt werden.

Eine Erweiterung der Spalten in der Breite durch Nebenspalten zur Darstellung von Kosten oder Terminen ist möglich. Das Ziel der tabellarischen Darstellung nach QFD ist die Einfachheit der Visualisierung komplexer Zusammenhänge und deren Nachvollziehbarkeit. Es gibt aber keine zwingende Schrittfolge und keine standardisierte QFD-Qualitätstabelle, dazu sind die Aufgabenstellungen in den einzelnen Unternehmen viel zu unterschiedlich. QFD ist (noch) nicht genormt!

Schritt 10: Auswahl der Designelemente für die Phase II
Die Räume und Skalen des QFD-Hauses sind nun vollständig ausgefüllt, der Wissens- und Ideenreichtum der Gruppe ist verständlich und nachvollziehbar im »House of Quality« dokumentiert. Die gemeinsame Projektarbeit sorgt für einen immensen Wissenstransfer zwischen Abteilungen, die bei dem Arbeitsvorgehen nach herkömmlicher Art kaum Gelegenheit haben, sich so intensiv auszutauschen. Nicht nur das gegenseitige Verständnis zu Sachfragen, sondern auch die konstruktive Zusammenarbeit wird durch ein zunehmend gutes Arbeitsklima belebt. Das gemeinsame Ziel »Unser Produkt wird Marktführer« bringt alle in ein Boot.

Das Team befasst sich am Ende der Arbeit zur Phase I mit der Auswahl der wichtigen und kritischen Designelemente, die für die Verwirklichung der Verbesserung oder der Neuentwicklung ausschlaggebende Bedeutung haben.

Die Auswahlkriterien sind:
⇨ hohe Bedeutung der Kundenforderung
⇨ im Konkurrenzvergleich hohe Chancen
⇨ ein bis drei Produktmerkmale mit ausgeprägt hoher Gesamtbedeutung (A-Kriterien)
⇨ die A-Kriterien zeigen hohe Korrelation zu den wichtigsten Kundenforderungen
⇨ die A-Kriterien korrelieren positiv mit den anderen Kriterien im Dach
⇨ die A-Kriterien sind bezüglich ihres Schwierigkeitsgrades beherrschbar
⇨ die A-Kriterien überwinden bisherige Probleme
⇨ die notwendigen Investitionen sind rentabel

Interpretation zu Matrix Kugelschreiber (Abb. 27)
Im folgenden Beispiel wird das Merkmal »optimierte Formgebung« mit 297 Punkten = 23 Prozent am höchsten bewertet. Wird dieses Merkmal erfüllt, so zeigt sich (in der Spalte 8), dass gleichzeitig vier weitere Kundenwünsche stark und ein Kundenwunsch mittel unterstützt werden.
Dieses sind die Kundenanforderungen:
1. rutscht nicht aus der Hand = starke Unterstützung
2. Clip hält gut = mittlere Unterstützung
3. Image: eyecatcher = starke Unterstützung
4. sieht gut aus = starke Unterstützung
5. Werbung gut lesbar = starke Unterstützung

QFD I: Kundenanforderungen in Produktmerkmale übersetzen

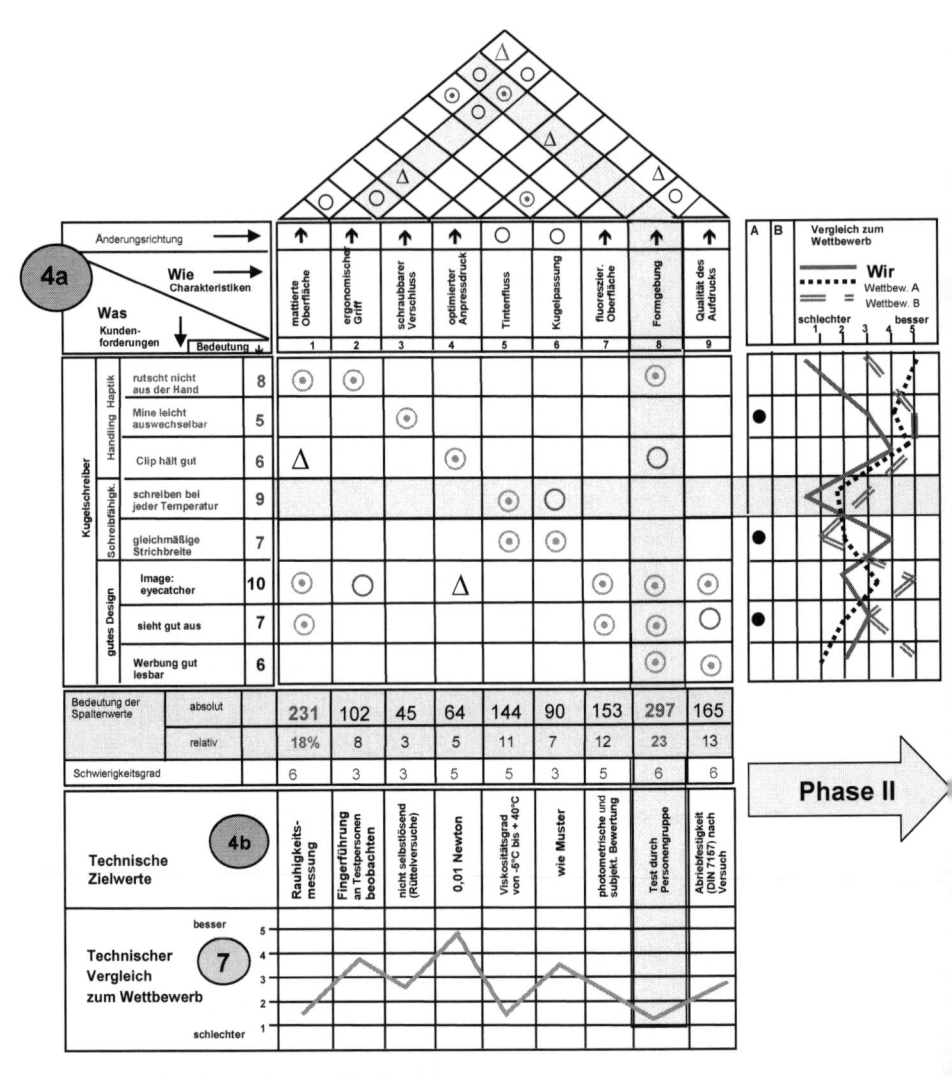

Abb. 27: *Das komplette HoQ, Beispiel Kugelschreiber*

Um die Kunden zufrieden zu stellen, müssen die *stark gewichteten Kundenanforderungen* unbedingt erfüllt werden:
1. »rutscht nicht aus der Hand«
2. Image »eyceatcher«
3. »Schreiben bei jeder Temperatur«

Zu 1. »rutscht nicht aus der Hand« – wird durch die folgenden Lösungsansätze erreicht:
⇨ »mattierte Oberfläche«,
⇨ »ergonomischer Griff«,
⇨ »Formgebung«

a) Die Bedeutung für den Kunden ist mit acht Punkten sehr hoch gewertet.
b) Das bisherige eigene Produkt wird von den Kunden schlechter (mit nur einem Punkt) bewertet als die Konkurrenz (drei und fünf Punkte).
c) die Kundenbewertung der *subjektiven* Konkurrenzanalyse (Schritt 2) wird in dem *objektiven* technischen Vergleich (Schritt 7) durch die Versuchsabteilung des eigenen Hauses bestätigt.

Bei der Realisierung dieses Kundenwunsches gibt es Probleme:
⇨ Der Schwierigkeitsgrad der Umsetzung ist mit sechs Punkten hoch und eine Herausforderung für das Unternehmen.

Zu 2. Image »eyecatcher« wird durch die folgenden Lösungsansätze erreicht:
⇨ »mattierte Oberfläche«,
⇨ »fluoreszierende Oberfläche«,
⇨ »optimierte Formgebung« und
⇨ »Qualität des Aufdrucks«

Im Beispiel (Abb. 27) wird das Merkmal »mattierte Oberfläche« mit 231 Punkten = 18 Prozent am zweithöchsten bewertet.

Wird das Merkmal »mattierte Oberfläche« erfüllt, so zeigt sich (in der Spalte 1), dass gleichzeitig drei weitere Kundenwünsche stark und ein Kundenwunsch schwach unterstützt werden.

Dieses sind die Kundenanforderungen
1. rutscht nicht aus der Hand = starke Unterstützung
2. Clip hält gut = schwache Unterstützung
3. Image: eyecatcher = starke Unterstützung
4. sieht gut aus = starke Unterstützung

Auch hier müssen die *stark gewichteten Kundenanforderungen* unbedingt erfüllt werden.

Zu 2. Image: eyecatcher – WARUM?
a) Die Bedeutung für den Kunden ist mit zehn Punkten sehr hoch.
b) Das bisherige eigene Produkt wird von den Kunden schlechter (mit nur zwei Punkten) bewertet als das der Konkurrenz.
c) Die Kundenbewertung der *subjektiven* Konkurrenzanalyse wird in dem *objektiven* technischen Vergleich (Schritt 7) durch die Versuchsabteilung bestätigt.

Auch bei der Realisierung dieses Kundenwunsches gibt es Probleme, diese sind:
⇨ Der Schwierigkeitsgrad der Umsetzung ist mit sechs Punkten hoch und eine Herausforderung für das Unternehmen.
⇨ Es gibt eine starke negative Korrelationen im Dach zwischen »mattierter Oberfläche« und »Qualität des Aufdrucks«. Auf der aufgerauten Oberfläche lässt sich der Werbeaufdruck nicht ohne weiteres anbringen. Auch hier muss das Entwicklungsteam nach neuen Lösungen suchen.

Werden diese Kundenwünsche explizit erfüllt, so sind die Kunden begeistert und werden gerne den neuen Kugelschreiber erwerben.

5.2 Ausblick – Das Lesen einer QFD

Das mit den Schritten eins bis zehn beschriebene Vorgehen in der HoQ-Matrix ist eine Kann-Empfehlung, deren Reihenfolge und Umfang von der jeweiligen Aufgabenstellung abhängt. QFD setzt der Phantasie keine Grenzen, QFD darf aber nicht zum Selbstzweck werden. So lange das Team das übergeordnete Ziel und die Kundenerwartungen stets im Auge behält, bleibt der Aufwand auf das notwendige Maß beschränkt.

Wenn nach Beendigung der Phase I bereits eindeutige Ergebnisse vorliegen, kann das Projekt nach dem QFD-Leitfaden hier beendet und im gewohnten Entwicklungsprozess, wenn er sich bewährt hat, fortgesetzt werden. Die weiteren Untersuchungen können, soweit das erforderlich ist, mit FMEA (Fehler-Möglichkeits- und Einfluss-Analyse) und anderen bekannten Qualitätsmethoden weiter überwacht werden. Das Team muss sich nicht zwanghaft durch alle vier Phasen »quälen«, sondern sollte intuitiv entscheiden, wie es weiter vorgehen will, um effiziente Ergebnisse zu erzielen.

Heute enden circa 60 Prozent der QFD-Projekte nach der ersten Phase. Soll aber sichergestellt werden, dass die »Stimme des Kunden« im ganzen Unternehmen verstanden wird, dann kann auf die weiterführenden Phasen nach dem QFD-Leitfaden (Phase II, III, IV) nicht verzichtet werden, denn es reicht nicht, Kundenorientierung auf die Werbefahnen und Hochglanzprospekte zu schreiben. Kundenorientierung muss von allen Mitarbeitern erfahren, erarbeitet und gelebt werden [3].

Nach heutigem Kenntnisstand hilft QFD in hervorragender Weise zu zielorientierter und konsensbildender Teamarbeit über die Schnittstellen der Organisation hinweg.

QFD kann nur dann erfolgreich sein, wenn die Methode nicht unreflektiert verordnet wird, sondern von allen Beteiligten gewollt ist. Zwanghaft befohlene Maßnahmen erzeugen Widerstände, die ein Scheitern herbeiführen.

Wenn das Management der Promotor und das Team der treibende Motor im QFD-Prozess sind, dann ist ein erfolgreicher Projektabschluss gesichert.

Aus den Kundenforderungen in der Phase I gingen die Merkmale der Produkte/Dienstleistungen hervor, die nun die *Eingangsgröße der Phase II bilden*. Die Ausgangsgröße der Phase I wird also zur Eingangsgröße der Phase II.

Literatur

[1] SAATWEBER, JUTTA: *Kundenorientierung durch Quality Function Deployment*, C. Hanser, München Wien, 1997

[2] SAATWEBER, JUTTA: *Schulungsunterlagen für Volkswagen und VWCoaching*, Volkswagen Coaching GmbH, Wolfsburg, 2004

[3] SAATWEBER, JUTTA: *Kundenorientierung durch Quality Function Deployment*, Symposion Publishing, Düsseldorf, 2007

Zusammenfassung

In zehn Schritten ist die heute übliche Vorgehensweise nach QFD in der »House of Quality«-Matrix beschrieben. Zu den Kundenforderungen sind die Produktmerkmale ermittelt und bewertet. Die Korrelationsmatrix, das Dach des Hauses, zeigt die Beziehungsstärke der Merkmale zueinander. Alle Zusammenhänge und deren Wechselwirkungen sind beschrieben und dokumentiert. Jetzt zeigt sich, dass QFD nicht nur eine systematische Planung fördert, sondern auch in hervorragender Weise zur Visualisierung komplexer Zusammenhänge und deren Nachvollziehbarkeit zur Erleichterung der Entscheidungsfindung und des weiteren Vorgehens beiträgt. An dem Beispiel »Kugelschreiber« wird dies exemplarisch dokumentiert.

Die Zusammenfassung der zehn Arbeitsschritte in der QFD-Phase I ausführlich vorgenommen. Die Matrix zum »Kugelschreiber« zeigt als wichtigstes ausgewähltes Produktmerkmal die »Formgebung«. In dieser QFD-Landkarte erkennt man, warum dieses Kriterium zum wichtigsten Merkmal wurde. Diese Entscheidung ist für das Team der Phase II und alle folgenden Arbeitsgruppen leicht nachvollziehbar.

Ohne Hintergrundwissen des Teams kann eine falsche Interpretation der Ergebnisse erfolgen. Die Interpretation ist daher immer durch das QFD-Team und nicht durch den Moderator vorzunehmen. Die Entscheidungen des Teams und die daraus getroffenen Schlussfolgerungen sind in einem Protokoll zu dokumentieren. Das erleichtert die Rückverfolgbarkeit der geplanten Schritte.

Kapitel 6
Die QFD-Phasen II bis V

Nachdem in Phase I die aus Kundensicht wichtigsten Merkmale ermittelt wurden, beginnt in den nächsten Phasen die konstruktionstechnische Konzeptfindung bis hin zu den konkreten Lösungen.

> **In diesem Beitrag erfahren Sie:**
> - wie die QFD-Matrix »gelesen« werden soll,
> - wie die Konzeptfindung erfolgt,
> - wie die Prozessparameter zur Herstellung der Produkte ermittelt werden,
> - wie die Verfahrensmatrix zu den konkreten Arbeitsanweisungen führt.

6.1 Wie sollte die QFD-Matrix »gelesen« werden?

Nach dem abschließenden Auswerten der QFD-Phase I und dem Weiterbearbeiten der QFD-Matrix in Phase II sollte die Beziehungsmatrix geprüft werden.

Dabei ist auf folgendes zu achten:

1. Gibt es leere/schwache Zeilen?
   Wenn ja, fehlen (Lösungs-) Merkmale, die diese Kundenanforderung erfüllen würden, oder kann (bzw. will) man diese Kundenanforderung nicht umsetzen?
   Eventuell wurde auch die Entwicklung einer Lösung vergessen. In einer Reihe sollte mindestens *eine starke Beziehung* vorhanden sein.
2. Stark besetzte Zeilen zeigen,
   dass es viele Merkmale gibt, die diese Kundenanforderung erfüllen.

Hier ist auch aus Kostengründen zu fragen:
Werden alle diese Merkmale benötigt?
Sind die Merkmale u.U. in der Struktur falsch gegliedert?
3. Leere/schwache Spalten weisen darauf hin, dass eine Kundenanforderung zu diesem Merkmal fehlt.
Zu fragen ist:
– Ist das Merkmal unnötig?
– Will der Kunde diese Lösung gar nicht haben?
– Ist das Erfüllungsmerkmal für den Kunden neu?
– Ist das Merkmal eine Grundforderung des Kunden, die so einfach ist, dass er sie gar nicht mehr nannte (Basisanforderungen nach Kano)?
4. Stark besetzte diagonale Linien:
Dies bedeutet eine singuläre Beziehung einer Kundenforderung mit einem Merkmal. Die anderen Beziehungen wurden vermutlich nicht betrachtet [1].

6.2 Phase II: Teile- und Komponenten-Planung

Der Produktplanung folgt in Phase II die konstruktionstechnische Konzeptfindung. Das bedeutet, dass nach der Ermittlung der wichtigen oder kritischen Produktmerkmale zu den Kundenanforderungen in Phase I in der nächsten Arbeitsphase des QFD-Prozesses die konkreten Lösungen, das heißt, die Funktionsgruppen und ihre Elemente zu jedem bedeutenden Merkmal (Designcharakteristika) entwickelt werden müssen.

Die gefundenen Qualitätsanforderungen sind in der Phase II in konstruktive Lösungen bis hinunter zu den Teilesystemen umzusetzen. Das Projektteam überprüfte vor der Arbeit in Phase II nicht nur die Vollständigkeit der *Produktmerkmale der Phase I,* sondern ergänzte die Anforderungen auch durch detaillierte und vertiefende Darstellungen. Hierbei ist insbesondere an die nicht von den Kunden ausdrücklich genannten Anforderungen (Basisfaktoren) zu denken, die als ganz selbstverständlich gelten und nicht mehr bewusst sind, die aber für die Funktion des Gesamtproduktes grundlegende Bedeutung

haben. Versäumt das Team die Darstellung aller Unterfunktionen des Produktes, so besteht die Gefahr des Vergessens und der Nicht-Berücksichtigung bei der späteren Umsetzung.
Das Vorgehen in Phase II erfolgt in gleicher Weise wie in Phase I. Es ist ein Wiederdurchlaufen der HoQ-Matrix auf einer höheren Ebene.

6.3 Phase II: Schritt 1 und 1a

Die Ausgangsgröße der QFD-Phase I wird zur Eingangsgröße der Phase II, die ausgewählten Produktmerkmale »Wie« der Phase I erscheinen nun als »Was« in dem Arbeitsblatt für die Phase II. Das QFD-Arbeitsblatt II (vgl. Abb. 2) ist eine modifizierte Form der HoQ-Matrix des ersten Hauses. Das Arbeitsblatt Phase II wird auch Konstruktions-, beziehungsweise Teilematrix oder »Part Deployment Matrix« genannt. Die Teilematrix kann zur Untersuchung weiterer Korrelationen zum Beispiel auch mit einem Dach versehen werden.

Das weitere Vorgehen erfolgt dann, wie in Phase I beschrieben. Zu den aus der ersten Phase ausgewählten wichtigsten Produktmerkmalen (1) werden auch die Zielwerte (1a) in die Teilematrix übertragen. Die Produktmerkmale sind dann vom Projektteam in die Unterfunktionen zu zerlegen, damit die konkreten Teile und Baugruppen ermittelt werden können. Zum Erkennen der Zusammenhänge in komplexen technischen Systemen mit einer Vielzahl von Funktionen und zur Dokumentation dieser Funktionen bietet sich zum Beispiel der *Funktionenbaum* (s. Abb. 1) an. Jede Funktion wird möglichst treffend im Funktionenbaum (Funktionsanalyse) beschrieben. Bei der Entwicklung des Baumes zeigt sich der Vorteil des Team-Brainstorming: Der »Baum« einer Einzelperson wird meist unvollständig ausgebildet sein, während der Funktionenbaum aus einer Teamarbeit außerordentlich vielschichtige Aspekte aufzeigt, deren unterschiedliche Bedeutungen in der Hierarchie des »Baumes« Platz finden. An einem Praxisbeispiel aus der Automobilindustrie wird dieses Vorgehen in Abbildung 1 aufgezeigt.

Die QFD-Phasen II bis V

1. Ebene **Was**	2. Ebene **Wie**	3. Ebene **Wo**	Funktionelle Anforderung/**Merkmale**	Werte Q-Kriterien
Hauptforderung aus QFD-Haus 1	Unterfunktionen (Zielrichtung)			
Sicherheit erhöhen	Reduziere Schwingungen	Federbeine	Dämpfung	Spezifikation F 42.d
		Rahmen	Amplitude bei f_o	$f_o < \pm 0{,}1$mm
		Lenkung	Spielfreiheit	$< 10\mu$
	Vermeide das Blockieren der Räder	Bremsmechanik	Kein Blockieren	Test B 24.C
		Hydraulik	Dichtigkeit	Verlust $< 0{,}001$V/d
		Elektronik ABS	EMV (El.-magn. Vertr.)	keine Störung bei Test 17-3
Oberbegriff **Fahrkomfort**	Reduziere Geräusch der Auspuffanlage	Halterung	Schwingamplitude	$< \pm 7$mm
		Rohrführung	Dämpfung	65 dBA
		Innere Dämpfer	Dämpfung b. Vollast	80 dBA/Voll.
Geräuschreduzierung	Reduziere Windgeräusch	Karosserie	Innenpegel	Vers. 8/<55dBA
		Abrisskanten	Lautstärke (Spektr.)	1000 Hz 2000 Hz 3500 Hz 5000 Hz
		Fenster	Dämpfung	> 60 dB
	Strömung verbessern	Gasführung	Luftvolumen / min	$0{,}4\text{m}^3$/min max 40 dBA
		Staubfilter	Rückhaltegrad	95% Rückh. Normfilter 8

Ersteller: J. Saatweber Datum: 20.8.2005 Projekt: **PKW** **F 12** **Funktionenbaum**

◀──── QFD-Phase I ────▶◀──── QFD-Phase II ────▶

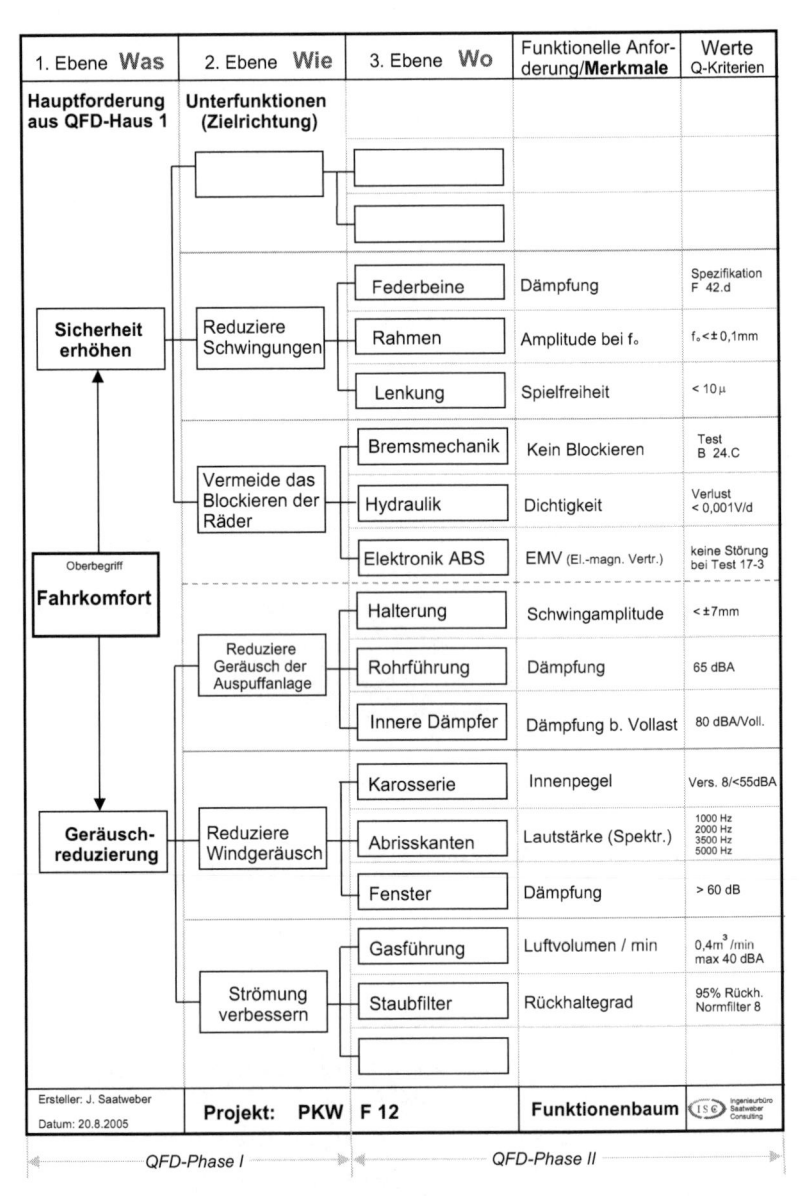

Abb. 1: *Funktionsbaum »Verbesserter Fahrkomfort« [2]*

6.3.1 Praxisbeispiel:
Funktionenbaum »Verbesserter Fahrkomfort« (Abb. 1)

Die Designcharakteristiken sollen im folgenden Funktionenbaum untersucht werden. Hierbei erfolgt das »Aufdröseln« in drei Ebenen:

In der *1. Ebene* finden wir die primären Forderungen – Was will der Kunde? Der Kunde wünscht sich verbesserten »Fahrkomfort«, dieses ist der Oberbegriff der ersten Ebene des Funktionsbaumes. Der verbesserte Fahrkomfort kann zum einen durch die »Reduzierung der Geräusche« und zum anderen durch konstruktive Maßnahmen wie zum Beispiel »Sicherheit erhöhen«, das heißt durch Veränderungen am Fahrwerk erreicht werden.

In der *2. Ebene* finden wir die Übersetzung der Kundenanforderungen (Was) in die Sprache des Unternehmens (Wie). Gefragt wird: »Wie erreichen wir die Reduzierung der Fahrgeräusche«?

Das QFD-Projektteam gruppiert die Designmerkmale in drei (oder mehr) Ebenen, um alle Unterfunktionen sowie die Baugruppen und Teile in ihrem Zusammenwirken zu ermitteln.

Die Funktionsmerkmale sind mit ihren Messwerten zu den jeweiligen Funktionen definiert. Der Funktionsbaum dient als *Vorstufe* zur Konstruktions- beziehungsweise Teilematrix (Phase II).

Analyse des in Abbildung 1 gezeigten Funktionsbaumes

In der 1. Ebene (Was)
finden wir zu der Kundenanforderung »verbesserter Fahrkomfort« zwei Möglichkeiten der Verbesserung,
⇨ die Geräuschreduzierung und
⇨ Sicherheit erhöhen, durch Verbesserungen am Fahrwerk.

In der 2. Ebene (Wie)
werden zu »Geräuschreduzierung« und »Sicherheit erhöhen« die möglichen Einflusskomponenten gesucht.
Die »Geräuschreduzierung« wird erreicht durch
⇨ verbesserte Auspuffanlage (reduziere Geräusch der Auspuffanlage),

⇨ reduzierte Windgeräusche,
⇨ verbesserte Strömung (Luftansaugung).

Die Kundenanforderung »Sicherheit erhöhen« wird angestrebt durch
⇨ reduzierte Schwingungen,
⇨ vermeiden blockierter Räder.

In der 3. Ebene (Wo?)
wird zu jedem Kriterium der 2. Ebene die Sub-Ebene untersucht. In dem Beispiel »reduziere Windgeräusche« werden Verbesserungsmöglichkeiten an drei Konstruktionselementen gesehen:
⇨ Karosserie
⇨ Abrisskanten
⇨ Fenster

Hierzu sind nun die funktionellen Anforderungen mit den angestrebten *Zielwerten* zu ermitteln. Bei dieser Vorgehensweise zeigt sich, dass die Genauigkeit des zu untersuchenden Ziels von Ebene zu Ebene zunimmt. Der Vorteil der Darstellung ist, dass die Rückverfolgbarkeit des Pfades zum Ausgangspunkt jederzeit möglich ist.

6.4 Phase II: Schritt 2 und 2a

Im zweiten Schritt sind die Funktionen in die Funktionsanforderung mit ihren Zielwerten zu übersetzen und mit den kritischen Teilen zu bestimmen. Danach erfolgt wiederum eine Bewertung wie in Phase I (> siehe hierzu auch die Teilematrix in dem Praxisbeispiel Leuchtdiode in Kapitel 7).

Wird ein Funktionenbaum erstellt, so können die Zielwerte zu den kritischen Teilen in die Matrix übernommen werden. Die Aufgabenstellung für die Teileplanung ist die Auswahl des besten Konzeptes sowie die Bestimmung der kritischen Teile und die Definition der Teilemerkmale. Das weitere Vorgehen ist identisch mit dem Vorgehen in Phase I.

Die QFD-Phasen II bis V

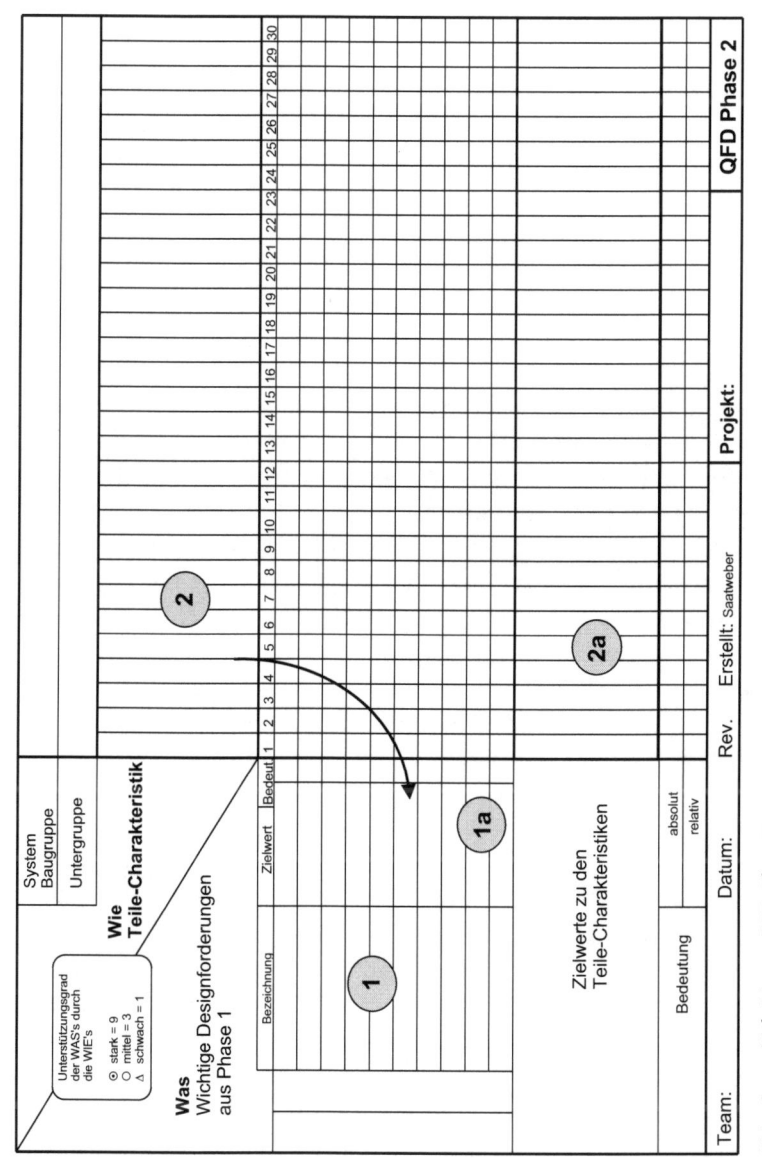

Abb. 2: *Teile Matrix, QFD-Phase II*

6.4.1 Ziel der Phase II ist

⇨ Bestimmen der *wichtigen* und *kritischen* Teile mit Parametern
⇨ Die Auswahl des besten Entwicklungskonzeptes
⇨ Bestimmung der *wichtigen* Elemente für Phase III, das heißt der Elemente, die einer eingehenden Prozessplanung in Phase III zu unterziehen sind.

Wichtig sind die Konstruktionselemente, deren Funktionen zur Erfüllung der besonders hohen Kundenforderungen unerlässlich sind. *Neue* Konstruktionselemente müssen bezüglich ihrer Beherrschbarkeit (Konstruktion) und ihrer Herstellbarkeit in der Serienproduktion anhand der Qualitätsmerkmale überprüft werden. Weiterhin ist das Zusammenwirken mit den anderen Konstruktionsteilen festzustellen. Die Lieferanten neuer Materialien und Teile müssen wegen der geplanten Verarbeitung konsultiert werden.

Kritisch sind die Elemente, die technisch noch nicht sicher beherrscht werden. Kritisch sind auch die Merkmale, die mit negativen Korrelationen im Dach des 1. Hauses gefunden wurden und außerdem sind die Konstruktionen kritisch, die in der Vergangenheit zu Produktstörungen beim Kunden führten (siehe Ausfallstatistiken).

Während der Phase II sind umfangreiche Studien zur Stützung der Ergebnisse zu leisten, wie sie bei jeder Entwicklung durchzuführen sind. Von besonderer Bedeutung sind alle absichernden Verfahren, die der präventiven Qualitätssicherung dienen wie zum Beispiel FMEA (Fehler-, Möglichkeits- und Einflussanalyse), Ursache-Wirkungs-Diagramm, der Funktionenbaum, das Taguchi-Verfahren, TRIZ (> Kap. 10.6) und das Pugh-Verfahren (> Kap. 11).

Je nach Intensität der Projektarbeit werden vor der Ermittlung der kritischen Teile im »Teile-Haus« Untersuchungen zu Fremdlösungen im Vergleich zu Eigenlösungen unter Einbeziehung sowohl von technischen als auch von Kostenaspekten angestellt. Die Matrix kann durch einen »Anbau« für die Kostenbetrachtungen erweitert werden.

Hier können die Einzelkosten der Bauteile, die an der Erfüllung von Funktionen beteiligt sind, ermittelt werden.

Vor der Konzeptdefinition sollten alternative Lösungen nach Pugh auch unter dem Gesichtspunkt der Zuverlässigkeit, der Kosteneinsparung oder einem gesetzten Kostenlimit betrachtet werden. Liegt das Lösungskonzept jedoch bereits weitgehend fest oder reicht die Zeit nicht für die vertiefenden Untersuchungen, so können nach der Erstellung der Teileliste aus dieser die kritischen Teile entnommen und mit ihren Werten in die Matrix der Phase II übertragen werden. Die Bestimmung der kritischen Teile erfolgt anhand einer FMEA-Fehler-Möglichkeits- und Einflussanalyse, notfalls auch nach »bestem Wissen«.

Spätestens an dieser Stelle sollte nach nochmaligem Durchlaufen der zweiten Stufe ein Abbruch des Projektes in Betracht gezogen werden, wenn sich kein angemessenes Produktionskonzept entwickeln lässt.

Während bei einer Produkt-QFD in der Phase II die Komponenten oder Teile betrachtet werden, können bei einem Unternehmensplanungs-QFD in der Phase II die Abteilungen oder Unterprozesse der Firma betrachtet werden.

Bei einem Entwicklungsprojekt nach QFD zu einer Dienstleistung wären in der Phase II die Elemente der Dienstleistung zu planen. Diese Elemente enthalten materielle und immaterielle Anteile. »Was wird erbracht?« beschreibt den Produktanteil und »wie wird die Leistung erbracht?« (z.B. Bedienung im Restaurant) den immateriellen Anteil. Zu beiden Aspekten sind die Merkmale (Wie) zu definieren.

In der Phase II wurden die Teilecharakteristika ermittelt, die erforderlich sind, um die geforderten Funktionen zu erfüllen. Nach Abschluss der Teileplanung sind den Teilemerkmalen *Sollwerte* zuzuordnen.

Am Ende der Phase II bestehen neben dem Pflichtenheft die Ergebnisse der Teileplanung. Diese sind Dokumentationen wie Zeichnungen, Entwürfe, Stücklisten für das konkrete Produkt sowie die Qualitätsanforderungen an die Teilsysteme.

In der folgenden III. Phase werden nun die Prozessparameter ermittelt, die für die *Herstellung der Produkte* (beziehungsweise Dienstleistung) nötig sind. Weiterhin muss die Prozessfähigkeit der ausgewählten Prozesse bewertet werden.

6.5 Phase III: Prozessplanung

Die in Phase II gefundenen kritischen Teile-Charakteristiken bilden in der Phase III die Anforderungen im Eingang der Prozessmatrix, in deren Ausgang die kritischen Prozessparameter zu dokumentieren sind. Das beste Teilekonzept aus Phase II nützt nichts, wenn die Fertigungsprozesse den Anforderungen nicht gerecht werden können. Daher ist die Leistungsfähigkeit des Prozesses zu maximieren.

Das *Ziel* der Phase III ist:
⇨ die Entwicklung der Prozessmerkmale (Charakteristiken)
⇨ die Festlegung der optimalen Prozesszielwerte
⇨ die Ermittlung weiterer kritischer Prozessgrößen
⇨ das Festlegen der zu bearbeitenden Kriterien für die Phase IV (Verfahrensplanung).

6.5.1 Der Ablauf in der Phase III

Das Erstellen der Prozessplanungsmatrix und das Finden der kritischen Prozessparameter erfolgt in gleicher Weise wie in den vorherigen Phasen I und II.
⇨ In den Eingang der Matrix (1) werden die Charakteristika der kritischen Teile aus Phase II mit ihren Zielwerten übertragen.
⇨ Dann sind die Prozesscharakteristiken (2) mit ihren technischen Zielwerten (2a) zu ermitteln und die Bewertung (3) der Beziehung durchzuführen.

Das Was-Wie-Frage- und Antwortspiel wird hier auf einer höheren Ebene vollzogen, das heißt, die »Stimme des Kunden« durchdringt alle QFD-Phasen.

In der Phase III wird der Herstellprozess so festgelegt, dass die *Reproduzierbarkeit der Produkte* eingehalten werden kann. Durch eine frühzeitige Mitarbeit der Fertigungsplaner und der Produktion im QFD-Prozess wird sichergestellt, dass sich die Produktion frühzeitig mit den neuen Techniken befasst und das Spezialwissen der Produktion in die Konstruktion einfließen kann. QFD fördert die Erkenntnis der Mitarbeiter, warum bestimmte Dinge nur so und nicht anders gehandhabt werden dürfen.

Die Kopfzeile des Plans in Abbildung 3 zeigt den Prozessablauf, unter dessen Einzelstufen die für die jeweilige Stufe maßgebenden kritischen Prozessparameter zu finden sind. Hier können auch die Zulieferer der Baugruppen oder Teile nach entsprechender Schulung einbezogen werden.

6.5.2 Prozess-Matrix Phase III

In der knappen Darstellung der Matrix sind die verschiedenen Zwischenschritte, wie Überlegungen zu Alternativen und deren Auswahl oder die Prozess-FMEA nicht wiedergegeben. Nach Abschluss der Phase III sind die Prozesse optimiert, alle kritischen Elemente identifiziert, die kritischen Prozessgrößen ermittelt und die Fertigungsprozesse optimal abgestimmt.

Die QFD-Phasen II bis V

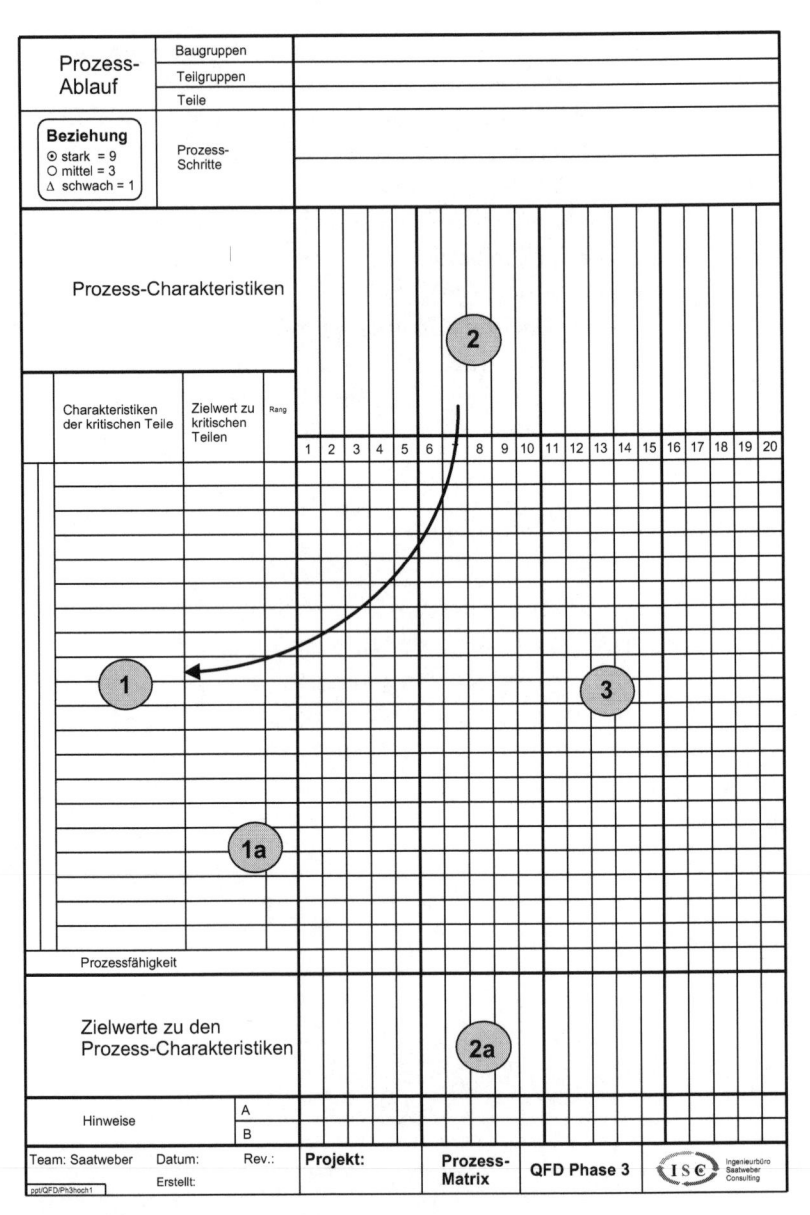

Abb. 3: *Prozessmatrix, QFD-Phase III*

6.6 Phase IV: Produktions- bzw. Verfahrensplanung

Die Überlegungen der QFD-Phasen I bis III münden in die konkreten Pläne und Anweisungen für die Produktion. In der QFD-Phase IV sind nach der Erstellung der Prozessmatrix diejenigen Prozessparameter deutlich bewusst, deren Steuerung schwierig ist und die besonderer Arbeitsanweisungen und Prüfpläne bedürfen.

Die Verfahrensmatrix in Abbildung 4 zeigt die kritischen Prozessparameter aus Phase III und listet beispielhaft Aspekte auf, die zu den einzelnen Prozessschritten bedacht und geplant werden sollten.
Das sind:
⇨ Betriebsbedingungen
⇨ Qualitätssicherungspläne
⇨ Instandhaltungsanweisungen und Arbeitsanweisungen

Das Team hat nun die Aufgabe, die vorgesehenen Prozesse im Hinblick auf auftretende Schwierigkeiten zu untersuchen und deren Auftreten durch vorbeugende Maßnahmen, zum Beispiel nach Poka Yoke zu verhindern. Überlegungen nach Poka Yoke haben zum Ziel, die Fertigungs- und Montageabläufe so (narren-)sicher zu machen, dass keine Verwechselungen von Teilen oder andere Fehler auftreten können.

Die Bedeutung der Phase IV wird häufig mit dem Argument unterschätzt: »Das haben wir alles« oder »unsere Leute in der Fertigung (oder Verwaltung, Verkauf, Kundendienst) wissen schon, was, wie und wann zu tun ist«. Die Realität zeigt häufig, dass die Menschen am Ende der Kette nicht wissen, warum ein Vorgang bestimmten Vorgaben folgen muss. Unzureichende Information und Schulung über die Hintergründe fördern Demotivation und verhindern die Bereitschaft zur andauernden Suche nach Verbesserungen.

Die Entwicklung *aller Phasen* nach QFD bis hin zu den Arbeitsanweisungen verdeutlicht dagegen allen Beteiligten die Kette von den Kundenanforderungen bis zur Umsetzung im gesamten Betriebsgeschehen.

Die QFD-Phasen II bis V

| Ablauf | Baugruppen | |
| | Teilgruppen | |
| | Teile | |//

Ablauf	Baugruppen	
	Teilgruppen	
	Teile	
Prozessschritte		
Kritische / Wichtige Prozess-Parameter (aus Prozess-Matrix)		
Werte zu den kritischen Prozess-Parametern (aus Prozess-Matrix)		
Prozessfähigkeit		
Wichtigkeit / Bedeutung		
Arbeits-Merkmale und Risiko-bewertung Punktebewertung wie FMEA	A Schwierigkeitsgrad der Parameter-Kontrolle	
	B Auftretenshäufigkeit der zu erwartenden Probleme	
	C Auswirkung der zu erwartenden Probleme	
	D Entdeckungs-wahrscheinlichkeit	
	Σ Bewertung: Summe oder Produkt aus A-B-C-D	
Planung	Anlagenwartung	
	Ersatzteile	
	Serviceverträge	
	Prüfungen	
	Prüfmittel u. Kalibrierung	
	SPC / Regelkarten	
	Schulung / Erfahrung	
Qualitäts-Management-System	Verfahrensanweisung	
	Arbeitsanweisung	
Zeiten	Durchlaufzeit	
	Taktzeiten	
	Arbeitszeit direkt	
	Arbeitszeit indirekt	
Sonstiges		

| Team: | Datum: Rev.: Erstellt: *Saatweber* | **Projekt:** | Planung der Verfahren | QFD Phase 4 | ISC Ingenieurbüro Saatweber Consulting |

Abb. 4: *Verfahrensmatrix, QFD-Phase IV*

6.6.1 Verfahrensmatrix QFD-Phase IV

Am Ende der Phase IV steht die vollständige Dokumentation, die der Fertigung als Grundlage dient. Zur Vermeidung von Missverständnissen muss betont werden, dass QFD nicht eine Flut von schriftlichen Verfahrens- und Arbeitsanweisungen zum Ziel hat, die keiner liest. Im Gegenteil, deren Reduzierung ist gewollt.

Die »Stimme des Kunden« wurde in die »Sprache des Unternehmens« beziehungsweise bei Produkten in die Sprache der »Technik« übersetzt. Engpässe in der Produktion lassen sich auf diese Weise aufdecken und beheben. Die konsequente Planung nach QFD stellt sicher, dass die ausgelieferten Produkte dem Kundenwunsch entsprechen [3].

6.7 Phase V: Feedback-Phase

Nach Beendigung des QFD-Projektes sollte in einer Feedback-Phase *Phase V* festgestellt werden, ob die Kunden mit dem neuen verbesserten Produkt beziehungsweise der Dienstleistung zufrieden sind. Dies kann zum Beispiel durch eine Kundenbefragung erfolgen oder durch Vorstellen des neuen Produktes auf einer Fachmesse.
Zu fragen ist:
⇨ Wurde das angestrebte Ziel erreicht?
⇨ Sind die Kunden zufrieden?
⇨ Wie sind die Marktdaten (Marktanteile), was hat sich verändert?
⇨ War die Produktverbesserung beziehungsweise Neuentwicklung erfolgreich?
⇨ Welche Verbesserungen werden im nächsten Schritt angestrebt?
⇨ Wann wird das nächste QFD-Projekt gestartet?

6.8 Ausblick

Alle Phasen des Produkt-Planungsprozesses sind in der folgenden Abbildung 5 mit den »Haupt- und Neben-Häusern« zusammengefasst. Das Zusammenführen mag zunächst komplex erscheinen, es macht aber das »Was-Wie-Spiel« des gesamten QFD-Prozesses deutlich.

Die QFD-Phasen II bis V

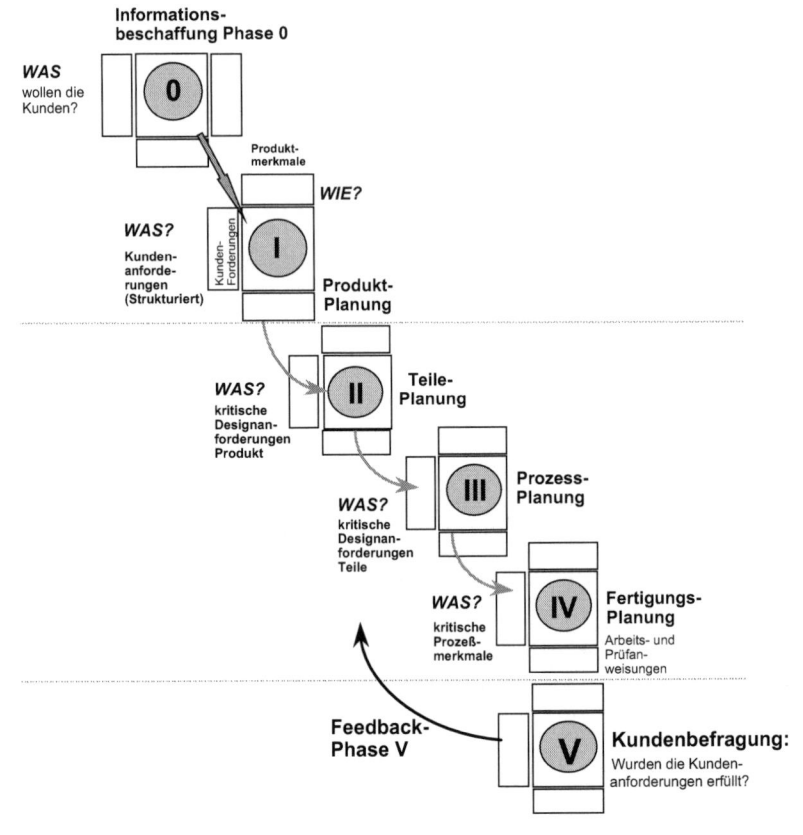

Abb. 5: *Der Ablauf der QFD-Phasen 0-I-II-III-IV-V*

⇨ Jedes »Was« wird zum »Wie« und dieses in der folgenden Phase wiederum zum »Was«.
⇨ Den vier aufeinander aufbauenden Phasen I bis IV geht die Phase 0 voraus, die die Erfassung der Kundenforderungen sicherstellt.
⇨ Nach Abschluss der Phase IV sollte in der Phase V das Ergebnis überprüft werden (wurde die Kundenanforderung auch wirklich erfüllt?). Die gestrichelten Linien deuten den *iterativen Ablauf* von drei aufeinander folgenden Haupt-Prozessen an, diese sind:

1. *Prä-QFD* (Phase 0)
   Vor dem QFD-Start in der Phase I beginnt der wichtigste Teil der QFD, die Informationsbeschaffung (Phase 0). Von den strukturierten Kundenanforderungen (primäre, sekundäre, tertiäre Forderungen) werden die tertiären Forderungen in den Eingang des ersten Hauses übertragen (> siehe Kapitel 3). Die »Stimme des Kunden« wird im nächsten Schritt (Haupt-QFD) in die »Sprache des Unternehmens« übersetzt.

2. *Haupt-QFD* (Phasen I, II, III, IV)
   Zu den tertiären »Was« (Kundenanforderungen) werden dann im I. Haus die »Wies« (Lösungsansätze/Merkmale) ermittelt. Gleichzeitig ist zu überlegen, ob funktional nicht miteinander verbundene Prozesse (zum Beispiel Vertrieb) in separaten QFD-Häusern bearbeitet werden können. Dies wird symbolisiert durch die Nebenhäuser 1a, 1b und 1x. Damit wird eine übersichtliche Bearbeitung in weniger komplexen Häusern möglich. Ein solches »Deployment« könnte auch dann vorgenommen werden, wenn die Anforderungen einzelner Kundengruppen an das gleiche Produkt sehr unterschiedlich sind.

In jeder der nun folgenden Phasen I bis IV wird gefragt:
⇨ Was wird gefordert?
⇨ Wie erfüllen wir die Forderung?

In der *I. Phase* werden die Kundenforderungen (Was) den charakteristischen Merkmalen der Erfüllung (Wie) gegenübergestellt.
In der *II. Phase* werden die kritischen Produktmerkmale (»Was« der Phase I) in Qualitätsmerkmale einzelner Teile oder Baugruppen (Wie) umgesetzt.
In der *III. Phase* werden aus den kritischen Baugruppenmerkmalen (Was) die Prozessmerkmale sowie die Prozessablauf- und Prüfablaufpläne (Wie) ermittelt.

In der *IV. Phase* münden die kritischen Prozessmerkmale (Was) in Arbeits- und Prüfanweisungen (Wie).

Damit ist die »Stimme des Kunden« in allen Phasen durchgängig hörbar, denn aus den Kundenanforderungen an das Produkt (Dienstleistung) werden die Designanforderung für die Teile, aus diesen die Prozessanforderungen und daraus schließlich die Arbeits- und Prüfanweisung.

3. *Post-QFD* (Feedback-Phase)

Nach erfolgreichem Abschluss des Projektes sollte festgestellt werden, ob die angestrebten Ziele erreicht wurden.

Wenn alle Bestrebungen des Unternehmens darauf ausgerichtet sind, die Wünsche des Kunden zu erfüllen, dann wird der Kunde dies mit seiner Treue zum Unternehmen honorieren. Er wird weiterhin bei dem kundenorientierten Unternehmen kaufen und er wird dadurch immer profitabler für das Unternehmen, das für die Werbung neuer Kunden ein vielfaches von dem investieren müsste, was zum Erhalt der bestehenden Kundenbeziehung aufzubringen ist.

Wenn alle am QFD-Projekt Beteiligten und die Geschäftsleitung als oberstes Ziel formulieren:

Wir wollen Kunden zufriedenstellen, dann wird sich für das Unternehmen der gewünschte Erfolg am Markt einstellen.

Das Management sollte sich an dem Entwicklungsprozess aktiv beteiligen, denn ein längerfristiger Unternehmenserfolg ist in ganz erheblichem Maße abhängig vom Markterfolg des nächsten Produktes. Diese Beteiligung kann durch Integration in das QFD-Team geschehen oder durch Übertragen einer selbstständigen Handlungs- und Entscheidungsfreiheit an das Team.

Ein weiterer Vorteil ist darin zu sehen, dass QFD-erfahrene Unternehmen ihre neuen Produkte schneller zu günstigen Kosten anbieten und ihren Marktanteil sichern, beziehungsweise erhöhen. Die »Stimme des Kunden« bildet in *allen* QFD-Phasen die Grundlage von maßgeblichen Entscheidungen, denn *QFD ist absolut kundenorientiert* [4].

Literatur

[1] *DGQ Band 13-21, Beuth, 2001*

[2] SAATWEBER, JUTTA, *Kundenorientierung durch Quality Function Deployment, Carl Hanser München, 1997*

[3] SAATWEBER, JUTTA *in »Handbuch Produktentwicklung, Hrsg.:Schäppi, Andreasen, Kirchgeorg, Radermacher, C. Hanser Verlag München, 2005*

[4] SAATWEBER, JUTTA, *Kundenorientierung durch Quality Function Deployment, Symposion, Düsseldorf, 2007*

Zusammenfassung

Kundenorientierte Produktentwicklung mittels QFD hilft, Produkte schneller und fehlerfreier zu entwickeln und auf den Markt zu bringen. QFD ist ein systematischer Leitfaden mit aufeinander abgestimmten Planungs- und Kommunikationsprozeduren. Mittels QFD können alle Fähigkeiten eines Unternehmens koordiniert und fokussiert werden. Die Fokussierung richtet sich auf die Entwicklung von Produkten und Dienstleistungen mit dem Ziel, *nur die Produkte zu entwickeln, die dem Kundenwunsch entsprechen.* Dieses Ziel ist dann erreichbar, wenn Marketing-, Entwicklungs- und Produktionsfachleute eng zusammenarbeiten und die Planungsschritte gemeinsam abstimmen. Vom ersten Schritt: Kundenforderungen und deren Priorität festlegen über die Bewertung des eigenen Produktes im Vergleich zum Mitbewerber aus der Sicht des Kunden, bis zur »Übersetzung« in die Qualitätsmerkmale erfolgt eine systematische Planung bis hin zum fertigen Produkt. In mehreren aufeinander abgestimmten Phasen wird über die Zielwerte, deren Realisierung, über Korrelationsstärken und den Schwierigkeitsgrad der Realisierung der Lösungsansätze durch den Hersteller entschieden. Der technische Vergleich zu Mitbewerber-Produkten sowie der technische Vergleich im eigenen Hause runden die Gesamtbetrachtung der Matrix ab. Im House of Quality sind die Einzelfunktionen auf detaillierten Ebenen so koordiniert, dass die globalen Anforderungen erfüllt werden. Die QFD-Systematik ermöglicht eine nachvollziehbare Dokumentation der Arbeits- und Planungsergebnisse. Der Vorteil der QFD-Dokumentation liegt in der einfachen Darstellungsweise, die jederzeit die *Rückverfolgbarkeit* der Entscheidungen ermöglicht.

Kapitel 7

QFD I: Praxisbeispiele

Der bisherige theoretische QFD-Teil soll durch einige Beispiele aus der Praxis ergänzt werden. Diese Beispiele zeigen, wie die Kundenanforderungen in neue Produkte umgesetzt werden können.

In diesem Beitrag erfahren Sie:
- wie mit QFD LED's entwickelt werden,
- wie ein PC-Hersteller einen Service entwickelt,
- wie die Weiterentwicklung einer Kamera erfolgt und wie 2 QFD-HoQ's zusammengefügt werden,
- wie ein Gehstock mit GPS entwickelt wird.

7.1 Praxisbeispiel – Leuchtdiode (LED)

Die Tage der Glühbirne sind gezählt. Die Zukunft gehört der »Licht emittierenden Diode« (Light Emitting Diodes), kurz: LED. Das Innovationspotenzial der LED ist ein Feld mit hoher Dynamik. Der Markt mit LED-Produkten wird stetig wachsen. Der Grund dafür ist die stärkere Nutzung von LED's im Automobilbau und im Endverbrauchermarkt.

Die Vorteile der innovativen LED-Technik sind:

⇨ geringer Bauraumbedarf

⇨ eine hohe Lebensdauer (circa 100.000 Stunden Leuchtdauer)

⇨ ein niedriger Energiebedarf, höhere Effizienz, da LED's schon bald bis zu 60% der Energie in Licht umsetzen und den Stromverbrauch deutlich sinken lassen (Glühbirne setzt nur 5% der elektrischen Energie in Licht um) [1].

QFD 1: Praxisbeispiele

In der Autoindustrie wollen die Hersteller mit den Leuchtdioden für mehr Sicherheit sorgen. Auf der letzten IAA (Internationale Automobilausstellung) konnten bereits Innovationen in der Lichttechnik bestaunt werden. Neben der Formenvielfalt der Scheinwerfer sah man die ersten LED's in Serie an den Rückleuchten des VW Phaeton, des Siebener BMWs und dem Audi A8. Seit 2011 sind LED's bereits bei Cadillac, Audi und Lexus (von Toyota) im Serieneinsatz.

Die Firma Hella in Lippstadt stellte den Prototyp eines LED-Scheinwerfers in einem VW Golf vor, der demnächst serienmäßig geliefert werden soll.

Durch das bereits gestartete Förderprogramm des BMBF »Optische Technologien im 21. Jahrhundert« (280 Millionen Euro Fördermittel) sind in nächster Zeit weitere innovative Konzepte der Beleuchtung zu erwarten. Auch in Taschenlampen und Stirnleuchten sowie als Rückleuchten am Fahrrad sind LED's schon im Einsatz.

Von Osram wurde eine infrarote Leuchtdiode (IR-LED) entwickelt, die als »Müdigkeits-Erkennungs-System« eingesetzt wird. Sie soll den Sekundenschlaf verhindern. Eine Kamera mit Bildauswertungssoftware misst die Lidschlagfrequenz des Fahrers und erkennt, ob er/sie übermüdet ist. Das System gibt dann vor Eintreten des Sekundenschlafs akustischen Ararm oder durch Rütteln am Lenkrad [10].

Vorteile der Leuchtdioden für die Autoindustrie sind:
⇨ die schnelle Ansprechzeit und der damit verbundene Gewinn an Sicherheit,
⇨ der geringe Energieverbrauch,
⇨ extreme Standzeiten,
⇨ die kleine Baugröße,
⇨ lange Lebensdauer von circa 25.000 Betriebsstunden (das heißt, mehr als ein ganzes Autoleben).

Was die Zukunft dem Autolicht bringen wird: Die Funktionen werden verfeinert, z. B. die Steuerung der verschiedenen Lichtszenarien je nach Fahrsituation und -tempo. Das dynamische Kurvenlicht erhöht die Fahrsicherheit.

QFD 1: Praxisbeispiele

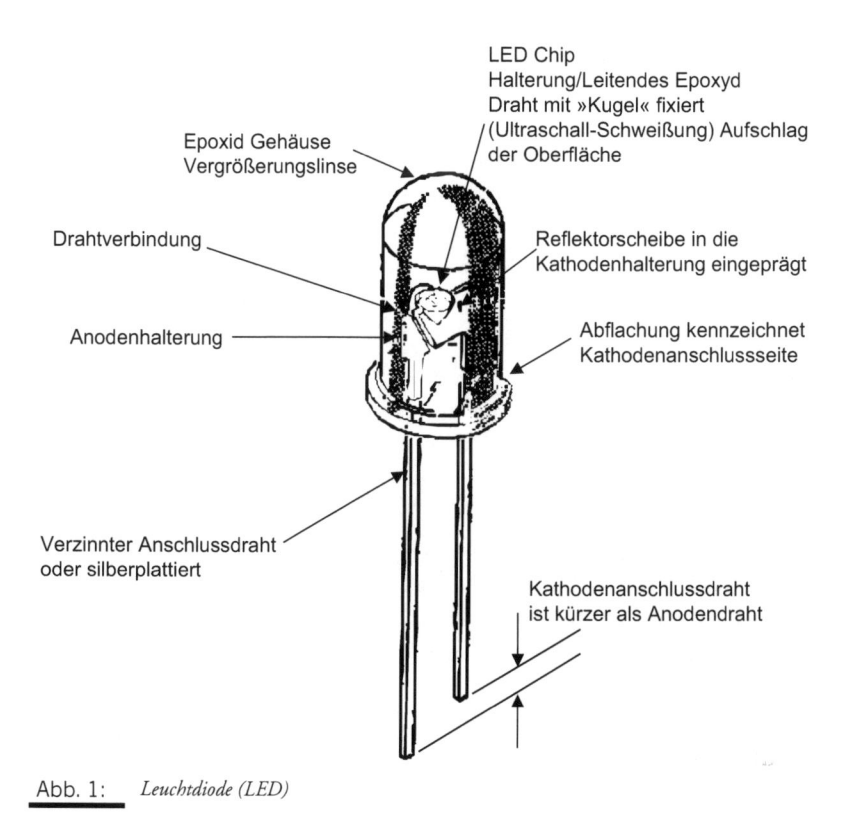

Abb. 1: *Leuchtdiode (LED)*

7.1.1 Zum LED-Beispiel in Abbildung 1:

Ein Hersteller von Leuchtdioden plante vor einigen Jahren die Weiterentwicklung und Verbesserung seiner Produkte nach dem QFD-Leitfaden.

Die Kunden, vorwiegend Weiterverarbeiter und Zulieferer der Automobilindustrie, nannten in einer Befragung ihre Forderungen an Leuchtdioden. Der Anforderungskatalog wies dabei auf Probleme hin, die sich erst in der Weiterverarbeitung bei den Kunden zeigten. Insbesondere wurde die hohe Temperaturempfindlichkeit der LED's

beim Einlöten bemängelt. Dieser Fehler zeigte sich erst nach der Verarbeitung im Test, wenn die Leuchtdioden bereits auf der Platine fixiert waren. Die Temperaturerhöhung beim Lötvorgang führte zu mechanischen Spannungen der Substrathalterung. Daraus resultierten die (am höchsten gewichteten) Kundenforderungen an das neue Produkt (siehe Abb. 2):
⇨ Die Leuchtdiode soll nach dem Einbau (Löten) funktionieren und die Spezifikationen einhalten.
⇨ Insbesondere die empfindlichen Anschlussdrähte (»Beinchen«) dürfen nicht beschädigt werden.
⇨ Die Leuchtdiode muss Farben in spektraler Reinheit abgeben.
⇨ Die Kosten sollten gering sein (Zulieferer stehen unter Kostendruck).

Die vorstehend genannten Kundenanforderungen wurden in die linke Spalte der QFD-Matrix in Abbildung 2 übertragen und bilden nun den Eingang (Was?) der QFD-Phase I.

Im nächsten Schritt werden die technischen Produktmerkmale bestimmt und bewertet, über welche die Kundenforderungen realisiert werden sollen (Wie lösen wir die Anforderungen?). Diese werden dann, wie bereits in allen vorherigen Beispielen, in die Kopfzeile der Matrix eingetragen.

Die als besonders wichtig gewerteten Kundenanforderungen »Lötbar im Lötbad« wird beispielsweise durch die Lösungsansätze »Löttemperatur erhöhen« stark unterstützt. Die Kundenanforderung »Funktion nach Einbau« wird ebenfalls durch »Löttemperatur erhöhen« unterstützt, aber nur schwach.

Die Kurzbezeichnungen in der Matrix Abbildung 2 bedeuten:
⇨ TMCL – Temperaturwechselfestigkeit und
⇨ HTCL – Hochtemperaturlebensdauer.

Nun werden die weiteren Schritte des QFD-Verfahrens wie beschrieben durchgeführt:

QFD 1: Praxisbeispiele

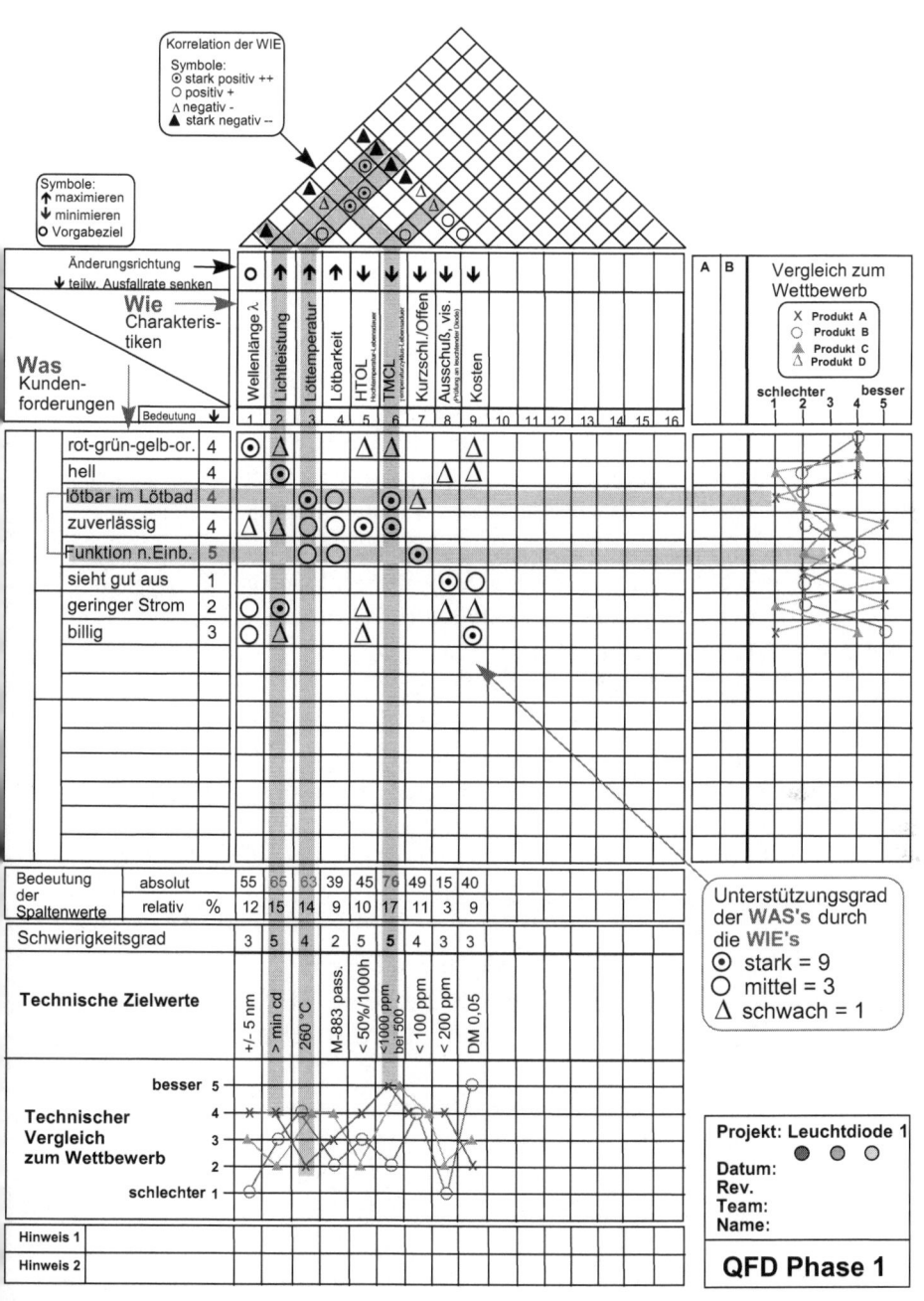

Abb. 2: *Praxisbeispiel Leuchtdiode, QFD-Phase I*

⇨ Konkurrenzvergleich
⇨ Festlegen des technischen Zielwertes
⇨ Korrelation der Produktmerkmale mit den Kundenwünschen
⇨ Verträglichkeitsmatrix (Dach)
⇨ technischer Vergleich zum Wettbewerb

Phase I: Kundenanforderungen übersetzen
Die Korrelation der Produktmerkmale in Abbildung 2 zeigt, dass man schlecht beraten ist, den Kundenwunsch »billig« in die Matrix aufzunehmen, weil dieser Wunsch mit den meisten übrigen Kriterien negativ korreliert. Die Kosten sollten in einem weiteren Schritt betrachtet werden. Bewährt hat sich dabei das Target Costing Verfahren nach Horvath [3].
Zu den drei kritischen Designforderungen der Phase I:
⇨ »TMCL: Temperaturwechselfestigkeit« (17 Prozent)
⇨ »Lichtleistung erhöhen« (15 Prozent)
⇨ »Löttemperatur erhöhen« (14 Prozent)
sind nun in der folgenden Phase II die geeigneten Komponenten/ Bauteile zu bestimmen. Die drei Merkmale auf der »Wie-Seite« von Abbildung 2 werden mit ihren Zielwerten in die »Was-Spalte« in Abbildung 3 eingefügt.

Phase II: Komponenten und Bauteile
Ziel der Phase II ist
⇨ das Bestimmen der kritischen Teile mit Parametern,
⇨ die Auswahl des besten Entwicklungskonzeptes,
⇨ das Bestimmen der wichtigsten Elemente für Phase III.

In der Phase II sind umfangreiche Studien zur Stützung der Ergebnisse zu leisten. Die Fachspezialisten im LED-Team sind jetzt gefordert, die Teile-Charakteristiken zu den wichtigsten Forderungen aus der Phase II zu bestimmen.

QFD 1: Praxisbeispiele

Abb. 3: *Leuchtdiode, QFD-Phase II*

QFD 1: Praxisbeispiele

Abb. 4: *Leuchtdiode Phase III*

Der Verbindungsdraht an der Diode erweist sich als kritisches Teil.
Die kritischen Teile-Charakteristiken der Phase II (siehe Abbildung 3)
sind
⇨ die Kugelzugkraft mit 13 Prozent und
⇨ die Zugfestigkeit der Drahtverbindung mit 13 Prozent.

Die »Kugelzugkraft« und die »Zugfestigkeit Drahtverbindung« werden nun mit ihren Zielwerten in den Eingang der Phase III übertragen, in der die Prozesscharakteristika ermittelt werden (siehe Abb. 4).

Phase III: Prozessplanung
Das Ziel der Prozessplanung Phase III ist:
⇨ die Entwicklung der Prozessmerkmale
⇨ das Festlegen der optimalen Prozesszielwerte
⇨ die Ermittlung der kritischen Prozessgrößen
⇨ das Festlegen der weiteren zu bearbeitenden Kriterien für Phase IV, Verfahrensplanung

Der Ablauf in der Phase III, das Erstellen der Prozessmatrix und das Finden der kritischen Prozessparameter erfolgt in gleicher Weise wie in den vorhergehenden Phasen I und II. In den Eingang der Matrix werden die Charakteristika der kritischen Teile aus Phase II mit ihren Zielwerten übertragen. Dann sind die Prozesscharakteristiken mit ihren technischen Zielwerten zu ermitteln und die Bewertung der Beziehung durchzuführen. Aus der Matrix werden diejenigen Prozessparameter deutlich, deren Steuerung schwierig ist oder die besonderer Arbeitsanweisungen und Prüfpläne bedürfen.

In der Prozessplanungsphase wird der Herstellprozess so festgelegt, dass die Reproduzierbarkeit der Produkte eingehalten werden kann. Die Mitarbeit der Fertigungsplaner und Produktexperten im QFD-Team ist sichergestellt, das Fachwissen kann in die Konstruktion einfließen. QFD fördert damit das fachübergreifende Know-how der Mitarbeiter.

Im Fallbeispiel LED führte die klare strukturierte Vorgehensweise zu einer verbesserten konstruktiven Lösung. Die Fehlerrate bei der Verarbeitung der Leuchtdioden wurde erheblich reduziert, was zu einer deutlichen Erhöhung der Kundenzufriedenheit führte [4].

Das Unternehmen hat kontinuierlich an der Weiterentwicklung der Leuchtdioden gearbeitet und konnte in diesem Jahr eine weiße LED präsentieren, die mit fast 200 Lumen Lichtstrom die hellste LED ihrer Art ist und konventionelle Leuchtmittel in den Schatten stellt.

7.2 Praxisbeispiel Dienstleistung

7.2.1 QFD-Fallbeispiel: Verbesserung der Kommunikation zwischen Kunden und Lieferanten

Heute wollen Kunden bei der Gestaltung von Dienstleistungsabläufen beteiligt sein, sie werden stärker in den Prozess der Leistungserstellung eingebunden als die Käufer von Produkten, weil die Qualität von Dienstleistungen in starkem Maße vom Qualitätsempfinden des

Kundenkriterien für Servicequalität
- Materielles
- Zuverlässigkeit
- Entgegenkommen
- Kompetenz
- Zuvorkommenheit
- Vertrauenswürdigkeit
- Sicherheit
- Erreichbarkeit
- Kommunikation
- Kundenverständnis

Schlüsselfaktoren für Kundenerwartungen
- Mündliche Empfehlungen
- Persönliche Bedürfnisse
- Kommunikation nach außen

→ Erwarteter Service
→ Erlebter Service
→ Wahrgenommene Servicequalität

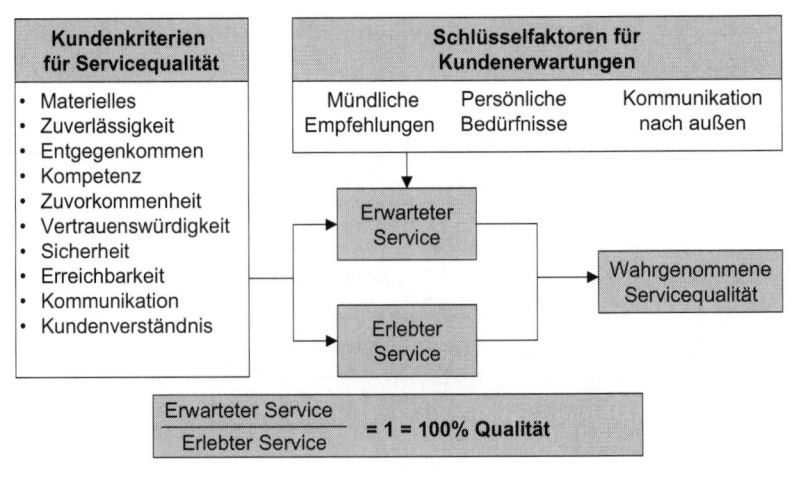

$$\frac{\text{Erwarteter Service}}{\text{Erlebter Service}} = 1 = 100\% \text{ Qualität}$$

Abb. 5: *Kundenbewertung von Service-Qualität*

einzelnen Kunden abhängt. Dienstleistungsqualität wird als Differenz von individueller Erwartung und subjektiver Wahrnehmung erlebt.

Dienstleistungen/Service sind immaterielle Leistungen, sie sind schwer messbar und werden zum Zeitpunkt der Darbietung verbraucht. Jede Dienstleistung hat, wie ein Produkt, einen Erstellungs- und einen Erbringungsprozess. Die Kundenzufriedenheit ergibt sich nicht nur aus dem Ergebnis, sondern auch aus dem Prozess. Daher ist es eminent wichtig, dass Unternehmen sich folgende Fragen stellen:

⇨ Wie wurde der Kunde während des Erbringungsprozesses der Dienstleistung behandelt?
⇨ Wie wirkte sich das Verhalten der Mitarbeiter (zum Beispiel Höflichkeit, Freundlichkeit, Bearbeitungszeit) aus? Diese Faktoren sowie die persönliche Kommunikation haben starken Einfluss auf die Kundenzufriedenheit.
⇨ Wie kompetent wurde der Kunde bedient? Verstand man sein Anliegen?
⇨ War die Fachkompetenz der Mitarbeiter ausreichend?
⇨ Wurden die zeitlichen Vorgaben eingehalten?

Jedes Kontakterlebnis eines Kunden mit dem Unternehmen ist ein Augenblick der Wahrheit (»moments of truth«), also ein Schlüsselerlebnis. Unternehmen mit häufigen Kundenkontakten, wie zum Beispiel die Lufthansa, messen diese »Augenblicke der Wahrheit« regelmäßig, um daraus Verbesserungsmaßnahmen ableiten zu können. Bei Serviceprozessen betrachtet man in der Regel eine Reihe von möglichen Kombinationen aus Teilprozessen, wobei es für jeden dieser Teilprozesse eine Eintrittswahrscheinlichkeit gibt.

In dem folgenden Beispiel eines amerikanischen IT-Unternehmens sind die einzelnen Prozessschritte der Serviceerstellung den Kundenanforderungen gegenübergestellt. Das Ertragspotenzial des Service soll genutzt werden, um durch seinen Ausbau neue Geschäftsfelder zu erschließen und neue Kunden zu gewinnen. Das Beispiel konzentriert sich auf die »weichen« Probleme einer zurückliegenden Kundenbefragung und kann unter dem Oberbegriff »Kommunikation zwischen Kunden und Lieferant« zusammengefasst werden.

Das Supportzentrum des Computerherstellers führte vor einiger Zeit eine schriftliche Befragung durch, um die Anforderungen der Kunden an die Beratungsleistung des Unternehmens zu erfassen. Neben dem statistischen Ergebnis standen auch umfangreiche Kundenkommentare zur Verfügung, mit denen ein QFD-Projekt gestartet wurde. Das Unternehmen erhielt aufgrund hoher Kundenbindung umfassende Kommentare seiner Vertragskunden, die auch weiterhin an einer guten Zusammenarbeit und am Erfolg und Überleben des Unternehmens interessiert sind.

Die häufig genannten Kundenkommentare dieser Umfrage, die als die Hauptwünsche der Kunden anzusehen sind, sind in Abbildung 6 in komprimierter Form dargestellt.

Kundenumfrage
Kundenkommentare

»**Harte**« **Probleme:** Hardware/Software -> Werke
Vertrieb/Kundendienst -> Vertriebsregionen

»**Weiche**« **Probleme:**

- ☐ Zuständigkeit?
- ☐ Vollständige Lieferung?
- ☐ Termingerechte Installation?
- ☐ Telefonische Erreichbarkeit?
- ☐ Zusammenarbeit der Abteilungen?

- ☐ Beratung ohne Vertrag?
- ☐ Fehlende deutsche Unterlagen
- ☐ Hardware-Software-Problem?
- ☐ Vorschläge?
- ☐ Allgemeine Informationen und Beschwerden?

Abb. 6: *Ergebnis der Kundenumfrage*

Dieses signifikante Beispiel beschäftigt auch in anderen Unternehmen interne und externe Experten auf der Suche nach geeigneten Lösungen, weil Kommunikation heute als eine Dienstleistung (beziehungsweise ein »Produkt«) begriffen werden muss, das die Kunden erwarten. Kundenzufriedenheit ergibt sich nicht mehr nur durch eine reibungslos funktionierende Hardware, sondern durch Erreichbarkeit, Beratung, Schulung, Service, also Dienstleistungen, die unter »*Kom-*

munikation mit Kunden« zusammengefasst werden können und die systematisch zu entwickeln sind.

Dabei muss die Entwicklung von Dienstleistungen im Verlauf der Entwicklungsphasen folgende *vier Faktoren* berücksichtigen:
1. die Inhalte der Dienstleistung selbst (»Produkt«)
2. den oder die Prozesse der Leistungserbringung
3. die Fähigkeiten der dienstleistenden Mitarbeiter
4. die Leistungsmerkmale (Qualitätsmerkmale) für die verschiedenen Faktoren

QFD lässt sich, wie hier am Beispiel gezeigt, auch bei der Bearbeitung *»weicher Faktoren«* gut einsetzen.

Das Computerunternehmen musste nach der erfolgreichen Befragung überlegen, wie die Kundenanforderungen in einwandfreie Funktionen aller beteiligten Prozesse umgesetzt werden können. Dabei ging man wie folgt vor:

⇨ Zunächst wurden die am häufigsten genannten Kundenforderungen anhand einer Pareto-Analyse (80:20) untersucht. Mittels dieser Analyse wird festgestellt, welche Ursache den größten Einfluss auf das Kunden-Problem hat. Diese Anforderungen werden dann gewichtet und in den Eingang des 1. QFD-Hauses (Abb. 7) übertragen.

⇨ Der Grad der Wichtigkeit/Bedeutung ergab sich aus der Anzahl der Kundenkommentare zu der jeweiligen Forderung.

⇨ In das rechte Feld der Matrix wurde die Beurteilung der Leistung durch die Kunden nach den statistischen Ergebnissen der Umfrage eingetragen.

⇨ Ein »Konkurrenzvergleich aus Kundensicht« musste hier mangels Daten unterbleiben.

⇨ Zu den einzelnen Kundenforderungen wurden dann die Lösungsansätze (Wie's) gesucht.

QFD 1: Praxisbeispiele

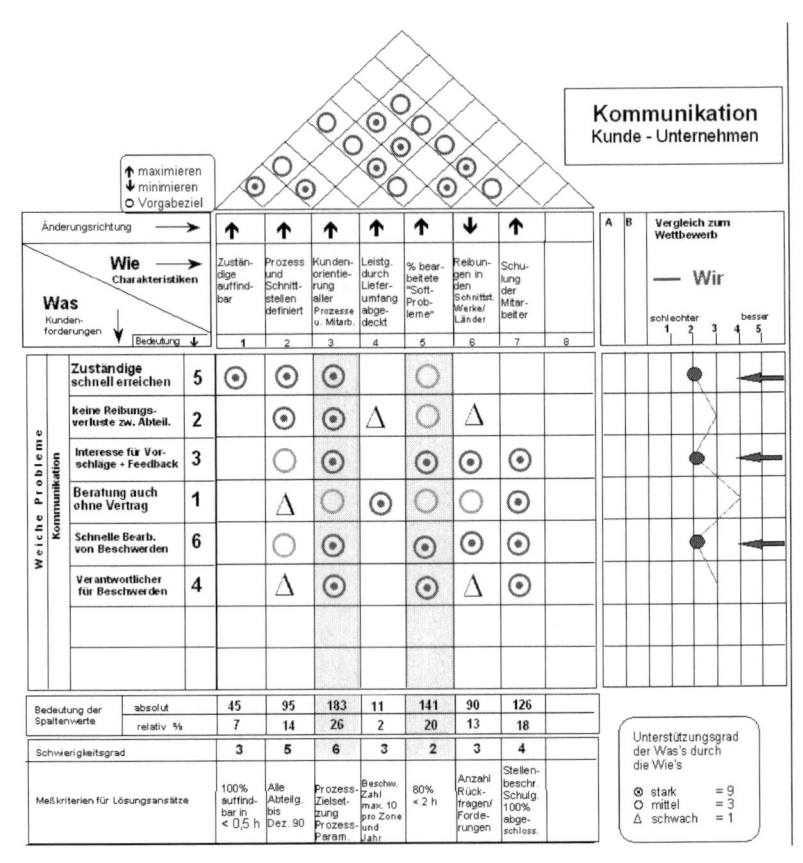

Abb. 7: QFD-Kommunikation, 1. Haus

Das Team diskutierte danach die Gewichtung der einzelnen Forderungen und die Erreichbarkeit der Messkriterien für die Lösungsansätze

Nach Abschluss der Bewertung ergibt sich in Spalte 3 der ersten QFD-Matrix mit dem Wie-Charakteristikum »Kundenorientierung aller Prozesse und Mitarbeiter« die relativ höchste Bewertung mit 26 Prozent. Da der Umsetzungsgrad dieser Forderung zum damaligen Zeitpunkt noch äußerst schwierig war (Schwierigkeitsgrad 6), entschloss sich das Team zunächst die mit 20 Prozent am zweithöchsten bewertete Forderung »Prozent bearbeitete Softprobleme« aufzugreifen. Der Schwierigkeitsgrad der Umsetzung ist hier mit 2 wesentlich geringer bewertet und das Problem ließ sich in kürzerer Zeit lösen. Das zurückgestellte hoch bewertete Dienstleistungsmerkmal »Kundenorientierung aller Prozesse und Mitarbeiter« wird im nächsten Schritt aufgegriffen und ebenfalls mittels QFD untersucht.

Das erste QFD-Haus erfordert nun weitere Planungsphasen. Der vertikale Ausgang der Matrix in Abbildung 7 listet die Charakteristiken auf, die in Phase II weiter verfolgt werden sollen.

Der aus der Kundenforderung »schnelle Bearbeitung von Beschwerden« resultierende Lösungsansatz »Prozent bearbeitete Softprobleme« wird jetzt als Was in das zweite QFD-Haus (> Abb. 8) übertragen. Dazu fand das Team zehn Lösungsmöglichkeiten, die diese Forderung unterstützen. Für jede Lösungsmöglichkeit wurde ein herausragender Zielwert definiert.

			lokale Problemaufnahme und Weiterleitung an Koordinator	Bearbeitung durch Koordinierungsstellen, Terminierung und Feedback	Koordinator -> Werke Bearbeitung und Feedback an Koordinator	System für interne Kommunikation Termine und Feedback	System für Statistik/Bericht	Dokumentation der Elemente "Kunden-Feedback-System"	Schulungsunterlagen	Prozessparameter	Eskalationsprozess	Review-Plan
	Wie → Prozesselemente											
	Was Anforderungen											
			1	2	3	4	5	6	7	8	9	10	11
KOMMUNIKATION	% bearbeitete "Soft" - Probleme	6	⊙	⊙	⊙	○	△	⊙	○	△	○	○
	Bedeutung		54	54	54	18	6	54	18	6	18	18
Unterstützungsgrad der WAS's durch die WIE's ⊙ stark = 9 ○ mittel = 3 △ schwach = 1	Zielwerte		0% vollständige Lieferung	< 2 Tage	< 15 Tage	< € 2000,- pro Analyst	< 500,- pro Analyst	Rückfragen < 5%	kein lokaler Mehraufwand	monatlicher Bericht	< 30 Tage	Review 4 p.a.

Abb. 8:   *Kommunikationsprozess, QFD-Phase II*

QFD 1: Praxisbeispiele

Der dargestellte QFD-Prozess-Phase II erforderte einige weitere Planungsschritte und interne Abstimmungsprozesse. Die Entwicklung eines idealen Prozesses mündete im CFS – Customer-Feedback-System, das weltweit in allen Divisionen des Konzerns als Rückkopplungssystem in der Kommunikationsschleife (> Abb. 9, 10) benutzt wird.

Das Ziel des Kommunikationsprozesses mit Rückkopplung ist es: Zeitgerechte und effektive Lösungen von »weichen« Kundenproblemen zu erreichen.

Die dazu vorgesehenen Einzelmaßnahmen sind:

⇨ formelle und zeitnahe Kommunikation, koordiniert durch Verantwortliche

⇨ Verhinderung des Wiederauftretens

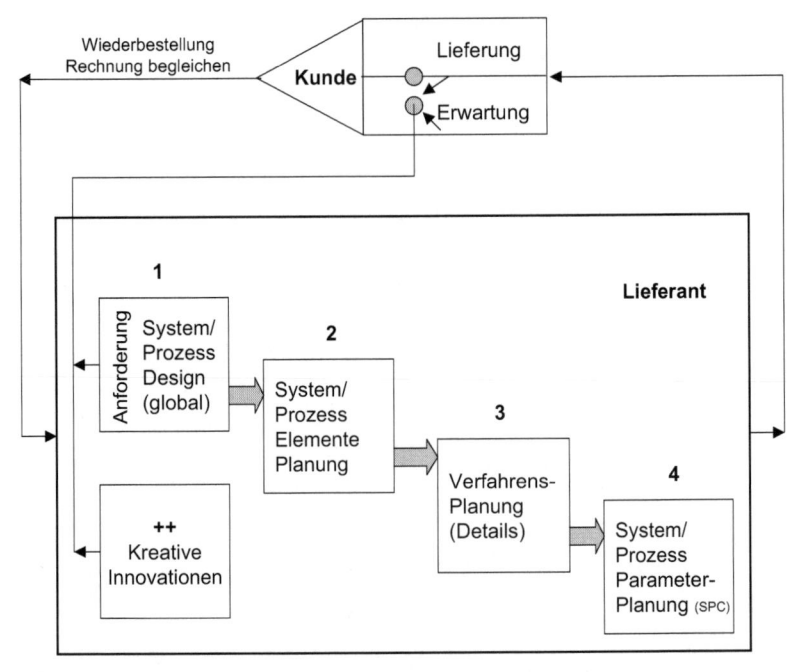

Abb. 9: *Kommunikation Kunde – Lieferant, Unternehmensplanung*

⇨ Eskalationsprozess einleiten (interner Prozess, der dann greift, wenn das zu bearbeitende Kundenproblem nicht in der zugesagten Lösungszeit erreicht werden kann)
⇨ Informationen für Prozessverbesserungen durch das Vorgehen nach P-D-C-A (Plan-Do-Check-Act)
⇨ Informationen bereitstellen für zukünftige Produkte und Dienstleistungen aus den abgegebenen Kundenkommentaren

Der Ablauf des daraus resultierenden Rückkopplungsprozesses wird in der folgenden > Abbildung 10 gezeigt. Das Informationssystem bindet die Werke in den verschiedenen Ländern (Amerika, Asien, Europa) in diesen Rückkopplungsprozess ein. CFS war die Lösung zu den Kundenforderungen an die Kommunikation mit dem Lieferanten.

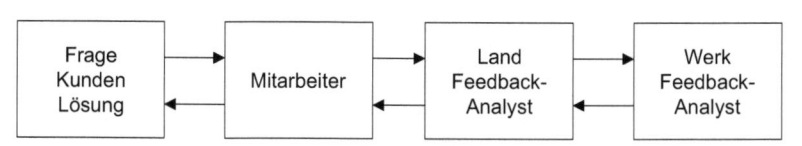

```
┌─────────┐     ┌───────────┐     ┌──────────┐     ┌──────────┐
│ Frage   │ ──▶ │           │ ──▶ │  Land    │ ──▶ │  Werk    │
│ Kunden  │     │Mitarbeiter│     │Feedback- │     │Feedback- │
│ Lösung  │ ◀── │           │ ◀── │ Analyst  │     │ Analyst  │
└─────────┘     └───────────┘     └──────────┘     └──────────┘
```

Abb. 10: *Kommunikationsprozess mit Rückkopplung*

Das Customer-Feedback-System (CFS), das die Kunden nach der Einführung mit hohem Interesse aufgriffen, wurde im Laufe der Jahre weiter perfektioniert und führte zur ständigen Erhöhung der Kundenzufriedenheit.
Der CFS-Prozess wird in > Abbildung 11 zusammengefasst:
1. Die Fragen, Probleme und Mitteilungen der Kunden werden von einem Mitarbeiter angenommen und falls möglich sofort gelöst.
2. Nicht sofort lösbare schwierige Fragen beziehungsweise komplexe Probleme leitet der Mitarbeiter der Call-Annahme an einen Spezialisten weiter.
3. Die Lösung muss innerhalb der vertraglich vereinbarten Zeit erfolgen.

QFD 1: Praxisbeispiele

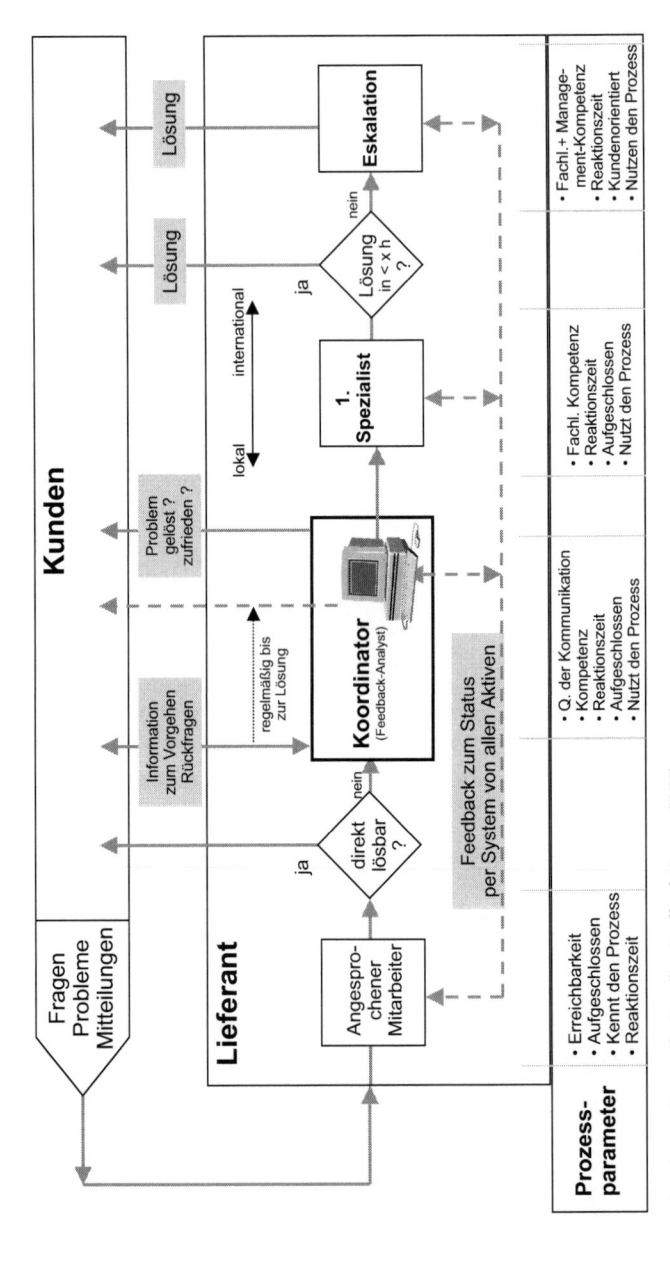

Abb. 11: *Prozess für Kunden-Feedback-System (CFS)*

4. Kann die Lösung nicht in der vereinbarten Zeit herbeigeführt werden, so ist ein so genannter »Eskalationsprozess« auszulösen, der festgelegte interne Prozesse in Gang setzt.

Der PC- und Software-Produzent verlässt sich neben dem CFS bei der Messung der Kundenzufriedenheit noch auf ein anderes formalisiertes System, den Customer Satisfaction Survey, der ebenso wie das Customer Feedback System im gesamten Unternehmen eingesetzt wird.

Der CFS-Customer Satisfaction Survey wird weltweit in regelmäßigen Abständen durchgeführt. Dabei wird stichprobenartig die Zufriedenheit der Kunden auf allen wichtigen Gebieten gemessen (Verkaufsablauf, Verkaufsinformationen, Schulung, Liefertermine, Kosten-/Nutzenbetrachtungen). Die hierbei ermittelten Daten werden analysiert und mit den Ergebnissen der Konkurrenz (Benchmarking) verglichen. Die festgestellten Mängel führen zu gezielten Korrekturmaßnahmen. Anhand der Umfrageergebnisse werden Jahresziele und langfristige Ziele im »*Hoshin Kanri*« (siehe > Kap. 1.4.1) aufgestellt.

Der Kommunikationsprozess, der aus der Informationsabgabe, -beförderung und -aufnahme besteht, also der gesamte Informationstransfer, konnte durch die Analyse der Prozesse erheblich verbessert werden. Diese konsequente Betrachtung und Überwachung der Kundenwünsche trägt maßgeblich zum Erfolg des Unternehmens bei.

7.2.2 Ausblick zum QFD-Prozess für die Dienstleistungsentwicklung

Der allgemein typische Ablauf bei der Dienstleistungs-QFD kann, wie in der folgenden Abbildung 12 dargestellt, erfolgen. Zu den Kundenforderungen werden die Dienstleistungsmerkmale zu den Leistungen (A), dem Prozess (B) und den Mitarbeitern (C) ermittelt. Bei nicht komplexen Projekten kann der Weg Nr. 1 eingeschlagen werden, bei dem die QFD-Phasen II-IV zusammengefasst werden.

QFD 1: Praxisbeispiele

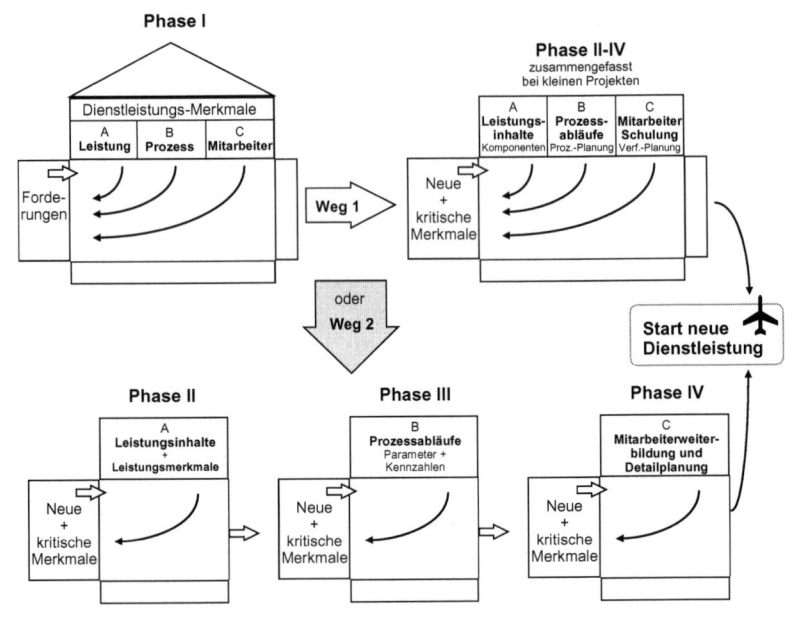

Abb. 12: *Die QFD-Phasen I-IV bei Dienstleistungen*

Der Weg Nr. 2 wird bei komplexen Dienstleistungsprozessen empfohlen. Zu den neuen kritischen Merkmalen der Phase I sind in der Phase II die Leistungsmerkmale zu definieren. Die hier ermittelten kritischen Merkmale bilden dann die Eingangsgröße der Phase III. Zu ihnen sind die Prozessabläufe mit ihren Kennzahlen und Parametern zu bestimmen. Die kritischen Merkmale der Phase III münden dann in Phase IV in die Detailplanung, in diesem Fall:

⇨ Weiterbildung der Mitarbeiter mit konkreten Schulungsplänen, wie zum Beispiel Inhalte und zeitliche Abläufe.

Abschließend überprüft das Unternehmen die Darstellung der Prozesse in seinem ISO-Qualitätsmanagementhandbuch. Im Folgenden wird die dabei übliche Vorgehensweise aufgezeigt.

7.2.3 ISO Prozess – Entwicklung von Dienstleistungen

Auch Dienstleistungen erfordern Entwicklungsstufen zur Planung der Dienstleistung selbst und zum Erbringungsprozess, der geplant, dokumentiert und durch befähigtes Personal überprüft werden muss. In der folgenden > Abbildung 13 sind die einzelnen Entwicklungsstufen einer Dienstleistung als Ablaufplan dargestellt. Dabei wird das Dienstleistungs-Design mit seinen drei Aspekten, wie bereits vorstehend erläutert, berücksichtigt:
1. Die Spezifikation der Dienstleistung selbst – Was?
2. Der Prozess der Dienstleistungserbringung – Wie?
3. Der Qualitätsplan – Wie viel?

Der Dienstleistungssektor ist ein Wachstumsmarkt, der immer mehr an Bedeutung gewinnt und gepflegt werden muss. Daher sind für die Profilierung gegenüber Wettbewerbern die Serviceleistungen immer wichtiger.

»Dienstleistungen sind selbständige, marktfähige Leistungen, die mit der Bereitstellung und/oder dem Einsatz von Leistungsfähigkeiten verbunden sind (Potenzialorientierung). Interne und externe Faktoren werden im Rahmen des Leistungserstellungsprozesses kombiniert (Prozessorientierung). Die Faktorkombination des Dienstleistungsanbieters wird mit dem Ziel eingesetzt, an den externen Faktoren – Menschen oder deren Objekten – nutzenstiftende Wirkung zu erzielen (Ergebnisorientierung«) [5].

Dienstleistungs-Design

Die Entwicklung von Dienstleistungen muss drei Aspekte berücksichtigen:

- **Die Spezifikation der Dienstleistung selbst: Was?**
  (Leistungsumfang, Inhalte, Dauer ...)

- **Den Prozess zur Erbringung der Leistung: Wie?**
  (Welche Abläufe stellen regelmäßig sicher, dass die Leistung wiederholt mit gleichbleibender Qualität erbracht werden kann?)

- **Den Qualitätsplan zur Bewertung der Leistung: Wie viel?**

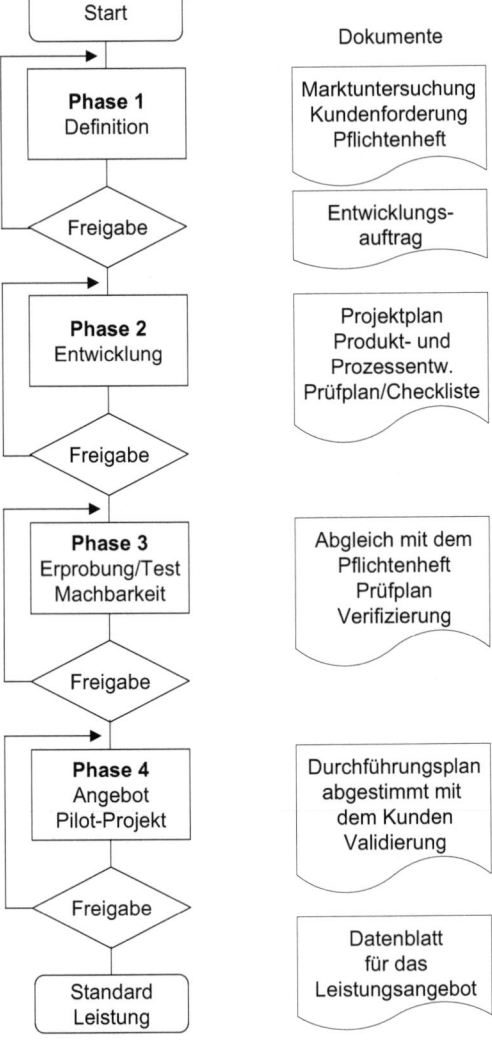

Start
↓
Phase 1 Definition
↓ Freigabe
Phase 2 Entwicklung
↓ Freigabe
Phase 3 Erprobung/Test Machbarkeit
↓ Freigabe
Phase 4 Angebot Pilot-Projekt
↓ Freigabe
Standard Leistung

Dokumente:

- Marktuntersuchung / Kundenforderung / Pflichtenheft
- Entwicklungsauftrag
- Projektplan / Produkt- und Prozessentw. / Prüfplan/Checkliste
- Abgleich mit dem Pflichtenheft / Prüfplan / Verifizierung
- Durchführungsplan abgestimmt mit dem Kunden / Validierung
- Datenblatt für das Leistungsangebot

Abb. 13: *Entwicklung/Design einer Dienstleistung*

7.3 Praxisbeispiel Kamerahersteller

Der hier vorgestellte Kameraproduzent ist als zuverlässig bekannt, seine Geräte genießen großes Ansehen im Fachhandel und bei Endkunden. Das Unternehmen erlebte alle Höhen und Tiefen des Fotomarktes, konnte aber trotz seiner Zuverlässigkeit, guten Service und neuen Ideen seinen Marktanteil nicht halten. Der rasante Siegeszug der Digitaltechnik brachte das traditionelle Unternehmen in große Schwierigkeiten. Nach den überproportionalen Zuwächsen im Bereich Advanced Photo System (APS) noch in den 90'er Jahren rechneten die Entwickler nicht mit der sehr kurzfristigen Umstellung der Käufer auf die digitale Fotografie, was ein Trugschluss war. Insbesondere die jungen Käufer griffen sofort nach der neuen Technik. Diese Entwicklung führte im Unternehmen zu starken Umsatzeinbußen. Selbst mit »High sofisticated« Fotoapparaten ließ sich der Trend nicht aufhalten. Viel zu spät ist das Unternehmen auf den »Digitalzug« aufgesprungen. Das schnelle Wachstum der digitalen Fotografie ist nicht mehr aufzuhalten.

Nach einem tiefgreifenden Strukturwandel, der erhebliche Veränderungen im Unternehmen zur Folge hatte, wurde beschlossen, dass

⇨ die Entwicklung von Digitalkameras kurzfristig und beschleunigt in Angriff genommen wird,

⇨ analoge Kameras im Hochpreissegment weiterhin gebaut und weiterentwickelt werden, die zur Zeit insbesondere von den so genannten Nostalgie-Kunden nachgefragt werden,

⇨ der Verkauf der Produkte auch zukünftig über den Fotofachhandel erfolgen soll, der laufend durch Schulungen über neue Produkte und deren Besonderheiten durch den Hersteller informiert wird,

⇨ ein digitales Kamerarückteil entwickelt wird, das sich modular mit den analogen Kameras verbinden lässt, was den Vorteil bietet, auch künftig die vorhandenen Objektive (z. B. Teleobjektiv) zu nutzen. Hasselblad bietet diese Lösung bereits an und wirbt mit »Tradition trifft Moderne« [6]. An diesem CFS-50 Rückenteil, das in Design und Funktionalität passend zu dem Hasselblad-V-System entwickelt wurde, wird sich das Unternehmen orientieren.

⇨ Über eine Adapterplatte soll die Kompatibilität mit Kameras anderer Hersteller möglich sein.

Der Vorstand des Kameraherstellers überprüfte nach der Umstrukturierung auch die längerfristigen Ziele des Unternehmens und überarbeitete mit den Fachabteilungen einige Firmenstrategien. Eine dieser Strategie sieht vor, dass die Mitarbeiter projektbegleitende Schulungen zu QFD erhalten sollen, und dass alle Entwicklungsprozesse zukünftig nach QFD vorgenommen werden müssen. In einem Referenzentwicklungsplan wurden dazu auch die zeitlichen Abläufe vom Lastenheft bis zum Pflichtenheft unter Berücksichtigung parallel ablaufender Prozesse (Simultianeous Engineering – SE) erfasst.

In einem Kick-Off-Meeting der Abteilungsleiter erläutert der Vorstand die Firmenziele für die nächsten fünf Jahre. Der Vertriebsleiter und der Produktmanager zeigten den Rahmen für das Projekt auf. Der Marketingleiter begann nach dem Kick-Off-Meeting mit einer repräsentativen Erhebung der Kundenbedürfnisse im angestrebten Marktsegment.

In der folgenden Situationsfeldanalyse (> Abb. 14) ist die Verteilung des Kameramarktes über zwei Achsen dargestellt. Der y-Achse ist die technische Ausführung und der x-Achse sind die Anwenderprofile zugeordnet, wobei an den Achsenenden die jeweiligen Extreme wie »Einfachtechnik« und »Präzisionstechnik« beziehungsweise »Gelegenheitsknipser und »Gestalter« zu finden sind.

Gesamtmarkt Fotokameras

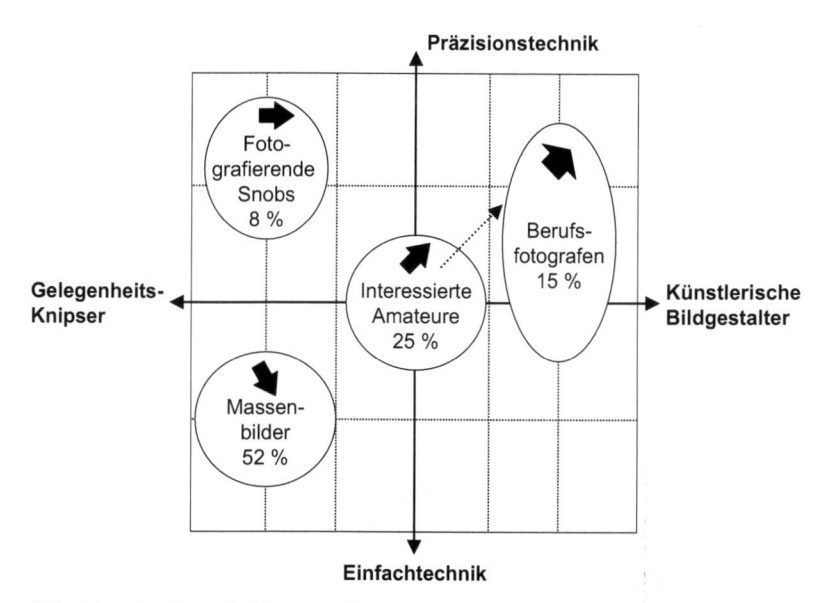

```
                    Präzisionstechnik
                          ▲
        ┌─────┬─────┬─────┼─────┬─────┬─────┐
        │     │  ⬛  │     │     │     │     │
        │   ╱Foto-╲  │     │     │     │     │
        │  │grafie-│ │     │     │     │     │
        │  │rende  │ │     │  ╱Berufs-╲    │
        │  │ Snobs │ │     │ │fotografen│  │
        │   ╲ 8 % ╱  │     │ │   15 %   │  │
        │     │     ╱Interes-╲│  ╲      ╱   │
Gelegenheits-◄────│sierte   │─────────────►Künstlerische
Knipser │     │  │Amateure │ │     │     │  Bildgestalter
        │     │   ╲ 25 %  ╱  │     │     │
        │   ╱Massen-╲│     │     │     │     │
        │  │ bilder  │     │     │     │     │
        │   ╲ 52 % ╱ │     │     │     │     │
        │     │     │     │     │     │     │
        └─────┴─────┴─────┼─────┴─────┴─────┘
                          ▼
                   Einfachtechnik
```

Abb. 14: *Portfolioanalyse Kameramarkt*

In der Wachstumsanalyse (> Abb. 15) ist die zu erwartende Marktveränderung bei Präzisionskameras dargestellt.. Die Pfeilrichtung zeigt die zu erwartende Tendenz für die nächsten drei Jahre (fiktiv).

Eine vertiefende Analyse ergab, dass es ein schnell wachsendes Segment bei den »Semiprofessionellen« geben wird, zu denen auch die »Nostalgie-Kunden« gehören. Sie wollen das Können der Profis erreichen und mit perfekter Technik ihr Hobby betreiben. Diese Kundengruppe erwartet neben einem besonderen Design auch weitere begeisternde Faktoren (nach Kano). Auf der Basis dieser zusätzlichen Analysen traf die Geschäftsleitung ihre Entscheidung:

QFD 1: Praxisbeispiele

Präzisionstechnik **Wachstumsanalyse**

Interessierte Amateure +10% p.a
Berufsfotografen +2% p.a
Zuwanderung ehemaliger »Massenbildner« 4-6% p.a.

→ Künstlerische Bildgestalter

Wachstum der Segmente
Die Pfeilrichtung zeigt die Tendenz für die nächsten 5 Jahre

Einfachtechnik

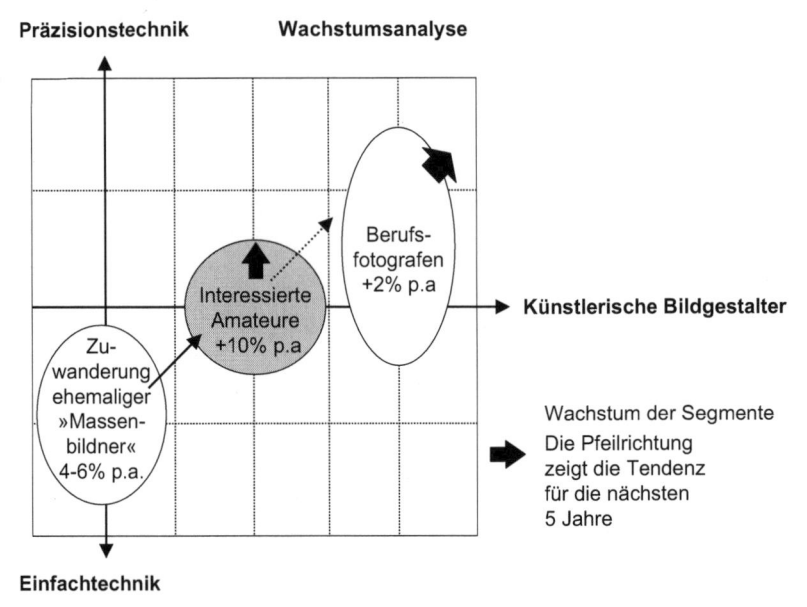

Abb. 15: *Wachstumsanalyse Fotomarkt*

⇨ »Wir wollen die Digitalfotografie für den Massenmarkt vorantreiben.
⇨ Wir wollen die beste hochwertige analoge Kamera herstellen und unseren Marktanteil im Segment »60plus« und »Nostalgie« erhöhen.
⇨ Wir wollen ein digitales Kamerarückteil entwickeln, das sich modular mit den (serienmäßigen) analogen Kameras verbinden lässt.«

Die Generation 60plus wächst und wird im Jahre 2040 die Mehrheit der Bevölkerung stellen. Deshalb sollen die Kaufkraftpotenziale der Alten verstärkt beachtet werden. Wenn allerdings in 20 Jahren Menschen ins Seniorenalter kommen, die mit dem Computer aufgewachsen sind und solche Geräte auch bedienen können, dann ist die analoge Fotografie vermutlich gestorben. Mit dem geplanten digitalen Kamerarückenteil gehen moderne digitale Technik und bewährte analoge Konzepte eine gelungene Verbindung ein.

Nachdem nun alle Voraussetzungen für die Kundenbefragung getroffen wurden (Kunden im Segment), beginnt die Umfrage, bei der herausgefunden werden soll, welche Anforderungen und Wünsche die jeweilige Zielgruppe an die zukünftige Kamera stellt. Für den Marketingleiter kommt es darauf an, insbesondere auch die kreativen Ideen, die Visionen der Pioniere unter den 60plus und Nostalgie-Kunden zu erhalten, um hieraus die zukünftigen Bedürfnisse und das Potenzial zu erkennen.

Natürlich haben die Entwickler ein ganzes Bündel von Ideen im Kopf, aber das Unternehmen will die Kamera für die zukünftigen Kunden und nicht für seine Mitarbeiter entwickeln. Daher soll das »Zufriedenheitsmodell« nach Kano bei der Informationsbeschaffung und der späteren Aufbereitung konsequent beachtet werden. Wie in den vorherigen Kapiteln beschrieben ist dies nötig, um nach Kano (> Kap. 3.1.2) die »begeisternden Faktoren«, das heißt die innovativen Elemente einer Kamera für ein zukünftiges Kundenpotenzial zu erkennen. Wer diese Wünsche erfasst, die dem Kunden einen zusätzliche Nutzen bringen oder zusätzliche Anwendungen ermöglichen, wird seinen Marktanteil halten. Mit diesem Hintergrundwissen lässt der Marketingleiter eine ausgewählte repräsentative Anzahl Endkunden und den Fotofachhandel durch ein Marketing-Institut befragen. Diese Studie wird ergänzt durch eigene Beobachtungen auf Messen und in Gesprächen mit Kunden sowie durch die Informationen des Außendienstes.

In intensiven Gesprächen versuchen die Mitarbeiter die zukünftigen Begeisterungsfaktoren herauszufinden. Das daraus vorliegende umfangreiche Paket an aufbereiteten Daten und verbalen Informationen wird auf die Verwertbarkeit für das erste QFD-Haus untersucht. Das QFD-Team gruppiert diese Kundenforderungen auf einer Pinwand (> Abb. 16) und nimmt im nächsten Schritt die Strukturierung vor.

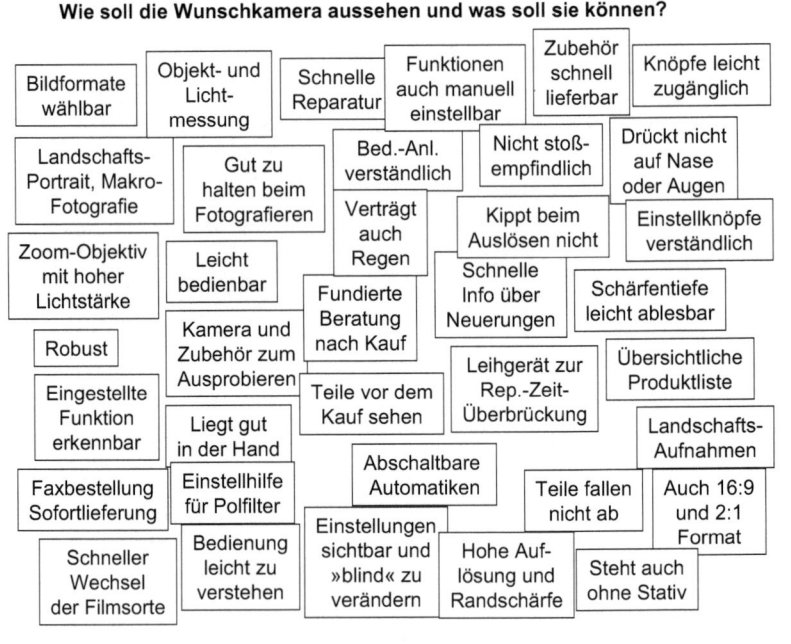

Wie soll die Wunschkamera aussehen und was soll sie können?

Bildformate wählbar	Objekt- und Lichtmessung	Schnelle Reparatur	Funktionen auch manuell einstellbar	Zubehör schnell lieferbar	Knöpfe leicht zugänglich
Landschafts-Portrait, Makro-Fotografie	Gut zu halten beim Fotografieren	Bed.-Anl. verständlich	Nicht stoßempfindlich		Drückt nicht auf Nase oder Augen
Zoom-Objektiv mit hoher Lichtstärke	Leicht bedienbar	Verträgt auch Regen	Kippt beim Auslösen nicht		Einstellknöpfe verständlich
Robust	Kamera und Zubehör zum Ausprobieren	Fundierte Beratung nach Kauf	Schnelle Info über Neuerungen		Schärfentiefe leicht ablesbar
Eingestellte Funktion erkennbar	Liegt gut in der Hand	Teile vor dem Kauf sehen	Leihgerät zur Rep.-Zeit-Überbrückung		Übersichtliche Produktliste
Faxbestellung Sofortlieferung	Einstellhilfe für Polfilter	Abschaltbare Automatiken	Teile fallen nicht ab		Landschafts-Aufnahmen
Schneller Wechsel der Filmsorte	Bedienung leicht zu verstehen	Einstellungen sichtbar und »blind« zu verändern	Hohe Auflösung und Randschärfe	Steht auch ohne Stativ	Auch 16:9 und 2:1 Format

Abb. 16: *Die Stimme der Kunden« – unsortiert*

7.3.1 Strukturierung in primäre, sekundäre und tertiäre Anforderungen

Die in der Kundenbefragung ermittelten Wünsche, schrieben die Mitarbeiter des Entwicklungsteams auf Karten und hefteten sie an eine Pinwand.

Anschließend wurden die Kundenkommentare gruppiert, wobei die Gruppierung (Cluster) die Hauptblöcke »Technik und Ergonomie« (vgl. > Abb. 17) ergab.

Die Teilnehmer entschlossen sich bei der Prioritätenbestimmung zu einer Punktebewertung. Jeder Teilnehmer erhielt drei gelbe Punkte für die übergeordneten Gruppen »Technik und Ergonomie« und fünf blaue Punkte für die Bewertung der Untergruppen im Technikblock.

QFD 1: Praxisbeispiele

Technik und Ergonomie

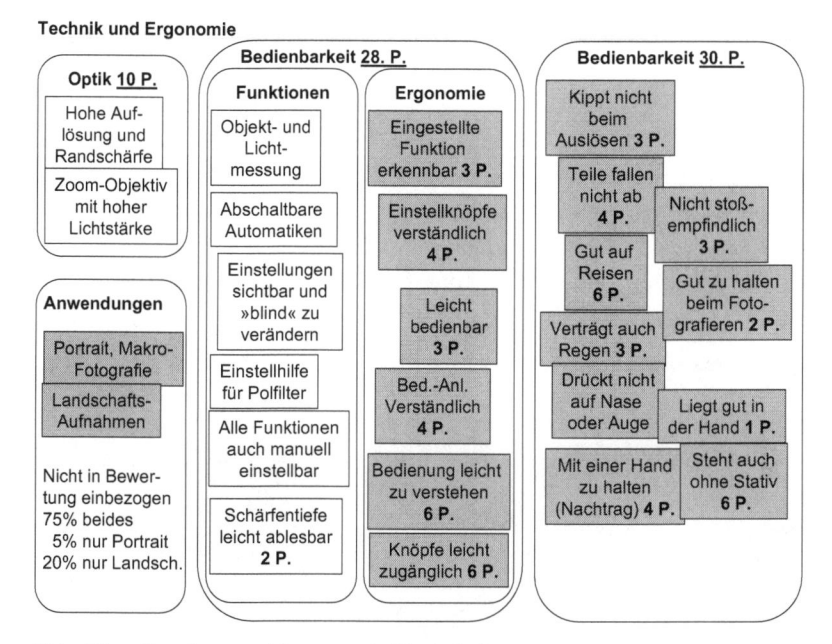

- **Optik 10 P.**
  - Hohe Auflösung und Randschärfe
  - Zoom-Objektiv mit hoher Lichtstärke

- **Anwendungen**
  - Portrait, Makro-Fotografie
  - Landschafts-Aufnahmen
  - Nicht in Bewertung einbezogen 75% beides 5% nur Portrait 20% nur Landsch.

- **Bedienbarkeit 28. P.**
  - *Funktionen*
    - Objekt- und Lichtmessung
    - Abschaltbare Automatiken
    - Einstellungen sichtbar und »blind« zu verändern
    - Einstellhilfe für Polfilter
    - Alle Funktionen auch manuell einstellbar
    - Schärfentiefe leicht ablesbar **2 P.**
  - *Ergonomie*
    - Eingestellte Funktion erkennbar **3 P.**
    - Einstellknöpfe verständlich **4 P.**
    - Leicht bedienbar **3 P.**
    - Bed.-Anl. Verständlich **4 P.**
    - Bedienung leicht zu verstehen **6 P.**
    - Knöpfe leicht zugänglich **6 P.**

- **Bedienbarkeit 30. P.**
  - Kippt nicht beim Auslösen **3 P.**
  - Teile fallen nicht ab **4 P.**
  - Nicht stoßempfindlich **3 P.**
  - Gut auf Reisen **6 P.**
  - Gut zu halten beim Fotografieren **2 P.**
  - Verträgt auch Regen **3 P.**
  - Drückt nicht auf Nase oder Auge
  - Liegt gut in der Hand **1 P.**
  - Mit einer Hand zu halten (Nachtrag) **4 P.**
  - Steht auch ohne Stativ **6 P.**

Abb. 17: *Gruppierung und Bewertung der Kundenforderungen*

Auf einer weiteren Pinwand sortieren die Workshop-Teilnehmer dann das Ergebnis Abfrage (siehe > Abb. 18) .
Die zwei der am höchsten bewerteten Gruppierungen innerhalb der Hauptgruppe »Technik und Ergonomie«:
⇨ Bedienbarkeit, hier insbesondere die Ergonomie sowie die
⇨ Randbedingungen /Bedienbarkeit

wurden im ersten Schritt der weiteren Untersuchungen aufgegriffen. Das Ergebnis ist signifikant, denn die anvisierte Kundengruppe gehört zu den gut verdienenden und äußerst reisefreudigen Touristen, die altersbedingt schlechter sehen und die ihre Aufnahmen auf Reisen gelegentlich unter Zeitdruck auf dem Weg zum nächsten Objekt sicher in den »Kasten« bringen wollen. Sie brauchen eine technisch perfekte, leicht bedienbare und immer funktionierende Kamera mit nicht zu winzigen Bedienelementen.

Die im linken Teil der Pinwand (> Abb. 17) bewerteten »Anwendungen« und die »Optik«, bedürfen weiterer Betrachtungen. Hierzu wird das Team eine weitere separate QFD-Matrix erarbeiten, um das erste Haus nicht zu komplex werden zu lassen.

Die beiden Schwerpunktthemen »Ergonomie« und »Randbedingungen« werden wie folgt auf einer Pinwand weiter strukturiert:

Technik und Ergonomie

Bedienbarkeit <u>28. P.</u>   Randbedingungen <u>30. P.</u>

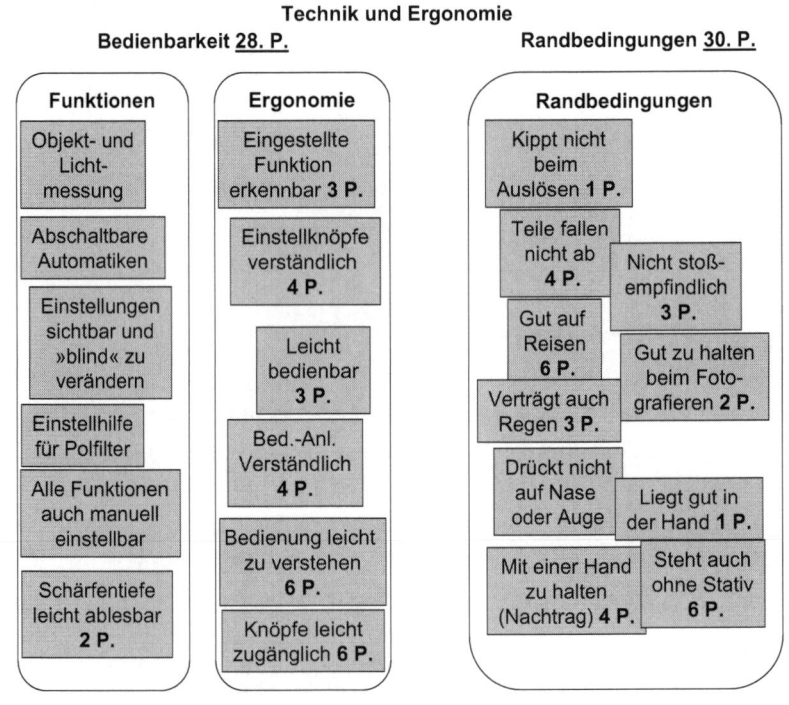

Funktionen	Ergonomie	Randbedingungen	
Objekt- und Lichtmessung	Eingestellte Funktion erkennbar 3 P.	Kippt nicht beim Auslösen 1 P.	
Abschaltbare Automatiken	Einstellknöpfe verständlich 4 P.	Teile fallen nicht ab 4 P.	Nicht stoßempfindlich 3 P.
Einstellungen sichtbar und »blind« zu verändern	Leicht bedienbar 3 P.	Gut auf Reisen 6 P.	Gut zu halten beim Fotografieren 2 P.
Einstellhilfe für Polfilter	Bed.-Anl. Verständlich 4 P.	Verträgt auch Regen 3 P.	
Alle Funktionen auch manuell einstellbar	Bedienung leicht zu verstehen 6 P.	Drückt nicht auf Nase oder Auge	Liegt gut in der Hand 1 P.
Schärfentiefe leicht ablesbar 2 P.	Knöpfe leicht zugänglich 6 P.	Mit einer Hand zu halten (Nachtrag) 4 P.	Steht auch ohne Stativ 6 P.

Abb. 18: *Strukturierung der Kundenforderungen*

Das Kamerateam hat die Gruppierung der Kundenforderungen zu den »Randbedingungen« und zur »Ergonomie« abgeschlossen. Diese Forderungen sind nach Themenbereichen geordnet in die linken

Zeilen des Funktionenbaumes (> Abb. 20) in Kurzform, aber unverfälscht, einzutragen. Die Kundenanforderungen sagen, was gewünscht wird. Die Werte für die angegebenen Prioritäten (1-10) finden in der Spalte »Bedeutung« Platz. Vor einem selektivem Zuhören und dem Hinein-interpretieren eigener Vorstellungen in diese Kundenforderungen durch das Team muss gewarnt werden. Erscheinen Kundenforderungen widersprüchlich in sich, so kann eine vertiefende Interviewphase zweckmäßig sein, um mit den Kunden die Situation weiter abzuklären.

Das Team entschloss sich, die beiden Hauptforderungen zunächst in getrennten QFD-Häusern zu untersuchen, da ein direkter technischer Zusammenhang nicht erkennbar war. Aber Vorsicht: Auch bei zunächst offensichtlich völlig unterschiedlichen Funktionen können *Wechselbeziehungen* bestehen, die erst bei der konstruktiven Ausführung die gegenseitige Beeinflussung zeigen. So könnte es beispielsweise bei der Umsetzung der Kundenforderung »andere Filmformate« notwendig werden, andere Objektive zu verwenden, die aber dann aufgrund ihres höheren Gewichts die Stabilitätsforderung tangieren beziehungsweise mit der Forderung nach »niedrigem Gewicht« negativ korrelieren.

Zum Thema »Gut zu halten beim Fotografieren« findet das Team in der Gruppierung »Randbedingungen« weitere Hinweise:

1	2	3
Steht auch ohne Stativ	kippt nicht beim Auslösen	Gut zu halten beim Fotografieren

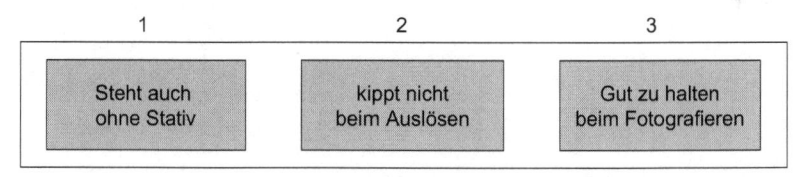

Abb. 19: *Struktur der Kundenforderungen*

QFD 1: Praxisbeispiele

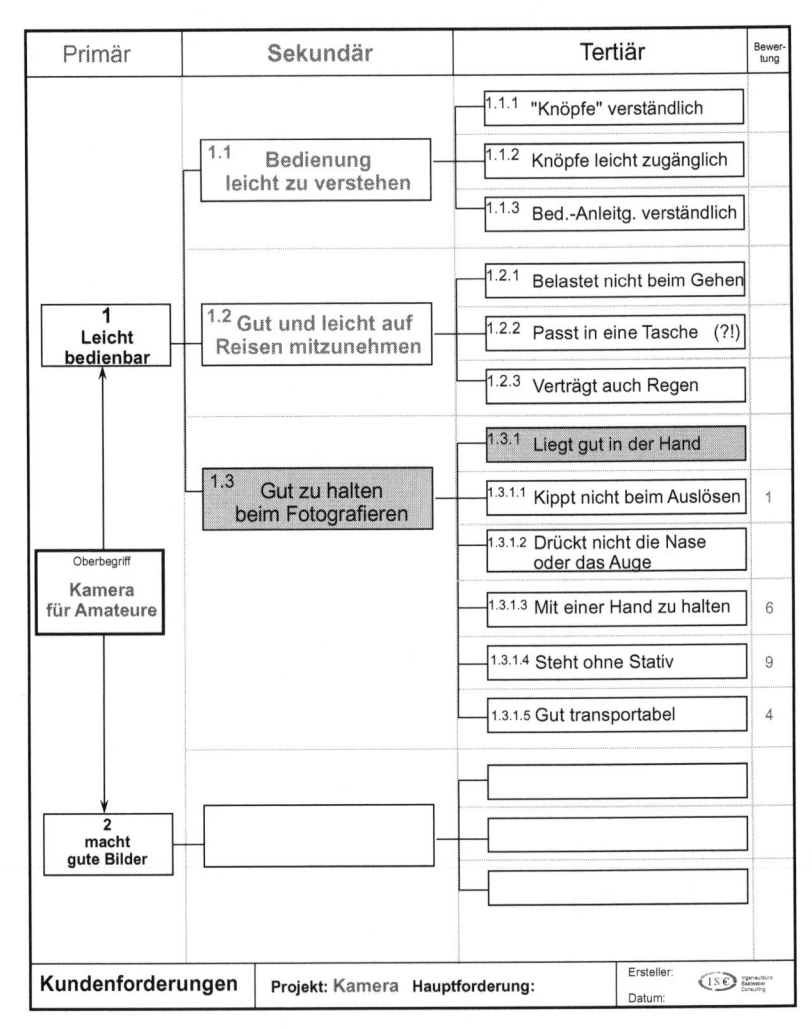

Primär	Sekundär	Tertiär	Bewertung
1 Leicht bedienbar	1.1 Bedienung leicht zu verstehen	1.1.1 "Knöpfe" verständlich	
		1.1.2 Knöpfe leicht zugänglich	
		1.1.3 Bed.-Anleitg. verständlich	
	1.2 Gut und leicht auf Reisen mitzunehmen	1.2.1 Belastet nicht beim Gehen	
		1.2.2 Passt in eine Tasche (?!)	
		1.2.3 Verträgt auch Regen	
	1.3 Gut zu halten beim Fotografieren	1.3.1 Liegt gut in der Hand	
		1.3.1.1 Kippt nicht beim Auslösen	1
		1.3.1.2 Drückt nicht die Nase oder das Auge	
		1.3.1.3 Mit einer Hand zu halten	6
		1.3.1.4 Steht ohne Stativ	9
		1.3.1.5 Gut transportabel	4
2 macht gute Bilder			

Oberbegriff: **Kamera für Amateure**

Kundenforderungen — Projekt: Kamera Hauptforderung:

Ersteller:
Datum:

Abb. 20: *Struktur der Kundenanforderung »leicht bedienbar«*

294

Wenn die Aussage 3 »Gut zu halten beim Fotografieren« in die Hierarchie der Forderungen eingruppiert wird, zeigt sich folgende Struktur:

leicht bedienbar ⇨ gut zu halten ⇨ 1. steht auch ohne Stativ
                           beim Foto-   2. kippt nicht beim Auslösen
                           grafieren   3. mit einer Hand zu halten

Der Strukturast wird nach der sekundären Forderung noch weiter aufgegliedert. Je konkreter der Wunsch beschrieben ist, desto treffsicherer können die Techniker die geeignete Lösung in Form einer Funktion entwickeln. Die tertiären Anforderungen sind nun in den Eingang des QFD-Hauses zu übertragen.

Dabei ist zu fragen:
Was verstehen die Kunden unter »leicht bedienbar«? Drei sekundäre Anforderungen sind in »leicht bedienbar« enthalten:
1.1 Bedienung leicht zu verstehen
1.2 gut und leicht auf Reisen mitzunehmen
1.3 gut zu halten beim Fotografieren

Die Struktur der Anforderung »leicht bedienbar« (1) ist in dem vorstehendem Funktionenbaum aufgezeigt.

Nachdem die Kundenstimmen strukturiert sind, beginnt die »Übersetzung« der tertiären Anforderungen aus > Abbildung 20 in die Sprache der Technik beziehungsweise des Unternehmens (vgl. > Abb. 21).

7.3.2 Übersetzung der tertiären Kundenforderungen in die Sprache der Technik

Zu den strukturierten tertiären Anforderungen werden die Qualitätsmerkmale, die beschreiben wie dies technisch lösbar ist, formuliert. Danach sind diese tertiären Forderungen vom QFD-Team in das erste Feld des House of Quality (s. > Abb. 21) zu übertragen.

QFD 1: Praxisbeispiele

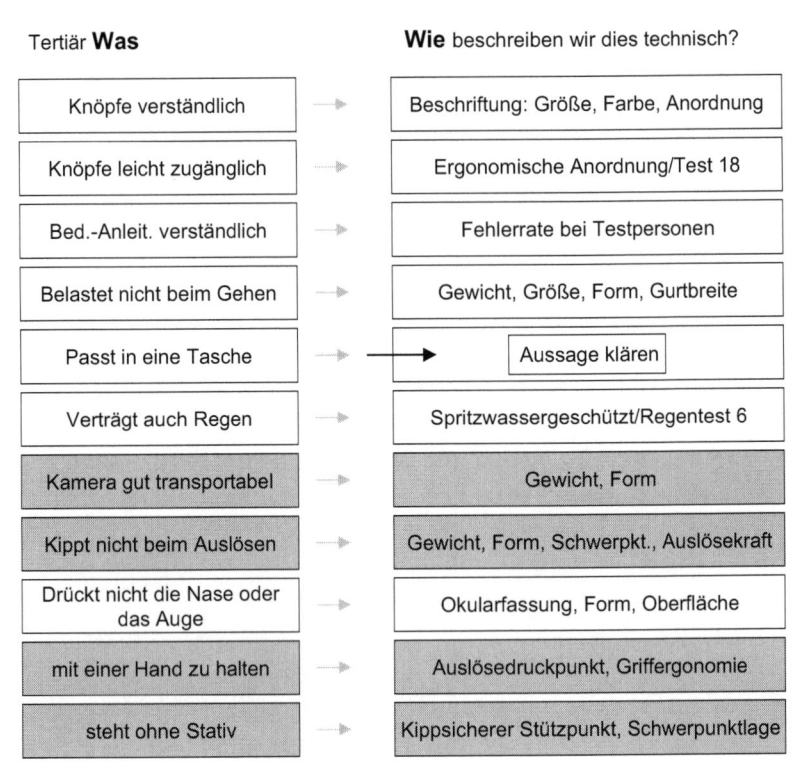

Tertiär **Was**		**Wie** beschreiben wir dies technisch?
Knöpfe verständlich	→	Beschriftung: Größe, Farbe, Anordnung
Knöpfe leicht zugänglich	→	Ergonomische Anordnung/Test 18
Bed.-Anleit. verständlich	→	Fehlerrate bei Testpersonen
Belastet nicht beim Gehen	→	Gewicht, Größe, Form, Gurtbreite
Passt in eine Tasche	→	Aussage klären
Verträgt auch Regen	→	Spritzwassergeschützt/Regentest 6
Kamera gut transportabel	→	Gewicht, Form
Kippt nicht beim Auslösen	→	Gewicht, Form, Schwerpkt., Auslösekraft
Drückt nicht die Nase oder das Auge	→	Okularfassung, Form, Oberfläche
mit einer Hand zu halten	→	Auslösedruckpunkt, Griffergonomie
steht ohne Stativ	→	Kippsicherer Stützpunkt, Schwerpunktlage

Abb. 21: *Die Übersetzung der tertiären Anforderungen in die Sprache der Technik (Was-Wie?)*

Das Team muss im 1. Schritt eine weitere wichtige Frage abklären:
Wie viele Kundenanforderungen wollen und können wir auflisten? Wurde von den Kunden ein breites Spektrum wichtiger Forderungen genannt, von denen ein Teil nicht berücksichtigt wird, besteht die Gefahr, nicht an den richtigen Dingen zu arbeiten.

Durch paarweisen Vergleich können die Forderungen »abgeglichen« werden. Es sollten nicht mehr als circa 20 Was-Anforderungen aufgenommen werden, weil bei zu komplexen QFD-Häusern die Übersichtlichkeit leidet. Es ist dann besser, ein oder mehrere parallele

Häuser zu »bauen«. Wie die Zusammenführung der Häuser erfolgen kann, zeigt die > Abbildung 26.

Das Team wird nun eine Gruppierung der Kundenwünsche um die wichtigsten Anforderungen herum vornehmen und diese Gruppen den Zufriedenheitswerten aus dem Konkurrenzvergleich gegenüberstellen.

Der folgende Konkurrenzvergleich (> Abb. 22) zeigt, wo die größten Defizite sind, so dass die Prioritäten für die weitere Arbeit richtig gesetzt werden können. In diesem konkreten Fall musste der Herstel-

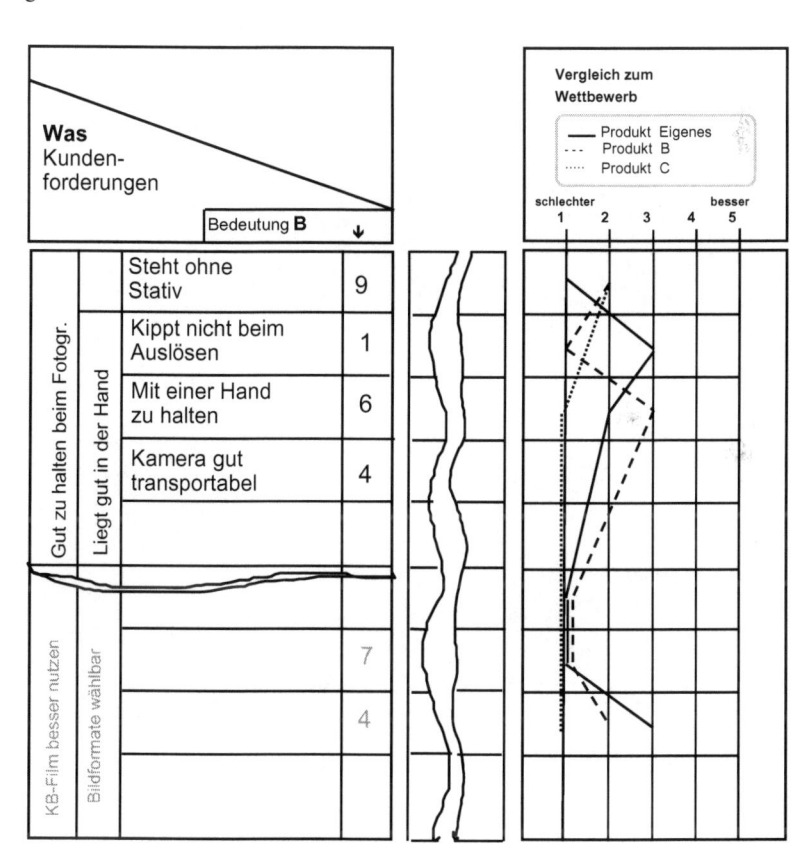

Abb. 22: *Vergleich zum Wettbewerb*

ler sein Vorgängermodell bewerten lassen, denn die neue Kamera ist noch nicht am Markt.

Zu jeder Kundenanforderung wurden ein oder mehrere Merkmale zur Charakterisierung der Funktion in das Feld 4a eingetragen. Nun beginnt das Team mit der Bewertung. Es legt den Unterstützungsgrad des Zusammenhangs zwischen »Was« und »Wie« fest.

In > Abbildung 23 wird eine von mehreren Primärforderungen »Gut zu halten beim Fotografieren« bewertet. Die weiteren Primärforderungen wurden hier aus Gründen der Übersichtlichkeit nicht

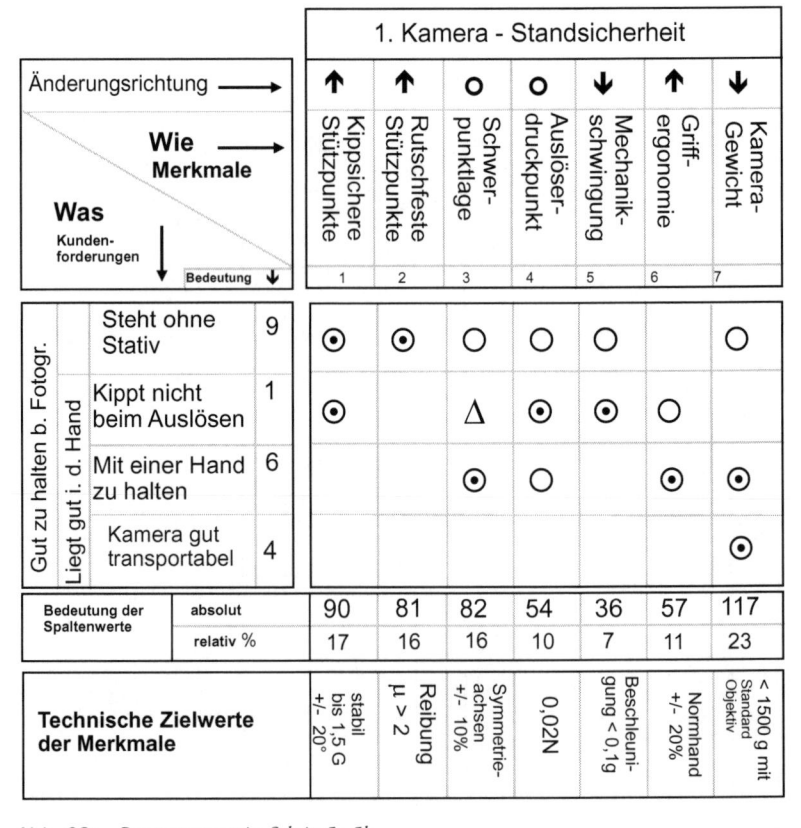

			1. Kamera - Standsicherheit						
Änderungsrichtung →			↑	↑	○	○	↓	↑	↓
Wie → Merkmale Was Kundenforderungen ↓ Bedeutung ↓			Kippsichere Stützpunkte	Rutschfeste Stützpunkte	Schwerpunktlage	Auslöserdruckpunkt	Mechanikschwingung	Griffergonomie	Kamera-Gewicht
			1	2	3	4	5	6	7
Gut zu halten i. d. Hand b. Fotogr.	Liegt gut i. d. Hand	Steht ohne Stativ	9	⊙	⊙	○	○	○		○
		Kippt nicht beim Auslösen	1	⊙		Δ	⊙	⊙	○	
		Mit einer Hand zu halten	6			⊙	○		⊙	⊙
		Kamera gut transportabel	4							⊙
Bedeutung der Spaltenwerte		absolut		90	81	82	54	36	57	117
		relativ %		17	16	16	10	7	11	23
Technische Zielwerte der Merkmale				stabil bis 1,5 G +/- 20°	Reibung μ > 2	Symmetrieachsen +/- 10%	0,02N	Beschleunigung < 0,1g	Normhand +/- 20%	< 1500 g mit Standard Objektiv

Abb. 23: *Bewertungsmatrix, Schritt 5a-5b*

QFD 1: Praxisbeispiele

dargestellt. Die Forderung »Kleinbildfilm besser nutzen« wird in einer weiteren Matrix untersucht.

Die Merkmale sind nun mit den Zielwerten definiert. Der Zielwert enthält die anzustrebende Größe mit ihrer Dimension. Im

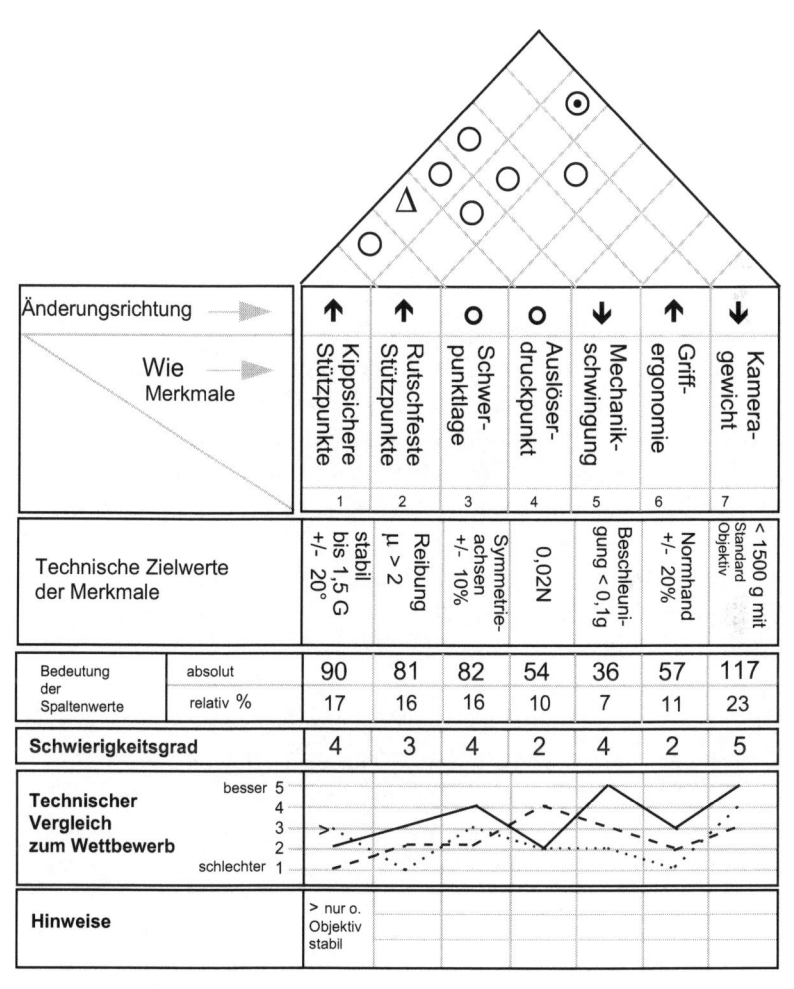

Änderungsrichtung → Wie → Merkmale	Kippsichere Stützpunkte	Rutschfeste Stützpunkte	Schwerpunktlage	Auslöserdruckpunkt	Mechanikschwingung	Griffergonomie	Kameragewicht
	↑	↑	o	o	↓	↑	↓
	1	2	3	4	5	6	7
Technische Zielwerte der Merkmale	stabil bis 1,5 G +/- 20°	Reibung μ > 2	Symmetrieachsen +/- 10%	0,02N	Beschleunigung < 0,1g	Normhand +/- 20%	< 1500 g mit Standard Objektiv
Bedeutung der Spaltenwerte absolut	90	81	82	54	36	57	117
relativ %	17	16	16	10	7	11	23
Schwierigkeitsgrad	4	3	4	2	4	2	5
Technischer Vergleich zum Wettbewerb (besser 5 ... schlechter 1)							
Hinweise	> nur o. Objektiv stabil						

Abb. 24: *Die Schritte 7-8-9*

299

Schritt 4c bestimmte das Team die Änderungsrichtung dieser Zielwerte.

Die Arbeitsgruppe legte die Unterstützungsgrade fest und addierte die Spaltenwerte. Der höchste Spaltenwert mit 117 = 23 Prozent ist das Kameragewicht. Trotz dieser hohen Bewertung konzentriert sich das Team nicht ausschließlich auf diesen Punkt, sondern betrachtet zunächst das Haus in seiner Gesamtheit. Das Merkmal mit der höchsten Bewertung muss selbstverständlich in das zu beschließende Maßnahmenbündel einbezogen werden, seine hohe Wirkung wird aber nur im Zusammenwirken mit weiteren Maßnahmen erreicht.

Der technische Vergleich zum Wettbewerb zeigt die Stärken und Schwächen des eigenen Produktes auf. Die Bewertung der Schwierigkeit zur Herstellung des neuen Produktes orientieren sich am Ausmaß der geforderten Veränderung unter Berücksichtigung des vorhandenen Know-hows. Die Bewertung im Dach des Hauses unterstützt die Forderung nach einer *gesamtheitlichen Betrachtungsweise*.

Das in > Abbildung 25 vollständig abgebildete erste QFD-Haus zeigt die Arbeitsergebnisse des Teams in übersichtlicher Darstellung.
In dem folgenden QFD-Haus in > Abbildung 26 sind die beiden unterschiedlichen Kundenforderungen

⇨ gut zu halten beim Fotografieren und
⇨ Kleinbildfilm besser nutzen

unter einem HoQ-Dach zusammen gefasst.

Hier zeigt sich der Vorteil der gleichzeitigen Darstellung mit einer Vielzahl von Informationen. Bei getrennter Bearbeitung der Themen kann die Gefahr bestehen, dass kritische Zusammenhänge unbeachtet bleiben. Die hier berücksichtigte Basisanforderung »Kamera gut transportabel« führte zu dem »Kameragewicht«, das bei unabhängiger Bearbeitung des zweiten Themas leicht unbeachtet geblieben wäre.

Zusätzlich zu den arabischen Ziffern in den Merkmalsspalten sind in Abbildung 26 am linken Rand römische Zahlen aufgeführt. Das empfiehlt sich, um zu jedem wichtigen Diskussionspunkt ein kurzes

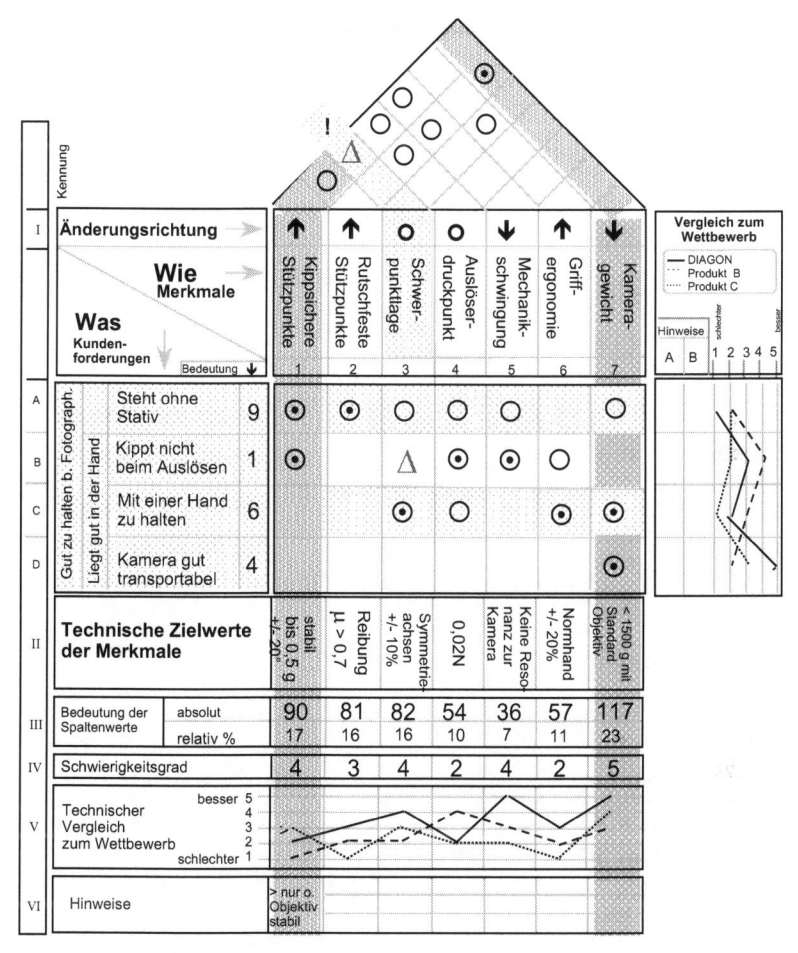

Abb. 25: Das 1. House of Quality

Protokoll festhalten zu können. Die Nummerierung erleichtert das einfache Auffinden bei eventuellen Rückfragen.

In dem Dach der > Abbildung 26 ist ein Warndreieck zu dem Merkmal »Kameragewicht« und »horizontale Bildkompression« erkennbar. Die im Team vertretenen Optikspezialisten erkannten das

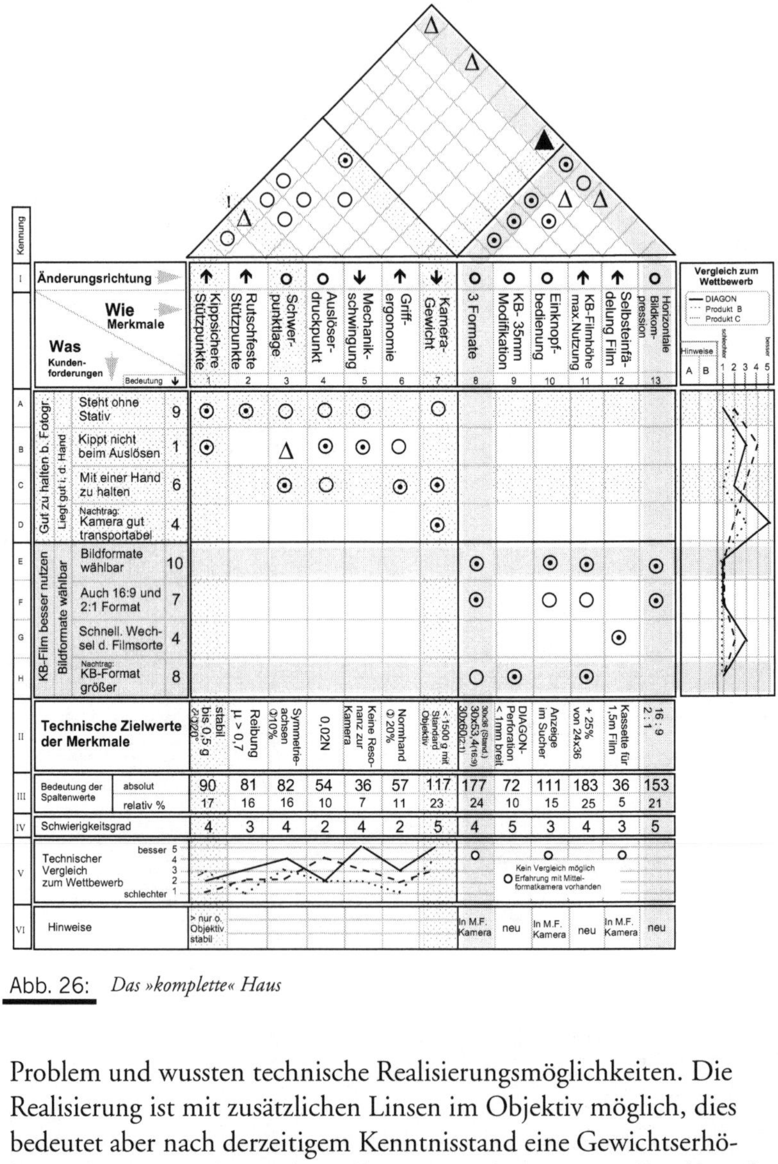

QFD 1: Praxisbeispiele

Abb. 26: *Das »komplette« Haus*

Problem und wussten technische Realisierungsmöglichkeiten. Die Realisierung ist mit zusätzlichen Linsen im Objektiv möglich, dies bedeutet aber nach derzeitigem Kenntnisstand eine Gewichtserhöhung, die die Kunden nicht wollten. Die sich daraus ergebende starke negative Korrelation in der Dachmatrix weist das Team darauf hin, dass hier ein *Zielkonflikt* besteht und nach neuen Lösungen gesucht werden muss. Die Spezialisten aus den beiden Fachgebieten arbeiten gemeinsam an einer optimalen Lösung.

Das Team befasst sich am Ende der Phase I mit der Auswahl der wichtigen und kritischen Entwicklungsmerkmale, die für die Weiterentwicklung der Kamera von ausschlaggebender Bedeutung sind. Nach Abschluss der Gesamtbetrachtungen beginnt das Team mit detaillierten Untersuchungen in den Zwischenstufen zum zweiten Haus, der Teilematrix. In einem Funktionenbaum werden die Zusammenhänge von den Kundenanforderungen über die technischen Funktionen bis hin zu den technischen Merkmalen, die zur Erfüllung der Forderungen einzuhalten sind, untersucht. Diese bearbeiteten Matrizen enthalten sehr viel Firmen-Know-how und können aus Gründen der Geheimhaltung hier nicht veröffentlicht werden.

Die weiteren Schritte sehen wie folgt aus:
⇨ Die Konstrukteure beginnen mit den ersten Ideenskizzen, die vom Team gemeinsam diskutiert werden.
⇨ Anschließend sind die wichtigsten Konstruktionselemente in die Teilematrix zu übertragen. Der Beitrag dieser Elemente sollte in einem ausgewogenen Verhältnis zur Bedeutung der Anforderungen stehen.
⇨ Mittels Pugh-Diagramm beginnt die Suche nach alternativen Lösungen zur optimalen Konzeptauswahl.
⇨ Die Fertigungsplaner werden bereits in der Phase II beteiligt, um die Konstrukteure bei der fertigungsgerechten Konstruktion zu beraten und die entsprechenden Vorbereitungen für die Fertigungsplanung so frühzeitig wie möglich einzuleiten.
⇨ Der Einkauf sorgt dafür, dass die wichtigsten Zulieferer der Konstrukteure und Fertigungsplaner in einem frühen Stadium der Planung mit fachlichem Rat zur Verfügung stehen. Sie wissen nun auch selbst, worauf sie bei zukünftigen Lieferungen zu achten haben.

⇨ Danach wird in Phase III die Prozessplanungsmatrix erstellt, in der der Prozessablauf und die einzelnen Prozessschritte festgelegt sind.
⇨ Die Fertigung konnte durch die frühzeitige Einbeziehung mit ihrer Planung fast parallel beginnen, und die Nullserie mit bereits an Prototypen geschulten Mitarbeitern produzieren.
⇨ Für alle Prozessmerkmale wurden Ziele und Zielwerte festgelegt, diese sind:
  – in der Druckgießerei die Chassis und Deckel fertigen lassen
  – in der Metallbearbeitung die Gehäuseteile, die Fußteile und die Mechanikteile auf Maßhaltigkeit prüfen und die Maschineneinstellungen prüfen
  – bei der Vulkanisation die Herstellung der Gummifüße für das Stativ der Kamera fertigen (hier muss insbesondere die Temperatureinhaltung überwacht werden)
  – bei der Montage die Vollständigkeit der Vormontage überwachen
  – bei der Endprüfung das Prüfen von Beweglichkeit, Funktion und Deckelsitz
  – bei der Verpackung der Schutz der Kamera und das Prüfen der Vollständigkeit.

Nach Abschluss der Phase III beginnt dann die Verfahrensplanung in der Phase IV. Der Kamerahersteller führte noch eine FMEA zum Montageprozess durch, um sicherzustellen, dass nur vollständige Lieferungen das Haus verlassen. Die FMEA zum Montageprozess führte zu dem Beschluss: Die Vollständigkeit des verpackten Produktes wird zukünftig durch eine Präzisionswaage festgestellt.

Mit der Schulung der Außendienstmitarbeiter und der vorbereitenden Werbung durch Marketing wurde bereits am Ende der Phase III begonnen.

Das fertige Produkt, die hochwertige Kamera für reisefreudige »junge Alte« und Nostalgie-Kunden konnte nach sehr kurzer Entwicklungszeit auf der Photokina präsentiert werden. Das ausgereifte Modell begeisterte das interessierte Publikum. Insbesondere die Produktneuheit, das digitale Rückteil, das sich modular an die analogen Kameras anfügen lässt, stieß auf großes Interesse.

7.3.3 Ausblick

Aufgrund der demografischen Entwicklung wird es auch weiterhin einen (begrenzten) Markt für die Zielgruppe 60plus und Nostalgiker geben, zumal selbst die Fachleute langfristig noch nicht die Ablösung der klassischen Silberhalogenidfotografie durch die neuen digitalen Möglichkeiten sehen. Auch die Profi-Fotografen nutzen weiterhin die Analogtechnik mit Spezialfilmen.

Die digitalen Kameras im mittleren Preissegment können auch noch nicht mit der Aufnahmequalität der analogen Kameras mithalten. Daher wird noch einige Zeit mit einer parallelen Existenz der beiden Systeme gerechnet. Das zeigt auch die Kodak-Werbung auf der Fotokina 2011 mit dem Slogan »Kodak macht den Farbfilm fit«. Präsentiert wurde der neue Professional Porta 160 mit einer deutlich feineren Kornstruktur.

Die neu entwickelte Systemergänzung, bestehend aus dem digitalen Rückenteil und einer Power-Unit zur Stromversorgung, mit der sich die analoge Kamera mit wenigen Handgriffen zur digitalen Nutzung umbauen lässt, begeisterte die Kunden und wird zur Umsatzsteigerung beitragen. Das hier gezeigte Beispiel ist aus »QFD-Sicht« insbesondere deshalb interessant, weil es aufzeigt, wie sich zwei zunächst unterschiedlich bearbeitete QFD-Häuser verbinden lassen und unter einem gemeinsamen »Dach« die Verträglichkeit (Korrelation) untersucht wird.

7.4 Praxisbeispiel Mobiler Gehstock »Mobilator«

Eine Studentengruppe der Internationalen Hochschule accadis in Bad Homburg, Anna Cho, Judith Hempsch-Bumb, Stephanie Löwer und Francisco Otto, wollen sich mit einer Geschäftsidee selbständig machen. Sie suchen nach einer Zukunftstechnologie, mit der sie einen neuen Markt erschließen könnten.

In einem Brainstorming befasste sich das Team mit der demografischen Entwicklung in Deutschland. Bekannt ist, dass die Bevölkerung in Deutschland in den kommenden Jahren in einem nie gekannten Ausmaß altern wird. Der *demografische Wandel* und seine Folgen sind daher vertiefend zu untersuchen. Mit dem demografischen Wandel werden die aktuellen Tendenzen der Bevölkerungsentwicklung und die Veränderung der Zusammensetzung der Altersstruktur beschrieben. Die sogenannte Überalterung erfordert neue Formen der privaten und gesetzlichen Altersvorsorge, weil sich die Rahmenvoraussetzungen für den Generationenvertrag verändern. Auch das Gesundheitswesen und die Altenpflege müssen sich auf ansteigende Zahlen pflegebedürftiger Menschen und sinkende Zahlen des Pflegepersonals einstellen.

Mit Zunahme der Überalterung geht auch eine *Zunahme altersbedingter Behinderungen* einher. Insbesondere die Beeinträchtigung der Mobilität nimmt durch Skelettschäden und dadurch hervorgerufene Degeneration der Gelenke zu. Die betroffenen Menschen müssen zukünftig selbst für ihre Mobilität sorgen, weil Krankenkassen mit diesen Leistungen zukünftig überfordert sind. »Die gewonnenen Jahre«, eine Untersuchung der Nationalakademie Leopoldina [7] führte eine Befragung der über 65jährigen zum Umgang mit Alter und Altern durch. Die gesundheitlichen Einschränkungen im Alter haben bei Männern und Frauen im Vergleich zu früheren Jahren abgenommen. Beeinträchtigungen können mit modernen technischen und medizinischen Hilfsmitteln heute besser ertragen werden. Die Lebensqualität ist trotz Behinderung besser als früher [8].

Die Befragten äußerten drei Hauptziele, -wünsche:
1. Ziel: Das Leben bis ins hohe Alter hinein selbständig und eigenverantwortlich zu gestalten, sollte verbessert werden. Wahlfreiheit zwischen Lebensformen und alternativen Tätigkeiten sollte offen gehalten werden.

2. Ziel: Das Verhältnis der Generationen produktiv gerecht und solidarisch zu gestalten und der Trennung der Generationen entgegen zu wirken.
3. Ziel: Entwicklungsmöglichkeiten der Individuen, Kooperation der Generationen und Zukunft der Gesellschaft als Ganzes zu sichern und zu stärken.

Das Projektteam diskutierte nach der Auswertung aller Daten die folgenden Fragen:

Mit welchem Produkt könnten wir die Wünsche älterer Menschen nach Selbständigkeit, Unabhängigkeit und Mobilität erfüllen? Dabei wurden insbesondere diese Fragen diskutiert:

⇨ Welches Produkt erfüllt die Wünsche älterer Menschen?
⇨ Wie gründen wir unsere Firma?
⇨ Wer ist unsere Zielgruppe?
⇨ Wie erfahren wir gezielt die Wünsche unserer Zielkunden?
  – Fragebogen (schriftlich)
  – Kano Modell
  – SWOT-Analyse
⇨ Wie setzen wir die Kundenwünsche um: House of Quality
⇨ Welche Schlussfolgerungen?
⇨ Was sind die nächsten Schritte?
⇨ Welche Zukunftsperspektiven ergeben sich?

Das Team entschließt sich, einen Gehstock zu konstruieren, der seinen Benutzern Sicherheit, Freiheit (Unabhängigkeit) und Mobilität garantiert. Das eingebaute GPS soll die Orientierung des Benutzers verbessern und gleichzeitig den Angehörigen die Möglichkeit geben, bei Bedarf nach dem Nutzer zu suchen.

Die Anforderungen an das neue Produkt werden vom Entwicklungsteam mit folgenden technischen Daten geplant:
Gehstock mit Sender, der ausgestattet ist mit:
- integriertem Notrufsystem
- GPS / Mobilfunk
- Ladestation

Wartungsarmes System:
- keine Updates nötig

Gewohnte Handhabung:
- ergonomischer Griff
- Antirutsch-Fuß (austauschbar je nach Untergrund)

Maßgeblich für die Ausführung ist jedoch das Ergebnis der Kundenbefragung.

Die Vision des Unternehmens (Mehr Lebensqualität, Kunden die Angst vor Technik nehmen, Mobilität bis ins hohe Alter, Sicherheit) wird mit den Mitarbeitern diskutiert und nach deren Zustimmung als Leitmotiv für die Entwicklung gewählt.

Nachdem die Strategie des Unternehmens diskutiert wurde, legte das Team die folgenden Punkte fest:
⇨ Das Team will ein hochwertiges Produkt entwickeln und den Support dafür sicherstellen.
⇨ Der von den Senioren stark bewertete Wunsch nach Selbständigkeit durch Mobilität hat höchste Priorität.
⇨ Die »Entwicklung am Kunden« wird gewährleistet durch Kontakt mit den Kunden und jährlichen Zufriedenheitsbefragungen.

Um die hochgesteckten Ziele zu ereichen, werden an die Mitarbeiter besondere Anforderungen gestellt, diese sind:
⇨ Corporate Identity (CI bezeichnet die Identität eines Unternehmens. Unternehmensidentität ist die Summe der Merkmale, die eine Organisation von anderen Unternehmen unterscheidet.)
⇨ Teamfähigkeit

⇨ Kommunikationsfähigkeit
⇨ Flexibilität
⇨ Technisch versiert

Mittels SWOT-Analyse werden nun die Stärken und Schwächen analysiert.

Abb. 27: *SWOT-Analyse [9]*

- S Strengths / Stärken
- W Weaknesses / Schwächen
- O Opportunities / Chancen
- T Threats / Gefahren

SWOT-Auswertung:
⇨ Die *Stärken* des neuen Gehstocks sind seine Einzigartigkeit, es gibt noch keine Konkurrenzprodukte.
⇨ Als *Schwäche* könnte sich die Ablehnung der neuen Technik erweisen, was aber durch Aufklärung und Vorführ-Tests zu beheben ist.
⇨ *Chancen* für eine starke Nachfrage liegen in der Zunahme der alternden Menschen.
⇨ *Gefahren* könnten durch falschen Gebrauch entstehen, wodurch ein Fehlalarm ausgelöst werden könnte.

In einer weiteren Teamsitzung werden die Vertriebswege diskutiert. Der Gehstock soll über folgende Kanäle vertrieben werden:
⇨ Sanitätshäuser und Krankenhäuser
⇨ Altersheime und Altenzentren
⇨ Diakonische Einrichtungen
⇨ Internet, Teleshopping

Weitere Absatzmittler/Vertriebskanäle sind
⇨ Reha-Zentren
⇨ Krankenhäuser
⇨ Sportgeschäfte
⇨ Altenheime
⇨ Wohneinrichtungen für alte und behinderte Menschen

Der Gehstock soll so konzipiert sein, das er auch für andere Zielgruppen attraktiv ist (Wanderer, Unfallpatienten, Menschen mit Behinderungen).

Die Erwartungen an das Produkt sind:
⇨ Preis-Leistungsverhältnis
⇨ Fachgerechte Beratung
⇨ Technischer Support
⇨ Zuzahlung durch gesetzliche Krankenkasse
⇨ Einfache Handhabung
⇨ Individuelles Design
⇨ Zuverlässigkeit
⇨ geringes Gewicht

Die Kundenanforderungen werden im nächsten Schritt mittels Portfolioanalyse dargestellt:
Auf der Abszisse x sind Handlichkeit und Mobilität und auf der Ordinate y die Sicherheit und Unabhängigkeit aufgetragen.
Im 2. Quadranten finden wir die Gruppe der Blinden, die Handlichkeit und Unabhängigkeit wünschen. Die Wanderer im 3. Quadranten wünschen Sicherheit und Handlichkeit und die Unfallpatienten (im 4. Quadrant) wollen Sicherheit und Mobilität.

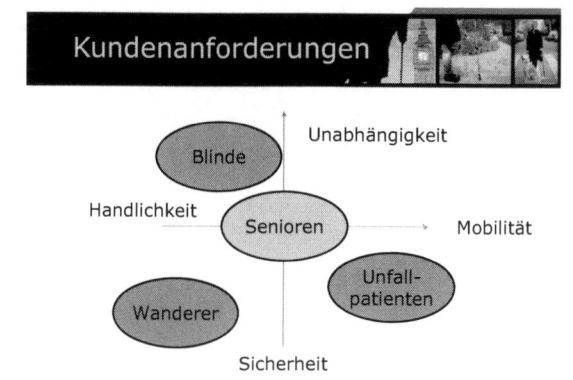

Abb. 28: *Portfolioanalyse [9]*

Kundenanforderungen

(Portfolio-Diagramm mit Achsen Unabhängigkeit/Sicherheit und Handlichkeit/Mobilität; Gruppen: Blinde, Senioren, Wanderer, Unfallpatienten)

Durch eine schriftliche und mündliche Kundenbefragung (siehe > Abb. 29) wurden die Bedürfnisse der unterschiedlichen Kundengruppen erfasst und mittels QFD-Matrix ausgewertet. Dafür wurden je 300 Wanderer, Menschen mit Behinderungen, Unfallpatienten, Senioren mit körperlichen Einschränkungen sowie 100 blinde Menschen ausgewählt.
Mit dem Fragebogen wird die Wichtigkeit der einzelnen Kriterien erfasst:

Abb. 29: *Fragebogen [9]*

Fragebogen

- Wie wichtig ist Ihnen:
  - Sicherheit?
  - Mobilität?
  - Standfestigkeit?
  - Design?
  - Gewicht?
  - Unabhängigkeit?
  - Handlichkeit?
  - Individualität?

(Skala von sehr wichtig bis unwichtig)

311

QFD 1: Praxisbeispiele

Die Aussagen der Kunden sind im folgenden Affinitätsdiagramm mit ihren Bedeutungswerten (Bedeutung 1 bis 10) zusammengefasst.

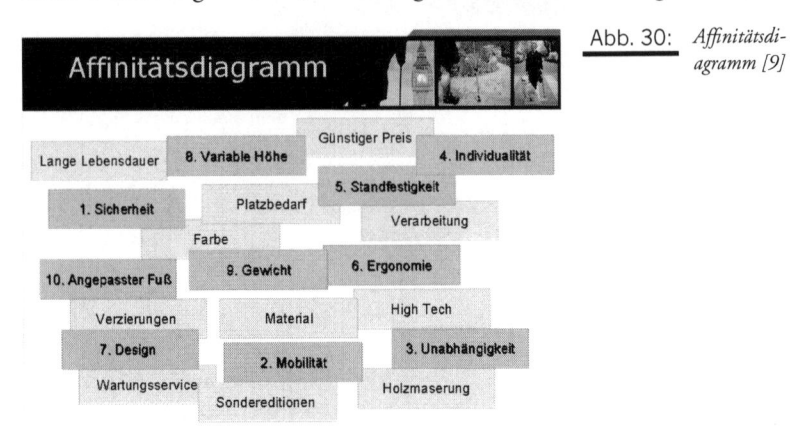

Abb. 30: *Affinitätsdiagramm [9]*

Affinitätsdiagramm

- Lange Lebensdauer
- 8. Variable Höhe
- Günstiger Preis
- 4. Individualität
- 5. Standfestigkeit
- 1. Sicherheit
- Platzbedarf
- Verarbeitung
- Farbe
- 10. Angepasster Fuß
- 9. Gewicht
- 6. Ergonomie
- Verzierungen
- Material
- High Tech
- 7. Design
- 3. Unabhängigkeit
- 2. Mobilität
- Wartungsservice
- Sondereditionen
- Holzmaserung

Im nächsten Schritt werden die vorstehenden Aussagen strukturiert, um sie dann in das House of Quality übertragen zu können.

Die tertiären Anforderungen aus > Abb. 31 werden mit ihren Bedeutungswerten in das House of Quality in > Abb. 33 übertragen. Dabei gilt ein besonderes Augenmerk den »Begeisternden Faktoren« nach Kano. Das übliche Vorgehen erfolgt dann wie in den vorstehenden Kapiteln beschrieben.

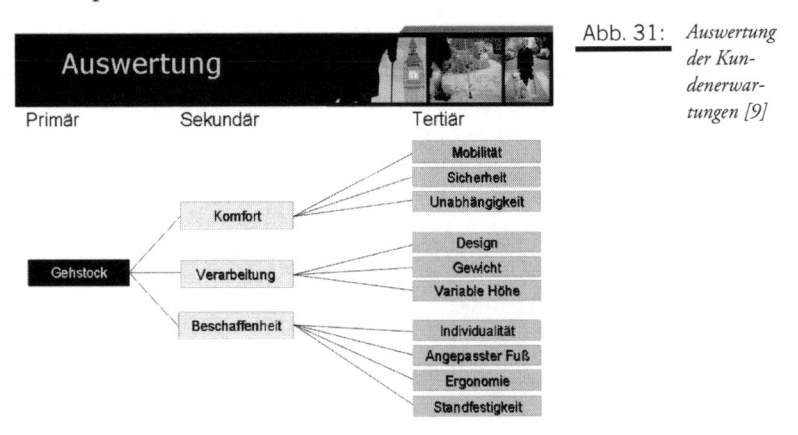

Abb. 31: *Auswertung der Kundenerwartungen [9]*

Auswertung

Primär — Sekundär — Tertiär

- Gehstock
  - Komfort
    - Mobilität
    - Sicherheit
    - Unabhängigkeit
  - Verarbeitung
    - Design
    - Gewicht
    - Variable Höhe
  - Beschaffenheit
    - Individualität
    - Angepasster Fuß
    - Ergonomie
    - Standfestigkeit

| Auswertung | | | Abb. 32: *Auswertung nach Kano [9]* |

Basisfaktoren	Qualitäts- und Leistungsfaktoren	Begeisternde Faktoren
Sicherheit	Mobilität	Individualität
Sensor	Ergonomie	Design
	Unabhängigkeit	Gewicht
	Standfestigkeit	angepasster Fuß
	Variable Höhe	

Die Kundenwünsche und deren Gewichtung sind immer aus der Sicht des Kunden zu erfassen. Nach der Ermittlung der Zielgruppe sind deren Wünsche zu strukturieren und in ihrer Bedeutung zu bewerten. Diese Wünsche und Anforderungen bilden dann den Eingang in das QFD-House (Schritt 1). Im zweiten Schritt sind die Stärken und Schwächen eigener Produkte mit denen der Konkurrenz durch den Kunden zu vergleichen. Im nächsten Schritt ist zu jedem Kundenwunsch ein Lösungsansatz (Produktmerkmal) mit Zielwert zu ermitteln.

Hier beginnt der Übersetzungsvorgang, bei dem die Sprache des Kunden in die Sprache des Unternehmens erfolgt. Anschließend ist die Beziehungsstärke zwischen diesen festzulegen und die Bewertung numerisch zu erfassen.

Die Korrelationen in der Dachmatrix zeigen die Verträglichkeit der Merkmale untereinander auf.

Wichtig ist das Betrachten aller Zusammenhänge auf der QFD-Landkarte, denn nur so ist feststellbar, ob eine Realisierung des Kundenwunsches möglich ist.

Im HoQ (siehe > Abb. 33) ist der Kundenwunsch »Sicherheit« mit dem Bedeutungswert 10 am höchsten gewichtet. Die dazu geplanten »Wie-Merkmale« sind:

QFD 1: Praxisbeispiele

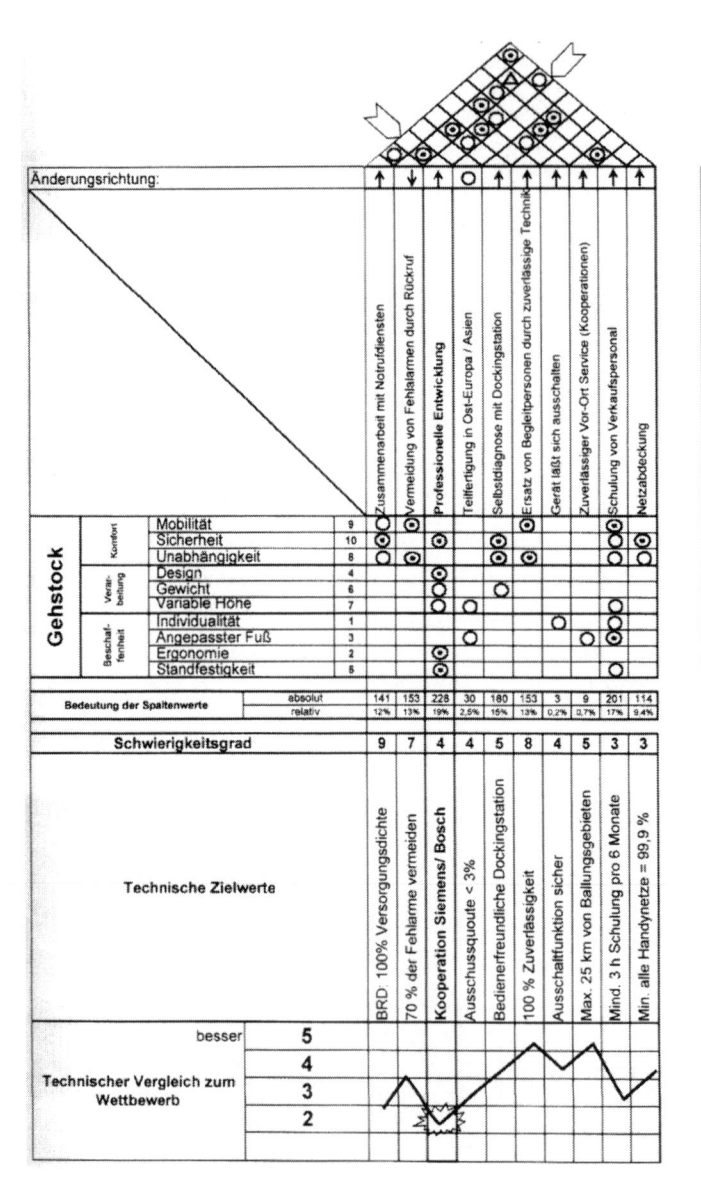

Abb. 33: *QFD-Matrix [9]*

⇨ Zusammenarbeit mit Notrufdiensten
⇨ Professionelle Entwicklung (zusammen mit Bosch und Siemens)
⇨ Selbstdiagnose mit Dockingstation
⇨ Netzabdeckung (alle Handynetze 99,9 %)

Wie die Matrix zeigt, wird die professionelle Entwicklung durch Kooperation mit Siemens/Bosch mit 228 Punkten = 19% am höchsten bewertet.

Nach der Auswertung der QFD-Matrix erstellt das QFD-Team das Pflichtenheft für die Entwicklungsabteilung:
Gehstock, höhenverstellbar:
⇨ Sofortiger Kontakt zu Bosch/Siemens
⇨ braun bis bronzefarben
⇨ anatomisch geformter Handgriff
⇨ verstellbar von 76 bis 100 cm
⇨ Gewicht: max. 400 g
⇨ mit Federverschluss
⇨ max. Belastung: 110 kg

Die mit der Firma Siemens und Bosch geplante Zusammenarbeit wird fossiert. Die Ortungsgenauigkeit des GPS soll weiter verbessert werden.
Sie lässt sich durch die Differenzmethoden dGPS auf Zentimetergenauigkeit steigern. Als »Begeisterungsfaktor« nach Kano soll der Gehstock neben dem GPS-Sender auch mit einem Neigungsschalter ausgestattet werden. Dieser bewirkt folgendes:
Sollte ein Senior/Seniorin bei einem Spaziergang einen Schwächeanfall erleiden und stürzen, so wird nach ca. 100 Sekunden der GPS-Sender aktiviert und ein Signal direkt an die Familie, das Wohnheim oder einen Hilfsdienst gesendet [7].

Weitere Zusatzausstattungen nach Kano:
Der Kundenwunsch nach *Standfestigkeit* und Sicherheit wird durch einen Spezial-Polyurethan Puffer sicher gestellt. Der Puffer aus schwarzem und lange haltbarem Polyurethan wird mit einem elastischem Hals und einem ausklappbaren, rostfreien Eisdorn aus Metall versehen, flexibel passend für alle Durchmesser von 16-22 mm. Der Gehstock ist geeignet für den Einsatz auf Schnee und Eis oder auf unbefestigten Wegen sowie bei eingeklapptem Eisdorn auch im Haus.

Die nächsten Schritte müssen geplant werden, das sind
⇨ Kostenermittlung und
⇨ Marketing Maßnahmen.

Das Team beschließt nach Target Costing vorzugehen und den Zielpreis zu ermitteln.
Die geplanten Marketing-Maßnahmen sind Informationsveranstaltungen, Werbung in allen Medien und das ansprechen von Zielgruppen. Durch die Kooperation mit Siemens und Bosch erfolgt eine professionelle Entwicklung, die zur vollen Zufriedenheit der Kunden führt.
Nicht nur die deutsche Bevölkerung, auch andere Nationen altern in bisher nicht gekanntem Ausmaß. Deshalb plant die Firma MobileTech auch eine Expansion ins Ausland. Die zukünftige Kollektion wird mit erweiterten Funktionen ausgestattet. Nach erfolgreicher Einführung des Gehstocks ist an GPS-fähige Rollatoren gedacht.

Zusammenfassung
Altern ist ein komplexer, irreversibler Vorgang, der durch Veränderungen der Lebensfunktionen gekennzeichnet ist.
Der von der Firma MobileTech konzipierten Gehstock soll dazu beitragen, die altersbedingten Behinderungen und die eingeschränkte Mobilität zu verbessern. Mobilität bedeutet Unabhängigkeit. Die gehbehinderten alten Menschen, die auch häufig orientierungslos werden, wünschen sich mehr Sicherheit im Alltag. Diese Wünsche

berücksichtigte das MobileTech-Entwicklungsteam, dass durch mehr Mobilität den Zugang zu Gütern und Dienstleistungen ermöglicht.

Die Altersforschung stellte fest, das physische Beweglichkeit mit kognitiver und mentaler Beweglichkeit einhergeht. Somit ist der entwickelte Gehstock ein Beitrag zum Erhalt der Alltagskompetenz.

Literatur

[1] ABELE, RÜDIGER, »Die Magie des neuen Lichts«, FAZ vom 2.1.2011, Seite 254

[3] HORVATH, PETER, Target costing – Marktorientierte Zielkosten in der Deutschen Praxis, Schäffer-Poeschel Verlag Stuttgart, 1993

[4] SAATWEBER, JUTTA in »Handbuch Produktentwicklung, Hrsg.: Schäppi, Andreasen, Kirchgeorg, Rademacher, C. Hanser Verlag München, 2005

[5] BRUHN, M./MEFFERT, H., Handbuch Dienstleistungsmanagement, Wiesbaden 2001, S. 5

[6] Fotografie und Präsentation – analog und digital, fotoforum 2/2011, Münster,

[7] http://www.is.tuwien.ac/de/study/rt1_2008_b3.pdf

[8] DR. AXEL BÖRSCH-SUPAN, FAZ, 25.2.2011, Seite 11

[9] Studienarbeit von F. OTTO, A. CHO, J. HEMPSCH-BUMB, S. LÖWER, Internationalen Hochschule accadis, Bad Homburg

[10] Industry Journal 01/2011, Spotlight, Seite 09

Zusammenfassung
Anhand von vier Beispielen wird aufgezeigt, wie QFD im Entwicklungsprozess in der Praxis eingesetzt werden kann. Im ersten Beispiel wird der LED-Entwicklungsprozess mit allen QFD-Phasen detailliert dargestellt. Das zweite Beispiel gibt einen Überblick über den Entwicklungsprozess einer Dienstleistung. Im dritten Beispiel, der Kamera, erkennen Sie, wie getrennte QFD-Häuser zusammengefügt werden können, um daraus Schlüsse für die Entwickler zu ziehen. Das vierte Beispiel, der GPS-Gehstock, ist eine Innovation, die die mit der Zunahme des demografischen Wandels verbundenen Probleme minimieren soll. Alle vier Beispiele zeigen, dass man mit QFD zu neuen und innovativen Produkten und Dienstleistungen gelangen kann.

Kapitel 8
Einführung von QFD im Unternehmen

Grundvoraussetzung für die erfolgreiche Einführung von QFD ist die aktive Unterstützung durch das Management. Im Folgenden wird die Vorgehensweise bei der Einführung von QFD gezeigt und es werden die dazu erforderlichen Hilfsmittel vorgestellt.

> **In diesem Beitrag erfahren Sie:**
> - welche Voraussetzungen zur Einführung von QFD erforderlich sind,
> - wie groß der Zeitbedarf bei der Einführung von QFD ist,
> - wie die Teambildung erfolgt und wie im Team eine gute Kommunikation entsteht.

8.1 Voraussetzungen für die Einführung von QFD

Das Management muss die Voraussetzungen für die Einführung von QFD schaffen. Dazu gehört neben der Bereitstellung der erforderlichen Hilfsmittel die Bewilligung von geeigneten Schulungsmaßnahmen und die zeitweise Freistellung der Teammitglieder vom Tagesgeschäft zur Projektarbeit.

Durch interdisziplinäre Teams mit gut ausgebildeten Moderatoren und Mitarbeitern, die eine offene Kommunikation pflegen, wird die Arbeit am ersten QFD-Projekt erleichtert. Bei der Einführung von QFD ist Folgendes zu beachten:
Der Erfolg der Einführung und der unternehmensweiten Anwendung von QFD hängt wesentlich von den Antworten auf drei Fragen ab:
⇨ Ist Qualitätsmanagement Bestandteil der Firmenziele?
⇨ Welche Strategien unterstützen die Qualitätsziele?
Finden regelmäßige Strategie-Reviews statt und gibt es Pläne für die Umsetzung der Review-Ergebnisse?

Wenn der Vorstand im Dienst für *seine Kunden*, das heißt für seine Mitarbeiter, die vorrangige Aufgabe sieht und praktiziert, ist der Erfolg gesichert.

Die folgenden Schritte sind bei der Einführung von QFD zu berücksichtigen:

1. die Verpflichtung des Managements zur Einführung von QFD und die aktive und dauerhafte Unterstützung
2. ein QFD-Training für das Management mit der Übersicht zum Vorgehen und eine Einführung in die Zielsetzung von QFD
3. die Bewilligung der Schulungsmaßnahmen für die Mitarbeiter
4. das Projektziel mit dem Management definieren
5. Produkt beziehungsweise Dienstleistung für das erste Projekt auswählen und das Ziel definieren, es sollte
- einfach, aber nicht trivial sein (nicht gerade der Fahrradständer auf dem Firmengelände!),
- nicht zu komplex sein (max. 20 Kundenanforderungen),
- sich um ein *reales* Produkt oder eine Dienstleistung handeln,
- breites Interesse daran im eigenen Haus bestehen,
- es sollte möglichst ein konkreter Kundenbedarf vorliegen.
6. Kundeninformationen sind vorhanden oder erhältlich (von Marketing)
7. Chancen für Verbesserungen sind erkennbar
8. Fähigkeiten sind vorhanden (Fachkompetenz und Teamfähigkeit)
9. interdisziplinäre Teambildung ist gegeben, die QFD-Schulung erfolgt parallel mit der Projektarbeit
10. Projekt-Reviews werden durchgeführt
11. Anteilnahme des Managements

Die Schulung der Mitarbeiter im QFD-Team ist eine Grundvoraussetzung für das erste QFD-Projekt.

Die wesentlichen Voraussetzungen sind in Abbildung 1 noch einmal verkürzt zusammengefasst:

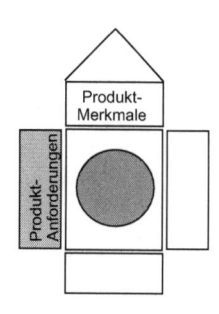

- Unterstützung und Engagement durch die Firmenleitung
- Schulung der Beteiligten zur Methode
- Teamfähige Mitarbeiter mit persönlicher Qualifikation
- Geeignetes Umfeld
- Fachkompetente Zusammensetzung der Teams
- Regelmäßige Teilnahme an den Arbeitsmeetings
- Ein in der Methode ausgebildeter Moderator
- TQM und QFD müssen von allen Beteiligten verstanden und gewollt sein

Abb. 1: *Voraussetzungen für die konsequente Anwendung von QFD*

8.1.1 Die Arbeit am ersten QFD-Projekt

Für die Arbeit am ersten QFD-Projekt sind folgende Hinweise zu beachten:

⇨ Nachdem der Kundenkreis exakt definiert ist, wird eine *Kundenbefragung* durchgeführt > siehe Kap. 3).

⇨ Ist ein subjektiver Vergleich der Kunden zum Wettbewerb nicht möglich, sind Benchmarking-Informationen zu beschaffen.

⇨ Nach dem Abschluss der Informationsbeschaffung erfolgt eine Gruppierung beziehungsweise Strukturierung der Kundenanforderungen (primär, sekundär und tertiär).

⇨ Auch die gesetzlichen Anforderungen oder Normenforderungen sind zu beachten.

⇨ Zu den Kundenanforderungen sind im nächsten Schritt die Merkmale zu »brainstormen«, zusammen mit der Festlegung der Zielwerte und der Veränderungsrichtung (Wie wollen wir die Anforderungen umsetzen?).

⇨ Dann wird die Bewertung der Merkmale zu den Kundenanforderungen in Beziehung gesetzt und anschließend die Korrelation der Merkmale (im »Dach«) untersucht.
⇨ Das Team bestimmt den Schwierigkeitsgrad der Realisierung und führt den technische Vergleich zum Wettbewerb durch.
⇨ Nach einer abschließenden Betrachtung ist ein Zeitplan zu erstellen, das Pflichtenheft zu definieren und ein Review durchzuführen und abschließend der Projektstart festzulegen.

Der beste Garant für den Erfolg des Unternehmens durch QFD ist das beispielhafte Vorgehen durch das Management selbst, zum Beispiel durch Anwendung einer QFD zur Geschäftsplanung. Für die Managementplanung, das heißt die Planung der Ziele, ihrer Strategien und deren Umsetzung kann eine reduzierte Form des QFD, das »Strategie-Deployment« eine nützliche Alternative sein. Dieses Planungsverfahren, wird auch »Strukturierter Planungsprozess« oder in Japan »Hoshin Kanri« (Goldener Kompass) genannt (> siehe Kap. 1.4.1). Dies mag als zu komplex empfunden werden, aber wir können die komplexen Probleme unserer Zeit nicht mit den gleichen Methoden lösen, die zu den heutigen Problemen beitrugen.

8.2 Vorgehen bei der Einführung von QFD

Das Management muss die Voraussetzungen für die Einführung von QFD schaffen. Dazu gehört neben der Bereitstellung der erforderlichen Hilfsmittel die Bewilligung von Schulungsmaßnahmen und die zeitweise Freistellung der Teammitglieder vom Tagesgeschäft.

Teamfähige Mitarbeiter sind in der QFD-Methodik auszubilden. Die optimale Zusammensetzung des Teams ist wichtig für den Erfolg. Für die QFD-Arbeitsgruppe gilt das Prinzip »Fähigkeit vor Position«. Eine Verteilung der Hierarchiestufen im Projektteam ist wünschenswert. Die Zusammensetzung des Teams kann je nach aktueller Aufgabenstellung im Verlauf des Projektes personell wechseln. Der Teamleiter zeichnet sich durch konsensbildende Moderation aus. Er sollte organisatorische Fähigkeiten besitzen. Seine soziale Kompetenz ist wichtiger als die Fachkompetenz, die erforderliche Fachkompetenz haben die Teammitglieder. Das Ziel des Moderators muss es sein, die Teammitglieder erfolgreich zu machen.

Die Schulung zu QFD kann entweder ein betriebsinterner erfahrener Moderator oder ein externer QFD-Trainer durchführen. Auch die projektbegleitende Beratung sollte anfangs durch erfahrene Experten erfolgen. Das Ziel der Beratung muss sowohl der erfolgreiche Abschluss des ersten Projektes als auch die Heranbildung eines hauseigenen QFD-Moderators sein.

Das Management zeigt gegenüber der Arbeit der Gruppe Interesse durch gelegentliche Teilnahme an den Sitzungen. Hierbei sollten Fragen an das Team im Vordergrund stehen, direktive Eingriffe sind unzulässig.

Es hat sich als vorteilhaft erwiesen, wenn das QFD-Team in der Planungsphase auch räumlich nah beieinander ist. Vorbildhaft praktiziert wird dies zum Beispiel von der Firma Mettler Toledo in Albstadt, die ihren Projektteams diese räumliche Nähe ermöglicht.

8.2.1 Zeitbedarf bei der Einführung von QFD

Der zeitliche Aufwand für ein QFD-Projekt hängt im Wesentlichen von der Komplexität des Produktes beziehungsweise der Dienstleistung ab und von der Anzahl der zu bearbeitenden Kundenforderungen. Folgende Vorgehensweise hat sich in der Praxis als sinnvoll erwiesen und wird für das weitere Vorgehen empfohlen:

IST-Analyse
Vor dem Projektstart sollte eine IST-Analyse zu allen internen und externen *kundenbezogenen Informationen* und zu den vorhandenen Kunden- und Qualitätsforderungen unter Mitwirkung der zuständigen Abteilungen im Hause des Unternehmens durchgeführt werden.

Dabei ist zu fragen:
- ⇨ Was ist an aktuellen Marketing-, Verkaufs- und Serviceinformationen *im eigenen Hause* vorhanden?
- ⇨ Gibt es zur Erfassung von Kunden- oder Händlerreklamationen etablierte Verfahren?
- ⇨ Welche Verfahren werden heute benutzt?
- ⇨ Wie kann man die vorhandenen Informationen nutzen?
- ⇨ Wie wird heute sichergestellt, dass die Entwicklung beziehungsweise Konstruktion direkte Kundeninformationen erhält?
- ⇨ Was wird aus heutiger Sicht als Defizit empfunden?

Diese Fragestellungen könnten auch in der ersten Teamsitzung bearbeitet werden.

Der geschätzte Zeitbedarf: ca. 1 Tag

Informationsbeschaffung
Mit dem Projektteam werden unter Hinzuziehung kompetenter Fachleute Verfahren und Prozesse erarbeitet, die festlegen
- ⇨ wie fehlende Informationen beschafft werden,
- ⇨ wie fehlende Informationen aufbereitet werden,
- ⇨ wie fehlende Informationen *intern* bereitgestellt und veröffentlicht werden,
- ⇨ wer informiert werden soll/darf.

Diese Aufgabenstellung ist unter Nutzung des eventuell vorhandenen QM-Systems durchzuführen.

Der geschätzte Zeitbedarf: ca. 0,5 bis 1 Tag

Projektvorstellung
Das Projektteam wird im Rahmen einer Kick-off-Veranstaltung vorgestellt und das weitere Vorhaben ist den Beteiligten zu erläutern.

Gleichzeitig werden die Trainingsmethoden und der Trainingsbedarf festgelegt.
⇨ Kick-off-Veranstaltung: das Projektteam stellt sich vor, Ziele und Aufgabenstellung werden mit einem Projektplan bekanntgegeben.
⇨ QFD-Training und Workshop:
- Methoden der Informationsbeschaffung festlegen
- Wer sind unsere Kunden? Segmentierung der Kunden
- Wie erfassen wir die »Stimme des Kunden«?
- Umsetzung im House of Quality
⇨ Projektarbeit an den vier QFD-Phasen

Der geschätzte Zeitbedarf: ca. 2-3 Tage

Die Arbeit am konkreten Projekt
Nun beginnt die Arbeit am konkreten Projekt. Der Zeitbedarf hängt hierbei in starkem Maße von der Komplexität des ausgewählten Produktes/Dienstleistung ab, er kann deshalb nur grob geschätzt werden. Als erstes Projekt empfiehlt sich eine Produkt- oder Dienstleistungsver-besserung, denn QFD-Projekte scheitern häufig dann, wenn zu Anfang der Einführung ein zu komplexes Produkt gewählt wird.
Das QFD-Projektteam beginnt mit der Arbeit am konkreten Fall; die Projektarbeit wird moderiert und das Projekt betreut.

Der geschätzte Zeitbedarf: ca. 2-4 Tage
Der geschätzte Zeitbedarf insgesamt: ca. 5,5-9,0 Tage

Nach dieser Einführungsphase trifft sich das Team regelmäßig zur weiteren Arbeit am Projekt. Für das erste QFD-Projekt ist ein höherer Zeitbedarf einzuplanen, bei späteren Folge-Projekten reduziert sich dieser Aufwand durch die Sicherheit im Vorgehen ganz erheblich.
 Ein QFD-Projekt ist zum Scheitern verurteilt, wenn ein zu starker zeitlicher Druck auf das Team ausgeübt wird. Erst bei den Folgeprojekten wird sich die zeitliche Straffung merklich auswirken. Es ist

bekannt, dass einige QFD-Anwender ihre Entwicklungsprozesse um bis zu 50 Prozent reduzieren konnten.

8.2.2 Ermittlung des Schulungsbedarfs

Der Schulungsbedarf ist abhängig vom Wissenstand der einzelnen Teilnehmer. Die Teilnehmer der Marketingabteilung haben in der Regel einen Wissensvorsprung bei der Informationsbeschaffung und dem Erfassen der Kundenanforderungen, die Mitarbeiter der Entwicklung und der Qualitätsabteilungen bei den Qualitätsmethoden.

QFD ist einfach zu verstehen und leicht zu erlernen. Ein zweitägiges QFD-Training ist in der Regel für den Einstieg in das erste Projekt ausreichend. Danach beginnt am konkreten Projekt »learning by doing«.

Anfangsschwierigkeiten bestehen meistens bei der Übersetzung der »Stimme des Kunden« in die »Sprache des Ingenieurs«, beziehungsweise die »Sprache des Unternehmens«, diese Übersetzung darf nicht aus der Sicht des Ingenieurs, beziehungsweise des Unternehmens interpretiert werden, sondern immer nur aus der Sicht des Kunden. Für diese Übersetzungsphase sollte reichlich Zeit eingeplant werden. Das erleichtert nicht nur das weitere Vorgehen, sondern stellt auch sicher, dass die Kundenanforderungen wirklich verstanden sind und ein breiter Wissenstransfer möglich wird.

8.2.3 Hilfsmittel zur Arbeit mit QFD

Für die Arbeit des Teams sollten folgende Hilfsmittel zur Verfügung stehen:
Ein Arbeitsraum, Einrichtungen und Material:
⇨ ein belüftbarer Arbeitsraum mit circa fünf m² Fläche je Teilnehmer
⇨ leicht umstellbare Tische für die Arbeit in Gruppen
⇨ zwei bis drei Pinwände und ein bis zwei Flipcharts, Packpapier zum Bespannen der Pinwände
⇨ Befestigungsmöglichkeit für Packpapier, Kreppklebestreifen

⇨ Haftnotizzettel oder/und Pinwandkarten (Metaplantechnik)
⇨ Laptop und Beamer oder Overheadprojektor, Leinwand
⇨ Folien, Folienstifte
⇨ DIN A0-Papierfolien mit HoQ-Matrizen
⇨ ausreichend Getränke und Kaffee sollten nicht vergessen werden
⇨ Telefonanrufe und Rufeinrichtungen im Arbeitsraum sind nicht erwünscht
⇨ vorteilhaft wären: PC, Drucker, QFD-Software

Ich benutze im high-tec-Zeitalter gerne QFD-Papierfolien im A-0-Format, weil man immer das gesamte HoQ im Blick hat. Bei der Software sieht man hingegen nur das jeweilige Eingabefeld.
Die Dokumentation der aktuellen Ergebnisse kann andererseits durch die Direkteingabe in ein PC-System zeitsparend für alle Teilnehmer dokumentiert werden. Ein weiterer Vorteil ist, dass die während des QFD-Meetings eingegebenen Daten sofort in die übliche QFD-Tabellenform mit der Neukalkulation der Werte umgesetzt werden kann. Die Teilnehmer können somit stets mit den aktuellen Unterlagen arbeiten. Ein ansteuerbarer LCD-Projektor oder Großbildprojektor (Beamer) fördert diese gemeinsame Arbeit. Die Dateneingabe sollte von einem Teammitglied vorgenommen werden, nicht vom Moderator, der die Teamentwicklung im Auge behalten muss. Die heute aktuelle QFD-Software beinhaltet die Möglichkeit der Matrix-Verknüpfungen. Über gebräuchliche Grafikformate kann der Export der QFD-Grafiken in Berichte und Dokumente eingebunden werden.

8.2.4 Teambildung und Kommunikation im QFD-Prozess

Bei der Generierung innovativer Produkte reicht das Wissen eines Menschen heute nicht mehr aus. Nicht der schrullige Forscher oder der einsame Tüftler im stillen Kämmerlein können die komplexen Probleme lösen, nur ein Team kompetenter Mitarbeiter ist dazu in der Lage. Durch die Globalisierung der Unternehmen wird die

Zusammenarbeit in multikulturellen Teams zunehmen, Offenheit gegenüber anderen Kulturen und das Denken in globalen Zusammenhängen sind Voraussetzung für eine erfolgreiche Teamarbeit.

In einem QFD-Team arbeiten Mitarbeiter mit unterschiedlicher Ausbildung, Erfahrung und persönlicher Einstellung zusammen, also Fachleute der Funktionsbereiche, die Verantwortung für das Projekt tragen. Die Teamzusammensetzung erfolgt *interdisziplinär* und interfunktional, die Teilnehmer kommen aus den Bereichen Marketing, Vertrieb, Konstruktion, Entwicklung, Produktion, Einkauf, Qualitätssicherung und anderen am Projekt beteiligten Abteilungen des Unternehmens. Für die Arbeitsgruppe gilt das Prinzip »Fähigkeit vor Position«. Gebraucht werden vor allem die aufgeschlossenen Pioniere (vgl. Abb. 2). Wissen und Ideen werden durch die besten Köpfe zusammengeführt, um Wissen zu mehren, das heißt, in mehr Wert zu verwandeln. Gemischte Teams aus Männern und Frauen haben sich als vorteilhaft erwiesen, denn Männer entwickeln aus Begeisterung und Frauen entwickeln für den Kunden.

Eine effiziente Teamkonzeption ist erforderlich, um eine wirkungsvolle Teamkommunikation zu erreichen. Allerdings können die Ergebnisse immer nur so gut sein, wie die Teammitglieder selbst. Es gibt keine präzisen Verhaltensregeln für die Teamkommunikation. Ein Kriterium für den Teamerfolg ist die Kooperationsbereitschaft der Teammitglieder, das heißt, ihr sachlicher und fachlicher Umgang miteinander. Eine hohe technologische Kompetenz, verteilt auf die unterschiedlichen Teammitglieder, wird dann am besten genutzt, wenn auch *soziale Kompetenz* im Team aufgebaut werden kann. Unterschiedliche »Denkstrukturen« der Teammitglieder können Konfliktpotenzial entstehen lassen, dies lässt sich aber durch die zielgerichtete Arbeit am gemeinsamen Projekt, durch festgelegte »Spielregeln« und durch einen neutralen und sensiblen Moderator ausgleichen.

Die Auswahlkriterien für die Teamarbeit sind in Tabelle 1 zusammengefasst:

Tabelle 1: Die Team-Auswahl und die Projektarbeit	
Team-Auswahl	**Team-Arbeit**
Interdisziplinär	6-8 Teammitglieder
Interfunktional	Protokollführer
Fähigkeit vor Position	Geplante Meetings
Aufgeschlossen (Pioniere)	40-60 h/Teammitglied
Hierarchiestufen verteilt	Projekt 3 6 Monate
Teamleiter/Berater ist Moderator – nicht Führer	Reviews mit Management

Der grob geschätzte Zeitbedarf ist abhängig von der Komplexität des zu entwickelnden Produktes/Dienstleistung und von der Vorarbeit der Marketingabteilung, die möglichst alle relevanten Kundendaten (Anforderungen) beschafft haben sollte.

Bei den Teamsitzungen sollte ein fähiger Moderator (intern oder extern) dem Team zur Verfügung stehen. Die Teamsitzungen sind zu planen. Eine Gruppengröße von sechs bis acht Teilnehmern hat sich als vorteilhaft erwiesen. Mindestens ein Teammitglied sollte den gesamten Projektablauf begleiteten. Das QFD-Team kann, je nach Aufgabenstellung und Projektfortschritt, durch Spezialisten aus den Fachabteilungen ergänzt werden.

Der Teamleiter/Moderator sollte es verstehen, die verschiedenen Erfahrungen, Kompetenzen und Disziplinen zusammenzubringen und die Stärken der Einzelnen für das Team nutzbar zu machen. Teamentwicklung ist nicht linear, Störungen von innen und außen können zu Konflikten führen. Ein erfahrener Teamleiter wird die Spannungen durch Sensibilität und Fingerspitzengefühl abbauen.

Es hat sich gezeigt, dass QFD in hervorragender Weise zu zielorientierter Arbeit im Team, über die Schnittstellen der Organisation hinweg, hilft. Teamarbeit macht Freude, sie beschleunigt den Arbeitsfortschritt, das gesamte Firmen- und Mitarbeiter-Know-how kann durch den gebündelten Sachverstand der einzelnen Teammitglieder in das Projekt einfließen. Darüber hinaus wird jeder der Teilnehmer von der Alleinverantwortung entlastet. Gemeinsam getroffene Entscheidungen beteiligen am gemeinsamen Erfolg (aber auch am eventuellen Misserfolg). In der Regel ist das Teamergebnis qualitativ besser als die Summe von Einzelleistungen.

Die in den Meetings getroffenen Entscheidungen sind in einem kurzen Protokoll festzuhalten. Die nächsten Zusammenkünfte sind rechtzeitig zu planen (Datum, Uhrzeit, Teilnehmer, Gäste). Die Teammitglieder sollten dem Wandel aufgeschlossen gegenüberstehen. Die »Struktur« der Menschen im Unternehmen unterscheidet sich allerdings genauso wie in der pluralistischen Gesellschaft. Für QFD werden die »Pioniere« (Abb. 2) gebraucht, die die konservative Masse überzeugen und die Mitarbeiter motivieren. Auch die kreativen »Erfinder« sind auf die Pioniere angewiesen, die ihre Ideen aufgreifen und umsetzen. Die Erfinder wollen jeden Tag etwas Neues erfinden, die Umsetzung liegt ihnen fern, dazu brauchen sie die Pioniere, die dann wiederum den großen Block der Konservativen überzeugen und

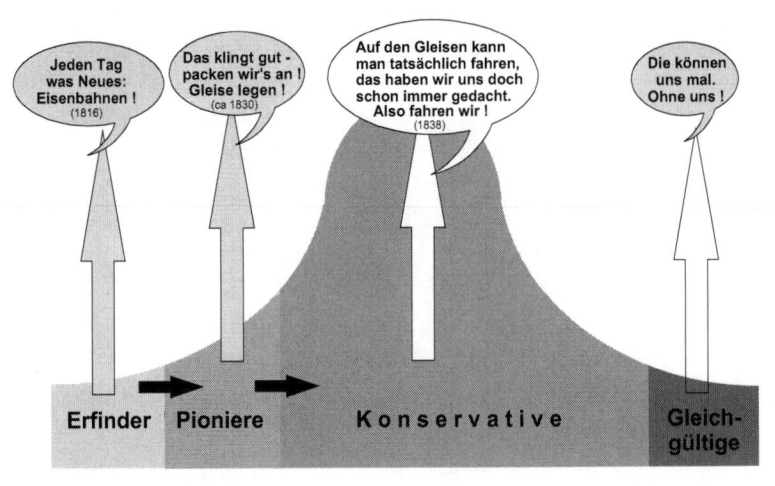

Abb. 2: *Menschen im Unternehmen*

anschieben. Auf die »Gleichgültigen« sollte man verzichten, sie erweisen sich als »Bremser«.

Die Kommunikation im Team ist so zu gestalten, dass die Ideengenerierung in der Gruppe effizient erfolgt, um möglichst Kreativitätsspitzenleistungen zu erreichen.

Teamarbeit braucht kreative Geister und einen Moderator, der das Team auf dem methodischen Pfad begleitet, ohne an einer »QFD-Verfahrensanweisung« zu kleben, denn QFD ist ein Leitfaden, der situativ auszugestalten ist.

8.3 Anforderungen an QFD-Moderatoren

Die methodische Führung durch den QFD-Prozess sollte ein ausgebildeter und mit der Thematik vertrauter Moderator übernehmen, der sich durch *konsensbildende* Moderation auszeichnet. Er ist nicht der Führer des Teams, sondern dessen Berater, sein Ziel ist der Erfolg der Gruppe. Er hilft der Gruppe durch zielorientiertes Fragen mehr als durch spezialisiertes Fachwissen zum Thema. Er versucht, der Gruppe gedanklich zwei Schritte voraus zu sein.

Beim Einsatz firmeninterner Moderatoren hat sich herausgestellt, dass es besser ist, *keine* Fachspezialisten einzusetzen, weil diese sich selbst zu leicht in Details verlieben. Interne Moderatoren sollten eine hohe Akzeptanz und Rückhalt im Unternehmen genießen und jegliche Unterstützung für die Gruppe bei der Projektumsetzung erhalten. Ihre Aufgabe ist es, das Team zu coachen und sich selbst zurückzunehmen.

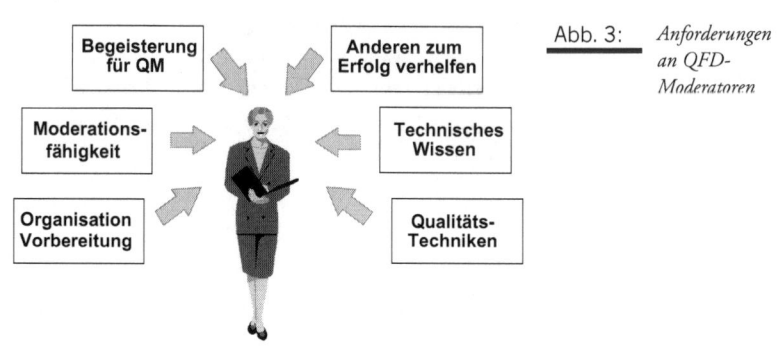

Abb. 3: *Anforderungen an QFD-Moderatoren*

QFD-Moderatoren sollten sich durch breites Wissen auszeichnen. Sie kennen ihr Unternehmen und haben Erfahrung »von der Werkbank bis zum Vorstand«. Sie werden von allen akzeptiert, sind aufgeschlossen und beherrschen die Präsentations- und Moderationstechniken, wie zum Beispiel Metaplantechnik/Brainstorming. Sie sind sensibel und erkennen rechtzeitig »atmosphärische Störungen« im Team, die sie ansprechen und ausdiskutieren. Sollte ein externer Moderator bevorzugt werden, so ist es wichtig, dass er/sie sich über das Unternehmen, dessen Kultur und Grundwerte informiert. Auch eine vorherige Betriebsbesichtigung wird dringend empfohlen.

Von Moderatoren wird neben Organisationstalent auch das Beherrschen der Qualitätstechniken und -methoden erwartet. Die soziale Kompetenz des Moderators ist wichtiger als technisches Detailwissen, denn das technische Know-how bringen die Teamspezialisten ein. Moderatoren sollten durch ihren Arbeitsstil und ihre Vorgehensweise eine positive Atmosphäre schaffen, sie müssen kommunikativ sein, das heißt,

⇨ sie haben jederzeit ein offenes Ohr für die Teammitglieder und steuern den Informationsfluss im Team
⇨ sie sind redegewandt und schlichten auftretende Konflikte
⇨ sie haben Einfühlungsvermögen und sie sind souverän
⇨ sie stellen klare und eindeutige Fragen, die zum Überlegen anregen
⇨ sie tragen zur Umsetzung von Entscheidungen bei.

Der Kommunikationsstil der Moderatoren sollte offen, klar und eindeutig sowie zielorientiert sein. Moderatoren sind verpflichtet, sich neutral zu verhalten, sie orientieren sich an Daten und Fakten, sind selbstkritisch und selbstbewusst. QFD-Moderatoren müssen in der Lage sein, den gruppendynamischen Planungsprozess souverän zu steuern und eventuell auftretende Denkblockaden zu knacken.

Der Moderator muss dazu beitragen, dass getroffene Entscheidungen umgesetzt werden können. Er oder ein vom Team bestimmtes Mitglied muss für die Entscheidung und deren Realisierung verantwortlich sein. Nicht jede Entscheidungen kann durch Mehrheitsvoten

Bevorzugte Fähigkeiten und Kenntnisse:

Moderations-fähigkeit

- Breites Wissen
- Erfahrung »von der Werkbank bis zum Vorstand«
- Organisationstalent

- Trainingserfahrung
- Visualisierungstechniken
- Präsentationstechniken

- Erkennt atmosphärische Störungen und Störfaktoren
- Denkt zwei Schritte voraus
- Fördert die Ideen der Teammitglieder und deren Umsetzung

Abb. 4: *Bevorzugte Fähigkeiten von Moderatoren*

herbeigeführt werden. Entscheidung und Veränderung beinhalten Chancen aber auch erhebliche Risiken. Treffen Gruppen Entscheidungen oder bereiten sie diese vor, so sollte den Entscheidungsträgern die Chance gegeben werden, sie in ihrem Kreis und mit genügend Zeit diskutieren zu können.

Da Kommunikation ein wichtiger Bestandteil des Total Quality Managements ist, muss der Moderator in der Lage sein, Störungen im Kommunikationsprozess frühzeitig zu erkennen. Die Kommunikationskultur eines Unternehmens entscheidet über den Erfolg oder Misserfolg eines QFD-Projektes. Daher ist eine Betrachtung der Kommunikationsprozesse empfehlenswert.

Eine qualitativ hochwertige Teamarbeit ist nur dann zu leisten, wenn so kommuniziert wird, dass die Ideen und Vorschläge aller Teammitglieder genutzt und die auftretenden Konflikte vermieden werden. Welche Kommunikationsmodelle bieten sich an, was ist bei der Kommunikation zu beachten?

8.4 Kommunikation als vierte Qualitätsdimension

QFD verlangt eine offene Kommunikation über alle Hierarchieebenen hinweg. QFD braucht eine *Kommunikationskultur*, die die Arbeit im Team fördert und vorhandene Mauern zwischen den Fachbereichen durch offene Aussprache und gemeinsames Überlegen aufbricht. Die Entwicklung einer positiven Kommunikationskultur ist ein wichtiger Beitrag zu einem lebenden und wirksamen Qualitätsmanagementsystem.

Moderations-Anforderungen	*Bevorzugte Eigenschaften:* • An der Entwicklung anderer interessiert • Guter Kommunikator • Schafft positive Atmosphäre • Loyal, aber kein »Radfahrer« • Vorstellungsvermögen (realistischer Visionär) • Selbstkritisch und selbstbewusst • An Fakten orientiert, aber kein »Erbsenzähler« • Von allen Seiten anerkannt • Die Rolle des »primus inter pares« motiviert ihn • Fähigkeiten als Coach und Trainer • Am Erfolg orientiert, aber kein »Ehrgeizling« • Respektiert die Grundwerte (Firmenziele)

Abb. 5: *Anforderungen an Moderatoren und bevorzugte Eigenschaften*

Betriebsabläufe werden heute leider vorwiegend dreidimensional, im Kräftedreieck aus Qualität-Kosten-Zeit betrachtet, der Mensch, im Mittelpunkt des Dreiecks, bleibt häufig unbeachtet, mit den Folgen von Frustration und innerer Kündigung.

Im Unternehmen finden *Kommunikationsprozesse* auf allen Ebenen statt: Telefonate, Gespräche mit dem Chef, mit Kollegen und mit Kunden sowie Meetings und Projektbesprechungen gehören zur täglichen Routine. Bei dieser Kommunikationsvermittlung kommt es immer wieder zu Konflikten. Woran liegt dies und warum gibt es Kommunikationsprobleme mit denen, die im Mittelpunkt des Unternehmens stehen?

Der Kunde vergleicht im Kommunikationsprozess (Abb. 6) seine Erwartungen. Werden sie erfüllt? Das ist entscheidend für sein weiteres Verhalten: Wird er die Rechnung bezahlen und wird er wieder bestellen?

Kommunikation im Kunden-Lieferantenprozess

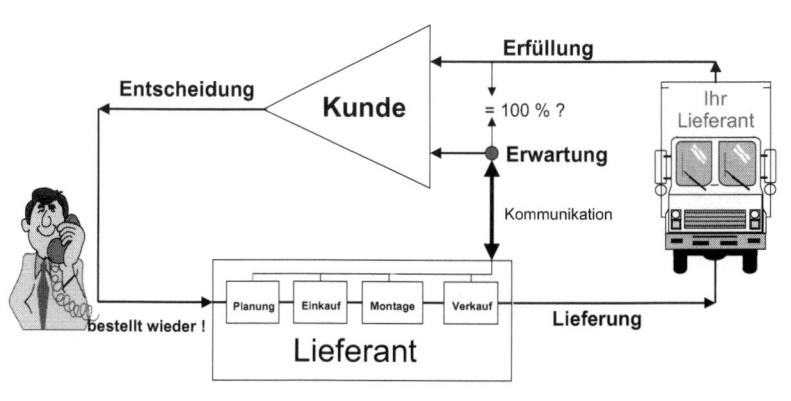

Abb. 6: *Kommunikation im Kunden-Lieferanten-Prozess*

»Innovationsschwäche ist Teil eines Kommunikationsproblems oder positiv gesagt: Nur wenn die Kommunikation klappt, wird auch einer *Innovationsfreude* der Boden bereitet. Es geht also um eine innovationsförderliche Dialogkultur« [1].

Diese wichtige Erkenntnis erfordert, die Probleme zu untersuchen, die zu Störungen in der Kommunikation führen. Zur Untersuchung der *Kommunikationsprobleme* existieren unterschiedliche Modelle. Einig sind sich die Kommunikationswissenschaftler Watzlawick und Schulz von Thun darin, dass man nicht *nicht* kommunizieren kann. Wir können uns der Kommunikation also nicht entziehen, denn gerade die nonverbale Kommunikation verrät deutlich unsere Einstellung [2].

Konflikte entstehen immer dann, wenn auf unterschiedlichen Ebenen kommuniziert wird. »Sachaspekt« und »Beziehungsaspekt« nennt die Fachsprache diese unterschiedlichen Kommunikationsebenen. Bis zu 60 Prozent der Zeit (laut Dietrich Seibt) werden heute bei Besprechungen in Beziehungsprobleme investiert. Diese Reibungsverluste minimieren die Arbeitseffizienz ganz erheblich. Einen Ausweg aus dieser Konfliktsituation gibt es erst dann, wenn die Zerstrittenen sich eingestehen, dass sie kein sachliches Problem lösen, sondern ein Beziehungsproblem klären müssen.

Zur Lösung dieser betriebsinternen Konflikte werden heute immer häufiger externe Berater eingesetzt, die durch »Kommunikationsentwicklung« zur Klimaverbesserung im Unternehmen beitragen sollen. Wichtig ist es, wieder ein sensibles Gespür und Bewusstsein für den Umgang mit Konflikten zu entwickeln und die Menschen im Unternehmen ernst zu nehmen.

Vorstände sind gut beraten, weniger Zeit mit ihren Aufsichtsgremien und dafür wieder mehr Zeit für Gespräche mit den Mitarbeitern und Kunden zu verbringen. »Wer Menschen führen will, muss lernen, hinter ihnen zu gehen«, lehrte Konfuzius vor mehr als 2000 Jahren. Auch heute können die zu führenden Menschen nur durch Sensibilität, Vertrauen und eine offene Kommunikation erreicht werden. Nach wie vor bleibt der Mensch die Quelle für Innovationen, die in sachlichen Diskussionen heranreifen, bis sie letztendlich zu einer machbaren Produktidee werden.

Die Kommunikation in Besprechungen und Meetings ist häufig sehr ineffizient. Bis heute wird in schlecht vorbereiteten Meetings viel Zeit vertan, wie die Frankfurter Allgemeine Zeitung [3] berichtet: »Im Schnitt verbringt jeder Arbeitnehmer 84 Arbeitstage mit unproduktiver Arbeit. Damit werden 37% der Arbeitszeit in den Unternehmen verschwendet. Allein in Deutschland entsteht so ein finanzieller Schaden von 219 Milliarden Euro.« Schuld an der mangelhaften Produktivität trage in erster Linie das Management. Als besondere

Produktivitätshemmnisse erwiesen sich Konferenzen und »Meetings«, die schlecht vorbereitet waren. Nur jedes zehnte Meeting führte laut der von der FAZ zitierten Proudfoot-Studie zu einer eindeutigen Feststellung der nächsten Schritte [3].

Im QFD-Prozess wird es immer wieder zu Meinungsverschiedenheiten und unterschiedlichen Auffassungen kommen, die auf der Suche nach dem gemeinsamen Ziel sachlich ausdiskutiert werden müssen. Dabei kann die Betrachtung der vier Aspekte hilfreich sein.

8.4.1 Die vier Seiten beziehungsweise Aspekte einer Nachricht

Die vier Seiten einer Nachricht sind, laut Friedemann Schulz von Thun, ein psychologisches Modell der zwischenmenschlichen Kommunikation. Der Vorteil des vorgestellten Modells besteht darin, dass die Vielfalt der möglichen Kommunikationsstörungen und Probleme besser eingeordnet werden kann. Die »Klarheit« der Kommunikation ist eine vierdimensionale Angelegenheit. Die vier Aspekte sind als prinzipiell gleichrangig anzusehen, auch wenn in jeder einzelnen Situation der eine oder andere Aspekt im Vordergrund stehen mag.

Die Nachricht enthält zunächst eine *Sachinformation* (Daten, Fakten, Beweismittel, Argumente etc.), wichtig sind hier Fach- und Allgemeinwissen. Darüber hinaus stecken auch in jeder Nachricht Informationen über die sendende Person, zum Beispiel: ob sie einen

Die vier Aspekte einer Nachricht

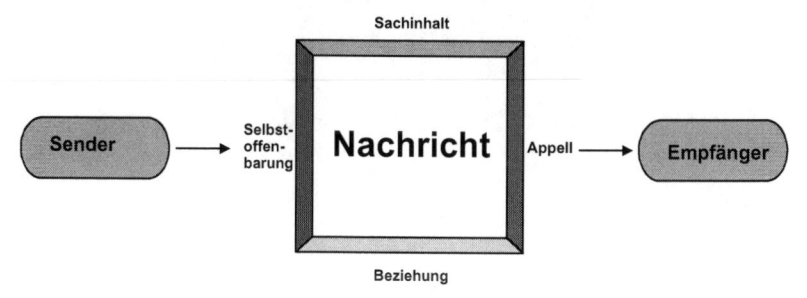

Abb. 7: *Die vier Aspekte einer Nachricht (nach F. Schulz von Thun)*

guten Eindruck hinterlässt, ob sie engagiert und seriös auftritt, ist sie glaubwürdig und zuverlässig? Damit wird ein Stück ihrer selbst offenbart. In jeder Nachricht kann sowohl eine gewollte *Selbstoffenbarung* wie auch eine unfreiwillige Selbstenthüllung stecken.

Aus der Nachricht ist erkennbar, wie der Sender zum Empfänger steht und was er von ihm hält. Das erkennt man sowohl an den gewählten Formulierungen, als auch am Tonfall. Der Empfänger reagiert auf dieser Seite der Nachricht besonders sensibel, denn hier fühlt er sich gut behandelt oder abgelehnt. Durch die Art der Nachrichtenübermittlung wird eine *Beziehung* aufgebaut, die positiv, neutral oder negativ sein kann. Wer positiv angenommen werden möchte, muss sich Gedanken machen, *wie* er als Mensch wahrgenommen wird und ob es gelingt, ein der Kommunikation förderliches Klima zu schaffen. Hier wird über Sympathie und Antipathie entschieden und eine angenehme oder distanzierte Atmosphäre erzeugt. Diese emotionale Komponente hat eine weitaus größere Bedeutung für den Gesprächsverlauf als die Sachebene.

Die Nachricht soll den Empfänger auch veranlassen, bestimmte Dinge zu tun oder zu unterlassen. Der Sender versucht auf den Empfänger Einfluss zu nehmen, dies ist der in der Nachricht enthaltene

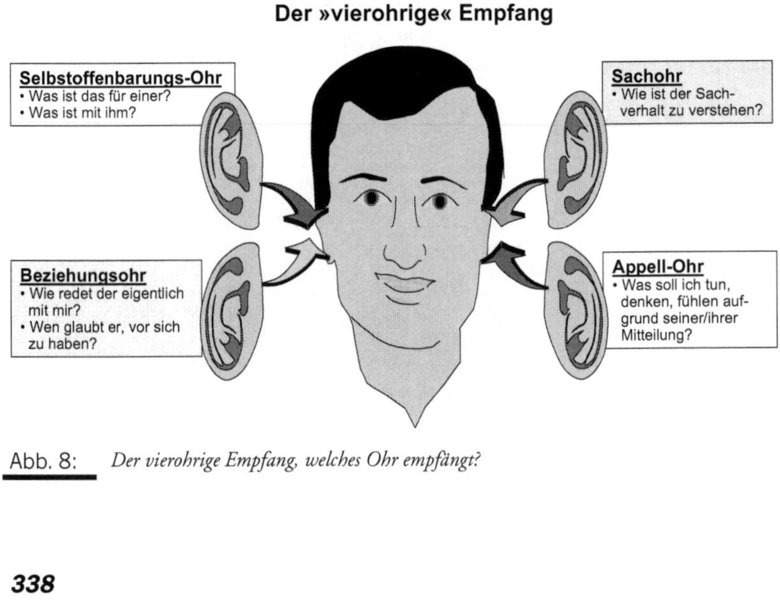

Der »vierohrige« Empfang

Selbstoffenbarungs-Ohr
• Was ist das für einer?
• Was ist mit ihm?

Sachohr
• Wie ist der Sachverhalt zu verstehen?

Beziehungsohr
• Wie redet der eigentlich mit mir?
• Wen glaubt er, vor sich zu haben?

Appell-Ohr
• Was soll ich tun, denken, fühlen aufgrund seiner/ihrer Mitteilung?

Abb. 8: *Der vierohrige Empfang, welches Ohr empfängt?*

Appell. Versteckte Einflussnahme ist Manipulation und sollte tunlichst unterlassen werden.

Wie in der Nachrichtentechnik kodiert der Sender seine Nachricht, die vom Empfänger dekodiert wird. Hierbei können »Empfängerverzerrungen« auftreten, die durch das jeweils empfangende Ohr hervorgerufen werden.

Friedemann Schulz von Thun untersucht in seinem Buch »Miteinander reden« den Inhalt und die Aspekte von Nachrichten, wobei er das Ohr als wichtigstes Kommunikationsmittel ansieht. Mit dem Ohr können wir sowohl auf der Sachebene, als auch auf der Beziehungsebene hören. Der »vierohrige Empfang« soll dabei näher betrachtet werden.

Der Empfänger ist mit seinen zwei Ohren »biologisch« schlecht ausgestattet. Im Grunde braucht er vier Ohren - ein Ohr für jede Seite der Nachricht. Je nachdem, welches seiner vier Ohren der Empfänger gerade auf Empfang geschaltet hat, nimmt das Gespräch einen sehr unterschiedlichen Verlauf. Hört er gerade auf dem

Sachohr:	Was meint der Sender in der Sache?
Beziehungsohr:	Wie steht der Sender in seiner Beziehung zu mir?
Selbstoffenbarungsohr:	Was tut der Sender von sich kund?
Appellohr:	Wozu will der Sender mich veranlassen?

Oft ist dem Empfänger gar nicht bewusst, dass er einige seiner Ohren abgeschaltet hat und dadurch die Weichen für das zwischenmenschliche Geschehen stellt. Alle Ohren sollten gleichmäßig funktionieren, ohne ein-, zwei- oder dreiseitige Taubheit. Aufgrund unserer Sozialisation ist aber meist ein Ohr überempfindlich. Auf welchem Ohr man bevorzugt hört, hängt vom eigenen Selbstbewusstsein und von den Einstellungen zu anderen ab. Selbstsichere und positiv eingestellte Menschen vermuten nicht in jedem Satz Angriffe. Am besten ist ein ausbalanciertes Gehör, das die *Botschaften treffsicher entschlüsselt.* Bei Zweifeln sollte nachgefragt werden, damit man weiß, wie es gemeint war.

Was in jedem Unternehmen am meisten gebraucht wird, das *Hören,* wird am wenigsten gelehrt. Heute, im Kommunikationszeitalter, müssen Nachrichten in wenigen Sekunden aufgenommen werden, das wirkliche Zuhören geht dabei verloren. Die Unkultur des Unterbrechens, Wortabschneidens oder des »Ins-Wort-Fallens« erleben wir tagtäglich und insbesondere in den Medien. Fernsehmoderatoren praktizieren diese Unsitte häufig bis zum Exzess – sie moderieren nicht, sie manipulieren.
Josef Schumpeter war der Ansicht, dass der wahre Unternehmer ein *kreativer Zuhörer* sein muss.

Die Menschen im Unternehmen müssen wieder lernen zuzuhören. Dies ist insbesondere im QFD-Team erwünscht und von Bedeutung, denn Marketing und Konstruktion, die höchst unterschiedliche Ansichten vertreten und ihre gegenseitige Abneigung pflegen, müssen lernen sich zuzuhören, um die unterschiedlichen Standpunkte zu verstehen. Der Heidelberger Philosoph Karl Jaspers formulierte sehr treffend, worauf es beim Hören ankommt:

Wir wollen lernen, miteinander zu REDEN.
Das heißt, wir wollen nicht nur unsere
Meinung wiederholen, sondern HÖREN,
was der andere denkt.

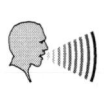

Wir wollen nicht nur behaupten, sondern im Zusammenhang nachdenken, auf Gründe HÖREN, bereit bleiben, zu neuer Einsicht kommen.

Wir wollen den anderen gelten lassen, uns innerlich versuchsweise auf den Standpunkt des anderen stellen, ja wir wollen das uns Widersprechende geradezu aufsuchen.

Karl Jaspers (Die Schuldfrage)

Abb. 9: *Hören, Jaspers »Schuldfrage«*

Warum Kommunikation heute so wichtig ist, brachte der frühere Technologiechef von Daimler auf den Punkt: »Um ein Innovationsklima zu erzeugen, brauchen wir den intensiven Dialog aller Bereiche, in denen Zukunft gestaltet wird« [1]. Die offene Kommunikation zwischen den Führungsebenen und den Abteilungen eines Unternehmens fördert diesen Dialog. Das Zuhören muss, auch von den Verkäufern, wieder erlernt werden. Der amerikanische Marketing Experte McCormack vertritt die Ansicht, dass es für das Verkaufen keine wichtigere Voraussetzung als die Fähigkeit zum Zuhören gibt. Wenn das Gehörte im eigenen Unternehmen systematisch weiterverbreitet wird, so sind dies günstige Voraussetzungen für die Informationsbeschaffung im QFD-Prozess.

In den meisten Organisationen fehlt ein System, mit dem die grundlegenden Elemente der internen Kommunikation und Information gemanagt, integriert und vernetzt werden können. Die Vorgehensweise bei der Übertragung dieser Informationen an die entsprechenden Prozessschritte wurde in der *DIN EN ISO 9001* nicht gefordert und daher meistens in den Organisationen in keinem System festgelegt. Aufgrund dieser fehlenden Systematik entstehen Mängel in den Abläufen der Geschäftsprozesse. In Anlehnung an die ISO 9000ff, ergänzt durch das *EFQM-Modell,* lässt sich ein Modell für das Kommunikationsmanagementsystem (KMS) entwickeln. Hiermit wird dem Unternehmen ein Leitfaden zur Gestaltung und Aufrechterhaltung von Systemen zur internen Kommunikation zur Verfügung gestellt. Darüber hinaus erhält man ein Werkzeug, mit dem eine Selbstbewertung (EFQM) zur Erhebung der Schwachstellen in der internen Kommunikation durchgeführt werden kann [4].

Die neue ISO 9001 schreibt im Kapitel 7.2.3 (alt 4.3.2) Kommunikation mit Kunden:

Die Organisation muss wirksame Regelungen zur Kommunikation mit den Kunden zu folgenden Punkten festlegen:
a) Produktinformationen
b) Anfragen, Verträge oder Auftragsbearbeitung einschließlich Änderungen,

c) Rückmeldungen von Kunden einschließlich Beschwerden
d) Kundenbeschwerden [5]

Informationsaustausch darf nicht behindert oder verhindert werden. Nur angstfrei kommunizierende und motivierte Mitarbeiter, die in interdisziplinären Teams zusammenarbeiten, sind in der Lage, QFD-Projekte konstruktiv zu gestalten und in kurzer Zeit zu marktgerechten Produkten und Dienstleistungen zu führen.

Literatur

[1] Daimler-Benz AG, High Tech-Report, Kommunikation, Stuttgart, 1996

[2] SCHULZ VON THUN, FRIEDEMANN, *Miteinander Reden 1, Allgemeine Psychologie der Kommunikation: rororo, Reinbeck, 1992*

[3] FRANKFURTER ALLGEMEINE ZEITUNG AM 9.10.2005: *Proudfoot Studie, Die globale Produktivitätsstudie 2005, Proudfoot Consulting*

[4] SCHMITT, R.; BORGHESE, H., *Qualitätsorientierte Gestaltung der innerbetrieblichen Kommunikation in Kreativ und Konsequent, Hrsg. Schnauber, H., DGQ und Hanser Verlag, München*

[5] *http://www.iso9001.qmb.info/allgemein/neu.htm und Beuth-Verlag, Berlin*

Zusammenfassung
Die Einführung von QFD im Unternehmen erfordert verschiedene Voraussetzungen, wie zum Beispiel die Schulung der Mitarbeiter in der Methode, die Ausbildung eines internen QFD-Moderators, Teambildung für die Projektarbeit sowie eine offene Kommunikation. Eine wesentliche Voraussetzung für die dauerhafte Integration von QFD in den Produktentwicklungsprozess ist die Definition der Pilotphase und ein Konzept für das weitere Vorgehen im Unternehmen.

Es hat sich gezeigt, dass QFD in hervorragender Weise zu zielorientierter Arbeit im Team, über die Schnittstellen der Organisation hinweg, hilft. Die Teamzusammensetzung sollte interdisziplinär und interfunktional sein. Das Team besteht aus Fachspezialisten und einem in der QFD-Methode ausgebildeten Moderator. Ein geeignetes Umfeld und das erforderliche Equipment erleichtern die Arbeit des Teams.

Die Information der Mitarbeiter sowie die Unterstützung und das Engagement der Firmenleitung ist die wichtigste Voraussetzung für einen erfolgreichen Projektabschluss.

Kapitel 9

QFD und die DIN EN ISO 9001:2008 und das EFQM-Modell

Gerade für Unternehmen, die nach DIN EN ISO 9001 zertifiziert sind, ist QFD ein sehr geeignetes Instrument. Denn mit der Produktentwicklung auf der Basis von QFD wird ein dokumentiertes Vier-Phasen-Modell eingesetzt, das die Validierung der Entwicklungsergebnisse erleichtert.

In diesem Beitrag erfahren Sie:
- wie die Entwicklungsplanung durch die DIN EN ISO 9001 festgelegt ist,
- wie QFD in den Entwicklungsprozess nach DIN EN ISO 9001 integriert werden kann,
- welche Änderungen die ISO 9001:2008 bringt.

9.1 Einleitung

Im Qualitätsmanagementsystem (QMS) nach ISO 9001 werden die Firmenpolitik und die Qualitätsziele festgelegt. Das QMS ist die dokumentierte Aufbau- und Ablauf-Organisation zur Durchführung des Qualitätsmanagements. Qualitätsmanagement (QM) und Prozessmanagement können in den Unternehmen nicht mehr losgelöst voneinander betrachtet werden. Das EFQM-Exellenz-Modell, die ISO 9000-Reihe, die QS 9000 und die ISO TS 16949 fordern mehr denn je eine enge Verbindung und Integration des Prozessmanagement in das QM-Systems des Unternehmens [1].

Da die DIN EN ISO 9001 laufend den Bedürfnissen der Anwender angepasst wird, erfolgen Revisionen. Die letzte Revision ist in der DIN EN ISO 9001:2008 festgeschrieben, sie gilt ab dem 1.12.2008.

»Es gibt keine neuen Forderungen, die ISO 9001:2008 unterscheidet sich lediglich durch redaktionelle Änderungen von der aktuellen Fassung« [8].

Wolfgang Kaerkes, Geschäftsführer der Deutschen Gesellschaft für Qualität (DGQ), stellt fest: »Die Anwender können mit zahlreichen Klarstellungen und Präzisierungen rechnen. Richtig genutzt können zertifizierte Unternehmen mit den neuen Impulsen die Norm künftig noch gewinnbringender einsetzen« [9].

Die Revision der ISO im Jahr 2000, die einen prozessorientierten Ansatz vorsah (siehe Abb. 1), war ein Fortschritt, weil sie sich stärker an den bestehenden TQM-Modellen orientierte. In dieser Version gibt es nur noch vier Elemente anstelle der bisherigen 20 Kapitel. Die Kunden werden nun stärker einbezogen. Die Erhebung der Kundenwünsche und die Messung der Kundenzufriedenheit sind zu einem Muss geworden. Das Unternehmen prüft, ob seine Produkte die Forderungen des Marktes und der Produktspezifikation erfüllen.

Jeder Mitarbeiter ist in Zukunft für die ihm übertragenen Arbeiten zu qualifizieren.

Die wichtigsten Anforderungen, die Organisationen erfüllen müssen, wenn sie ein QM-System einführen, sind:
⇨ Die Verantwortung der Leitung (Kap. 5)
⇨ Das Management der Mittel, (Personal, Einrichtungen, Arbeitsumgebung)-Ressourcenmanagement, (Kap. 6)
⇨ Prozessmanagement (Entwicklung, Beschaffung, Produktion, Versand – Kap. 7) → QFD
⇨ Messung, Analyse, Verbesserungen (Kundenzufriedenheitsmessung, Kap. 8)

Die DIN EN ISO 9001 fordert, dass alle für die Produktion notwendigen Prozesse, einschließlich ihrer Wechselwirkungen ermittelt, geplant und angewendet werden. Gleichzeitig muss sichergestellt sein, dass die Prozesse unter beherrschten Bedingungen ablaufen.

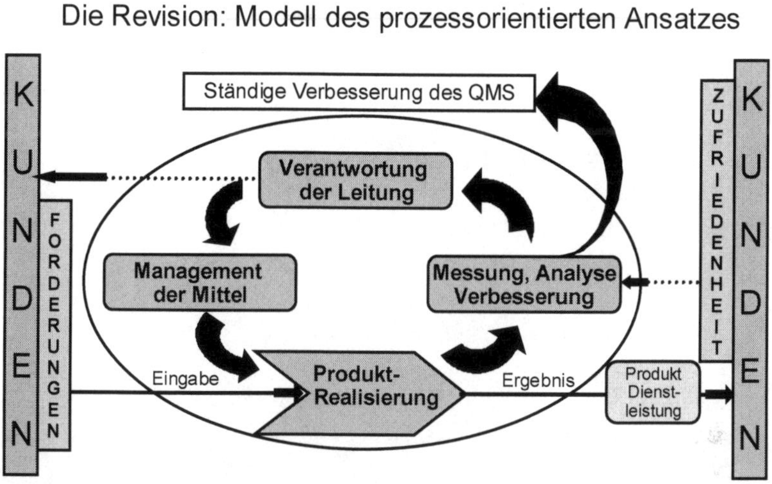

Die Revision: Modell des prozessorientierten Ansatzes

Abb. 1: *Der prozessorientierte Ansatz der DIN EN ISO 9001:2000 [2]*

Erkennbar wird eine starke Orientierung an den in der Praxis bestehenden Geschäftsprozessen. Es gibt weniger Dokumentation, mehr Nutzen, höhere Wertschöpfung, die Prozesse sind eindeutig zu identifizieren, die Prozesse werden durch Kennzahlen optimiert, die Kundenzufriedenheit wird gemessen.

Zertifizierte Organisationen müssen im Qualitätsmanagement-Handbuch (QMH) ihre Entwicklungsprozesse nach den vorgeschriebenen Normenforderungen dokumentieren. Diese sind im folgenden Kapitel 7 der ISO beschrieben:

9.2 Das ISO-Kapitel 7 Produktrealisierung

Kapitel 7.1 Planung der Produktrealisierung

Das Kapitel 7.1 schreibt vor, dass die Organisation die Prozesse, die für die Produktrealisierung erforderlich sind, plant und entwickelt. Bei der Planung muss die Organisation (soweit angemessen) folgendes festlegen:
a) Qualitätsziele und Anforderungen für das Produkt → QFD
b) die Notwendigkeit Prozesse einzuführen, Dokumente zu erstellen und die produktspezifischen Ressourcen bereitzustellen
c) die erforderlichen produktspezifischen Verifizierungs-, Validierungs-, Überwachungs- und Prüftätigkeiten sowie die Produktannahmekriterien
d) die erforderlichen Aufzeichnungen, um nachzuweisen, dass die Realisierungsprozesse und resultierende Produkte die Anforderungen erfüllen.

Kapitel 7.2 Kundenbezogene Prozesse

Dies sind u.a. Anforderungen an das Produkt, Bewertung der Anforderungen, Kommunikation mit dem Kunden. (Kap. 7.2.1 bis 7.2.3)

Kapitel 7.3 Entwicklung

Entwicklungsphasen: Entwicklungsbewertung, Entwicklungsverifizierung und Entwicklungsvalidierung dürfen auch kombiniert werden und müssen nicht mehr getrennt voneinander betrachtet werden.

Kapitel 7.3.1 Entwicklungsplanung
Es ist eine wirksame Kommunikation zwischen den beteiligten Gruppen gefordert. Die Organisation muss die Entwicklung des Produktes planen und lenken. Bei der Entwicklungsplanung muss die Organisation festlegen:

a) die Entwicklungsphasen → QFD
b) für jede Entwicklungsphase die angemessene Bewertung, Verifizierung und Validierung und
c) die Verantwortung und Befugnisse für die Entwicklung

Außerdem muss die Organisation die Schnittstellen zwischen den verschiedenen an der Entwicklung beteiligten Gruppen leiten und lenken, um eine wirksame Kommunikation und eine klare Zuordnung der Verantwortung sicherzustellen. Das Ergebnis der Planung muss, soweit angemessen, mit dem Fortschritt der Entwicklung aktualisiert werden.

In den weiteren Norm-Kapiteln werden die Entwicklungseingaben, -ergebnisse, -bewertungen, -verifizierung und -validierung beschrieben:

Kapitel 7.3.2 Entwicklungseingaben
Die Eingaben in Bezug auf die Produktanforderungen müssen ermittelt und aufgezeichnet werden. Diese Eingaben müssen enthalten
a) Funktions- und Leistungsanforderungen
b) zutreffende gesetzliche und behördliche Anforderungen
c) wo zutreffend Informationen, die aus früheren ähnlichen Entwicklungen abgeleitet wurden, und
d) andere wesentliche Anforderungen

Kapitel 7.3.3 Entwicklungsergebnisse
Die Entwicklungsergebnisse müssen in einer Form bereitgestellt werden, die deren Verifizierung gegenüber den Entwicklungseingaben ermöglicht und müssen vor der Freigabe genehmigt werden. Entwicklungsergebnisse müssen
a) die Entwicklungsvorgaben erfüllen,
b) angemessen Informationen für die Beschaffung, Produktion und Dienstleistungserbringung bereitstellen,
c) Annahmekriterien für das Produkt enthalten oder darauf verweisen,

d) die Merkmale des Produkts festlegen, die für den sicheren und bestimmungsmäßigen Gebrauch wesentlich sind [2].

Die weiteren Kapitel der Norm enthalten Angaben zur Entwicklungsbewertung – Kapitel 7.3.4, Entwicklungsverifizierung – Kapitel 7.3.5 und Entwicklungsvalidierung – Kapitel 7.3.6

In der folgenden Abbildung ist das Beispiel zu einem Entwicklungsablauf dargestellt. In der *Phase 1* wird das Projekt nach den vorliegenden Marktuntersuchungen definiert und das Pflichtenheft erstellt. Danach wird der Entwicklungsauftrag erteilt und freigegeben. In *Phase 2* ist zu prüfen, ob die Entwicklungsvorgaben erfüllt wurden. In *Phase 3* erfolgt die Entwicklungsbewertung und Machbarkeitsprüfung. Nach einem Abgleich mit dem Pflichtenheft beginnen in der vierten Phase die Tests unter Anwendungsbedingungen (Validierung). Jede dieser vier Phasen endet mit einem Review und vor jeder weiteren Phase muss eine Freigabe erfolgen. Die Verifizierung erfolgt in allen Entwicklungsphasen, hier sollte auch nach Alternativen gesucht werden. Wird das entwickelte Produkt zur Standardleistung, sind Datenblätter (ähnlich dem Muster in Abb. 3) und Leistungsangebote zu erstellen.

Auch die acht Managementgrundsätze bleiben in der ISO 9000:2008 erhalten. Das sind:
1. Kundenorientierung, Kundenanforderungen ermitteln (QFD-Phase 0)
2. Verantwortlichkeit der Führung
3. Einbeziehung der beteiligten Personen
4. Prozessorientierter Ansatz
5. Systemorientierter Managementansatz
6. Kontinuierliche Verbesserung
7. Sachbezogene Entscheidungsfindung
8. Lieferantenbeziehungen zum gegenseitigen Nutzen

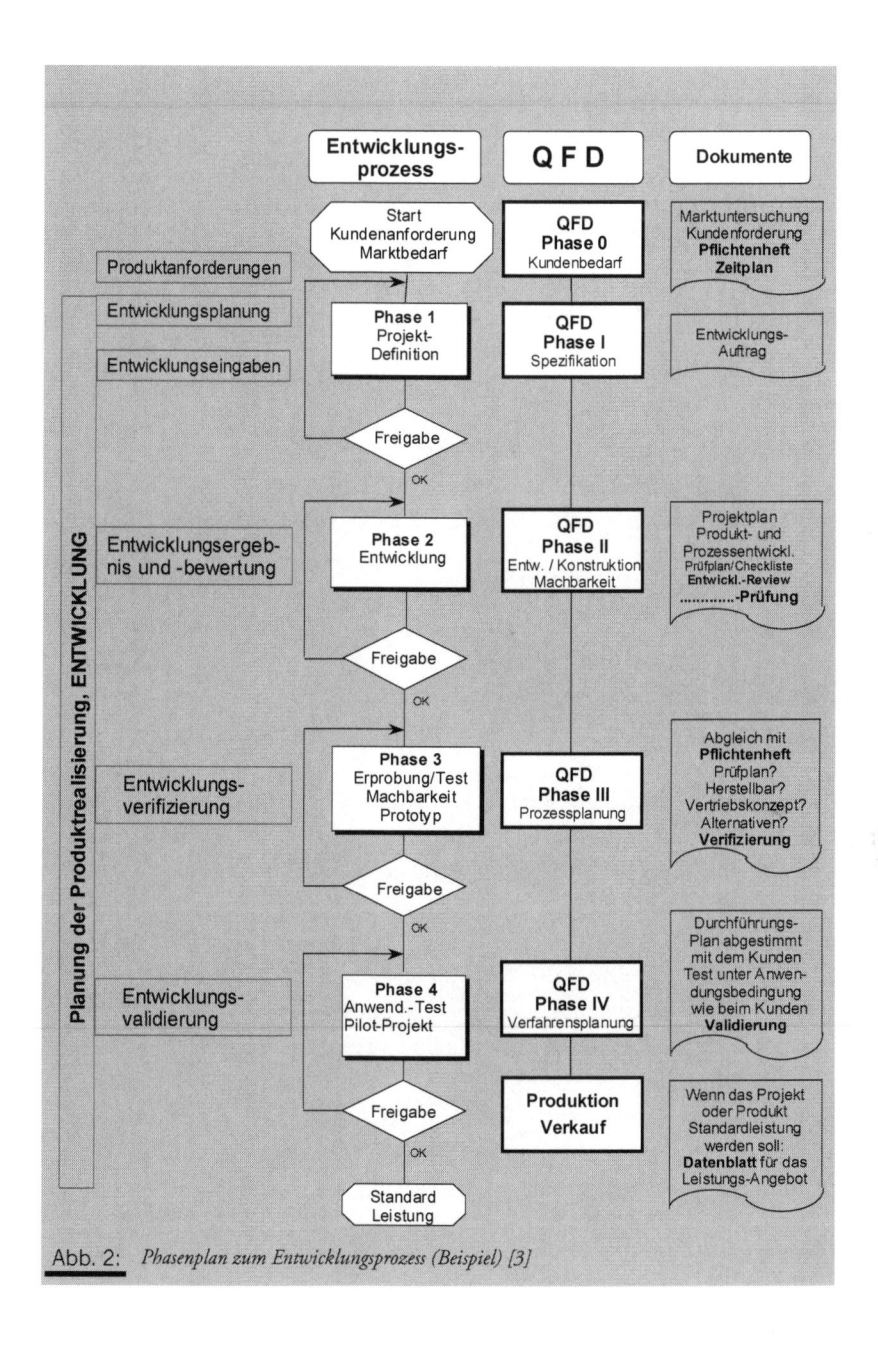

Abb. 2: *Phasenplan zum Entwicklungsprozess (Beispiel) [3]*

In vielen Fällen wurden in der ISO 9001:2008 lediglich Formulierungen und Begriffe angepasst, damit sie unmissverständlich sind [10].
Folgende Änderungen, die den Produktionsprozess betreffen, sind hervorzuheben:

⇨ Ausgegliederte Prozesse (Outsourcing): Die Lenkung von ausgegliederten Prozessen muss im QM festgelegt sein.
⇨ Die Arbeitsumgebung ist nicht mehr nur durch das Produkt bestimmt; auch physikalische, ökologische und andere Faktoren spielen eine Rolle.
⇨ *Entwicklungsphasen:* Entwicklungsbewertung, Entwicklungsverifizierung und Entwicklungsvalidierung dürfen auch kombiniert werden und müssen nicht mehr getrennt voneinander betrachtet werden.
⇨ Die Kundenzufriedenheit wurde bislang in der Regel durch Kundenbefragungen und durch die Auswertung von Kundenreklamationen gemessen. Das soll nun auch auf anderen Wegen möglich sein, etwa durch eine Analyse entgangener Aufträge, Forderungen nach Garantieleistungen und durch Händlerberichte.

Die neue ISO 9001:2008 bewirkt *keine* Veränderungen in der Produktentwicklungsplanung. »Sie ist nicht als ein »Upgrade« im Sinne einer Aufwertung oder Höherstufung zu sehen. Im Gegenteil, die ISO 9001:2008 enthält keine neuen Forderungen, sondern Anpassungen, Ergänzungen, Änderungen, sogenannte *Amendments*« [10].

Unternehmen, die QFD-Anwender sind, können ihren Entwicklungsprozess im Qualitätsmanagementhandbuch nach den vier QFD-Phasen dokumentieren und das eigene Vorgehen nach QFD in einem Entwicklungsleitfaden beschreiben. Beim individuellen Vorgehen zu einem Entwicklungsprojekt nach QFD fällt dann quasi automatisch die Dokumentation der Projekte bis hin zur »Validierung« des Entwicklungsergebnisses an.

Organisationen, die zukünftig den QFD-Leitfaden als »Vehikel« zur unternehmensweiten Entwicklung nutzen wollen, können einen zweifachen Erfolg verbuchen:
1. Eine dokumentierte Entwicklungsplanung nach QFD, die als Nebeneffekt den Nachweis der Praxis zum Normelement 7.3 »Entwicklung« erleichtert und
2. als Haupteffekt einen Schub nach vorne, an dem alle Unternehmensprozesse beteiligt sind und mitwirken müssen.

Für die Dokumentation des Entwicklungsprozesses im QMH-Qualitätsmanagement-Handbuch sind standardisierte Formblätter, ähnlich dem gezeigten Beispiel (Abb. 3) geeignet.

Die Zertifizierung nach der DIN EN ISO 9001 stellt nur einen ersten Schritt auf dem langen Weg zu einer TQM-Organisation dar. In einer Studie der Universität Bamberg werden deutliche Defizite der Normenreihe ersichtlich. Die Studie vergleicht die Inhalte der DIN EN ISO 9001:2000 auf ihren Übereinstimmungsgrad mit den Kriterien des EFQM-Exellence Modells. Die Ergebnisse wurden in einen prozentualen Erfüllungsgrad übertragen. Drei der zentralen Kriterien des EFQM-Modells wurden mit der revidierten ISO-Norm verglichen [4].

Diese sind:
1. mitarbeiterbezogene Kriterien
2. Kundenorientierung
3. Prozesse (circa 90 Prozent Abdeckungsgrad)

Zu den mitarbeiterbezogenen Kriterien ergab sich ein Abdeckungsgrad von nur circa 20 Prozent und bei der Kundenorientierung wurden die Exellence-Anforderungen nur zu 40 Prozent erfüllt. Lediglich im Bereich der Prozesse erreichte die DIN EN ISO 9001:2000 circa 90 Prozent des EFQM-Kriteriums. Hier zeigt sich, dass das wichtigste Anliegen der Zertifizierer die Optimierung der Prozesse ist. Einer dieser Prozesse, die Entwicklung (ISO-Kapitel 7.1 und 7.3) wurde im

☐ Neu-Entwicklung	☐ Weiter-Entwicklung	☐ Kunden-Projekt
Vorschlag zur Entwicklung von Abt.:		Kunde:
»Vision« der neuen Leistung Kundennutzen: Nutzen für uns: (z.B. Unterstützung von Geschäftsstrategien) Zeitbedarf bis zur Verfügbarkeit ca: Aufwand ca: Manntage € Konkurrenzsituation: Weitere Information		Kundenforderungen / Bedarf Weitere Information
Projektleiter Projektteam		
Hinweise		
Genehmigung für Phase 2 Datum Unterschrift		
Erstellt: Datum: Rev. Blatt von		Entwicklung / Projekte **Phase 1** **Projekt:**

Abb. 3: *Designphase 1, Vorschlag für ein Formblatt*

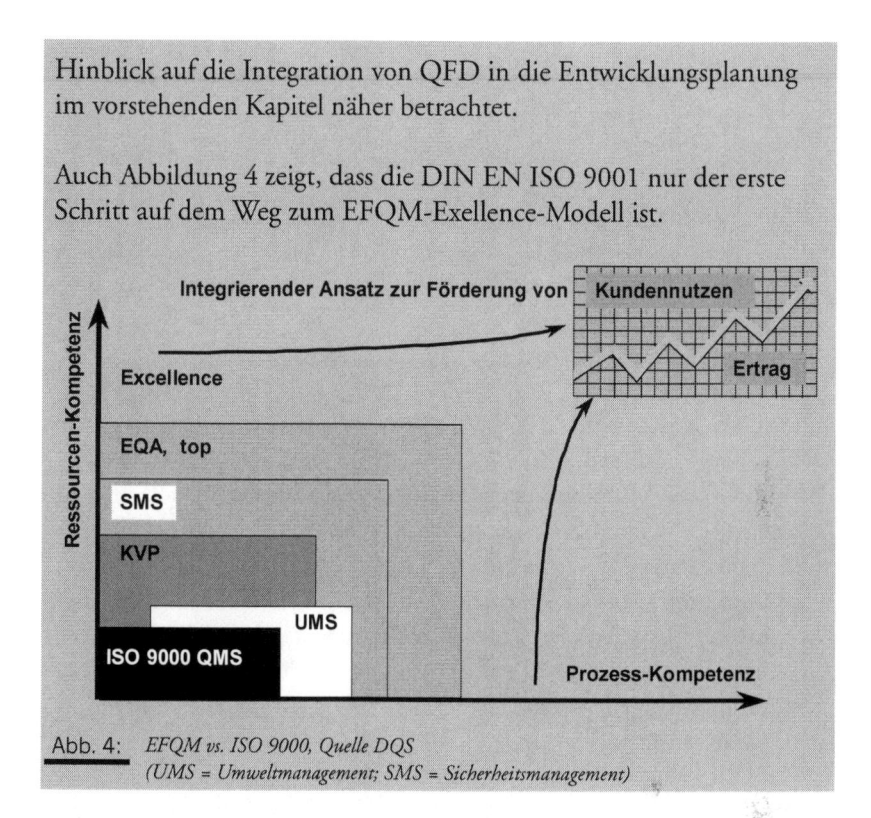

Hinblick auf die Integration von QFD in die Entwicklungsplanung im vorstehenden Kapitel näher betrachtet.

Auch Abbildung 4 zeigt, dass die DIN EN ISO 9001 nur der erste Schritt auf dem Weg zum EFQM-Exellence-Modell ist.

Abb. 4: *EFQM vs. ISO 9000, Quelle DQS*
(UMS = Umweltmanagement; SMS = Sicherheitsmanagement)

9.3 QFD, TQM und EFQM

Das EFQM-Modell [5] weist eine direkte Verwandtschaft zum Qualitätsmanagementsystem (TQM/QMS) auf und entfaltet seine Wirkung vor allem als übergreifende Managementphilosophie und als Diagnoseinstrument. Die nachfolgende Tabelle enthält den Hinweis auf die TQM- beziehungsweise EFQM-Aspekte, die *in starkem Maße im QFD* berücksichtigt sind beziehungsweise bei der Anwendung von QFD zu bedenken sind.

Das Exellence-Modell EFQM zeichnet sich durch seinen konsequenten Führungs- und Strategiebezug aus. Das Zusammenwirken von QFD, EFQM und TQM, wird in Abbildung 5 gezeigt.

Das im EFQM enthaltene Kriterium »Führung« zeigt sich auch beim QMS-Review.

Es wird zum Beispiel gefragt:
⇨ Inwieweit hat die »Führung« das QMS etabliert?
⇨ Hat das Management klare, das heißt messbare Ziele zu den sieben Segmenten des TQM entwickelt und mit den Organisationsbereichen beziehungsweise Abteilungen Unterziele formuliert?
⇨ Wird das Erreichen der Ziele monatlich bewertet?

Die sieben Segmente des TQM-Modells werden in Tabelle 1 aufgeführt.

Die Gegenüberstellung in Tabelle 1 zeigt, dass die durchgängige Planung nach QFD über die vier QFD-Phasen hinweg in hervorragender Weise alle Kriterien des QMS und des EFQM berücksichtigt und damit TQM zu realem Leben in einer Organisation verhilft. Es gibt nach heutigem Kenntnisstand kein vergleichbares Verfahren, das in derart umfassender Weise alle Aspekte eines kompetenten Managementsystems unterstützt. Die durchgängige Anwendung des QFD bei der Planung neuer Produkte oder Dienstleistungen ist eine Aufgabe des leitenden Managements.

QFD und EFQM

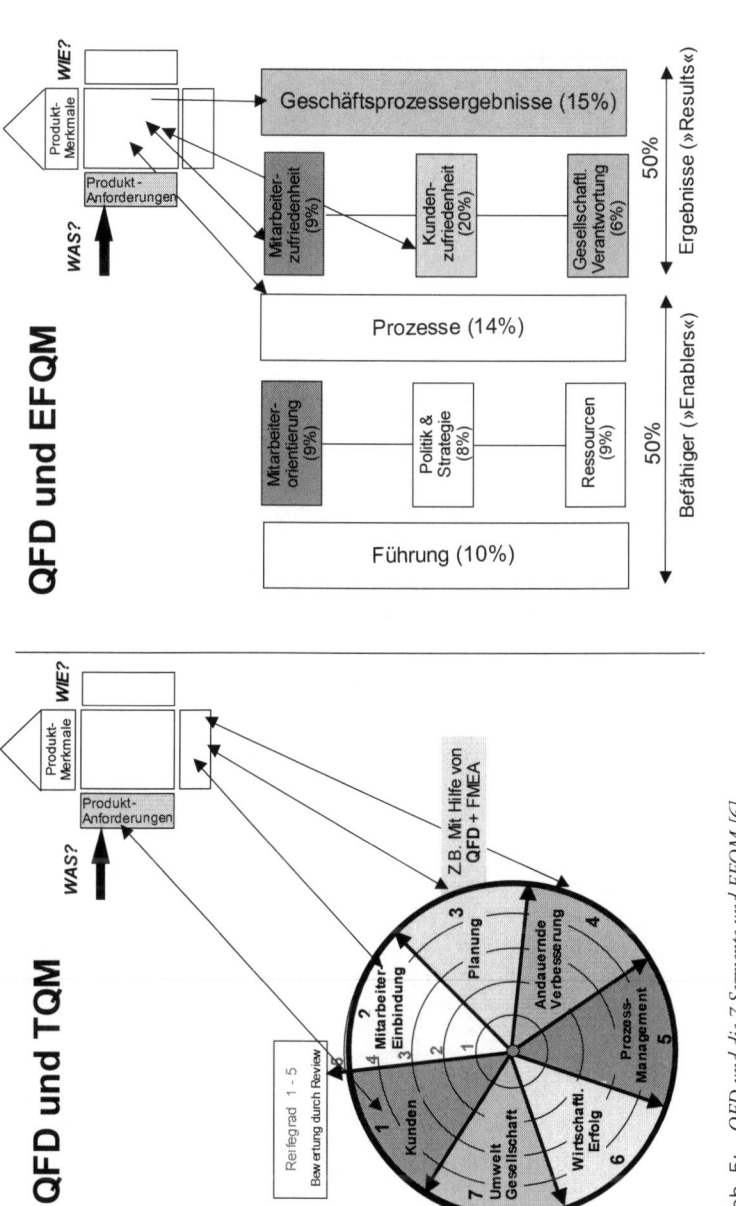

WIE? Produkt-Merkmale

WAS? Produkt-Anforderungen

Ergebnisse (»Results«) 50%
- Geschäftsprozessergebnisse (15%)
- Mitarbeiterzufriedenheit (9%)
- Kundenzufriedenheit (20%)
- Gesellschaftl. Verantwortung (6%)

Prozesse (14%)

Befähiger (»Enablers«) 50%
- Mitarbeiterorientierung (9%)
- Politik & Strategie (8%)
- Ressourcen (9%)

Führung (10%)

QFD und TQM

WIE? Produkt-Merkmale

WAS? Produkt-Anforderungen

Z.B. Mit Hilfe von QFD + FMEA

Reifegrad 1 - 5 Bewertung durch Review

1 Kunden
2
3 Planung
4 Mitarbeiter-Einbindung
4 Andauernde Verbesserung
5 Prozess-Management
6 Wirtschaftl. Erfolg
7 Umwelt Gesellschaft

Abb. 5: *QFD und die 7 Segmente und EFQM* [6]

357

Tabelle 1: QMS-EFQM-QFD Vergleich (Die Reihenfolge der Auflistung zeigt keine Rangfolge der Bedeutung der Kriterien) Quelle: Saatweber [6]

TQM-Segment Nr.	TQM/QMS Japan - USA (siehe Abb. 5)	EFQM Europa (siehe Abb. 5)	QFD
1	Kundenzufriedenheit	Führung	Kundenorientierung
2	Mitarbeitereinbindung	Mitarbeiterorientierung	Mitarbeitereinbindung/ Zufriedenheit
3	Planung	Politik und Strategie	Strategie und Planung bis zu den takt. Schritten – auch abgeleitet aus der Unternehmens-Politik
4	Andauernde Verbesserung	Ressourcen	Andauernde Verbesserung insbesondere durch neue Produkte oder Dienstleistungen
5	Prozessmanagement	Prozesse	Planung neuer Prozesse mit Bewertung deren Wirksamkeit
6	Wirtschaftlicher Erfolg	Mitarbeiterzufriedenheit	Ziel des QFD ist sowohl der wirtschaftliche Erfolg als auch die Erfüllung der Kundenbedürfnisse (Kundenzufriedenheit).
7	Umwelt und Gesellschaft – die Bewertung der gesellschaftlichen Verantwortung« ist im Zuge der »Globalisierung« und dem Verhalten ihrer »Player« zu einer fragwürdigen Angelegenheit geworden.	Kundenzufriedenheit	Die Planung nach QFD erfordert im Hinblick auf den wirtschaftlichen Erfolg und auf die Kunden- beziehungsweise Mitarbeiterzufriedenheit nahezu automatisch die Berücksichtigung von umwelt- und ressourcenschonenden Produkten und Herstellungsverfahren.
	s.o.	Gesellschaftliche Verantwortung	zeigt sich in den Planungsstufen
	s.o.	Gesch.-Prozess- Ergebnis	s.o.

Die Grundstruktur des EFQM unterscheidet sich von den vergleichbaren Ansätzen dadurch, dass es zwei Gruppen von Einflussgrößen gibt, die so genannten Enablers oder Potenzialfaktoren (Befähiger) und die Results beziehungsweise Ergebnisse. Diese Ergebnisorientierung präsentiert das einfache Grundmodell des EQA (Europan Quality Award). EFQM gestattet eine ganzheitliche Sicht auf Organisationseinheiten über die drei Hauptsäulen: Menschen-Prozesse-Ergebnisse (> siehe Abb. 6)

| Mitarbeiter | ↔ | Prozesse | ↔ | Ergebnisse |

Abb. 6: *Das einfache EQA-Grundmodell*

Das Grundmodell stellt dar, dass bessere Ergebnisse durch Einbindung aller Mitarbeiter in die kontinuierliche Verbesserung der Prozesse angestrebt werden. Die Darstellung des europäischen Modells für umfassendes Qualitätsmanagement zeigt, dass Mitarbeiter- und Kundenzufriedenheit sowie die Wahrnehmung der gesellschaftlichen Verantwortung eine konsequente Führung voraussetzen.
⇨ die Unternehmenspolitik und -strategie,
⇨ die personelle Entwicklung des Unternehmens und
⇨ den Umgang mit den Ressourcen durch geeignete Prozesse so zu lenken, dass herausragende Geschäftsergebnisse erreicht werden.

QFD stellt durch seine Systematik sicher, dass die Festlegung der Produktmerkmale durch die Entwicklung, sowie die anschließende Auswahl der Produktionsmittel, Methoden und Kontrollmechanismen ausschließlich von den Forderungen des Kunden bestimmt werden.

QFD ist ein wichtiger Bestandteil der vorbeugenden Qualitätssicherung und erfüllt die Forderungen von ISO 9000ff und QS 9000. QFD ist keine Qualitätsmethode im herkömmlichen Sinne, sondern ein kundenorientiertes Produkt-Planungs-Werkzeug [7].

Literatur

[1] http://www.iso9001.qmb.info/allgemein/neu.htm und Beuth-Verlag, Berlin

[2] DIN EN ISO 9001:2000, Beuth Verlag Berlin

[3] SAATWEBER, JUTTA, *Kundenorientierung durch Quality Function Deployment, Symposion Publishing, Düsseldorf, 2007*

[4] VOSS, R. UND STOSCHECK, J., »Ähnliche Zielsetzung, Studie: Unterschiede ISO 9001:2000 und EFQM-Modell,« in QZ Heft 10/2002, Seite 1004, 1005 und www.qm-infocenter. de/EFQM

[5] EFQM (2000): *Das EFQM-Modell für Exellence, Brüssel, März 2000* und EFQM-Center Deutschland: www.deutsche-efqm.de/

[6] SAATWEBER, JUTTA: *Seminarunterlagen für die Deutsche Bahn AG, Forschungs- und Technologiezentrum, München, 1999*

[7] http://www.qfd-id.de/was ist qfd/index.html

[8] http://www.business-wissen.de/qualitaetsmanagement/iso-9001-2008-was-kommt-mit-der-neuen-ausgabe-auf-unternehmen-zu/druck.html

[9] KAERKES, W., *Deutsche Gesellschaft für Qualität (DGQ), Frankfurt*

[10] GRAICHEN, FRANK, *ISO 9001:2008, Was kommt - was bleibt?, Symposion Publishing, Düsseldorf, 2011*

Zusammenfassung

Der Beitrag zeigt, wie sich QFD in den Produktentwicklungsprozess der DIN EN ISO 9001 und des EFQM integrieren lässt. Das ist erforderlich, da immer mehr Unternehmen sich heute am EFQM-Exellence Modell orientieren, was einen fundamentalen Wandel innerhalb vieler Unternehmen bewirkt.

Die DIN EN ISO 9001, die sich stark auf die Optimierung der Prozesse konzentriert, berücksichtigt nicht die Meinungen und das Feedback der Mitarbeiter. Erst durch die EFQM-Selbstbewertung ist eine konsequente Mitarbeiter- und Kundenorientierung zu bewerten und umzusetzen.

Das Exellence Modell EFQM ist ein Diagnoseinstrument zur Selbst- und Fremdbewertung. Insofern stellt das Modell eine Grundlage für ein effektives Benchmarking dar. Die aktive Übernahme der Führungsrolle durch das Management ist eine Voraussetzung für den Erfolg mit dem EFQM-Modell. Auch der QFD-Prozess erfordert die aktive Unterstützung durch die Führung.

QFD begleitet die Produktentstehung durchgängig, von der Entwicklung bis zur Serienreife. Der Ablauf eines QFD-Prozesses ist nicht normierbar. Die benutzten Matrizen fördern zwar ein systematisches Vorgehen und dienen der Klarheit der Gedanken, aber jedes QFD-Projekt nimmt einen anderen Verlauf, weil *nicht normierbare kreative Menschen im Team neue Produkte erfinden und entwickeln.* Das Interesse des zertifizierten Unternehmens darf nicht an der Erreichung des »Stempels« nach der Auditierung erschöpfen. Es muss weitere Schritte auf dem Weg zu einem Exellence-Unternehmen gehen, in dem Qualität nicht nur im Handbuch steht, sondern von den Mitarbeitern und dem Management gelebt wird.

Kapitel 10
QFD: Teil eines integrierten und vernetzten Methodenkonzepts

Innovationen werden nur dann zu Markterfolgen, wenn Kundenbedürfnisse exakt ermittelt und Kunden begeistert werden. Methoden wie DFMA, FMEA und TRIZ können den Innovationsprozess unterstützen und systematisieren.

In diesem Beitrag erfahren Sie:
- wie durch methodisches Vorgehen der Produktentstehungsprozess verkürzt wird,
- wie DFMA, FMEA und TRIZ den Produktentstehungsprozess sicherer und kostengünstiger machen,
- wie aus den Widersprüchen des QFD mittels TRIZ Innovationen entstehen.

10.1 Einleitung

Das Ziel aller Integrationsbemühungen ist die Nutzung von Synergieeffekten, daher kommt der *Synergie von Methoden* und Arbeitstechniken eine immer größere Bedeutung zu. Durch die alleinige Anwendung nur einer Methode kann meistens kein innovatives Produkt generiert werden. Nur die gezielte Nutzung der Synergien zwischen den unterschiedlichen Methoden führt zu innovativen, optimierten und robusten Produkten. Die integrierte Produktentwicklung bietet Lösungen für komplexe Problemstellungen. Das Interesse an der Integration von Methoden, die den gesamten Produktentstehungsprozess (Produktlebenszyklus) begleiten und unterstützen ist groß, weil hierbei über funktionale und hierarchische Grenzen hinweg Wissen und Kompetenz zusammenführt werden. Gesucht wird nicht die übergeordnete Methodik, mit der alle Aufgaben gelöst werden können,

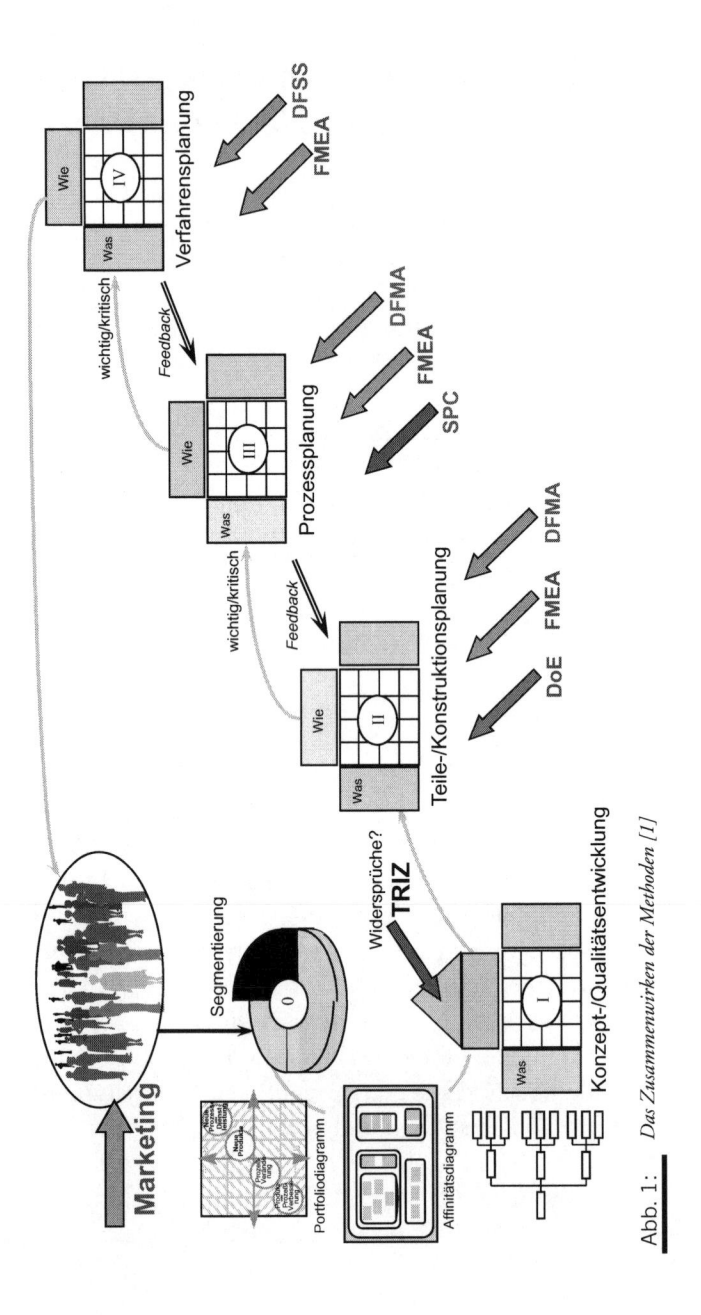

QFD: Teil eines integrierten und vernetzten Methodenkonzepts

Abb. 1: *Das Zusammenwirken der Methoden [1]*

sondern die Frage ist, wie lassen sich die einzelnen Methoden effektiv miteinander kombinieren (Methodenmix)? (siehe Abbildung 1, 2 und Tabelle 1).

10.2 Das Phasensystem der Produktentstehung

Der Entstehungsprozess eines Produktes ist durch mehrere typische Phasen charakterisiert, die sich in allen Anwendungsgebieten stark ähneln. Um ein strukturiertes Vorgehen zu gewährleisten, kann zum Beispiel das Phasensystem in Tabelle 1 zu Grunde gelegt werden. Dieses Modell des Produktentstehungsprozesses beginnt:

⇨ bei der Produktidee in Phase 1 und es wird in Phase 2
⇨ über die Konzeptionierung und Spezialisierung fortgesetzt.
⇨ Es endet mit der erfolgreichen Produktrealisierung in Phase 5.
⇨ Die zusätzlich gezeigte Phase 0 stellt eine Vorbereitungsphase dar, sie ist die Aufgabe von Marketing und Vertrieb.

Im Sinne eines Simultaneous Engineering (SE) überlappen sich die Aktivitäten aus benachbarten Phasen, ohne dabei das Phasensystem (Tabelle 1) selbst in Frage zu stellen. Die Phasen beinhalten notwendige Aufgaben und Tätigkeiten, die von verschiedenen Abteilungen im Unternehmen wahrgenommen werden. Aufgrund der sich in den Phasen ändernden Aufgabenstellungen kann sich auch die Zusammenstellung der beteiligten Unternehmensfunktionen im Team ändern, das heißt, Änderungen sind hinsichtlich der Präsenz und der Einbindung möglich. Die Einteilung des Entstehungsprozesses in bestimmte Phasen sollte an die jeweiligen Gegebenheiten des Unternehmens angepasst werden. Die Zuordnung der Aktivitäten in den einzelnen Phasen kann sich daher von dem vorstehenden Modell in Tabelle 1 unterscheiden [2].

QFD stellt im Rahmen der Produkt- oder Dienstleistungsentwicklung ein zentrales Kommunikations- und Planungsinstrument dar. Die Wirksamkeit von QFD lässt sich durch die Einbeziehung der im Folgenden vorgestellten Methoden noch erheblich steigern.

QFD: Teil eines integrierten und vernetzten Methodenkonzepts

Tabelle 1: Methoden und Unternehmensfunktionen in den Phasen der Produktentstehung [2]

Phase	Phase 0	Phase 1	Phase 2	Phase 3	Phase 4	Phase 5
Aktivitäten	Bedarfsermittlung und Marktbeobachtung	Konzeptionierung der Aufgabe	Spezifizierung der Lösung und Planung der Umsetzung	Entwicklung der Lösung und Umsetzung der Planung	Verifizierung der Lösung	Produktrealisierung
stark beteiligte Funktionen	alle Ideenlieferanten	Marketing/ Vertrieb Entwicklung Kundendienst Kunde	Marketing/ Vertrieb Entwicklung Kundendienst Kunde	Entwicklung Produktion Kundendienst Kunde	Entwicklung Produktion Kundendienst	Entwicklung Produktion Kundendienst Marketing/ Vertrieb
Mögliche Phasen des QFD's	HoQ noch nicht aktiv, evtl. vorbereitende Schulung der Methode, Vorbereitung zur Ermittlung der Kundenforderungen	HoQ Nr. 1 »Produktplanung« detailliert HoQ Nr 2-4 grob	HoQ Nr. 1 und 2 »Produkt- und Detailplanung« detailliert, HoQ Nr 3-4 grob	HoQ Nr 3-4 „Prozess- und Qualitätsplanung", detailliert HoQ Nr. 1 und 2 »Produkt- und Detailplanung« aktualisiert	HoQ Nr 3-4 »Prozess- und Qualitätsplanung« detailliert HoQ Nr. 1 und 2 »Produkt-und Detailplanung« aktualisiert	HoQ aktualisieren für nächste Entwicklungsprojekte
ergänzende Methoden	Strategieplanung Portfoliotechnik Marktanalysetechnik Projektmanagement Kreativitätstechniken Trendforschung	Brainstorming Affinitätsdiagramm Baumstruktur Befragungstechnik Target-Costing Managementwerkzeuge (M7)	Produkt-FMEA Wertanalyse Ursache-Wirkungsdiagramm Target-Costing-Design for	Prozess-FMEA Statistische Versuchsplanung (DoE) Finite Elemente Methode (FEM)........	Feldversuch Prozessfähigkeitsanalyse Statistical Process Control (SPC)..............	Befragungstechnik Marktbeobachtung Medienresonanzanalyse Beschwerdemanagement...........

Ein integriertes Methodenkonzept sollte sich daher insbesondere auf die Verfahren konzentrieren, die
⇨ die Analyse von Gestaltungs- und Verbesserungspotenzialen ermöglichen,
⇨ die Kreativität der Mitarbeiter fördern,
⇨ die Kundenanforderungen in den Mittelpunkt stellen,
⇨ durch objektive Bewertungsmethoden zu objektivierten Ergebnissen führen,
⇨ durch Kommunikation den Austausch von Informationen fördern,
⇨ eine bereichsübergreifende Wirkung haben und trotz Aufgabenteilung das gemeinsame Ziel erreichbar machen.

Das Methodenangebot ist groß und die Erfolgswirksamkeit für den Laien schwer einschätzbar, zumal sich in den letzten Jahren gewisse »Moden« herauskristallisierten. Die integrierte Produktentwicklung bietet ein ganzheitliches, leistungsfähiges Konzept, das die Erstellung von Produkten von der Idee bis zur erfolgreichen Markteinführung unterstützt [3].

Zu diesen erfolgreichen Methoden, die aus dem »Methoden-Koffer« herausgegriffen wurden, gehören DoE, SPC, FMEA, DFMA, Pugh-Verfahren, TRIZ, Target Costing und die Wertanalyse.
In Abbildung 2 sind der QFD-Entwicklungsprozess und die Integration einiger Methoden dargestellt.

10.2.1 Die Integration der Methoden im Entwicklungsprozess:

⇨ *DoE* Design of Experiments ist eine Methode der statistischen Versuchsplanung, die mit dem Ziel, robuste Konstruktionen und Prozesse zu realisieren, eingesetzt wird. Sie ist in den QFD-Phase II und III einsetzbar. Mittels DoE wird eine optimale Zielgrößeneinstellung für die Designmerkmale beziehungsweise Prozessparameter gefunden.

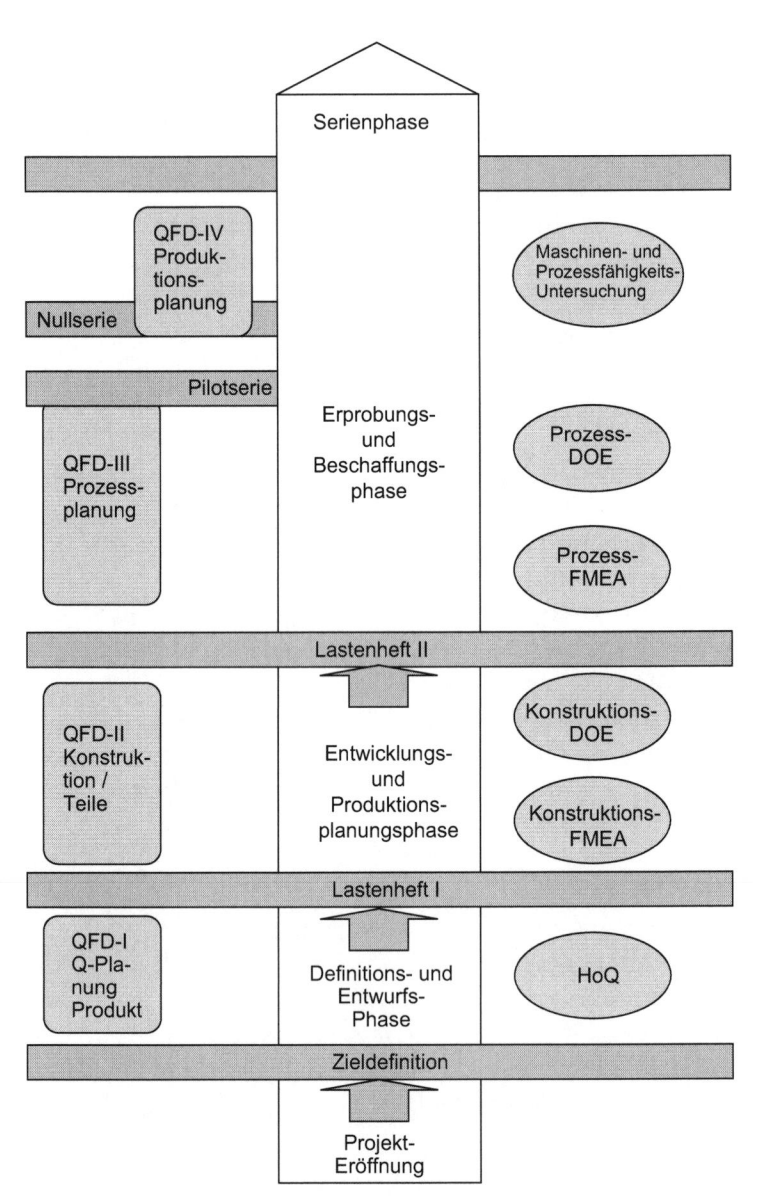

Abb. 2: *Entwickeln mit QFD und die Integration anderer Methoden [4]*

⇨ *DFMA* wird zur montagegerechten Produktgestaltung eingesetzt. Die Produkte sind so zu konstruieren, dass deren Montageaufwand und damit die Herstellkosten des Produkts stark reduziert werden. DFMA ist ein ergänzendes »Werkzeug« zur Optimierung des Produktentwicklungsprozesses und kann im Zusammenwirken mit QFD zu innovativen Lösungen führen (in verschiedenen QFD-Phasen einsetzbar, siehe Abb. 1).
⇨ *FMEA* Failure mode and effects analyses, Fehlermöglichkeits- und Einflussanalyse: Methode, die durch präventive Planung versucht, Fehler zu vermeiden (einsetzbar in QFD-Phase II und/oder III, siehe Abb. 1 und 2).
⇨ *SPC* Statistical Process Control: Methode der präventiven Qualitätssicherung und Prozessoptimierung (QFD-Phase IV, siehe Abb. 1 und 2).
⇨ *TRIZ* ist eine widerspruchsorientierte Methode, die aus der Formulierung des Widerspruchs (zum Beispiel im QFD-Dach) eine Lösung abzuleiten versucht.
⇨ *SE* Simultaneous Engineering: eine Methode beziehungsweise eine Organisationsform, in der die Entwicklungsschritte mindestens teilweise parallel verlaufen. Die kundenorientierte Planung nach

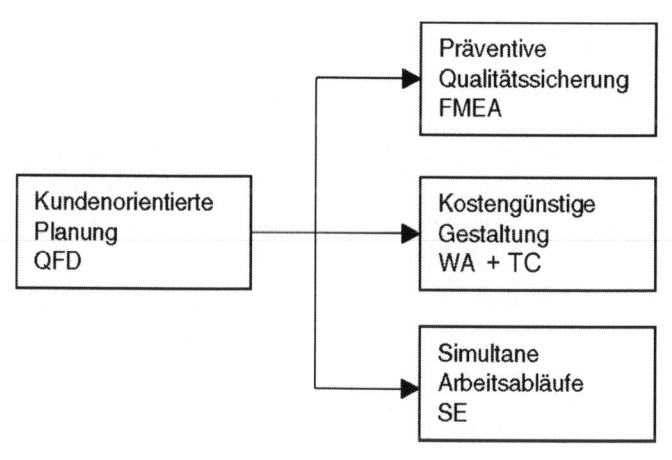

Abb. 3: *Integriertes Methodensystem*

QFD berücksichtigt durch das Phasenmodell ein simultanes Entwickeln. Die präventive Absicherung erfolgt mittels FMEA und eine kostengünstige Gestaltung durch Target costing und WA-Wertanalyse.

Auch der Industriearbeitskreis des QFD-Institus Deutschland, der an der TU München angesiedelt ist, hat sich die Aufgabe gestellt, die Integration und Verknüpfung von Methoden in Entwicklungs- und Produktionsprozessen zu untersuchen und an Beispielen die Ergebnisse unter anderem im Internet zu dokumentieren [5].

10.3 DFMA–Tools

DFMA dient der Optimierung des Produktentwicklungsprozesses und kann im Zusammenwirken mit QFD zu innovativen Lösungen führen. Untersuchungen bei den japanischen Autoherstellern Toyota, Nissan, Honda und Mazda belegen, dass für deren hohe Qualität und Produktivität die präventive Kostenoptimierung im Produktentstehungsprozess entscheidend ist. Mit Hilfe eines DFMA-Softwaretools lassen sich neue Produkte bereichsübergreifend entwickeln.

10.3.1 Der Ursprung von DFMA

geht auf Konstruktionsrichtlinien zurück, die Geoffrey Boothroyd von der britischen Universität Salford in den siebziger Jahren schuf. Mit Hilfe dieser Richtlinien lassen sich wirtschaftliche Auswirkungen von Konstruktionsentscheidungen anhand einer einfachen Checkliste aufzeigen. Wegen des Desinteresses der britischen Industrie übersiedelte Boothroyd in die USA und wurde dort ab 1977 von der National Science Foundation und zahlreichen amerikanischen Unternehmen unterstützt. Zur Kommerzialisierung von DFMA gründete Boothroyd mit Peter Dewhurst, einem weiteren Emigranten aus Großbritannien, 1981 Boothroyd Dewhurst Inc. (BDI).

In Europa setzt sich heute das in der Schweiz ansässige Unternehmen amc Associates in Management für die Verbreitung von DFMA ein [6].

10.3.2 Die DFMA-Werkzeuge

unterstützen (je nach Zielsetzung) die Optimierung der Teilschritte des Produktlebenslaufs:

⇨ DFA – Design for Assembly (montagegerechte Produktgestaltung) fördert das präventive Reduzieren der Produktkosten sowie das Arbeiten in Teams.
⇨ DFM – Design for Manufacture (fertigungsgerechte Produktgestaltung) fördert das Optimieren der Teile-, Prozess- und Werkzeugkosten. DFM unterstützt damit das Ermitteln der Herstellkosten und das Erkennen des wirtschaftlichsten Verfahrens.
⇨ DFS – Design for Service (Optimierung der Serviceaufgaben), dient dem Analysieren und Optimieren der zukünftigen Serviceaufgaben mit dem Ziel: Erhöhung der Kundenzufriedenheit.
⇨ DFE – Design for Environment (recyclinggerechte Produktgestaltung) zeigt die ökologischen und wirtschaftlichen Auswirkungen am Ende des Produktlebenslaufs auf. DFE unterstützt die Verminderung der Umweltbelastungen und fördert die Wiederverwendbarkeit mit dem Ziel: möglichst geringe Kosten bei der Entsorgung zu erzielen.

Die DFMA wird zur montagegerechten Produktgestaltung eingesetzt, das heißt, die Produkte sind so zu konstruieren, dass deren Montageaufwand ein Minimum erreicht. Unter Montageaufwand versteht man dabei die *monetäre Summe* aller zur Montage eines Produktes beziehungsweise einer Baugruppe notwendigen manuellen, maschinellen und organisatorischen Aufwendungen sowie die benötigte Energie und alle Hilfsstoffe.

10.3.3 Das Ziel der DFMA-Methode

Das Ziel der DFMA-Methode ist das
⇨ Vereinfachen/Erleichtern der Montageaufgabe, zum Beispiel durch Verwenden von wenigen Einzelteilen
- montagegerechtes Gestalten der Bauteile
- die Wahl montagegerechter Verbindungstechniken
- einfache Demontage für den Service
⇨ Begünstigen des Montageablaufs zum Beispiel durch
- Verwenden von Basisteilen
- Produktstrukturierung
⇨ Bildung vormontierbarer, prüfbarer Baugruppen [7]

Die DFMA-Werkzeuge dienen der vorbeugenden Reduzierung
⇨ der Lebenszykluskosten,
⇨ der Steigerung der Produktqualität,
⇨ der Berücksichtigung ökologischer Anforderungen bereits in der Entwicklungsphase.

Durch DFMA ergibt sich eine Reduzierung defekter Teile und ein optimierter Ablaufprozess. Das Hauptziel dieser Methode ist es, hohe Produktivität bei hoher Qualität zu erreichen. Dabei sollen die zu entwickelnden Produkte und Dienstleistungen nicht nur kundengerecht, sondern auch wettbewerbsfähig sein, das heißt, der notwendige Funktionsumfang soll mit möglichst *geringen Kosten* hergestellt werden können. Die Wertanalyse hilft, *unter Beibehaltung des Nutzens* eines Produkts oder einer Dienstleistung, Möglichkeiten der Verwendung alternativer und kostengünstiger Materialien zu erarbeiten. DFMA zielt im Gegensatz dazu darauf ab, ein Produkt aus *produktionstechnischer Sicht* unter Kostenaspekten zu optimieren. Durch Kostenreduzierung in der Produktion soll ein höherer Gewinn erzielt werden. Die in der Entwicklung schlummernden Kosten- und Qualitätspotenziale sollen durch die präventive Kostenoptimierung mit DFMA ausgeschöpft werden.

DFMA ist ein methodischer Ansatz, der die Barrieren zwischen dem Entwicklungsbereich und dem Produktionsbereich verbessern hilft, denn die Methode wirkt in zwei Richtungen:
⇨ In Richtung Konstruktion und Entwicklung wird frühzeitig beurteilt, ob das Produkt fertigungs- und montagegerecht konstruiert werden kann.
⇨ In Richtung Produktion wird festgelegt, welche Produktionsprozesse aufgrund kritischer Qualitätsmerkmale beziehungsweise veränderter Produktmerkmale besonders zu beachten und abzusichern sind.

Das Vorgehen dabei ist wie folgt:

Einem Spezialisten-Team werden interaktive Fragen gestellt, die zu neuen und besseren Lösungen führen sollen (Idealzustand). Diese Vorgehensweise der interaktiven Fragestellung wird auch angewandt, um die Herstellbarkeit der neuen Lösung auf Kosten- und Qualitätsoptimierungen zu untersuchen. Die jeweils vom DFA-Werkzeug parallel ermittelten Kenn- und Kostenwerte helfen kostenorientiert das weitere Optimieren der Lösungen im jeweils nächsten tieferen Detaillierungsschritt. Es erfolgt eine sukzessive Optimierung vom Groben ins Feine: Finden der ersten konzeptionellen Lösungsansätze über die Ausarbeitung der Details und den verschiedenen Freigaben, über Prototypen bis zum Start der Produktion [8].

10.3.4 Das DFA-Tool

stellt dabei Fragen bezüglich der Funktionalität (physikalische Ebene) und der kostenbeeinflussenden Aspekte wie zum Beispiel der Struktur (Produktkomplexität), der Laufzeiten und der Montierbarkeit. Die dabei vom Werkzeug ermittelten Werte über den zu erwartenden Aufwand (Montagezeiten, Montagekosten) und Kennwerte sagen aus, wie

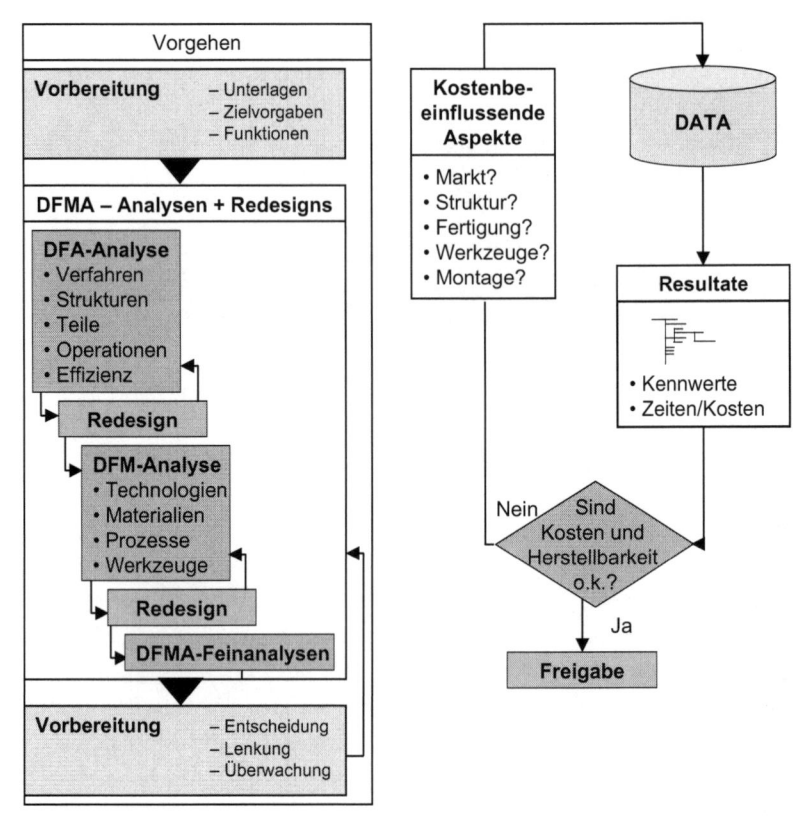

Abb. 4: *linker Teil: Vorgehensweise mit DFMA (Analyse und Redesignschritte), rechter Teil: Arbeitsweise der Software-Tools von DFMA [6]*

einfach oder schwierig das herzustellende Produkt sein wird. Die im Team erzielten Ergebnisse basieren auf dem Know-how aller Beteiligten und erfordern Konsens. In Abbildung 4 wird die Vorgehensweise illustriert: Das System führt im Hintergrund Bewertungen durch und liefert neutrale Kennzahlen zum Schwierigkeitsgrad der Herstellung und Angaben zu Kosten und Zeit.

Wie Abbildung 4 zeigt, werden in Teamarbeit die technischen und wirtschaftlichen Aspekte der Produktentwicklung gemeinsam bear-

beitet. Dabei erfolgt je nach Priorität und Ziel die Optimierung von Kosten und/oder Qualität nach folgenden Schritten:
⇨ Analysieren und Optimieren der Produktstruktur und der Logistik
⇨ Analysieren und Optimieren der Anzahl der Bauteile
⇨ Minimieren des Aufwands für die Montageoperationen
⇨ Analysieren und Reduzieren der Teilekosten
⇨ Untersuchen von Serviceaufgaben sowie interaktives Optimieren mit der Montage
⇨ Erstellen und Analysieren unterschiedlicher Szenarien für die Rücknahme, Recycling und die Entsorgung des Produkts sowie Optimieren des Aufwands für den Hersteller [6].

10.3.5 Die Arbeitsweise des DFMA-Software-Tools

wird in Abbildung 5 gezeigt. Die Software, die komplexe technische und marktwirtschaftliche Prozesse der Produktentwicklung mit den kommunikativen Aspekten der Teamarbeit verbindet, ist anwenderfreundlich (Windows-Oberfläche) und erfordert nur eine kurze Einarbeitungszeit.

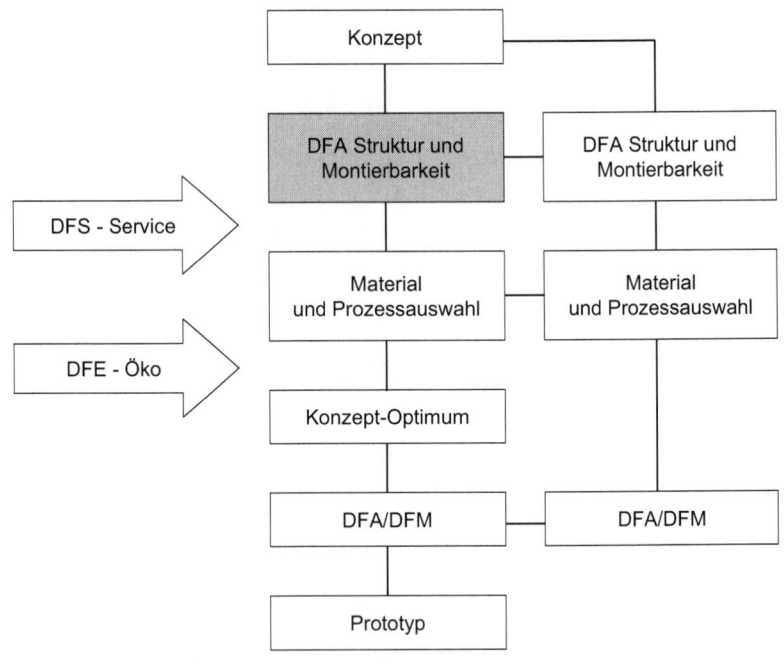

```
                    ┌─────────┐
                    │ Konzept │
                    └────┬────┘
                         │
              ┌──────────┴──────────┐
              │                     │
     ┌────────┴────────┐   ┌────────┴────────┐
     │ DFA Struktur und│───│ DFA Struktur und│
     │  Montierbarkeit │   │  Montierbarkeit │
     └────────┬────────┘   └─────────────────┘
DFS - Service ▶       │
                      │
     ┌────────────────┴┐   ┌─────────────────┐
     │    Material     │───│    Material     │
     │und Prozessauswahl│   │und Prozessauswahl│
     └────────┬────────┘   └─────────────────┘
 DFE - Öko ▶          │
                      │
              ┌───────┴────────┐
              │ Konzept-Optimum│
              └───────┬────────┘
                      │
     ┌────────────────┴┐   ┌─────────────────┐
     │    DFA/DFM      │───│    DFA/DFM      │
     └────────┬────────┘   └─────────────────┘
                      │
                ┌─────┴─────┐
                │  Prototyp │
                └───────────┘
```

Abb. 5:   *Die Arbeitsweise des DFMA-Tools [6]*

Die DFA-Fragefenster

Diese sind bei der Software so aufgebaut, dass sie eine DFA-Analyse beim Beantworten der Fragen durchführen (basierend auf Teilegeometrie, Handhabungs- und Fügeproblemen). Das Ziel dabei ist es, Handhabungs- und Fügekosten bei der Montage sowie Teilekosten zu minimieren. Die Notwendigkeit von Einzelteilen für die Produktkonzeption beziehungsweise die Teilevermeidung, soll durch Hinterfragen erreicht werden. Durch die drei folgenden Fragen soll die Teilereduzierung angeregt werden:

⇨ Bewegt sich ein Teil so bezüglich der anderen bereits montierten Teile?

⇨ Besteht ein Teil aus zwingendem Grund aus anderem Material?

⇨ Ist ein Teil deshalb von einem anderen zu trennen, weil sonst die weitere Montage beziehungsweise Demontage unmöglich wäre? [9].

10.3.6 DFA Anwendungen und Anwender

Aus einer Reihe von Anwendungen sind hier nur einige wichtige zusammengefasst:
⇨ Prüfen der Herstellbarkeit
⇨ Aufzeigen von Einsparpotenzialen
⇨ Das Finden neuer einfacherer Lösungen
⇨ Optimieren von Lösungen/Konstruktionen
⇨ Beschleunigen der Projektdurchläufe
⇨ Verbessern und sichern der Qualität
⇨ Fördern der Teamarbeit
⇨ Synergien schaffen unter den QS-Methoden
⇨ Dokumentation über Kosten alternativer Ideen
⇨ Konkurrenzanalysen oder Konzeptvergleiche, Kostenoffenlegung von Montagevorgängen

DFA Anwender

sind unter anderem die Firmen ABB, Ascom, Opel (Astra und Kadett), Philips, Roche, Vorwerk, Volkswagen. In den USA sind es GM, Ford, Hewlett Packard, Kodak, Motorola Inc. und andere. Anwender in Japan sind Toyota, Nissan, Mazda, Honda und andere.

10.3.7 Hohe Einsparpotenziale und Synergieeffekte

Die Erfolge der präventiven, kostenoptimierten Konstruktion werden jährlich von der amerikanischen Gesellschaft Harbour & Associates veröffentlicht. Das unabhängige Unternehmen analysiert die Produktivität der in den USA produzierenden Automobilhersteller und publiziert die Ergebnisse im »Harbour Report North America« [10].

Dieser Report ist eine von mehreren Produktivitätsanalysen, die die Autoindustrie heranzieht, um ihre Prozesse zu verbessern. Harbour misst die Anzahl der Arbeitsstunden, die ein Hersteller durchschnittlich zur Produktion eines Fahrzeugs benötigt (Summe der Arbeitsstunden in Relation zu der Anzahl der produzierten Fahrzeuge). Weitere untersuchte Felder sind Verbesserungen bezüglich Qualität, Arbeitssicherheit, Kosten und Liefersicherheit, die alle in die Produktionskennziffern einfließen.

Obwohl die Chrysler Group in den letzten Jahren ihre Produktivität um 19 Prozent verbesserte, und damit den stärksten Fortschritt aller untersuchten Automobilhersteller aufwies, blieb ihr nach der Finanzkrise die Übernahme durch FIAT nicht erspart [25]. Seit 2009 ist der italienische Fiat-Konzern mit einem 52%-Anteil Mehrheitsaktionär.

Die Marken Chrysler und Lancia sollen zukünftig bei der Produktentwicklung für den jeweiligen Absatzmarkt eng miteinander kooperieren, um die beiden Marken wieder fester im Premiumsegment zu etablieren (Chrysler für Nordamerika/Lancia für Europa). Mitte 2011 wurde die Marke Chrysler in Europa endgültig eingestellt.

Nicht nur in der Autoindustrie wurden bisher Erfolge erzielt, auch andere Industrien können erhebliche Einsparmöglichkeiten durch DFMA aufweisen. Die Ergebnisse von 400 DFMA-Anwendungen sind beeindruckend:

⇨ Verringerung der Montagezeit um 50 bis 80 Prozent durch einfacher entwickelte Produkte mit einer reduzierten Anzahl von Bauteilen. Dadurch reduzieren sich die Montageschwierigkeiten, was zu niedrigeren Produktionskosten führt
⇨ die Integration von Teilen führt zur deutlichen Reduzierung der Teilezahlen um 30 bis 70 Prozent
⇨ die Entwicklungszeit bis zum Serienanlauf wird um 50 Prozent verringert [8].

Die starke Reduzierung der Teile ist auch logistisch interessant, weil die Komplexität des Materialflusses und der Dispositions- und Lageraufwand erheblich verringert wird.

Synergieeffekte DFMA und QFD
Der größte Nutzen wird dann erreicht, wenn DFMA parallel zu QFD und FMEA eingesetzt wird, da ein Großteil der Kosten und der Qualität der Produkte bereits in der Entwicklung und Konstruktion festgelegt werden. Untersuchungen bei Motorola Inc. zeigten, dass bei zunehmendem DFA-Index – das ist der Wert, der den Schwierigkeitsgrad einer Konstruktion für die Herstellung angibt – die Anzahl der defekten Bauteile sank. Die zu erwartende Qualität ist damit im Vorfeld abschätzbar und lässt sich im Produktentstehungsprozess steigern. Sollte ein DFMA-Arbeitsteam gewagte Lösungen kreieren und auch die Anwendung neuer Technologien vorsehen, so ist nach der DFMA eine FMEA durchzuführen. Das DFMA-Tool schließt damit eine Lücke im TQM-Instrumentarium (siehe Abb. 6).

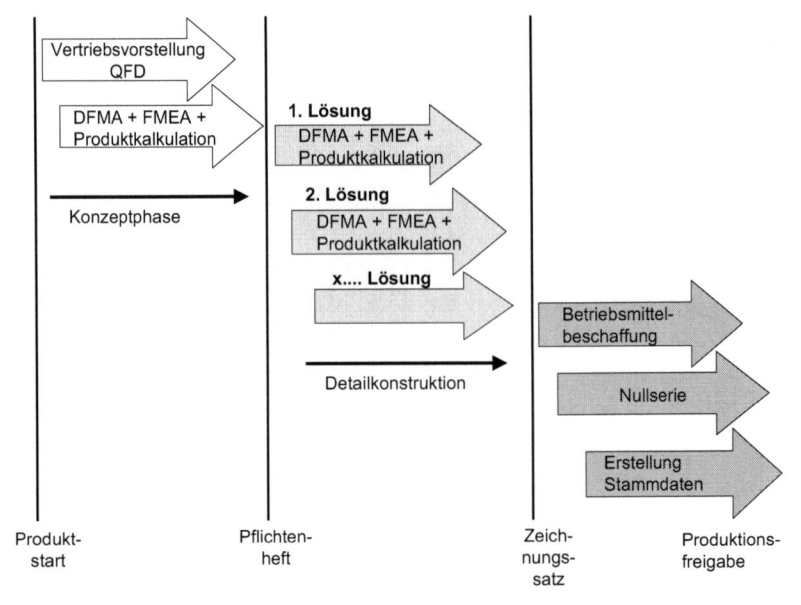

Abb. 6: *Simultanous Engineering, Einbetten von DFMA in das TQM-Instrumentarium [6]*

10.3.8 Zusammenfassung DFMA

Die zunehmende Komplexität technischer Produkte, die erhöhte Produktivität und das gestiegene Qualitätsbewusstsein der Käufer erfordern im Bereich der Produktentstehungsphasen vor Serieneinsatz neue Methoden zur Sicherung der Qualität. Eine dazu geeignete Methode ist die DFMA, die die folgenden Vorteile bietet:

⇨ Vereinfachung komplizierter Konstruktionen, dies wiederum bedingt, dass durch

⇨ weniger Teile weniger Fügeoperationen erforderlich werden und dass durch

⇨ beherrschtes Komplexitätsmanagement irrtumsfreie Konstuktionen entstehen können.

Ein Expertenteam erarbeitet gemeinsam alternative Lösungen. Analysen und Redesign werden dabei mit Hilfe von interaktiven Frage-Antwort-Techniken durchgeführt. Dies geschieht im Team, denn es ist wichtig, Teamarbeit und Kommunikation zu fördern, weil die Konstrukteure, die Fertigungsingenieure, die Vertriebsmitarbeiter und die Zulieferer gemeinsam strukturiert an der aktuellen Konstruktion arbeiten müssen. Durch die frühzeitige Zusammenarbeit ergeben sich, wie bei QFD, hohe Einsparpotenziale. Die erzielten Einsparungen hängen allerdings ganz erheblich vom Ausgangszustand der Unternehmen ab. Heute schon sehr fortschrittliche Unternehmen können derartig hohe Verbesserungen nicht mehr erreichen.

Das Ziel der DFMA ist die Reduzierung defekter Teile und die Verringerung der Komplexität im gesamten Produktentstehungsprozess, der nach dem Simultaneous-Engineering-Konzept (SE) bereichsübergreifend durchgeführt werden soll. DFMA ist ein Managementwerkzeug zur teamorientierten Produktentwicklung, das zu erheblichen Kosteneinsparungen führt.

10.4 FMEA – Fehler- Möglichkeits- und Einfluss-Analyse (Failure Mode and Effects Analysis)

Die Verbindung von QFD und FMEA ist wichtig, weil QFD an den Kundenwünschen orientiert entwickelt (von der Produktdefinition bis zur Prozessgestaltung) und FMEA die möglichen Fehler und Risiken minimiert. Mit der FMEA lassen sich systematisch und vollständig potenzielle Risiken und Fehler erfassen, analysieren und vermeiden. Diese Erfassung erfolgt mittels eines Formblattes (siehe Abb. 15 und 17). Alle FMEA-Analysen haben ein gemeinsames Ziel: die möglichst frühe Identifizierung von Schwachstellen im Rahmen der Entwicklung neuer Produkte, so dass keine Fehler im System, in der Konstruktion und im Prozess auftreten können.

10.4.1 Einführung und Herkunft der FMEA

Die FMEA wurde als Risikoanalyse, zur Beurteilung von Gefährdungen durch Fehler, schon in den 60er Jahren von der NASA eingesetzt. Die NASA entwickelte das FMEA-Verfahren und schrieb dessen Anwendung allen Zulieferbetrieben der Raumfahrtindustrie vor. Trotzdem hätte ein logistischer Fehler beinahe der Besatzung der Apollo 13 zwischen Erde und Mond das Leben gekostet. Der Hersteller des Thermostaten für die Heizung der Sauerstoffversorgung wurde nicht über eine Erhöhung der Bordnetzspannung informiert und man vergaß die Thermostatschalter auszuwechseln. Folge: Der Sauerstofftank explodierte wegen Überhitzung im Weltraum. Dass diese Unterlassung nicht bemerkt wurde, ermittelte wenige Monate nach dem Unfall die Cortright-Kommission [26]. Als der Pilot Jack Swigert nach 5:54 Stunden Flugzeit auf Anweisung der Bodenkontrolle den Ventilator im Sauerstofftank erneut in Gang setzte, kam es zu einem Kurzschluss. In der reinen Sauerstoffatmosphäre des Tanks entstand ein Feuer, das sich rasch ausbreitete. Dadurch erhöhte sich der Tankdruck, bis der Tank schließlich explodierte. Die Ursache war kein technisches Problem, die wirkliche Ursache lag in einem logistischen Fehler begründet. Der Thermostathersteller wurde nicht informiert und der Prüfplan sah offensichtlich nach der Spannungsänderung keinen Checkpunkt »Tankheizung« für die lebensnotwendige Sauerstoffversorgung der Apollo-Kapsel vor.

Ereignisse, die große menschliche Tragik neben hohen materiellen Schäden hinterließen, werden oft mit »technischem Versagen« begründet. Versagt hat meist nicht »die Technik«, sondern die Planung der »Maschine«, die zum Unglück führte, auch beim Reaktorunglück in Fukushima im Jahr 2011.

Technische Einrichtungen werden von Menschen konzipiert, entwickelt, produziert, verkauft, in Betrieb genommen und von Kunden benutzt. Jeder an diesem Prozess Beteiligte plant gedanklich für seinen Verantwortungsbereich den Einsatz des Produktes und wägt die damit verbundenen Risiken ab, um dramatische Ereignisse auszuschließen.

QFD: Teil eines integrierten und vernetzten Methodenkonzepts

Denn nach heutiger Rechtsprechung, insbesondere in den USA, muss der Hersteller alle Risiken, die mit dem Einsatz seiner Geräte verbunden sein könnten, einkalkulieren und die Konstruktion so gestalten, dass nach bestem Wissen – das heißt, nach dem Stand der Technik keine Schäden auftreten können (Produkthaftungsgesetz). Dies zu erreichen gelingt mittels der FMEA, die ein »Werkzeug« ist, das dazu beiträgt, Murphy's Gesetz – *»was schief geh'n kann, geht schief«* – außer Kraft zu setzen.

Alle eventuell auftretenden Risiken sollen vorbeugend durchdacht, systematisch analysiert und bewertet werden, um daraus präventive Maßnahmen abzuleiten.

Mittels FMEA werden untersucht (siehe Abb. 7):
⇨ Welche Fehler können auftreten, welches sind die Ursachen?
⇨ Wie groß ist die Wahrscheinlichkeit des Fehlerauftretens?
⇨ Wie groß ist die Wahrscheinlichkeit der Entdeckung des Fehlers?
⇨ Wie groß kann der daraus resultierende Folgeschaden sein?
⇨ Was muss getan werden, um das Risiko zu vermeiden?

Wahrscheinlichkeit des **Auftretens?**	Wahrscheinlichkeit der **Entdeckung?**
Tretminen liegen überall: Risikovermeidung durch **FMEA**	
Wie groß kann der **Folgeschaden** sein?	Was müssen wir **dagegen tun?**

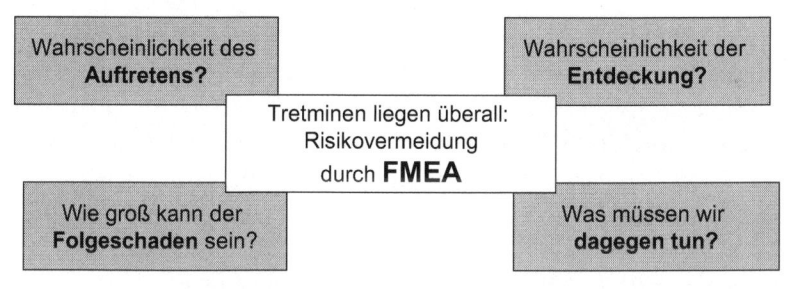

Abb. 7:   *FMEA zur Risikovermeidung*

Das Ziel der FMEA ist die präventive Vermeidung von potenziellen Fehlern, ihren Folgeschäden und Folgekosten bereits in den frühen Phasen der Entwicklung. Erfolgreich ist eine FMEA zumeist dann, wenn sie von kompetenten Fachleuten offen und unvoreingenommen im Team durchgeführt wird. Im Team entwickeln und diskutieren die

Spezialisten neue Ideen, Konstruktionen, Systeme und die Prozesse, in denen die Produkte herzustellen sind. Durch diese präventiven Maßnahmen kann der Fehlerkostenhebel (Abb. 8) weitgehend außer Kraft gesetzt werden. Fehlerfreiheit sichert Kostenvorteile, weil teure Rückrufaktionen vermieden werden. Rückrufaktionen, wie zum Beispiel die des Opel Astra wegen der Gefahr des Brandes beim Tanken kostete circa 80 bis 90 Millionen Mark, nicht gerechnet die »Kosten« des Imageverlustes [3, 24].

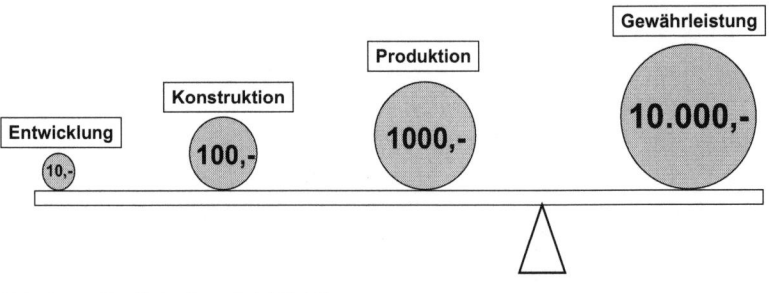

Abb. 8: *Der Verlustkostenhebel [3,24]*

Fehlerverhütung ist wirtschaftlicher als Fehlerbeseitigung. Je später der Fehler erkannt wird, umso aufwendiger ist seine Beseitigung. Die Kosten, einen Fehler zu beseitigen, verzehnfachen sich von einem Prozessschritt zum nächsten (Zehnerregel). Obwohl die »Mechanik« dieses Kostenhebels weithin bekannt ist, finden präventive Planungsmaßnahmen nicht überall in ausreichendem Maße Anwendung. Zeitmangel und andere Gründe verhindern »Planspiele«, aber im Ernstfall muss wesentlich mehr Zeit und Geld investiert werden, wie die häufigen Rückrufaktionen der Autoindustrie zeigen.

10.4.2 Nutzen der FMEA

In unseren westlichen Industrieländern sind aufgrund der Kostenstrukturen in den letzten Jahren die Massenprodukte in »Billigländer«

abgewandert. Uns verbleiben die »anspruchsvollen« Produkte, deren Herstellung nur in komplexen Prozessen möglich ist. Dieser Trend wird sich fortsetzen und er zwingt zur Beherrschung der schwierigen Prozesse.

Da die Fehlerwahrscheinlichkeit der Produkte mit der Komplexität steigt, wird es erforderlich, präventive Methoden wie die FMEA einzusetzen. Die wachsende Zahl von Schnittstellen bewirkt häufig eine Erhöhung der logistischen Fehler und damit der Gesamtfehler und der Verlustkosten (siehe Abb. 9). Diese seit langem bekannte Problematik veranlasst eine zunehmende Zahl von Firmen, das FMEA-Verfahren zur systematischen Untersuchung von denkbaren Fehlern einzusetzen.

Das FMEA-Verfahren ist
⇨ systematisch, im Umfang gestaltbar, das heißt, mit angemessenem Aufwand realisierbar,
⇨ präventiv, team- und projektorientiert,
⇨ Schulungen am Projekt sind möglich und werden übersichtlich dokumentiert.

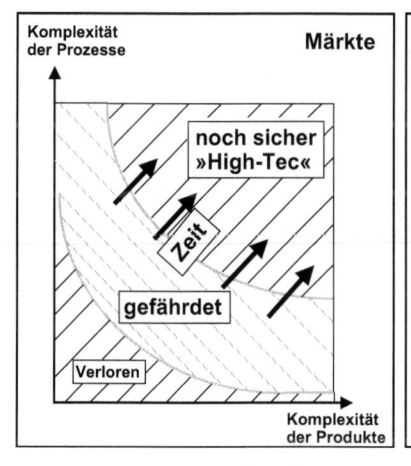

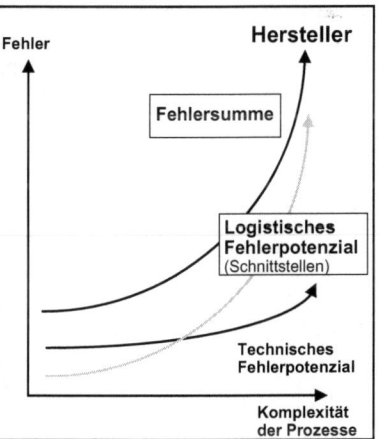

Abb. 9: *Risiken und Chancen der »alten« Industrieländer (nach Prof. Masing)*

Der Vorteil der FMEA liegt in den verhältnismäßig geringen Kosten für vorbeugende Maßnahmen im Vergleich zu den hohen Kosten für Nachentwicklungen, Nacharbeit, Gewährleistung oder für Produkthaftungskosten infolge von Personen- oder Sachschäden. Die FMEA weist den Weg zu einer systematischen Risikoabschätzung und Risikobewertung durch präventives Planen.

Der Nachteil präventiver Maßnahmen liegt mehr im immateriellen, menschlichen Bereich, denn die möglichen Fehler, die ein vorbeugend planendes Entwicklerteam vermeidet, können nicht mehr auftreten und erfordern später keine »Helden, die das Feuer löschen«. Die Anstrengungen für präventives Nachdenken werden mangels Nachweisbarkeit leider nicht belohnt, obwohl die Beiträge des vorbeugenden Planens in Bezug auf die Fehlerkosten evident sind.

Tabelle 2: Vorteile der FMEA für Kunden und Lieferanten	
Technisch:	Produktverbesserung, Prozessoptimierung
	Zielorientierter Einsatz der Mittel
Verhalten:	Abstimmung im Team
	Prävention statt Korrektur – Feuer verhindern statt Feuer löschen –
	Systematik
Produkthaftung:	Entlastung im Haftungsfall
Kunde und Lieferant vertrauen einander, denn sie schaffen gemeinsam die optimalen Voraussetzungen für qualitativ hochwertige und zuverlässige Produkte und Dienstleistungen.	

10.4.3 Anwendungsgebiete für die FMEA

Die Anwendung der FMEA bietet sich zu allen Planungsschritten in allen Branchen als wirksame und kostengünstige Präventivmaßnahme an. Sie wird unter anderem zum Risikoabbau bei Neuentwicklungen, bei neuen Werkstoffen und Verfahren, Sicherheitsteilen, Produkt- und Verfahrensänderungen eingesetzt. Tabelle 3 zeigt sowohl die gebräuchlichen Anwendungen als auch empfehlenswerte Anwendungsgebiete für die Zukunft.

Tabelle 3: Anwender heute und in Zukunft	
Heute verbreitet	Empfehlenswert
KFZ-Industrie und Lieferanten	Dienstleistungen
Raumfahrtindustrie	Vertriebsprozesse
Medizintechnik	Verwaltungsprozesse
Elektrotechnische Industrie (einige)	Stadtplanung
Chemische Industrie (insbesondere in Verbindung mit KFZ)	Legislative Gesetze/Verordnungen

10.4.4 Zusammenhang von QFD und FMEA

Mit QFD wird eine Verknüpfung der Planungsschritte in der Produktentwicklung erreicht, so dass mit zunehmendem Detaillierungsgrad aus den Kundenwünschen messbare Produkt- und Prozessmerkmale abgeleitet werden können. Die Erwartungen der Kunden werden über eine Bewertungsmatrix erfasst. Zur Unterstützung dieser Entwicklungsprozesse eignen sich Methoden, die eine präventive Behebung potenzieller Fehlerquellen am Produkt und im Prozess ermöglichen und damit zu einer Fehlerkostenminimierung beitragen. Eine dieser Methoden ist die FMEA, sie weist den Weg zu einer systematischen Risikoabschätzung und Bewertung durch präventives Planen.

Der Zusammenhang von QFD und FMEA wird in Abbildung 10 verdeutlicht. Mit der FMEA können in den QFD-Phasen II und III die Komponenten, die Teile sowie die Prozesse untersucht werden. Sie hilft, wie QFD, zur Verkürzung von Entwicklungszeiten, weil durch präventive Planung Fehler vermieden werden. Fehler im Entwicklungsprozess führen immer zu Nachentwicklungen, insofern ergänzt die FMEA den QFD-Prozess in idealer Weise.

QFD steckt ein größeres Arbeitsfeld des Unternehmens ab, weil praktisch alle Abteilungen involviert sind, wenn es darum geht, ein neues Produkt von der Idee bis zum Verkauf und Service zu planen und zu realisieren. Der Leitfaden des QFD mit seinen Phasen verhilft zu einer durchgängigen und nachvollziehbaren Qualitätsentwicklung,

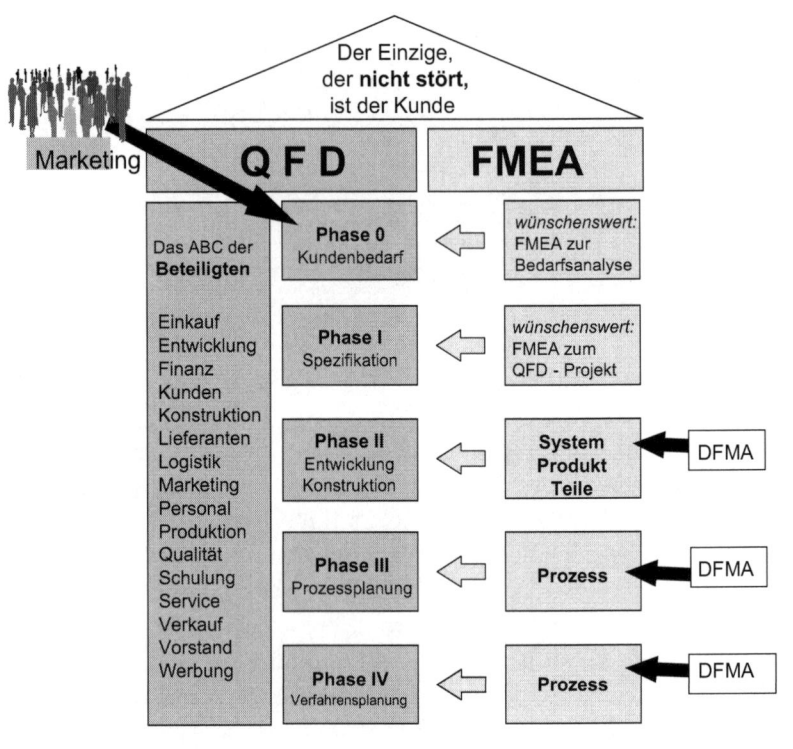

Abb. 10: *Zusammenwirken von QFD und FMEA*

angefangen bei der Erfassung der Kundenbedürfnisse durch Marketing, Verkauf und Kundendienst, über die Entwicklung und Konstruktion, die Prozessplanung für die Produktion, die Verfahrensdefinitionen, die Logistik einschließlich Verkauf und Kundendienst bis hin zur Schulung und Werbung. Die Planungsergebnisse müssen sich an den jeweiligen Forderungen der vorhergehenden Planungsstufe messen lassen. So wird sichergestellt, dass die »Stimmen der Kunden« in der langen Kette der internen Prozesse nicht verstummen, sondern in allen Phasen in eine adäquate technische Sprache übersetzt werden. Die adäquate technische Sprache drückt das Qualitätsmerkmal so aus, dass es die Forderung eindeutig und messbar beschreibt. Die Dokumentation der Ergebnisse aller begleitenden Untersuchungen findet auf den QFD-Arbeitsblättern in Kurzform Platz, was die Verständlichkeit trotz hoher Informationsdichte erhöht. Das QFD-Dokumentationsblatt ist gleichzeitig der Leitfaden für das Vorgehen. So lässt sich auf relativ einfache Weise eine am Ende der Kette beschlossene Maßnahme auf den Ursprung der Kundenforderung zurückverfolgen.

QFD kann als Leitplanungssystem gesehen werden, das Informationen für andere Verfahren liefert und die FMEA bietet Teillösungen für den QFD-Prozess, zum Beispiel in Phase II, III und IV.

QFD und FMEA fördern die durchgängige Qualitätsplanung. Mit QFD wird die Zukunft des Unternehmens gestaltet und mit FMEA werden die Pläne abgesichert.

10.4.5 Die FMEA im QM-System

Im Rahmen des US-Raumfahrtprogramms Apollo entwickelte die NASA in den 60er Jahren das FMEA-Verfahren, um potenzielle Fehler in komplexen Systemen rechtzeitig zu erkennen und mögliche Fehlerquellen präventiv abzustellen. Die NASA schrieb die Anwendung der FMEA allen Zulieferbetrieben der Raumfahrtindustrie vor. Die Schnittstellenproblematik zwischen und in Prozessen veranlasste die NASA, das Verfahren der FMEA auch zur systematischen Untersuchung von Systemen einzusetzen. Die bewährte FMEA-Methodik wurde dann von der Automobilindustrie und der Kernenergiewirtschaft (Kernkraftwerkshersteller und Betreiber) aufgegriffen. Die Automobilindustrie fordert in den Normen DIN EN ISO 9001, QS 9000, VDA 6.1 (VDA Verband der Automobilindustrie) und TS 16949 heute von ihren Zulieferern die Untersuchung der Zulieferteile und der Herstellprozesse nach dem FMEA-Verfahren als vorbeugende Maßnahme.

Die FMEA ist europaweit nach DIN EN 25 448 genormt. Alle vorstehend genannten Normen fordern »die Entwicklung nach dem

Stand der Technik«, das beinhaltet die Risikoanalyse FMEA. Im Kapitel 4.4.2 fordert die ISO/TS 16949 zur Design- und Entwicklungsplanung vom Zulieferer das Erstellen von Plänen für jede Entwicklungstätigkeit.

Weiterhin wird gefordert, dass der Lieferant sicherstellt, dass qualifiziertes Personal über Methodenkenntnisse verfügt, hier werden neben anderen QFD und FMEA genannt.

Die DIN EN ISO 9001 fordert über die Korrekturmaßnahmen hinaus den Nachweis und die Anwendung von praktizierten Vorbeugungsmaßnahmen. Eine Firma, die ein Zertifikat zu ihrem Qualitätsmanagementsystem anstrebt beziehungsweise erhalten will, kann sich nicht mit dem Nachweis von Nachbesserungen (Korrekturmaßnahmen) begnügen, sie muss die Praxis einer geeigneten Systematik zur Vorbeugung nachweisen und durch Aufzeichnungen *belegen*.

Die regelmäßige Anwendung der FMEA unterstützt dieses Ziel, und die Dokumentationen zu FMEAs erbringen im Audit den Nachweis der Durchführung.

10.4.6 Die Durchführung der FMEA und die FMEA-Arten

Die FMEA wird in Phasen durchgeführt. Um sie den einzelnen Phasen des Produktlebenslaufes zuordnen zu können, wurde sie nach VDA unterteilt in eine System-, Konstruktions-, und Prozess-FMEA (siehe Abb. 11).

System-FMEA

Merkmale des Systems
- Funktionen
- Schnittstellen und Störeinflüsse
- Zusammenwirken der Komponenten

Ebene 1

Konstruktions-FMEA

Merkmale der Funktionselemente
- potenzielle Fehler
- potenzielle Folgen
- potenzielle Ursachen

FMEA-Ablauf

Ebene 2

Prozess-FMEA

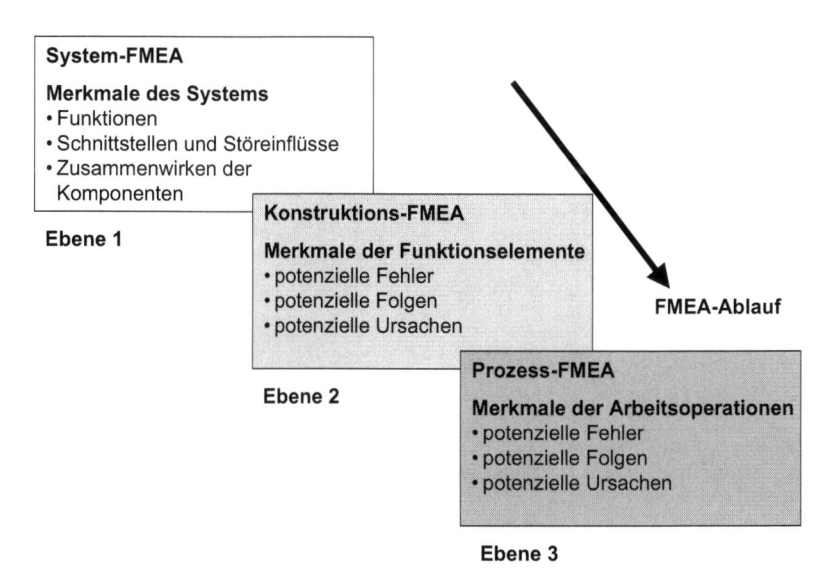

Merkmale der Arbeitsoperationen
- potenzielle Fehler
- potenzielle Folgen
- potenzielle Ursachen

Ebene 3

Abb. 11: *Die drei FMEA-Arten (nach VDA'86)*

Bei der Erstellung der FMEA wird in Abhängigkeit vom Betrachtungszeitpunkt, Betrachtungsumfang und dem Betrachtungsgegenstand zwischen den drei verschiedenen FMEA-Arten unterschieden. Aus der folgenden Abbildung 12 wird der Zusammenhang der drei FMEA-Arten ersichtlich:
Die Ergebnisse der System-FMEA sind die Basis für die
⇨ Konstruktions-FMEA, deren Ergebnisse wiederum bei der
⇨ Prozess-FMEA verwendet werden können.

Es gibt in dieser Wirkungskette eine hierarchische Verschiebung, in der jeweils die Fehlerursache zur Fehlerart und die Fehlerart zur Fehlerauswirkung in der nachfolgenden FMEA wird. Das heißt zum Beispiel, dass die in der Konstruktions-FMEA festgelegten Merkmale die Forderungen sind, die vom Prozess sichergestellt werden müssen. Insofern muss vor Beginn der Arbeit festgelegt werden, welche Art der FMEA durchgeführt werden soll.

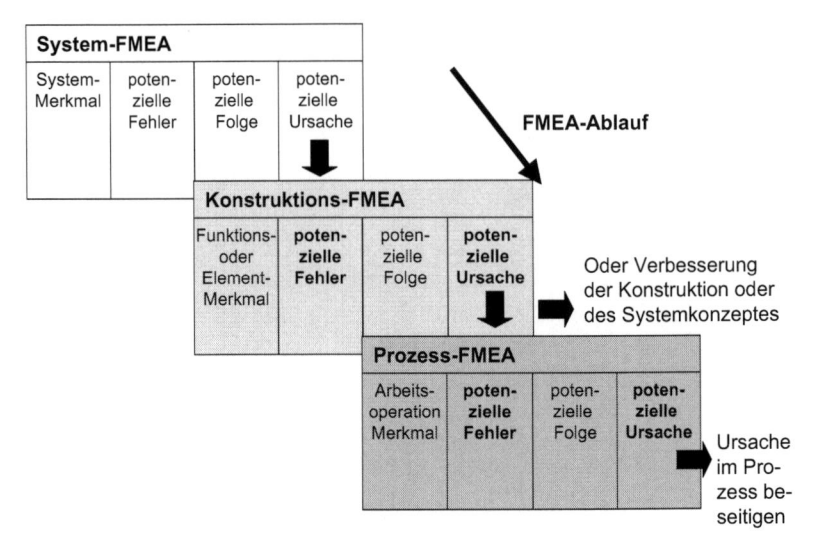

Abb. 12: *Zusammenhang der drei FMEA-Ebenen*

Mit der *System-FMEA* soll das funktionsgerechte Zusammenwirken zwischen Systemen beziehungsweise Systemkomponenten sowie deren Schnittstellen betrachtet werden. Dadurch sollen Fehler schon bei der Systemgestaltung vermieden werden. Der Vorteil der System-FMEA ist, dass die Zusammenhänge und Wechselwirkungen des Gesamtsystems transparent werden. Das erleichtert die Abstimmung der verschiedenen Systemkomponenten und ist in den frühen Phasen der Produktentwicklung anzuwenden. Das Ziel ist es, funktionale Fehler oder Schwachstellen in der Produktkonzeption zu identifizieren, um das Zusammenwirken der Systemkomponenten zu ermöglichen und *Systemsicherheit* zu garantieren.

Ausfälle, die an einzelnen Baugruppen oder Teilen des Systems auftreten könnten, werden mit Hilfe der Konstruktions-FMEA betrachtet.

Die *Konstruktions-FMEA* dient der Risikobewertung innerhalb einer Konstruktion (zum Beispiel Konstruktionspläne, Konstruktionsdetaillösungen oder physikalische Merkmale einzelner Bauteile). Ausgehend von den Forderungen aus der System-FMEA, Zeichnungen, dem Lastenheft und anderem wird in der Konstruktions-FMEA die Merkmalsebene bearbeitet. Sie untersucht die im Pflichtenheft festgelegte Ausführung und Gestaltung der Produkte, deren Komponenten und Bauteile zur Vermeidung von Konstruktionsfehlern. Das Ziel ist es, möglichst rechtzeitig alle denkbaren Fehler zu erkennen und deren Eintreten zu verhindern, um fehlerfreie Produkte (auch Bauteile, Baugruppen) herstellen zu können.

Die *Prozess-FMEA* wird zur Analyse und Risikobewertung eines Herstellprozesses eingesetzt, mit dem Ziel, prozessbedingte Fehler zu eliminieren. Sie baut auf den Ergebnissen der Konstruktions-FMEA auf. Produktionsprozesse, Fertigungsprozesse sowie innerbetriebliche Abläufe können Untersuchungsobjekte sein. Ausgehend vom Produkt wird bei der Prozess-FMEA ein geplanter Prozessablauf in die

⇨ einzelnen Prozessschritte, Arbeitsfolgen, Handgriffe, Maschinentakte gegliedert.

⇨ Zu jedem Prozessschritt werden Anforderungen definiert und Fehlermöglichkeiten für das Produkt und den Prozess ermittelt.

Das Ziel ist die Einhaltung der Qualitätsanforderungen, die Schaffung eines robusten Ablaufs und damit Prozesssicherheit.

Bei der Auswahl der FMEA-Art sollte immer vom Ganzen zum Einzelnen vorgegangen werden, dass heißt, zuerst wird das gesamte System in einer FMEA betrachtet, dann die Teilsysteme und Baugruppen, wie dies in Abbildung 13 und 14 gezeigt wird.

Die verschiedenen FMEA-Arten werden bei diesem Beispiel ineinander überführt, so werden die Ursachen-Wirkungszusammenhänge deutlich.

Die FMEA-Betrachtung kann an dem Gesamtsystem, wie in Abbildung 14 gezeigt, beginnen (zum Beispiel Computersystem, Auto, Krankenhaus, Funkuhr, Kugelschreiber etc.) und über die dort gefundenen, kritischen Systemkomponenten und deren Einzelteile bis zum Prozess der Herstellung des Teils führen. Vor der Untersuchung des Herstellprozesses wird in jedem Fall das Fehlerpotenzial am Produkt untersucht. Die Ursachen für die möglichen Fehler liegen entweder in der Konstruktion (Planung) oder in dem Produktionsprozess (oder auch im Lieferprozess) des Objektes.

Das folgende Beispiel in Abb. 13 zeigt den Zusammenhang der einzelnen Ebenen deutlich auf. Bei dieser System-FMEA wird das zu untersuchende System in Systemelemente zerlegt und deren funktionaler Zusammenhang strukturiert dargestellt.

QFD: Teil eines integrierten und vernetzten Methodenkonzepts

Richtung der Prozess-FMEA

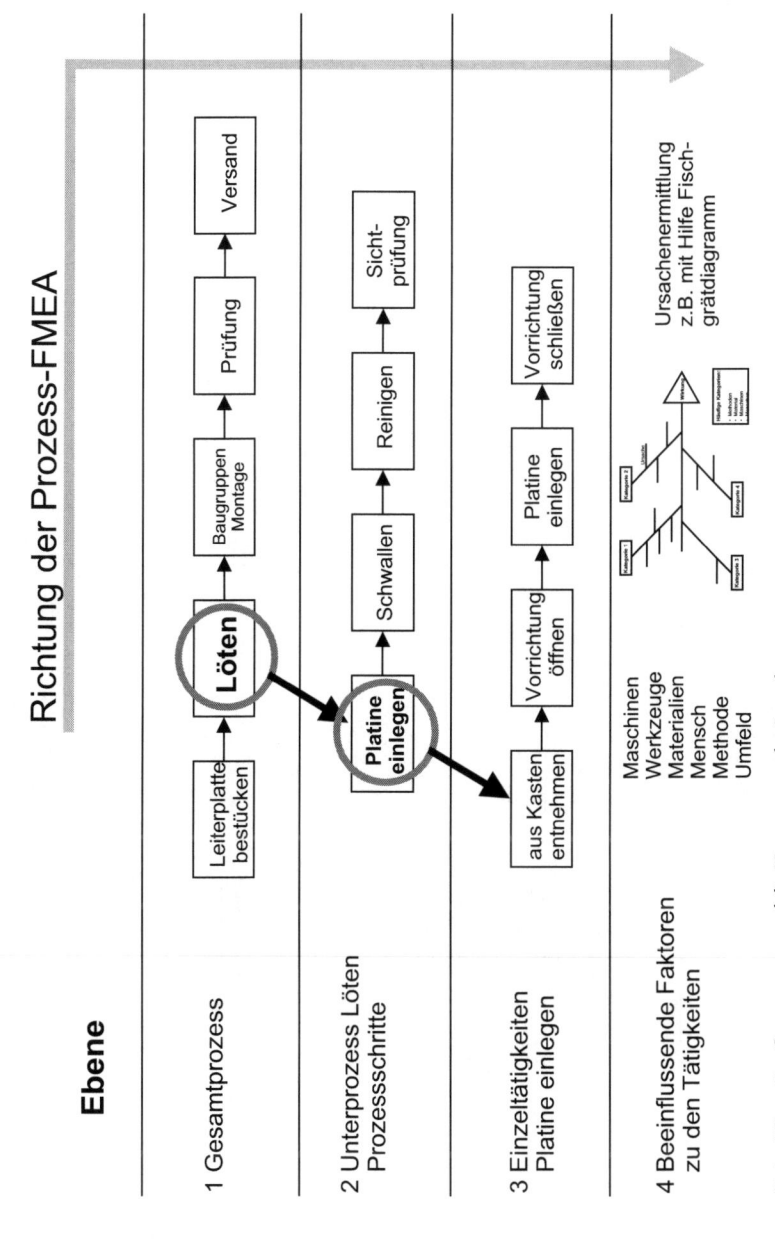

Ebene

1 Gesamtprozess
Leiterplatte bestücken → **Löten** → Baugruppen Montage → Prüfung → Versand

2 Unterprozess Löten Prozessschritte
Platine einlegen → Schwallen → Reinigen → Sichtprüfung

3 Einzeltätigkeiten Platine einlegen
aus Kasten entnehmen → Vorrichtung öffnen → Platine einlegen → Vorrichtung schließen

4 Beeinflussende Faktoren zu den Tätigkeiten
Maschinen
Werkzeuge
Materialien
Mensch
Methode
Umfeld

Ursachenermittlung z.B. mit Hilfe Fischgrätdiagramm

Abb. 13: *Der Gesamtprozess und die Unterprozesse der Betrachtung*

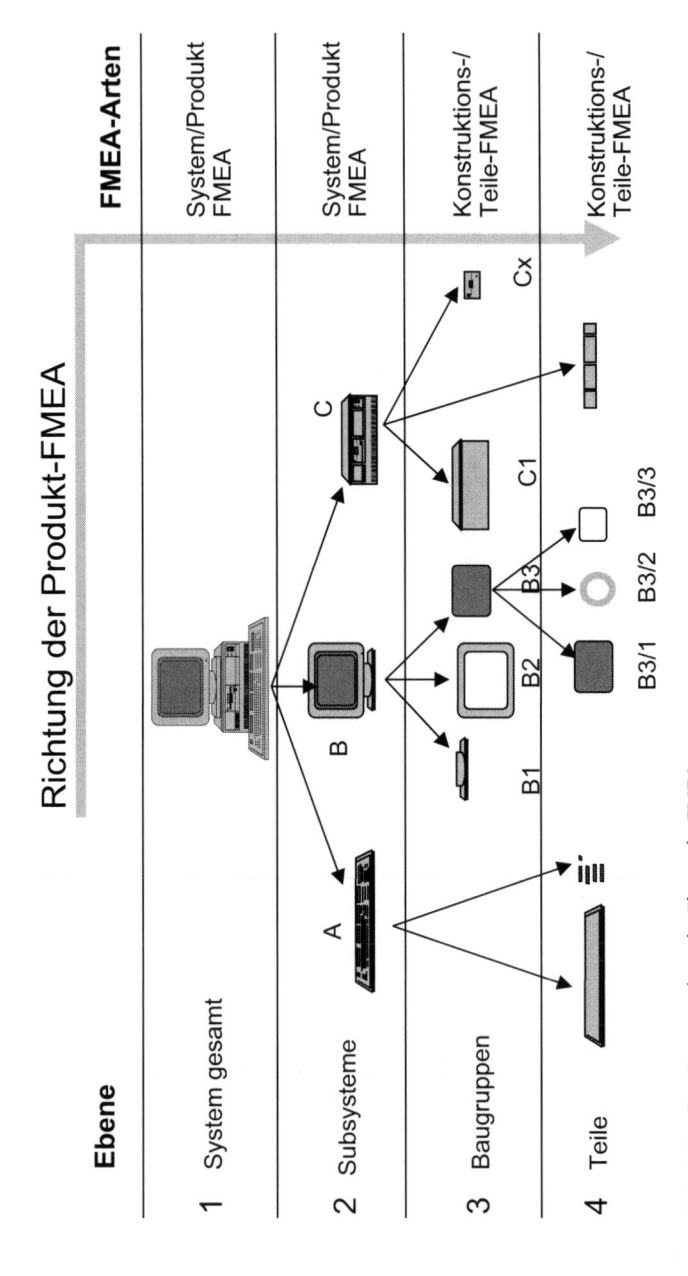

QFD: Teil eines integrierten und vernetzten Methodenkonzepts

Abb. 14: *Der Zusammenhang der Ebenen der FMEA*

10.4.7 Das FMEA-Vorgehen nach VDA `86

Die FMEA ist eine strukturierte Methode, die als Hilfsmittel für die Durchführung und Dokumentation ein Formblatt einsetzt. Vor der Durchführung der FMEA müssen Informationen zum Aufbau und Umfang des zu untersuchenden Systems vorliegen, wie zum Beispiel Ablaufdiagramme, Zeichnungen, Spezifikationen, Funktionenbaum beziehungsweise Fehlerbaum. Der Aufbau des FMEA-Formblattes wurde durch den Verband der Automobilindustrie (VDA) mehrfach geändert (VDA'86, VDA'96 und 2011). Es ist jedoch auch ein Aufbau nach unternehmensspezifischen Bedürfnissen möglich, was von einigen Autowerken (z.B. VW) praktiziert wird.

Die Fragen im ersten Abschnitt des FMEA-Formblattes in Abbildung 15 verdeutlichen das Hauptanliegen der Methode:
⇨ durch gezielte Fragen die möglichen Risiken erkennen, bevor größere Investitionen für das neue Produkt oder die neue Dienstleistung getätigt werden
⇨ potenzielle Fehlfunktionen eines Produktes/Prozesses und dessen Auswirkungen erkennen und bewerten
⇨ Maßnahmen ermitteln, mit denen das Risiko einer potenziellen Fehlfunktion ausgeschaltet beziehungsweise reduziert werden kann
⇨ den FMEA-Prozess dokumentieren und Transparenz schaffen

Die Schritte im FMEA-Prozess (nach VDA'86-Formblatt)
Schritt 1: Struktur erstellen
Im ersten Schritt der FMEA wird anhand der Struktur in die einzelnen Strukturelemente gegliedert (siehe Abb. 15), bevor in dem folgenden standardisierten Formblatt der Zusammenhang zwischen Fehlerort und dessen Ursachen und den möglichen Folgen dargestellt wird.
Zu beachten ist, dass nicht nur die bereits aufgetretenen Fehler, sondern alle eventuell möglichen Fehler in Betracht gezogen werden.

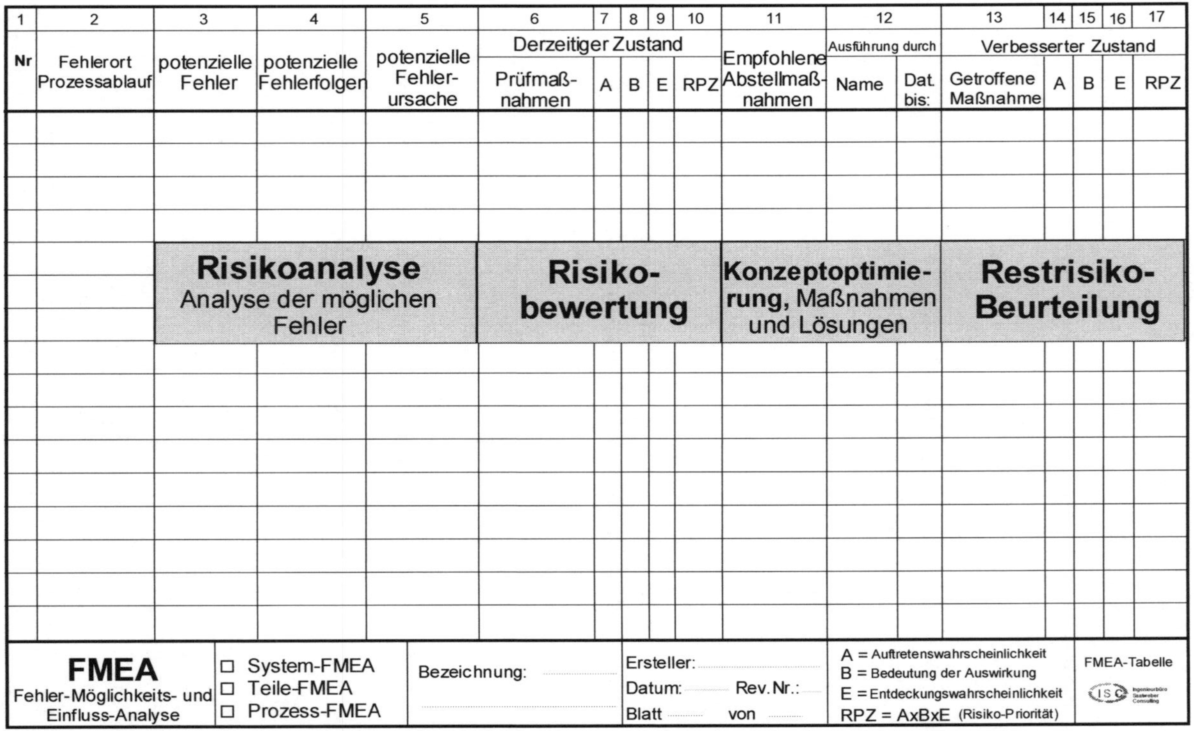

QFD: Teil eines integrierten und vernetzten Methodenkonzepts

Abb. 15: *FMEA-Formblatt nach VDA86 und die FMEA-Schritte [11]*

Schritt 2: Risikoanalyse (Spalte 1 – 5 des Formblattes)
Ausgehend vom System/Produkt untersucht die FMEA-Arbeitsgruppe die Risiken der Komponenten und der Teile sowie den Prozess der Herstellung der Produkte nach den Aspekten
⇨ Fehlerort (Spalte 2) und dessen
⇨ potenzielle Fehler (Spalte 3),
⇨ potenzielle Folgen des Fehlers (Spalte 4),
⇨ potenzielle Fehlerursachen (Spalte 5).

Unter *Spalte 3* (potenzielle Fehler) sind alle denkbaren Fehler aufzunehmen, auch die, die nur unter bestimmten Bedingungen auftreten. Schon bekannte Fehler aus vergangenen Projekten sollten ebenfalls berücksichtigt werden.
In *Spalte 4* sind die Folgen des Fehlers so zu beschreiben, wie der Kunde sie empfinden würde, wenn sie bereite engetreten wären.
Für alle Fehler werden die Folgen aufgelistet.
In *Spalte 5* sind nun alle denkbaren Ursachen zu sammeln, die zu dem Fehler führten. Die Fehler können system-, konstruktions-, fertigungs- oder montagebedingt sein.

Schritt 3: Risikobewertung (Spalte 6 – 10 des Formblattes)
Die Bewertung des Risikos, das von einem Fehler ausgeht, erfolgt quantitativ anhand der Risikoprioritätszahl (RPZ). Die RPZ wird nach den drei folgenden Kriterien bewertet, wobei für jedes dieser Kriterien die Bewertung von 1 bis 10 vergeben wird:
⇨ A – Die *Auftretenswahrscheinlichkeit* der Fehlerursache:
Sie wird unter Berücksichtigung aller Vermeidungsmaßnahmen durchgeführt. Sie gibt die Einschätzung der Fachexperten wieder. Je höher die Auftretenswahrscheinlichkeit, umso höher ist die Bewertungszahl (siehe Tabelle 4).
⇨ B – *Bedeutung der Auswirkung* des Fehlers und dessen Folgen für den Kunden: Bei einer hohen Bedeutung (hohes Risiko oder Personenschaden) wird eine hohe Bewertungszahl (10) vergeben (Tabelle 5).

⇨ E – *Entdeckungswahrscheinlichkeit* der Fehlerursache, der Fehlerart beziehungsweise der Fehlerfolge: Ist die Entdeckungswahrscheinlichkeit gering, wird eine hohe Bewertungszahl (10) vergeben und umgekehrt, wird bei hoher Entdeckungswahrscheinlichkeit eine niedrige Bewertungszahl vergeben (siehe Tabelle 6). Die Entdeckungsmaßnahme sollte sich möglichst auf die Fehlerursache beziehen.

⇨ RPZ – Risikoprioritätszahl: Das Produkt der drei Bewertungen (A x B x E) ergibt die RPZ, die ein Maß für die Bedeutung einer Fehlerursache ist und wichtige Hinweise für die Optimierung gibt. So wird erkennbar, bei welchem Teilprodukt oder Prozess der größte Handlungsbedarf besteht.

Berechnung der Risikoprioritätszahl (RPZ) (Spalte 7, 8, 9, 10):
RPZ = A x B x E
RPZ_{min} = 1 (1A x 1B x 1E)   --> mindestens 1
RPZ_{max} = 1000 (10A x 10B x 10E) --> maximal 1.000

Die Risikoprioritätszahl (RPZ) wird errechnet aus der Wahrscheinlichkeit des Auftretens (A), der Bedeutung der Auswirkung (B) und der Entdeckungswahrscheinlichkeit (E). Die Berechnung der RPZ erfolgt aus der Sichtweise des Kunden, das heißt, die FMEA dokumentiert eine starke Kundenorientierung.

Die niedrigste RPZ kann 1 sein, wenn A x B x E jeweils mit 1 bewertet wurden und die höchste RPZ ist 1.000, wenn A, B und E jeweils 10 sind. Die Risikoprioritätszahl RPZ zeigt die Rangfolge der notwendigen oder sinnvollen Verbesserungen. Die Bewertung erfolgt nach einer Einstufungsskala (1 bis 10), die das Team anhand der Tabellen 4, 5, 6 und 7 vornimmt. *Das gleiche Team* muss auch die spätere Bewertung des verbesserten Zustandes (in den Spalten 11 bis 17 des Formblattes Abbildung 15 beziehungsweise 18) durchführen.

Die RPZ, das mathematische Produkt aus A x B x E, ist ein *relatives Maß für das Risiko* einer potenziellen Fehler-Folgen-Ursachen-Beziehung. Durch sie kann das relative Risiko innerhalb einer

FMEA priorisiert werden. Das heißt, hohe Risiken haben eine hohe RPZ, geringe eine kleinere. Die numerische Bewertung zeigt aber nur vordergründig die Prioritäten bei der Problembearbeitung. Von ausschlaggebender Wichtigkeit für die Priorität ist die Bewertung der Bedeutung (B) in Spalte 8 der Tabelle und die Auswirkung auf den Kunden. Ist B mit 5 oder höher bewertet, so ist Gefahr im Verzug. Sind Personenschäden oder Verletzungen gesetzlicher Vorgaben zu befürchten, so sind sofort geeignete Maßnahmen zu ergreifen, sie bergen die Gefahr von Rückrufaktionen und Produkthaftung.

Eine starre Eingriffsgrenze ist nicht sinnvoll. Man sollte sich nicht darüber hinwegtäuschen lassen, dass die absolute Zahl des RPZ das Ergebnis meist subjektiver Einschätzungen mit hoher Streubreite ist.

Schritt 4: Konzeptoptimierung (Spalten 11, 12 des Formblattes):
In Spalte 11 werden vom Team die empfohlenen Abstellmaßnahmen festgelegt (Was ist zu tun?). In Spalte 12 sind die Verantwortlichen namentlich einzutragen (Wer macht es, wer ist verantwortlich?) und das Datum für die abgeschlossene Ausführung. Es kann auch ein Team für die Durchführung verantwortlich sein.

Schritt 5: Restrisikobeurteilung/ Optimierung (Spalten 13 bis 17)
Nach der Bewertung und Berechnung sind im 5. Schritt die Verbesserungsmaßnahmen durch das Team zu bewerten und Entscheidungen zu treffen. Anhand der möglichen Verbesserungen und Optimierungsmaßnahmen erfolgt eine zweite Risikoabschätzung, in welcher sich meistens eine erheblich reduzierte RPZ ergibt. Das FMEA-Team muss nun sicherstellen, dass die Lösungsvorschläge innerhalb der festgelegten Terminvorgaben umgesetzt werden.

Eine einfache Regel für die Einschätzung der RPZ wird in der Literatur (VDA 1996/2) und von der Automobilindustrie so angegeben:
⇨ Bei B = 9 und > 9 ist immer eine Dokumentationsmaßnahme (z.B. Zeichnungseintrag »kritisches Merkmal«) vorzunehmen.

10.4.8 Das FMEA-Vorgehen nach VDA'96

Die Weiterentwicklung zum Formblatt nach VDA'96 erfolgte, weil sich die starre Trennung (nach System-, Konstruktions- und Prozess-FMEA) als nicht sinnvoll erwiesen hatte, denn ein einmal unterlaufener Fehler kann Auswirkungen auf das System, die Konstruktion und den Prozess haben. Durch die Änderung wird ein wesentlicher Nachteil ausgeschaltet: Das Nichterfassen funktionaler Zusammenhänge. Die Entwicklung von der VDA'86 zur VDA'96 erfolgte in Richtung »System-FMEA Produkt« und »System-FMEA Prozess«, was mit einer Neuordnung der Spalten im FMEA-Formblatt 96 (siehe Abb. 17 und 18) verbunden war. Die Änderungen im Formblatt VDA'96 sehen eine direkte Zuordnung der Bewertungsspalten B, E und A zu den Analysespalten (mögliche Fehler, mögliche Folgen und Ursachen) vor. Außerdem hat sich die Reihenfolge so verschoben, dass die möglichen Fehlerfolgen jetzt vor den möglichen Fehlerursachen einzutragen sind. Weiterhin wird in dem neuen Formblatt eine getrennte Darstellung der Vermeidungs- und Prüfmaßnahmen vorgenommen.

Die Bewertungszahlen in den folgenden Tabellen sind bei der Berechnung der RPZ zu berücksichtigen. Eine hohe Auftretenswahrscheinlichkeit für einen potenziellen Fehler kann ein großes Sicherheitsrisiko einhalten, es bedeutet, das Produkt ist noch nicht sicher und der Prozess ist instabil.

Fehler-Möglichkeits- und Einflussanalyse nach VDA 4.2 System-FMEA Produkt / System-FMEA Prozess										Datum	
Typ/Modell/Fertigung	Sach-Nummer			Bearbeiter						Verantwortl. Bereich	
FMEA-Team				Betroffene Bereiche							
System-Nr./Systemelement	Funktion/Aufgabe			Status						Attribute	
Mögliche Fehlerfolgen	B	Mögliche Fehler	K	Mögliche Fehlerursache	Vermeidungs-massnahmen	A	Entdeckungs-maßnahmen	E	RPZ	V/T	
											A = Auftretenswahrscheinlichkeit B = Bedeutung der Auswirkung E = Entdeckungswahrscheinlichkeit RPZ = AxBxE (Risiko-Priorität)

Abb. 16: *FMEA-Formblatt Nr. 1 nach VDA'96 [11]*

QFD: Teil eines integrierten und vernetzten Methodenkonzepts

Abb. 17: *FMEA-Formblatt Nr.1 nach VDA'96 [11]*

Tabelle 4: Bewertungsschema für die Auftretenswahrscheinlichkeit (A) (Konstruktions-FMEA) [28]

Wahrscheinlichkeit des Fehlers	Merkmal: Mögliche Fehlerraten	Bewertung
Sehr hoch: Ständiger Fehler	Es ist nahezu sicher, dass Fehler im großen Umfang auftreten werden. Sehr häufiges Auftreten der Fehlerursache, unbrauchbares, ungeeignetes Konstruktionskonzept	10 9
Hoch: Häufiger Fehler	Konstruktion entspricht generell Entwürfen, die in der Vergangenheit immer wieder Schwierigkeiten verursachten. Fehlerursache tritt widerholt auf, problematische, unausgereifte Konstruktion.	8 7
Mittelmäßig: Gelegentliche Fehler	Fehlerursache tritt wiederholt auf, noch nicht ausgereifte Konstuktion. Konstruktion entspricht generell früheren Entwürfen, bei denen gelegentlich, aber nicht im größeren Maße, Fehler auftraten. Gelegentlich auftretende Fehlerursache, geeignet, im Reifegrad fortgeschrittene Konstruktion.	6 5 4
Wenig: Relativ wenig Fehler	Konstruktion entspricht generell früheren Entwürfen, für die geringe Fehlerzahlen gemeldet wurden. Konstruktion entspricht generell früheren Entwürfen, für die sehr geringe Fehlerzahlen gemeldet wurden.	3 2
Gering: Fehler ist unwahrscheinlich,	Konstruktion entspricht früheren Entwürfen, für die keine Fehler bekannt sind.	1

Tabelle 5: Bedeutung des Fehlers (B) [28]		
Bedeutung	Merkmal: Schwere der Auswirkung	Bewertung
Gefährdung ohne Vorwarnung	Sehr hohe Bedeutung: Der Fehler beeinflusst die Sicherheit des Fahrzeugs und/oder hat einen Gesetzesverstoß zur Folge und zwar ohne Vorwarnung. Existenzbedrohendes Firmenrisiko	10
Gefährdung mit Vorwarnung	Sehr hohe Bedeutung: Der Fehler beeinflusst die Sicherheit des Fahrzeugs und/oder hat einen Gesetzesverstoß zur Folge und zwar mit Vorwarnung.	9
Sehr hoch	Fahrzeug/Funktion nicht einsatzfähig (Verlust der Primärfunktion (walk home).	8
Hoch	Fahrzeug/Funktion einsatzfähig, aber nur eingeschränkt.	7
Mittelmäßig	Der Kunde ist sehr unzufrieden. Fahrzeug/Funktion einsatzfähig, aber Kontrollfunktionen stehen nicht zur Verfügung. Der Kunde ist unzufrieden.	6
Wenig	Fahrzeug / Funktion einsatzfähig, aber Komfortfunktionen stehen nur eingeschränkt zur Verfügung. Der Kunde ist einigermaßen unzufrieden.	5
Sehr wenig	Passungen und Aussehen/Geräusche stören. Der Fehler wird von den meisten Kunden wahrgenommen (mehr als 75%).	4
Gering	Passungen und Aussehen/Geräusche stören. Der Fehler wird von etwa 50% der Kunden wahrgenommen	3
Sehr gering	Passungen und Aussehen/Geräusche stören. Der Fehler wird von sehr aufmerksamen Kunden wahrgenommen (weniger als 25%)	2
Keine	Keine wahrnehmbare Auswirkung	1

Tabelle 6: Bewertungsschema für die Entdeckung (E) [28]		
Entdeckung (E)	Merkmal: Wahrscheinlichkeit, dass die Prüfmaßnahme den Fehler entdeckt	Bewertung
Absolute Unsicherheit	Die Prüfmaßnahme im Bereich der Konstruktion wird /oder kann nicht die mögliche Ursache / nachgelagerte Fehler erkennen oder es gibt keine Prüfmaßnahmen für dieses Merkmal.	10
Sehr gering	Sehr geringe Chancen, dass die Prüfmaßnahme im Bereich der Konstruktion den Fehler oder die Ursache erkennen kann.	9
Gering	Geringe Chancen, dass die Prüfmaßnahme im Bereich der Konstruktion den Fehler oder die Ursache erkennen kann.	8
Sehr wenig	Sehr wenig Chancen, dass die Prüfmaßnahme im Bereich der Konstruktion den Fehler oder die Ursache erkennen kann	7
Wenig	Wenig Chancen, dass die Prüfmaßnahme im Bereich der Konstruktion den Fehler oder die Ursache erkennen kann	6
Mittelmäßig	Mittelmäßig Chancen, dass die Prüfmaßnahme im Bereich der Konstruktion den Fehler oder die Ursache erkennen kann	5
Mittelmäßig hoch	Mittelmäßig hohe Chancen, dass die Prüfmaßnahme im Bereich der Konstruktion den Fehler oder die Ursache erkennen kann.	4
Hoch	Hohe Chancen, dass die Prüfmaßnahme im Bereich der Konstruktion den Fehler oder die Ursache erkennen kann.	3
Sehr hoch	Sehr hohe Chancen, dass die Prüfmaßnahme im Bereich der Konstruktion den Fehler oder die Ursache erkennen kann.	2
Absolut sicher	Die Prüfmaßnahme im Bereich der Konstruktion wird mit an Sicherheit grenzender Wahrscheinlichkeit den Fehler oder die Ursache erkennen.	1

Durch systematisches Erfassen und Dokumentieren von Schwachstellen werden Gefahren und Risiken rechtzeitig erkannt. Durch präventives Planen verringern sich die Fehler beim Kunden, das heißt, die Rückrufaktionen können minimiert werden. Die PKW-Rückrufaktionen des Kraftfahrtbundesamtes lassen aber immer wieder aufhorchen. Das zeigt, die FMEA ist erforderlich, weil das Ziel aller Maßnahmen, die Erhöhung der Kundenzufriedenheit, durch fehlerfreie Produkte erreicht werden soll.

Die FMEA-Analyse nach VDA'96 (siehe Abb. 16, 17) erfolgt in den folgenden Schritten:
⇨ Strukturanalyse
⇨ Funktionsanalyse
⇨ Fehleranalyse
⇨ Risikobewertung
⇨ Optimierung
⇨ Restrisikobewertung

Der Einstieg in die System-FMEA wird über die Struktur des zu betrachtenden Systems vorgenommen. Für die Erstellung einer System-FMEA für Produkte und Prozesse sind ergänzende Schritte zur bisherigen Konstruktions- oder Prozess-FMEA erforderlich. Diese sind:
⇨ Die Struktur des zu betrachtenden Systems in Systemelemente und das Aufzeigen der funktionalen Zusammenhänge (Abb. 18).
⇨ Das Ableiten denkbarer Fehlfunktionen eines Systemelementes aus dessen vorher beschriebenen Funktionen.
⇨ Die sich anschließende logische Verknüpfung der zusammengehörigen Fehlfunktionen unterschiedlicher Systemelemente, um damit die in der Sytem-FMEA zu analysierenden möglichen Fehlerfolgen, Fehler und Fehlerursachen beschreiben zu können.

Abb. 18: *Strukturanalyse, Beispiel Auto*

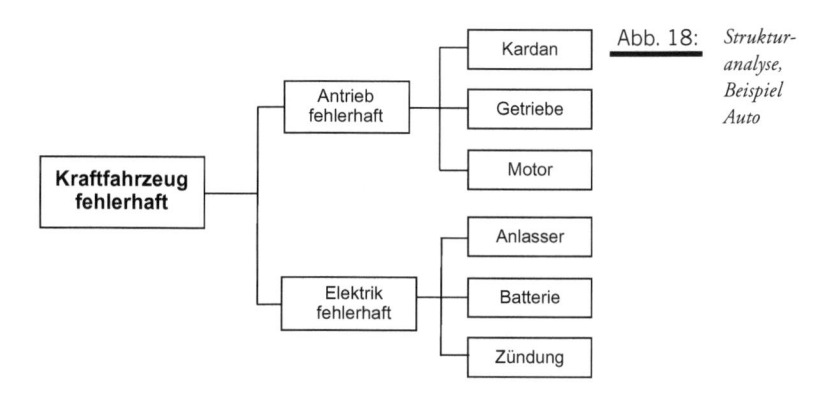

```
Kraftfahrzeug
fehlerhaft
├── Antrieb fehlerhaft
│   ├── Kardan
│   ├── Getriebe
│   └── Motor
└── Elektrik fehlerhaft
    ├── Anlasser
    ├── Batterie
    └── Zündung
```

In dieser Betrachtungsweise ist die Konstruktions-FMEA Bestandteil der System-FMEA Produkt und stellt eine tiefer gehende Betrachtung eines Bauteils dar.

Bei der Erstellung der Systemstruktur ist die Anzahl der »Hierarchieebenen« nicht vorgeschrieben. Eine eindeutig strukturierte Abbildung des Gesamtsystems wird dadurch gesichert, dass jedes Systemelement (SE) nur einmal existiert. Die durch Systemelemente beschriebene Systemstruktur (s. Strukturbaum Abb. 18) ist die Basis dafür, dass jedes SE so differenziert wie nötig hinsichtlich seiner Funktionen und Fehlfunktionen im System analysiert werden kann.

Für die Fehleranalyse der System-FMEA werden aufbauend auf den bekannten Funktionen die Fehlfunktionen abgeleitet und Fehlfunktionsstrukturen (Fehlerbäume) erstellt [11]. Diese sind dann in die Spalten des Formblattes (Abb. 16) einzutragen unter

⇨ mögliche Fehlerfolgen,
⇨ möglicher Fehler und
⇨ mögliche Fehlerursachen.

Die Risikobewertung und das weitere Vorgehen erfolgt, wie unter »Vorgehen nach VDA'86« beschrieben.

Die FMEA ist ein kognitiver Prozess, der durch systematisches Fragen die richtigen Antworten zu finden sucht. Die Bewertung der Antworten führt zu den Prioritäten der Bearbeitung der gefundenen Fehlerursachen.

Die Maßnahmenverfolgung nach VDA'96 erfolgt mittels eines weiteren Formblatts, in dem der verbesserte Zustand bewertet wird.

Die FMEA-Erstellung kann manuell oder rechnergestützt erfolgen. Bei der Vielzahl der auf dem Markt erhältlichen Softwarepakete sollte auf die Flexibilität und Integration der Programme geachtet werden. Wichtig ist ein einfacher Datenaustausch zwischen den Modulen, wie dies von den Firmen Plato und Qualica angeboten wird.

Das Vorgehen im FMEA-Prozess könnte, wie in der folgenden Tabelle beschrieben, in sieben Schritten erfolgen:

Tabelle 8: Die sieben FMEA-Phasen	
1. Vorbereitung	Teamauswahl und Vorbereitung der FMEA
2. Auswählen	Fehlerbaum, QFD, FMEA-Checklisten
3. Analyse	Systeme, Merkmale und Prozesse definieren, Potentielle Fehler-Folgen und Ursachen Verhütungs- und Prüfmaßnahme
4. Bewertung	Auftreten des Fehlers, Bedeutung der Folge, Entdeckung der Ursache
5. Entscheidung	Risikoschwelle, Empfehlungen von Prüf- und Verhütungsmaßnahmen
6. Veränderung	Investieren, Organisieren, Etablieren und Durchführen
7. Verfolgung	

Zukünftige Änderungen [29]:
Die Risikoprioritätszahl RPZ wird vom VDA nicht mehr empfohlen Die RPZ soll zukünftig über eine *Risikomatrix* ermittelt werden, d.h. es werden sich weitere Änderungen in den Formblättern (und Bewertungstabellen) ergeben.

Im aktuellen VDA-Band 4.2 »Produkt- und Prozess-FMEA« wird die *Risikomatrix* neben der RPZ als weitere Möglichkeit zur Klassifizierung in *Risikoklassen* beschrieben. Dabei weist man in einer Tabelle jeder Kombination aus A- und B-Bewertung eine bestimmte Risikoklasse zu. E – die Entdeckungswahrscheinlichkeit wird einfach ausgeklammert.

Die Risikoprioritätszahl RPZ

Die RPZ wird vom VDA nicht mehr empfohlen.

⇨ *VDA:* ».....die RPZ hat eine geringe Aussagekraft bezüglich der Qualität von Produkten und Prozessen.«

⇨ *AIAG*:* »The use of an RPN threshold is *not* a recommended practice for determing the need for actions.«

⇨ *DGQ:* »....die RPZ ist nicht das Maß aller Dinge, sondern nur ein Anhaltspunkt....« [29]

---

*AIAG FMEA-4

Die AIAG FMEA-4 ist die nordamerikanische Automotive Industry Action Group, die zur Durchführung einer FMEA ein eigenes FMEA-Formblatt entwickelt hat und die Anwendung der FMEA in verschiedenen Standards beschreibt. Die AIAG FMEA-3 war die dritte Revision, gültig von 2001 bis 2008 und wurde inzwischen durch AIAG FMEA-4 abgelöst. Die AIAG FMEA-4 ist die vierte Revision der Anwendungsbeschreibung für eine FMEA gemäß AIAG [27].

Die Alternativvorschläge sind teilweise noch schlechter, das AIAG schlägt folgendes vor:

AIAG: Reihenfolgenbildung durch
1. B x A (E wird einfach ausgeklammert)
2. BAE z.B. B = 9; A = 3; E = 5 --> BAE = 935
3. BE

..............und nun? AIAG schreibt selbst: Es gibt die gleichen Probleme wie bei RPZ !« ....« [29]

Vielleicht sind die Probleme noch schlimmer! Daher beschreibe ich auch das alte Verfahren, das noch von vielen Unternehmen eingesetzt wird.

Weitere getestete Möglichkeiten:
⇨ B x A zu B x E als Risikomatrix *)
⇨ B^2 x A zu B^2 x E als Risikomatrix
⇨ Diverse Gewichtungsoptimierungen

Das jeweilige Ergebnis ist meistens erheblich schlechter als RPZ [29].

*) Die Definition *Risikomatrix* ist
Schadensschwere zu Eintrittswahrscheinlichkeit [29].

Das Vorgehen im FMEA-Prozess könnte, wie in der folgenden Tabelle beschrieben, in sieben Schritten erfolgen:

Tabelle 8: Die sieben FMEA-Phasen

1. Vorbereitung	Teamauswahl und Vorbereitung der FMEA
2. Auswählen	Fehlerbaum, QFD, FMEA-Checklisten
3. Analyse	Systeme, Merkmale und Prozesse definieren, Potentielle Fehler-Folgen und Ursachen Verhütungs- und Prüfmaßnahme
4. Bewertung	Auftreten des Fehlers, Bedeutung der Folge, Entdeckung der Ursache
5. Entscheidung	Risikoschwelle, Empfehlungen von Prüf- und Verhütungsmaßnahmen
6. Veränderung	Investieren, Organisieren, Etablieren und Durchführen
7. Verfolgung	

Einführung und Anwendung der FMEA im Unternehmen

Die Voraussetzungen für die Einführung und Anwendung von FMEA im Unternehmen sind dann gegeben,

⇨ wenn die Unterstützung und das Engagement durch die Firmenleitung besteht und wenn das Management sich zur Einführung von FMEA verpflichtet,

⇨ wenn eine Schulung der Beteiligten zur Methode FMEA erfolgt,

⇨ wenn teamfähige und konsensfähige Mitarbeiter im FMEA-Team zusammenarbeiten,

⇨ wenn das Team über die erforderliche Fachkompetenz verfügt,

⇨ wenn die Teilnahme an den Teamsitzungen regelmäßig erfolgt,

⇨ wenn das Team durch einen ausgebildeten Moderator (firmenintern oder -extern) unterstützt wird,

⇨ wenn FMEA (und TQM) von allen Beteiligten verstanden und gewollt ist.

Das FMEA-Team: Wer sollte bei der FMEA mitwirken?
Das Expertenteam aus Entwicklung, Konstruktion und Produktion befasst sich im Ablauf des FMEA-Prozesses mit einer Kette von Fragen zum betrachteten Produkt oder Prozess. Wichtige Informationen können hierbei auch von Marketing, vom Verkauf und vom Kundendienst benötigt werden. Interdisziplinäre Teams ermöglichen, wie bei QFD, die optimale Nutzung des Wissens- und Erfahrungspotenzials und führen zu einer Kreativitätssteigerung. Ein erfahrener Moderator garantiert einen effizienten FMEA-Ablauf und entlockt dem Expertenteam möglichst viele und wichtige Informationen.

Der Erfolg der FMEA hängt maßgeblich von der Integration der Mitarbeiter in das Gesamtkonzept der Unternehmenskultur und des Qualitätsmanagements ab.

10.4.9 FMEA-Beispiel

Ein mittels QFD entwickelter Kugelschreiber für Seminarveranstalter wird nun mit Hilfe der FMEA auf mögliche Fehlerquellen untersucht. Dazu ist es erforderlich, alle in Abbildung 19 und 20 aufgeführten Funktionen zu betrachten. Das Vorgehen erfolgt in den nachstehend gezeigten vier Schritten:

1. Skizze des Systems Kugelschreiber (Abb. 19)
2. Liste der Funktionen erstellen (Abb. 20)
3. Aufzeigen der System-Schnittstellen (Abb. 21)
4. FMEA-Formblatt erstellen (Abb. 22 und 23) und die potenziellen Fehler, deren Folgen und Ursachen untersuchen.

Das Muster

Die Komponenten / Teile

1 Kappe
2 Hülse mit Klammer
3-7 Ringe
8 Innerer Rastring
9 Drucktaster mit Rastnasen
10 Kugel (Stahl)
11 Kapillare (Messing)
12 Tintentankrohr (Kunststoff)
13 Spiralfeder (Stahl)
14 Tintenpaste

Abb. 19: *FMEA-Beispiel Schritt 1: Kugelschreiber-Skizze*

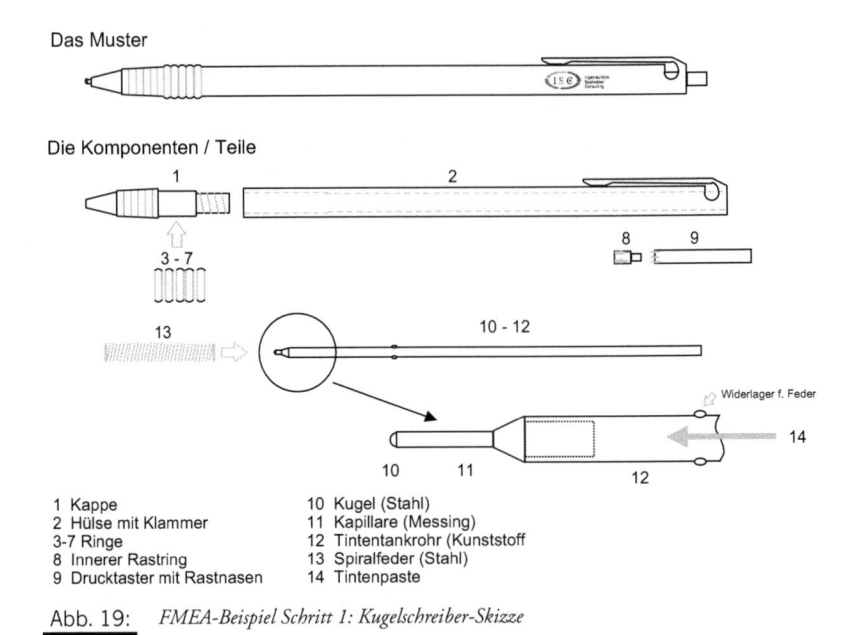

Das Zusammenwirken der Funktionen aus Abbildung 20 wird im dritten Schritt untersucht, danach sind die Systemelemente in das FMEA-Formblatt (Abb. 22 und 23) einzutragen.
Eine Funktion des Systems Kugelschreibers ist zum Beispiel:
⇨ gleichmäßige Strichbreite gewährleisten
   (Ziel: Strichbreite 0,2 mm)

Ist dieses Ziel nicht gewährleistet, ist mit folgenden potenziellen Fehlerfolgen zu rechnen:
⇨ Ablesefehler
⇨ lässt sich nicht mehr gut kopieren
⇨ dünnes Schriftbild
⇨ Kunde drückt zu stark auf

414

1 Kappe
- Führung der Minenspitze, ästhetische Funktion
- Schutz der Minenspitze
- Oberfläche für sicheres und ermüdungsfreis Halten durch den Benutzer
- Hält Innenteile mit Hülse zusammen
- Hält die Spiralfeder (unteres Widerlager)

2 Hülse mit Klammer
- Führung des Drucktasters
- Hält Innenteile mit Kappe zusammen
- Sichert mit Klammer vor Verlust
- Schützt Innenteile, ästhetische Funktion
- Trägt Werbeaufdruck dauerhaft

3-7 Ringe
- Sicheres und ermüdungsfreies Halten durch den Benutzer, ästhetische Funktion

8 Innerer Rastring
- Schaltet und sichert in Verbindung mit 9 die Positionen Mine EIN - AUS

9 Drucktaster mit Rastnasen
- Schaltet und sichert in Verbindung mit 8 und 13 die Positionen Mine EIN (Schreiben) und AUS (Mine eingefahren)

10 Kugel
- Sichert gleichmäßige Strichstärke
- Sichert gleichmäßigen Tintenfluss in Verbindung mit 11

11 Kapillare
- Führt Tintenpaste zur Kugel
- Hält die Kugel
- Verhindert Auslaufen der Tintenpaste an der Kugel

12 Tintentankrohr
- Bevorratet Tintenpaste
- Hält die Spiralfeder (oberes Widerlager)
- Verhindert Auslaufen der Tintenpaste in der Hülse

13 Spiralfeder
- Hält die Mine in Position AUS (eingefahrene Mine)

14 Tintenpaste
- Viskosität konstant halten von -5°C bis +40°C
- Sichert gleichmäßige Strichfärbung
- Stellt UV- und Wasserbeständigkeit sicher
- Garantiert Ungiftigkeit

Abb. 20: <u>FMEA-Beispiel Schritt 2: Kugelschreiber-Funktionen</u>

Daraus werden nun die Ursachen analysiert, diese könnten zum Beispiel sein: Viskosität, Tinte zu dickflüssig, Passung zu eng oder Kugel unrund.

Mit Hilfe der (nach VDA genormten) Formblätter werden alle Funktionen, die potenziellen Fehlerursachen sowie die Fehler und Fehlerfolgen, wie in den Abbildungen 22 und 23, untersucht.

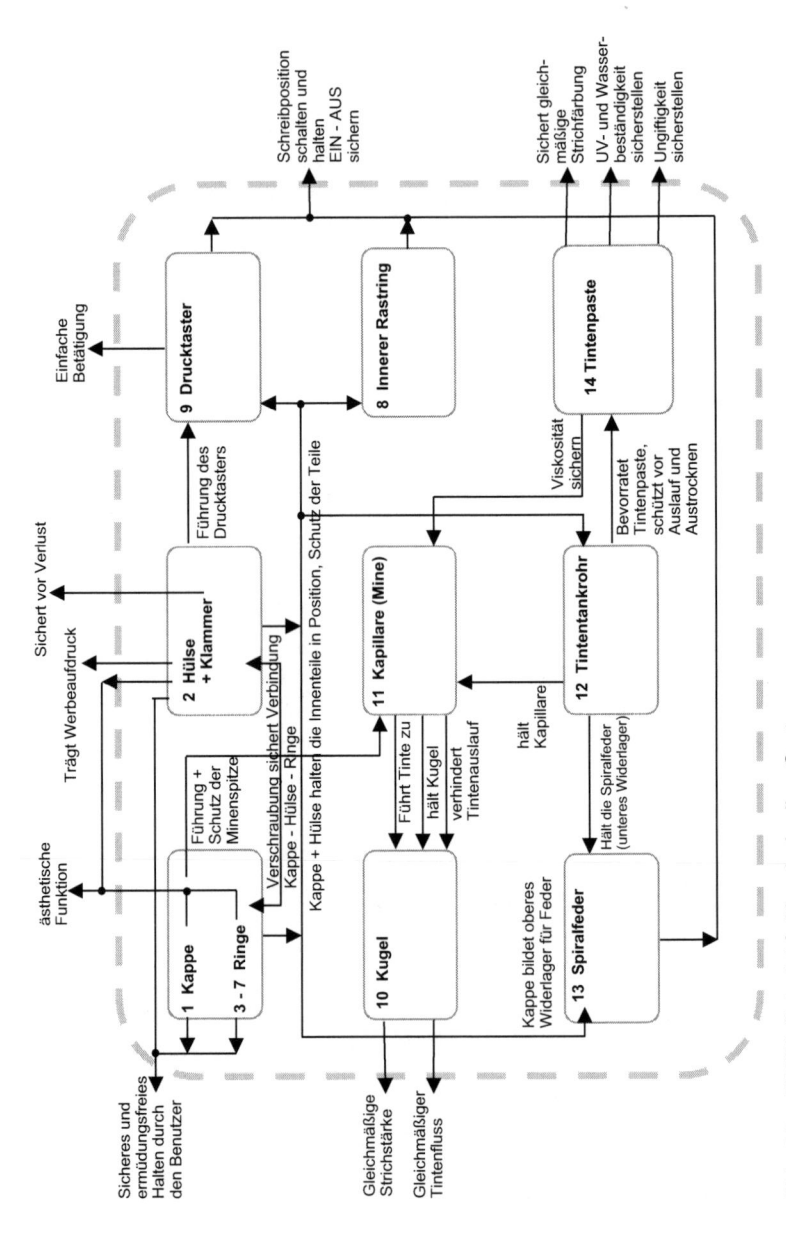

QFD: Teil eines integrierten und vernetzten Methodenkonzepts

Abb. 21: FMEA-Beispiel 3: Kugelschreiber-System

416

QFD: Teil eines integrierten und vernetzten Methodenkonzepts

1	2	3	4	5	6	7	8	9	10	11	12			13	14	15	16	17
						Derzeitiger Zustand					Ausführung durch			Verbesserter Zustand				
Nr	Systemelement Funktion	Potenzielle Fehler	Potenzielle Fehlerfolgen	Potenzielle Fehlerursache	vorhandene Prüfmaßnahme	A	B	E	RPZ	Empfohlene Abstellmaßnahmen	Name	Dat. bis:		Getroffene Maßnahme	A	B	E	RPZ
1	**Kappe** Sicheres und ermüdungsfreies Halten durch den Benutzer	Rutscht zwischen den Fingern	Schlechtes Schriftbild	Ergonomie unzureichend	keine	5	6	8	240	Test mit Versuchspersonen während Entwicklung	H. Franz	1. Aug		Form- und Material- verbesserung	3	6	1	18
			Kein Wiederkauf	Kuststoffoberfläche zu glatt	Rauhigkeitsmessung	3	6	2	36	wie oben	H. Franz	1. Aug		Oberfläche verändert	2	6	1	12
	Ästhetik	Trifft nicht Käufergeschmack	Verkaufsziel verfehlt	Unzureichende Marktanalyse	Händlerbefragung	2	7	4	56	Vergrößerung d. Stichprobe	H. Marx	1. Sept		Marktanalyse durch Institut	2	7	1	14
2a	**Hülse** Sicheres und ermüdungsfreies Halten durch den Benutzer	wie oben	Schlechtes Schriftbild	Ergonomie unzureichend	keine	3	3	3	27	wie oben, Hülse ist für Handhabung								
			Kein Wiederkauf	wie oben	Rauhigkeitsmessung	2	4	2	16	weniger bedeutend als Kappe								
	Ästhetik	wie oben	Verkaufsziel verfehlt	Unzureichende Marktanalyse	Händlerbefragung	2	7	4	56	Vergrößerung d. Stichprobe								
	Führung des Drucktasters	klemmt Mine geht nicht in AUS-Position	Verschmutzung der Hemdentasche beim Einstecken	Gussgrate in der Hülsenführung	keine	1	7	8	56	Prozess: - Form - Schließkraft								
	Trägt Werbeaufdruck	Aufdruck verwischt	Kein Werbeeffekt	Farbwahl	keine	1	7	8	56	Wischdauertest an Mustern								
2b	**Klammer** Sichert vor Verlust	Klammer bricht	Verlust des Kugelschreibers	Materialwahl Steg schwach	keine	2	8	8	128	Konstruktionsverbesserung Dauertest an Mustern	H. Hanz	1. Sept		Neues Klammer-Material einsetzen	2	8	1	16
1+2	Kappe + Hülse halten Innenteile	Schreiber fällt auseinander	Benutzer kann nicht schreiben	Gewinde beschädigt	Sichtprüfung bei Montage	1	8	3	24	Prozess: Mont.-Automat mit Drehmomentmessung								
	Verschraubung Kappe-Hülse-Ringe	Schreiber fällt auseinander	Benutzer kann nicht schreiben	Gewinde beschädigt	Sichtprüfung bei Montage	1	8	3	24	·								

FMEA Fehler-Möglichkeits- und Einfluss-Analyse

☒ System-FMEA
☐ Teile-FMEA
☐ Prozess-FMEA

Ersteller: Saatweber
Datum: Okt. 06 Rev.Nr.:
Blatt 1 von 2

A = Auftretenswahrscheinlichkeit
B = Bedeutung der Auswirkung
E = Entdeckungswahrscheinlichkeit
RPZ = A x B x E (Risiko-Priorität)

Abb. 22: *Schritt 4: FMEA-Tabelle Kugelschreiber, Teil 1*

QFD: Teil eines integrierten und vernetzten Methodenkonzepts

1	2	3	4	5	6	7	8	9	10	11	12			13	14	15	16	17
						Derzeitiger Zustand					Ausführung durch				Verbesserter Zustand			
Nr	Systemelement Funktion	Potenzielle Fehler	Potenzielle Fehlerfolgen	Potenzielle Fehlerursache	vorhandene Prüfmaßnahme	A	B	E	RPZ	Empfohlene Abstellmaßnahmen	Name	Dat. bis:		Getroffene Maßnahme	A	B	E	RPZ
10	**Kugel** Gleichmäßige Strichstärke	ungleichmäßiger Strich	ungleichm. Schriftbild	Kugel unrund	keine (Kauf nach Spezifikation)	2	5	7	70	Prozess: Kugelprüfautomat								
	Gleichmäßiger Tintenfluss	Flecken in der Schrift	unsauberes und verschmiertes Schriftbild	- Kugelfassung beschädigt - Kugel unrund - Tintenpaste	keine (s.o.) Chargenstichpr.	2 2 1	5 5 5	7 7 2	70 70 10	Maßnahmen durch Prozess und WE								
11	**Kapillare (Mine)** Führt Tinte zu	ungleichmäßig. Tintenfluss	unsauberes Schriftbild	- Kugelfassung beschädigt - Kugel unrund - Viskosität Tinte	Prozess: keine keine (s.o.) Chargenstichpr.	2 2 1	5 5 5	7 7 2	70 70 10	Maßnahmen durch Prozess und WE								
	Hält Kugel	Kugel klemmt	unsauberes Schriftbild oder keine Schrift	zu fest gebördelt	Prozess: keine	3	5	8	120	Prozess: SPC an der Bördelmaschine								
	Verhindert Tintenauslauf	zu starker Tintenfluss	schmieriges Schriftbild	zu lose gebördelt	Prozess: keine					wie vor								
12	**Tintentankrohr** Hält die Spiralfeder (unteres Widerlager)	Feder hat kein Widerlager	Keine EIN-AUS Umschaltung	Nasen nicht ausgepresst	Funktionsprüfung	1	4	3	12	- Konstruktive Änderung oder - Prozesskontrolle								
	hält Kapillare	Kapillare nicht dicht am Rohr	Tinte tritt aus	Rohr nicht voll aufgezogen	keine	2	7	8	112	Prozess: Prüfautomat								
13	**Spiralfeder** Schreibposition AUS halten	Feder gebrochen	Schreibspitze wird nicht zurückgezogen	Materialfehler Federdraht	Funktionsprüfung (Zukauf nach Spezifikation)	1	4	2	8	keine								

FMEA Fehler-Möglichkeits- und Einfluss-Analyse

☒ System-FMEA
☐ Teile-FMEA
☐ Prozess-FMEA

Kugelschreiber

Ersteller: Saatweber
Datum: Okt. 06 Rev.Nr.:
Blatt 2 von 2

A = Auftretenswahrscheinlichkeit
B = Bedeutung der Auswirkung
E = Entdeckungswahrscheinlichkeit
RPZ = AxBxE (Risiko-Priorität)

Abb. 23: *FMEA-Beispiel 5: Kugelschreiber-Tabelle 2*

Zusammenfassung FMEA

Nur die genaue Analyse aller potenziellen Fehler, deren potenziellen Ursachen und Folgen macht den hohen präventiven Nutzen der FMEA aus. Nach der Analyse des Risikos beginnt die *Bewertung* des Risikos, ausgedrückt durch die Risikoprioritätszahl (RPZ). Durch die Einführung der Risikoprioritätszahl lässt sich die Stärke der Auswirkung eines möglichen Fehlers darstellen. Somit ist auch die Dringlichkeit feststellbar, mit der eine Verbesserungsmaßnahme erfolgen muss. Ab dem Jahr 2011 wird sich an der Berechnung der RPZ einiges ändern, es wird eine Risikomatrix eingeführt.

Die FMEA ist eine formalisierte analytische Methode zur präventiven Qualitätssicherung, durch die sich fehlerfreie Entwicklungs und Fertigungsprozesse erreichen lassen. Ihr Ziel ist die Reduzierung des Risikos von Fehlern, die Schadensvermeidung und letztlich die drastische *Senkung der Verlustkosten.*
Den Weg dorthin weist die FMEA durch geordnete Fragestellungen, die ein systematisches Bearbeiten der Antworten ermöglichen.

Die aus den Bewertungen abgeleiteten Maßnahmen können Schritt für Schritt in der Reihenfolge ihrer Wichtigkeit durchgeführt werden. Die sinnvollste Anwendung der FMEA beginnt in den frühen Phasen der Entwicklung neuer Produkte oder der Modifizierung beziehungsweise Verbesserung bestehender Produkte zur Feststellung denkbarer Risiken.

QFD und FMEA sind Planungsinstrumente, die ein fundiertes Qualitätsmanagement unterstützen. Beiden Methoden gemeinsam ist ein strukturiertes Vorgehen mit präventiver Zielrichtung. Die FMEA beginnt im (technischen) Entwicklungsprozess mit der System- oder Produkt-FMEA und setzt sich über die detaillierte Teile- oder Konstruktions-FMEA bis hin zur Prozess-FMEA fort. Das Vorgehen ist bei diesen FMEA-Arten sehr ähnlich und es wird durch die folgenden Fragen bestimmt:

⇨ Welche Fehler können auftreten?
⇨ Welche Ursachen führen zu den Fehlern?
⇨ Womit können die Fehler vor dem nächsten Prozessschritt festgestellt werden?
⇨ Wie wahrscheinlich ist das Auftreten des Fehlers?
⇨ Welche Auswirkung wird der Fehler beim Kunden haben?
⇨ Wie wahrscheinlich ist die Entdeckung des Fehlers vor der Auslieferung?

Das FMEA-Team bewertet die letzten drei Fragen numerisch, die Zahlenwerte sind anschließend miteinander zu multiplizieren und drücken das Gesamtrisiko in Form einer Zahl, der RPZ, aus. Anhand der Prioritäten wird das weitere Vorgehen aufgrund der vom Team erarbeiteten Vorschläge festgelegt. Der Plan zur FMEA, das Formblatt, verlangt eine erneute Bewertung zu den durchgeführten Maßnahmen, so dass eine Erfolgskontrolle gewährleistet ist.

Das Neue in einem Produkt/Prozess baut meist auf Erfahrungen mit bisherigen Produkten und Herstellverfahren auf, deshalb sollte das Erfahrungswissen der Teammitglieder zu den Änderungen und Neuerungen eingeholt werden. Die Arbeit im Team fördert die innerbetriebliche Kommunikation, denn Firmen- und Mitarbeiter-Knowhow können in das neue Produkt einfließen.

Insbesondere die Verträglichkeit der bisherigen und weiter benutzten Konstruktionen mit den neuen Bauteilen ist zu überprüfen. Wird dies nicht beachtet, entstehen unangenehme Wirkungen und Folgekosten. Daher ist für die präventive Planung im QFD-Prozess die FMEA projektbegleitend einzusetzen. Die Vorteile der FMEA sind in Tabelle 9 zusammengefasst.

Tabelle 9: Vorteile der FMEA für Kunden und Lieferanten	
Technisch:	Produktverbesserung Prozessoptimierung
Organisatorisch:	verbesserte Abstimmung im Team präventiver statt korrigierender Ansatz Systematik
Psychologisch:	Kommunikation und Zusammenarbeit werden verbessert Gemeinsames Verantwortungsgefühl wird gestärkt
Kunde und Lieferant vertrauen einander, denn sie schaffen gemeinsam die optimalen Voraussetzungen für qualitativ hochwertige und zuverlässige Produkte und Dienstleistungen.	

Die FMEA ist heute eine Standardmethode des präventiven Qualitätsmanagements und ein unverzichtbarer Bestandteil bei der Risikoabschätzung von Produkten, Prozessen und Systemen.

Bei der folgenden Methode TRIZ ist die antizipierte Fehleranalyse ein integraler Baustein der Methode. »Während eine FMEA-basierende Risikoanalyse auf der Frage, was am System alles an Fehlern entstehen könnte, basiert, ist die zentrale Frage der antizipierenden Fehleranalyse: Wie kann ich das System zum Versagen bringen«? [12] Die Antizipierende Fehlererkennung (AFE) ist ein »junges« TRIZ-Werkzeug, das von Boris Zlotin [13] zur Unterstützung der Fehlersuche entwickelt wurde. Grundelement dieses Ansatzes ist die Invertierung des Problems, das heißt, die Fehlfunktion wird bewusst erzeugt und aktiv herbeigeführt. So werden Fehlermöglichkeiten systematisch erfunden, die anschließend gezielt vermieden werden können.

10.5 TRIZ – Theorie des erfinderischen Problemlösens

Weil die Entwicklung neuer Technologien in rasantem Tempo voran schreitet, wird es in Zukunft immer wichtiger, Innovationen zu finden und diese schnell umzusetzen. Viele der bisher in den Unternehmen eingesetzten Methoden konnten zwar zur Kostenreduzierung, aber nur selten zur Sicherung der eigenen Wettbewerbsfähigkeit beitragen. Hier will TRIZ, die *kreative Methode* zum systematischen Lösen von Konflikten und Widersprüchen, ansetzen und zu zielgerichteten innovativen Lösungen führen. Das Ziel von QFD ist es, Kundenwünsche in technische Anforderungen zu übersetzen und eine kausale Ursache-Wirkungs-Kette zu bilden, mit der sichergestellt ist, dass die Kundenanforderungen einen wesentlichen Einfluss auf das spätere Produkt haben.

Entwickler, Ingenieure und Naturwissenschaftler verfügen über einen breiten Erfahrungshorizont, der in ihrem jeweiligen Aufgabengebiet über Jahre hinweg gewachsen ist. Daraus ergeben sich bevorzugte Denkrichtungen, die sich auf das eigene Fachgebiet beschränken. Probleme werden dann weiterhin nach dem jeweils vorhandenen Wissen und den gewohnten individuellen Vorgehensweisen gelöst. TRIZ versucht, diesen begrenzten Wissenshorizont drastisch zu erweitern. Das geschieht mittels einer Datenbank, die zeigt, mit welchen verschiedenen physikalischen, geometrischen und chemischen Methoden eine Funktion erfüllt werden kann. Grundlage ist die weltweite Recherche von Patenten, die der Erfinder der TRIZ-Methode, Gerry Altschuller, vorgenommen hat.

10.5.1 Was ist TRIZ?

Die Bezeichnung TRIZ ist die russische Abkürzung von Teorija Rezhenija Izobretatelskich Zadach. Das Kürzel TRIZ ist inzwischen etabliert und wird als Akronym verwendet. Im Deutschen steht TRIZ für »Theorie des erfinderischen Problemlösens«, im Englischen wird die Abkürzung TIPS verwendet die »theory of inventive problem solving« bedeutet. TRIZ ist nicht als Allzweckwaffe zur Problemlösung zu verstehen, TRIZ will das *Überwinden von Denkblockaden* und eine schnelle und gezielte Lösungssuche auf hohem Niveau ermöglichen. Die Philosophie hinter dieser Methode wurde 1946 von dem Russen Genrich Saulowitsch Altschuller in der ehemaligen UdSSR mit dem Grundgedanken konzipiert, technisch-wissenschaftliche Probleme ohne Kompromisse zu lösen. Seine Auffassung: »Creativity is not a born gift, every engineer can learn to be innovative« [14].

Mit der Methodologie TRIZ ist es tatsächlich möglich, Innovationen gezielt zu entwickeln. Durch eine systematische Vorgehensweise können Konzepte und Ideen entwickelt werden, aus denen sich Innovationen ableiten lassen. Wie das geschieht, erklärt die Methode TRIZ mit ihren Werkzeugen, die im Folgenden vorgestellt werden.

10.5.2 Woher kommt TRIZ?

Die TRIZ-Entwicklungsgeschichte beginnt bereits
⇨ 1946, als Altschuller bei der russischen Marine in Baku arbeitete und dort Entwicklern und Ingenieuren bei der Anmeldung von Schutzrechtsansprüchen assistierte. Dabei gewann er Einblick in den Problemlösungsprozess der Entwickler. Er begann, systematisch Patente zu analysieren und zu katalogisieren und entwickelte daraus seine bis heute gültigen Erkenntnisse.
⇨ 1948 teilt Altschuller in einem Brief an den sowjetischen Staatspräsidenten Josef Stalin seine neuen Erkenntnisse mit. Er schlug Stalin vor, die TRIZ-Methode in der gesamten Sowjetunion zur Lösung von technischen Problemen einzusetzen. Das kommunistische Zentralkomitee vermutete in diesem Ansinnen subversive Absichten und ließ Altschuller und seinen Kollegen Shapiro wegen Sabotage in ein sibirisches Straflager verbannen. Beide wurden zu 25 Jahren Haft verurteilt. Das Gefangenenlager war damals vollgestopft mit ebenfalls verbannten russischen Wissenschaftlern, Musikern, Künstler und Professoren, was zur Folge hatte, dass Altschuller seine Ideen hier weiter ausbauen und verfeinern konnte.
⇨ 1954, ein Jahr nach Stalins Tod, wurde Altschuller wieder frei gelassen und veröffentlichte eine Vielzahl von Artikeln und Büchern zu seinen Theorien.
⇨ In den 60er und 70er Jahren entstanden in Russland die ersten TRIZ-Schulen und Forschungseinrichtungen. Später gründete die DDR die »Erfinder-Schulen« und publizierte die Methode TRIZ [14].

⇨ Erst 1989, nachdem das kommunistische System zusammengebrochen war, erfolgte eine internationale Anerkennung von TRIZ. Einige Schüler Altschullers gründeten in den USA Consulting-Unternehmen, die ihre eigene Software anbieten [15].
⇨ Das »Altschuller-Institute« [15] hält heute sämtliche Copyrights an seinen Publikationen. Weitere Institute und Organisationen, die TRIZ verbreiten, sind unter [16] aufgeführt.
⇨ Für die Verbreitung in Deutschland hat sich insbesondere das Deutsche TRIZ-Zentrum verdient gemacht (www.triz-online.de).

In den letzten Jahren fand die TRIZ-Methode in den USA und Europa ein breites Echo in Industrie und Wissenschaft. Sie wurde von namhaften Firmen erfolgreich in Innovationsprozesse implementiert. Vorreiter sind die für ihre Innovationskraft bekannten Firmen: Rockwell International, McDonnell Douglas, Shell, IBM, Motorola, NASA, 3M, Hilti, Eastman Kodak, Intel, Digital Equipment Corp., Electrolux, Ford, LuK, Saab Scania, Xerox Corporation, Volvo, Procter and Gamble und andere. In Deutschland gibt es erste Projekte bei BMW, Siemens, Boehringer Mannheim, heute Roche und anderen.

10.5.3 Die Grundlage von TRIZ

Zur Auswertung und zur Untermauerung seiner Theorie analysierte Altschuller mit seinen Assistenten 200.000 Patentschriften. Dabei stellten sie fest, dass nur jede fünfte Patentschrift, also 40.000, ein hohes innovatives Niveau aufweisen. Altschuller untersuchte diese 40.000 innovativen Patente und stellte in seinen Kernaussagen fest,
⇨ dass viele Probleme schon in anderen Branchen (unter anderem Namen) inhaltlich vergleichbar gelöst wurden.
⇨ dass der Widerspruch das zentrale und immer wieder Innovationen provozierende Element Tausender von Patenschriften ist.
⇨ dass die Weiterentwicklung technischer Systeme bestimmten Grundregeln folgt [17].

Die Analyse der 40.000 innovativen Patente zeigte, dass ihnen 40 innovative Grundprinzipien (siehe Tabelle 12) zur technischen Problemlösung zu Grunde liegen, und dass es 39 technische Parameter gibt, die das System beschreiben (siehe Tabelle 11). Altschuller stellte damit ein Wissenskonzentrat zur Verfügung.

TRIZ - ein Wissenskonzentrat aus

- Erfassen von 200.000 Patenten
- Auswahl von 40.000 hoch innovativen Patenten
- genaue Analyse der 40.000 Patente

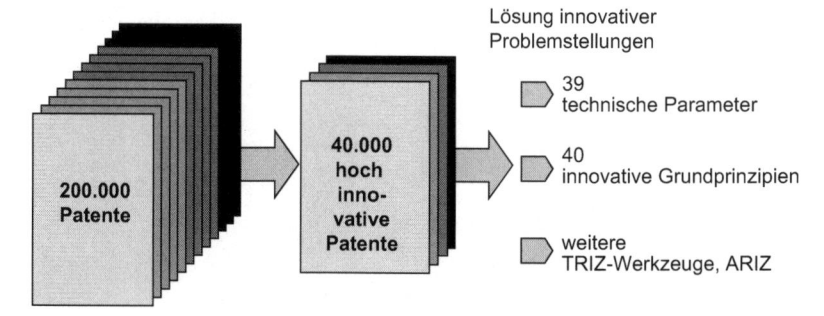

200.000 Patente → 40.000 hoch innovative Patente → Lösung innovativer Problemstellungen
- 39 technische Parameter
- 40 innovative Grundprinzipien
- weitere TRIZ-Werkzeuge, ARIZ

Bis heute wurden **2,5 Millionen Patente** in Russland und den USA ausgewertet

Abb. 24: *Das Wissenskonzentrat TRIZ*

Die Patente, die Altschuller in der Zeit von 1964 bis 1974 analysierte, teilte er in fünf Erfindungsklassen ein, die sich durch ihre Auftretenshäufigkeit und Erfindungshöhe unterschieden. Die Klasse, beziehungsweise das Niveau 1 klammerte er aus, weil hier keine erfinderischen Komponenten vorhanden waren. Das Niveau 5 blieb ebenfalls unberücksichtigt, da es ein neues Naturphänomen darstellte (zum Beispiel Röntgenstrahlen, Laser, DNA). Altschuller erkannte, dass allgemein anwendbare Prinzipien und definierbare Denkmuster vor allem die Innovationen auf Stufe 2, 3 und 4 erleichtern, siehe Tabelle 10.

Tabelle 10: Die 5 Erfindungsklassen nach Altschuller					
	Klasse Niveau	Niveau der Lösung	Anteil an allen Lösungen (%)	Quelle der Lösungsansätze	Anzahl der Versuche
	1	offensichtlich	32	eigene Person	10
TRIZ	2	geringe Verbesserung	45	Unternehmen	100
	3	große Verbesserung	18	Industrie intern	1.000
	4	Erfindung	4	Industrie extern	100.000
	5	ENTDECKUNG	1	gesamtes verfügbares Wissen	1.000.000

10.5.4 Die Triz-Vorgehensweise

Der TRIZ-Anwender ist gefordert, er muss sein spezifisches Problem abstrahieren und in die Sprache von TRIZ übersetzen. Dabei kann er die vorgeschlagenen Lösungsprinzipien einsetzen, die auf das eigene spezielle Problem übertragen, zu innovativen Ideen führen können. Für die weitere Vorgehensweise wird folgender Ablauf vorgeschlagen:

⇨ Definition und Beschreibung des konkreten Problems
⇨ Abstrahierung der Problemstellung
⇨ Identifizierung von bekannten Lösungsverfahren für die abstrakte Problemlösung
⇨ Rücktransformation der abstrakten Lösung in die konkrete Ebene

Es gilt also, das spezifische Problem durch Abstraktion zum abstrakten Problem zu machen und dieses durch Transformation (Übersetzung durch Spezialisten) zu einer abstrakten Problemlösung, die dann wiederum in einer speziellen Problemlösung mündet (siehe Abb. 25).

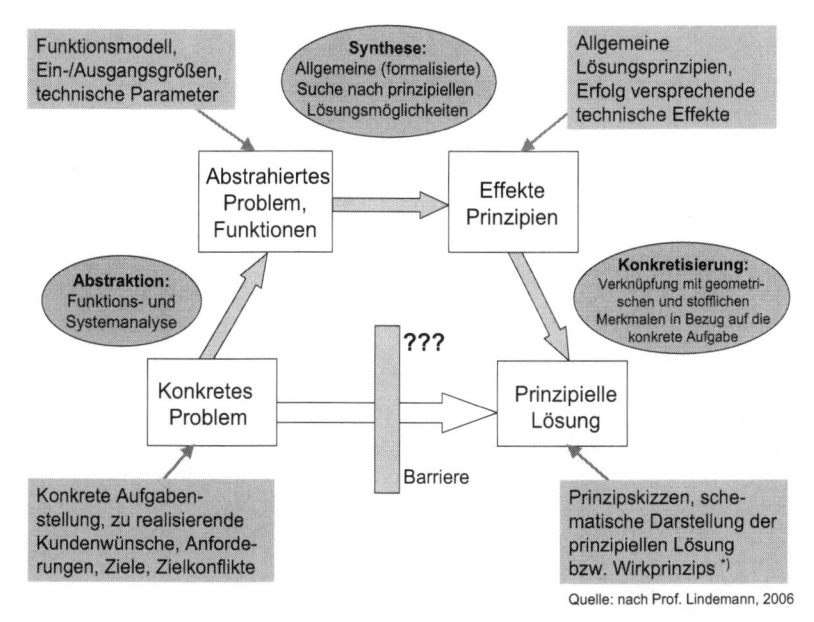

QFD: Teil eines integrierten und vernetzten Methodenkonzepts

Abb. 25: *Generelles Vorgehen von der Abstraktion zur Konkretisierung (Festlegung des Wirkprinzips)*
*)*Pahl et al (2003): Die Gemeinsamkeit von physikalischen Effekten sowie geometrischen und stofflichen Merkmalen (Wirkgeometrie, Wirkbewegung, Werkstoff) lässt das Prinzip der Lösung sichtbar werden. Dieser Zusammenhang wird als Wirkprinzip bezeichnet. Er stellt den Lösungsgedanken für eine Funktion auf erster konkreter Stufe dar.*

10.5.5 Die TRIZ – Werkzeuge

TRIZ bietet für jede Problemsituation eine effektive Methode an. Die Aufgabe des Anwenders ist es, neue Denkansätze aufzugreifen und durch die geeignete Wahl der Methoden eine effiziente Lösungsstrategie zu entwickeln. Bei der Anwendung einzelner »Werkzeuge« kann je nach Aufgabenstellung mit den einzelnen TRIZ-Tools ein individueller Fahrplan zur Problemlösung zusammengestellt werden. TRIZ ist eine Methodensammlung zur systematischen Innovation, wobei hochkarätige Ideen provoziert werden.

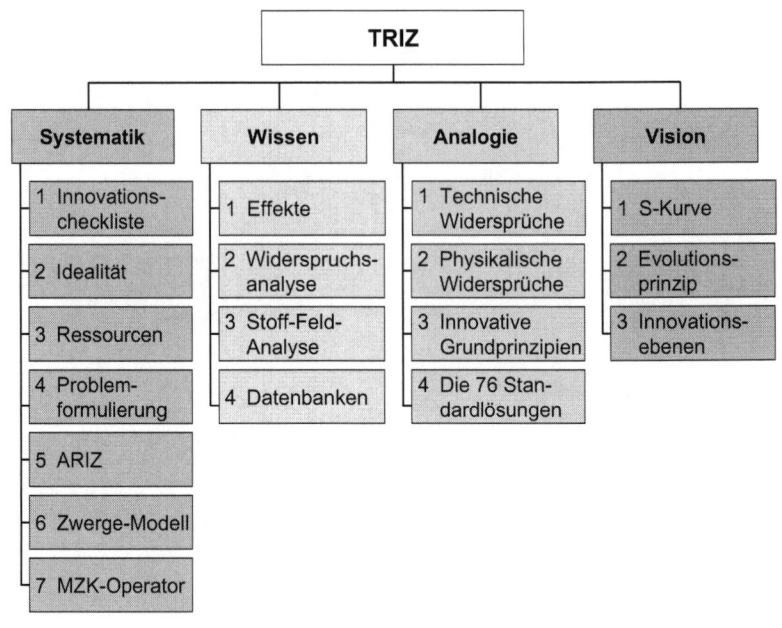

```
                              TRIZ
      ┌───────────────┬───────────────┬───────────────┐
  Systematik        Wissen         Analogie         Vision

  1 Innovations-    1 Effekte      1 Technische     1 S-Kurve
    checkliste                       Widersprüche

  2 Idealität       2 Widerspruchs- 2 Physikalische  2 Evolutions-
                      analyse        Widersprüche     prinzip

  3 Ressourcen      3 Stoff-Feld-   3 Innovative     3 Innovations-
                      Analyse        Grundprinzipien  ebenen

  4 Problem-        4 Datenbanken   4 Die 76 Stan-
    formulierung                      dardlösungen

  5 ARIZ

  6 Zwerge-Modell

  7 MZK-Operator
```

Abb. 26: *Die Vernetzung der 4 Säulen der Methodensammlung TRIZ (ARIZ: Algorithm of Inventive Problem Solving; MZK: Material, Kosten, Zeit)*

Der Vorteil der Methode liegt in der engen Vernetzung der vier Säulen:
⇨ Systematik
⇨ Wissen (Fachwissen)
⇨ Analogie und
⇨ Vision

Es ist möglich, bei der Anwendung einzelner Werkzeuge, sich je nach Aufgabenstellung einen individuellen Problemlösungsfahrplan mit einzelnen TRIZ-Werkzeugen zusammenzustellen. Einige der Werkzeuge sind im Folgenden aufgeführt.

1. Säule: Systematik

Diese Gruppe beinhaltet Werkzeuge, die eine Systematik in ihrer Anwendung aufweisen und dazu dienen, Problemstellungen zu analysieren und mit weiteren Werkzeugen eine innovative Lösung zu realisieren [18]. Dies sind: Idealität, MZK Operator (Material, Zeit, Kosten) beziehungsweise AZK (Abmessung, Zeit, Kosten) und das Zwerge-Modell. Sie haben die Aufgabe, Denkblockaden aufzulösen und das kreative Potenzial freizusetzen. Zur systematischen Analyse von Problemen stehen außerdem die Problemformulierung und ARIZ (Algorithmus zur erfinderischen Problemlösung), die Innovations-Checkliste (IC) und Ressourcen-Checkliste, die Funktions- und die Objektmodellierung zur Verfügung.

Die Innovations-Checkliste (IC) ist ein Leitfaden für die ausführliche Analyse eines Problems. Die Fragen der Checkliste sind nicht ausschließlich technikorientiert, sie ist eine »Vorlage« zur Bearbeitung jeglicher Problemstellung mit innovativem Anspruch. Darüber hinaus wird die »primär nützliche« und die »primär schädliche« Funktion des zu betrachtenden Systems definiert. Die sich daraus ergebende Idealität ist eine qualitative Beurteilung, die als Summe der »nützlichen Funktionen« eines Systems geteilt durch die Summe der «schädlichen Funktionen« (das sind Nachteile beziehungsweise unerwünschte Merkmale) betrachtet wird (siehe Gleichung 1).

Gleichung 1

$$\text{Idealität} = \frac{\Sigma \text{ der nützlichen Funktionen}}{\Sigma \text{ der schädlichen Funktionen}}$$

[18]

Das angestrebte Endziel sollte nur nützliche Eigenschaften besitzen. Dieses Endziel wird bei TRIZ auch »ideales Endergebnis« (IER) oder »ideale Maschine« genannt. Die treibende Kraft der technischen Evolution ist das Streben nach Idealität, also das Erreichen einer noch nicht existierenden »idealen Maschine«, deren Funktion dennoch verfügbar ist.

Ressourcen fassen Substanzen und Felder (Energie) und deren funktionale Charakteristika mittels einer Checkliste zusammen. Diese Checkliste hat folgende Gliederung:
⇨ Stoff-/Substanz-Ressourcen (jegliche Art von Materialien)
⇨ Feld-Ressourcen (Felder, die im System vorhanden sind)
⇨ Raum-Ressourcen (freier ungenutzter Raum im System)
⇨ Zeit-Ressourcen (ungenutzte Zeitintervalle)
⇨ Informations-Ressourcen (Informationen, die im System entstehen oder bereits vorliegen)
⇨ Funktions-Ressourcen (im System vorhandene, bisher ungenutzte Ressourcen)

ARIZ und AFE: ARIZ, der Algorithmus zur Lösung erfinderischer Problemstellungen, ist ein von Altschuller entwickelter algorithmischer Ablauf zur sequenziellen Anwendung verschiedener TRIZ-Werkzeuge und dient der genauen Fokussierung auf das Kernproblem. ARIZ wird nur bei komplexen Problemstellungen (circa fünf Prozent der Fälle) angewendet. Ein Großteil der TRIZ-Werkzeuge ist im ARIZ vereint.

AFE, die antizipierende Fehlererkennung, ist relativ junges Werkzeug, das von Boris Zlotin [13] zur Unterstützung der Fehlersuche und Fehlervermeidung entwickelt wurde. Er lässt die Entwickler als »gedankliche Saboteure« gegen das Produkt beziehungsweise System agieren, um damit die kritischen Teile absichtlich zum Versagen zu bringen. Das Grundelement des AFE ist die Invertierung des Problems, so können die erfundenen Fehlerquellen systematisch vermieden werden. Der Vorteil der Methode besteht in der zusätzlichen Gewinnung von Informationen, die in einem herkömmlichen FMEA-Projekt nicht genannt würden.

2. Säule: Wissen

Hier sind Werkzeuge angesiedelt, die einen Extrakt aus Altschullers Patentanalysen enthalten und ein hohes Wissenspotenzial haben. Das Wissen der Entwickler (Naturwissenschaftler, Ingenieure) wächst im Laufe der Jahre innerhalb ihres Aufgabenbereiches. Daraus entsteht eine individuelle Vorgehensweise, die meistens nur das Wissen des eigenen Erfahrungshorizonts (Trägheitsvektor) berücksichtigt. TRIZ will diesen »begrenzten« Wissenshorizont drastisch erweitern durch bereits bekanntes Wissen, durch Datenbanken und Recherchen. Das Effekte-Lexikon, das den Problemlöser mit einem möglichst umfassenden Wissen aus Mechanik, Physik, Thermodynamik und Chemie ausstattet, unterstützt den *TRIZ-Problemlösungsprozess*. Dadurch werden auch Lösungsmöglichkeiten aus anderen Fachrichtungen und Branchen einbezogen. Durch den gezielten Einsatz von softwareunterstützten Datenbanksystemen kann das Wissen in kurzer Zeit abgerufen werden.

3. Säule: Analogie (Widerspruchsformulierung)

Die Analogie zeigt den Kern der TRIZ-Methode: *Der Widerspruch steht im Mittelpunkt des TRIZ-Denkmusters.* Ein wesentliches Element ist das Erkennen und Überwinden von Widersprüchen in technischen Systemen. Das Ziel ist es, den Widerspruch nicht mit Hilfe von Kompromisslösungen (Trade-offs) zu umgehen, sondern zu lösen. Die TRIZ-Methodik versucht, durch Abstraktion des speziellen Problems auf ein allgemeines Problem neue Lösungsansätze zu finden und damit eine Überwindung des Widerspruchs herbeizuführen. Hierfür steht mit der Widerspruchanalyse ein geeignetes Tool zur Verfügung.

Technische Widersprüche
Die Grundlage für die Entwicklung und Anwendung der Altschullerschen Innovationsprinzipien ist die Erkenntnis, dass die Lösung eines Widerspruchs Voraussetzung für jede Innovation ist und dass sich in der Regel zwei technische Anforderungen widersprechen. Aus der Patentanalyse konnten 39 technische Parameter (siehe Tabelle 11)

zur Formulierung von Widersprüchen und 40 innovative Grundprinzipien (siehe Tabelle 12) zur Lösung von Widersprüchen extrahiert werden. Mit ihrer Hilfe wird es möglich, innovative Konzepte so zu entwickeln, dass sie Widersprüche auflösen können. Jede widersprüchliche Aufgabenstellung kann durch zwei der 39 technischen Parameter beschrieben werden. Durch die Widerspruchsmatrix (39 x 39) werden dann die technischen Parameter in Verbindung gebracht (siehe Abb. 27).

Ein *technischer Widerspruch* liegt dann vor, wenn die Verbesserung einer Systemeigenschaft zur Verschlechterung einer anderen Eigenschaft führt.

Wenn der Kundenwunsch z.B. »Benzin sparen« lautet, denkt man dabei an eine Gewichtsreduzierung. Da gleichzeitig der Wunsch nach »hoher Crash-Sicherheit« geäußert wurde, ergibt sich ein Widerspruch. Nun hat das »Gewicht« aber auch eine Beziehung zur »Crash-Sicherheit«. Wenn aber das Gewicht bei der Optimierung (so gering wie möglich) verändert wird, dann unterstützt dies das Kundenbedürfnis »Benzin sparen«, verschlechtert aber die »Crash-Sicherheit«.

Die 39 technischen Parameter nach Altschuller
Viele Probleme werden durch die Bildung von Analogien gelöst. Das heißt, wenn ein Problem gelöst werden muss, beginnt die Suche nach einem ähnlichen Problem für das eine Lösung bereits bekannt ist. Wenn es nun gelingt eine zutreffende Analogie zu finden, kann das ursprüngliche Problem einer brauchbaren Lösung zugeführt werden. Das Wissen über derartige analoge Systeme ist das Ergebnis der eigenen Ausbildung und der persönlichen Berufs- und Lebenserfahrung. Aber was kann man tun, wenn kein analoges Problem bekannt ist? Mit den 39 Parametern der Tabelle 11 hat man die Möglichkeit, unterschiedliche technische Systeme einheitlich zu beschreiben. Mit Hilfe der 40 Prinzipien der Tabelle 12 ist es dann möglich, beliebige analoge Lösungsmöglichkeiten zuzuordnen.

Die 40 Prinzipien nach Altschuller
Das Vorgehen zum systematischen Umgang mit den 40 Prinzipien nach Altschuller (Tabelle 12) zur Überwindung der technischen Widersprüche könnte wie folgt ablaufen:
- ⇨ Formulierung des technischen Widerspruchs im Rahmen der Aufgabenklärung oder der Funktionsanalyse
- ⇨ Zuordnung der sich widersprechenden Merkmale des Systems zu den von Altschuller vorgegebenen technischen Parametern
- ⇨ Auswählen der geeigneten Lösungsprinzipien mittels der Altschuller-Matrix
- ⇨ Anwendung der Lösungsprinzipien auf das eigene Problem (zum Beispiel im Team unter Anwendung der bekannten Kreativitätstechniken).

Tabelle 11: Die 39 technischen Parameter nach Altschuller
1. Masse des beweglichen Objekts
2. Masse des unbeweglichen Objekts
3. Länge des beweglichen Objekts
4. Länge des unbeweglichen Objekts
5. Fläche des beweglichen Objekts
6. Fläche des unbeweglichen Objekts
7. Volumen des beweglichen Objekts
8. Volumen des unbeweglichen Objekts
9. Geschwindigkeit
10. Kraft
11. Spannung oder Druck
12. Form
13. Stabilität der Zusammensetzung des Objekts
14. Festigkeit
15. Dauer des Wirkens des beweglichen Objekts
16. Dauer des Wirkens des unbeweglichen Objekts
17. Temperatur
18. Sichtverhältnisse (Helligkeit)
19. Energieverbrauch des bewegten Objekts
20. Energieverbrauch des unbewegten Objekts
21. Leistung, Kapazität
22. Energieverluste
23. Materialverluste
24. Informationsverluste
25. Zeitverluste
26. Materialmenge
27. Zuverlässigkeit
28. Messgenauigkeit
29. Fertigungsgenauigkeit
30. Von außen auf das Objekt wirkende schädliche Faktoren
31. Vom Objekt selbst erzeugte schädliche Faktoren
32. Fertigungsfreundlichkeit
33. Bedienkomfort, Benutzerfreundlichkeit
34. Instandsetzungsfreundlichkeit
35. Adaptionsfähigkeit, Universalität
36. Kompliziertheit der Struktur
37. Kompliziertheit der Kontrolle und Messung
38. Automatisierungsgrad
39. Produktivität
Die unter 15./16. angegebene »Dauer des Wirkens« des beweglichen beziehungsweise unbeweglichen Objekts meint die Haltbarkeit des Objektes.

Tabelle 12: Die 40 innovativen Grundprinzipien nach Altschuller

1. Segmentierung
2. Abtrennung
3. örtliche Qualität
4. Asymmetrie
5. Vereinen
6. Universalität
7. Verschachtelung
8. Gegengewicht
9. vorgezogene Gegenaktion
10. vorgezogene Aktion
11. Vorbeugemaßnahme
12. Äquipotenzial
13. Umkehr
14. Krümmung
15. Dynamisierung
16. partielle oder überschüssige Wirkung
17. höhere Dimension
18. mechanische Schwingungen
19. periodische Wirkung
20. Kontinuität
21. Überspringen
22. Schädliches in Nützliches wandeln
23. Rückkopplung
24. Mediator, Vermittler
25. Selbstversorgung
26. Kopieren
27. billige Kurzlebigkeit
28. Mechanik ersetzen
29. Pneumatik und Hydraulik
30. flexible Hüllen und Filme
31. poröse Materialien
32. Farbveränderungen
33. Homogenität
34. Beseitigung und Regeneration
35. Eigenschaftsänderung
36. Phasenübergang
37. Wärmeausdehnung
38. starkes Oxidationsmittel
39. inertes medium
40. Verbundmaterial

Die Auswahl der Lösungsprinzipien mittels Altschuller-Matrix
Die Anwendung der Lösungsprinzipien zur Auswahl technischer Widersprüche zeigt Abbildung 27.

Das zu lösende Problem:

Ein Regenschirm, der in geöffnetem Zustand die richtige Größe hat, um vor Regen zu schützen, ist in geschlossenem Zustand sperrig und unhandlich zu transportieren.

Kundenwunsch: Der Schirm soll in einen Rucksack passen.

Die gewünschte Länge des Schirms wirkt sich negativ auf das Volumen im geschlossenen Zustand aus. Zu überlegen ist nun, wie kann der Kundenwunsch gelöst werden [19].

Dazu wird in Abbildung 27 die Auflösung der technischen Widersprüche gezeigt.

Auswahl der Lösungsprinzipien mittels Altschuller-Matrix (Ausschnitt):

Zu Abbildung 27:

Zu verbessernder Parameter A des Systems (Tabelle 11):
3. Länge des beweglichen Objekts

Zu verschlechternder Parameter B (Tabelle 12):
7. Volumen des beweglichen Objekts

Gefundenes Lösungsprinzip zum Beispiel:
7. Verschachtelung, das ist das System der russischen »Steckpuppe« Matrjoschka

Analoge Übertragung des Prinzips auf das Problem: der »Knirps«

Das Lösungsprinzip B »Steckpuppe«:
⇨ Ein Objekt ist im Inneren eines anderen untergebracht, das sich wiederum im Innern eines dritten befindet usw.
⇨ Ein Objekt verläuft durch den Hohlraum eines anderen Objekts (zum Beispiel Teleskopzylinder).

An dem Beispiel wird deutlich, dass TRIZ eine gezielte Lösungssuche bietet und hilft, den technischen Widerspruch durch die Parameter und Grundprinzipien gezielt zu klassifizieren.

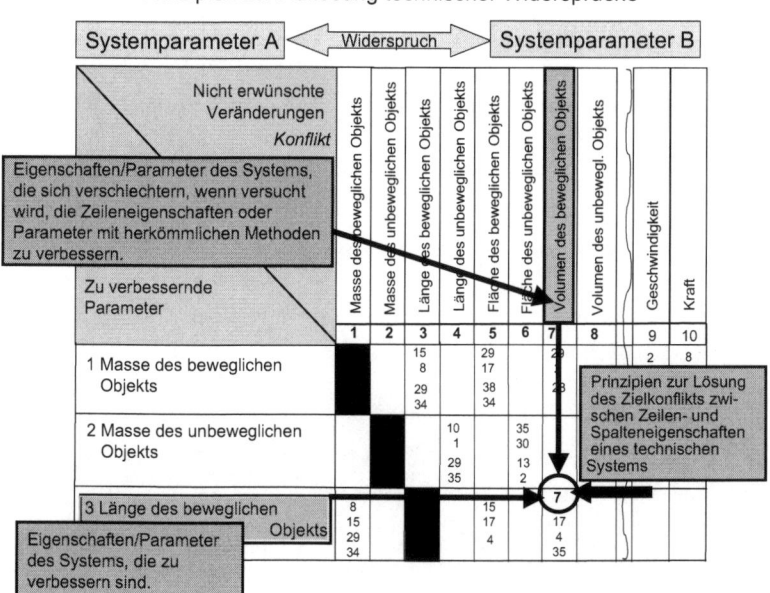

Auswahl von Lösungsprinzipien mittels Altschuller-Matrix (Ausschnitt)
Prinzipien zur Auflösung technischer Widersprüche

Zu verbessernde Parameter	Masse des beweglichen Objekts	Masse des unbeweglichen Objekts	Länge des beweglichen Objekts	Länge des unbeweglichen Objekts	Fläche des beweglichen Objekts	Volumen des beweglichen Objekts	Volumen des unbewegl. Objekts	Geschwindigkeit	Kraft
	1	2	3	4	5	6	7	8	9	10
1 Masse des beweglichen Objekts				15 8 29 34		29 17 38 34	29		2	8
2 Masse des unbeweglichen Objekts					10 1 29 35		35 30 13 2			
3 Länge des beweglichen Objekts	8 15 29 34				15 17 4		17 4 35	7		

Abb. 27: *TRIZ-Prinzipien zur Auflösung technischer Widersprüche [19]*

Ein weiter zu betrachtender Widerspruch ist der *physikalische Widerspruch*. Er verlangt, dass ein und dieselbe Systemeigenschaft in zwei Zuständen vorliegt (ein Gegenstand soll heiß und zugleich kalt sein, das heißt, es sollen gleichzeitig der Inhalt einer Tasse heiß (Getränk) und kalt (Finger nicht verbrennen) sein. Derartige Probleme werden durch Separationsprinzipien gelöst. Unterschieden werden die

⇨ Separation im Raum (örtlich)
⇨ Separation in der Zeit (zeitliche Trennung)
⇨ Separation innerhalb eines Objektes
⇨ Separation durch einen Bedingungswechsel

Stoff-Feld-Analyse: Jedes funktionsfähige System besteht aus bestimmten Grundelementen. Es sind mindestens zwei Objekte (Stoffe), die über eine Wechselwirkung (ein Feld) miteinander in Verbindung stehen. Bei der Entwicklung von Verfahren kann die Stoff-Feld-Analyse genutzt werden, um fehlende Komponenten mittels einer Sammlung von 76 Standardvorgehensweisen aufzudecken und so zu funktionsfähigen Systemen zu gelangen.

Die TRIZ-Nomenklatur verwendet den Begriff »Stoff« für jegliches Objekt, das Funktionen erfüllen kann, das heißt, ein Stoff kann ein Objekt beliebiger Komplexität sein (Systeme, Werkzeuge, Gegenstände und andere). Altschuller ermittelte zur Modifikation von Stoff-Feld-Modellen 76 Standardlösungen, die zur Optimierung beitragen.

4. Säule: Vision

In diesem Bereich sind Werkzeuge zu finden, die zur Ermittlung von Trends und Patentschirmen eingesetzt werden. Das Ziel ist die Gewährleistung einer sicheren Marktposition.

Altschullers Meinung ist, dass die Entwicklung jedes technischen Systems einer S-förmigen Kurve folgt. Die S-Kurve ist die Lebenslinie von Produkten und sie folgt dem Evolutionsgesetz, das besagt, dass alle technischen Systeme in ihrer Weiterentwicklung einen Lebenszyklus in den vier Phasen durchlaufen:

1. Entstehung, Kindheit, Jugend (die Phase, in der sich das System langsam entwickelt)
2. Optimierung und Wachstum (in dieser Phase kommt das System zur Anwendung und Weiterentwicklung)
3. Dynamisierung, Reife (das »S« wird flacher)
4. Evolution (Alter, Übergang zu Folgegenerationen)

Mit Hilfe der S-Kurve wird der Ist-Zustand einer Technologie, eines Systems oder Produktes hinterfragt, um Hinweise für den strategischen Handlungsbedarf zu erhalten. Die Kenntnis des Grundgesetzes der technischen Evolution ermöglicht eine bessere Beurteilung des eigenen Systems hinsichtlich seines Reifegrades, seiner Weiterentwicklung und der zukünftigen Abdeckung durch einen »Patentschirm«.

In Abbildung 26 sind die vier Säulen, die Elemente der TRIZ-Methodik, zusammengefasst. Als vertiefende und weiterführende Literatur zu TRIZ werden die Bücher von Gundlach [18], Herb [17] und Zollonds [12] empfohlen.

10.5.6 Das Zusammenwirken von QFD und TRIZ

Die Formulierung eines *Zielkonfliktes im Dach der QFD* kann der Ausgangspunkt für die Formulierung eines technischen Widerspruches für TRIZ sein.

Als Boris Zlotin und Alla Zusman (Ideation International Inc.) während des 8. QFD-Symposiums in Novi/USA 1996 den dort anwesenden QFD-Experten die Methode TRIZ erläuterten, fielen deren Ideen auf fruchtbaren Boden. Ihre Aussage war, die bisher bekannten Methoden im Entwicklungsbereich wie Marktuntersuchungen, QFD, FMEA, DoE, Risikoanalysen und andere werden überwiegend zu Beginn und am Ende des Entwicklungsprozesses eingesetzt, aber nicht in der Mitte, bei der Entwicklung von widerspruchsfreien Konzepten. Moderatoren kannten von jeher die Schwierigkeiten beim Einsatz von QFD: Eine systematische Vorgehensweise zur Überwindung von Widersprüchen war in die QFD-Methode nicht eingebunden [20]. Es war daher verständlich, dass die QFD-Experten den Vorteil von TRIZ bei QFD-Entwicklungen sofort erkannten. Schon ein Jahr später hielten E. Domb und J. Terninko Vorträge über die Verbindung von QFD und TRIZ und John Terninko veröffentlichte zur gleichen Zeit sein Buch »Step-by-step QFD+TRIZ [21]. Inzwischen sind viele praktische Erfahrungen zum Einsatz von TRIZ in QFD-Sitzungen gesammelt worden.

Der QFD-Methode wird vorgeworfen, dass sie Konflikte und Widersprüche in der Planungsphase der Produktentwicklung zwar aufzeigt, aber auch Kompromisse in den Lösungen zulässt, anstatt auf neue, innovative Lösungen zu drängen. Daher ist es erforderlich, dass in den QFD-Teamsitzungen Methoden für das Auffinden von innovativen Lösungen eingesetzt werden, wie zum Beispiel TRIZ. Die Methode TRIZ ist ein ideales Werkzeug, weil Gemeinsamkeiten zu QFD bestehen und die beiden Methoden sich gut ergänzen. Eine praktikable Verbindung von QFD und TRIZ könnte zum Beispiel ein HoQ mit der TRIZ-»Konfliktetabelle« und den »4 Separationsprinzipien« sein [20].

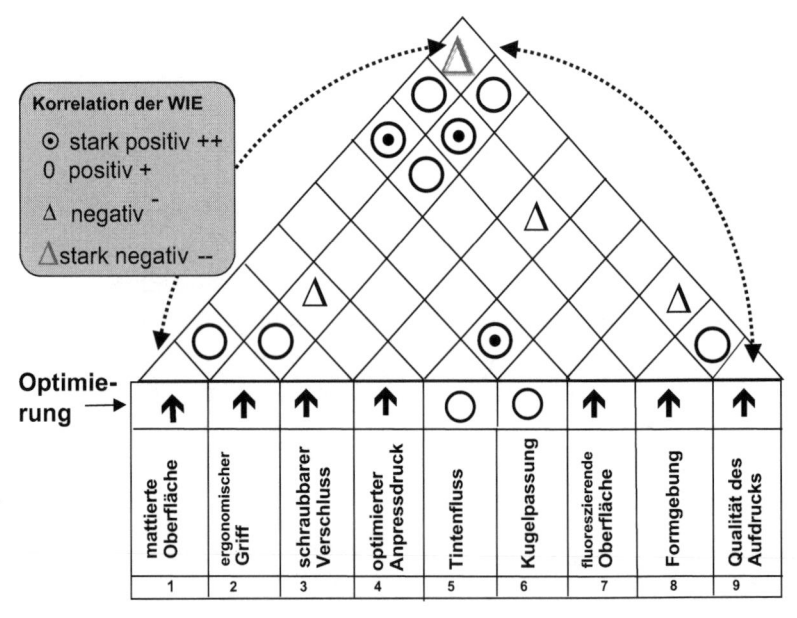

Abb. 28: TRIZ: QFD-Dachmatrix (Widersprüche beim Kugelschreiber)

Konflikte und Widersprüche

QFD zeigt in der Dach-Matrix des HoQ die Korrelationen der technischen Merkmale (WIEs) untereinander unter Berücksichtigung der dazugehörenden Zielwerte und der Änderungsrichtungen auf. Die Symbole zeigen den Grad der Ausprägung an. Damit werden die Widersprüche und Zielkonflikte sichtbar, die zwischen zwei Designmerkmalen auftreten können. Das Verbessern der Systemeigenschaft A kann ein Verschlechtern von B zur Folge haben. Herkömmlich wurde hier ein Kompromiss eingegangen, was aber nicht das erklärte Ziel sein kann. Die Widersprüche sind zu klären und so zu lösen, dass anstelle eines Kompromisses eine Innovation möglich wird. Dies ist das Bestreben der Methode TRIZ, sie wird eingesetzt, um ein höheres Innovationsniveau zu erreichen.

Beispiel 1: Die mattierte Oberfläche des Kugelschreibers erschwert die Qualität des Werbeaufdrucks, daher ergibt sich in der Matrix eine starke negative Korrelation.

Beispiel 2: Das Design-Merkmal »Leichtbauweise« und »Kraftstoffverbrauch« korrelieren im Fahrzeugbau stark positiv, dagegen kann »Leichtbauweise« mit »Aufprallsicherheit« stark negativ korrelieren.

Negative Korrelationen weisen bei der Entwicklung auf die technisch-physikalischen Grenzbereiche hin und geben Hinweise auf notwendige Änderungen oder auf die Notwendigkeit völlig anderer Lösungen.

Für das weitere Vorgehen sind einige Begriffe zu klären. Es können zwei Axiome festgehalten werden:

⇨ Kundenorientierung ergibt nicht automatisch eine innovative Lösung
⇨ Innovative Produkte garantieren nicht automatisch einen Verkaufserfolg.

Im Folgenden soll zwischen einem *Konflikt* und einem *Widerspruch* unterschieden werden, deshalb muss deren Definitionen hinzugezogen werden.

Nach TRIZ »besteht ein Konflikt immer dann, wenn die Verbesserung eines Parameters zur Verschlechterung eines anderen Parameters führt« [17]. Ein Konflikt beinhaltet im Kern oft einen Widerspruch. Und es besteht ein Widerspruch, wenn ein Parameter in zwei gegensätzlichen Ausprägungen vorhanden ist. In der Literatur werden dafür technische und physikalische Widersprüche verwendet.

In QFD sind Konflikte technische Probleme bezüglich der Abhängigkeiten der verschiedenen Qualitäts-Merkmale untereinander Abb. 27 und Abb. 28) und Widersprüche sind Probleme mit einem Qualitätsmerkmal, das aus Kundensicht gleichzeitig unterschiedliche Optimierungsrichtungen hat.

Die Frage ist nun, wie kann man in einem QFD-Ablauf Konflikte und Widersprüche erkennen? Dies ist keine triviale Frage, denn ursprünglich wurde QFD vorwiegend als Methode zur Qualitätssicherung eingesetzt (zum Beispiel Akao, Japan, in den 70er Jahren). Konflikte oder Widersprüche wurden daher schon im Vorfeld durch die klassischen Qualitätsmethoden eliminiert. In QFD wurden die Kundenanforderungen dann in Beziehung zu den technischen Merkmalen gesetzt, um festzustellen, ob auch alle Kundenforderungen umgesetzt wurden.

Qualitätsmerkmale im QFD
sind kritische oder neue Produktmerkmale aus Kundensicht, das heißt, Eigenschaften von Produkten, Dienstleistungen oder Prozessen, die beeinflussbar sind. Sie haben für den Kunden eine direkte Beziehung zu seinem Qualitätsempfinden und entscheiden über den Verkaufserfolg eines Produktes.

Qualitätsmerkmale
⇨ sind messbar,
⇨ bestehen (meist) aus einem Wort (zum Beispiel Gewicht, Oberfläche, Einschaltzeit, Leistung etc.)
⇨ haben immer eine Optimierungsrichtung,
⇨ sind kunden- oder technikorientiert,
⇨ können »weich« sein (wie Design) oder »hart« (wie Gewicht),
⇨ sind keine Lösungen (wie zum Beispiel Bauteile), sondern nur Lösungsansätze.

Die Optimierungsrichtung der Qualitätsmerkmale [20]
Bei der Beurteilung der Beziehungen gibt es zwei Fragestellungen:
⇨ Wie hoch ist die Beziehung zwischen dem Qualitätsmerkmal und den Kundenbedürfnissen (die Werte sind: 9=hohe, 3=mittlere, 1=schwache Beziehung und keine Beziehung).
⇨ Wenn das Qualitätsmerkmal in Richtung Optimierung verbessert wird, wie verändern sich die Beziehungen zu den Kundenbedürfnissen: Werden die Kundenbedürfnisse dadurch positiv unterstützt? Oder ist es gegenläufig, das heißt, je mehr das Qualitätsmerkmal in Richtung der Optimierung verändert wird, umso mehr verschlechtert sich die Beziehung zu den Kundenbedürfnissen?

Dazu noch einmal das vorherige einfache Beispiel: Der Kunde möchte
⇨ Benzin sparen (Kundenbedürfnis)
⇨ Das Merkmal »Gewicht des Autos« soll deshalb gering sein
⇨ Aber er möchte auch hohe Crash-Sicherheit haben. Nun hat »Gewicht« aber auch eine Beziehung zu »Crash-Sicherheit«.

Wenn aber das Gewicht bei der Optimierung (so gering wie möglich) verändert wird, dann unterstützt dies das Kundenbedürfnis »Benzin sparen« verschlechtert aber die »Crash-Sicherheit« (siehe Tabelle 13). Dies bedeutet, dass hier ein physikalischer Widerspruch vorliegt: Das Gewicht soll hoch und niedrig zugleich sein. Ein »fauler« Kompromiss wäre: Halb-schweres Auto, ergibt mittleren Benzinverbrauch und mittlere Crash-Sicherheit.

Tabelle 13: Widersprüche in QFD [20]	
Kundenbedürfnisse:	**Qualitätsmerkmal:**
	Gewicht des Autos:
	Optimierungsrichtung: Gewicht so gering wie möglich.
Ich möchte Benzin sparen:	Hohe positive Beziehung (+9)
Ich möchte hohe Crash-Sicherheit:	Hohe negative Beziehung (-9)

Gesucht wird deshalb eine neue, innovative Lösung. Sie ist inzwischen bekannt: Die Airbags. Sie haben ein niedriges Gewicht und sorgen für eine hohe Crash-Sicherheit (siehe Tabelle 14).

Erkennen der (physikalischen) Widersprüche im HoQ
In der Matrix eines House of Quality (HoQ) wird für jedes Qualitätsmerkmal normalerweise nur eine Optimierungsrichtung dargestellt.

Tabelle 14: Widersprüche lösen durch Innovationen (Airbag) [20]		
Kundenbedürfnisse:	Qualitätsmerkmal:	Lösung:
	Gewicht des Autos:	Airbag
	Optimierungsrichtung: so gering wie möglich.	
Ich möchte Benzin sparen	Hohe positive Beziehung (+9)	Hohe positive Beziehung (+9)
Ich möchte hohe Crash-Sicherheit	Hohe negative Beziehung (-9)	Hohe positive Beziehung (+9)

Es werden in diesem Fall die Beziehungswerte in der Matrix mit unterschiedlichen Vorzeichen versehen:
⇨ Optimierung in Richtung Verstärkung (+)
⇨ Optimierung in Richtung Widerspruch (–)

Dies hat den Vorteil, dass bei einer Summenbildung (als »Bedeutung«) alle positiven und alle negativen (konfliktbehafteten) Merkmale getrennt ermittelt und beurteilt werden können, einschließlich der Gewichtung der Kundenbedürfnisse (»wie wichtig«) aus dem Qualitätsplan des HoQ. Jedes Qualitätsmerkmal wird nun mit jedem Kundenbedürfnis in Beziehung gesetzt und ausgewertet. In der Matrix des HoQ können damit sehr schnell, systematisch und nachvollziehbar alle Widersprüche einer Entwicklung schon in der Planungsphase erkannt werden.

Damit ist sichtbar, dass in der Auflistung von Kundenbedürfnissen oft Widersprüche enthalten sind:
⇨ Es soll gleichzeitig ein großes Volumen (viel Platz haben) und ein kleines Volumen (transportfähig) vorhanden sein.
⇨ Es sollen gleichzeitig der Inhalt einer Tasse heiß (Getränk) und kalt (Finger nicht verbrennen) sein.
⇨ Ein Laserpointer soll hohes (viel Kapazität) und geringes Gewicht (Handling) haben.

Diese Widersprüche sind die Gründe dafür, dass Kundenbedürfnisse von Entwicklungsabteilungen oft als ungenau definiert oder gar als Unsinn angesehen werden.

Erkennen der (technischen) Konflikte im House of Quality
Konflikte in TRIZ sind die Merkmale, die
⇨ eine Abhängigkeit voneinander haben und
⇨ eine gegenläufige Optimierungsrichtung: Wenn ein Merkmal verbessert wird, verschlechtert sich das andere oder umgekehrt.

Die Korrelationen der (Qualitäts-)Merkmale untereinander werden in QFD im »Dach« des House of Quality abgebildet. Das Dach ist eine Tabelle mit einem paarweisen Vergleich (Abb. 28). Dabei wird bewertet, welchen Einfluss ein Merkmal auf ein zweites Merkmal hat unter Berücksichtigung beider Optimierungsrichtungen. Die Fragestellung lautet:
⇨ Verändert sich das Merkmal_1 in Richtung der Optimierung?
⇨ Wie verändert sich das Merkmal_2?
⇨ Verbessert es sich (= positiv) oder verschlechtert es sich (= negativ)?

Bei einem paarweisen Vergleich in beiden Richtungen (Merkmal_1 zu Merkmal_2 und Merkmal_2 zu Merkmal_1) können zwei Ergebnisse ermittelt werden:
⇨ Wie ist der Einfluss eines Merkmals auf alle anderen Merkmale?
⇨ Wie beeinflussen alle Merkmale dieses eine Merkmal?

445

Neue Lösungen mit Hilfe von TRIZ
Wie bereits erwähnt, besteht die Gefahr, dass bei Widersprüchen oder Konflikten Lösungen in Form von Kompromissen gesucht werden. Der Einsatz von Werkzeugen aus der TRIZ-Methode verhindert dies. Bei (physikalischen) Widersprüchen aus der HoQ-Matrix werden die vier Separationsprinzipien angewendet:
1. Separation im Raum
2. Separation in der Zeit
3. Separation innerhalb eines Objektes
4. Separation durch einen Bedingungswechsel

In dem vorherigen Beispiel (Gewicht hoch <-> Gewicht niedrig) kann die Lösung »Airbag« als eine Separation im Raum angesehen werden: Die Crashenergie wird nicht durch die (schwere) Karosserie aufgefangen, sondern durch einen wesentlich leichteren Airbag.

Der Einsatz der vier Separationsprinzipien verlangt von den Teammitgliedern eine große Fähigkeit zum abstrahierenden Denken.

Konflikte:
Bei den (technischen) Konflikten aus dem Dach des HoQ wird die Konfliktetabelle mit Altshullers 39 technischen Parametern (Tabelle 11) und den 40 innovativen Prinzipien (Tabelle 12) eingesetzt.

Aus QFD-Sicht können die 39 Parameter der Konfliktetabelle als Qualitätsmerkmale
1. Gewicht/Masse eines beweglichen Objekts,
2. Gewicht/Masse eines stationären (unbeweglichen) Objekts,
9. Geschwindigkeit,
39. Produktivität bezeichnet werden.

Damit ist eine *direkte Verbindung von QFD zu TRIZ gegeben*. Aus dem Dach des HoQ-House of Quality werden die beiden Merkmale herausgesucht, die den größten Konflikt darstellen, also den größten negativen Wert besitzen. Es wird dann festgelegt, welches Merkmal nicht verändert werden soll (dadurch wird das 2. Merkmal verändert, also verbessert.) Aus der Konfliktetabelle können dann die innovativen Prinzipien abgelesen werden, die einen Hinweis für neue Lösung geben können.

Zu dem vorstehenden Beispiel (Benzinverbrauch/Crashsicherheit) soll
⇨ Merkmal 1: »Nr. 19 Energieverbrauch eines bewegten Objektes« (Benzinverbrauch) konstant gehalten werden und
⇨ Merkmal 2: »Nr. 13 Stabilität eines Objektes« verbessert werden.

Aus der Konfliktetabelle (Tabelle 12) ergeben sich dann folgende Prinzipien:
⇨ »Nr. 13 Umkehr – Gibt keine erkennbare Lösung
⇨ »Nr. 19 Periodische Wirkung« (Übergang von kontinuierlicher zu periodischer Wirkung). Die ist zum Beispiel das Prinzip eines Airbags.

Wenn die Veränderungen der Merkmale getauscht werden, dann sind folgende zusätzliche Prinzipien (Tabelle 12) angegeben:
⇨ »Nr. 17 Höhere Dimension« – Lösungen sind hier denkbar wie zum Beispiel Sandwich-Bauweise.
⇨ »Nr. 24 Mediator, Vermittler, Zwischenobjekt« – Auch dies führt auf das Prinzip eines Airbags.

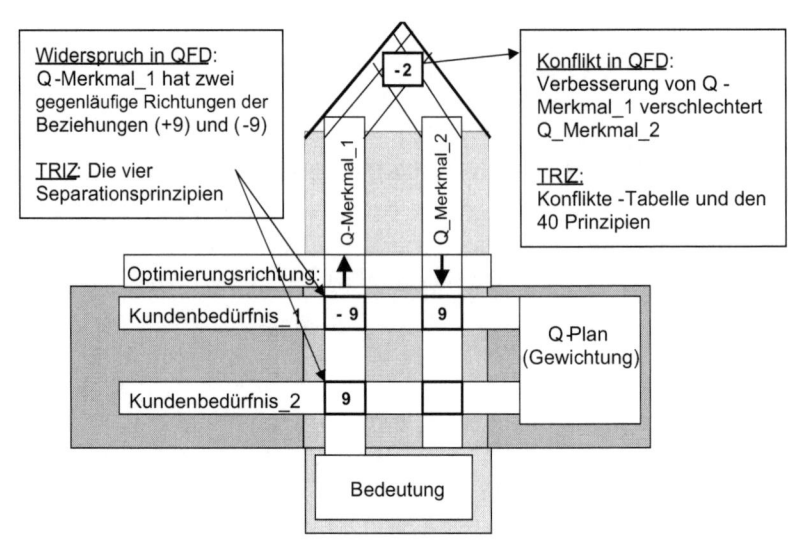

QFD: Teil eines integrierten und vernetzten Methodenkonzepts

Widerspruch in QFD:
Q-Merkmal_1 hat zwei gegenläufige Richtungen der Beziehungen (+9) und (-9)

TRIZ: Die vier Separationsprinzipien

Konflikt in QFD:
Verbesserung von Q-Merkmal_1 verschlechtert Q_Merkmal_2

TRIZ:
Konflikte-Tabelle und den 40 Prinzipien

Abb. 29: *TRIZ: Widerspruch in der QFD-Matrix [20]*

Funktionen in TRIZ und QFD
Wie werden Funktionen definiert?

Definitionen von Funktionen:

»Eine Funktion (ist) der allgemeine und gewollte Zusammenhang zwischen Eingang und Ausgang eines Systems mit dem Ziel, eine Aufgabe zu erfüllen ... Die Funktion wird damit zur Formulierung der Aufgabe auf einer abstrakten und lösungsneutralen Ebene ... einschließlich der Beziehungen zwischen Eingangs-, Ausgangs- und Zwischengrößen eines Systems«
Nach Pahl/Beitz, Konstruktionslehre, ISBN 3-540-61974-7

»Funktion ist im Sinne der Wertanalyse jede einzelne Wirkung des WA-Objekts.«
Grobklassifizierung: (Funktionsarten)
⇨ Gebrauchsfunktion (Lack: Korrosion verhindern)
⇨ Geltungsfunktion: (Lack: Aussehen verbessern)«
Nach WA/VDI, DIN 69910, VDI 2803

Funktionen in TRIZ

Bei TRIZ spielen Funktionen eine sehr große Rolle, insbesondere für die Optimierung eines Produktes. Es stehen dazu normalerweise zwei Funktionsmodelle zur Verfügung. Diese sind
⇨ die Objektmodellierung: Hier wird das System über die Objekte und dessen Funktionen bestimmt und miteinander logisch verknüpft.
⇨ die Funktionsmodellierung: Hier werden die Funktionen aufgelistet und miteinander verknüpft. Dabei können die Funktionen mit vier Standardangaben bewertet werden, zum Beispiel
Positiv: – sorgt für...; beseitigt
Negativ: – verursacht...; behindert

Funktionen in QFD

Eine Funktionsmodellierung ist in QFD weitgehend unbekannt. Eine der Ursachen dafür ist das weithin bekannte und vorwiegend eingesetzte ASI-Modell für ein QFD Deployment, das 1988 von Hauser/Clausing [22] veröffentlicht wurde. Es enthält die fünf Produkt-Entwicklungsschritte:
1. Customer attributes
2. Engineering Characteristics
3. Part Characteristics
4. Key process operations
5. Product requirements

Eine Funktionsmodellierung wurde dabei übergangen. Da dieses »4-Phasen-Modell« bis heute noch als Grundlage vieler Veröffentlichungen über QFD dient, gibt es kaum Erfahrungen beim Einsatz von Funktionen innerhalb der Methode QFD. Erst in letzter Zeit hat sich die Notwendigkeit gezeigt, dieses Thema aufzugreifen. Die Gründe dafür sind:
⇨ Die Erweiterung von FMEA auf Funktionsbäume mit der daraus folgenden Ableitung von Fehlfunktionen (Verbindung QFD zu FMEA, siehe Abb. 10).

⇨ Der Einfluss der Wertanalyse (Value Engineering) auf die Produktentwicklung.
⇨ Die Anwendung von Target-Costing im Entwicklungsprozess.
⇨ Die Notwendigkeit, Kosten in den QFD-Ablauf mit aufzunehmen mit Hilfe der Zielkostendiagramme (Gewichtung/Nutzen aus Kundensicht zu Kosten).
⇨ Die Anwendung von TRIZ in QFD-Sitzungen.

Einen sehr intelligenten Weg, Funktionen in QFD zu integrieren, hat Akao schon sehr früh aufgezeigt. Er verbindet jeweils ein Kundenbedürfnis mit einem Qualitätsmerkmal und einer Funktion (3-Dimensionales Deployment).

Aus einem Kundenbedürfnis: »Ich möchte wegen Benzinmangel nicht liegen bleiben« kann das Qualitätsmerkmal: »Menge einer Tankfüllung« (Optimierungsrichtung: groß, viel) und die Funktion: »Benzin einfüllen« abgeleitet werden.

Bei der Auswertung (beim »Lesen«) der drei QFD-Häuser lassen sich die Schwachstellen bei den Funktionen leicht ermitteln und mit Hilfe von TRIZ systematisch neue Lösungen suchen. Dabei werden auch weitere TRIZ-Tools eingesetzt.

Entdeckt man in der Matrix eines HoQ eine leere Zeile, dann ist keine Funktion definiert, die ein Kundenbedürfnis erfüllt, sie muss also neu ermittelt werden. Oder falls in einer Zeile sehr viele hohe Beziehungen vorhanden sind, wurden vermutlich zu viele ähnliche Funktionen geplant, so dass eine Analyse der Funktionen über ein Funktionsmodell notwendig ist, um eine neue Funktionsstruktur zu erreichen. Ideal sind wenige, aber wichtige Beziehungen im House of Quality.

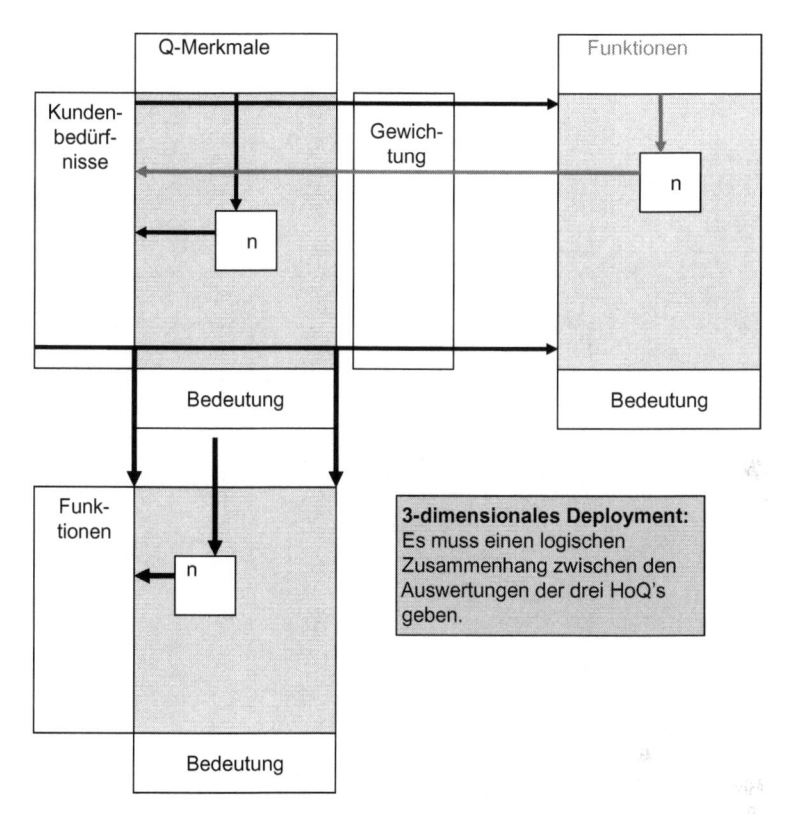

Abb. 30: *TRIZ: Dreidimensionales Deployment nach Akao [23, 20]*

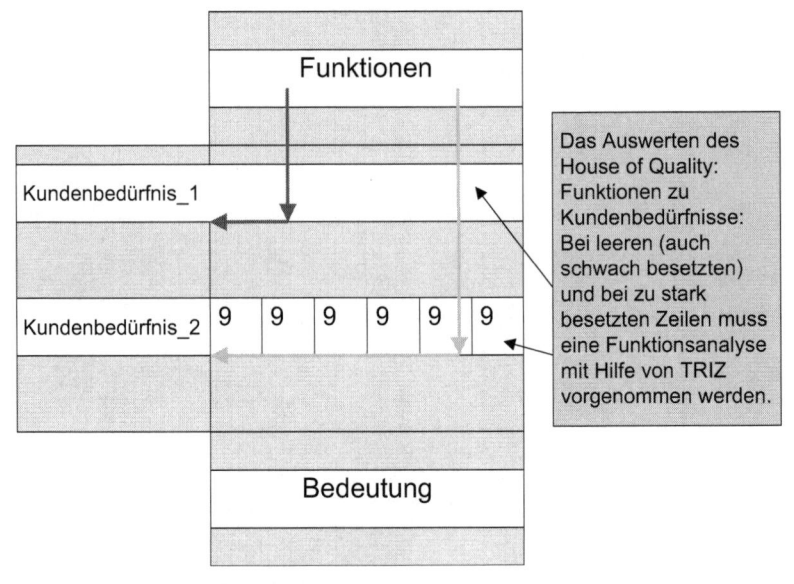

Abb. 31: *TRIZ: Funktionen im HoQ [20]*

Das Zusammenwirken von QFD und TRIZ
ist wichtig, weil dabei durch die Synergien enormes innovatives Potenzial »angehoben« werden kann. Wenn in einem HoQ negative Beziehungen in der Matrix auftreten (Widersprüche vom Kunden vorgegeben), dann sind die vier Separationsprinzipien als TRIZ-Werkzeug einzusetzen. Bei negativen Korrelationen (Technische Widersprüche oder Konflikte) im Dach des HoQ ist das TRIZ-Tool Konfliktetabelle

Die Lösungsfindung mit TRIZ zusammengefasst
Konkrete Ebene: Problem umgangssprachlich beschreiben und abstrahieren ⇨
abstrakte Ebene: Widerspruch auf Basis der 39 technischen Parameter
(Tab. 11) beschreiben ⇨
abstrakte Ebene: Lösungsansätze aus dem Repertoire der 40 innovativen
Prinzipien (Tab. 2) ⇨
konkrete Ebene: Lösungsansatz auswählen und hieraus konkrete Lösung
erarbeiten

QFD: Teil eines integrierten und vernetzten Methodenkonzepts

mit den »Innovativen Prinzipien« hervorragend geeignet, systematisch neue Ideen zu finden. Auch alle anderen TRIZ-Werkzeuge dürfen nicht vergessen werden, denn jeder QFD-Anwender wird von den Synergieeffekten beider Methoden überrascht sein.
Die Gegenüberstellung von QFD und TRIZ zeigt:
⇨ TRIZ löst Widersprüche
⇨ TRIZ optimiert Systeme
⇨ TRIZ fördert Visionen
⇨ TRIZ misst sich an der Idealität, nicht an der Konkurrenz

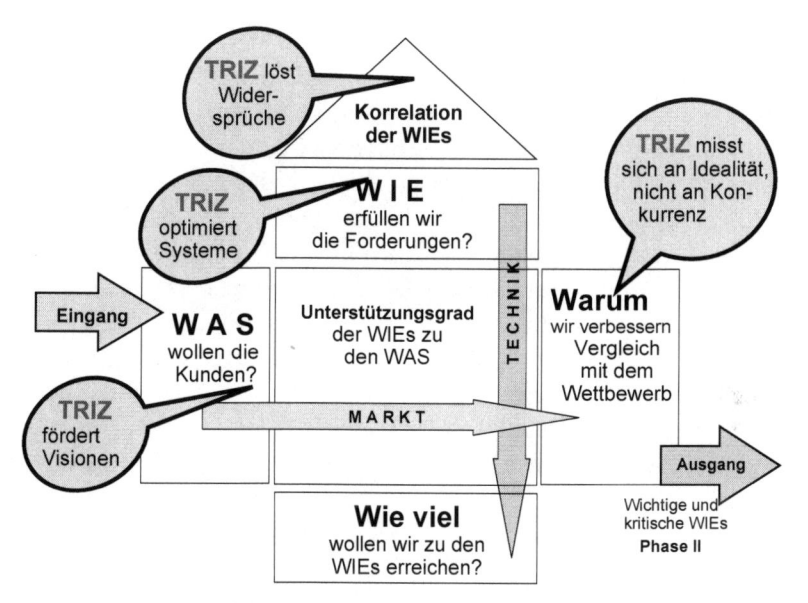

Abb. 32: *Zusammenwirken von QFD und TRIZ*

10.5.7 Zusammenfassung TRIZ

Durch die systematische Analyse von 2,5 Millionen Patenten aus aller Welt identifizierte Altschuller wiederkehrende Muster kreativer Problemlösungen und gelangte dadurch zu der Erkenntnis, dass jede bahnbrechende Erfindung bestimmten Gesetzmäßigkeiten folgt. Dieses Wissen führte zur Entwicklung einzelner Methoden und zur Theorie der Erfinderischen Problemlösung TRIZ, der Methode, die es ermöglicht, Innovationen gezielt und systematisch zu entwickeln. Die Grundlage der Altschullerschen Entwicklung ist die Anwendung der Innovations-Prinzipien und die Erkenntnis, dass ein Widerspruch Voraussetzung für eine Innovationen ist. In der Regel widersprechen sich zwei technische Anforderungen, diese lassen sich in 39 technische Parameter klassifizieren und die Konflikte werden mit 40 Grundprinzipien gelöst. Diese Widerspruchskombinationen sind in der Altshullerschen Widerspruchstabelle zusammengefasst.

Die Betrachtung der physikalischen Effekte ermöglicht die Generierung innovativer Lösungen für physikalisch orientierte Entwicklungsprobleme und hilft, Denkblockaden zu überwinden. Als Hilfsmittel zur Lösungsfindung stehen Effektesammlungen und digitale Datenbanken zur Verfügung.

Die von Altschuller entwickelten Kernelemente der TRIZ-Methode wurden, nachdem die UdSSR zerbrach, von russischen TRIZ-Experten in den USA weiterentwickelt und verbreitet. Sie trugen zur Bekanntheit der Methode in den USA und Europa bei. TRIZ konnte sich inzwischen in den unterschiedlichsten Wirtschaftsbereichen etablieren. TRIZ ist eine Methode, die den Entwicklern ein Wissens- und Erfahrungskonzentrat inklusive Benutzungsleitfaden zur Verfügung stellt, welches geeignet ist, Erfolge zu provozieren. Die TRIZ-Methode führt auf systematische Weise zu verblüffenden neuen Ideen.

Altschuller meint: »Meine Intension ist es, zu zeigen, dass der Prozess des Lösens technischer Probleme für jeden zugänglich, wichtig zu lernen und einfach faszinierend ist« [14].

Literatur

[1] SAATWEBER, JUTTA, *Seminarunterlagen für die Volkswagen AG und VW-Coaching, Wolfsburg, 2004*

[2] SAATWEBER, JUTTA *in DGQ, AK 132, Band 13-21, Beuth 2001*

[3] SAATWEBER, JUTTA *in »Handbuch Produktentwicklung«, Hrsg.: Schäppi, Andreasen, Kirchgeorg, Radermacher, C. Hanser Verlag München, 2005*

[4] KAMISKE, GERD F., *Prozessoptimierung mit Quality Engineering, Pocket Power, C. Hanser München, 2004*

[5] QFD-ID, *QFD Institut Deutschland, Pohligstraße 1, 50969 Köln-Zollstock und www.qfd-id.de*

[6] www.dfma.de, *amc Associates in Management & Communication, CH-8260 Stein am Rhein und dfma.de/presse/artikel1.pdf und dfma.de/presse/artikel4.pdf*

[7] BÄSSLER, RUDOLF, Prof.: *Seminarunterlagen für die Volkswagen AG und VW-Coaching, Wolfsburg, 2004*

[8] SCHMIDT, STEFAN, *Arbeitskreis VWI, Produktion und Logistik (PUL), München und http://www.tu-berlin.de/foreign-relations/archiv/tui48_49/schmidt.pdf*

[9] SCHUMANN, FRANK, *Dissertation TU Chemnitz und archiv.tu-chemnitz.de/pub2001/0028/data/schumann.pdf*

[10] Harbour Report North America, *2005 http://www.autointell.de/News-deutsch-2005*

[11] VDA Qualitätsmanagement in der Autoindustrie, *Anforderungen an QM-Systeme, Heft 6/1 und VDA Qualitätsmanagement in der Autoindustrie, Sicherung der Qualität vor Serieneinsatz, System-FMEA, Heft 4/2. Auflage 1996*

[12] HERB, R.; HERB, TH. *in »Lexikon Qualitätsmanagement«, Hrsg. Zollonds, H.D., R. Oldenbourg Verlag München, Wien, 2001*

[13] ZLOTIN, B., *Ideation International Inc., USA und Invention Machine*

[14] ALTSHULLER, G. S., *Erfinden – Wege zur Lösung technischer Probleme, VEB Verlag Berlin, 1984*

[15] THE ALTSHULLER INSTITUTE FOR TRIZ STUDIES *100 Barber Avenue, Worcester, MA 01606, ai@triz.org http://www.aitriz.org/ai/index.php*

[16] Institutionen, die TRIZ verbreiten sind u.a.: *Europäisches TRIZ-Centrum für innovatives Problemlösen e.V. die Europäische TRIZ Assoziation ETRIA www. TRIZ-Centrum.de Die online-Informationen:*

- www.triz-online-magazin.de (das deutsche TRIZ-online-Magazin)
- www.TRIZ-journal.com (amerikanisches TRIZ-Journal)
- www.trizzentrum.at
- www.triz-online.de
- www.triz.it (freie Triz-Lernplattform für Erfinder und Entwickler)

[17] HERB, ROLF, HERB, THILO, KOHNHAUSER, *Der systematische Weg zur Innovation*, Verlag Moderne Industrie, Landsberg/Lech, 2000

[18] GUNDLACH, CARSTEN, NÄHLER, HORST, *Innovation mit TRIZ, Konzepte, Werkzeuge, Praxisanwendungen*, Symposion Publishing, Düsseldorf, 2006

[19] Prof. LINDEMANN, *TU München, Produktentwicklung und Konstruktion, Vorlesung 04-SS06* vom 18.05.2006

[20] STRECKFUSS, Gerd in *Innovation mit TRIZ, Konzepte, Werkzeuge, Praxisanwendungen*, Hrsg.: Gundlach, Carsten und Nähler, Horst, Symposion Publishing GmbH, Düsseldorf, 2006

[21] TERNIKO, JOHN, *Step by step QFD: Customer Driven Product Design, 1995 Responsible Management Inc.*, Nottingham, New Hampshire, USA, First Edition und CRC Press, 1997

[22] CLAUSING, DON (MIT) and JOHN R. HAUSER (MIT), »The House of Quality« in *Harvard Business Review*, Mai/Juni 1988

[23] AKAO, YOJI: *QFD, Quality Function Deployment, Wie die Japaner Kunden- wünsche in Qualität umsetzen:* Moderne Industrie, Japan Service, Landsberg, 1992

[24] SAATWEBER, JUTTA: *Kundenorientierung durch Quality Function Deployment, Systematisches Entwickeln von Produkten und Dienstleistungen*, Carl Hanser Verlag München, Wien, 1997

[25] *Chrysler-Übernahme, Fiat will Kanadas Chrysler-Anteil*, Manager Magazin, 5.6.2011, www.manager-magazin.de/unternehmen/autoindustrie/0,2828,766704,00.html

[26] http://de.wikipedia.org/wiki/Apollo_13

[27] Managementinfocenter: http://www.management-infocenter.de/dict/aiag_fmea.php

[28] i-Q Schat & Partner: http://www.i-q.de/dokumente/downloads/Bewertungstabellen_DFMEA_SAE-J1739_deutsch.pdf

[29] http://www.werdichengineering.de/images/7_Werdich_optimierte_Methoden_der_Risikoabschaetzung.pdf, Martin Werdich Engineering, Osnabrück, 29.03.2011

Web-Tipps

online-Informationen zu TRIZ:
- www.triz-online-magazin.de (das deutsche TRIZ-online-Magazin)
- www. TRIZ-journal.com (amerikanisches TRIZ-Journal)
- www.trizzentrum.at
- www.triz-online.de

Softwarelieferanten QFD, FMEA und TRIZ
QFD- und FMEA-Software:

QFD/Capture ITI, QFD/Capture V. 4.0 (Professional Edition)

Hersteller: International TechneGroup Incorporated (ITI)

URL: http://www.qfdcapture.com

Anbieter: Dipl. Wirt.-Ing. Helmut M. Dietz

Grossmannswiese 1, 65594 Limburg a. d. Lahn

Qualica QFD 2.8, Hersteller: Qualica Software GmbH
http://www.qualica.de, Kontakt: info@qualica.de
Anbieter: Qualica Software GmbH
Muenchner Technologie Zentrum
Frankfurter Ring 193a, 80807 München

SCIO™-Matrix – das Entwicklungs-Cockpit, Branchenlösungen
Hersteller: Plato, Lübeck
Breite Straße 6-8, D-23552 Lübeck
E-Mail: info@plato-ag.de
http://www.plato-ag.com/platohp/impressum.html

TRIZ-Software:
Ideation International Inc., USA
25505 West 12 Mile Road, Stuite 5505 • Southfield
MI 48034-8302 Telefon (248) 353-1313
http://www.ideationtriz.com

Invention Machine Corporaton
TechOptimizer 3.0, Phenomenon
133 Portland St., Boston, MA 02114, USA
Main: 617-305-9250
www.invention-machine.com

TriSolver Consulting
TriSolver GmbH & Co. KG
Expo Plaza 3
D-30539 Hannover

Zusammenfassung

Das Einbeziehen unterschiedlicher Methoden in den Produktentwicklungsprozess steigert die Wirksamkeit von QFD.

Der Synergie von Methoden und Techniken kommt eine immer größere Bedeutung zu, weil nur ein ausgereiftes, optimiertes, robustes und qualitativ hochwertiges Produkt eine Chance hat, sich auf dem Markt durchzusetzen. Das gemeinsame Ziel aller Integrationsbemühungen ist die Nutzung von Synergieeffekten, um einen langfristigen Wettbewerbsvorteil zu erreichen (und Kosten zu reduzieren).

Durch die Anwendung von Kreativitätstechniken und den Methoden QFD, DFMA, FMEA, TRIZ und anderen wird es erst möglich, ein solches Produkt herzustellen.

QFD gilt als Leitplanungssystem, das Informationen für andere Verfahren liefert. Die FMEA bietet Teillösungen für den QFD-Prozess in Phase II, wobei das Ziel der FMEA die Reduzierung des Risikos von Fehlern, die Schadensvermeidung und letztlich die drastische Senkung der Verlustkosten ist. Den Weg dorthin weist die FMEA durch geordnete Fragestellungen, die ein systematisches Bearbeiten der Antworten ermöglichen.

Durch DFMA werden bereits in der frühen Bearbeitungsphase potenzielle Fehler und Probleme entdeckt und beseitigt, dies vermeidet spätere aufwendige Nacharbeiten und Garantieleistungen.

TRIZ ist eine Methode zum systematischen Lösen von Konflikten und Widersprüchen, wie sie z. B. in der QFD-Matrix auftreten können. Der Erfinder der Methode, Altshuller, konnte eine systematische Vorgehensweise entwickeln, die Ingenieure bei der Lösung schwieriger Probleme so unterstützt, dass technische Widersprüche innovativ gelöst werden können.

Kapitel 11

Ergänzende »Werkzeuge« im Entwicklungsprozess

Einige Integrations-, Bewertungs- und Auswahlverfahren haben sich in QFD-Projekten bewährt. Es sind teils eigenständige Tools zur Planung und Bewertung von Produkten und Prozessen, die mit geringem zeitlichen Aufwand eingesetzt werden können (Paarweiser Vergleich, Pugh). AHP ist dagegen sehr aufwändig.

> **In diesem Beitrag erfahren Sie:**
> - wie die ergänzenden Werkzeuge Q7 und M7 im QFD-Entwicklungsprozess eingesetzt werden,
> - wie der paarweise Vergleich zur Gewichtung und Auswahlentscheidung genutzt wird,
> - wie AHP-Analytic Hierarchy Process den Entscheidungsprozess unterstützt.

11.1 Einleitung

Im Folgenden werden weitere ergänzende Methoden gezeigt, die durch ihre Einbeziehung in den Entwicklungsprozess die Wirksamkeit von QFD steigern, denn das Ziel aller Entwicklungsanstrengungen ist die Wertgestaltung zum Nutzen des Kunden. »Der Kundennutzen entwickelt sich dynamisch, deshalb muss die Wertgestaltung effizient und flexibel sein« [1].

Es ist bekannt, dass die Integration methodischer Werkzeuge die Effizienz verbessert. Insbesondere die Methode TRIZ, die Theorie der erfinderischen Problemlösung, ermöglicht die gezielte Lösungssuche auf hohem Niveau. was auch mit hohem Aufwand verbunden ist. Dagegen kann das Pugh-Verfahren auch als Optimierungs-Tool mit weit weniger Aufwand zur Untersuchung verschiedener Varianten eingesetzt werden.

Der paarweise Vergleich hat sich sowohl bei der Gewichtung von Kundenanforderungen, als auch bei systematischen Auswahlentscheidungen im QFD-Prozess als hilfreich erwiesen.

11.2 Q7 Grund- und M7 Managementwerkzeuge

Die Q7 und M7 unterstützen die QFD-Projekte von der Produktidee bis zur Produktrealisierung. Ihr Einsatz erfolgt in den unterschiedlichen QFD-Phasen, zum Beispiel in:

QFD-Phase 0:	Strategieplanung, Portfoliotechnik (M7), Marktanalysetechniken, Projektmanagement (Netzplan, M7), Kreativitätstechniken (M7), Trendforschung u.a.
QFD-Phase 1:	Brainstorming (M7), Affinitätsdiagramm (M7), Baumstruktur (M7), Befragungstechnik, Target Costing, Managementwerkzeuge (M7) u.a.
QFD-Phase 2:	Produkt-FMEA, Wertanalyse, Ursache-Wirkungs-Diagramm (Q7) u.a.
QFD-Phase 3:	Prozess-FMEA, Statistische Versuchsplanung (DoE), Finite Elemente u.a.
QFD-Phase 4:	Prozessfähigkeitsanalyse, SPC-Statistical Process Control (Q7) u.a.
QFD-Phase 5:	Marktbeobachtungen, Befragungstechniken, Medienresonanzanalyse, Beschwerdemanagement

Einige der Tools (> siehe Abb. 2) sind den Grundwerkzeugen Q7 zuzuordnen und andere den Managementwerkzeugen M7. Die Q7-Techniken können generell in zwei Gruppen unterteilt werden:

Fehlererfassungstechniken	Q1 – Fehlersammelliste (Strichliste) Q2 – Histogramm Q3 – Qualitätsregelkarten
Fehleranalysetechniken	Q4 – Pareto-Diagramm (ABC-Analyse) Q5 – Korrelationsdiagramm (Streudiagramm) Q6 – Ursache-Wirkungs-Diagramm (Ishikawa-Diagramm) Q7 – Brainstorming

Die Werkzeuge sind nicht getrennt zu sehen, sie wirken in ganz bestimmter Weise zusammen. Es geht zunächst darum, das Problem zu identifizieren und Verbesserungsmöglichkeiten zu erkennen, im nächsten Schritt sind die Fehler zu erfassen (mittels Q1 oder/und Q2 oder Q3) und anschließend zu analysieren (mittels Q4, Q5, Q6 oder Q7). Die Q7 werden immer dann eingesetzt, wenn Verbesserungen erzielt werden sollen.

Welche Werkzeuge setze ich ein, um...
1. das **PROBLEM** zu identifizieren?
2. die **URSACHE** zu analysieren?
3. die **LÖSUNG** zu finden?

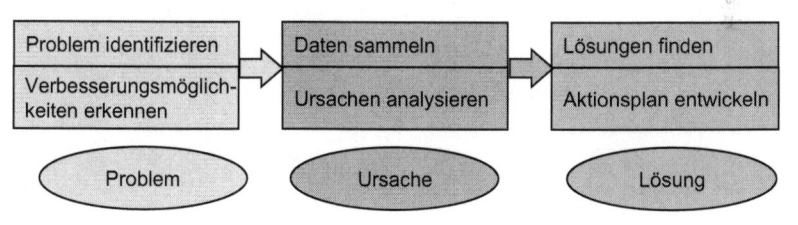

Abb. 1: *Mit dem richtigen Werkzeug Probleme lösen*

Es gilt, das richtige Werkzeug für die jeweilige Lösungssuche zu finden und gezielt einzusetzen. In der Fachliteratur gibt es unterschiedliche Reihenfolgen in der Darstellung der Q7, die man auch die »7 alten Werkzeuge« nennt. Der Japaner Kaoru Ishikawa beginnt mit einer Prozessbeschreibung als erstem Werkzeug und setzt dazu das Flussdiagramm ein.

Neben den Grundwerkzeugen Q7 (Abb. 2) kommen im Entwicklungsprozess auch die M7 (Abb. 3) oder die so genannten »neuen Werkzeuge« zum Einsatz. Das sind das Affinitätsdiagramm, Beziehungsdiagramm, Portfolio-Diagramm, Matrizen, Baumdiagramm, Entscheidungsplan und Netzplan. Der Netzplan dient der zeitlichen Kontrolle der Abläufe in den Entwicklungsprozessen, hiermit lässt sich der »kritischen Pfad« ermitteln.

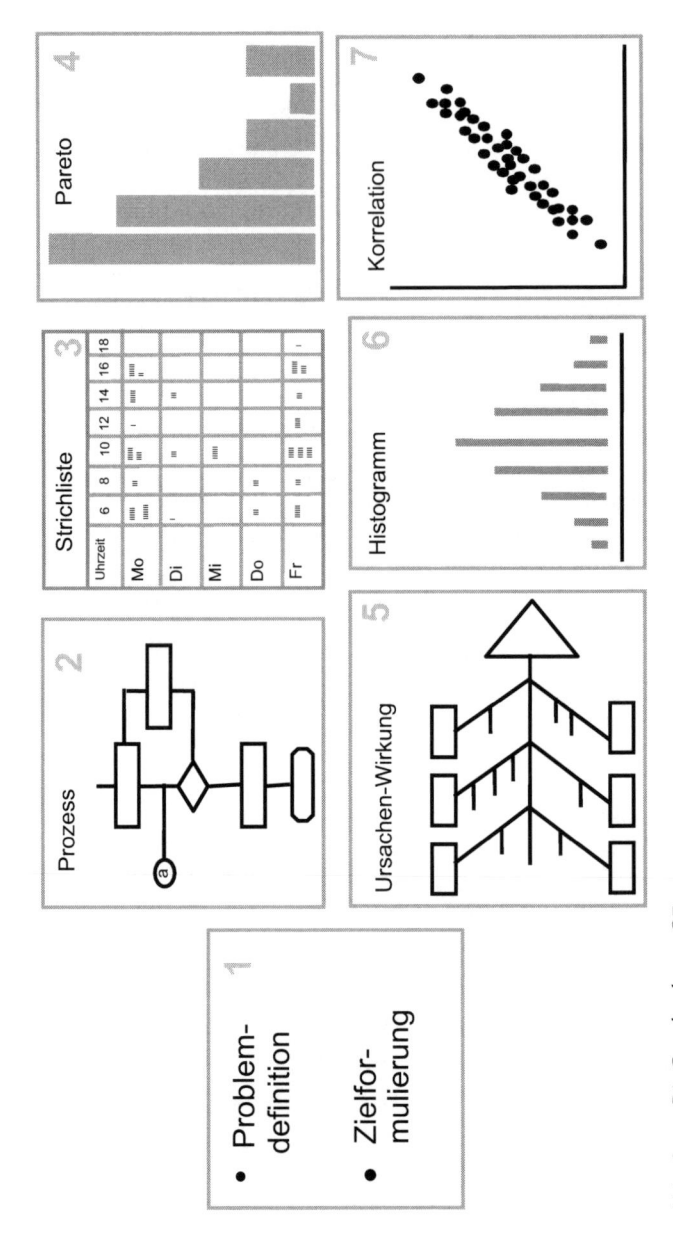

Ergänzende »Werkzeuge« im Entwicklungsprozess

Abb. 2: *Die Grundwerkzeuge Q7*

Das *Affinitätsdiagramm* (1) in Abbildung 3 wird in QFD-Projekten zur Strukturierung der Kundenwünsche eingesetzt. Mittels *Baumdiagramm* (5) lassen sich Funktionsgruppen zusammenfassen. Das *Portfolio-diagramm* (3) ist ein Marketinginstrument zur Bestimmung der Kundenstruktur und wird in der QFD Phase Null zur Segmentierung eingesetzt.

Das Zusammenwirken der Einzel-Methoden sei hier noch einmal in Abbildung 4 verdeutlicht: Im Beispiel wird die Kundenzufriedenheit beziehungsweise Unzufriedenheit im Baumdiagramm erfasst und dann zur detaillierten Untersuchung in das Matrixdiagramm übertragen. Das ist das Vorgehen, das bei QFD praktiziert wird, hier sind es die Kundenwünsche, die im Baumdiagramm geclustert und dann in das House of Quality übertragen werden.

Welche der Techniken zum Einsatz kommt, hängt vom jeweiligen Problem ab. Die Gruppe diskutiert das Problem und trifft die erforderliche Entscheidung. Diese Entscheidungen sind durch unterschiedliche Prioritätenbestimmungen möglich wie zum Beispiel

⇨ Abstimmen,
⇨ Punkte kleben,
⇨ paarweiser Vergleich
⇨ AHP – Analytic Hierarchy Process.

Das Abstimmen hat den Vorteil, dass das Verfahren schnell erledigt ist. Der Nachteil ist, dass die einzelnen Teilnehmer die Einzelursachen und Zusammenhänge oft nicht hinreichend durchdenken. Ein weiterer Nachteil ist, dass die Abstimmung »Gewinner« und »Verlierer« schafft und es besteht die Gefahr, dass die »Verlierer« möglicherweise im Team nicht mehr aktiv mitarbeiten.

Das Punktekleben ist eine sehr einfache und nützliche Methode der Prioritätenbestimmung. Sie zwingt den Einzelnen zur überlegten Verteilung einer festgesetzten Anzahl von Punkten. Wenn die Teilnehmer der Arbeitsgruppe zum Beispiel zehn Punkte auf sechs Ursachen vergeben können, so wird die Ursache mit den meisten Punkten als erste bearbeitet.

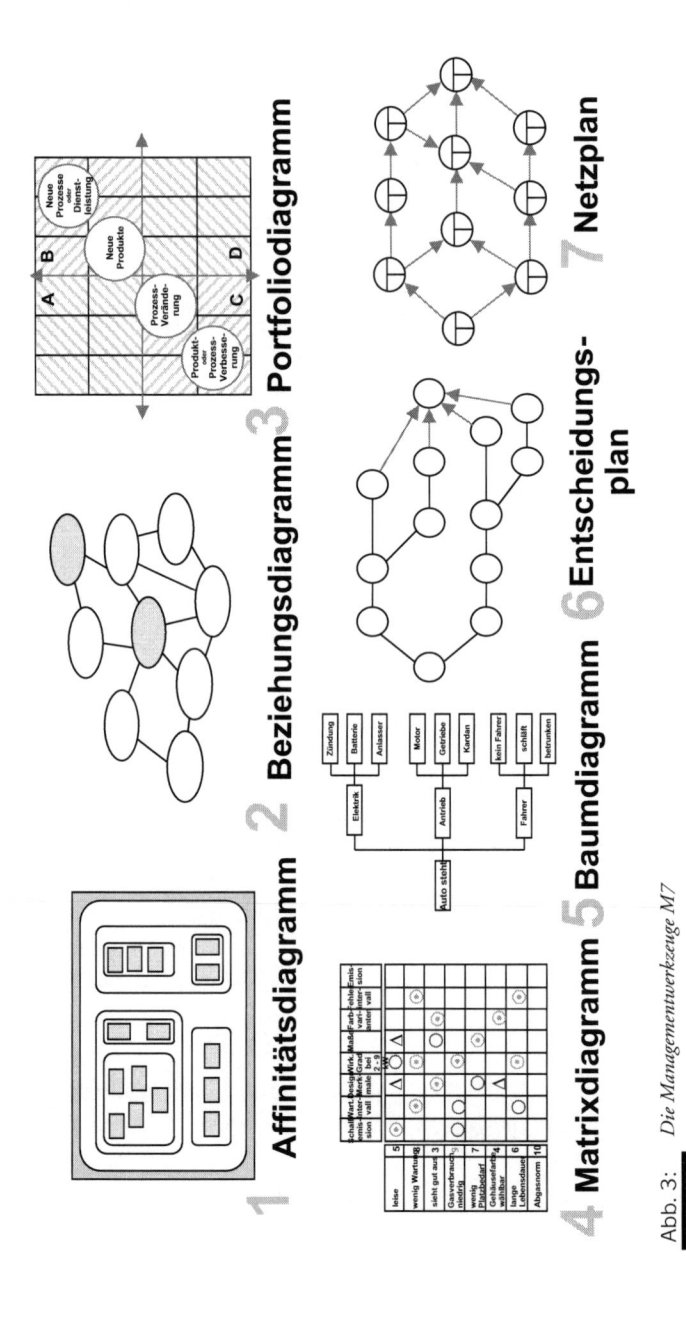

Ergänzende »Werkzeuge« im Entwicklungsprozess

Abb. 3: Die Managementwerkzeuge M7

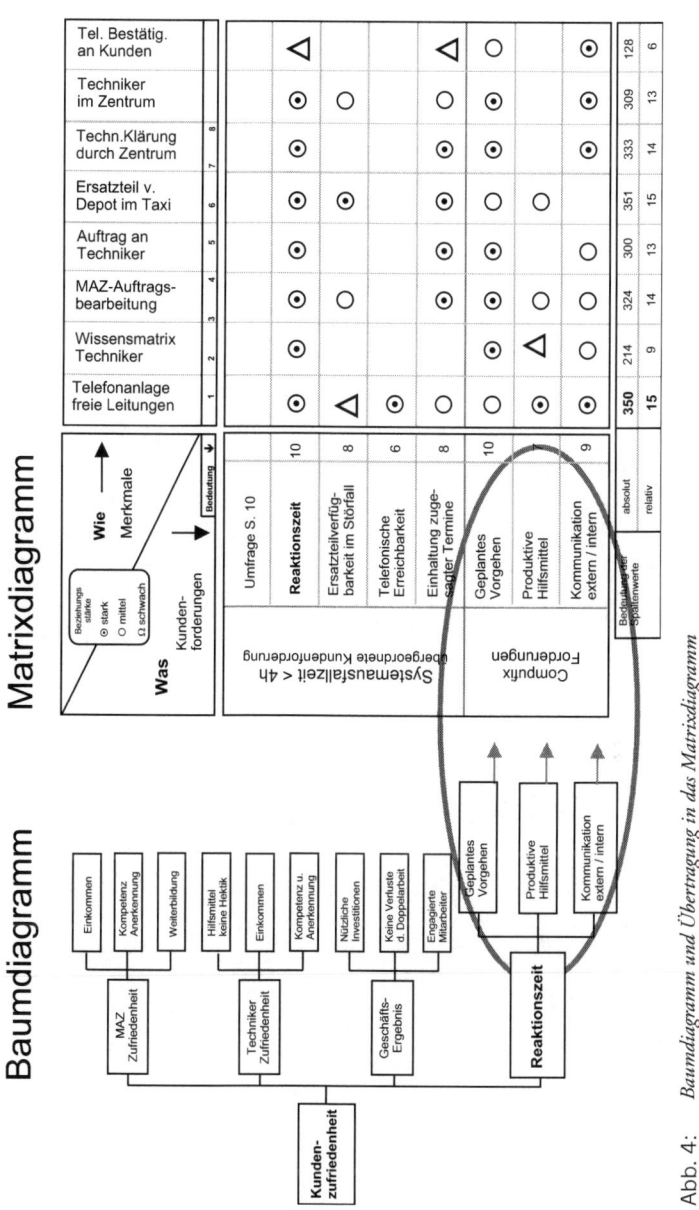

Ergänzende »Werkzeuge« im Entwicklungsprozess

Abb. 4: *Baumdiagramm und Übertragung in das Matrixdiagramm*

465

11.3 Der paarweise Vergleich

Der paarweise Vergleich ist eine Methode der Prioritätenbestimmung, bei der jedes Ursachenpaar miteinander verglichen wird (siehe Abb. 5).

Zur Gewichtung der Kundenanforderungen, möglichst schon bei der Befragung, hat sich der paarweise Vergleich in QFD-Projekten als sehr nützlich erwiesen. Durch diese Gewichtung lässt sich die relative Wichtigkeit jeder einzelnen Anforderung ermitteln. Die befragten Kunden werden gebeten, die einzelnen Anforderungen jeweils mit allen anderen Anforderungen zu vergleichen. Dazu wird eine Matrix (vgl. Abb. 5) ausgefüllt, in die die einzelnen Forderungen eingetragen und bewertet werden. Dieses einfache, intuitive Bewertungsverfahren führt zu einer systematischen Auswahlentscheidung und erfordert keine höhere Mathematik.

Eine sorgfältige Gewichtung der Kundenanforderungen ist entscheidend für die Vergabe der Prioritäten im QFD-Prozess, weil der absolute Bedeutungswert (B) mit dem Unterstützungsgrad (9, 3 oder 1) multipliziert und dann spaltenweise addiert wird.

Beim paarweisen Vergleich wird jedes Ursachenpaar (beziehungsweise Kundenanforderung) miteinander verglichen. Dabei wird gefragt:

⇨ Ist Anforderung A wichtiger als Anforderung B?
⇨ Ist Anforderung A wichtiger als Anforderung C?
⇨ Ist Anforderung A wichtiger als Anforderung D? usw.
⇨ Das gleiche Verfahren bei B gegen C, B gegen D usw.

Mit diesem Verfahren wird sichergestellt, dass jede Ursache (beziehungsweise Kundenanforderung) abgewogen wird.
Die Bewertung der einzelnen Anforderungen wird durch das Team vorgenommen. Dabei werden die Aussagen wie folgt gewichtet:
»ist wichtiger als«: es werden 2 Punkte vergeben
»ist gleich wichtig«: es wird 1 Punkt vergeben
»ist unwichtiger als«: es wird 0 das heißt keine Bewertung vergeben

Ergänzende »Werkzeuge« im Entwicklungsprozess

Ist		wichtiger? (= 2) gleich wichtig? (= 1) unwichtiger? (= 0)								Ergebnis: Summe jedes Buchstabens	
			leise	wenig Wartung	sieht gut aus	Gasverbrauch niedrig	wenig Platzbedarf	Gehäusefarbe wählbar	lange Lebensdauer		Priorität Rang
			A	B	C	D	E	F	G	H	
A	leise			0	1	0	1	1	0		A = 3	4
B	wenig Wartung		2		2	0	2	2	1		B = 9	3
C	sieht gut aus		1	0		0	1	1	0		C = 3	4
D	Gasverbrauch niedrig		2	2	2		2	2	1		D = 11	①
E	wenig Platzbedarf		1	0	1	0		1	0		E = 3	4
F	Gehäusefarbe wählbar		1	0	1	0	1		0		F = 3	4
G	lange Lebensdauer		2	1	2	1	2	2			G = 10	2

Abb. 5: *Paarweiser Vergleich, beziehungsweise Gewichtung von Kundenforderungen [2]*

In der Matrix Abbildung 5 wird ein paarweiser Vergleich zu einem Praxisbeispiel »Heiztherme« durchgeführt. Hierbei sind sukzessive, das heißt Paar für Paar die Kundenanforderungen miteinander verglichen. Die Kundenforderung nach »Gasverbrauch niedrig« (Zeile D) ist in diesem Beispiel wichtiger als die Forderungen nach »wenig Platzbedarf« (Spalte E) und »Gehäusefarbe wählbar« (Spalte F) und erhält somit die Wertung 2 im direkten paarweisen Vergleich.

Der paarweise Vergleich der in der Matrix aufgeführten Eigenschaften kann sich auf den Bereich oberhalb (oder unterhalb) der Hauptdiagonalen beschränken, weil immer zwei Vergleichszahlen spiegelbildlich zu der Hauptdiagonalen liegen und in der Summe 2 ergeben, denn die
2 spiegelt 0,
0 spiegelt 2,
1 spiegelt 1.

Das zeilenweise Aufsummieren der Werte pro Merkmal ergibt die Gesamtpunktzahl des Merkmals. Daraus ergibt sich eine Rangfolge, die in die Matrix (> Abb. 5) eingetragen wurde. So lassen sich die

Prioritäten feststellen. Im Beispiel ist der »Gasverbrauch niedrig« mit elf Punkten am höchsten bewertet, den zweiten Rang nimmt die »lange Lebensdauer« mit zehn Punkten ein. Durch das Summieren der Zahlenwerte ergeben sich die Gewichtungen der einzelnen Kundenanforderungen, dies ist für die Festlegung des Bedeutungswertes B (1-10) in der QFD-Matrix wichtig.

Wenn auf relative Punkte umgerechnet werden soll, kann dies nach dem Beispiel > Abbildung 6 erfolgen:

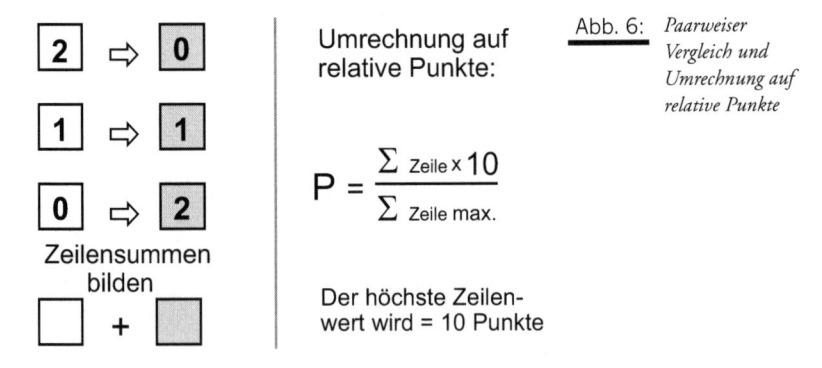

2	⇨	0
1	⇨	1
0	⇨	2

Zeilensummen bilden

☐ + ▨

Umrechnung auf relative Punkte:

$$P = \frac{\Sigma \text{ Zeile} \times 10}{\Sigma \text{ Zeile max.}}$$

Der höchste Zeilenwert wird = 10 Punkte

Abb. 6: *Paarweiser Vergleich und Umrechnung auf relative Punkte*

Bei der Umrechnung wird der höchste Zeilenwert mit zehn Punkten bewertet. Der relative Wert ergibt sich dann aus der jeweiligen Zeilensumme, die mit zehn multipliziert und dann durch die maximale Zeilensumme dividiert wird. In Abbildung 5 wird auf diese Umrechnung verzichtet, weil die Prioritäten der Zeilen D und G eindeutig erkennbar sind.

Dieses einfache Gewichtungsverfahren bewirkt eine Verbesserung der Entscheidungssicherheit. Die Bedeutungswerte jeder einzelnen Kundenforderung lassen sich auf einfache Weise ermitteln. Man erhält durch die Gewichtung eine vom Kunden favorisierte Merkmalskombination.

11.4 AHP-Analytic Hierarchy Process in QFD

11.4.1 Einleitung

Für QFD müssen die Kundenanforderungen vollständig erfasst und exakt gewichtet werden. »Nur so können die anschließend definierten Produktmerkmale, die aus den Kundenanforderungen abgeleitet werden, nutzenorientiert optimiert werden« [16]. Es kann vorkommen, dass bei der konventioneller Vorgehensweise mit QFD, wie sie heute in der Praxis angewendet wird, die Kundenwünsche nicht immer mit hoher Präzision erfasst werden. Daraus resultiert, dass auch die Ergebnisse nicht exakt sein können, da ihre Aussagekraft entscheidend von der Qualität der Eingangsgrößen abhängt [17]. Aus diesem Grund gibt es Überlegungen, eine Genauigkeitssteigerung der Eingangsgrößen durch den Einsatz von AHP zu erreichen. Die Folge wäre, dass nicht wie bisher die absoluten Werte für die Bedeutung B von 1 bis 10 eingesetzt würden, sondern relative Zahlen zwischen 0 und 1 in die Berechnung der QFD eingehen.

Die relativen Gewichtungen resultieren aus einem paarweisen Vergleich der Kundenanforderungen, mit dessen Hilfe eine höhere Qualität der Ergebnisse erreicht werden soll. »Da die Anwendung relativer Bewertungstechniken, insbesondere die des paarweisen Vergleichs, auf der die Methodik des AHP basiert, einen erheblichen Mehraufwand bedeutet, ist zwingend darauf zu achten, dass nach Möglichkeit kein oder lediglich ein minimaler Genauigkeitsverlust bei der Integration der relativen Werte auftritt. Andernfalls kann der deutlich höhere Aufwand nicht gerechtfertigt werden« [17].

11.4.2 Was ist der AHP?

Der AHP Ansatz wurde 1977 von dem amerikanischen Mathematik-Professor Thomas L. Saaty zur Beurteilung einer begrenzten Menge von Handlungsalternativen bei komplexen Zielsetzungen entwickelt. Zum praktischen Einsatz kam die Methode aber erst in den 90er Jah-

ren. Popularität gewann sie vor allem in Nordamerika, Skandinavien Österreich und der Schweiz [3].
Der AHP ist eine Methode aus der präskriptiven Entscheidungstheorie, und er wird zur *Entscheidungsfindung* eingesetzt.

Das Ziel ist es, komplexe Entscheidungen zu vereinfachen. Mittels AHP lassen sich Entscheidungsprozesse strukturieren und lösen. Hinter dem Namen »Analytic Hierarchy Process« verbergen sich die drei Bestandteile der Grundideen des Verfahrens: analytisch zu arbeiten, eine Hierarchie aufzubauen und die Entscheidung als Prozess zu betrachten [8].

Der AHP ist *analytisch,* weil die Entscheidungsunterstützung mathematisch und mittels logischer Schritte erfolgt. Problemstellungen lassen sich umfassend analysieren. *Hierarchisch* ist der AHP, weil das Entscheidungsproblem in Form einer Hierarchie strukturiert wird.

Eine Hierarchie ist ein System, dessen Elemente verschiedenen Ebenen zugeordnet werden (siehe > Abb. 7). Als *Process* wird der AHP wegen seines prozessualen Charakters bezeichnet.

Bildung einer Hierarchie
Da die Hierarchie von der subjektiven Einschätzung der Entscheider abhängig ist, lässt sich keine allgemein gültige »Meta-Hierarchie« formulieren. Die Hierarchie kann durch folgenden Ablauf generiert werden:
1. Oberziel (Erfolgsziel) definieren, Zielhierarchie aufstellen
2. Aus dem Oberziel können Unterziele (Merkmale oder Attribute) abgeleitet werden.
3. Für die Zielerreichung werden Alternativen festgelegt (siehe > Abb. 7)

Hierarchien können unterschiedliche Zielsetzungen haben, z.B.
⇨ Alternative mit den geringsten Kosten ermitteln (Kostenhierarchie)
⇨ Alternative mit dem besten Kosten-Nutzen-Verhältnis ermitteln (Kosten-/Nutzenanalyse)

⇨ Ermitteln der Alternative, die den größten Beitrag zur Zielsetzung leistet.

Mehrstufige Zielhierarchien treten überwiegend in Entscheidungsprozessen auf, zu deren Auflösung der AHP geeignet ist. Nach Saaty [9] durchläuft der AHP dabei folgende Schritte: Aufstellen der Zielhierarchie, Bestimmung der Prioritäten, Berechnung der Gewichtungsvektoren, Konsistenzprüfung, Berechnen der Gesamthierarchie.

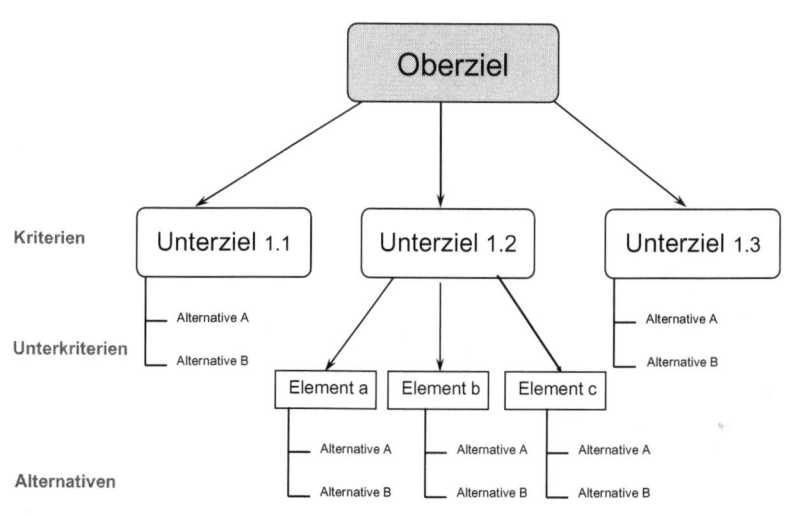

Abb. 7: *AHP-Hierarchiestruktur*

11.4.3 Vorgehensweise und Ablauf des AHP

Die AHP-Methode ist wegen ihrer Komplexität nicht so weit verbreitet wie die klassische Priorisierungsmethode »Paarweiser Vergleich« (> Kap.11.3). Grundsätzlich lassen sich mit Hilfe des AHP beliebige Objekte unter mehrfacher Zielsetzung hinsichtlich mehrerer Kriterien bewerten. In der praktischen Anwendung sollte man bedenken, dass man

⇨ nicht zu viele Ideen zur Bewertung vornimmt (max. 5 - 7) und
⇨ die Ideen sollten Merkmale bzw. Eigenschaften besitzen, die dem Bewerter bekannt sind [6].

Die mathematisch wissenschaftlichen Zusammenhänge des AHP werden im Folgenden nicht näher erläutert. Der Entscheidungsablauf gliedert sich (verkürzt dargestellt) in 3 Phasen:

1. Phase: Sammeln der Daten

In dieser Phase sammelt der Entscheider alle Daten, die für seine Entscheidungsfindung wichtig sind. Dazu formuliert er – *im ersten Schritt* eine konkrete Frage zur Problemstellung. Das Ziel ist es, die beste Lösung zum Problem zu finden.

Im zweiten Schritt wird entschieden, wie das Team zusammengesetzt wird, dass die Entscheidungen zu der Fragestellung trifft. Alle Kriterien, die zur Lösung der Frage als wichtig erscheinen, werden gesammelt. Die Sammlung kann in Form eines Brainstorming erfolgen.

Im dritten Schritt sind Alternativen (Lösungsvorschläge) zu suchen, mit denen sich das Problem (1. Fragestellung) lösen lässt. Damit ist die Phase des Sammelns der Daten und des Formulierens der Fragen abgeschlossen.

Im vierten Schritt benennt der Entscheider alle Alternativen (bzw. Lösungsvorschläge), die in die engere Wahl kommen und mit deren Hilfe sich die eingangs gestellte Frage lösen lässt [3].

2. Phase: Daten vergleichen und gewichten

Nach der ersten Phase des Sammelns und Formulierens erfolgt nun die Gegenüberstellung, das Vergleichen und Bewertung aller Kriterien und Alternativen in zwei Unterschritten:

Im fünften Schritt muss der Entscheider jedes Kriterium jedem anderen gegenüberstellen und vergleichen. Hierbei notiert der Entscheider, welches der beiden Kriterien ihm wichtiger erscheint. Durch diese Methode der *paarweisen Vergleiche* lässt sich eine sehr genaue Bewertung aus der Vielzahl konkurrierender Kriterien entdecken. Dies führt zu einer Rangfolge, in der die Kriterien ihrer Wichtigkeit nach geordnet sind [4]. Für die Wertung der Priorität eines Elements im Vergleich zu einem anderen (Paarvergleich) gibt Saaty eine 9-Punkte-Skala vor. Bei einem umgekehrten Verhältnis werden die Kehrwerte verwendet.

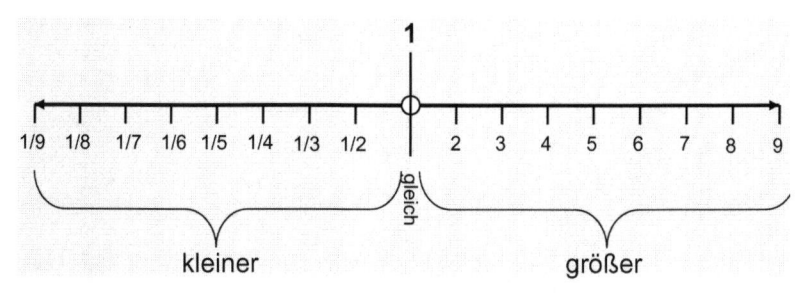

Abb. 8: *AHP-Bewertungsskala nach Saaty [9]*

Im *sechsten Schritt* muss der Entscheider seine Alternativen auf ihre Eignung hin untersuchen und bewerten. Dabei stellt er jeweils zwei Alternativen gegenüber und bewertet, welche am besten zur Erfüllung des jeweiligen Kriteriums passt. Zur Bewertung wird ebenfalls eine Skala von 1 bis 9 bzw. 1 bis 1/9 herangezogen (siehe > Abb. 8). Dies führt zu einer Rangfolge der Alternativen.

Die 9-Punkte-Bewertungsskala, Bestimmen der Prioritäten:

Skalenwert	Bedeutung
1	gleiche Bedeutung
3	etwas größere Bedeutung
5	erheblich größere Bedeutung
7	sehr viel größere Bedeutung
9	absolut dominierend
2, 4, 6, 8	Zwischenwerte

Abb. 9: *Die 9-Punkte Bewertungsskala, Bestimmen der Prioritäten*

Umgekehrte Relation der Bewertungsskala:

Skalenwert	Bedeutung
1	gleiche Bedeutung
1/3	etwas geringere Bedeutung
1/5	erheblich geringere Bedeutung
1/7	sehr viel geringere Bedeutung
1/9	absolut unterlegen
2, 4, 6, 8	Zwischenwerte

Abb. 10:   *Umgekehrte Relation*

3. Phase: Daten verarbeiten (Alternativen bewerten)

Im *siebten Schritt* der letzten Phase steht die Beantwortung der zu Anfang gestellten Frage. Dazu gibt es nach Thomas Saaty [9] verschiedene Auswertungsszenarien. Aus den einzelnen Bewertungen des fünften Schrittes ermittelt der AHP nach einem mathematischen Modell (siehe unter Weblinks »AHP Einführung«) eine präzise Gewichtung aller Kriterien und fügt diese in eine prozentuale Reihenfolge zusammen. Der AHP misst bei dieser Gelegenheit über den sogenannten Inkonsistenzfaktor die Logik der Bewertungen zueinander. Je niedriger der *Inkonsistenzfaktor* ist, desto schlüssiger sind die Bewertungen und desto weniger Widersprüche tragen sie in sich. Um einen Widerspruch überhaupt darstellen zu können, werden per Definition mindestens drei verschiedene Bewertungen (Punkzahlen) benötigt, die zur Betrachtung herangezogen werden müssen [3]. Thomas Saaty gab die folgenden Erfahrungswerte heraus, wonach ein Inkonsistenzfaktor folgendes bedeutet:

⇨ bis 0,00 = *ohne* Widerspruch, der theoretische Idealfall
⇨ bis 0,10 = *kaum* erkennbare Widersprüche
⇨ bis 0,20 = noch *akzeptable* Widersprüche
⇨ bis 0,80 = *prüfen* Sie unbedingt Ihre Bewertungen
⇨ ab 0,80 = *zufällige* Bewertungen (oder »gewürfelt«?)

Der Schwerpunkt dieses Kapitels liegt in der Darstellung des Ablaufs für den Anwender. Der wissenschaftliche Teil wird nicht beschrieben, das sprengt den Rahmen dieses Werkes. Mehr zur Theorie und mathematischen Berechnung finden Sie bei Weblinks und in den angegebenen Fachbüchern im Quellenverzeichnis. Empfehlenswert ist die AHP-Einführung von Dr. Oliver Meixner [15].

11.4.4 AHP und QFD

Der AHP ist als Bewertungsverfahren im QFD-Prozess geeignet und kann zum Beispiel eingesetzt werden:
⇨ zur exakten Priorisierung der Bedeutungswerte (B = 1-10) der Kundenanforderungen im 1. QFD-House,
⇨ zum Paarweisen Vergleich der Gewichtungen und Abhängigkeiten.

Vorteile des AHP sind:
Der AHP wird nicht nur zur Gewichtung/Priorisierung von Kundenanforderungen eingesetzt, sondern kann darüber hinaus auch die Anforderungen strukturieren. Zudem unterstützt eine hierarchische Gliederung der Anforderungen die Urteilsfähigkeit des Bewerters, da der Mensch aufgrund seiner kognitiven Fähigkeiten generell bestrebt ist, komplexe Problemstellungen in Teilentscheidungen zu zerlegen, um fundierte Lösungen zu finden [15].

Das Deutsche und das amerikanische QFD Institut empfehlen AHP zur Gewichtung der Kundenanforderungen einzusetzen, denn »AHP sei darin wesentlich besser und genauer in den Aussagen als beispielsweise das einfache ‚Ranking' von 1 bis 10« [5].

Das der AHP heute trotzdem noch nicht so weit verbreitet ist wie der Paarweise Vergleich, liegt an den zeitaufwendigen mathematischen Berechnungen. Geeignete Software kann bei dem Bewertungsprozess hilfreich sein.

Nachteile des AHP sind:
Die Umstellung der absoluten Bedeutungswerte (1 bis 10) auf relative Werte führt zu Änderungen, die sich auf weite Teile der QFD auswirken. In der konventionellen QFD ist die Höhe der Zahlenwerte einer einzelnen Kundengewichtung abhängig von der Beurteilung der Personen, die die QFD durchführen. Werden relative Gewichtungen von Kundenanforderungen verwendet, so ist auch hier die Höhe der Zahlenwerte von den bewertenden Personen abhängig. Allerdings ist eine Bewertungsskala bei relativer Gewichtung nicht mehr existent, es tritt eine neue Einflussgröße auf:

Bei steigender Anzahl an Kundenwünschen werden die einzelnen Zahlenwerte der Gewichtung tendenziell immer kleiner, da bei der relativen Gewichtung immer genau 100% auf alle Kundenanforderungen verteilt werden [17].

Es gibt noch eine weitere Problematik bei der Integration relativ gewichteter Kundenanforderungen in einer QFD. Bei der Berechnung der Ergebnisse werden die gewichteten Kundenanforderungen und die Werte für die Korrelation der Anforderungen mit den Produktmerkmalen multipliziert. Durch die Verwendung der Skalenwerte 1 bis 10 stehen die beiden Eingangsgrößen in einem fest definierten Verhältnis zueinander. Bei der relativen Gewichtung kann sich dies ganz anders verhalten, denn es existiert in den meisten Fällen kein feststehendes Verhältnis der Eingangsgrößen. Es sind Bewertungen möglich, die bei einer Skalenbewertung ausgeschlossen sind. So kann eine Kundenanforderung nicht nur 2 oder 10 zehn mal so hoch bewertet werden, sondern vom Betrag her auch wesentlich höher [17].

Das hat zur Konsequenz, dass die Eingangsgröße der Gewichtung der Kundenanforderungen das rechnerische Ergebnis der Gesamtbewertung in jeder QFD unterschiedlich stark beeinflusst und eine Unausgeglichenheit entsteht. Bei einer Umsetzung der Integration von Gewichtungen aus dem AHP in eine QFD muss diese Problematik beachtet werden. Ebenfalls ist darauf zu achten, dass ein möglichst hoher Zugewinn an Qualität für die Ergebnisse der QFD entstehen. Ist dies nicht gewährleistet, so ist die Umsetzung nutzlos.

Die Lösung der beschriebenen Problematik könnte eine weitere Motivation für ein Arbeitsthema des AHP-Arbeitskreis des QFD-Instituts Deutschland sein.

11.4.5 Das QFD-Institut Deutschland (QFD-ID) und AHP

Das QFD-ID Vorstandsmitglied Dr. Thomas Fehlmann leitet zur Zeit einen *AHP-Arbeitskreis,* der sich regelmäßig trifft. Fehlmann forderte die Teilnehmer des Arbeitskreises auf, die Risiken in ihren Bewertungen und Entscheidungen zu hinterfragen. Er zeigte auf, wie Irrtümer oder Flüchtigkeitsfehler zu Inkonsistenzen in den Bewertungen führen können, die auf den ersten Blick meistens nicht erkennbar sind. Die Folgen können Fehlentscheidungen sein. Allerdings muss bei subjektiven Bewertungen eine geringe Inkonsistenz als Unschärfe akzeptiert werden, da exakte Messwerte für die Gewichtungen nicht vorhanden sind.

Glenn Masur, (Executive Director, International Council for QFD (ICQFD) und Executive Director, QFD Institute ‚USA) präferiert AHP im sogenannten »Modern QFD«. Auf dem QFD-Symposium 2006 kam es darüber fast zu einem Eklat. Die Keynote von Mazur übte Kritik an QFD hinsichtlich »schlechter Mathematik«. Und zum anderen bezeichnete er in einer Tabelle die QFD-Ansätze der USA als »Modern QFD« und die in der restlichen Welt praktizierten QFD-Varianten als »Old Fashioned QFD«. Das sorgte für Sprengstoff und Diskussionsbeiträge.

Als Ziele für den AHP-Arbeitskreis wurden vereinbart:
⇨ die Methode AHP inklusive Eigenvektorberechnungen, Skalen etc. zu verstehen,
⇨ den Zusammenhang von AHP mit QFD zu klären und

⇨ auch ein konkretes Ergebnis zu erarbeiten wie ein AHP-Template, ein sogenanntes »Kochbuch«/Vorgehensmodell zur Anwendung von AHP im QFD.

Interessenten können die Termine der Arbeitskreistreffen über die Webseite des QFD-Instituts www.qfd-id.de erfahren.

11.4.6 Software zum AHP

Zur Unterstützung von Entscheidungsprozessen mittels AHP ist der Einsatz von Software zu empfehlen. Es gibt Individuallösungen (in der Regel Exel-Tabellen) und professionelle Softwarepakete. Software von HIPRE, DSS for ORA, EcPro 9.5 von Expert Choise wurden speziell für einen standardisierten Einsatz des AHP entwickelt.

Von Qualica gibt es ebenfalls ein Softwarepaket im Zusammenhang mit DSS.

Durch die standardisierte Software lässt sich die Bearbeitungs- bzw. Bewertungszeit mittels AHP erheblich verkürzen.

Auch im nächsten Verfahren geht es um Bewertungen und Variantenvergleiche, die mittels Diagramm ausgewertet werden können.

11.5 Pugh-Verfahren – Konzeptauswahl und Variantenvergleich

Der englische Professor für Konstruktionslehre Stuart Pugh entwickelte ein Verfahren zum Vergleich verschiedener Varianten. Er ist der Ansicht, dass es nicht ausreicht, sich allein auf hervorragendes Ingenieurwissen oder die nachfolgende Produktion zu verlassen. Seiner Meinung nach ist es unprofessionell, eindimensionale Entwicklungsansätze unter Ausschluss anderer Ideen zu verfolgen, weil die Wahrscheinlichkeit von Fehlentwicklungen hierdurch wesentlich erhöht wird. Unabhängig von der Qualität der Entwicklungsidee wird das fertige Produkt, sofern es nicht die realen und imaginären Markterwartungen trifft, zum Scheitern verurteilt sein. Um erfolgreiche Produktentwicklung zu betreiben, muss dementsprechend eine Vielzahl an Entwicklungsvorschlägen berücksichtigt werden. Hieraus ergibt sich eine Größenordnungsproblematik hinsichtlich der Handhabbarkeit, die von der Anzahl der Vorschläge und deren Varianten abhängig ist.

Laut Pugh vertraten die »Kreativitätspäpste« und »Stuhllehnen-Designexperten« über viele Jahre hinweg den Standpunkt, dass die Mobilisierung von Kreativitätspotenzialen zur Problemlösung die Hauptschwäche des Designarsenals darstelle. Diese Ansicht revidierte Pugh nach zehnjähriger Tätigkeit. Er kam zu einer Neuordnung der Entwicklungsansätze. »Die Entwicklung kreativer Methoden um ihrer selbst willen stellt einen Großteil dessen dar, was ich als Mythologie der Methodik bezeichnen möchte.« [10]

Die wichtigsten Faktoren bei der Erzeugung vielfältiger Ideen zur Lösung eines Entwicklungsproblems sind laut Pugh:

⇨ eine stimulierende Arbeitsumgebung der Entwickler
⇨ ihre Einstellung und Haltung bezüglich der Problemlösungen
⇨ der Umgang der Entwickler und der Teammitglieder miteinander

Seiner Meinung nach fließen bei entsprechender Stimulans, Einstellung und Umgebung Ideen und Lösungsvorschläge von alleine ohne künstliche Hilfen und »Mätzchen«. Dieser Ansicht sind auch einige, der in Deutschland ansässigen Firmen, die ihre »Denkfabriken« in landschaftlich besonders »inspirierende« Gegenden oder Gebäude verlegten. So schaffte das patentstarke Unternehmen IBM Freiraum zum kreativen Denken im umwaldeten Entwicklungszentrum »Rauher Kapf« auf dem Schönaicher Forst nahe Böblingen. Von der »Denkfabrik im Grünen« zum Hightech-Center der Zukunft wirbt die IBM Deutschland Research & Development GmbH heute.

Zwischen Weissach und Flacht, 25 Kilometer westlich von Stuttgart, liegt das von grünen Wiesen umgebene Entwicklungszentrum von Porsche. Das heißt, in jedem Porsche steckt ein Stück Weissach. Die deutschen Autokonzerne BMW und Daimler Benz beherbergen ihre Forscher ebenfalls in inspirierenden Gebäuden. Das BMW-FIZ-Entwicklungszentrum in München ist ein Beweis dafür.

Das »Kreativitätslabor« der DaimlerChrysler Forschungsgruppe »Gesellschaft und Technik«, unter Leitung des »Sehers« Professor Dr.

Eckard Minx, ist im sechsten Stock eines spreenahen Berliner Gebäudes untergebracht. In hellen, offenen Räumen forscht das Team aus Ingenieuren, Sozial- und Kulturwissenschaftlern nach zukünftigen Trends. Ihr Zukunftsszenario ist eine kreative Vorausschau, die zum Teil auf empirischen Erhebungen, Statistiken und Prognosen basiert. »Wissen ist der einzige Rohstoff, der sich bei Gebrauch vermehrt«, sagen sie und handeln danach.
Laut Professor Minx sind für die Zukunftsfähigkeit eines Unternehmens drei Dinge entscheidend:
1. Das Denken auf Vorrat,
2. die richtigen Wahrnehmungen für Veränderungen von Umwelt und Gesellschaft,
3. das Wissen

2003 eröffnete DaimlerChrysler als erster Automobilhersteller ein Forschungszentrum, in dem das emotionale Empfinden der Autofahrer/innen im Fokus der Arbeit steht. Im Customer Research Center (CRC) in Berlin-Marienfelde »ist der Kunde nicht nur König, sondern auch Forscher in eigener Sache« [11]. Das Team besteht aus Ingenieuren und Psychologen, die mit Testpersonen unter kontrollierten Bedingungen Versuche machen. Sie testen nicht nur den Neigungswinkel der Frontscheibe, sondern auch die Sinneswahrnehmungen der Probanten zu Oberflächen und Geräuschen.

Die Erkenntnis, dass »Wissen der einzige Rohstoff ist, der sich bei Gebrauch vermehrt«, gehört auch zu Kaos geistigem Gut. Er sagt: »Kreativität ist das einzige Werkzeug, das vom Gebrauch schärfer wird.« Pughs Gedanken werden heute durch den Havard-Kreativitätsforscher Kao wiederbelebt. Auch er stellte bei seinen Besuchen in kreativen Unternehmen fest, dass die Umgebung inspirieren kann.

Zu dieser Erkenntnis kamen einige Unternehmen auch von selbst, denn das Softwarehouse Lotus lässt seine Programmierer in einem kleinen Bauernhaus entspannen, der Filmhersteller Kodak richtete seinen Kreativen einen so genannten Humorraum ein und die japanischen Mitarbeiter der Firma Shiseido lassen ihren kreativen Gedanken in Zen-Gärten freien Lauf.

Eine Oase der Ruhe befindet sich inmitten der Bell Laboratories, einer der bekanntesten Forschungseinrichtungen der Welt. »Für neue Ideen braucht man manchmal eine unkonventionelle, kreative Arbeitsatmosphäre«, sagte Kevin F. Cunniff, Techniker des Bell Labs. Die tägliche Anmeldung von mehr als drei Patenten pro Tag gibt ihm Recht.

11.5.1 Das Pugh-Diagramm zur Konzeptauswahl

Das Ende der 80er Jahre von Pugh entwickelte Verfahren wird heute nicht nur bei QFD, sondern auch im Zusammenhang mit Six Sigma eingesetzt.

In der ersten QFD-Matrix werden unter den »Anforderungen an das Design« lediglich Funktionsmerkmale (beziehungsweise Lösungsansätze) aufgeführt, aber noch keine Lösungen. Wenn dann die konkrete Auswahl der Design-Merkmale erfolgt, kann das in Abbildung 11 beschriebene Pugh-Verfahren hilfreich sein, denn das Verfahren der Pugh-Konzeptauswahl dient dazu, aus mehreren Konzeptvorschlägen die optimale Lösung auszuwählen. Die Stärken und Schwächen eines jeden Konzepts werden, wie im Folgenden zu sehen, tabellarisch dargestellt und zusammengefasst. Die beste Lösung enthält im Idealfall die Vorteile aus den verschiedenen Alternativen. Daher wird das Vorgehen bei der Konzeptauswahl anhand des Formblattes in Abbildung 11 empfohlen.

Das Pugh-Diagramm erleichtert den Vergleich von Alternativlösungen mit dem Muster. Die beste Lösung enthält im Idealfall die Vorteile aus verschiedenen Alternativen. Dabei werden die verschiedenen Kriterien (hier 1-10) *jeder Alternative* mit dem Muster verglichen. Gefragt wird dabei:

Tabelle 1: Bewertung der Alternativen	
Ist die Alternative (1, 2, 3, 10)	Bewertung im Vergleich zum Muster:
⇨ besser als das Muster?	+
⇨ schlechter als das Muster?	-
⇨ gleich?	G

Nach der gemeinsamen Bewertung durch das Projektteam werden Plus und Minus in den einzelnen Spalten der Pugh-Tabelle (Abb. 11 und 12) zusammengezählt. Das Konzept mit den meisten Plus stellt die vorläufig geeigneteste Lösung dar. Das nun vorliegende Alternativkonzept wird im Team auf seine Schlüssigkeit diskutiert.

Dabei sind weitere Fragen zu stellen, zum Beispiel:
⇨ Ist eine Mischung aus +/- möglich?
⇨ Werden mit dieser Ausführung/Konstruktion die zukünftigen Anforderungen erfüllt?
⇨ Ist das neue Konzept empfindlich gegen Verhaltensänderungen der Käufer und des Marktes?
⇨ Ist die neue Variante anfällig gegen wirtschaftliche Veränderungen (gesamtökonomisch gesehen)?

Nach all diesen Überlegungen entscheidet sich das Team für die beste Alternative oder für das bestehende Muster.

Beispiel: Weinflasche (> Abb. 12)
Am simplifizierten Beispiel der Weinflasche lässt sich das Prinzip von Pugh einfach erklären. Die abgebildeten Flaschenformen 1 bis 5 sind mit dem Muster auf zehn Kriterien zu vergleichen: Ausgießbarkeit, Standfestigkeit, Aussehen, Handlichkeit, Lagerfähigkeit, Festigkeit, Schutz des Inhaltes, Herstellbarkeit der Flasche, Etikettierbarkeit und Kosten.

Ergänzende »Werkzeuge« im Entwicklungsprozess

Pugh - Diagramm zur Konzept-Auswahl		Muster	1	2	3	4	5
Kriterium	Maß mit Grenzwert / Rang						
1							
2							
3							
4							
5							
6							
7							
8							
9							
10 **Kosten**							
Bewertung im Vergleich zum Muster	+ = besser - = schlechter G = gleich	Anzahl + Anzahl - Anzahl G Hinweise					

Abb. 11: *Pugh-Diagramm zur Konzeptauswahl [2]*

Ergänzende »Werkzeuge« im Entwicklungsprozess

Pugh - Diagramm zur Konzept-Auswahl	Muster	1	2	3	4	5
Beispiel: **Weinflaschen**						
Kriterium — Maß mit Rang Grenzwert						
1 Ausgießbarkeit						
2 Standfestigkeit						
3 Aussehen						
4 Handlichkeit						
5 Lagerbarkeit						
6 Festigkeit						
7 Schutz f. Inhalt						
8 Herstellbarkeit						
9 Etikettierbar						
10 **Kosten**						
Bewertung im Vergleich zum Muster: + = besser, - = schlechter, G = gleich	Anzahl +					
	Anzahl -					
	Anzahl G					
	Hinweise					

Fragen:
- Ist eine Mischung aus +/- möglich ?
- Erfüllung zukünftiger Anforderungen ?
- Empfindlich gegen Verhaltensänderung ?
- Empfindlich gegen wirtschaftl. Änderung ?

Abb. 12: *Pugh-Diagramm zur Auswahl einer Weinflasche* [2]

Dabei wird die Bewertung jedes einzelnen Kriteriums gegenüber dem Muster vorgenommen. Zum Beispiel:
⇨ »Ist die Ausgießbarkeit der Flasche 1 besser als die Ausgießbarkeit des Musters«?
⇨ »Ist die Standfestigkeit der Flasche 2 besser als die des Musters«?

Gefragt wird auch nach der Erfüllung zukünftiger Anforderungen, das können modische Trends sein (zum Beispiel die dunkelblaue Muranoglas-Flasche) oder ökologische Konzepte (zum Beispiel Wiederverwertbarkeit oder Verzicht auf den Einsatz von Stanniol). Als Lernbeispiel in Workshops hat sich diese Wein-Matrix bewährt, weil sie zu schnellem (und fröhlichem) Verständnis der Methode führt. Untersuchungen nach alternativen Lösungen können auf diese Weise in allen Bereichen, von der Leichtbauweise im Fahrzeugbau bis zur optimalen Formgebung einer Seifenschale, vorgenommen werden.

So lassen sich zum Beispiel auch die Komponenten von Fahrzeugrädern (Radfeder, Radfelge), insbesondere die gestalterischen Variationen im Bereich der Radkappen (Scheibenräder, Speichenräder) untersuchen. Forscher des Instituts für Leichtbau der RWTH Aachen [12] untersuchten zum Beispiel die Erhöhung der spezifischen Tragfähigkeit am Beispiel des Scheibenrades. Die Radscheibe wurde in unterschiedlichen Bauweisen zur Versteifung des Felgenrades konzipiert: Zum Beispiel als Sandwich-, Rippen-, Waffelblech-Variante.
Die konstruktive Gestaltung hat wesentlichen Einfluss auf das Tragverhalten eines Rades. Eine Sandwichbauweise kann beispielsweise das Gewicht bei gleicher Tragfähigkeit um bis zu 30 Prozent reduzieren. Die Untersuchung unterschiedlicher Materialien und unterschiedlicher Varianten dienten dem Ziel, das Radgewicht zu reduzieren.

Abb. 13: *Radscheiben in unterschiedlicher Bauweise [12]*

Sandwich

Rippe

Waffelblech

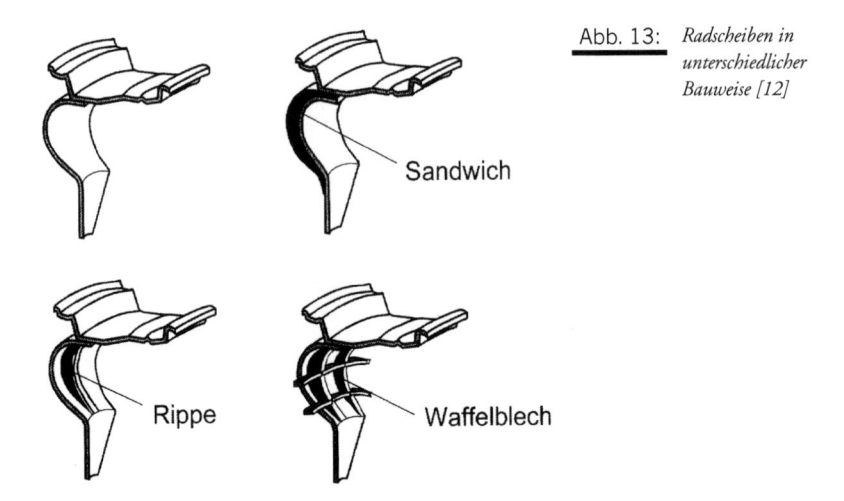

Fazit

Neues, Innovatives hervorzubringen braucht Freiraum. Freiraum ist auch nötig, um alte Denkmuster zu verlassen und sich querdenkerisch von der Reproduktion des bereits bestehenden zu lösen. Kreativität ist, wie die Forschung heute weiß, keine gegebene Eigenschaft einer Person, Gruppe oder Organisation, sondern entsteht erst unter »geeigneten Umständen«, wie sie Pugh beschreibt.

Laut J. M. Weber [13] kommen circa 99 Prozent aller neuen Ideen aus folgenden Quellen:
⇨ circa ein Prozent entstehen in der berühmten Badewanne
⇨ zehn Prozent stammen aus langweiligen Meetings
⇨ elf Prozent auf Geschäftsreisen
⇨ dreizehn Prozent im Urlaub, aber
⇨ der größte Anteil entsteht »in der Natur«

Insofern werden Pughs Empfehlungen nach Freiraum zum kreativen Denken durch das Ansiedeln der Entwicklungszentren in reizvoller Natur bestätigt. Die Pugh-Diagramme dienen der Dokumentation des jeweiligen *Zeitgeschmackes,* sie können in den Abfragepunkten beliebig erweitert werden. Die Bewertung unterstützt das Finden der besten Alternative, beziehungsweise der besten Lösung.

Literatur

[1] MARKFORT, D., *Integration von QFD, FMEA, DoE und Target Costing in einer relationalen Datenbank, in VDI-Berichte 1558, VDI-Verlag Düsseldorf, 2000*

[2] SAATWEBER, JUTTA, *Kundenorientierung durch Quality Function Deployment, C. Hanser Verlag München, Wien, 1997*

[3] *http://community.easy-mind.de/page-105.html*

[4] *http://wikipedia.org/wiki/Analytic_Hierarchy_Process.html*

[5] MAZUR, GLENN, ZULTNER, RICHARD, *QFD Institut USA; www.glenn@mazur.net*

[6] *http//:www.boku.ac.at/iao/ahp*

[7] *www.e-p-o.com; fehlmann@qfd-id.de und www.qfd-id.de*

[8] REICHARDT, T.,*Seminararbeit: Mehrkriterielle Entscheidungen mit dem AHP-Verfahren, Halle, 2003*

[9] SAATY, THOMAS, *The Analytic Hierarchie Process, University of Pittsburg, 1990 und Fundamentals of Decision Making and Priority Theory with the Hierarchy Process, 2. Auflage, Pittsburgh*

[10] PUGH, S. AND SMITH, D.G., *Design Teaching 10 years on, »Engineering« Design Education Supplement no. 2, 1978, S.20-22*

[11] *DaimlerChrysler Hightechreport, Ausgabe 1/2003, Seite 11, Hrsg.: DaimlerChrysler AG Communications, Stuttgart Seite 13*

[12] MENKING, MICHAEL, *Technische Mitteilungen 88, Heft 3/95, Haus der Technik, Essen (Außenstelle der RWTH Aachen) S.. 16, 18*

[13] WEBER, J.M. *in »Handbuch Produktentwicklung«, Seite 99, Hrsg.: Schäppi, Andreasen, Kirchgeorg, Radermacher, C. Hanser Verlag München, 2005*

[14] *VDA Band 4, QM in der Autoindustrie, DFSS (Design for Six Sigma), 1. Ausgabe 2011, Gelbdruck*

[15] MEIXNER, OLIVER, HAAS, RAINER, *Expert Choise und AHP – innovative Werkzeuge zur Lösung komplexer Probleme, Verlag: REDLINE WIRTSCHAFT bei ueberreuter; 2002*

[16] CROSTACK, H.-A.; REFFLINGHAUS, R.; SAKOWSKI, M.; SCHLÜTER, N.: *Structuring Customer Demands for Logistic Systems in Production Plants, Conference Prodeedings, Liverpool, 2006*

[17] CROSTACK, H.-A.; REFFLINGHAUS, R.; *Anwendung des AHP bei Gewichtungen von Kundenanforderungen, TU Dortmund, Vortrag QFD-Symposion 2007, Kassel*

Literatur zu AHP

ROMMELFANGER, H.J.; EICKEMEIER, P.H.: *Entscheidungstheorie, Klassische Konzepte und Fuzzy-Erweiterungen, Springer, Berlin, 2002*

SAATY, T.L.: *Decision Making for Leaders -The Analytic Hierarchy Process for Decisions in a Complex World, 3. Aufl., RWS Publications Pittsburgh, 2001*

weitere Weblinks

http://www.qfd-id.de/zertifizierung/Qualifikationsmassnahmen.pdf

http://www.laum.uni-hannover.de/ilr/lehre/Ptm/Ptm_BewNwa.htm

http://www.wikipedia.org/wiki/Analytic_Hierarchie_Process.html

Zusammenfassung
Die Weiterentwicklung der QFD-Methode wird nicht auf neue Anwendungsfelder begrenzt sein, die Verknüpfung der verschiedenen Methoden untereinander und ihre Integration in bestehende Entwicklungsprozesse ist erkennbar. Es wurden weitere ergänzende Methoden gezeigt, die den Produktentwicklungsprozess unterstützen. Das Ziel ist, sie so zu verknüpfen, dass Synergien erreicht werden. Heute werden die meisten Methoden für den Entwicklungsbereich noch getrennt und ohne strukturierten Informations- und Datenaustausch eingesetzt. Dadurch müssen Informationen häufig mehrfach ermittelt werden und die Ergebnisse können nicht in andere Methoden einfließen. Wünschenswert wäre eine Wissensdatenbank, in der Informationen abgelegt und abrufbar sind. Softwareunterstützung, wie z. B. bei der Verknüpfung des AHP und QFD sind sinnvoll.

Erfolge durch den Einsatz von Methoden und das systematische Vorgehen im Entwicklungsprozess sind unbestreitbar der richtige Weg weitere Verbesserungen zu erreichen. Aber allein die Verfügbarkeit der unterschiedlichen Methoden ist noch keine Garantie, den Entwicklungsprozess effektiver und effizienter gestalten zu können. Wichtig ist vielmehr, einen passenden Mix an Methoden und Werkzeugen zu selektieren und zu implementieren, der sich in den charakteristischen Anforderungen und Zielen der jeweiligen Organisation und des Entwicklungsprozesses spiegelt.

International und national beschäftigen sich zahlreiche Institute mit dem Potential des QFD-Ansatzes. Es erfolgt auch eine Weiterentwicklungen mit AHP und DFSS (Design for Six Sigma) [14].

Kapitel 12

Kostenbetrachtungen im QFD-Prozess

In der Produktentwicklung ist Kundenorientierung Pflicht. Aber natürlich muss sich ein Produkt auch rechnen. Mit dem Einsatz von Verfahren wie Wertanalyse oder Target Costing lässt sich ein effektives Kostenmanagement implementieren.

In diesem Beitrag erfahren Sie:
- wie sich die Kosten in den QFD-Prozess integrieren lassen,
- wie durch die Produktentwicklung mit QFD die Kosten reduziert werden können,
- wie sich QFD und Wertanalyse (WA) ergänzen,
- wie Target Costing im QFD-Prozess eingesetzt wird.

12.1 Einleitung

In der Vergangenheit wurde zum Planungsbeginn neuer Produkte in der Regel eine Kostenschätzung vorgenommen, die meistens mit Unsicherheiten behaftet war. Heute hat der Kunde hingegen ganz bestimmte Vorstellungen zu dem Preis des neuen Produktes beziehungsweise der Dienstleistung. Diese lassen sich durch Kundenumfragen oder Besuche des Außendienstes erfragen: »Was bist du bereit zu zahlen, wie viel ist dir diese Sonderausführung, Zusatzausstattung oder das neu entwickelte Produkt wert?« So lässt sich ermitteln, welchen Preis der Kunde für das innovative Produkt beziehungsweise Dienstleistung akzeptieren würde.

Die empirische Untersuchung der TU Berlin zu den »Kosten-Nutzen-Wirkung der Qualitätstechniken« belegt, dass die Methode QFD sich bei den Kosten-Nutzen-Betrachtungen als besonders kostensparend erwiesen hat. Die Befragung richtete sich an deutsche Unternehmen unterschiedlicher Branchen, die bereits Erfahrungen mit dem Einsatz von Qualitätsmethoden sammeln konnten. Die Einsatzhäufigkeit der Qualitätstechniken ist bei den 93 befragten Unternehmen hoch,

⇨ 33 Prozent von ihnen setzen QFD ein und
⇨ 77 Prozent arbeiten mit der FMEA.

Von diesen Unternehmen wurde QFD *als besonders kostensparend* bezeichnet, denn für alle abgefragten Kostenarten wie
⇨ Fehlerkosten,
⇨ Materialkosten,
⇨ Personalkosten und
⇨ Anlaufkosten

stellten die Unternehmen insgesamt eine merkliche Reduzierung fest. Obwohl durch den Einsatz der neuen Methode anfangs höhere Personalkosten auftraten, haben die Unternehmen doch eine Kostensenkung erkannt, weil die Einsparung bei den Fehler- und Anlaufkosten besonders deutlich ausfiel. »Aufgrund der vorliegenden Ergebnisse kann QFD insgesamt das größte Potenzial zur Kostensenkung eingeräumt werden.« [1]

Abbildung 1 zeigt, dass mit Entwicklungen nach QFD Einsparungen bis zu 40 Prozent (und mehr) möglich sind, weil durch gute Vorarbeit die Überarbeitungsphase erheblich verringert wird.

Im QFD-Projekt ist neben der Bearbeitung und Auswahl der technischen Merkmale, der Funktionen, der Baugruppen und der Teile die Betrachtung der Kosten für die Herstellung und Vermarktung insbesondere bei Massenprodukten, die von verschiedenen Herstellern fast gleichartig angeboten werden, von hoher Bedeutung für den Erfolg des Produktes. In diesem Bereich ist der Preis oft kaufentscheidend. Anders ist die Situation bei technisch führenden Produkten, wenn der Käufer die Innovation versteht und nutzen kann. In diesem Fall spielt der Preis eher eine untergeordnete Rolle, was die innovationsfreudigen Firmen nutzen, um als erste die höheren Gewinne erwirtschaften zu

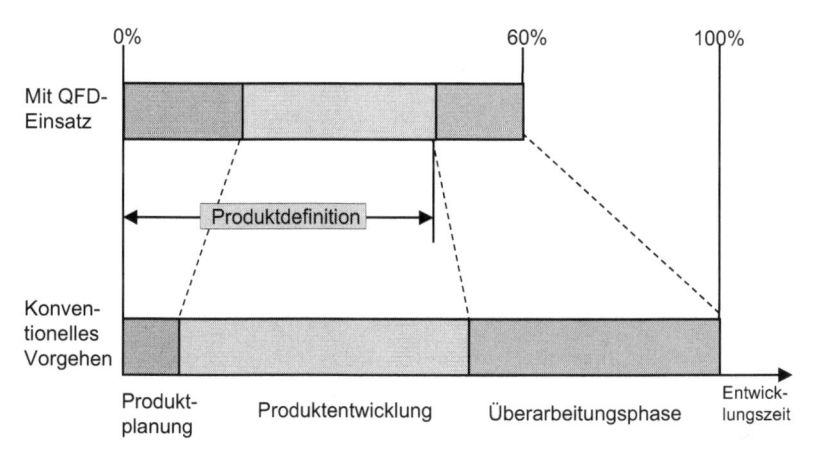

Abb. 1: *Reduzierung der Entwicklungskosten durch intensive Produktplanung [2]*

können (sogenannte Pionierrente), die sie dann erneut für die ständige Weiterentwicklung einsetzen.

Die meisten Produktinnovationen sind heute nur noch von kurzer Dauer, denn die Imitatoren versuchen, mit ihren Me-too-Produkten ebenfalls in den Markt zu kommen. Die Innovation wird dann schnell zum technischen Standard (siehe Kano-Modell) und der Preiswettbewerb setzt ein. Modernes Kostenmanagement muss deshalb seinen *Ursprung in den Bedürfnissen der Kunden* haben und die Kostenstruktur ist konsequent an den Erfordernissen des Marktes auszurichten. Kostenmanagement basiert heute auf der Erkenntnis, dass nicht die Kosten den Preis bestimmen, sondern der im Markt durchsetzbare Preis dem Unternehmen die Kosten vorgibt. Die bisherige *traditionelle Kostenrechnung* befasste sich mit Kosteninformationen für die Kontrolle der Wirtschaftlichkeit im Unternehmen. Die *neuen Aspekte des Kostenmanagements* ändern hingegen die Blickrichtung von der Vergangenheit in die Zukunft, nämlich in die Erfüllung der Kundenwünsche und der *Zielkosten-Vorstellungen* des Kunden. Heute wird gefragt: »Was darf das Produkt aus Kundensicht kosten?« Der Kunde diktiert den Preis, dadurch sind die Unternehmen gezwungen, bereits in der Entwicklungsphase eines neuen Produktes auf die maximal *erlaubten Herstellkosten* hinzuarbeiten. Es ist die Aufgabe der Entwickler, durch Kreativität das Produkt in der geforderten Qualität und zum vorgegebenen Preis zu konzipieren und zu produzieren. Möglich wird dies durch TC-Target Costing, denn TC ist zur Fokussierung der kundenorientierten Zielkosten bis auf die Teile- beziehungsweise Komponentenebene geeignet.

12.2 Kostenermittlung in QFD-Projekten

Es kann in der Praxis auch vorkommen, dass alle Merkmale eines Produktes nach den vom Kunden vorgegebenen Kosten ausgelegt werden müssen, weil dem Kunden die »abgespeckte« Variante des Produktes völlig ausreicht. Die geforderten Kosten können dann im Eingang des ersten QFD-Hauses als Kundenanforderung »Was« eingetragen werden. Sie sind die unter Beachtung des Kundenwunsches und der gegebenen Marktbedingungen ermittelten, das heißt, vom Kunden *akzeptierten Preise*. Auf diese Weise können unter Einsatz kostengünstiger Materialien und rationalisierter Produktionsverfahren dem Kunden andere Varianten ohne Qualitätseinbußen verkauft werden. Der Kunde braucht in diesem Fall nicht die »Superausführung«, er erhält das Produkt, das dem von ihm gewünschten Verwendungszweck und seiner Preisvorstellung entspricht. Kunden sind heute nicht mehr bereit, die Technikverliebtheit der Entwickler und das daraus resultierende Over-Engineering zu bezahlen. Viele Kunden schätzen auch nicht die Überfrachtung mit unnützen Features, wie zum Beispiel 150 unterschiedliche Klingeltöne beim Handy. Deshalb sollte Kostenmanagement bereits in der frühen Phase der Produktentwicklung einsetzen und sich an den Vorstellungen der Kunden orientieren.

In der QFD-Matrix lässt sich zum Beispiel neben den Spalten für technische Information eine Parallelspalte für Kostendarstellungen vorsehen. Das Ziel der Kostenbetrachtung ist die Auswahl der günstigsten Variante. Hierbei ist zu fragen:

⇨ Sind die Kundenforderungen richtig verstanden?
⇨ Ist deren Bedeutung durch richtige Bewertung erkannt?

⇨ Sind die Funktionen notwendig?
⇨ Welche Funktionen sind überflüssig?
⇨ Welche Verbesserungen und Vereinfachungen lassen sich erreichen, die eine Kostenreduzierung beeinflussen könnten?

In Abbildung 2 wird der Ablauf der Kostenbetrachtungen über die verschiedenen QFD-Phasen gezeigt. Die Kosten einer Funktion lassen sich rückwärts errechnen, das heißt, von den Teilekosten zu den Baugruppen und zu den Kosten der Funktionen, wenn die Konstruktion der Teile festgelegt ist.

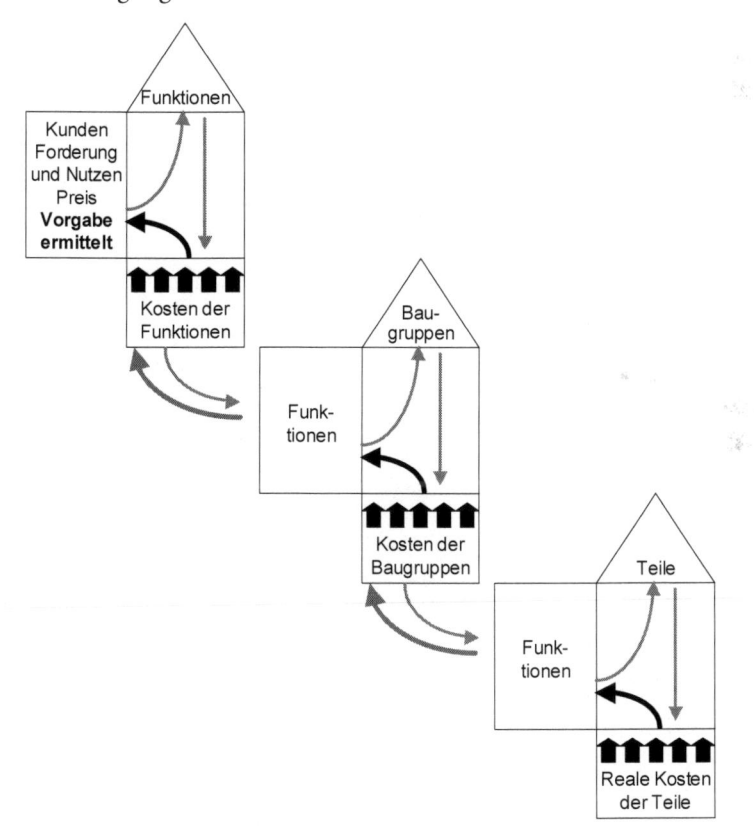

Abb. 2: *Kostenermittlung im QFD-Prozess [3]*

Der Vorteil der QFD-Matrizen liegt hier in der synoptischen Darstellungsmöglichkeit der Kosten mit den technischen Bewertungen. Die Kostenermittlung lässt sich am besten zwischen Phase I und II integrieren (siehe Abb. 3 und 4), wenn die kritischen und wichtigen Teile und Komponenten untersucht werden. Nicht ratsam ist es, die Kosten (z. B. billig) als eine Kundenanforderung in das 1. QFD-HoQ als »WAS« einzutragen. Das führt unweigerlich zu negativen Korrelationen (siehe Kap. 7.1 LED).

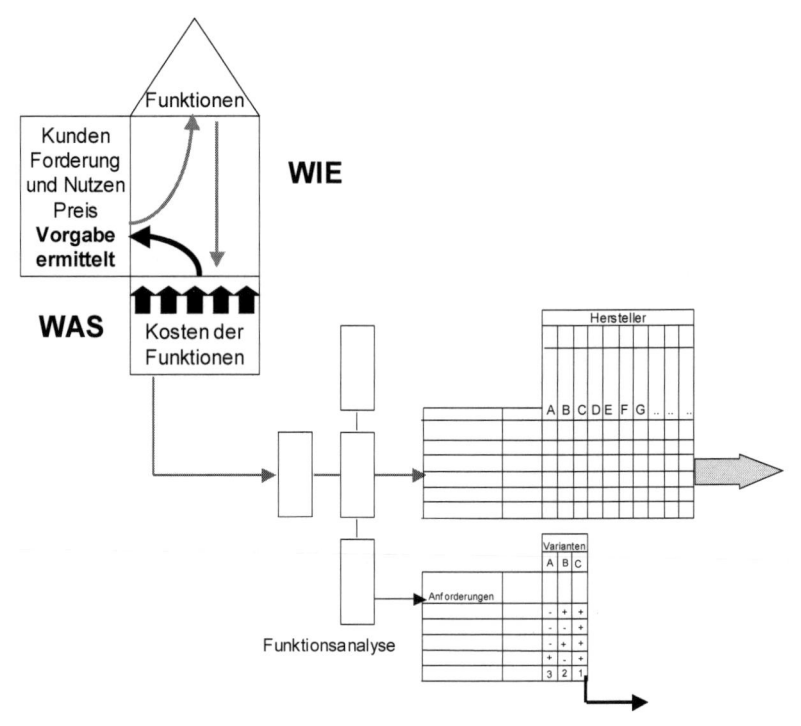

Abb. 3: *Kostenermittlung der Funktionen, der Teile und Varianten [3]*

Die Art der Darstellung muss sich stets an den Aufgaben des jeweiligen Projektes orientieren, hierfür gibt es kein »Kochrezept«.

In den Matrizen können die Komponenten und Bauteile für jedes Wettbewerbsprodukt den Produktfunktionen gegenübergestellt werden. Der Kostenvergleich der Funktionen kann zu gezielten Entwicklungen alternativer Lösungen führen. Diese Lösungsalternativen sind mit den bekannten Qualitätsmethoden (zum Beispiel FMEA) auf ihre Tauglichkeit zu prüfen.

Der *Herstellervergleich* für Teile und Komponenten lässt sich, wie in der folgenden Matrix in Abbildung 4 dargestellt, durchführen. Eine Kostenbetrachtung zu den Funktionen und Teilen verschiedener Hersteller im Vergleich zum eigenen Konzept ist zwar aufwendig, aber nützlich. Das Ziel der Vergleichsbetrachtung ist die Auswahl der günstigsten Variante.

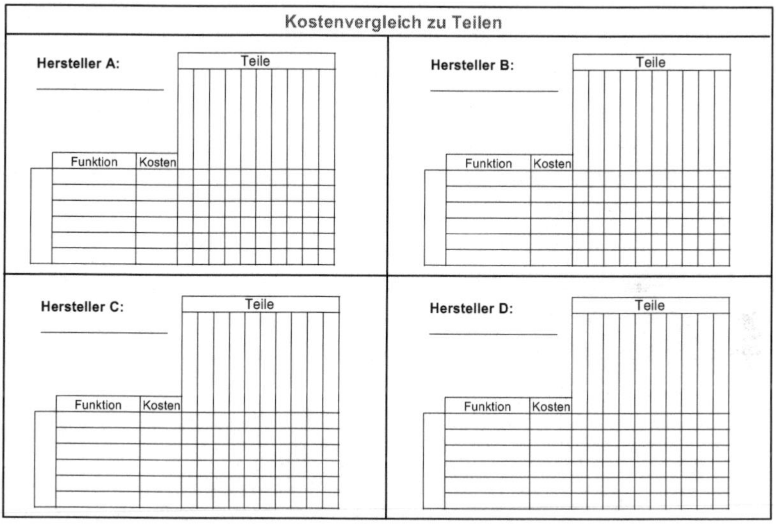

Abb. 4: *Herstellervergleich zu Funktions- und Teilekosten [3]*

Der technische Vergleich mit verschiedenen Herstellern in der Phase I zu den Produkten kann über die Funktionen und Baugruppen bis hin zu den Teilen aufgefächert werden. Aus dem Kostenvergleich mit dem Wettbewerb (Hersteller A, B, C, D) sowie aus dem Vergleich der Plan-

mit den Zielkosten gewinnt man Erkenntnisse für gezielte Kosteneinsparpotenziale. Erforderlich ist auch die Betrachtung alternativer Lösungen. In gleicher Weise kann ein Vergleich der Zulieferer durchgeführt werden, um den günstigsten Anbieter zu ermitteln, wie dies die Automobilwerke schon seit langem praktizieren.

Bei der Betrachtung der Kosten sollten auch die unnötigen Kosten, die durch Verluste und Verschwendung in der Produktion und insbesondere in administrativen Bereichen entstehen, nicht unbeachtet bleiben. In den administrativen Bereichen liegen diese Verlustkosten heute noch bei durchschnittlich circa 20 bis 40 Prozent. Nicht nur falsche Angebote, Auftragsbestätigungen, Rechnungen oder Fehlbuchungen sind die Verursacher dieser Kosten, sondern auch die zahllosen unproduktiven und schlecht vorbereiteten Sitzungen und Meetings führen zu diesem traurigen Ergebnis. Eine erhebliche Kostensenkung lässt sich durch eine schnelle Realisierung der Projekte durch das Vorgehen nach QFD erreichen.

Gerade die Phase II bietet eine Grundlage zur Einsparung. Die wichtigsten Parameter zum Erreichen der Kundenzufriedenheit sind festgelegt und es können die unterschiedlichsten Wege bei der Realisierung beschritten werden. Die Verluste in der Produktion sind zwar erheblich geringer als in den Verwaltungsbereichen, aber auch hier entstehen unnötige Kosten durch:

⇨ falsche Produkte, nach Schätzungen sind circa 60 Prozent aller Neuentwicklungen ein »Flop«
⇨ Produkte mit fehlerhaften oder falschen Funktionen
⇨ Produkte mit störempfindlichen Funktionen
⇨ zu aufwendige Konstruktionen (Over-Engineering)
⇨ fehlerhafte Produktion durch falsche betriebliche Abläufe

Die intensive und zielgerichtete Umsetzung der Kundenerwartungen in die Produkt- und Dienstleistungsmerkmale führt zur frühzeitigen Erkennung von Zielkonflikten, Schwachstellen und Fehlern, und es kann somit zu einem sehr frühen Zeitpunkt an der Vermeidung gearbeitet werden, wie der Verlustkostenhebel beweist. Der Verlustkostenhebel zeigt auf, dass die Kosten für die Produktmodifikation im Laufe des Lebenszyklus über die einzelnen Phasen um den Faktor zehn (geschätzt) steigen. Der Kostenhebel veranschaulicht, dass ein in der Entwicklung und Konstruktion erkannter Fehler dem Unternehmen erhebliche Kosten für Änderungen, Nacharbeiten und Gewährleistungsansprüche erspart, ganz zu schweigen von dem Imageverlust bei einer Rückrufaktion. Opel kostete vor einigen Jahren die Rückrufaktion wegen einer fehlenden Schelle am Tank (Kosten der Schelle etwa 0,12 € pro Stück) über 40 Millionen Euro. Ein anderer renommierter Automobilbauer im Süden der Republik musste circa sechs Millionen Euro für eine Rückrufaktion ausgeben, weil die Spiegel am neuen Fahrzeug in der Waschstraße »abrasiert« wurden. Die Mängelliste lässt sich seitenweise fortsetzen, die Presse berichtet meistens nur über die besonders spektakulären Fälle.

Eine intensive Diskussion des QFD-Teams bei der Umsetzung der Kundenanforderungen in die Produkt- beziehungsweise Dienstleistungsmerkmale führt zur frühzeitigen Fehlererkennung und damit zu deren Eliminierung. Durch die systematische Vorgehensweise und die starke Ausrichtung auf die Fehlervermeidung in frühen Phasen des Produktentstehungsprozesses können spätere Änderungen verhindert werden.

Das Erreichen der Kostenziele hängt in erheblichem Maße von dem Engagement der Mitarbeiter ab, von deren Motivation und Einsicht, eine *kostengünstige Konstruktion* zu unterstützen und zu fördern. In der frühen Phase der Konstruktion ist die Kostenbeeinflussungsmöglichkeit noch am größten, allerdings sind zu diesem Zeitpunkt auch nur sehr ungenaue Kostenaussagen möglich. Hierin besteht die Schwierigkeit und das ist auch der Grund, dass sich die konstruktionsbegleitende Kalkulation in der Praxis bislang erst in geringem Maße durchsetzte. Die Kostendifferenz zwischen Konstruktionsalternativen könnte mit einer QFD-Matrix ermittelt werden.

12.3 QFD und Wertanalyse (WA)

Kostenbetrachtungen im QFD-Prozess können auch unter wertanalytischen Gesichtspunkten erfolgen. Die *Wertanalyse* ist eine systematische Methode zur Wertoptimierung von Produkten und Prozessen. Bei der Reduzierung der Kosten, steht die *Funktion* des vom Kunden gewünschten Produktes im Vordergrund. Die hierbei durchgeführte Funktionsanalyse stellt fest, wie der Materialeinsatz und die Verfahren zu gestalten sind, damit das Produkt bei niedrigsten Kosten die gewünschte Funktion erfüllt. Die Funktionen müssen den Kundenerwartungen entsprechen, das können Anforderungen an die Handhabung, das Aussehen, die Zuverlässigkeit oder die Lebensdauer sein.

Ursprünglich wurde die WA als reine Kostensenkungsmethode eingesetzt, denn sie erfüllte die Funktionen der Wertverbesserung und Wertgestaltung von Produkten. Durch den starken Konkurrenzdruck entwickelte sich später, auch auf EU-Ebene, ein System, das die Elemente der Wertanalyse, der Wertgestaltung und der Wert-Realisierung einschließt. Das Ziel ist das Managen von Werten und die Maximierung der Wertschöpfung, so entstand das *Value Management (VM)*. Mittels VM sollen neue Ressourcen erschlossen und Einsparpotenziale jeglicher Art identifiziert werden.

Die Wertanalyse (WA) brachte Heinz Hoffmann in den 60er Jahren aus den USA nach Deutschland. Der »Erfinder« der Methode, Larry D. Mills von General Electric Company (GE), definierte vor über fünfzig Jahren die Wertanalyse beziehungsweise Value Engineering (VA) wie folgt: »Die Wertanalyse ist eine organisierte Anstrengung, die Funktionen eines Produktes zu den niedrigsten Kosten herzustellen, ohne dass die erforderliche Qualität, Zuverlässigkeit und Marktfähigkeit des Produktes negativ beeinflusst werden.« [4] Mills, damals Chefeinkäufer bei GE, erprobte die WA ab 1952 GE-intern. Das US-Verteidigungsministerium, das von der Methode sehr angetan war, schrieb später allen Lieferanten, die Regierungsaufträge erhalten wollten, den Nachweis des Einsatzes der WA vor.

In Deutschland wurde beim Verein Deutscher Ingenieure (VDI) 1967 ein WA-Ausschuss gebildet. Danach entstand 1973 die DIN 69910, später die VDI-Richtlinie 2801.

Der größte Nutzen der Methode liegt in der Entwicklungsphase eines neuen Produktes, weil in der Konzeptfindung circa 70 Prozent der späteren Herstellkosten vorbestimmt werden, hier spricht man von Value Engineering. Wird erst beim fertigen Produkt angesetzt, nennt man das Value Analysis, hier verbleiben nur noch 30 Prozent Kostensenkungspotenzial.

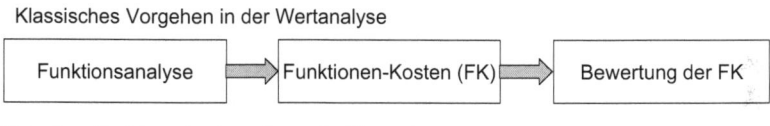

Klassisches Vorgehen in der Wertanalyse

Funktionsanalyse ⟹ Funktionen-Kosten (FK) ⟹ Bewertung der FK

Abb. 5:   *Funktionsorientierter Ansatz der Wertanalyse*

Bei der Wertanalyse wird das Produkt (beziehungsweise die Dienstleistung) auf folgende Fragestellungen hin untersucht:
⇨ Was könnte geändert werden? Wie komme ich auf anderem Weg zur gleichen Funktionalität und was kostet es dann? Oder anders ausgedrückt:
⇨ Wie kann das Produkt so verbessert werden, dass es einen höheren Nutzen bringt und zu einem höheren Preis verkauft werden kann, wobei der Preis schneller steigen muss als die durch die Verbesserung entstandenen Kosten.
⇨ Welche preisgünstigen Werkstoffe, die die Funktion des Produktes nicht einschränken, können bei der Produktion verwendet werden?
⇨ Welche Funktionen des Produktes, die vom Käufer sowieso nicht honoriert werden und für das Produkt nicht so wichtig sind, bewirken, wenn sie weggelassen werden, eine Kosteneinsparung?

Diese Suche nach Alternativen ist eine kreative, schöpferische Phase, in der nach neuen Wegen »wert-schöpferisch« gesucht wird. Das geschieht im Team, interdisziplinär, wie bei QFD, mit den Mitarbeitern aus Konstruktion, Fertigung, Einkauf, Vertrieb, Controlling. Die Kosteneinsparungen liegen in Deutschland laut J. Mehlhorn bei circa 28 Prozent. »WA ist eine Methode, die von den Amerikanern erfunden, von den Japanern rechtzeitig adaptiert und von den Deutschen in eine DIN-Norm gepresst wurde«, so Mehlhorn [5].

12.3.1 Der Unterschied zwischen QFD und Wertanalyse (WA)

Der Unterschied beider Methoden liegt in der Betrachtungsweise der Kosten. Die Wertanalyse betrachtet die Lösungen bezüglich *Kostenrelevanz,* während QFD die *Kundenanforderungen* im Visier hat. Die Wertanalyse verfolgt das Ziel, die Funktionen eines bestehenden Produktes bezüglich des Aufwand-Nutzen-Verhältnisses zu verbessern und aus Kundensicht wertsteigernd zu gestalten. Bei der QFD liegt der Schwerpunkt der Betrachtung auf der Erfüllung der Kundenerwartungen. QFD erfasst die Anforderungen der Kunden wesentlich detaillierter, um sie dann genau transformiert in die Eigenschaften des zu entwickelnden Produktes einfließen zu lassen. Das genügt besser dem Anspruch von »total customer care«.

Man unterscheidet den Einsatz der Wertanalyse bei der Entwicklung für neue Produkte (Wertgestaltung) oder bei bestehenden Produkten (Wertverbesserung). Das Ziel der WA ist es, die vom Kunden gewünschte Soll-Funktion eines Produktes mit alternativen Lösungen zu erzielen. Diese Lösungen sind streng auf ihre Kostenrelevanz zu prüfen. Dabei ist im Sinne des Qualitätsmanagementsystems zu fragen:

⇨ Können bestimmte Komponenten von Lieferanten bezogen werden, die Fehlerfreiheit garantieren?
⇨ Lassen sich Teilfunktionen durch andere Produktkomponenten verwirklichen, die stabiler sind?
⇨ Können Funktionen so gestaltet werden, dass Nacharbeiten vermieden werden?

Die WA lässt sich im QFD-Prozess zur Kostenbetrachtung einsetzen, denn bei der Reduzierung der Kosten steht die Funktion des vom Kunden gewünschten Produkts im Vordergrund. In einer Funktionsanalyse wird der Einsatz von Konstruktion, Material und Verfahren so optimiert, dass bei geringsten Kosten die gewünschte Funktion, Zuverlässigkeit und Lebensdauer erfüllt wird. Das Ziel der WA ist eine Funktionswertsteigerung von Produkten, Prozessen oder Systemen durch Erhöhung des Nutzens von Funktionen und/oder durch Reduzierung der Kosten, die bei der Realisierung der Funktionen anfallen (DIN 69910).

12.4 QFD und Target Costing (TC) – Zielkosten

Target Costing ist ein kundenorientiertes Kostenmanagement. Daher sind detaillierte Mark- und Kundeninformationen eine Ausgangsbasis für TC. Im Rahmen von Kundenbefragungen (z. B. Conjoint Analyse) kann der Kunde mit verschiedenen Produktversionen, die unterschiedliche *Funktionen* aufweisen, konfrontiert werden. Das Ziel ist die Ermittlung des Nutzens und der Zahlungsbereitschaft für die einzelnen Funktionen. So lässt sich anhand dieser Infomationen der Anteil der möglichen Produkteigenschaft am Gesamtnutzen errechnen. Für die von den Kunden bevorzugte Produktversion können dann die möglichen Preis-Mengen-Kombinationen bestimmt werden [12]. Die als *market into company* bezeichnete Methode zeigt die Vorgehensweise der Zielkostenfindung auf, die sich besonders für innovative neue Produkte empfiehlt (siehe > Abb. 8).

Die Analogie der Marktausrichtung der Methoden QFD und TC bietet eine gute Möglichkeit, das Zielkostenmanagement bestehend aus Zielkostenplanung, -spaltung und erreichung im QFD zu verankern. Für die Integration bietet sich die QFD-Phase zwischen Produktdefinition und Komponentenplanung an (siehe > Abb. 6).

Peter Horvath, der TC in Deutschland populär machte, versteht unter Target Costing »ein Bündel von Kostenplanungs-, Kostenkontroll- und Kostenmanagementinstrumenten, die in den frühen Phasen der Produkt- und Prozessgestaltung zum Einsatz kommen, um die

Abb. 6: *QFD und Target Costing*

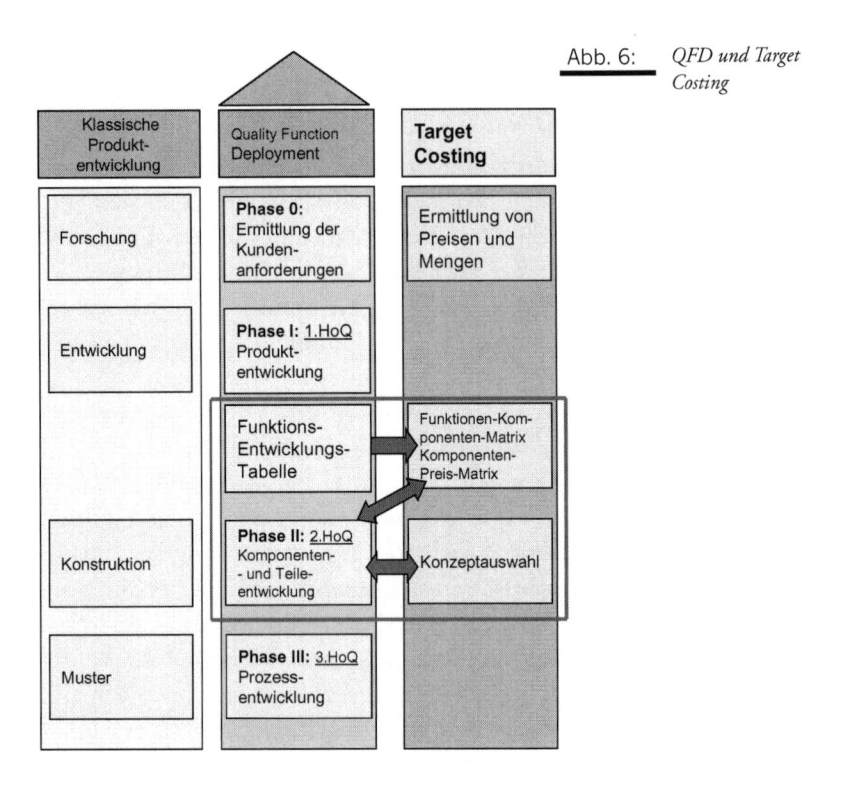

Kostenstrukturen frühzeitig im Hinblick auf die Marktforderungen gestalten zu können.« [6] Daher verlangt das Target Costing die kostenorientierte Koordination aller am Produktentstehungsprozess beteiligten Komponenten. Das Kostenmanagement wurde bereits in den 70er Jahren von japanischen Unternehmen entwickelt (zum Beispiel Toyota). In Deutschland wurde es durch die Publikationen von Horvarth und Seidenschwarz [7] bekannt, sie griffen den japanischen Ansatz auf und entwickelten ihn weiter.

Das Konzept des TC, das auf vorgegebenen Kostenzielen beruht, legt den Schwerpunkt der Kostenbeeinflussung auf die frühen Phasen der Produktentwicklung, insbesondere auf die Konstruktion. Target

Costing verbindet die technische und die betriebswirtschaftliche Seite des Produktplanungsprozesses.

TC und QFD ergänzen sich in idealer Weise. Die Eingangsdaten des House of Quality lassen sich problemlos um eine *Zielkostenmatrix* erweitern, in dieser sind die vom Markt erlaubten Kosten den Produktanforderungen zuzuordnen.

Ausgehend vom *Marktpreis* und den Erwartungen der Kunden, werden systematisch die *erlaubten Kosten* für das Gesamtprodukt auf die einzelnen Baugruppen, bis zu den Komponenten und Teilen heruntergebrochen. Das Kostenmanagement muss sich zunehmend am Markt beziehungsweise am Kundenwunsch ausrichten. Aus Marktstudien und Konkurrenzvergleichen ist der Preis festzulegen, der den Entwicklern vorgegeben wird. Die Frage lautet heute: »Was *darf* das Produkt aus Kundensicht kosten?« und nicht: »Was wird das Produkt kosten?«

Das bedeutet, der Markt diktiert den Preis und die Aufgabe der Entwickler besteht darin, durch Kreativität das Produkt in der geforderten Qualität und zum vorgegebenen Preis zu konzipieren und herzustellen. Als Methode ist hierzu das Target Costing ideal geeignet, weil der Vorteil des TC die gute Kontrolle der Resultate aufgrund vorliegender Kostenvergleichsdaten ist.

12.4.1 Die Zielkostenfestlegung und Zielkostenplanung

Es gibt unterschiedliche Target Costing-Ansätze zur Zielkostenfestlegung, in der Regel wird der »Market into Company«- Ansatz gewählt, der für eine marktorientierte Festlegung der Zielkosten (siehe Beispiel in > Abb. 7 und 8) steht. Bei alternativen Ansätzen, wie zum Beispiel »Out of Company«, »Into and out of Company«, »Out of Competitor« und »Out of Standard Costs« können Zielkosten unternehmensorientiert festgelegt oder aus den Kosten der Wettbewerber abgeleitet werden. In diesem Kapitel soll lediglich das Zusammenwirken von QFD und TC aufgezeigt werden, auf die unterschiedlichen

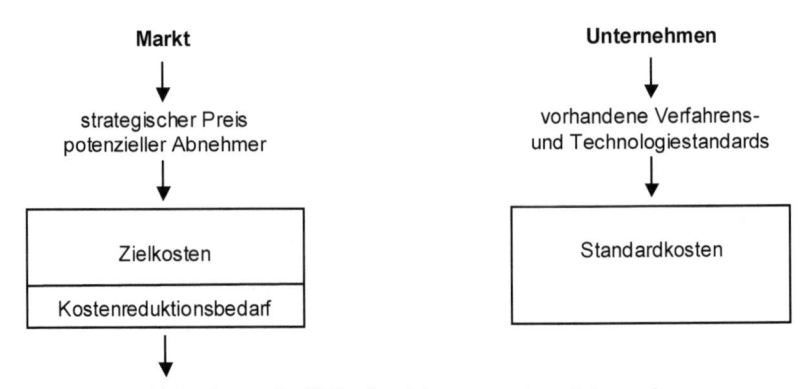

```
        Markt                                    Unternehmen
          ↓                                           ↓
  strategischer Preis                    vorhandene Verfahrens-
  potenzieller Abnehmer                  und Technologiestandards
          ↓                                           ↓
  ┌─────────────────────┐                ┌─────────────────────┐
  │     Zielkosten      │                │    Standardkosten   │
  ├─────────────────────┤                └─────────────────────┘
  │ Kostenreduktionsbedarf │
  └─────────────────────┘
             ↓
   Maßnahmen der Zielkostensicherung und -realisierung in
      frühen Phasen der Produktentwicklung und in den
           folgenden Phasen des Produktlebens
```

Abb. 7: *Market into Company [9]*

TC-Ansätze wird nur in knapper Form eingegangen. Es gibt hierzu umfangreiche Fachliteratur [siehe 6, 7, 8].

Zielkosten werden festgelegt, um die Gesamtkosten eines Produktes, die im Unternehmen verursacht werden *dürfen,* zu bestimmen. Dabei hängt die Höhe der Zielkosten von der Marktsituation und der Unternehmensstrategie ab. Es ist ratsam, die Zielkosten gleich den erlaubten Kosten zu setzen, also den Markt sozusagen in das Unternehmen zu ziehen »*Market into company*«. Bei diesem Ansatz leiten sich die Zielkosten (TC) aus einem geplanten Zielverkaufspreis durch Abzug eines Zielgewinns und anschließendem Vergleich mit den gegenwärtig anfallenden Produktstandardkosten ab (siehe > Abb. 8).

Weitere Target-Costing-Ansätze sind:
⇨ Der *Out-of-Company*-Ansatz ermittelt die Zielkosten anhand der technischen und betriebswirtschaftlichen Potenziale des Unternehmens. Das heißt, aus vorhandenen Fähigkeiten und Fertigkeiten, so wie aus dem Erfahrungsschatz und den Produktionsmöglichkeiten werden antizipative Zielkosten bestimmt.

⇨ Der *Out-of-Standard-Costs*-Ansatz nimmt Senkungsabschläge auf die Standardkosten vor. Auch in diesem Ansatz sind, wie bei dem vorstehenden Out-of-Company-Ansatz, die Standardkosten die Grundlage der Zielkostenbestimmung.
⇨ Der *Into-and-out-of-Company*-Ansatz kombiniert die Market into company und Out of Company-Methode. Das heißt, die Möglichkeiten des Marktes werden gegen die des Unternehmens ausgelotet.
⇨ Der *Out-of-Competitor*-Ansatz leitet die Zielkosten aus den Kosten der Konkurrenz (beispielsweise durch Benchmarking) ab.

In der Praxis sind nur selten Reinformen dieser Ansätze zu finden. Meistens werden Zielkosten festgelegt, die zwischen den Standardkosten und den erlaubten Kosten liegen. Dadurch ist eine Kostenreduktion auf Seiten der Entwicklung bei realistischen Zielen sichergestellt. Die Gesamtkosten des Produktes werden in der Entwicklungsphase festgelegt. Ausgehend von einem *Zielpreis* erfolgt im ersten Schritt die Zielkostenfestlegung. Der Zielpreis ist der Preis, der unter Berücksichtigung der Markt- und Wettbewerbsbedingungen beim Kunden für das Produkt gefordert werden kann, er spiegelt die Preispositionierung des Produktes im Markt wider.

Zielkostenmanagement heißt:
⇨ Was darf das Produkt kosten?
⇨ Welchen Preis erlaubt der Markt?

Ausgangspunkt der Planung eines neuen Produktes ist die Überlegung, dass der Absatzmarkt einen Höchstpreis vorgibt, der unter Berücksichtigung der Wettbewerbsbedingungen, der Qualität und der Lebensdauer des Produktes die Produktführerschaft im Marktsegment sichert [7].

Die Vorgabe der Zielkosten (market into company) kann in den folgenden Schritten erfolgen:
1. *Festlegung des Zielpreises:* Der Zielpreis kann über den Vergleich mit Konkurrenzprodukten (Benchmarking) oder im Rahmen von Kundenbefragungen (z. B. Conjoint Measurement) erfolgen. Zu berücksichtigen ist auch die jeweilige Einführungsstrategie des Unternehmens (Skimming- oder Penetrationsstrategie).
2. *Festlegung der Gewinnmarge:* Sie muss den Bedingungen des Marktes und denen des Unternehmens gerecht werden. Neben der Kapitalrentabilität wird vor allem die Umsatzrentabilität eingesetzt.
3. *Berechnung der allowable costs* (vom Markt erlaubte Kosten): Die allowable costs bilden die Differenz aus Zielpreis und Gewinnmarge.
4. *Bestimmung der drifting costs* (Standardkosten): Die drifting costs werden aus den technischen Möglichkeiten des Unternehmens sowie aus der Analyse von Vorgänger- und Konkurrenzprodukten abgeleitet. Es sind die Kosten, die bei gegebenen Produktionsverfahren und gegebener Kostenstruktur für das Produkt zu erwarten sind. Die aus der Gegenüberstellung entstehende Kostenlücke muss mittels TC geschlossen werden.
5. *Bestimmung des Kostenreduktionsbedarfs:* Der Kostenreduktionsbedarf bildet die Differenz aus den allowable und den drifting costs.
6. *Bestimmung der Target Costs* (siehe > Abb. 8): Sie geben Kostenzwischenziele zur Erreichung der allowable costs an. Wird vom Zielpreis (1) der vom Unternehmen angestrebte Zielgewinn (2) abgezogen, so erhält man die vom Markt erlaubten Kosten (7), die so genannten allowable costs.

Kostenbetrachtungen im QFD-Prozess

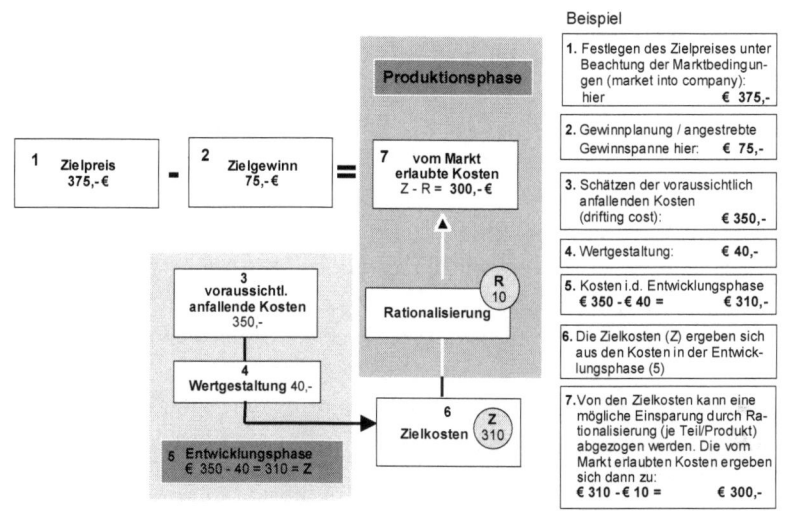

Abb. 8: *Beispiel zu TC, »Market into Company«- Ansatz nach Horvath [10]*

Zu diesem Beispiel in Abbildung 8:

⇨ Die Differenz aus dem Zielpreis (1) von 375 Euro und der Gewinnmarge (2) von 75 Euro ergibt 300 Euro vom Markt erlaubte Kosten (7).

⇨ Da der angestrebte Gewinn der Unternehmen variieren kann, existiert hier eine »Stellschraube« zur Anpassung an die erlaubten Produktionskosten.

⇨ Die Standardkosten (3) in Höhe von 350 Euro werden aus den technischen Möglichkeiten des Unternehmens sowie aus der Analyse von Vorgänger- und Konkurrenzprodukten abgeleitet.

⇨ Der Kostenreduktionsbedarf bildet die Differenz aus den allowable (7) und den drifting costs (3).

Voraussetzung für ein erfolgreiches Target Costing sind fundierte Kenntnisse des eigenen Unternehmens, des Marktes und der Konkurrenz zur Ableitung des Zielpreises und der verschiedenen Kosten.

Zu berücksichtigen ist auch die Einführungsstrategie des Unternehmens: Werden zum Beispiel Skimming- oder Penetrationsstrategien oder Mischformen aus diesen bevorzugt? Bei der *Skimmingstrategie* wird der Preis anfangs sehr hoch angesetzt und sinkt im Laufe der Zeit. Im Gegensatz dazu wird der Preis bei der *Penetrationsstrategie* niedrig gehalten und liegt anfangs meist unter den Kosten. Allerdings sollte die Gewinnmarge immer so festgelegt werden, dass sie den Bedingungen des Marktes sowie denen des Unternehmens gerecht wird.

Auch die *funktionale Aufspaltung der Zielkosten* kann Anhaltspunkte für die Beurteilung verschiedener *Lösungsprinzipien* geben. Nach der Planung des Produkkonzepts erfolgt die Aufteilung der Zielkosten auf die einzelnen Produktbaugruppen, -bauteile und Produktionsprozesse nach dem relativen Anteil, den sie an der Erfüllung der Gesamtfunktion haben.

12.4.2 Zielkostendiagramm und Zielkostenzonen

Zielkostendiagramme (siehe > Abb. 9), in denen für jede Baugruppe, für jedes Bauteil oder für jeden Produktionsprozess ein Zielbereich als Verhältnisschnittmenge von Zielkostenanteil und Nutzenanteil eingetragen ist, begleiten die System- und Komponentengestaltung als operatives Zielsystem [11]. Da nicht erwartet werden kann, dass bei jeder Produktkomponente genau deren Zielkosten erreicht werden können, wird i. d. R. von der Unternehmensführung im Zielkostendiagramm eine Zone definiert, innerhalb der die Zielkosten einzelner Komponenten als erfüllt betrachtet werden. Bei Produkten mit geringerer Bedeutung darf die Kostenabweichung größer sein, als bei denen mit hoher Bedeutung. Im Zielkostendiagramm ist also ablesbar, welches Bauteil welche technische Bedeutung hat und welche Kosten es verursachen darf. Die *Zielkostenzone,* in der sich die Bauteile befinden sollten, läßt die Abweichungen erkennen. Eine Abweichung vom Idealwert $Y = X$ ist nach oben und unten erlaubt. Die Begrenzungswerte legt das Unternehmen fest. Bei einem hohen Preisdruck vom Markt muss die die Zielkostenzone sehr eng ausgelegt sein. Bei welchem Wert (q) die Zone auf die Ordinate bzw. Abzisse beginnt, hängt vom Unternehmen ab. Die Zone wird um so enger gesetzt, je höher das Zielerreichungspotential innerhalb eines Unternehmens ist, es hängt auch vom Erfahrungsgrad der beteiligten Mitarbeiter ab.

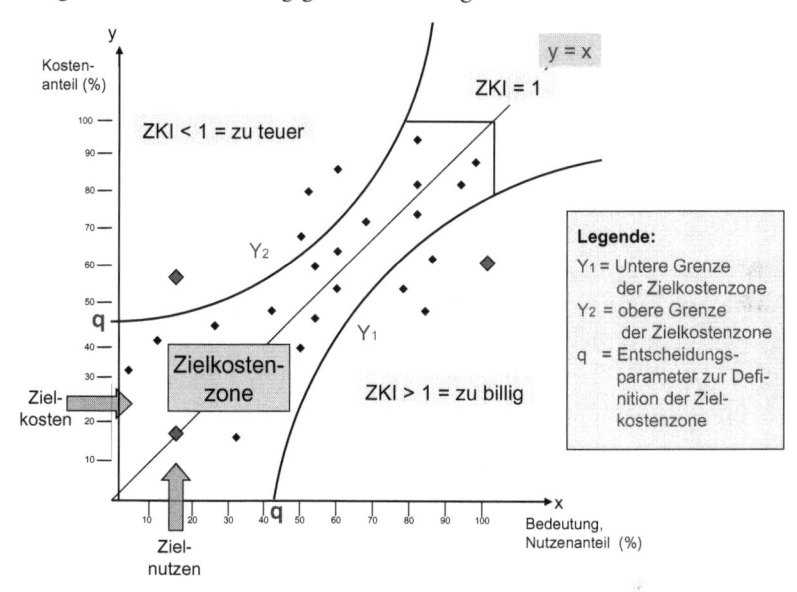

Abb. 9: *Zielkostendiagramm, Kontrolldiagramm (in Anlehnung an [7])*

Die Achsen in Abb. 9 haben folgenden Inhalt:
Auf der x-Achse wird die Marktbedeutung einer Produktkomponente aufgetragen und auf der y-Achse der Kostenanteil der betreffenden Komponente. Aus dem Verhältnis von »Marktbedeutung« (Nutzen) zu »Kostenanteil« wird der sogenannte Zielkosten-Index (ZKI) bestimmt.

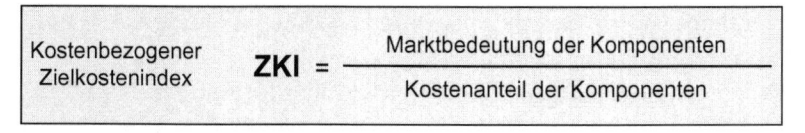

$$\text{Kostenbezogener Zielkostenindex} \quad ZKI = \frac{\text{Marktbedeutung der Komponenten}}{\text{Kostenanteil der Komponenten}}$$

Abb. 10: *Zielkostenindex ZKI*

Interpretation des ZKI:
1. ZKI = 1,0 bedeutet, die Zielkosten entsprechen dem Kundennutzen.
2. ZKI > 1,0 bedeutet, die Ausführung der betreffende Funktion muss nachgebessert werden, die projektierte Lösung ist zu einfach.
3. ZKI < 1,0 bedeutet, die Ausgestaltung der betreffenden Funktion ist zu aufwändig, es müssen einfachere Lösungen gesucht werden, hier besteht Over Engineering.

Durch die Bildung von Zielkostenindizes ist überprüfbar, ob sich relative Kundenbedeutung und Kostenanteil decken. Hierzu werden für jede Produktkomponente die relative Bedeutung und der Kostenanteil ins Verhältnis gesetzt, so erhält man dann für jede Produktkomponente einen ZKI der größer, kleiner oder gleich groß ist.

Die ganzheitliche Steuerung aller Unternehmensbereiche und aller Prozesse der gesamten Wertschöpfungskette mit Hilfe der Steuerungsgröße Zielkosten führt zu einem stetigen Zwang
⇨ der kunden- und konkurrenzorientierten kostensenkenden Konstruktionsverbesserung,
⇨ der Analyse der Wertschöpfungskette in Produktentwicklung, -erstellung, -vermarktung und -entsorgung sowie zur Prüfung des »make or buy« [13].

Die Vorteile von Target Costing sind:
⇨ Hoher Motivationsfaktor, der auf einer unternehmensbezogenen Verhaltensbeeinflussung (beziehungsweise Einstellung) der Mitarbeiter beruht und auf den Effekten der Teamarbeit sowie auf der verbesserten Abstimmung der Unternehmensbereiche [7].
⇨ Erhöhung der Marktakzeptanz und Marktorientierung durch Konkurrenzbeobachtungen und Marktanalysen.
⇨ Vermeiden des Overengineerings durch kostenbewusstes Handeln der Entwickler/Konstrukteure und deren genaue Kenntnis des Kostenreduktionsbedarfs.

Die Nachteile von TC sind:
⇨ Bei *neuen* Produktentwicklungen ist die Zielkostenfestlegung durch mangelnde Vergleichsmöglichkeiten schwierig.
⇨ Bei großer Diskrepanz zwischen den vom Markt erlaubten Kosten und den Unternehmens-Standardproduktkosten kann es unter Umständen zu einem überzogenen Outsourcing kommen.
⇨ Zu Problemen könnte es in Branchen mit sehr komplexen Produkten kommen.

Der Erfolg der japanischen Industrie, die seit den 70er Jahren Target Costing einsetzt, erklärt sich mit ihrem flexiblen, schnellen und kundenorientiertem Produktionssystem, das mit Hilfe eines umfassenden Zeit- und Qualitätsmanagements enorme Produktivität und hohe Qualitätsstandards, rasche Anpassung an Kundenwünsche und Marktveränderungen ermöglicht [6]. Gesteuert wird mittels TC und einem Bündel an Kostenplanungs-, Kostenkontroll- und Kostenmanagementinstrumenten, die schon in der Produktionsentwicklungsphase im Hinblick auf die Marktanforderungen eingesetzt werden. Hier bietet sich die Möglichkeit der Verknüpfung aufgezeigten Kostenreduzierungs-»Instrumente«, die sich virtuos und kreativ bedienen lassen.

Zusammenfassend kann festgestellt werden:
Die Erfolgsziele des TC erfassen den gesamten Produkt-Lebenszyklus.
  Die Kostenvorgaben richten sich dabei nach den prognostizierten Markterfordernissen zum Einführungszeitpunkt des Produktes. Die Einhaltung der Kostenvorgaben wird im TC während des gesamten Zeitraums der Produktentwicklung kontrolliert.
  Target Costing (TC) ist ein wertvoller Ansatz, um die in der Entwicklung und Konstruktion festgelegten Kosten auf den erzielbaren Markpreis auszurichten. Maßnahmen und Methoden, die herangezogen werden, tragen zu einer transparenten Kostenstruktur bei.

Literatur

[1] KAMISKE, G.F. und THEDEN, P. *in QZ 40 (11/1995), C. Hanser Verlag München*

[2] DGQ, *AK 132, Band 13-21, Beuth 2001*

[3] SAATWEBER, JUTTA, *Kundenorientierung durch Quality Function Deployment, C. Hanser Verlag München, Wien, 1997*

[4] HOFFMANN, HEINZ J., *Wertanalyse, Die westliche Antwort auf KAIZEN, Ullstein, Berlin, 1994*

[5] MEHLHORN, J., *Wertanalyse – was ist das? FH Jahrbuch, Mainz 1997*

[6] HORVATH, PETER, *Target costing – Marktorientierte Zielkosten in der Deutschen Praxis, Schäffer-Poeschel Verlag Stuttgart, 1993*

[7] SEIDENSCHWARZ, W., *Zulieferintegration im marktorientierten Zuliefermanagement, Controlling, 1994 und Seidenschwarz, W., Target Costing – Marktorientiertes Zielkostenmanagement, Vahlen, München, 1992*

[8] Weiterführende Literatur Kostenmanagement: *Buggert, W. / Wielpütz, A., Target Costing - Grundlagen und Umsetzung des Zielkostenmanagements, C. Hanser Verlag München, Wien, 1995; Streckfuss, G., Cost Deployment to Improve Customer Satisfaction and to Reduce Product Cost, in Transcript from the 10th QFD-Symposium 1998, QFD-Institut USA; Burger, A., Kostenmanagement, Kap.2.3, Oldenbourg Verlag, München Wien, 1994; Hovart, P., Target Costing, Schäffer-Poeschel, Stuttgart, 1993*

[9] MICHAEL SCHARER, *Mai 2000, michael.scharer@mach.uni-karlsruhe.de*

[10] SAATWEBER, JUTTA, *in DGQ, AK 132, Band 13-21, Beuth 2001*

[11] SPECHT, G., BECKMANN, C., *Ammelingmeyer, J.: F&E-Management, 2. Auflage, Schäfer Poeschel, Stuttgart, 2002*

[12] COENENBERG, A.G., *Kostenrechnung und Kostenanalyse – Aufgaben und Lösungen 3. Auflage, Stuttgart 2003*

[13] FRIEDEMANN, DR. B., *http://www.fh-frankfurt.de/de/.media/friedema/controlling/folien_controlling/marktorientierte_kostenrechnung.pdf*

Zusammenfassung

Kostenmanagement ist ein integraler Bestandteil der Produktentwicklung, es liefert im Idealfall *frühzeitig* entscheidungsrelevante Kostendaten für die Auswahl günstigerer Alternativen, die hier aufgezeigt wurden. Die Bestrebung QFD mit nichttechnischen Methoden wie Conjoint Management oder *Target Costing (TC)* zu verknüpfen zeigen, dass QFD in das TQM-Gebäude integriert wurde. Target Costing verlangt, wie QFD, einen geeigneten Unternehmenskontext, in dem interdisziplinäre Teamarbeit selbstverständlich ist. TC sollte nicht imitiert, sondern unternehmensindividuell gestaltet werden. Dazu wurden in diesem Kapitel geeignete Instrumente vorgestellt.

Die Betrachtungsweise von QFD ist kundenorientiert, die der Wertanalyse funktionsorientiert. Das heißt, QFD ist ein am Kundenwunsch ausgerichtetes Planungsverfahren und bietet aufgrund der frühen Einbindung in die Entwicklung und Konstruktion neuer Produkte ein erhebliches *Kostensenkungspotenzial*. Die Festlegung der Zielkosten in der ersten QFD-Phase, möglichst mit TC, bewirkt ein verstärktes Kostenbewusstsein bei den Konstrukteuren und Entwicklern, die nicht mehr erst nach der Fertigungsplanung eine Rückmeldung zu der Kostenentwicklung erhalten.

QFD reduziert die Entwicklungskosten, weil nur die vom Kunden gewünschten Produkte entwickelt und produziert werden und QFD reduziert auch deshalb die Kosten, weil nicht mehr sequenziell, sondern simultan (SE) entwickelt wird. QFD verhindert durch die Analyse in der frühen Produktentwicklungsphase nachträgliche, kostenintensive Korrekturen von Fehlleistungen.

Kapitel 13

QFD-Institut Deutschland und die QFD-Zertifizierung

Seit vielen Jahren ist die Methode QFD im Praxiseinsatz. Um das Verfahren bekannt zu machen und seine Weiterentwicklung voranzutreiben, wurde das QFD-Institut Deutschland gegründet. Inzwischen gibt es ein breites Ausbildungsprogramm und ein Zertifizierungsverfahren.

> **In diesem Beitrag erfahren Sie:**
> - wie das QFD-ID entstanden ist,
> - wie das QFD-ID zur Verbreitung von QFD beiträgt,
> - wie der QFD-Zertifizierungsprozess abläuft.

13.1 Einleitung

Das QFD Institut Deutschland (QFD-ID) wurde am 6. März 1996 auf Initiative von Prof. Dr. Georg Herzwurm und Herrn Gerd Streckfuß in Köln gegründet. Zielsetzung des gemeinnützigen Vereins ist die Förderung, Verbreitung und Weiterentwicklung der Methode Quality Function Deployment (QFD) in Deutschland, insbesondere in allen Zweigen der Industrie und an den Hochschulen. Das QFD-ID e.V. ist ein gemeinnütziger Verein und wird von ehrenamtlichen Vorständen geführt.

13.2 Aufgaben und Ziele des QFD Instituts Deutschland

Die Ziele des QFD-ID sollen durch ein Bündel von Aktivitäten erreicht werden, die hier aufgeführt sind:

- ⇨ Das QFD Institut Deutschland ist eine zentrale Anlaufstelle für alle Fragen zum Thema QFD. Damit soll das in Deutschland vorhandene Wissen über QFD gebündelt werden. Der Verein stellt zwischen den Know-how-Trägern Kontakte her, damit gegenseitige Erfahrungen ausgetauscht werden können und um gemeinsame Aktionen zu planen, mit denen QFD in den Hochschulen und in den Unternehmen bekannter gemacht werden kann. Diese Kontaktvermittlung geht vom Austausch von Adressen bis hin zur Bildung und Organisation regionaler oder branchenspezifischer Arbeitskreise.
- ⇨ Das QFD-ID unterstützt die Hochschulen bei der Sammlung von Informationen und der Planung von Lehrveranstaltungen im Bereich QFD.
- ⇨ Das QFD-ID hilft darüber hinaus auch allen anderen Personen, die an der Methode QFD interessiert sind, bei der Suche nach Literatur, Kontaktpersonen etc.
- ⇨ Das QFD-ID stellt umfangreiche Informationen zum Thema QFD im Internet zur Verfügung, bietet ein Internet-Disskussions-Forum und einen QFD-Wiki an.
- ⇨ Die Mitglieder des QFD-ID versuchen, wissenschaftliche Publikationen zum Thema QFD in einschlägigen Fachzeitschriften zu platzieren, um die Methode in Deutschland bekannter zu machen.
- ⇨ Außerdem veranstaltet das QFD-ID mindestens alle zwei Jahre ein Symposium in Deutschland, in dem u. a. die Anwendung von QFD in der Praxis verdeutlicht wird und zu dem nicht nur Vereinsmitglieder eingeladen werden.
- ⇨ Das QFD-ID will die QFD-Methode weiter entwickeln und hierbei möglichst viele Fachleute einbeziehen. Dazu werden Expertentreffen und Best Practice Workshops veranstaltet und Kontakte zu ausländischen QFD-Experten gepflegt.
- ⇨ Zum internationalen Erfahrungsaustausch und zur internationalen Koordination von QFD-Aktivitäten ist das QFD-ID Mitglied im International Council for Quality Function Deployment (ICQFD). Dem von Prof. Yoji Akao und Glenn Mazur geführten

ICQFD gehören u. a. Mitglieder aus den USA, Japan, Brasilien, Australien, Mexiko, Türkei und Schweden an.

⇨ Das QFD-ID bietet seinen Mitglieder die Möglichkeit zur Zertifizierung als QFD-Experten im Rahmen des Ausbildungs- und Zertifizierungsprogramms zur Verbesserung der QFD-Qualifikation.

13.3 Die Vorteile einer Mitgliedschaft im QFD-ID

Das Institut widmet sich folgenden Aufgaben:

⇨ Das QFD-ID informiert seine Mitglieder über alle mit QFD zusammenhängenden Themen (z. B. Tagungen und Veranstaltungen) auf seiner Web-Seite www.qfd-id.de
⇨ Auf den durch das QFD-ID veranstalteten Symposien werden u. a. die Anwendung von QFD in der Praxis vorgestellt. Vereinsmitglieder können zu Vorzugsgebühren an den Symposien teilnehmen.
⇨ Das QFD-ID stellt seinen Mitgliedern jährlich ein Reisekostenbudget als Unterstützung für Vortragsreisen zu internationalen QFD-Konferenzen zur Verfügung. Voraussetzung für die Förderung ist ein angenommener Beitrag (Vortrag, Workshop, u.a.).
⇨ Wissens- und Know-how-Transfer durch Zusammenarbeit mit in- und ausländischen Organisationen sowie Organisation von Arbeitskreisen und QFD-Best Practice Workshops werden gepflegt.
⇨ Das QFD-ID bietet die Möglichkeit zur persönlichen Zertifizierung bzw. der Zertifizierung von Qualifizierungsmaßnahmen im Rahmen der Zertifizierungsinitiative des QFD-ID.
⇨ Das QFD-ID veröffentlicht Hinweise zu aktuellen Aktivitäten, Produkten (u. a. Bücher, Software) und Leistungen mit Bezug zu QFD [1].

Der Beitrag für die persönliche Mitgliedschaft im QFD-ID e.V. beträgt zur Zeit nur 30,- EURO im Jahr (Stand 2011). Und der Beitrag für die Firmenmitgliedschaft im QFD-ID e.V. 150,- EURO im Jahr. Dieser beinhaltet die persönliche Mitgliedschaft für maximal drei Personen des Unternehmens.

Vorstand des QFD Instituts Deutschland e. V. (Stand 2011):
- Prof. Dr. Georg Herzwurm, Funktion: Sprecher
- Dipl.-Math. Peter Brandenburg, Funktion: Finanzen
- Dr. Thomas Fehlmann, Funktion: Mitgliederzeitschrift QFD-Forum
- Prof. Dr. Wolfram Pietsch, Funktion: Veranstaltungen
- Dipl. Wirt.-Inf. Sixten Schockert, Funktion: Geschäftsstelle, Internet
- Dietmar Zander, Funktion: Zertifizierung

13.4 Veranstaltungen zum Thema QFD:

Nationale QFD Symposien

Das QFD-ID veranstaltet alle zwei Jahre ein Symposium in Deutschland, in dem u. a. die Anwendung von QFD in der Praxis vorgestellt wird. Das letzte nationale Symposium fand Anfang Oktober 2009 in Wolfsburg in Kooperation mit der AutoUni statt. Im September 2011 ist das Deutsche QFD-Institut Ausrichter des 17. Internationalen Symposiums ISQFD'11: Achieving Sustainability with QFD - in Stuttgart.

Nationale QFD-Best Practice Workshops

Das QFD-ID organisiert im Rahmen seiner Zertifizierungsinitiative regelmäßig Expertentreffen, bei denen die Referenten die Möglichkeit der Zertifizierung haben. Veranstaltungen dieser Art fanden 2008 in Aachen, 2009 in Lipsheim bei Strassburg, 2010 in Wolfsburg (VW) und Ingolstadt (AutoUni) statt.

Arbeitskreis Best Practice von QFD in Deutschland

Das QFD-ID unterstützt die Bildung von Arbeitskreisen durch die Vermittlung von Interessenten. Die Arbeitskreise können hierbei entweder regional oder/und branchenspezifisch oder/und themenspezifisch ausgewählt werden.
Was sind die Best Practices von QFD in Deutschland?
Um dies zu beantworten trafen sich einige erfahrene QFD-Anwender zu jeweils zweitägigen Workshops. Eingeladen dazu hatte das QFD-ID, das sich mit seinen knapp 200 Mitgliedern aus Forschung und

Praxis der Förderung, Verbreitung und Weiterentwicklung von QFD in Deutschland verschrieben hat. Das QFD-ID gibt es nun seit mehr als 15 Jahren, doch die Ursprünge von QFD und dessen erfolgreicher weltweiter Anwendung sind bereits über 40 Jahre alt. Die Zeit war also reif, das Bewährte aus der QFD-Praxis in Deutschland im Sinne von Best Practices des QFD zusammen zu tragen. Die Arbeitskreis-Ergebnisse sind zusammengefasst in einem englischsprachigen Artikel von Prof. Herzwurm und Sixten Schockert, der frei verfügbar ist unter www.qfd-id.de

13.5 Die Zertifizierungsinitiative des QFD-ID

Vor dem Hintergrund von mehr als 15 Jahren unterschiedlichster QFD-Forschung und Anwendung in Deutschland, hat das QFD-ID im Jahr 2006 für seine Mitglieder ein differenziertes Ausbildungs- und Zertifizierungsprogramm zur Verbesserung der QFD-Qualifikation mit folgenden Zielen initiiert:

⇨ Anerkennung der Verdienste der QFD-Experten innerhalb des QFD-ID hinsichtlich der Weiterentwicklung und Verbreitung von QFD,
⇨ Qualitätsicherung für unterschiedliche Arten von Qualifikationsmaßnahmen und dabei gleichzeitig...
⇨ Förderung der Vielfalt der QFD-Ansätze in Praxis und Forschung,
⇨ Unabhängiger und qualifizierter Kompetenznachweis für QFD-Experten,
⇨ Sicherstellung einer qualitativ hochwertigen QFD-Ausbildung [2].
⇨ Das QFD-ID bildet nicht selbst aus, sondern zertifiziert die QFD-Multiplikatoren.

13.6 Das QFD-ID initiiert das Ausbildungs- und Zertifizierungsprogramms nach folgenden Kriterien:

Es wird ein einheitlicher Rahmen vorgegeben, der unterschiedlich interpretiert und umgesetzt werden kann, dessen konzeptueller Gehalt jedoch aus der Perspektive des QFD-ID geprüft wird (Akao: »copy the spirit not the form«). Es werden nicht einzelne Schulungen zertifiziert, sondern Schulungskonzepte und Prüfer akkreditiert und die Teilnahme an akkreditierten Schulungen zertifiziert.

Die Organisation liegt in der Hand der akkreditierten Ausbilder, d. h. die Ausbildung kann z. B. aufgrund firmeninterner Restriktionen in unterschiedlichen Stufen etc. durchgeführt werden.

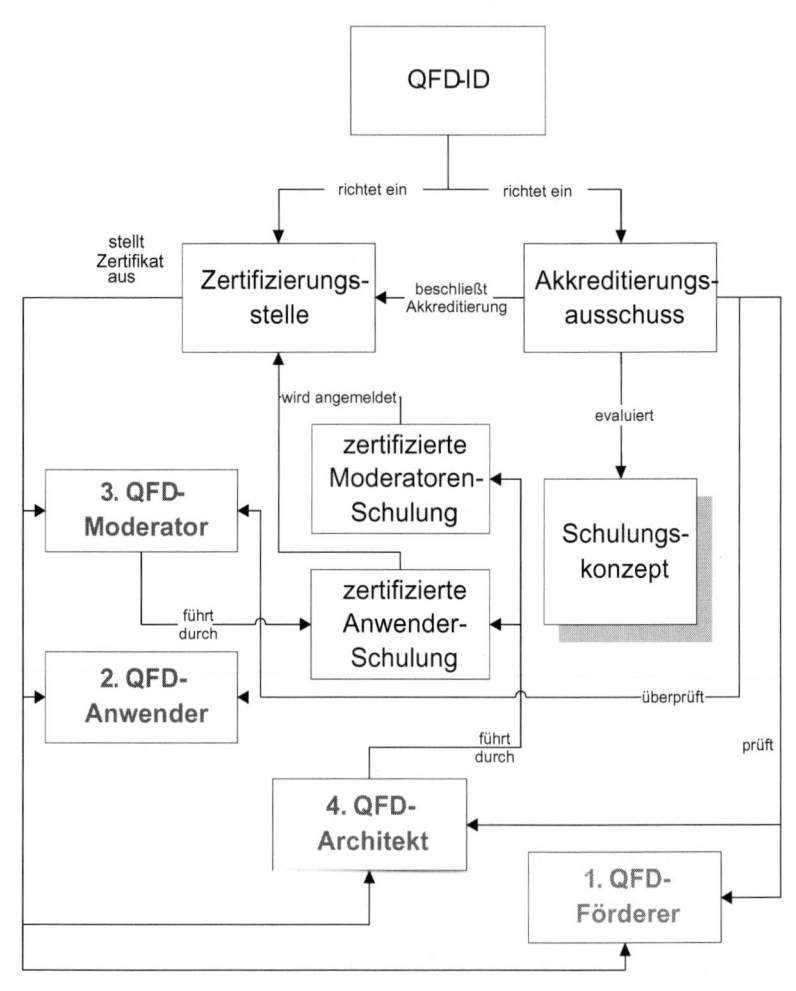

Abb. 1: *Ablauf der Akkreditierung [2]*

Das QFD-ID stellt die Zertifikate für Teilnehmer von Ausbildungsmaßnahmen aus, die von einem akkreditierten Ausbilder nach dem der Akkreditierung zugrunde liegenden Schulungskonzept durchgeführt, und die dem QFD-ID angezeigt und nachgewiesen wurden.

Der Ablauf des Akkreditierungs- und Zertifizierungsverfahren wird in der Abb. 1 dargestellt.

13.7 Die 4 Stufen: Vom Einstieg als QFD-Mitglied zum QFD-Architekten

Erster Grad: QFD-Förderer (Certfied Potential)
Kompetenz: Teilnehmer von QFD-Teams
Jedes Mitglied des QFD-ID mit Nachweis von QFD-Aktivitäten kann für die Dauer der Mitgliedschaft den ersten Grad erwerben. Auch jeder Teilnehmer einer QFD-ID-Konferenz oder eines Workshops erhält die Mitgliedschaft für ein Jahr. Die vier Stufen vom Einstieg als QFD-Mitglied bis zum QFD-Architekten zeigt Abb. 2.

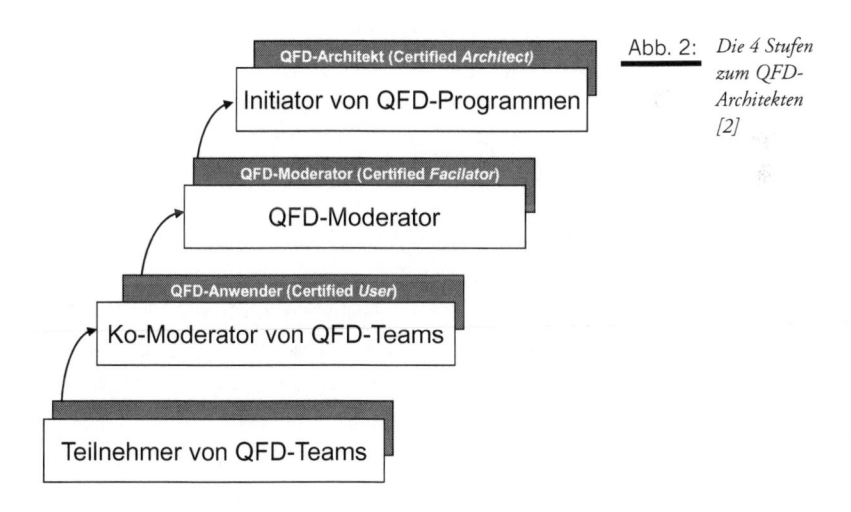

Abb. 2: *Die 4 Stufen zum QFD-Architekten [2]*

QFD-Architekt (Certified *Architect*)
Initiator von QFD-Programmen

QFD-Moderator (Certified *Facilator*)
QFD-Moderator

QFD-Anwender (Certified *User*)
Ko-Moderator von QFD-Teams

Teilnehmer von QFD-Teams

Zweiter Grad: QFD-Anwender (Certfied User)
Kompetenz: Ko-Moderator in QFD-Teams
Erfolgreiche Teilnehmer an einer vom QFD-ID akkreditierten Anwender-Schulung oder/und Referenten mit einem Beitrag auf einer QFD-ID-Konferenz auf Vorschlag des Programmkomitees und mit einem zertifizierten Ausbilder als Bürgen.

Dritter Grad: QFD-Moderator (Certfied Facilitator)
Kompetenz: QFD-Moderator
Teilnahme an einer durch das QFD-ID akkreditierten Moderatoren-Schulung. Qualifizierte Mitarbeit in einem Workshop des QFD-ID (Best Practice).

Vierter Grad: QFD-Architekt (Certfied Architect)
Kompetenz: Initiator von QFD-Programmen
Vorschlag der Anerkennung der Verdienste durch ein QFD-ID-Mitglied; Prüfung der Voraussetzung durch den Akkreditierungsausschuss. Teilnahme an einem QFD-ID ausgerichteten Programm (nach Bedarf); Der Akkreditierungsausschuss entscheidet über Programm und anschließende Nominierung und Zertifizierung.

In einer Kooperation mit Volkswagen wurde erfolgreich eine unternehmensweite Zertifizierung mit derzeit 245 zertifizierten Förderern, 6 Anwendern und 12 Moderatoren (Stand Februar 2008) umgesetzt. Die Zertifizierungsinitiative des QFD-ID ist in den internationalen Kontext eingebettet und mit dem QFD-Belt Programm des amerikanischen QFD Institute harmonisiert.

Die aktuellen Regeln für die Zertifizierung von Qualifizierungsmaßnahmen sind im Zertifizierungs-Kodex zusammengefasst. Eine aktuelle Präsentation in PDF-Format zur Zertifizierungsinitiative gibt es zum Download auf der Web-Seite des QFD-ID [1]. Eine vergleichende, tabellarische Übersicht über die vier ersten akkreditierten Schulungskonzepte ist ebenfalls herunterladbar. Auf der 12.ten internationalen QFD-Konferenz in Japan wurde das Konzept dem internationalen Fachpublikum vorgestellt und fand großen Anklang.

QFD·Institut Mitglied des

Zertifikat Nr. A04207

Jutta Saatweber

QFD-Architekt - vierter Grad

Auf Beschluss des Akkreditierungsausschusses des QFD-Institut Deutschland vom 15.11.2007 wird Jutta Saatweber der Grad QFD-Architekt (vierter Grad) auf der Grundlage des zertifizierten Schulungszeptes [SRH QFD-Schulungskonzept] bis zum 31.12.2011 verliehen.

Der Inhaber dieses Zertifikates hat ausgezeichnete methodische und praktische Kenntnisse und Erfahrungen in der praktischen Anwendung und Weiterentwicklung der Methode QFD nachgewiesen und verfügt über die Qualifikation zur Durchführung umfassender QFD-Programme.

Die Zertifizierung als QFD-Architekt umfasst die Grade eins bis drei und damit auch die Berechtigung, zertifizierte Anwender- und Moderatorenschulungen auf der Grundlage des oben angeführten Schulungskonzeptes durchzuführen und die Zertifizierung der Teilnehmer anzumelden. Jutta Saatweber hat sich verpflichtet, die Regeln der Akkreditierung einzuhalten. Bei einem Regelverstoß kann die Akkreditierung entzogen und ggf. die Zertifikate zurückgezogen werden.

Aachen, den 15.11.2007

Prof. Dr. Wolfram Pietsch
QFD Institut Deutschland
Zertifzierungsstelle

Abb. 3: *Zertifikat Architekt 4. Grades*

Die Autorin dieses Buches ist QFD-Architektin und nach dem SRH-Schulungskonzept zertifiziert.

Zertifizierungskodex
Der 14-seitige Zertifizierungskodex enthält Regeln für die Zertifizierung. Der Kodex kann von der Webseite des QFD-ID herunter geladen werden [1].
Einige wichtige Punkte aus dem Inhalt:
1. *Grundlagen*
   Die Zertifizierung von Personen ist an die Mitgliedschaft im QFD-ID gebunden.
2. *Akkreditierungsausschuss*
   Das finale beschlussfassende Gremium in allen Fragen der Zertifizierung ist der Akkreditierungsausschuss. Er setzt sich aus den Mitgliedern des QFD-ID mit der höchsten Zertifizierungsstufe (QFD-Architekt) zusammen. Der Ausschuss bestimmt aus seiner Mitte einen Vorsitzenden, der die Sitzung leitet und die Durchsetzung der Beschlüsse betreibt. Der Akkreditierungsausschuss ist bei einer vom Vorsitzenden einberufenen Sitzung beschlussfähig, wenn mindestens 5 Architekten anwesend sind. Nur der Akkreditierungsausschuss verleiht die Auszeichnung und stellt die allgemeinen Kriterien für die Akkreditierung von Ausbildungskonzepten und Ausbildern auf. Voraussetzung für die Auszeichnung sind langjährige Verdienste hinsichtlich der Verbreitung von QFD. Gegenstand der Akkreditierung ist das Ausbildungskonzept. Jedes akkreditierte Schulungskonzept erfordert eine Dokumentation nach Vorgaben des Akkreditierungsausschusses. Diese sind:
   - Lernziele, Lehrformen und -inhalte sowie Prüfungsform und Prüfungsnachweis
   - ausgewählte Schulungsmaterialien
   - die Geheimhaltung wird zugesichert [2].
3. *Zertifizierungsstelle*
   Die Zertifizierungsstelle setzt die Beschlüsse des Akkreditierungs-

ausschusses um, erstellt und verwaltet die Zertifikate und übernimmt Aufgaben, die vom Akkreditierungsausschuss delegiert werden.
4. *Zertifizierungsstufen*
Die vier Stufen wurden bereits vorgestellt (siehe Abb. 1 und 2).
5. *Zertifizierung von Qualifikationsmaßnahmen*
Die Vielfalt der Formen von QFD äußert sich auch in Form und Inhalt der Qualifikation in Praxis und Forschung. Um die Vergleichbarkeit der unterschiedlichen Ansätze sicherzustellen und Minimalstandards definieren zu können, muss das Konzept auf dem eine Qualifikationsmaßnahme basiert,
   - (vereins-) öffentlich bekannt sein,
   - unabhängig geprüft sein,
   - für Kodex konform befunden und durchgesetzt werden.

Literatur

[1] *www.qfd-id.de*

[2] *pietsch@qfd-id.de (D:/Eigene Dateien/QFD-ID/Zertifizierung/MitgliederInfo-Zertifizierung#V1.doc*

[3] *pietsch@qfd-id.de (C:User/QFD-ID/Zertifizierung/Kodex-ZertifizierungV2b.doc)*

Zusammenfassung
Das QFD-Institut Deutschland sieht seine Aufgabe in der Verbreitung und Weiterentwicklung der Methode QFD in Unternehmen und Hochschulen. Ein weiteres Anliegen ist die Förderung der Nutzung der QFD-Methode und die Sicherstellung der Qualität der Ausbildung. Dies wird durch Symposien, Arbeitskreise, Workshops und Best Practices gefördert und fachlich unterstützt.

QFD-Mitglieder können sich zertifizieren lassen, wobei eines der bereits zertifizierten Modelle zugrunde gelegt werden muss. Die Einhaltung des Zertifizierungskodex ist verpflichtend.

Der Akkreditierungsausschuss, der aus Mitgliedern mit höchster Auszeichnung besteht, überprüft die Ausbildungskonzepte und verleiht die Zertifikate.

Das QFD-ID ermöglicht seinen Mitgliedern den Erfahrungsaustausch mit Fachkollegen und -experten sowie die Teilnahme an Best Practice Workshops und Arbeitskreisen. So kann vorhandenes Wissen über QFD gebündelt und potenziert werden.

Anhang 1: Vor- und Geleitworte zur ersten und zweiten Auflage

Geleitwort

Qualität beginnt nicht erst in der Werkstatt und endet auch nicht dort. Diese Erkenntnis hat zu einer neuen Sicht des komplexen Problems Qualitätsmanagement geführt. Vor allem sind die der Produktion vorgelagerten Prozesse Gegenstand großer Aufmerksamkeit geworden. Hier werden die Weichen gestellt und die wichtigsten qualitätsrelevanten Entscheidungen getroffen. Qualität heißt ja bekanntlich nicht nur die Sachen richtig zu machen, sondern auch die richtigen Sachen zu machen.

Diese Aufgabe muss mit Methoden angegangen werden, deren Kenntnis leider immer noch nicht zu den selbstverständlichen Voraussetzungen erfolgreicher Entwicklungs- und Planungsarbeit in warenerzeugenden und Dienstleistungsunternehmen gehört. Umso dankenswerter ist es, dass im vorliegenden Werk diese Denkansätze nicht nur theoretisch, sondern anhand von Beispielen auch praktisch übersichtlich dargestellt werden. Je eher sie zum kleinen Einmaleins der entwickelnden und planenden Ingenieure und Techniker werden, desto besser, nicht nur für die Unternehmen und damit für den Industriestandort Deutschland, sondern auch persönlich für sie selbst.

Prof. Dr. Walter Masing (1915-2004)
Erbach, Dezember 1996

Prof. Dr. rer. nat. Dr. oec. h.c. Dr.-Ing. E.h. Walter Masing starb am 29. März 2004 im Alter von 88 Jahren in seinem Heimatort Erbach im Odenwald.

Ich hatte das Glück, viele Seminare und Veranstaltungen mit ihm gemeinsam durchführen zu dürfen. Er war mir in seiner mitreißenden und humorvollen Art immer ein großes Vorbild. Er gehörte zu den Menschen, die lebten, was sie sagten. Professor Masing war nicht nur ein bekannter und geschätzter Wissenschaftler, Unternehmer und Mentor, sondern auch ein erfolgreicher Autor. Sein 1980 veröffentlichtes »Handbuch Qualitätsmanagement« erschien bereits in 4. Auflage. Darüber hinaus war er über 40 Jahre Herausgeber der QZ – Qualität und Zuverlässigkeit (C. Hanser Verlag). Als Ehrenvorsitzender der DGQ – Deutsche Gesellschaft für Qualität nahm er viele nationale und internationale Aufgaben wahr. Professor Masing hinterlässt eine große Lücke und fehlt uns sehr.

Jutta Saatweber,
im Frühjahr 2007

Danksagung (1. Auflage)

Herzlichen Dank den Firmen, die durch das Bereitstellen von Daten, Folien und Fallbeispielen zur Entstehung dieses Buches beitrugen, insbesondere den Firmen Mercedes Benz, Sharp Electronic, Rank Xerox und Hewlett Packard GmbH.

Dankenswertes geleistet haben der Geschäftsführer der Metabo GmbH, Dr. Manfred Mack und der Produktmanager Wolfgang Bührle, die das QFD-Fallbeispiel zur Verfügung stellten.
Ganz besonders danken möchte ich Prof. Dr. Walter Masing für das Geleitwort.

Dank auch an meine Familie, die mein zeitweises »Abtauchen« tolerierte. Silke und Jürgen sei für das Korrekturlesen und Ingo für das Formatieren des Textes gedankt.

Danksagung (2. Auflage)

Die erste Auflage meines Buches war sehr schnell vergriffen und es wurde immer wieder nach einem Nachdruck gefragt, insbesondere auch von den Studenten aus dem Bereich BWL und Marketing.
Der Geschäftsführer der Symposium Publishing GmbH, Herr Wrede, zerstreute mein Zögern und überzeugte mich, das QFD-Buch noch einmal neu aufzulegen. Dafür danke ich ihm.
Den Lektoren des Verlages, Frau Wermann und Herrn Klietmann, danke ich für die gute Zusammenarbeit.

Dem Entwicklungsleiter der Firma Metabo GmbH, Business Unit Elektra Beckum, Herrn Schaller, danke ich für die Bereitstellung des aktuellen QFD-Beispiels zur Tischkreissäge.
Herrn Streckfuß vom QFD-Institut Deutschland danke ich für die Informationen zum Zusammenwirken von QFD und TRIZ.

Vorwort zur 1. Auflage

Als mich der amerikanische QFD-Experte Bob King 1993 fragte, ob ich nicht ein *deutsches* QFD-Buch schreiben wolle, war das Samenkorn für dieses Buch gelegt. Mein Tagesgeschäft (Qualitätsmanagementseminare, Schulungen und Unternehmensberatung u.a.) ließ mir aber vorerst keine Zeit, diese Idee umzusetzen.

Nachdem ich nun einige Jahre später erkenne, dass sich auch in Deutschland immer mehr Unternehmen mit QFD befassen und den großen Vorteil von QFD erkennen, möchte ich einen Leitfaden als Hilfsmittel zur *praktischen* Anwendung zur Verfügung stellen. In den letzten Jahren führte ich viele QFD-Trainings für Industrieunternehmen im Bereich der Produktion und der Dienstleistungsentwicklung durch, diese Praxiserfahrung möchte ich hier einfließen lassen.

Einen *typisch deutschen* oder typisch amerikanischen »Zugang« zu QFD kann es nicht geben, *jedes Unternehmen muss seinen eigenen Zugang finden.* Der einzige Unterschied, der mir aufgefallen ist, ist der, dass die Japaner im Gegensatz zu uns mit dem »Werkzeug« QFD in der Darstellungsweise kreativer und spielerischer umgehen. Die Folien, die Professor Akao 1993 beim ersten QFD-Symposium in Sindelfingen zeigte, verdeutlichten diesen Unterschied. Mit der von ihm benutzten Symbolik (zum Beispiel bedeutete ein Elefantenfuß »schwer«) hätten deutsche Ingenieure vermutlich Probleme, sie würden Zahlenwerte bevorzugen. Die japanische Bildersprache fesselt das Auge hingegen wesentlich mehr und Bilder prägen sich besser ein. »Ein Bild sagt mehr als tausend Worte« sagt ein chinesisches Sprichwort. Nach dieser Devise verfahre auch ich in diesem Buch, es enthält sehr viele Abbildungen, die zum Teil selbsterklärend sind und langatmige Texte ersetzen. Dies war mir auch insofern wichtig, da ich nicht ein wissenschaftliches Buch, sondern einen Praxisleitfaden für kleine und mittelständische Unternehmen schreiben wollte, denen in der Regel kein großer Etat für Seminare und Schulungen zur Verfügung steht. Sie müssen mit ihren eigenen Mitarbeitern die Entwicklungsprozesse optimieren. Diese Unternehmen führten bisher kaum Kundenbefragungen durch und wissen nicht, wie sie die Forderungen der Kunden sinnvoll erfassen sollen. Aus diesem Grund wird in diesem Buch die Informationsbeschaffung sehr ausführlich behandelt.

Auch der fehlenden Kommunikation im Unternehmen, die heute zu den meist beklagten Defiziten zählt, ist ein ganzes Kapitel gewidmet. Bis zu einer bestimmten Betriebsgröße funktioniert Kommunikation noch »auf Zuruf«. Aus offensichtlichen Gründen scheitert dieses »Kommunikationsmodell« in größeren Hierarchien; hier muss erneut eine Kommunikationskultur entwickelt werden, die den Menschen wieder in den Mittelpunkt stellt. Alle Qualitätsprogramme, insbesondere auch QFD, können nur dann funktionieren, wenn sich *alle* Mitarbeiter des Unternehmens um die Entwicklung oder Wiederentdeckung dieser Kultur bemühen.

Mich persönlich überzeugt die QFD-Methode durch ihre Systematik im Vorgehen, die durch die Darstellungsweise in der »House of Quality«-Matrix, dem so genannten HoQ erreicht wird. Sie überzeugt mich, weil ich in vielen Unternehmen die Vorteile bei der Anwendung von QFD erlebe. QFD fördert nicht nur die Kreativität der Mitarbeiter, sondern belebt auch deren Innovationsgeist. Ich wünsche mir deshalb eine Verbreitung dieses Planungsverfahrens in deutschen Unternehmen. Der konsequente Einsatz von QFD führt zur Verkürzung der Entwicklungszeiten, zur Reduzierung der Kosten, zur besseren Kommunikation im Unternehmen, zur absoluten Kundenorientierung und damit zu einem Wettbewerbsvorteil des anwendenden Unternehmens und somit letztlich auch zur Sicherung von Arbeitsplätzen am Standort Deutschland.

Nutzen Sie liebe Leserin, lieber Leser, die Chancen, die Ihnen QFD bietet und widerlegen Sie die japanische Prognose, die lautet: »Im nächsten Jahrhundert werden die Amerikaner den Weizen, die Europäer die Antiquitäten und die Asiaten High-Tech verkaufen.« Ich wünsche allen Leserinnen und Lesern viel Erfolg bei der praktischen Anwendung von QFD.

Jutta Saatweber
Bad Homburg, Dezember 1996

Vorwort zur 2. Auflage

Das Umfeld europäischer Firmen wird momentan durch Globalisierungsdebatten, Shareholder-Value-Ansätze, zunehmende Produktkomplexität, Kostendruck und Qualitätsprobleme bestimmt. In immer kürzeren Zyklen sollen neue Produkte auf den Markt gebracht werden. Der Shareholder-Value-Ansatz ist nach Meinung des Managementberaters und St. Gallener Professors Fredmund Malik die größte kollektive Irreführung, weil die Richtschnur *jedes* Unternehmens der Kunde und nicht der Shareholder sein muss. Das nur auf kurzfristige Aktienkurssteigerungen ausgerichtete Management schließt den Blick auf den Kunden aus. [4]

Mit diesem Buch möchte ich den Blick wieder auf die Kunden- und die Wertorientierung lenken. Das Ziel kundenwertorientierter Unternehmenssteuerung ist die langfristige Wertsteigerung des bestehenden Kundenstamms. Nur wer den Fokus verstärkt auf seine Kunden und deren Zukunftspotenzial legt, wird im Konkurrenzkampf bestehen und Schrittmacher des Wettbewerbs werden. QFD ist dazu ein nützliches Werkzeug und ein »Instrument« auf dem Weg zur Marktführerschaft.

Als 1997 mein erstes QFD-Buch erschien, waren wir in der westlichen Welt fasziniert von den japanischen Erfolgen. Doch dann geriet das einst so erfolgreiche Wirtschaftswunderland durch das Platzen kreditfinanzierter Spekulationsblasen am Tokioter Aktienmarkt ins Taumeln. Vor diesem Hintergrund begann der Umbau der gesellschaftlichen und wirtschaftlichen Strukturen Japans. Die von uns bewunderten lebenslangen Garantien für Arbeitsplätze gehören inzwischen der Vergangenheit an. Der Staat unterstützte die Konzerne bei dem Verkauf von Aktienpaketen und förderte die Entflechtung der »Japan AG«.

Heute hat Japan, die zweitgrößte Volkswirtschaft der Welt, wieder Tritt gefasst und wächst kräftig. Japans Unternehmen profilieren sich auf den globalen Märkten mit neuen preiswerten Produkten. Toyota strebt bis 2010 die Weltmarktführerschaft an und will General Motors auf den zweiten Platz verdrängen. Die japanischen Qualitäts- und

Produktionsmethoden sowie eine starke Kundenorientierung tragen diesen Erfolg.

Heute, und auch in den Zeiten der Krise, pilgern deutsche Firmenbosse, wie unter anderem der Porschechef Wendelin Wiedeking nach Japan, um Toyotas Produktionsmethoden zu studieren und sich inspirieren zu lassen. Auch die Mercedes-Manager nehmen neuerdings Nachhilfe beim Vorbild Toyota, denn nirgendwo sonst wird so ungehemmt mit dem Transportmittel Auto experimentiert wie in Japan.

Die in diesem Buch beschriebene Entwicklungsmethode QFD – Quality Function Deployment – entstand in Japan und brachte nicht nur Toyota große Erfolge, sondern trägt bis heute zum Erfolg japanischer Produkte bei. Noch immer bringt die japanische Begeisterungsfähigkeit neue Lösungen und interessante Betätigungsfelder für die Industrie hervor. Momentan arbeiten japanische Autohersteller daran, ihre Marken auf das Niveau eines Premiumsegments zu heben. Damit ist die fernöstliche Experimentierfreude zur Herausforderung aller westlichen Autobauer geworden. Fast trotzig verkündete der inzwischen freigestellte Mercedes Vorstand Cordes: »Wir wollen die Nummer eins der Premien-Marken sein.« Bisher war das selbstverständlich, jetzt ist Toyota Vorbild, wie die CSI-Studie von J. P. Power zeigt.

Die über Deutschland in den letzten Jahren hereingebrochenen Globalisierungs-, Deregulierungs-, Flexibilisierungs- und Entlassungswellen brachten sehr viel Unruhe in die Unternehmen und sorgten für eine schlechte Stimmung unter den Mitarbeitenden. Sie bewirkten Frust und Demotivation und es wäre wünschenswert, wenn die Unternehmen wieder in ruhiges Fahrwasser gerieten. Dies ist erforderlich, weil sonst der Blick auf das Wesentliche verstellt wird: Produktion qualitativ hochwertiger und fehlerfreier Produkte, mit denen Unternehmen zum Wohle ihrer Mitarbeiter Gewinne erwirtschaften können.

Ein Hilfsmittel auf diesem Weg ist das methodische Vorgehen nach QFD, weil QFD den Kundenfokus erzwingt. Der Kunde sollte

König bleiben, denn nur er entscheidet, ob er wieder kommt und zukünftig bei uns kauft.

Ich hoffe und wünsche, dass mein Buch Sie inspiriert, den Kunden wieder in den Mittelpunkt aller geschäftlichen Aktivitäten zu stellen, er wird es Ihnen durch seine Treue (und Profitabilität) danken.

Jutta Saatweber,
Bad Homburg, im Frühjahr 2007

Literatur

[1] MATSUSHITA, KONSUKE, *Zitat aus Technische Rundschau, April 1990*

[2] MEFFERT, HERIBERT, *Marktforschung: Gabler Lehrbuch, Wiesbaden, 1986*

[3] UNGER, FRITZ, *Marktforschung: I. H. Sauer-Verlag GmbH, Heidelberg, 1989*

[4] MALIK, FREDMUD *in FAZ, Frankfurter Allgemeine Zeitung, Frankfurt, 12.8.2002, S. 18,*

[5] FINSTERBUSCH, S., *»Toyota lässt Ford hinter sich«, in FAZ, Frankfurter Allgemeine Zeitung, 15.1.05,*

Anhang 2

Arbeitsblätter, Matrizen und Templates zum Download

Im Download-Bereich zu diesem Buch können Sie zusätzliche Unterlagen (Arbeitsblätter, Matrizen, Templates) herunterladen, die Ihnen den Einsatz von QFD in Ihrem Unternehmen erleichtern.

Sie finden den Download-Bereich zu diesem Buch unter der Internetadresse:
www.symposion.de/3865

Den Zugangscode für den Download finden Sie auf der ersten Seite dieses Buches.

Folie Nr. 1 QFD-Phase 1
Folie Nr. 2 QFD-Phase 2
Folie Nr. 3 QFD-Phase 3
Folie Nr. 4 QFD-Phase 4
Folie Nr. 5 Portfoliodiagramm
Folie Nr. 6 Baumdiagramm
Folie Nr. 7 Pugh-Diagramm
Folie Nr. 8 Projektplan